21 世纪法学规划教材

行政法学

Administrative Law

上　册

关保英　著

法律出版社
始创于1954年

www.lawpress.com.cn
好书,同好老师和好学生分享

出版说明

法律出版社作为中国历史最悠久、品牌积淀最深厚的法律专业出版社，素来重视法学教育图书之出版。

“21 世纪法学规划教材”系列作为本社法学教育出版的重心，延续至今已有十年。该系列一直以打造新世纪新经典教材为己任，遍揽名家新秀，因其卓越品质而颇受瞩目并广受肯定。

中国的法学教育正面临深刻变革，未来的法学教育势必以培养高素质法律人才为目标，以知识教育与应用教育相结合、职业教育与素质教育相结合、精英教育与大众教育相结合为导向，法学教育图书的编写与出版也进入了变革与创新时期。

为顺应未来法学教育的改革方向和发展趋势，本社应时而动，推出全新“21 世纪法学规划教材”，为不同学科、不同层次、不同阶段、不同需求的法学师生量身打造法学教材及教参。在教材方面，将推出课堂教学系列、实训课程系列、通识课程系列、简明本系列、双语教学系列等；在教参方面，将推出案例教程系列、法规教程系列、练习与测验系列、法学讲座系列、专业培训系列等。或革新，或全新，以厚基础、宽口径、多元化、开放性为基调，力求从品种、内容和形式上呈现崭新风采，为法学师生提供更好的教本与读本，同享规划教材之盛。

“好书，同好老师和好学生分享”。本社在法学教育图书出版上必将继往开来，以精益求精的专业态度，打造本套全新“21 世纪法学规划教材”。传播法学知识，传承法学理念，辅拂法律教育事业，积累法律教育财富，服务于万千法学师生和明日法治英才。

法律出版社

序　言

20世纪中叶以来，国家政权体系的积极理念日趋明显，服务行政已成为行政职能的基本价值选择，与之顺应的是政府职能不断扩张。正如托马斯·戴伊所言：“如果说，政府的权力曾经一度受到限制的话——政府除了保障法律和秩序、保护私人自由和私人财产、监督合同、保护本国不受外国侵略以外，没有别的权力——那个时刻早已过去。今天，认为政府机构干涉着我们生活中‘从生到死’的各个方面的看法是很平常的。在美国，政府的首要职责是为防老、死、无依无靠、丧失劳动力和失业提供安全保障；为老年人和穷人提供医疗照顾；为小学、中学、大学和研究生提供各级教育；调整公路、水路、铁路和空中运输的规划；提供警察和防火保护；提供卫生措施和污水处理；为医学、科学和技术的研究提供经费；管理邮政事业；进行探索太空的活动；建立公园并维持娱乐活动；为穷人提供住房和适当的食物；制定职业训练和劳力安排的规划；净化空气和水；重建中心城市；维持全部就业和稳定货币供应；调整购销企业和劳资关系；消灭种族和性别的歧视。看来，政府的职责似乎是无限的，而我们每年都给政府增添任务。”这些政府职能都是由行政主体承担和履行的，这便使政府行政系统与人民的关系较以往更为直接、更为具体、更为密切、更为敏感。民主进程较快的国家对行政权的此种趋势早在20世纪初就给予了充分关注，强调法治行政就是最为明显的例证。在法治行政的观念统慑之下，凡属于政府行政系统的法律地位、组织模式、职能范围、行为过程、执政方略等范畴无一不要求依法行事，以此形成法治格局，避免行政权的滥用、误用及对公众的轻率性，最终保障一国政治文明化和人民权利免遭非法侵害。行政法的宏观、中观、微观制度顺理成章地得以广泛建立并予有效实施，相关的行政组织规则、行政行为规则、行政程序规则、行政救济规则相继问世。可以说，民主国家的法治程度最为有效的衡量指标是行政法治的进程，我们注意到现在被公认的一些法治发达国家都有一套严密的行政组织法、系统的公务员法、规范化的行政程序法、实效性的行政救济规则，若缺乏上列诸造便很难列入法治国家之列。其行政法学发展自不待言，与行政法治的状况保持了较大程度的和谐统一性。诸发达国家在行政法体系的构建上其侧重点虽有所不同，但在以法规范政府行政权方面却是一脉相承的。

我国之行政长期以来亦非常发达，而行政及行政权的发达性并没有同时带来行政法治的健全。直至20世纪80年代以后，我国行政法治才得到迅速发展：起初，行政系统的法治状况被融合于社会主义法制原则之中，“有法可依，有法必依，执法必严，违法必究”被确定为社会主义法制原则，而该原则在当时情况下也是行政权行使的基础原则，但行政权仍然缺乏自身的法治原则。随着“依法行政”概念的提出，依法行政原则应当成为行政系统的法治原则这一观念被广大学者和社会公众所认可。1989年《中华人民共和国行政诉讼法》的出台是我国行政法治的巨大转折点，行政诉讼法在行政法学体系中虽然仅仅是一个救济规则，但该法在我国行政法治中的意义是不可低估的，其在行政法治进程中起到了承上启下的作用。进入20世纪90年代以后，规制行政行为的行政法规范得到了进一步发展，具有标志意义的是《中华人民共和国行政处罚法》的颁布施行。正是在20世纪80年代中期至90年代中期行政法治水平迅速提高的基础上，1999年《宪法》第13条修正案将“中华人民共和国实行依法治国，建设社会主义法治国家”确立为我国法治建设的总原则。在党和政府后来的重要文件中进一步指出依法治国的关键是依法行政，这一论断使我国行政法治的前景一片光明，2003年《中华人民共和国行政许可法》的制定则是行政法治新阶段的佐证。然而，无论如何还不能说我国的行政法治体系完全建立起来了，甚至可以说距离完善的行政法治体系还差得很远。我国既缺乏有关行政法治体系建立的总体规划以及相应的时间表，又没有一套完整的指导行政法治体系的理论，这对我国行政法学界而言是一个巨大的遗憾。综观我国行政法学的进程，可以说在诸多方面并没有比行政法治进程更具超前性，有些方面甚至滞后于行政法治的进程。以我国目前行政法学的教科书为例，绝大多数教材在对行政法问题阐释时，均将侧重点放在行政法的操作部分、行政行为部分，而关于行政法基础理论的探讨则相对薄弱，关于行政组织法的篇幅相对较少。

传统行政法教科书对行政法问题的讲授有的从纯粹的概念预设入手，如在对行政法理论基础进行讲授时，人为预设了一些理论前提，从所预设的理论前提出发，阐释行政法的一系列问题，而该理论基础和行政法问题之间的关系并没有令人信服的说明；有的从一些外国行政法的基本体系入手介绍中国行政法的问题，如用专篇或专章讲授“行政程序法”。众所周知，到目前为止中国所具有的仅是一些非常零散的行政程序规则，并没有完整的行政程序法，而系统介绍行政程序法的讲授方式常常使学生误认为中国已经具有了行政程序法典和行政程序的法律制度。例如，我国目前关于具体行政行为的系统规则仅有《行政处罚法》、《行政许可法》和《行政强制法》，这三个法律规范使行政处罚、行政许可和行政强制具有了法律上的依据，而其他绝大多数行政行为，要么是一些零散的法律规定，要么仅仅是行政机关在行政执法时采用的行政手段，诸多行政行为并没有明确的法律依据，甚至连法律上规定的名称也不存在，而国内绝大多数教科书都开辟专章讲授这类具体行政行为，且占非常大的篇幅。本教科书既侧重于对行政法学作为一个学科体系的评介，又侧重于对行政法基本制度的讲授以实证的行政法规范为前提。行政法学作为一个学科体系必然有最为基本的理论框架，即行政法的学科体系由基本理论、行政体制结构、行政过程、行政救济等构成，这样使学生能够从宏观上把握行政法学这门学科。同时，本书第一篇对行政法学一系列的基本理论进行了深入浅出的评介，一些是理论界形成共识的理论观点，一些则是作者对行政法问题的认识。笔者在列出这些见解时，尽量从理论上进行阐释，尽量引导学生对问题进行自我思考，留出一些供学生进一步探索和思考的空间。在笔者看来，行政法学的一系列问题本身就是难以形成共识的，因此，绝大多数理论问题并不存在所谓的定论。在有关行政体制法、行政行为法和行政救济法的讲授中，笔者以忠实于现行行政法规范的规定为原则，重在对行政法规定的内容进行解释。正如笔者在本书第一章所讲的行政法学和行政法规范是两个完全不同的概念，行政法学之无定论并不等于行政法规范之无确定性。恰恰相反，行政法规范本身是非常确定的，因此，笔者尽可能以非常简洁的方式让学生能够迅速熟悉行政法的实在制度，如作者采用了一系列表格和图形使问题看起来尽可能直观一些。行政法规范的确定性并不等于行政法规范的合理性，也就是说，任何一个行政法规范的具体内容还可以从不同角度作出评价，由于本书篇幅的关系，作者并没有对所有行政法规范存在的问题作出评价，只是对一些需要进行评价和预测的问题作出简单分析，其宗旨在于启迪学生对中国行政法治进行理性思考。

作 者

2013 年 8 月于上海苏州河畔

上册目录

第一篇　行政法学理篇

第二篇　体制行政法篇

第一篇　行政法学理篇

第一章 行政法学的基本问题

第一节 行政法学的研究对象

一、科学研究对象的含义

所谓科学,是指有组织、有系统的知识。[1] 在科学这一概念之下包括了四个有机联系的构成部分,这四个部分在科学概念中缺一不可。它们是:(1)主体,是指科学活动的参加者,整个科学活动就是在科学主体的推动下展开的。主体包括科研机构和科研人员两个方面,前者指从事科学研究的科研组织,如瑞典“皇家学院”、“中国社会科学院”等;后者指从事科学研究的人员,如科学家、学者等。(2)方式,是指主体在从事科学活动过程中采用的方法,包括科研机构的组织方式和科研人员在研究过程中运用的具体方法。(3)作用客体,是主体采用一定的方法所发生作用的对象,它既是主体在从事科研活动中的目标所指,又限定了主体进行研究的领域,即学科范围。(4)知识体系,是科学概念的最后一个构成部分,也是科学研究的最终结果,任何科学研究都将以产生最后的知识体系而告结束,这四个部分我们可以用图式表示:

主体—方式—作用客体—知识体系

从这一图式中我们可以非常清楚地看出,科学研究的对象在图式的第三个部分,即作用客体部分构成了科学研究的对象。作用客体一方面限定了科学研究人员在非常广泛的自然领域和社会领域中狭隘的活动空间,同时制约着整个研究过程;另一方面某一门科学为什么具有区别于其他学科的概念系统也首先是由作用客体决定的。[2]

二、行政法学的研究对象

行政法学的研究对象是行政法学发生作用的客体而不是行政法学的行为结果,即知识体系。具体而言,行政法规范赖以存在的国家管理关系是行政法学的研究对象,[3] 它由两个相互关联的构成部分组成:一是国家管理关系与行政法规范相关的背景材料;二是与这些背景材料相关的具体关系形式。

(一)国家管理关系与行政法规范相关的背景材料

1. 宏观背景——法赖以存在的客观基础

“立法者应该把自己看作一个自然科学家,他不是在创造法律,不是在发明法律,而是在表述法律,把精神关系的内在规律表现在有意识的现行的法律之中。"[4]这是马克思对法律这一社会现象的精辟论述。这一论点的含义是:法律永远是第二性的,这是由某种外在因素决定的。法律规范只不过是对一定社会关系的表述,离开了一定的社会关系,法律规范便不可能存在。以此而论,对于法律规范的研究,或者说要揭示法律规范的内涵必须首先揭示社会以及社会关系的状况。社会及其社会关系是法律规范的宏观背景,是法律规范的现实基础这一事实,在法学界尤其行政法学界常常被忽视。马克思在"德意志意识形态"一文中曾尖锐地指出:"因为国家是统治阶级的各个个人借以实现其共同利益的形式,是该时代整个市民社会获得集中表现的形式。因此,可以得出一个结论:一切共同的规章都是以国家为中介的,带有政治的形式,因此便产生了一个错觉,好像法律可以以意识为基础,而且是脱离现实基础的自由意志为基础的。""法律应以社会为基础。"[5]行政法规范作为法律现象之一也必然以社会为宏观背景。由于行政法规范涉及的社会生活方面比其他法律宽泛,因此对于行政法的宏观背景更应当引起重视。各式各样的社会关系、各式各样的社会关系结构、各式各样社会关系的最佳状态无疑是行政法学研究对象的第一条主线。日本著名法学家和田英夫在《现代行政法》一书中,对行政法学的研究对象作了这样的评述:"传统的行政法很容易带有只是解释现存的行政法规和判例这种倾向,这几乎成了行政法解释学。而对作为行政法规和判例前提的社会现实不够关心。"[6]因此,他主张,行政法学的研究应当"向法律社会学接近"。[7]美国行政法学家戴比斯在批评美国行政法学状况时,也有同样的表述。[8]

2. 微观背景——行政部门法得以存在的直接决定因素

法律规范作为一个整体有共同的前提,经济基础、社会关系是所有部门法的宏观背景。此外,法律规范还有自己得以存在的微观背景,也就是各个部门法存在的直接决定因素。现代国家部门法体系一般都是比较庞大的,从数量上讲有数十门之多。由于每个部门法都有决定它存在的直接前提,这个前提自然地成了部门法的微观背景,行政法的微观背景无疑是决定它存在的国家管理关系。马克思认为社会发展到一定阶段便出现了一个特殊的社会阶层,这个阶层既不进行物质资料生产,也不进行精神资料的生产,而是从事一种特殊的活动即国家管理。而管理是在阶级对立或社会冲突的基础上产生的,因此有可能出现两种偏差:一是被管理者不服从管理,成为管理的对立面;二是管理者从事违背管理本意的活动成了管理中的异化主体,上述两种情形都可能导致管理关系的混乱。为了防止管理关系混乱和偏离管理的本意,就需要一定的法律规范对管理行为进行调整,包括对管理者行为的调整和对管理对象行为的调整。可见,国家管理是行政法产生的直接决定因素,就好像婚姻家庭关系是婚姻法产生的直接决定因素一样,婚姻法学的研究离不开婚姻家庭关系,行政法学的研究对象也难以脱离国家管理关系。如果说行政法学研究对象的第一条主线奠定了行政法及其规范的构成基础、决定了行政法的发展前景,那么,行政法学研究对象的第二条主线则决定了行政法规范的具体构成形式、确立了行政法规范在社会生活中的价值构成。可以说，许多行政法规范的产生都必须从研究国家管理关系出发，国家管理关系的发展变化最终也必然引起行政法规范的发展变化。

3. 构成要素——设计主体、运行主体、介入主体

法律规范的构成少不了设计、运行、介入等主体。设计主体指掌握法律规范形成、完善、废止的有机体，它可以是一个完整的机构，也可以是由众多的人组成的群体（在特殊情况下是单个人）。通过它的设计使一国的法律制度有了固定的模式，并且有了调整社会关系的法律规范。行政法规范的设计主体比其他法律规范的设计主体要复杂得多，除了我国宪法规定的立法机构可以设计有关行政法规范外，一些行政机关亦有行政法规范的设计权。应当指出，不能把设计主体简单地等同于立法机构，因为设计是深层意义上的行为，之所以要重视对设计主体的研究，原因在于它对法律规范的状态具有决定性的意义，对它进行研究比对由它设计的法律规范的研究更为重要。运行主体指承担法律规范内容实现功能的执法要素。法律规范设计出来以后，就必须予以实施，使其由抽象形态变为物质形态，运行主体通过法律行为和事实行为促成法律规范发生效力，对社会起到实际的约束作用。该主体尽管不能决定法律的构成，但可以决定法律规范的实际效果，因此，把其作为行政法学研究的一条线索是非常重要的。介入主体指受法律规范影响或者由于相应的利害关系介入到法律规范之中的个人或组织，法律规范的社会作用最终要归宿到介入主体的权益关系之中。上述三个主体是任何法律规范由理论形态到物质形态所不可缺少的。行政法学的研究对象自不待言，应贯穿法律规范构成要素的此三方面。脱离此三者的研究只能是解释性的研究。

（二）与背景材料相关的具体关系形式

1. 国家行政机关与经济、文化、社会诸事务之间的关系

行政法产生的直接原因是国家管理和由它产生的各种关系。因为管理所面临的首要任务就是对本国的经济、文化、社会事务发生作用。一则为这些事务设计基本的价值规则，国家行政机关常以法规或规章的形式规定某一方面的管理事务。二则处理由这些事务引起的各种关系，包括以国家权力出现的关系和以私人权利出现的关系。三则纠正上述关系中出现的偏差，以理顺各种具体关系。上述三方面的关系是行政法规范存在的前提条件。总之，凡是导致国家管理关系产生的各种自然关系都应当成为行政法学研究的首要对象。

2. 一般社会关系

国家管理从自然方面来讲，是对经济、文化、社会事务发生作用的；从社会学的角度讲，则是对人起作用的。社会中个人与个人、组织与组织、个人与组织等之间的关系直接决定着国家管理的方向。如果把国家管理理解成社会控制的话，它无疑是对各种复杂社会关系的调整，使各种社会关系呈现出一种良性循环的状态。一般社会关系是一个极其复杂的概念，包括被强化的关系形态和没有被强化了的形态，前者受国家权力的直接约束，后者则主要以非权力性准则来约束。除此之外，还可以包括大

规模的关系形态和小规模的关系形态。凡是人与人之间以某种方式相联系、相结合的模式，行政法学都应给予必要的关注。

3. 个人、组织与国家政权体系尤其与行政系统的关系

个人、组织与国家政权体系、行政系统是现代国家中两个相互依存、相互对立的方面。任何一者都不能脱离另一者而存在。二者共处于国家这一统一体中，既有相互依赖性，又存在一定程度的冲突。有人认为，国家权力是一个永恒的概念，但权力分配则在经常的变化中，这种变化就体现在上述两者中，此一主体权力的消长必然意味着彼一主体权力的反向变化。可见，现代国家行政管理绝对离不开对个人、组织与国家政权体系尤其行政系统关系的处理，这自然要求行政法学必须对它进行研究。

4. 国家行政系统与国家政权体系其他方面的关系

国家政权体系是一个大的概念，包括行政系统、立法系统、审判系统、检察系统等，各系统都行使一定范围的国家权力。政体形态不同，各系统之间关系就有不同的表现。权力分割制、官僚集权制、议行合一制是马克斯·韦伯对政权体制的概括。[9]在三种体制下，行政系统与其他系统的关系有所不同。权力分割制下以制衡为主，强调各系统之间的制约和平衡。官僚集权制下则突出行政系统的万能性。议行合一制则强调各系统之间的配合和相互支持。这只是行政系统与国家政权体系其他方面的总原则，具体的关系状况无疑是行政法学必须研究的对象。

5. 行政系统内部诸关系

行政系统内部的关系包括行政系统的纵向关系，即高层行政机关与低层行政机关、上级与下级之间的关系；行政系统的横向关系，即平行机构之间的关系，如业务机关与服务机关、主管机关与非主管机关、综合机关与职能机关等；行政机关与公务员之间的关系。公务员是行政机关的构成分子，行政系统设立许多行政职务，通过行政职务把公务员和行政机关联系在一起，公务员与行政机关的劳动关系，代表行政机关行使权力的各种关系等都是行政系统内部非常重要的关系。这些关系既与行政组织法有关，也与行政编制法有关，同时公务员法也起着一定的调整作用。行政法学只有在科学地回答上述关系的基础上，才能解决此方面的法律规范问题。

6. 行政立法、执法诸关系

行政法规范的设计主体、运行主体、介入主体在法治实践中都与立法、执法有关。行政立法和行政执法不论从静态角度或动态角度看都存在许多的关系。如行政立法中的社会参与问题、行政立法权的划分问题、行政立法与社会技术系统的关系问题等，行政执法中区域之间的关系协调问题、介入行政法规范中的各当事人的权利义务关系问题等。

第二节　行政法学的研究方法

一、我国行政法学研究方法的历史回顾[10]

(一)实证行政法学与价值侧重行政法学的概念与比较

1. 事实与评价

实证行政法学对行政法问题的研究仅限于事实领域。它是对行政法范围内各种已存的、客观的规范事实、应用事实和其他已经被国家认可和付诸实践的事实范畴进行论证和证明。其在事实研究中采用的基本分析工具是:分析研究方法、统计研究方法、归纳研究方法、经验判断研究方法,在一定范围内也运用演绎方法,它反对形而上学的思考方式和寻求行政法终极原理的做法,反对任何超越或试图超越现行行政法规范和制度的经验现实而去估计行政法命运的任何企图。其所分析的基本事实是:行政立法过程的各社会关系间相互作用和施加影响的事实,行政执法中进行有效控制的事实,被管理对象对行政法所规定权利义务关系作出各种反应的事实。

价值侧重行政法学则与之相反,其认为事实是瞬间性、个别性和不含有效正义标准的。因此,事实研究具有盲目性和短期效果性,必须把评价作为主要研究方法,自然而然地其把对行政法的研究限制在评价领域。包括对行政法前景的评价、行政管理过程中相互接触的社会关系各方间正义与否的评价、行政法施行中执法者素质的社会反映的评价。这种评价的方法含有模型、测试、评估、经验演绎等带有较大主观色彩的分析手段,是对行政法理想性的研究。综而观之,前者重在回答行政法是什么的问题,后者旨在回答行政法应该是什么的问题。

2. 分析与构架

实证行政法学另一基本构成是对行政法诸问题的分析。即通过分析性研究指出各种已经生效的行政法律文件和行政法规范的实际社会效果,并指出已经实施的规范的利弊。或者更进一步讲,实证研究的着眼点在微观方面,大多发生作用的是一个又一个的行政管理部门法,或一个又一个的具体规范和行为准则,在分析过程中包容了对规范的论证。如对行政强制执行进行研究时,注重分析目前我国行政强制的种类、程序、适用条件等,而不侧重于对行政强制制度法典化、体系化、规范化的设想。通过分析,可以使行政法领域中的部门规范、个别行为准则得到合理说明。

价值侧重行政法学是与实证行政法学中的分析相对立的,不但不热衷于分析,反而认为分析只能就事论事,只能解决枝节性问题,而不可能解决行政法大系统及其支系统的构成问题。所以价值侧重行政法学在对行政法进行评价的同时,进行体系的构架,设计行政法的宏观体系,构架行政法制大系统,如行政法作为一个独立部门法的稳态结构,其所从属的社会大系统和法制系统、行政法由哪些支系统构成、各支系统的关系和与行政法总系统的联系方式、行政法制系统发展变化的各种主客观动因等。

3. 阐释与预测

实证行政法学对行政法理论和实践问题的解决还有一重要特征就是其阐释性，是指把解决问题的着眼点放在陈述、说明和阐释的范围内。如运用一定的言辞对行政法各关系作出定义性的、公理性的回答。各教材甚至专著对行政法的定义、行政法关系的定义、行政组织法的定义、行政行为法的定义就是明显例证。还有我们常在论文和著述中看到的有关行政法的特点、行政行为的构成、行政制裁的要件、行政复议的范围等，都属典型的阐释。此外，实证行政法学还重视对即将生效或已经生效的行政法规范的解释，如对治安管理处罚法的释义、对行政许可法的释义等。

实证行政法学厌构想、设计、预测，价值侧重行政法学对阐释甚至不予以关注，认为阐释是立法者和执法者分内的事情，而不应是行政法学解决的问题。行政法学就是要对行政法的发展进行科学性预测，如符合中国特色的行政法学体系的必要条件，完善的行政法体系所应具备的标准，我国行政法在今后一段时间或者未来将是什么样子等。预测包含对行政法发展条件以及各种主客观因素的研究。总言之，实证行政法学是对行政法现实性、即时效力性、有效控制性的解释和论证，而价值侧重行政法学则是对行政法未来的设想。

4. 学科与科学

实证行政法学由于强调行政法研究过程中运用实证方法对个别的、具体的问题进行陈述和注释，促使行政法这一部门法和行政法学这门学科有了相应的规模，有了相对稳定的规范体系和学科体系。几乎在所有主要的行政法和行政法学问题上，实证研究都作出了回答。但是，实证行政法学不注重价值判断和规范预测，使行政法学仅限于问题的堆积，甚至在学科系统内有不一致和矛盾之处。

价值侧重行政法学由于强调对行政法目标的最大合理性以及理想模式的设计，因而使行政法学体系有了稳定的质的规定性。价值侧重行政法学的目标就是要在中国建立完整的、适合中国国情的行政法律科学。这一点是二者区别的最明显标志。当然，重视实证研究的行政法学家常常指责价值侧重研究的空想性、不切实际性，并认为唯有实证方法才是科学的。而重视价值侧重研究的学者也指责实证研究的目光短浅性，并认为实证研究只是对问题研究，因此行政法学永远也难以成为一门独立的学科。在其看来，唯有价值侧重研究才是科学的。实证行政法学与价值侧重行政法学既是两个不同的行政法学流派，又是行政法研究中两种互相补充的方法论。由于二者的规则系统、思维定式等不同，对行政法和行政法学的发展所起的作用也有所不同。

(二)实证行政法学与价值侧重行政法学在我国的运用

1. 价值侧重方法论的意义

价值侧重的方法论得以使行政法成为一个独立的部门法，得以使行政法学具有了初步体系和一定的模式及结构。价值侧重行政法学的评价、构架、预测、科学四大特性使其在行政法研究过程中追求某种超乎事实和经验的理想境界，对行政法的价值特征、意识形态属性以及外在环境的感应作出一定的评判，并通过严格的规范系统和方法论设计行政法相对独立的体系构成。显然，这易于使行政法从法制体系大系统中独立出来，具有自己独特的系统属性。在我国行政法的历史中，对行政法规范中具体的、个别的问题的研究早就有之，但这些研究都没有使行政法作为一个专门术语和独立学科在我国出现和存在。唯有价值侧重行政法学才使行政法这一专有名词问世，唯有价值侧重行政法学使行政法学有了自己的价值体系和完整的规范系统。20世纪50年代曾一度繁荣的行政法学并非实证方法的作用所致，而是价值侧重方法的功绩。当时就有不少学者阐述行政法的宏观结构，如行政法概论、行政法总论、行政法要论之类的教学大纲相继问世。这些准教科书的核心在于设想我国社会主义行政法制体系的独特色彩，这些设想是超乎我国已经存在的行政法规范之外的。有些构架尽管受到了前苏联和西方行政法学体系的影响，甚至直接借用了西方和前苏联关于行政法定义、关于行政法目的的内容和其他理论概念。但是，其仍然使我国的行政法学在50年代就奠定了基础。如果把50年代我国的行政法学视为第一代，那么，第二代的行政法学的产生和迅速发展则在70年代末和80年代初。这阶段的研究，笔者认为仍然以价值侧重为主要的方法论，第一部统编的行政法教材的诞生就是例证。[11]该教材对我国行政法学科体系和行政法主要概念都作了表述，其所构架的行政法学体系甚具中国特色。然而，从某种意义上讲，这种构架都是专家们对行政法的主观设想，具有很大程度的主观成分。其中对于行政行为的概念、要件、效力等的研究是最为典型的。此外，还有一系列著述都是大同小异的。正是这一时期的价值侧重研究，为80年代至90年代我国行政法制的迅速发展和行政法学的初具规模提供了必要的理论要件。

2. 实证方法论的作用

实证的方法论促使诸多行政法规范问世，并使行政法学不少具体问题得以澄清。实证行政法学由于重在事实、重在分析、重在阐释，所以，它对于解决我国行政法的实际问题、行政法的应用问题、行政法的社会控制问题起到了极大的作用。在20世纪50年代和70年代末80年代初这两个历史阶段，尽管价值侧重行政法学占据统治地位，但实证行政法学也未被搁浅，它仍在一定的范围内发挥重要作用。有关行政组织法、部门行政管理法和一些行政过程中具体的行为准则的出现都是实证方法的必然结果。80年代中期一直到现在，笔者认为实证方法已取价值侧重方法的统治地位而代之，并使其本身的方法论体系和研究手段得到了迅速发展。如结构分析的方法、系统控制的方法、归纳论证的方法，都在实证研究中予以广泛运用，它促使我国一系列主要的行政法规范诞生，如《行政诉讼法》、《国家赔偿法》等。并在此基础上，产生了不少新的行政行为准则，如“小政府、大社会”、“小政府、大服务”、行政效率原则、行政公开化原则等。另外，实证的方法论也使行政法学有了前所未有的繁荣，由于其过程的小规模性、易操作性和易掌握性，也使行政法学中的诸多具体理论问题得以初步解决,并形成共识,如行政法关系理论、行政法原则理论、行政行为理论等。

(三)两种方法论运用的评价

实证的方法论和价值侧重的方法论有各自的优点,二者不能互相代替。一个完善的行政法学体系必须以两种方法的有机结合为前提条件,二者偏废不得。换言之,在行政法学领域必须达到实证法学和价值侧重行政法学的均衡状态,行政法学的体系才是完备或趋向完备的。以我国行政法产生和发展的历史论之,二者的运用并不是完美的,甚至存在极度的不均衡。

1. 二者主属地位的纵向考察

在我国行政法学产生和发展的初始阶段,价值侧重行政法学占主导地位。一些学者把研究的重点放在对行政法学体系结构的构想上,展望行政法和行政法学的未来。以价值侧重方法的运用而言,尽管还不够完备,还没有吸收七八十年代以后社会研究的新方法。然而,其确实已经作为一个完整的方法论来指导行政法学,最突出的反映在20世纪50年代和70年代末80年代初。此二阶段,实证研究方法也得到了重视和运用,但始终没有占据主导地位,只是作为价值侧重研究的一种辅助。80年代中期以后,情况发生了变化,原先没有得到足够重视的实证行政法学占据了统治地位,在行政法支系统和子系统中发挥着巨大的作用。而这一时期,价值侧重行政法学只有极小的市场。这种实证行政法学占统治地位,价值侧重行政法学被冷落的状况一直延续至今。直到90年代初,才有学者重新注意到价值侧重行政法学的社会价值。一些学者对行政法理论基础、行政法基础理论、现行行政法体系结构的讨论和对以前一些带有定论性的问题的质疑是这一事实的充分体现。

2. 先前突出价值侧重方法而忽视实证方法所导致的后果

20世纪80年代初期以前,我国行政法和行政法学发展缓慢的制约因素,除社会的、经济的、历史的原因外,无疑与轻视实证研究的方法有关,一味的价值侧重方法使行政法仅限于美好蓝图的描绘与想象,仅构思庞大的行政法体系和行政法学体系。这些体系本身由于欠缺牢靠的基础,欠缺必要的有机素材而难以成为科学的、具有实际指导意义的理论形态。既约束了行政法作为一门科学所需的各种具体的概念系统,更难以使行政法得到有效发展。

3. 晚近实证方法的绝对统治地位和冷落价值侧重方法所导致的后果

实证方法的主导地位和价值侧重方法的被冷落,笔者认为所导致的结果必然有下列四个:一是使行政法沉湎于个别问题的研究,成了问题的学科,而非科学的学科。近年来的绝大多数的行政法论文都只讨论行政法理论中的个别问题,如各种具体的规范构成、个别概念在行政法学中的语义等。二是造成了行政法学基本理论的重大分歧和混乱。实证研究者各自所处的社会环境、经济环境、行政环境等不同,他们在对行政法问题进行实证论析时,都不免有一定的狭隘性,因而对同一问题各个研究人员会得出不同的结论。例如,关于行政法有哪些具体原则的研究,分歧很大,甚至截然相反。又如,行政自由裁量权的研究,全国不下数十种观点。更甚者像行政法定义这样最基本的问题,国内也至少有50多种定义。诸如此类的分歧或混乱还可举出不少例子。三是不利于对行政执法的超前指导。“我们生活在以行政为中心的时代”这一格言已被世界许多国家和学者所接受,它反映了行政的作用,并要求行政具有很大的自主性和随机应变性。因此,行政法和行政法学对行政管理过程除具有现实的指导作用外,还须有超前的指导功能。实证研究严格的事实倾向妨碍实现对行政管理和行政执法的超前指导作用。四是不利于建立行政法和行政法学体系,这一点是无须说明的。

二、行政法学的研究过程

行政法学的研究过程是就行政法学研究的逻辑顺序而言的,是指行政法学研究的起点、终点以及相互之间的关系。上面我们已经指出,行政法学研究的对象是行政法规范赖以存在的社会关系,因此在行政法学研究的顺序中首先涉足的是各种各样的社会关系,通过对社会关系的研究探索应当制定的行政法规范。[12]应当制定的行政法规范确定以后,就转入对行政法规范进行组合的研究,既要构架什么样的行政法规范体系,采取什么样的行政法规制方式,还包括行政法规范本身的宽度与长度。行政法规范产出以后就进入下一阶段,即将行政法规范拿来进行社会控制。行政法调整行政管理关系的过程、规范行政主体和行政相对人的行为就是这种规制过程的具体表现,规制过程从外在形式上看似乎是法律操作层面的问题,但作为行政法的研究而论则可以成为一个独立的研究阶段,它既构成了对已制定出的行政法规范的反馈,又有利于为行政法进行社会控制提供理论依据,行政法学研究的这一逻辑过程可以用图式表示:

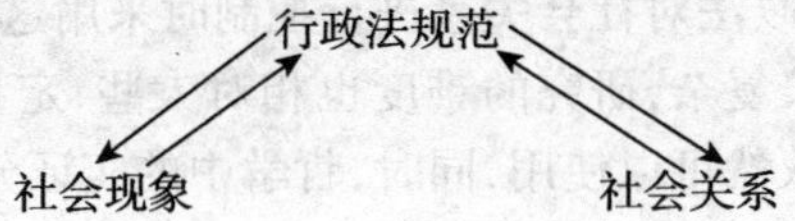

在行政法学研究过程的这个图式中,其中社会现象和社会关系是最为根本的,也是行政法学作为一个学科的具体研究对象,行政法规范只是研究过程中的中间阶段,但它具有承上启下的作用,正是通过行政法规范将社会现象和社会关系合理地连接起来。上列过程也是一个不断循环的过程,从社会现象到行政法规范,再从行政法规范到社会关系,然后又从社会关系反映到行政法规范,再从行政法规范返回到社会现象。这样循环往复,整个行政法的废、立、改就在行政法学的这种研究顺序中不断地交织运行。[13]

三、不同的研究方法和手段在不同研究环节中的分配

行政法学的研究过程虽然是一个循环状态,但在这个循环状态中可以分成若干环节,第一个环节是对社会现象进行观察,通过观察认识各种社会现象的状况和发展格局。第二个环节是将已经观察的社会现象上升为行政法规范,推论出需要制定的

行政法规范的类型和数量。第三个环节是对行政法规范进行加工处理,设计调整社会关系的具体行为规则。第四个环节是用行政法规范对社会关系进行调控,这一环节可归之于行政执法的概念之下,也就是说对行政执法的研究就是此一研究环节的内容。第五个环节是寻找行政法规范与社会事务、社会关系之间的反差。法律规则一般具有稳定性的特点,而稳定性同时与滞后性联系在一起。社会事务并不因为法律规则的稳定性而不发生变化,恰恰相反,社会事务和社会关系始终是一个非常活跃的事物,社会事务的活跃性与法律规范稳定性的反差是法律规范不断进行废、立、改的理论前提。上述五个环节决定了行政法学的研究方法是多元的,任何单一的研究方法都不能适应行政法这一复杂的社会现象。具体而论,不同的研究方法将在不同的研究中运用,不同的研究需要由不同的研究方法来支持。在第一个环节研究现象时,统计的方法和分析的方法显得非常重要,因为社会现象的观察必须做到第一手材料的准确性,若没有精确的统计,没有精确的量化标准,行政法后续问题的研究就失去了客观基础。第二个环节可以采用综合分析的方法,对复杂的社会现象进行提炼,通过分析与综合游离出需要制定的行政法规范的状况。第三个环节由于牵涉对行政法规范本身的设计,包括规范的类型、规范的具体内容等。因此,在这一环节中,结构主义的方法、功能主义的方法便是不可或缺的,因为除去社会现象、社会关系等客观因素,行政法规范可以作为一个独立的存在物,这是科学概念中的后果部分,即知识体系部分,用结构主义、功能主义对行政法规范的体系以及这一体系发生作用的状况进行构造是必须的。第四个环节可广泛采用信息论、系统论、控制论等方法,包括老的信息论、系统论、控制论和新的信息论、系统论、控制论,这些理论是进行现代社会控制所必需的,那么在行政法对社会关系进行控制时采用这些方法就是最为合理的。第五个环节相对来讲比较复杂,研究的难度也相对大些,定量分析的方法、分解与综合的方法在这一环节上依然可以使用,同时,哲学中的实证分析方法和证伪法也可以在这一研究环节运用。

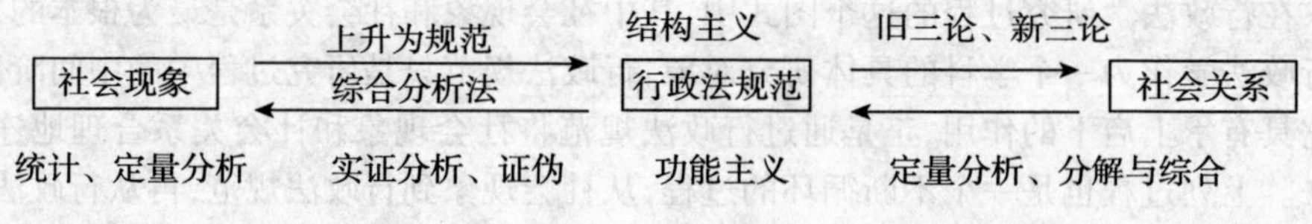

第三节　比较行政法学

一、比较行政法学的任务

比较行政法学[14]在我国处于一种迷惘、朦胧,甚或不知所措的状态之中,造成这种状态的根本原因之一在于学者对于比较行政法学应当承担和所要承担的任务有所不明,试想一下不知道自己任务的学科将会如何发展。基于这一事实,我们认为在我们需要澄清的所有比较行政法学的问题中,比较行政法学的任务当推首位。而目前所有比较行政法学的教科书和专著没有一个提到比较行政法学的任务问题,甚至连比较行政法学的作用、对象等也没有提到,无论是自认为宏观比较的著述也好,还是自认为微观比较的著作也罢,有的第一章就排列一个国家的行政法问题,若全书有20章就排列20个国家的行政法资料,有的开始就对所比较的内容下定义。这种不澄清任务、功能、对象的所谓比较行政法学必然陷于迷惘。遗憾的是,与比较行政法学相关的比较法学、比较宪法学的著述中也没有讲到其任务问题,[15]这样使作者对这一问题的探讨更加具有难度。幸运的是,一些比较法教科书揭示了比较法的功能,但是一方面其关于功能的表述不完全一致,另一方面功能和任务并不是同一意义的东西,最多只能说二者具有一定的联系。有学者将比较法的作用概括为下列诸点:"立法中的作用",即"通过对不同国家法律的比较研究,既加深了对外国法律的认识,也有助于对本国法律的进一步了解和改进"。[16]"执法、司法和律师业务中的作用"就是对司法实践的作用。"协调各国法律的作用",这对我国法律同世界法律的趋同有非常重要的意义。"法律教育和法学研究的作用"等。还有学者认为比较法的作用由下列方面构成:"比较法可以推动法律思想和法制史的研究";"比较法有助于改进国内的立法";"比较法有助于各国之间外交关系的发展和促进国际协议的达成";"比较法在对外贸易中有重要的实际用途";"比较法有助于提高法律教育的质量"等。[17]上述观点不是对比较法任务的表述,但其所揭示的内涵对于我们探讨比较行政法的任务有间接的借鉴意义。笔者认为,若从深层次观察比较行政法学则有下列任务:

(一)寻求行政法价值上的共性

行政法的概念和行政法治的价值体系在各国表现出了极大的差异,学者们在对行政法进行比较研究时也都热衷于探讨这种差异性。首先,区分资本主义的行政法和社会主义的行政法,而且对两种不同类型的行政法的价值观也各有表述。如有的教材认为:"资本主义国家的行政法即现代意义的行政法,虽然同奴隶制国家的行政法和封建制国家的行政法在形式和内容上都有区别,但它们都是建立在生产资料私有制基础之上的上层建筑,它们都把国家同人民对立起来。"[18]而"社会主义国家的行政法,是在共产党领导下的工人阶级和劳动人民意志的体现,它是为维护广大劳动人民的利益服务的"。[19]其次,区分不同法系的行政法,一般分为英美法系的行政法和大陆法系的行政法。如有学者认为英美法系的行政法"为了应付发展所引起的社会问题,还需要制定大量的法律,议会由于时间、技术等方面的原因,不能满足这种需要,不得不授权行政机关制定规范性文件,以补充议会立法的不足"。[20]也就是说,委托立法是英美法系行政法的特征之一。"司法审查制度得到了丰富和充实,即加强了司法对行政的控制,一切政府部门的行为都要受普通法院的监督,普通法院有权对行政机关的行为进行合法的审查,英国行政法在以委托立法、行政裁判所和加强法院对政府越权和滥用职权行为进行司法审查为核心内容的体系下发展起来。"[21]而大陆法系的行政法"在法律体系下,大陆法系行政法属于公法,而且有一套专门的行政法规则,构成一个独立的法律体系。""在处理与解决行政案件上,适用行政法规则为原则,适用一般法律原则为补充和例外。""有关裁决行政案件的司法体制上,大陆法系国家没有独立于普通法院之外并与其并列的自成体系的专门行政法院来管辖。"[22]最后,区分不同国度行政法的基本内涵。笔者认为,作为比较行政法学来讲,区分不同国度的行政法并对各种不同类型的行政法价值作出判断是应当的,但这不能成为比较行政法学的任务,其最多不过是比较行政法学在完成其根本任务过程中的一个准备工作而已。价值上的相异性常常是不需要进行比较的,因为各国行政法由于受人文环境、政治制度、法律体系、价值观念等的影响其具有不同的价值是必然的,而且这些不同的价值是明明白白地写在宪法和其他行政法文件之中的,研究者无须进行比较人们也是非常熟悉的。如古代的行政法侧重于对公众的管理,近代的行政法侧重于控制政府权力,而现代的行政法侧重于实现全面法治是不需要论证我们就清楚的事实。因此,比较行政法学的第一任务就在于寻求行政法价值上的共性,即从复杂的、多元的行政法价值中探讨成为共性的那些东西,对于一国的行政法治而论,正是这些价值上的共性东西具有意义。这些共性的东西可以粗略地概括为许多方面,如行政法是调解和缓和冲突之法、行政法是解决行政权公民权关系之法、行政法是以立法权对行政权进行有效制约之法、行政法的体系是一种多元的层次结构等。行政法价值上共性东西的研究,可以说到目前为止还处于起步阶段,还需要学者们百倍努力。此一任务对比较行政法学提出了非常高的要求,排列式的比较行政法学、评说式的比较行政法学当然完成不了这一任务。

(二)寻求行政法规范构成上的可贯通性

关于行政法的法律规范,有三个重要的理论和实践问题应当引起重视:一是行政法规范的总体构成问题,即什么样的法律规范归于行政法规范的体系之下(该问题也许与行政法的概念、本质、价值等有关)。从目前我们能够看到的行政法典看,其内容的差别如此之大,以致有多少版本就有多少不同的行政法典体系,如《美国法典(宪法行政法卷)》所汇编的行政法规范主要有"行政机关总则"、"文职人员的职责和责任"、"雇员"、"外籍人和国籍"、"人口普查"等。[23]而《世界各国法典选编(行政法卷)》所编纂的法典与美国行政法典汇编内容差别很大,如其中包括了下列几个比较特殊的法典:《丹麦新闻法》、《法国出版自由法》、《美国私人秘密法》、《苏维埃社会主义共和国联邦国民仲裁法》、《日本政治资金调整法》等,这些规范也许在美国人眼里看来不是行政法规范的内容。《外国法规与案例评述》中所编纂的法典则是另一种状态,如1676年的《英国人身保护法》、1971年的《英国行政裁判所与调查法》、1948年的《美国联邦司法审查法》、1978年的《美国政府行为道德法》、1982年的《韩国行政监督法》、1948年的《日本行政执行法》等,其与上述两者又存在较大的差别。

《中华人民共和国现行法律法规及司法解释大全》[24]其中的“行政法编”则按下列次序排列了主要的行政法规范：“内务、行政、司法”、“监察人事”、“民政”、“宗教”、“档案保密”、“教育”、“科学技术”、“文化、体育”、“医药卫生”、“工商行政管理”、“国有资产”、“物价”、“交通通讯”、“海关”、“电力、机电”、“质量、计量标准”，而这些内容与国外所编的行政法典的内容有天壤之别。总之，行政法规范大系统中何者应包括在其内，本身就是一个需要通过比较求证解决的问题。二是行政法的法典问题，行政法能否制定出一部像刑法、民法那样的完整法典一直是学者们关注的。“行政法典的制定既具有实用价值，故近数十年来各国政府机关或学术机构均不断尝试克服各种困难致力于草拟甚至制定完整的或局部的综合性统一行政法典。至于各种类别行政法规汇编的编纂工作，因与实际行政业务关系更为密切，所以更为普遍。”[25]尽管行政法有法典化的强烈要求，有法典化的趋势，但就目前行政法的体系构成和行政法的发展状况看，行政法的法典化在近期之内是难以实现的，然而，行政法规范的日益完善则是铁的事实。三是一个单一的行政法规范应由哪些内容构成，笔者有意识地翻阅了其他部门法，发现在其他部门法律，同一类型的法典在不同国家表现出极大的相似性，如《中华人民共和国刑法典》与其他国家的刑法典在内容和结构上的反差并不大。而在行政法的单行法典中，同一名称的法典在内容上的差异却非常惊人，如1946年的《美国联邦行政程序法》与1993年的《日本行政程序法》其内容差别之大，使你甚至无法确定什么称为行政程序，什么称为行政程序法。行政法规范上述三个方面的问题既是具有强烈理论意义的问题，又是行政法治实践问题。对于一国行政法学理论和行政法治实践而言，上列问题必须解决。理论上的解决当然是重要的，而关键的问题在于不同国度之间法律规范有无可以相互贯通的地方。强调中国特色是中国学者和中国法律工作者最乐意提到的，然而，比较行政法学的任务不在于对各不同国家的行政法规范确定特色，更不在于通过比较肯定中国特色。若将任务限于确定和观察特色，这种比较就仅仅只有非常虚假的理论意义，而没有实实在在的现实指导意义。可以毫不犹豫地讲，比较行政法学对于行政法规范的完善而言，其意义就在于探索各国行政法规范之间的可贯通性，一是规范体系上的可贯通性，即行政法规范在总体构架上各国之间的贯通关系。二是某一单一法律规范中内容上的可贯通性，如行政程序中的回避制度在1946年的《美国联邦程序法》、《奥地利行政程序法》，1992年的《西班牙行政程序法》、《德国行政程序法》中都有规定，[26]甚至关于回避的细节规定也非常相似，表明其在这一制度建立中的贯通关系。“当今世界的最重要的主题是发展，这恐怕已经成为大家的共识。发展是多方面的，影响发展的因素也是多方面的，并且无论是发展的方面还是影响发展的因素，有时候还往往纠缠在一起。其中的全球化和地方化，就是当今最为典型的两大发展趋势……如能够适应这两个方面的趋势的挑战，就能够抓住机会，化解因此而引起的风险，就能实现持续发展。”[27]我国加入世贸组织以后，行政法必然有全球化之趋势，只有在对行政法规范可贯通性进行深入的比较研究以后，才能使行政法承担国际化职能。

(三)寻求行政法调整手段上的相异性

比较行政法学的第一任务是探索行政法在价值上的共性,也就是说,共性在价值方面具有非常重要的意义。但千万不能因此得出结论,认为比较行政法的任务就在于探索共性。比较行政法是以多样性、多元性为基本特征,其建立在多样性和多元性的基础之上,如果离开了这两个属性,比较行政法就会失去其存在的基础,也会失去其意义。广言之,通过比较可以打破某种一统天下的不良状态。正如恩格斯在1891年6月13日写给考茨基的信中所指出的:"目前出现了新的因素,有了从事比较法律学的法学家,尽管他们有消极的方面,但或许可以击破这个老朽的小集团。"[28]恩格斯非常生动地表述了比较法对于一统化冲击的意义。因此,对相异性的探讨比较行政法责无旁贷。但是,无论如何,比较行政法学中对相异性的探讨最重要的意义体现在行政法的调整手段上。如果把行政法作为一个事物来看的话,其具有质的规定性,又有一定的不确定成分,其质的规定性也就是价值上的共性,其不确定性也就是调整手段上的异质性。手段是一种方法,是行政法实现其功能过程中采用的具体的行为模式。而作为方法而言是没有优劣之分的。以足球比赛为例,无论你愿意以什么方法将球攻进对方球门,只要进球,方法也就显得不重要了,不论什么方法都是球迷可以认同的。然而,在比较行政法学中,有一种趋向在调控手段的比较上常常加进了一些价值判断,人为地贴上了某种标签,如有人对行政法中各国送达程序评价时这样写道:"加拿大和英美两国一样都规定了对外国国家的送达程序,但在具体方式上加拿大与英国相似,而与美国不同。加拿大与英国都规定,在没有条约和其他协定的条件下,法院只能通过本国外交部将有关法律文书送达外国国家。而美国在这一点上法院有权不通过外交途径直接将有关法律文书寄给外国外交部长。美国的这种规定实际上确定了国内法院对外交使节的传唤权,这是违反国际习惯的,于国际法上是毫无根据的。"[29]这是一个比较典型的对于方法带有偏向性的评价,送达作为一种方法是可以采用的,只要外国愿意接受,美国的送达同样是方便可行的。行政法在调整方式上的丰富多彩也是一国的比较行政法学通过比较应予以领会的。以几个行政法治比较发达的国家之行政法而论,其在调控的手段上各有特色,如法国行政法中有关行政组织的内容非常具有特色,难怪莫里斯·奥里乌在《行政法与公法精要》一书中几乎用了1/3的篇幅,大量介绍行政组织的内容。[30]当然,法国行政法中有特色的还有其行政诉讼制度。美国行政法中有特色的则是行政程序制度。《美国行政法》一书中关于美国的行政程序足足讲了8章,其篇幅远远超过了对美国行政法中其他问题的介绍。[31]而英国行政法中有特色的是其司法审查制度,《英国行政法》一书中总共15章,司法审查占了3章,占1/5。[32]日本行政法中有特色的则是其行政作用问题,包括行政计划、行政立法、行政行为、行政契约、确保履行行政法上的义务的手段等。各国有特色的内容在他国也可能有一些,但其完整程度则远不如它,甚至在同一个制度中各国也往往利用不同的手段进行调控,以对行政行为的控制为例,英国从自然公正和越权理论出发,确定相应的行为制度,并为司法审查提供依据。而日本则通过有机联系的行政救济法对行政行为进行救济。美国则是通过完整的程序规则从内部和外部两方面加强对行政行为的规制等。各国行政法中调整手段的差异是我国比较行政法学必须予以进一步研究的。正如前述,由于手段或者方法是中性的,其中许多地方可以互相借鉴,甚至拿来直接为我所用。通过这种借用对我国行政法治有百利而无一害,如《中华人民共和国行政处罚法》在决定程序中设定了听证程序,而且在现实中取得了比较好的效果,而该制度就是从其他国家的行政法调整手段中借鉴过来的。同样,该制度在我国还存在一定的问题,如适用面过窄等,同样是由于没有完全借鉴所造成的。寻求行政法调整手段上的差异性是比较行政法学最为实惠的任务。

(四)寻求行政法历史发展的连续性

比较行政法的比较范畴有下列情形:一是横向比较,即在一个平面上对不同国家、不同地区、一个国家的不同地方[33]的行政法进行比较研究。横向比较在比较行政法学中占有非常重要的地位,目前我国比较行政法学的范畴也大多在于此,尤其侧重对不同国家行政法问题的比较,甚至有些人把比较行政法学仅限于国与国之间的比较,国内出版的比较行政法著作都是以国与国之间的比较为对象的。区域之间的比较近年来也有所发展,如对台湾地区和大陆行政法问题的比较,对大陆和港澳行政法的比较等。二是纵向比较,即以时间而不是以区域为比较参照系,遗憾的是这一比较在我国似乎没有将其归于比较行政法学的范畴,但这一方面的比较研究成果应当说还是很具规模的。早在20世纪80年代初期我国出版的第一部统编的行政法学教材中就对奴隶社会的行政法、封建社会的行政法、资本主义行政法等进行过比较,其中的许多评述非常精简,如“这说明奴隶制国家早就有了管理国家行政的规章制度。只不过当时这类规章制度的内容多是关于国家组织制度方面的规定”。[34]“我国封建时期行政法有如下一些特点:(1)诸法合体,民刑、行政不分;(2)皇帝操纵一批封建官僚行使行政大权,形成一套等级森严、机构臃肿的官僚制度;(3)地方行政机构,省以下都不设专门的司法机构,即由府、州、县行政长官兼理,并只对皇帝负责;(4)中央集权封建君主专制鼎盛时期,出现了比较完整的行政法典,但只是对行政机构职掌以及官吏任免奖惩等规定得比较完整。”[35]三是横向与纵向的交叉比较,即在以区域为比较的基础上划出不同区域行政法所处的历史阶段,或者在纵向比较时,确定某一特定类型的行政法所归入的法律类型。在上述三种比较中,其中后两种极有利于探索行政法历史发展的连续性。由于我国在社会形态上属社会主义制度,被认为是到目前为止人类最先进的社会制度,而我国行政法的水平则落后于比我国社会形态落后的国家,这样就使我国行政法处于一个比较尴尬的境地,正是这种境地使诸多学者在研究行政法的历史时,人为地割断了我国现行行政法与其他不同类型行政法的历史联系,如有人认为奴隶制的行政法、封建制的行政法、资本主义行政法“都是建立在生产关系私有制的基础之上的上层建筑,它们都把国家同人民对立起来。这一点,三大剥削阶级的行政法是完全一致的”。[36]当然,依这种表述,我国的行政法只能全然从零开始,而社会主义制度以前的行政法又没有质的区别。其实列宁早就指出:

"为了解决社会科学问题,为了获得正确处理这个问题的本领而不被一大堆细微争执意见所迷惑,为了用科学眼光观察这个问题,最可靠、最必需、最重要的就是不要忘记基本的历史联系。"[37]比较行政法学把寻求行政法历史发展的连续性作为任务是非常关键的。它可以澄清下列问题,即行政法是静止的还是发展的问题,就是说一国行政法制度是在静止的基础上建立起来并长期保持这种状态呢,还是在先前历史的基础上形成的并进一步发展的问题。如果不以寻求历史发展的连续性为任务就必然陷入前者的泥潭中,反之,则会得出后者的结论。而后一种结论对于完善一国的行政法治是必需的;行政法有无最高阶段的问题。若从历史联系的角度观察行政法,我们将会发现行政法是没有最高和最后阶段的,任何被称为先进的行政法都是相对先进而已,而绝对的先进是不存在的;我国行政法对于国外发达国家行政法的态度是有问题的。如果探讨行政法的历史连续性并认为行政法有继承性,那么,我们大胆吸收和借鉴先进国家的行政法制度就是无可非议的。事实上,一些国家在行政法治方面有诸多非常先进的东西,由于人为地割断历史联系,或者由于抱有某种价值观念,使我们常常对这些先进的东西望而却步。[38]

二、比较行政法学的体系构架

要给比较行政法学一个满意的体系构架,必须对比较法学的体系作个简单的介绍。笔者认真阅读了六部重要的比较法学著作,发现其在比较法体系的构架上大同小异。《比较法研究》一书所构架的体系包括:"民法法系"、"普通法系"、"欧洲联盟法律,英国法律"、"俄国历史上的法律,前苏维埃社会主义法律,俄罗斯法律"、"当代中国社会主义法律"。该体系构架是以法律的地缘和国家形态为基点的,而此种构架方式早已不是太新鲜的东西。[39]德国法学家茨威格特的《比较法总论》[40]则构架了这样的体系:"罗马法系"、"英美法系"、"德意志法系"、"北欧法系"、"社会主义法系"、"其他法系"。该构架尽管加进了法律规范的特征等特点,但从总体上讲仍然是以地缘为基点,其在考虑历史因素时也以地缘为基础。《比较法学》[41]则构架了"大陆法系"、"美国法系"、"伊斯兰法系"等,也没有超出地缘构架的圈子。日本早稻田大学比较法研究所的大木雅夫的构架具有一定的创新性,其将比较法的体系分成三大块,即"法圈论"、"法典论"和"法学家论"。[42]这样的构架超越了前面几种构架方式,其不再简单地以地缘和时间联系为基点构架比较法的体系,而是以法圈、法典和法学家这样较为微观的东西进行构架,是值得比较行政法学的体系构架借鉴的。另外,《法哲学经纬》[43]从经和纬两个方面介绍法律哲学的构架方式也有一定道理。总之,上述关于比较法的体系构架都具有一定的片面性或不完整性,因为作为比较来讲,只要有可比性都可以比较,正如茨威格特所言:"比较,可以在同一个国家的法律秩序之内的不同的规则之间进行,如在德国民法典的不同条款之间进行比较。"[44]故此,可以说以区域为基础的比较、以时间为序的比较、以法典为基础的比较等都不能构成比较法的完整体系,都只能是比较行政法的体系之一。我国比较行政法学也许是受了比较行政法体系构架的影响，也常常以法系、法律类型、地缘、历史、法典等为基础进行构架，如目前的《比较行政法学——二十国行政法评述》、《行政程序法比较研究》等都是以不同国家的行政法规范为基础构架比较行政法学体系的。这样实际上所构架的比较行政法学体系只能算是比较行政法学一个非常小的分支，若将其称为比较行政法则显然不妥。笔者认为比较行政法学的体系应包括下列构成要素：

(一)比较行政法的普遍比较研究

这是比较行政法学最基本的体系构成。我国到目前为止还没有能称得上是普遍比较的比较行政法体系，只有一些零碎的普遍比较的问题。该体系的范围主要包括对行政法定义的比较，“各国行政法学者一般是从各种不同的角度，按照不同的目的，甚至有的还是站在完全不同的立场上来给行政法下定义，来阐明行政法的基本概念的。他们有的按照行政法的法源来表述它的定义，有的又按行政法的调整对象，或行政法规定的主要内容，或行政法在法律体系中的地位和作用，或行政法的性质和特征来表述它的定义。例如，有的说行政法就是行政管理法，有的说行政法就是行政诉讼法，有的又说行政法包括了行政组织法、行政行为法和行政诉讼法，还有的说行政法是监督政府的法而不是建立政府的法；有的说行政法是公法不是私法；有的说行政法与宪法不一样：宪法是关于国家机构组织的静态的法，行政法则是关于国家机构活动的动态的法；有的说行政法是行政法规范的总称，有的说行政法是行政法规的总称”。〔45〕这是通过普遍比较而对行政法定义所作的一个总括。普遍比较研究还包括对行政法理论基础的比较研究，此种比较研究可能是一国之内的，更可能是超越国界的。如有学者就对行政法的理论基础作了比较研究，其列举了国内数种关于行政法理论基础的论述，评价道：“管理论、控权论和平衡论都没有按这一历史唯物主义的基本原理来解释行政法，相反将行政法本身的特征和功能认定为行政法的基础；并以此来解释行政法现象。因此，管理论、控权论和平衡论是非科学的。”〔46〕普遍比较研究还包括对行政法价值的研究，〔47〕笔者指的价值研究是指超越国界和历史界限的价值研究，而不是某个单一国家的价值研究。普遍比较研究还包括对行政法模式的比较研究。笔者在《行政法模式转换研究》一书中采用纵向的历史定点比较研究方法对我国计划经济体制下的行政法模式和市场经济下的行政法模式作了比较研究后指出，计划经济模式的行政法“突出行政权的行政法本位，强调行政优益权，行政法体系的二元结构等”。〔48〕市场经济下的行政法模式则是“参与主义的行政立法”、“行政行为的标准律”、“全面听证的程序规则”、“监督机制化”等。总之，普遍比较研究从研究主题来讲是有关行政法的根本理念的，从比较范围来讲是多元交叉型，绝对不能局限于国与国之间的比较中。在我国普遍比较研究的概念并不明确，该研究的体系构架并没有引起学者们的关注，因而普遍比较研究还是不成系统的研究。但这一框架必须构架起来，因为它是比较行政法学体系的支柱性构架。

(二)比较行政法的体系比较研究

这是以行政法体系为对象的比较研究构架，显然，该构架以地缘和行政法的法典为基础,并设计了一个比较行政法学的体系。在我国目前有两种设计模式:一个是《比较行政法》中的设计模式,上面已经指出该模式由于侧重行政法学体系的一般问题,因而比较行政法学的特点不浓,但无论如何作为一种模式它可以为我们提供新的构架思路。该模式的基本设计是"行政法基本原理比较",其中比较了行政法的概念、行政法的产生背景与过程、行政法的渊源、行政法的理论基础、行政法律关系等;"行政组织制度比较"包括行政组织和行政组织法基本问题、中央政府行政组织、地方政府行政组织、中央与地方行政组织的关系、国家公务员制度等比较;"行政权运用制度的比较"包括行政立法、行政指导、行政合同、行政许可、行政处罚等比较;"行政程序法比较"包括行政程序法的概念与历史发展、行政程序法的理论基础、行政程序法的基本功能等的比较;"行政法制监督制度的比较"包括行政机关的内部监督、立法机关的监督、司法机关的监督、社会监督等比较;"行政救济制度比较"包括行政复议制度、行政诉讼制度、行政赔偿制度等比较。这一体系构架的因素是借鉴了行政法基本原理的体系,而没有使比较行政法学成为一个独立的体系,这说明体系比较研究在我国同样是很落后的。另一个是《比较行政法学——二十国行政法评述》中的模式设计。该模式对比较行政法的体系比较研究是以各国的行政法典和行政法制度为基础的,如该书构架了以中国为首的二十国的行政法规范和行政法制度。另外,比较法理论中以法系建立比较法体系的研究对象值得在比较行政法中推广,我国除个别教材对不同法系的行政法作了比较研究外,再没有发现相关行政法法系的比较研究。体系比较研究应当说有非常好的发展前景,因为我国学者对外国行政法的介绍性著作已经比较多了,[49]只是这些介绍由于仅限于某一个国家,因此尚不能归入比较行政法的体系范畴之中。一些学者也翻译了大量的外国行政法著述,[50]但其仍然没有比较。但是,这些有体系的外国行政法的内容对于我们进行行政法体系的比较研究非常重要,起码我们不再为缺少有关体系的资料而发愁。我们所要做的是将这些各自的体系变成体系性的比较行政法学。

(三)比较行政法学的规则比较研究

规则比较研究在比较行政法学的体系构架中是不可缺少的,甚至可以说它是比较行政法体系中最具有实质意义的比较。其对象是不同国家、不同时期、不同内容的行政法规则,如有人对不同国家的防止贿赂法进行了比较,并发现其诸多规定完全相同,如《新加坡防止贿赂法》规定"'报酬'包括:……金钱,或者任何礼品、货款、费用、酬金、佣金、有价证券或者其他财产或者任何形式的财产性利益,不论其是否动产或者不动产;……"[51]1889年《英国公共机构贿赂法》规定:"任何人,通过自己或者任何其他人,或者与任何其他人共同贿赂为自己或者任何其他人索取、接受,或者同时接受任何礼品、货款、酬金、报酬或者好处,以诱使或者回报或者以任何这种类似方式酬劳本法所说的公共机构的成员、官员或者雇员,在有关任何事务或者交易中办理或者被放弃办理任何事项,不论其是否实际办理或者打算办理,均应当构成轻罪。"[52]其他国家的此类规则亦基本相同。皮纯协教授对行政公开化中的说明理由规则进行了精辟的比较研究："行政决定必须说明理由，已成为现代法治国家公认的一项原则。在英国，说明理由被视为行政正义的一个基本要素，韦德教授认为给予决定的理由是正常人的正义感所要求的，是所有对他人行使权力的人一条健康的戒律。在法律规定上，各国行政法对法都作了规定。如《德国联邦行政程序法》第39条规定：'以书面作出或以书面确认之行政处分，应以书面说明理由。官署应于理由中说明其决定所考虑之事实或法律上之主要理由。有关属于裁量决定之理由中，亦需说明其行使裁量权的着眼点。'《日本行政程序法》第8条和第14条分别规定了对申请所为处分和不利益处分的理由显示，如第8条规定：'行政机关驳回许可等请求之处分时，应同时对申请人明示该处分理由。'在葡萄牙，说明理由还是宪法所规定的一项义务，其宪法第268条第3款规定：'……行政行为……如涉及的权利和受法律保护的利益，应说明理由。'法国没有制定行政程序法典，但1979年7月11日制定的《行政行为说明理由和改善行政机关与公民关系法》规定了下列两种行政决定必须说明理由：一是对当事人不利的具体行政处理；二是对一般原则作出的例外规定的具体决定。英国的《行政裁判所和调查法》规定在当事人请求时，行政裁判所的裁决和部长公开调查后的决定必须说明理由。"[53]此段关于规则的比较研究是非常经典的，通过简短的比较让人们对行政行为说明理由的规则一目了然。在规则比较的范畴中不要人为地去筑构体系，因为规则比较只是比较行政法学体系中的一个分支，事实上对规则建立体系是永远也不可能做到的。

（四）比较行政法学的个别比较研究

个别比较研究与规则比较研究似乎是同一范畴的东西，其实二者是有所区别的，个别比较研究的对象是行政法中的个别问题，而这些个别问题既可能是规则也可能是规则以外的其他行政法问题。在我国的行政法学研究中，个别比较非常多见，只是比较行政法学研究者忽视了此方面的问题。笔者查阅了国内绝大多数行政法学教材和专著，其中几乎无一例外地包含着对行政法问题的个别比较研究，而且此类研究在诸多方面对我国行政法学和行政法治贡献甚大。如第一部统编教材在对行政强制执行进行归类时就是在广泛比较的基础上形成的。[54]我国行政法学中的任何一个重要问题都与个别比较研究有关，以公务员制度为例，有著述这样写道："现代意义的公务员制度，形成于19世纪中后期。首先在法国、英国、美国等西方发达资本主义国家出现。它是资本主义政治制度的产物。它在沿袭封建官吏制度的过程中，有了不少重大的发展，主要是职位分类制度的发展、公务员管理的统一化、激励与监督制度的完善等方面。"[55]以行政主体概念为例，"在法国，行政主体是个法律概念，是指具有行政权能，并能负担由于行使职权而引起的权利和义务的主体。它包括：(1)国家；(2)大区；(3)省；(4)镇；(5)公务法人。英国行政法学所指行政主体，虽然范围与法国相比略有区别，但含义基本相同。在我国，行政主体特指能以自己的名义实施国家行政权(表现为行政管理活动)，并对行为效果承担责任的组织"。[56]以行政行为为例，"近两年来，世界各国的行政法学者，根据不同的目的、要求，从不同的角度，对行政法理论中的行政行为,进行了各式各样的分类,创造了一大批关于行政行为分类的概念。例如,行政法上的事实行为、行政法上的法律行为、形式意义上的行政行为、实质意义上的行政行为、抽象行政行为、具体行政行为、行政法上的单方行为、行政法上的双方行为、行政法上的多方行为……"[57]以行政立法的概念为例,"自19世纪中期以后,严格的分权制度开始发生变化。英国1834年修正的济贫法规定,执行济贫法的官员可以制定和发布他们认为适当的规程、规则和命令,从此开行政立法(授权立法的一种)的先河。之后,行政立法数量逐年增加。到19世纪末20世纪初,行政立法的数量每年达一千多件,至20世纪中期,行政立法的数量每年达两千多种,相当于议会立法的30倍以上。在美国,最高法院亦在19世纪即有人承认授权立法的合法性"。[58]正是这些浩繁的个别比较研究使我国的行政法学体系逐渐走出了低谷。遗憾的是,个别比较研究在一些人眼里视而不见,尤其一些构架比较行政法学体系的学者常常将此排除于比较行政法的范围之外。作为比较行政法学者而言,应当尽早清理此类研究使个别比较研究迅速回归于比较行政法学的大系统之中。

(五)比较行政法学的案例比较研究

案例或者案件在部门法中的地位是无须证明的。如果一个部门法或部门法学没有案例的支持,其便是非常抽象和空虚的。我国学者近年来已经比较重视对案例进行编纂和评说,全国已公开出版了数本行政法案例教材,[59]其中的一些案例很具代表性和典型性,一些学者对案件的评说也很有理论价值。外国的行政法案例也引起了我国学者们的重视。《外国行政法规与案例评述》一书介绍并评说了5个不同国家的128个行政案例,这无疑对我国比较行政法学来讲是一个重大贡献,但是该书仅注重于对各案件的介绍和评价,而没有对不同国家的相似案件进行比较。作为行政法的案例来讲,其是有绝对的可比性的。笔者可以随手举出3个不同国家的几乎完全相同的案件:1994年在韩国的汉城出现了一起大桥垮塌事件,一辆汽车在从汉城的一座大桥上经过时,该桥垮塌,40余名员工死亡。1997年印度孟买两列火车相撞,造成200余人死亡。1998年在我国重庆市的綦江县发生了一起大桥垮塌案件,40余名行人从大桥通过时,大桥突然沉入江中,致40余人死亡。而这3起案件在处理过程和责任分担方面却表现出了极大的不同,只有通过比较才能寻找出其中的区别,如汉城案和孟买案发生后,汉城市长和孟买市长都首先承担责任,而且是主动承担责任。而发生在重庆的大桥垮塌案,该市的行政首长却似乎没有任何责任可承担,綦江县的行政一把手亦迟迟不愿承担责任。通过对这3起案件的比较我们不难发现,我国行政法中的责任制度似乎没有外国的健全。外国一些案例的处理方式对我国的借鉴意义非常大,一些案件在我国是非常普遍的,但由于法律不完善而无法处理,如每年都出现的游泳场或游泳池淹死公民的案件,似乎没有政府承担责任的根据,而法国的一个同样案例其处理结果却是发人深省的。这是法国行政法院于1983年5月13日判决所形成的一个判例。巴特利克先生在什卡仙湖游泳时被淹死,该湖被瓦戴赫省的省长规定划为"自由"泳场,由于该湖未被列入整治范围区,也就没有设置特殊安全装备。巴特利克夫人认为对于她丈夫的死国家应承担责任，便提起了诉讼，并要求予以赔偿。行政法院判决原告胜诉，“判决认为，对于自由泳场，即未经整治的游泳场，一经成为频繁光顾的场所，其所在市镇就必须采取必要的措施，在发生事故的情况下能够迅速救护”。[60]我国的行政案件已经有了丰富的素材，外国的行政案例也并不匮乏，而所要作的就是对同类案件进行比较研究。这一比较范畴的开发程度对我国行政法规范的制定和行政法治水平的提高有决定性意义。

（六）比较行政法学的区际比较研究

笔者此处所讲的区际比较研究不是国与国之间的比较研究，而是指一国不同地区之间行政法问题的比较研究。例如，在联邦制国家不同州之间行政法问题的比较研究。我国的区际比较一是大陆与香港行政法之间的比较研究，应当说大陆与香港行政法之间的比较并不尽如人意，尚无一部此种类型的专著，甚至论文也很少见。二是大陆与澳门行政法之间的比较，虽然此比较引起了学者们的广泛兴趣，但该比较仍然处在发展阶段。香港与澳门的先后回归既为此二比较提供了良好机遇，又向行政法学研究人员提出了新的任务。三是中国大陆与台湾地区行政法之间的比较。这一范畴的比较近年来得到了迅速发展，取得了一系列成果。几乎对行政法中的所有重要问题学者们都进行过比较，如笔者在“海峡两岸行政法学若干问题比较”一文中就曾指出：“管欧在《中国行政法总论》一书中，对于行政法学中的每一个问题的表述都试图找到相应的法律规范，并以法律规范作为解释行政法概念的依据。其在40万言的著述中引用的行政法条文有数百处之多，而且引用了大量的司法解释和法院判决，这在大陆的行政法学教材中是没有过的。它对条文的引用采用两种方法，即论证过程中的引用和章节之后的引用。如在表述行政法关系主体之一‘国营事业’与地方公营事业组织时要求读者‘参照法院解释字第41号解释’。在论述‘行政处分废止效果’时，要求参照‘渔业法’第23条和第41条。几乎每一章之后都列举了大量的行政法规范。例如在‘行政罚’一章之后列举了数十个行政法条文，有的相当详细。”“在台湾单一结构的行政法体系中有一个关键性的问题，值得引起注意。这就是，他们把行政诉讼以及行政诉讼法的有关内容归于行政法学体系之下。此种归类方式与其对行政法概念的一贯理解是分不开的。”“台湾地区学者关于行政法学概念系统的使用有以下几点值得注意：一是其使行政法学中的概念更接近民法学、刑法学和其他部门法学，使行政法学中的概念尽可能体现法的特色。……二是其使行政法学的概念系统稳定化。这一点是很重要的。台湾地区行政法学的历史相当长，但在30年代、40年代、50年代形成的一些概念至今仍没有改变，保留了它以前的基本用法，这一特点为台湾行政法学的规范奠定了基础……三是行政法学概念的准确化。”[61]海峡两岸的比较研究对提高大陆的行政法治水平有较为独特的意义。四是内地地方行政法治与经济特区行政法治的比较，从20世纪80年代初我国设立若干经济特区，并于1992年和1994年全国人大分别授权深圳市和厦门市人大和政府制定地方性法规和规章以来，[62]特区行政法制有了区别于其他地区的特征，这些无疑是区域行政法比较的又一重要范畴。五是我国东部地区行政法与西部地区行政法的比较。自从西部大开发的战略决策作出后,法学研究人员就呼吁西部开发法律必须先行,那么对东部地区的行政法状况和西部地区的行政法状况进行比较无疑对提高西部大开发的法治水平有重要意义。

(七)比较行政法学的时段比较研究

时段比较研究是以行政法的时间段为对象的研究构架。应当说明,在比较法学和比较行政法学中以时间为对象的研究并不少,然而笔者发现以往的学者们对以时间为对象的研究却毫无例外地陷入历史研究的范围中去。历史的比较固然重要,但它不能成为以时间段为研究的核心,因为以历史为对象的行政法学的基本问题基本上都得到了澄清,甚至包括一些较为微观的东西。如"西方法系这个词是很有吸引力的,因为有些国家的法,我们不知该把它们划归这两个法系中的哪一个为好。它们的某些成分来自罗马日耳曼法系,而另一些成分来自普通法系。在这些两者并而有之的法中,可以一提的有英格兰法、以色列法、南非联邦法、魁北克法、菲律宾法"。[63]足见学者们对法史的研究与归类之精细。对于行政法之历史联系学者亦有完整论述。[64]目前我国比较行政法学的时段研究应确定如下具体范畴:其一,改革开放以来我国行政法治水平的时间段断代,并对各代之间行政法治的状况进行比较,如能否以法典出台的顺序划为若干个时间段,并对各时间段的行政法治状况进行比较,若以《中华人民共和国行政诉讼法》为核心断代,该法出台之前的十年和出台之后的十年行政法治状况就很有可比性。其二,改革开放以来我国行政法学发展的时间段及其各时间段的比较,如有人以行政法的统编教材的出版状况为标志,将我国行政法学分为第一代行政法学、第二代行政法学、第三代行政法学和第四代行政法学,那么各代行政法学的具体状况就有着非常大的可比性。其三,对行政法学和行政法状态的对应程度进行时间段的比较。笔者发现了一个很有趣的现象,如我国从1989年到2000年先后制定了《中华人民共和国行政诉讼法》(1989年4月4日第七届全国人民代表大会制定)、《中华人民共和国国家赔偿法》(1994年5月12日第八届全国人民代表大会制定)、《中华人民共和国行政处罚法》(1996年3月17日第八届全国人民代表大会制定)、《中华人民共和国行政复议法》(1999年4月29日第九届全国人民代表大会制定)、《中华人民共和国立法法》(2000年3月15日第九届全国人民代表大会制定)。这些行政法律文件之间肯定存在某种逻辑联系,如行政复议制度和行政诉讼制度就有着逻辑上的先后关系,但是在立法中行政诉讼法却先于行政复议法10年制定。这就说明行政法学的研究和行政法治实践在时间上的对应性不足。行政法学和行政法治对应性的比较同样是比较行政法学的内容。其四,不同行政法学研究方法在不同时段对行政法治水平作用的比较。笔者就曾指出:"在我国行政法学产生和发展的初始阶段,价值侧重行政法学占主导地位。一些学者把重点放在对行政法学体系结构的构想上展望行政法和行政法学的未来。以价值侧重方法的运用而言,尽管还不够完备,还没有吸收七八十年代以后社会科学研究的新的方法。然而,其确实已经作为一个完整的方法论来指导行政法学,最突出的反映在50年代和70年代末80年代初。此二时期,实证研究方法也得到了重视和运用,但始终没有占据主导地位,只是作为价值侧重研究的一种辅助。80年代中期以后情况发生了变化,原先没有得到足够重视的实证行政法学占据了统治地位,在行政法支系统、子系统中发挥着巨大的作用。而这一时期,价值侧重行政法学仅有极小的市场。"[65]

第四节 行政法学的体系结构

一、行政法的学科名称与开课模式

(一)课目名称的不同论点

关于行政法学科名称以及开课模式在行政法学界和行政法治实践有三种不同的观点:

第一种观点认为,[66]这一学科的名称以及开课模式应以"行政法"为基础。此论认为本学科的教学是对一国行政法实在制度的讲解,即以讲授一国现行行政法制度为本科教学的基本环节和内容,而不是上升到科学的高度对行政法规范进行预测和研究。如我国台湾地区学者所编著的行政法教科书都以行政法命名,如张家洋所著的《行政法》、翁岳生主编的《行政法》、张载宇所著的《行政法要论》、左路生所著的《行政法概要》等。台湾地区学者的行政法教科书几乎没有一个以"行政法学"命名。外国行政法学者所编著的行政法教科书绝大多数也是以"行政法"命名,如汉斯·沃尔夫所著的《行政法》、韦德所著的《行政法》、奥里乌所著的《行政法与公法精要》、施瓦茨所著的《行政法》,笔者注意到外国行政法教科书很少以行政法学命名,若某学者以"行政法学"命名本学科体系,其在书中所讲授的内容则带有明显的研究性质。国内行政法教科书在20世纪80年代期间,也大多以"行政法"命名,如第一部统编教材叫《行政法概要》、支馥生主编的《行政法教程》、廖晃龙主编的《新编行政法教程》、侯洵直主编的《中国行政法》等。在各高等院校的课程表上,有一些以"行政法概论"、"行政法"命名。这样的命名和这样的课程体系实质上反映了行政法教学以实证法和实在法为基本教学单位这样一个现实,也反映了行政法教学以注释为主的格局。所谓注释式教学,就是只对一国行政法的相关制度、行政法的法律规范、行政法的法典类型进行讲解,且这种讲解不能超越基本的行政法框架。

第二种观点认为,这一学科的名称以及开课模式应以"行政法学"为基础。此论认为行政法的教学是对行政法规范的提炼和概括,而这种提炼和概括本身就具有科学研究的色彩,因此,应以"行政法学"为教学基础。同时,以"行政法学"为教学基础,还有一个理由就是在行政法教学中,不论本科教学还是研究生教学,甚或专科教学都不应当让学生仅仅了解一国行政法的实在制度,而应当拓宽视野,对一国行政法制度和行政法规范的来龙去脉有所认识,对一国行政法制度和行政法规范的前景有所预测,只有上升到科学的高度来教学才能达到这样的目的,这便是持“行政法学”论的基本观点。我们注意到,在我国大陆的行政法教科书中大多数教材以“行政法学”命名,如应松年、朱维究在20世纪80年代编著的《行政法学总论》,[67]姜明安在80年代著的《行政法学》;90年代以后主编的行政法教程也基本上以行政法学命名,如罗豪才主编的《行政法学》、应松年主编的《新编行政法学》、胡建淼所著《行政法学》等。

第三种观点认为,“行政法”学科体系与“行政法学”学科体系的区分没有意义,只是学者们的叫法不同而已,而且以行政法教学活动看,无论“行政法”的课程体系还是“行政法学”的课程体系,都要讲解或者讲授那么多的东西。有学者就认为人们并不是不懂得二者的不同,只不过在习惯上更愿意将“行政法”和“行政法学”的概念视为同一的东西,即常常用“行政法”的概念表示或取代“行政法学”的概念,或者用“行政法学”的概念代替或取代“行政法”的概念。[68]在国内构设的“行政法”学科体系和“行政法学”的学科体系并没有质的区别,即是说从行政法教科书看,无论“行政法”教科书还是“行政法学”教科书,其体系结构都是一样的,无论以“行政法”来开课还是以“行政法学”来开课,讲授内容的出入都不太大。

(二)“行政法”学科体系与“行政法学”学科体系澄清的必要性

前面已经指出,在国外的行政法教科书中,以“行政法”构建学科体系与以“行政法学”构建学科体系在教学格局上表现出了较大的不同。一般而论,以前者构建学科体系的,重在讲授和讲解一国行政法的基本制度和规则,一般不提出本学科值得研究的问题,不提出每一个制度和规则相关的探讨空间。[69]而以后者建构学科体系时,除了介绍一国实在法的制度和规范外,还对该学科需要探讨的问题进行评价,对每一个制度和规则的研究空间进行拓展。比较典型的是毛雷尔在《行政法学总论》中对几乎每个行政法问题的拓展,其在讲授“强制执行方法”时作了下列学术上的探讨:“根据大多数州强制执行法规定(如《巴登—符腾堡州行政强制执行法》第25条、《北莱茵威斯物法伦州强制执行法》第59条第1款),行政机关不仅可以委托第三人代为履行(他人履行),而且可以自行‘替代’履行(自己履行)。例如,城建局没有委托第三人拆除违法修建的周末别墅,而是通过自己的公务员拆除。行政机关不采取直接强制的主要原因在于财政,因为代履行的费用均由义务人承担,而直接强制的费用——至少原则上——由行政机关自行负担。一些州的强制执行法规定了直接强制执行费用的补偿。对他人履行的双重解释(行政机关与义务人之间的公法关系,行政机关与第三人的私法关系)最近遭到了反对。布尔迈斯特(Burmeister)认为,他人履行是基于须附和的行政行为而建立的公法上的勤务。与此不同,还有人异乎寻常地认为,他人履行是一种自愿的勤务。另外,在具体案件中,就个别问题进行商计并且以合同方式确认是必要的,至少是适宜的。如果这样,应当认为他人履行不是单方面的公法勤务,而是公法上的合同。”[70]作为一门学科的建设来讲,必须有最为基础的入门路径和学科定位。因此,“行政法”学科体系与“行政法学”学科体系的区分无论如何都不是多余的。我国行政法学界和行政法治实践在这个问题上一方面表现得不十分严谨,当以“行政法”建构学科体系时并不一定立足于我国的实在行政法制度。反之,当以“行政法学”建构学科体系时却常常以实在法为教学和撰写行政法教科书的切入点。笔者将国内有关“行政法”命名的教材和以“行政法学”命名的教材进行了对比,其基本的思维进路和体系结构却是雷同的,而且没有指出来“行政法”和“行政法学”的学科体系到底有什么不同。另一方面在学科命名和学科的实际内容上表现出极大的出入。国内大多数以“行政法学”命名的教科书,从科学意义上讲并不配称为“行政法学”。因为,绝大多数这样的教科书并没有对行政法制度和行政法规范应当拓展的问题进行拓展,并没有对行政法制度和规范的发展前景进行预测,差不多都是解释中国的行政法现象,对行政法的法律规范进行注释。基于此,笔者认为,作为学科建设必须对“行政法”和“行政法学”的学科体系、“行政法”和“行政法学”的课程模式从理论上予以澄清,从实践上予以合理抉择。

1.“行政法”与“行政法学”的比较

区　分	存在形态	保护机制	内在利益	涉及范围	价值属性
行政法	规范	国家强力	当权者之意志	相对狭窄	制度范畴
行政法学	论点	理论造势	社会意志	相对广泛	意识范畴

“行政法”与“行政法学”的概念是完全不同的,二者是两个不同质的事物。不论它们之间有什么样的关联性,它们之间的质差是必然存在的,是不以人的认识状况而转移的,我们从最浅的层次上也可以对二者作出如下区分:

(1)存在形态上的区别。行政法是以法典或法律规范的形态存在的,即它具有规范行政权和行政管理活动过程的规范外形。当某一个行政法规范是正式的行政法渊源时,这是由有权的国家机关依正式的法律程序制定的行为规则,如《中华人民共和国行政处罚法》、《美国联邦行政程序法》等。当某一行政法规范是非正式的行政法渊源时,它则是能够规范行政权和行政管理活动的非国家机关制定的行为准则。行政法学则是以论文、专著或者其他形式的理论观点存在的。行政法学有很多复杂的表现形式,在通常情况下公开出版的学术著作,公开发表的学术论文是被社会承认的行政法学观点、论点或者其他推理。还有一些属于行政法学的东西,存在于学者们对行政法问题的思考中,或者存在于尚未公开出版、尚未公开发表的学术著作和学术文章中,如《法律对行政的控制》、《行政行为效力研究》、《论行政行为的公定力》等。形态上的差异是“行政法”与“行政法学”区别的最为明显之处。

(2)保护机制上的区别。无论行政法还是行政法学都有相应的保护机制,这是必须予以承认的事实。以往的学者仅仅认为行政法有保护机制,行政法学没有保护机制,其实是不正确的,只不过是它们的保护机制有所不同而已。行政法的保护机制主要是国家强制力。当一个行政法典颁布以后就要通过相应的形式予以公布,其中法典中涉及的权利义务必须通过一定的国家机关付诸执行和实施。一个行政法规范所规定的权利义务，在相关主体不执行的情况下就会带来法律上的麻烦，手中握有权力并被赋予执行这个规则的国家机关就有权采取一定的手段予以执行，这种手段常常是国家强制力的体现。行政法规范的保护机制首先是其他法律规则规定的保障手段。其体现在相关国家机关的权力之中，行政规范制定出来以后都有负责执行的机关，该机关有义务和责任使法律规范的内容与行政法事实予以结合。行政法学没有类似于行政法规范那样的保护机制，但是，行政法学作为一种学术论点，它暗含着一定的保护机制。一些学术论点长期被学者坚持的事实就是它具有保护机制的例证。行政法学保护机制实质上是学者们和一些社会成员为某一论点所造之势，若某个论点没有一定社会群体予以支持的势，它的生命力相对来说就要短暂一些。反之，若某一论点有较大范围社会成员的支持，它的生命力也就相对长一些。不同社会群体对行政法学论点的支持就是该论点的保护机制。由此可见，“行政法”与“行政法学”虽然都有保护机制，但是，两种保护机制的实际效果却是不同的，这也正是一些行政法学论点始终存在于理论层面而不会直接影响行政法治实践的原因之一。

(3)内在利益上的区别。“行政法”和“行政法学”都体现一定的意志，即其是一定社会阶层或者利益群体意志的体现。“行政法”和“行政法学”都代表一定的利益，即其是一定社会阶层和社会群体利益的反映。“行政法”和“行政法学”所体现的意志和所代表的利益却不总是一致的，依正统的法学原理，法是统治阶层意志的体现，行政法作为法的一种也必然具有法的属性，由于我国社会阶层的划分越来越复杂，法作为阶层意志的本质特征，虽然还有其价值但其在规范层面上越来越模糊。然而，无论如何，法律作为国家机器的组成部分是当权者意志的体现却是千真万确的，行政法所体现的也是手中握有国家权力这一阶层的意志，其所代表的利益也是这一阶层的利益。正因为如此，行政法规范的制定都与这一阶层的利益需求有关，某一方面的社会关系若影响到其对社会的管理和控制，就会根据需要制定此方面的行政法规范。行政法学所体现的意志则是社会意志，这是就一般意义而论之的。至少大部分行政法学的论点若能够存在，若在社会生活中有存在的空间，它就必然反映了大多数社会成员的一种法律价值观，而该价值观常常与手中握有权力之阶层的价值观是不一致的。上面我们指出，“行政法”与“行政法学”所体现的社会阶层的意志不总是一致的，是说在一些情况下“行政法”和“行政法学”所体现的意志、所代表的利益却是一致的，此点是由法律的社会属性决定的，又可能是由于法学本身存在的缺陷决定的。

(4)涉及范围上的区别。“行政法”与“行政法学”在范围上也存在较大区别，行政法是一个法律部门，与其他部门法相比，它的体系具有群集性、多元性等特点。即是说，其他部门法一般都有一个完整的法典，如刑法、民法等。行政法没有一个统一的法典，是由诸多法律规范构成的法律群。行政法的法典依各国对行政法的不同理解而有所不同，在限权法的理念下，行政法的法典相对较少，因为行政法仅仅是规范政府组织和行为的那些行政法规范。而在管理法的理论之下，行政法除包括限制政府权力规则外,还包括对行政相对人进行行政管理的那些规则。不论什么样的行政法体系构成,其作为一个部门法,基本体系和结构是完全可以量化的,其范围是可测的。“行政法学”则是另一种状况,它的范围是不可测的,一国的行政法制度和行政法规范只是行政法学体系中一个较小的组成部分。外国行政法、行政法规范背后的社会关系、行政法在运作过程中的逻辑关系等都是行政法学的范畴,都可以成为行政法学体系的基本内容。

(5)价值属性上的区别。“行政法”与“行政法学”都是有价值的,在人类社会中它们都因为具有价值而成为一种客观存在。所不同的是,二者的价值属性是有区别的,这也是二者区别的最高表现。就行政法而论,它是制度范畴的东西,[71]是一国上层建筑中的制度构成。可以说,任何一个行政法规范都设计了微观或宏观的社会制度、管理制度、法律制度。例如,《中华人民共和国地方各级人民代表大会和地方各级人民政府组织法》就对地方人民代表大会制度、地方人民政府的组织及其履行行政管理职能的方式进行了设计并形成了相应的制度。行政法学是意识范畴的东西,它是上层建筑中的意识部分。正因为如此,行政法相对确定、相对稳定、相对统一,因为它是一种“设施”。行政法学则表现出了巨大的反差,以我国行政法的理论基础而论就有近十余种,这是因为作为一种意识存在巨大的主观性。

2.“行政法”课程体系与“行政法学”课程体系的比较

区分	教学内容	教学办法	教学原则	教学范围	教学结果
行政法课程体系	规范	注释规范	受意识形态制约	相对确定	适法工具型
行政法学课程体系	社会关系	论证与预测规范	受科学方法论制约	相对不确定	适法主体型

通过上面的比较,我们发现行政法与行政法学是两个不同质的事物。因此,行政法的课程体系与行政法学的课程体系也必然有所不同,从理论上分析是这样的,从教学实践的状况看也必然是如此。行政法与行政法学的课程体系有下列若干方面的区别:

(1)教学内容上的区别。行政法的课程体系是以行政法为教学核心的,就是在教学过程中要始终围绕国家制定的实在行政法规范,对行政法典、行政法制度、行政法中的具体权利义务进行讲解。而行政法学的课程体系则是以行政法规范背后的各种社会关系为教学核心的,即不能简单地讲解一国的行政法规范,必须对行政法规范背后所涉及的各种各样的社会关系、利益组合关系进行分析。简单地说,是否走出行政法规范是行政法与行政法学的课程体系的根本区别。行政法的课程体系将教学的视野限制在实在行政法规范之内,行政法学的课程体系则将视野从行政法规范中拓展出来,既包括行政法历史演进的评介,又包括行政法规范发展前景之描述。例如,《行政法》一书在介绍“地方自治法规的效力”时指出:“地方自治团体所拥有的自治权具有法定范围的限制,即仅能在国家赋予自治权的范围内,设立机关并举办自治业务,故其所制定之法规,亦仅能就该团体自治权范围内的事项加以规定,不能逾越此一范围,否则即属无效。”[72]对地方自治法规的状况作了非常肯定的评价,没有提出任何可以再探讨的空间。而《公法与政治理论》一书中则提出了"立法科学"的概念,指出"它涉及一个跨越社会、政治和法律思想的研究计划,其目标在于找出财产、舆论、生活风格和司法等不同社会因素之间的关联并推导出一般性的结论。……首先确立一些评价法律和社会制度的标准,然后用它们去指导政府行使立法权"。[73]在行政法学的课程体系之下,一些结论的推导以及相关法律标准的提供在课堂上就可以做,而行政法的课程体系则要求对实在法有一个肯定性的讲解。

(2)教学方法上的区别。行政法的课程体系与行政法学的课程体系都必然受一定教学方法的支配,但二者在教学方法上表现出了极大的不同。行政法课程体系的教学方法是受一国教育体制制约的,有时教育行政主管部门对其教学方法作了严格规定,教学过程中除以行政法基本内容为教学核心外,同时,还必须以国家确立的教学方法行事,教学方法本身是行政法教育制度的组成部分。另外,行政法课程体系的教学方法以对规范进行解释为中心,它要求教学过程中,讲授人员对实在法进行解释,揭示行政法规范的基本含义,不要求甚至不允许对行政法规范进行深层次的挖掘。行政法学课程体系的教学方法不受相关制度规则的约束,至少国家有关部门不能够为其确定具体的教学方法,作为一种科学它应当追求方法上的多样性和灵活性,不能事先对教学方法予以限定。"我们想探索的世界在很大程度上是个未知的实体。因此,我们必须保留自己的选择,切不可预先就作茧自缚。一些认识论药方与另一些认识论药方相比,或者与一般原理相比,可能让人觉得优越的,可见,谁能保证它们是最佳方法,借之不仅能发现少数孤立'事实',而且还能发现某些深藏的自然奥秘呢?"[74]科学本身的无约束性决定了行政法学课程体系教学方法的非预先设定性。同时,行政法学课程体系的教学方法是以对行政法规范的论证和预测为基点的,对行政法典和行政法规范作出合乎逻辑的科学判断。

(3)教学原则的区别。行政法的课程体系在教学指导原则上是非常清楚的,要求教学过程受一国国家意识形态的制约、不能超出国家确定的主流意识的形态。法律规范所体现的利益价值必须在教学过程中得到体现。行政法学的课程体系由于是以规范背后的社会关系为教学核心的,因此,整个教学的原则就是科学原则,受科学方法的指导。科学方法与意识形态是两个范畴的东西,一般来讲,科学方法没有包括价值判断,即没有事先预设是与非的价值标准,问题的是与非只有通过实践才能予以确定。而意识形态包含某种价值判断,这种价值判断是事先预设的。[75]行政法学的教学指导原则就是以科学的方法论为指导,追求规范或者规则真与假的评价,而不是以规定的标准对规范及其运作进行是与非的评判。

(4)教学范围上的区别。如同行政法是有范围限制的一样,行政法的课程体系同样受到范围的制约。一国现有的正在生效的行政法规范是行政法课程体系的基本限制标准,例如,在讲授行政立法行为时,《中华人民共和国立法法》、《行政法规制定程序条例》、《规章制定程序条例》、《法规规章备案条例》等就规定了行政立法行为的基本范围。范围的有限性、确定性是行政法课程体系的基本属性;行政法学的课程体系则没有明确的范围限制。当然,在一般情况下要以一国实在法为轴心,而实在法仅仅是行政法学课程体系的轴心,不是行政法学课程体系的全部。讲授人员对行政法学认识越深刻,其教学所涉及的范围也就越广泛。反之,讲授人员的认识水平越低,行政法学课程体系的范围也就越小。毛雷尔主编的《行政法学总论》常常将一些非常微观的问题挖掘得非常深刻,将一个细小问题的范围拓展得非常宽泛。[76]

(5)教学结果上的区别。行政法的课程体系与行政法学的课程体系都是要培养合格的法律人才,通过教学活动培养行政法治方面的法律人才。但是,两种教学体系所培养出来的行政法人才则是完全不同的。以行政法建立课程体系所培养出来的行政法人才是行政法规范的适用工具,即他们能够将行政法规范的规定运用于行政管理事态之中,而对规范的社会价值不一定有深刻理解。此种人才的有用性与否还决定于一国行政法规范的质量:行政法规范更多地代表社会意志时,他们的行政法行为则是与大多数社会成员一致的;反之,当行政法规范是某一特定群体利益的体现时,他们的行为则不是社会性行为,或者不是大多数社会成员能够认同的行为。一国行政法制度比较完整、比较稳定时,此类行政法人才的行为也相对较合理,因为他们可以将所学之有效规则直接予以运用。而当一国行政法体系尚未建立,行政法规范变化无常时,他们的行政法行为则会表现出较大的政治色彩,因为此时他们所掌握的行政法知识已经对社会事态无所适从,只能选择服从行政过程的政治利益。行政法学课程体系的教学结果则是另一种情况。质而论之,以此培养的行政法人才不是简单的执行规范的工具,而是对规范有深刻认识的,规范的变化并不能够引起其对行政法规范与行政法有效结合作出合理判断的能力。如果说行政法课程体系所培养出来的行政法人才是规范的仆从,那么,行政法学课程体系所培养出来的行政法人才既是规范的仆从,又是规范的主人。说他们是规范的仆从,是说他们能够对规范的效力作出认可并予以服从;说他们是规范的主人,是说他们能够将规范的精神与行政管理事态的变化予以恰当处置。

(三)对行政法学科体系和课程模式选择的评价

行政法的课程体系与行政法学的课程体系是两个不同的课程体系,那么,对于一国行政法的教学而言究竟建立行政法的课程体系,还是建立行政法学的课程体系就是一个需要抉择的问题。笔者认为,从目前我国行政法治和行政法教学的状况看,应当选择行政法学的课程体系,现作如下分析:

1. 从我国法学教学的现状分析

长期以来,我国部门法的教学基本上是以规范开始到规范结束,整个教学过程以行政法规范为教学核心。然而,从法律制度的实际情况分析,这种教学方式是极其不科学的。我们知道,法律制度有两套决定机制:一套是法内机制,即一国实证法所规定的法律制度;另一套是法外机制,即实证法之外所形成的制度范畴。这两套制度范畴在一定意义上都是法律体系的构成部分。古德诺对此作了如下经典分析:“大多数关于政府问题的著述者,都倾向于把他们的研究局限在比较引人注目的事例上,而这些事例又是由于只考察法定的正式政府组织才变得引人注目的。因此,大多数关于美国政府问题的研究者,都是由宪法开始又以宪法结束他们的论著的。不错,也有一些人致力于探讨宪法的历史及其现状,但是却很少有人打算抛开法定的正式政府组织,去考察人民真正的政治生活。这种探讨我们政治制度的方法,究其原因无疑在于这样一个事实:大多数在美国政治学上有影响的著述家都是律师,因此他们不习惯于超出成文法的条款看待问题。不过,再没有什么研究方法比这种方法更能把学者们在判断一个国家真正的政治生活时引入歧途了。因为同法定的制度一样,法外的制度也决定政府体制的特点。甚至事实常常是这样,法外制度比能够提供政治体制框架的法定制度对政治体制的影响更大。正因为如此,罗马成了一个帝国,却长期保有共和国的外部形态。也正因为如此,英国的公法才制定了关于君主、枢密院和议会的法律条文。可是,任何对英国政府稍有了解的人都知道,对英国人民真正的政治生活来说,这些制度没有一个像内阁的存在那样重要,而内阁却是一个为英国法律绝口不提的机构。”[77]由此可见,法外的制度无论如何也忽视不得。纯粹的规范教学是关注不到法外制度的,只有上升到行政法学的高度进行行政法的教学,才能既注意到法内的制度,又对法外制度予以关注。

2. 从我国行政法治的状况来分析

以行政法规范为教学核心的前提是一国的行政法治体系已经建立起来了。一方面,其行政法典形成了体系,主要的行政法典已经制定出来,而且每一个行政法典都相对比较完善,如在发达行政法治国家,行政组织法、行政行为法、行政程序法、行政诉讼法、国家赔偿法都制定出来了,并形成了一个有机联系的规范体系。另一方面,行政法的实施已经达到了规范化的程度,有一系列行政法适用的行为规则,执法队伍比较完整,执法者的素质也相对较高。我国的行政法还处于起步阶段,我国主要的行政法规范要么没有制定出来,要么没有形成一个有机联系的整体,甚至在立法进程中存在矛盾之处。执法更是我国行政法治需要解决的问题。在这样的行政法背景下,以行政法规范为核心建立教学体系,其本身存在大前提的缺失。因此,应当以行政法学建立课程体系,将行政法教学的视野拓宽到发达行政法治国家,将行政法教学的内容拓展到行政法规范背后。在社会和法治的大背景之下讲授行政法,既可以为我国行政法的发展提供参考,又可以使研修行政法的学员从较大的视野中把握行政法的精髓。

二、作为解释工具的范畴

行政法学可以分为主动行政法学和被动行政法学两种类型。主动行政法学指通过对行政法赖以存在的社会现象,社会关系的研究产出新的行政法规范或废止旧的行政法规范的全部研究过程。在一个行政法规范即将出台时,主动行政法学的研究过程和特点便会得到充分说明,例如,《中华人民共和国行政处罚法》的出台就是以行政违法、行政制裁行为等社会现象为基础的。这些现象要求[78]制定相应的行政法规范并对处罚过程进行调整和控制，进而控制进行管理过程中的各种社会关系。然后，通过广泛的讨论，包括立法、执法部门的实证讨论和分析，包括行政法学研究机构和研究人员的论证等，最后形成一部完整的行政处罚法典。被动行政法学指通过对复杂的行政法现象进行分析并尽可能使这些复杂的行政法规范体系予以简化，用一个体系结构和相关的概念系统解释行政法现象。可以说，行政法教学和学科体系的建设都是被动行政法学的范畴。这一范畴的存在是合理的、客观的，因为没有被动行政法学，行政法这一复杂的社会现象就会成为一个非常零散无从归纳的个别现象。反过来说，行政法体系只是解释行政法现象的工具，以此推论，最为简洁明了的解释方法就是最为可取的。申言之，越是能够牵一发而动全身的行政法学体系构架就越发显得科学。反之，越是复杂的行政法学体系就越难以巧妙地反映行政法这一复杂社会现象的特征。[79]我们可以对行政法学体系作如下的构架：

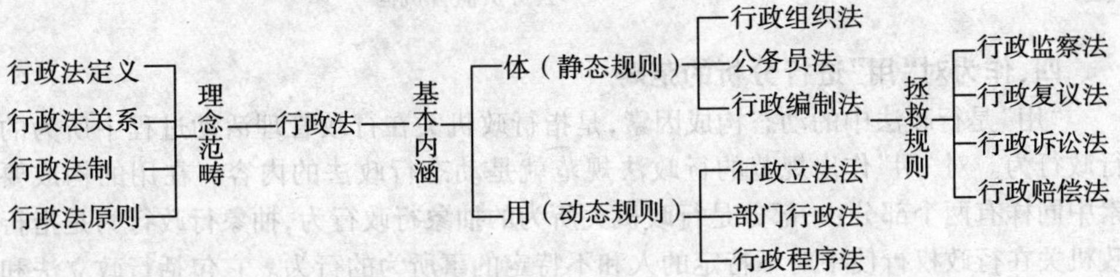

三、作为对“体”进行分析的范畴

“体”是行政法中的静态构成因素，是指行政机关的组织体系以及行政机关构成分子的组成方式。对“体”作出规范的行政法规范就是静态行政法的内容。在体的构成因素中有两个部分：一部分是行政机关以及行政机关的构成体系。在单一制国家结构形式之下，行政机关可以分为中央行政机关和地方行政机关两种类型。中央行政机关是在全国范围内行使权力的机关。同时，其在行使权力的方式、行使权力的强度等方面都不同于地方行政机关，它有高强度的国家行政管理权；地方行政机关是在一定区域内行使权力的机关，地方行政机关可以根据地域范围的大小和权力的强度分成若干级别，如中华人民共和国地方国家行政机关就分为省、县、乡三级，中间还有一些特殊形态，如市、地区行政公署等。在对行政机关的相关知识作认真领会时，下列这些概念是非常重要的：行政机关的性质和职能、行政机关的构成、行政机关的组织体系、行政机关的工作程序、行政机关的职权范围、行政机关的任期、行政机关的领导体制等。另一部分是公务员和在行政机关工作的其他人员。在发达国家的行政法制度中，行政机关工作人员一般分为两类，即政务类和事务类，两类行政机关工作人员的划分是西方国家公务员制度的基础。由于我国的公务员法律规范同时包含了上述两类，因此我们必须按照我国公务员的现行分类把握公务员制度的基本内容，主要应把握如下诸点：公务员的职位分类、公务员的考试录用、公务员的权利义务、公务员的管理制度、公务员的职位变化制度、对公务员进行管理的相关机构。行政法中

“体”的分析可以简化如下：

- 体（从静态观察行政法的构成）
  - 行政机关
    - 中央行政机关
    - 地方行政机关
    - 省　县　乡
      - 行政机关的性质和职能
      - 行政机关的构成
      - 行政机关的组织体系
      - 行政机关的工作程序
      - 行政机关的职权范围
      - 行政机关的任期
      - 行政机关的领导体制
  - 公务员
    - 政务类
    - 事务类
      - 公务员职位分类
      - 公务员考试录用
      - 公务员权利义务
      - 公务员管理体制
      - 公务员职务关系的变化
      - 公务员监督机构

四、作为对“用”进行分析的范畴

“用”是行政法中的动态构成因素，是指行政机关在行政管理活动过程中所为的行政行为。对“用”作出规范的行政法规范就是动态行政法的内容。在用的构成要素中同样有两个部分：一部分是行政机关所为的抽象行政行为，抽象行政行为是指行政机关在行政权行使中对不特定的人和不特定的事所为的行为。它包括行政立法和颁布行政管理规范性文件两个方面。行政立法是指享有行政法规范制定权的行政机关制定行政法规范的行为。颁布其他行政规范性文件是指行政机关在管理活动过程中制定或者发布的规章以下具有普遍约束力的行为规则。对抽象行政行为的领会要从制定主体、效力范围、规制内容、程序规则等方面予以把握。另一部分是具体行政行为，就是行政机关针对具体的人或事所为的发生法律效力的行为。具体行政行为包括：行政赋权作为，通过这类行为行政机关赋予行政管理相对一方当事人一定的权利或利益，它会对行政相对人带来好处。行政救助行为，就是行政机关对行政管理中的弱者所履行的改变其生存境况的行为，此种行为对行为对象而言也是一种有利行为，与前者不同的是该行为对相对人的利益要大于前者，至少其强度大于前者。行政设定义务行为，通过这类行为行政主体为行政相对人设定了诸多义务，对行政相对人而言此种行为对其是不利的。显然，此类行为最容易引起行政管理活动过程中的纠纷。行政制裁行为，即行政机关对违反有关行为规范的行政相对人，对不履行行政法义务的行政相对人所施行的报复或打击行为，此种行为常常会对行政相对人的利益造成侵害，其也是引起行政纠纷频率最高的行为。此外，在具体行政行为中还有一种特殊形态就是变态具体行政行为，非变态的具体行政行为法律都有明文规定，且赋予了行政机关作出该行政行为的权力，而变态具体行政行为则是法律所禁止的行政行为。对具体行政行为把握，要从行为主体、行为的职权范围、行为程序、行为方式、行为的法律效果等方面着手，可以用如下图式表示：

- 用（从动态观察行政法构成）
  - 抽象行政行为
    - 行政立法
      - 制定行政法规
      - 制定行政规章
    - 发布规范性文件
      - 有规章以上行政法规范制定权的机关发布的规范性文件
      - 无规章以上行政法规范制定权的机关发布的规范性文件
        - 制定主体
        - 效力范围
        - 规制内容
        - 程序规则
  - 具体行政行为
    - 行政赋权行为
      - 行政给付行为
      - 行政许可行为
      - 行政奖励行为
    - 行政救助行为
      - 行政物质帮助行为
      - 行政指导行为
    - 行政设定义务行为
      - 行政征收行为
      - 行政裁决行为
      - 行政调解行为
      - 行政合同行为
      - 行政检查行为
    - 行政制裁行为
      - 行政处罚行为
      - 行政强制行为
    - 变态具体行政行为
      - 行政滥用职权行为
      - 行政超越职权行为
      - 行政误用职权行为
      - 行政放弃职权行为
      - 行政蔑视职权行为
        - 行为主体
        - 行为的职权范围
        - 行为方式
        - 行为程序
        - 行为的法律效果

五、作为对“侵权救济”分析的范畴

行政法中的“体”和“用”既是行政法的基本制度，又是行政法在运作过程中的基本构成元素。说它是行政法的基本制度，是说行政法中的制度范畴无一不是围绕行政主体和行政行为而展开的，离开了行政主体和行政行为的行政法制度便无从存在。说它是行政法运作过程的基本元素，是说正是“体”和“用”决定了行政法的运作过程，离开了二者中的任何一个行政法便无法运作。为了保证行政法的基本制度能够实现，为了保证行政法的运作过程能够顺利进行便需要一些保障手段，这些保障手段不直接对行政权行使过程发生作用，其是通过较为间接的途径对行政权行使过程起作用的。这些保障手段在“体”和“用”的正常运作下，就处于一种静止的状态。因此，可以形象地把这些保障手段称为“门背后的枪”，即只有遇到险情时才起作用。

我们所讲的行政法中的保障手段就是“侵权救济”制度。学者们为了研究方便起见统一将其称为“侵权救济”,实际上它是由若干具体制度构成的,正是若干类似的制度共同起到了保障“体”和“用”正常运转的作用,由于在保障过程中以对行政相对人的权利保护为根本,而被保护者是行政法运作中的弱者。因此,人们便将这些手段称为救济,或行政救济,或侵权救济。而这些概念本身都是学理用语,并不是法律上规定的制度。在现代行政法制度中,行政侵权救济制度包括监督救济,就是通过专职的、符合法律形式的监督机制进行的救济,行政监察就是一种最为规范的监督救济;复议救济,就是通过行政机关内部解决行政纠纷制度对行政相对人权益的救济;诉讼救济,就是通过司法权的介入对行政行为的履行起到督促作用,并救济行政相对人因行政行为造成的不法侵害;赔偿救济,就是通过行政赔偿使行政行为给行政相对人造成的损失,尤其物质损害得到相应的补偿。

六、作为分析手段的概念系统

行政法中对“体”、“用”、“侵权救济”的分析范畴虽然也是对行政法问题的一种抽象,但是这些分析范畴一般都以直接的法律制度为基础。如在“体”的范畴之下,有行政组织法、公务员法、行政编制法,在“用”的范畴之下,有部门行政法、行政程序法等。在“侵权救济”范畴之下,有行政监察法、行政复议法、行政诉讼法、国家赔偿法等。在行政法的分析进路中,还有一个更加抽象的分析工具就是行政法中的基本概念系统,它是从复杂的行政法现象中通过高度概括提炼出来的。这些概念系统包括行政法学,就是研究行政法的学科体系;行政权的概念,即行政法赖以存在的基础,因为行政法是以行政权力为前提条件的,所以行政权的概念就成为行政法分析中必不可少的要素;行政法的定义,即对行政法的概念作一个界定,包括行政法的形式上的特点和实质上的特点;行政法关系,就是用法律关系的理论分析行政法在运作中的关系原理,这一概念是十分重要的,因为行政法作为一个部门法与其他部门法一样是在相关主体的参加下进行权利义务交换的;行政法渊源,就是指行政法的表现形式,它是揭示行政法外延的最基本的手段;行政法原则,法律原则一般使该部门法与其他部门法予以区别,使本部门法有了自己的质的规定性,并使本部门法在运作中有了基本的行为取向。

概念系统
- 行政法学
- 行政权
- 行政法界定
- 行政法关系
- 行政法渊源
- 行政法原则

注释

〔1〕《辞海》(第3卷),上海辞书出版社1979年版,第3997页。

〔2〕参见[英]A. F. 查尔默斯:《科学究竟是什么》,查汝强等译,商务印书馆1982年版,第5页。

〔3〕任何一个部门法都有其建立的社会基础,行政法建立的基础无疑是国家管理关系,这些关系也是行政法规范的调整对象,一国行政法规范的有效程度只能以对国家管理关系的调整程度为标准进行判断,正因为如此,行政法学的研究对象就必然是国家管理关系。

〔4〕参见《马克思恩格斯全集》(第3卷),人民出版社1976年版,第376—403页。

〔5〕参见《马克思恩格斯全集》(第1卷),人民出版社1972年版,第69—70页。

〔6〕[日]和田英夫:《现代行政法》,倪健民、潘世圣译,中国广播电视出版社1993年版,第17页。

〔7〕同上书。

〔8〕同上书。

〔9〕参见[美]斯蒂尔曼:《公共行政学》(上册),李方等译,中国社会科学出版社1989年版,第84—136页。

〔10〕我们认为,我国行政法学的研究长期以来所采用的是实证研究方法和价值侧重研究方法,至少这两种研究方法是我国行政法学研究方法的主流。因此,我们将以此两种研究方法为线索对我国行政法学的研究方法作以回顾和评价。

〔11〕我国第一部统编的行政法教科书由司法部统一组织编写,书名为《行政法概要》,由王珉灿任主编,法律出版社1983年出版。担任主编的王珉灿先生时任司法部副部长。

〔12〕行政法规范自身的研究只是行政法研究过程中的一个支点,就行政法规范本身而论不能成为研究对象,人们通过对各种各样社会关系尤其国家管理关系的研究推论出需要制定的行政法规范,这才是行政法学研究的正当逻辑。

〔13〕一国行政法规范制定出来以后,它的修改和废止同样是在其与社会关系发生作用的基础上进行的,需要废止的行政法规范就是那些与现实社会关系存在反差的规范,需要修改的行政法规范是那些与现实社会关系不太适应的规范,无论如何其基础仍然不能脱离社会关系。

〔14〕笔者认为,比较行政法学与比较行政法是两个不同的概念,当然,比较行政法学与比较行政法有一定的关联性,如它们都是行政法学科的组成部分,它们在研究过程中都运用了比较方法,它们都是对行政法中一些问题的研究,但从深层次讲,比较行政法学与比较行政法有下列区别:其一,比较行政法是对行政法制度的比较,比较行政法学则是对行政法学学科的区别,即前者立足于法律制度;后者立足于法律学科,它并不以某些国家的行政法制度为比较的客体或者元素,而是对行政法学学科进行比较,即在每个国家形成的行政法学学科体系。其二,比较行政法是对行政实在法的比较,而比较行政法学则是对行政法基本理念的比较。在比较行政法问题的研究中,不能没有具体的行政法规范。如果离开了一个国家的实在法,比较行政法就必然是无源之水,无本之木;比较行政法学则不同,它以行政法的基本理念为比较的客体,即以人们对行政法问

题的认识为比较的出发点和归宿。人们对行政法问题的认识是一个学术问题,而不是一个制度问题,不是一个法律规范问题。因此,在比较行政法学的比较中,我们可以以学者们的学术论点为核心,完全可以不以国家制定的行政法规范作为比较的元素。其三,比较行政法是对行政法问题进行的客观比较,而比较行政法学则是对行政法问题进行的主观比较。也就是说,比较行政法的比较从哲学范畴上讲可归于客观比较的范畴,因为其以客观的法律制度、客观的法律规范为比较的基础。比较行政法学的比较从哲学范畴上讲则可归于主观比较的范畴,因为其以主观的认识态度、认识方法、认知进路为比较的基础。

〔15〕 笔者查阅了目前国内有代表性的比较行政法著作,包括一些重要的比较行政法的译著都没有对比较行政法的任务作一个说明。达维德用很短的话语讲了"比较法学家的任务",但比较法学家的任务和比较法学的任务是完全不同的。参见[法]勒内·达维德:《当代主要法律体系》,漆竹生译,上海译文出版社1984年版,第15页。

〔16〕 沈宗灵:《比较法研究》,北京大学出版社1998年版,第50页。

〔17〕 吴大英主编:《比较法学》,中国文化书院1987年印行,第29页。

〔18〕 王珉灿主编:《行政法概要》,法律出版社1983年版,第20页。

〔19〕 同上书,第21页。

〔20〕 王连昌主编:《行政法学》,中国政法大学出版社1996年版,第27页。

〔21〕 同上书。

〔22〕 同上书,第28页。

〔23〕 吴新平、刘颖主编:《美国法典》(宪法行政法卷),中国社会科学出版社1993年版,第1—4页。

〔24〕 最高人民检察院法律政策研究室编:《中华人民共和国行政法律法规及司法解释大全》(第1册),中国方正出版社1999年版,目录第1—12页。

〔25〕 张家洋:《行政法》,三民书局1988年版,第34页。

〔26〕 章剑生:《比较行政程序法研究》,杭州大学出版社1997年版,第217页。

〔27〕 [美]迈克尔、麦金尼斯主编:《多中心治道与发展》,毛寿龙译,上海三联书店2000年版,第1页。

〔28〕 [德]马克思、恩格斯:《马克思恩格斯全集》(第38卷),王亚南译,人民出版社1962年版,第108页。

〔29〕 胡建淼主编:《外国行政法规与案例评述》,中国法制出版社1997年版,第433页。

〔30〕 [法]莫里斯·奥里乌:《行政法与公法精要》(上卷),龚觅等译,辽海出版社、春风文艺出版社1999年版,目录第1—4页。

〔31〕 王名扬:《美国行政法》(上卷),中国政法大学出版社1987年版,第325—554页。

〔32〕 王名扬:《英国行政法》,中国政法大学出版社1987年版,第149—211页。

〔33〕 尤其在联邦制国家结构之下,一国不同地方之间的比较研究具有重要意义,单一制国家之下,可以从行政法实施和操作的层面上进行地方之间的比较研究。

〔34〕 王珉灿主编:《行政法概要》,法律出版社1983年版,第16页。

〔35〕 同上书,第18页。

〔36〕 同上书,第 20 页。

〔37〕 [前苏联]列宁:《列宁选集》(第 4 卷),人民出版社 1972 年版,第 43 页。

〔38〕 我国学者常常很乐意谈中国特色,并以此来抵触有价值的外国行政法制和行政法学。其实,笔者认为中国特色中最大的特色就是起步晚、发展缓慢,如果依此特色来看的话,我们并没有理由对一些先进国家的东西采取对抗态度。

〔39〕 沈宗灵:《比较法研究》,北京大学出版社 1998 年版,目录。

〔40〕 参见[德]K. 茨威格特、H. 克茨:《比较法总论》,潘汉典等译,贵州人民出版社 1992 年版,目录。

〔41〕 吴大英主编:《比较法学》,中国文化书院 1987 年印行,目录。

〔42〕 参见[日]大木雅夫:《比较法》,范愉译,法律出版社 1999 年版,目录。

〔43〕 倪正茂:《法哲学经纬》,上海社会科学院出版社 1996 年版,目录。

〔44〕 [德]K. 茨威格特、H. 克茨:《比较法总论》,潘汉典等译,贵州人民出版社 1992 年版,第 3 页。

〔45〕 张尚鷟主编:《行政法教程》,中央广播电视大学出版社 1990 年版,第 3 页。

〔46〕 叶必丰:《行政法学》,武汉大学出版社 1996 年版,第 52 页。

〔47〕 笔者曾在 1997 年系统地提出了行政法价值定位的理论,参见关保英:《行政法的价值定位——效率、程序及其和谐》,中国政法大学出版社 1997 年版。

〔48〕 关保英:《行政法模式转换研究》,法律出版社、中央文献出版社 2000 年版,目录第 2—3 页。

〔49〕 自王名扬教授相继出版了《英国行政法》、《法国行政法》、《美国行政法》后,杨建顺著述了《日本行政法》、于安著述了《德国行政法》。

〔50〕 如杨建顺翻译了盐野宏的日本《行政法》(法律出版社 1999 年版)、朱林翻译了平特纳的《德国普通行政法》(中国政法大学出版社 1999 年版)、徐炳翻译了施瓦茨的《美国行政法》(群众出版社 1986 年版)。

〔51〕 最高人民检察院《反贪污贿赂法》研究起草小组编译:《外国和港澳台地区反贪污贿赂法规汇编》,中国检察出版社 1991 年版,第 27 页。

〔52〕 最高人民检察院《反贪污贿赂法》研究起草小组编译:《外国和港澳台地区反贪污贿赂法规汇编》,中国检察出版社 1991 年版,第 141 页。

〔53〕 皮纯协主编:《行政程序法比较研究》,中国人民公安大学出版社 2000 年版,第 190 页。

〔54〕 王珉灿主编:《行政法概要》,法律出版社 1983 年版,第 126 页。

〔55〕 应松年主编:《行政法学新论》,中国方正出版社 1999 年版,第 141 页。

〔56〕 罗豪才主编:《行政法学》,中国政法大学出版社 1996 年版,第 67 页。

〔57〕 张尚鷟主编:《行政法教程》,中央广播电视大学出版社 1990 年版,第 125 页。

〔58〕 罗豪才主编:《行政法学》,中国政法大学出版社 1996 年版,第 146 页。

〔59〕 如张树义主编:《行政法与行政诉讼法案例教程》,知识产权出版社 2005 年版;莫于川主编:《行政法学原理与案例教程》,中国人民大学出版社 2007 年版;周佑勇主编:《行政法案例教程》,复旦大学出版社 2008 年版;毕可志等编著:《行政法案例教程》,北京大学出版社 2010 年版;关保英:《行政法案例教程》,中国政法大学出版社 2013 年版;

等等。

〔60〕 胡建淼主编:《外国行政法规与案例评述》,中国法制出版社 1997 年版,第 744 页。

〔61〕 关保英:“海峡两岸行政法若干问题比较”,载《台湾法研究学刊》1996 年第 6 期,第 40 页。

〔62〕 1992 年 7 月 1 日第七届全国人民代表大会常务委员会第二十六次会议通过了《全国人民代表大会常务委员会关于授权深圳市人民代表大会及其常务委员会和深圳市人民政府分别制定法规和规章在深圳经济特区实施的决定》,1994 年 3 月 22 日第八届全国人民代表大会第二次会议通过了《关于授权厦门市人民代表大会及其常务委员会和厦门市人民政府分别制定法规和规章在厦门经济特区实施的决定》,使我国区域立法更加丰富多彩。

〔63〕 [法]勒内·达维德:《当代主要法律体系》,漆竹生译,上海译文出版社 1984 年版,第 27 页。

〔64〕 王周户主编:《行政法学》,陕西人民教育出版社 1992 年版,第 33 页。

〔65〕 关保英:《市场经济与行政法学新视野论丛》,法律出版社 1996 年版,第 56 页。

〔66〕 这些观点不一定写在行政法的教科书中,但讲授行政法的教师中确有一些学者持这样的见解,这既从其设计的行政法课程体系和教学方法中可以看出,又从一些学者私下对行政法课程体系的讨论中可以看出。

〔67〕 参见应松年、朱维究编著:《行政法学总论》,工人出版社 1985 年版,第 1 页。

〔68〕 参见姜明安主编:《行政法学》,山西人民出版社 1988 年版,第 3 页。

〔69〕 林纪东的《行政法新论》一书对罚锾程序的解释就很有代表性“罚锾之程序,与代执行相类似,可分为三点言之:①先预定相当履行期间以书面戒告义务人,尚不于期间内履行义务时,科以罚锾,此项罚锾数额,视各级官署而不同:(a)‘中央各部会’为 30 元以下;(b)省政府及其各厅,院辖市之市政府及其各局,为 20 元以下,‘中央各部会’直属之行政官署亦同;(c)县市政府为 10 元以下,省政府及其各厅直属之行政官署亦同;(d)其他行政官署为 5 元以下(第 5 条)。②义务人倘不于戒告之指定期内,为作为义务或不履行其不作为义务时,官署得通知义务人,科以戒告所定之罚锾,罚锾仅为强制执行之手段,并未具有独立之目的,故如其指定期间经过以后,未罚锾以前,义务人发行其义务时,则因强制执行标的,业已削减,不得再科以罚锾。③如义务人于既科罚锾之后,仍继续其违反义务之状态,即为一定之行为时,官署得另定履行期间,更为将处以罚锾这戒告,并得反复为之(参看第 2 条第 2 项及‘司法院’院字第 1207 号解释)”。其将行政法治实践中罚锾之程序介绍得很具体,但没有进一步探讨此问题中可以挖握的问题。参见林纪东:《行政法新论》,五南图书出版有限公司 1985 年版,第 272—273 页。

〔70〕 [德]哈特穆特·毛雷尔:《行政法学总论》,高家伟译,法律出版社 1999 年版,第 486 页。

〔71〕 [德]伯恩·魏德士:《法理学》,丁小春、吴越译,法律出版社 2003 年版,第 32 页。

〔72〕 张家洋:《行政法》,三民书局 1998 年版,第 440 页。

〔73〕 [英]马丁·洛克林:《公法与政治理论》,郑戈译,商务印书馆 2002 年版,第 9 页。

〔74〕 [美]保罗·法伊尔阿本德:《反对方法》,周昌忠译,上海译文出版社 2007 年版,第 4 页。

〔75〕 参见[法]莫里斯·迪韦尔热:《政治社会学》,杨祖功、王大东译,华夏出版社 1987 年版,第 9 页。

〔76〕 毛雷尔对行政救济程序的基本概念解释后,对该问题进行了如下的拓宽:"行政复议程序的这一双重属性在其法律依据中也有所体现。由于联邦立法权限于诉讼法,行政法院法只规定了复议程序作为行政诉讼程序的几个必要规则。除此之外,复议程序作为行政程序由行政程序法规定。因此,根据《联邦行政程序法》第 79 条的规定,(在该法的适用范围之内,参见第 1 条和第 2 条)复议程序适用联邦行政程序法的规定。例如,有关参加人及其代理人的规定(第 28 条以下)。细节上还存在一些疑义,单独参照第 79 条规定不能解决。《联邦行政程序法》第 70 条和第 74 条第 1 款规定经过正式程序和计划确定程序作出的行政行为不适用行政复议,应当直接提起撤销之后,是《行政法院法》第 68 条第 2 款保留规定的例外。"参见[德]哈特穆特·毛雷尔:《行政法学总论》,高家伟译,法律出版社 1999 年版,第 454 页。

〔77〕 [美]F. J. 古德诺:《政治与行政》,王元译,华夏出版社 1987 年版,第 1 页。

〔78〕 社会现象对行政法规范的要求是以人们的主观认识为前提的,不是说社会现象或者社会关系就必然带来某种行政法规范,人们的主观认识是行政法规范形成的外在条件,但这一外在条件却是十分重要的。我们强调行政法学的研究也就在于使人们能够最大限度地认识社会关系对行政法规范的要求。

〔79〕 张载宇先生指出:"就主要特色而言,行政法为有关行政法规范之总称。所谓行政法,系一切有关行政法规的概括名称,实际上,在行政法规中,并无一种具体法律叫做行政法。此与民事法规中的民法、刑事法规中的刑法为一种法律的具体名称颇有不同。通常所谓行政法,系泛指各种独立的行政法规而言,所以行政法还只是学理上的名称,而不是法制上的名称。"参见张载宇:《行政法要论》,台北汉林出版社 1978 年版,第 14 页。

第二章　行政权的趋势

第一节　行政权的概念

一、行政权的界定

行政权是指法律对其范围加以规定的国家管理权能,它以国家统治权为基础,以行政机关为主体,具有强烈的组织性能。对于行政权的这一定义要从两个方面进行分析:一方面,行政权是由人设计的,它是人的一种劳作。行政权在全世界范围内并没有一个绝对确定的概念,当我们在谈到我国的行政权时,与美国宪法中规定的行政权有实质上的差别。在一个国家之内,不同地区行政权的概念也不是相同意义的。如我国大陆的行政权就是以四权为基础的行政权,而台湾地区则是以五权为基础的行政权,澳门和香港地区的行政权也都不能和中国大陆与中国台湾的行政权同日而语。[1]就是说当一个国家或政府在建构政权体系时,从理论上把国家权力进行了分类,在分类过程中不同的认识可以产生不同的分类结果,在确定行政权概念时不同的设计者所接受的行政权的信条是有所不同的。即便人们关于行政权有相同的认识,但是由于体制设计的不同、行政权所处的政体背景的不同等都会使行政权在不同的政府结构形式下有不同的表现。造成这种现象的根本原因在于行政权发生作用的过程是对人的一种组合,是在人与人之间的关系中发生作用的,而对人进行组合的方式是多种多样的。另一方面,行政权有着一定的质的规定性。尽管人们可以对行政权进行设计,但同时人们在设计行政权的过程中必须遵循一些共同的规则,这些共同的规则便使行政权有了一定的共性。我们可以把这些共性概括为下列几个方面:

1. 行政权的范围由法律规定。行政权是由法律规定的权力形式,它以国家宪法和法律为存在的依据,正是通过宪法和法律的形式使行政权成为一种客观权力而不是主观权力。例如,我们在研究美国的行政权时自然而然地和其宪法确立的三权分立制度联系起来,并从其宪法寻找美国行政权的具体范围。法律在对行政权的范围作出规定时一般都与其他相关权力划清了界限,即什么样的权力类型可以归于立法权的范围之下,什么样的权力类型可以归于行政权的范围之下。有些国家的法律对行政权的范围采取列举规定的方式,而有些国家的宪法和法律关于行政权的范围则采取概括规定的方式,[2]这两个规定方式的效果虽然有所不同但都有着共同的意义,即行政权是法律化了的权力。

2. 行政权归属于国家权力。行政权从其权力所有者方面看是归属于国家的权力。行政权是公权范围的权力，它与处理公共事务有关，尽管在不同的国家和不同的政权体系之下行政权的行使者有所不同。[3]然而，行政权从本质上来讲是归属于国家的权力，即国家是行政权的权力主体。这里有一个转换关系，就是行政权由人民作为权力主体转化为国家作为权力主体的转换过程。现代民主国家一般在其宪法中规定"主权在民"或"一切权力属于人民"，而人民作为一个集合概念在操作层面上难以成为行政权的主体。因此，法律制度便将人民这一概念转化为国家，把行政权的主体从人民转换为国家，而从行政权的最终归属看还应当是人民。

3. 行政权是管理国家事务的权力。把国家权力作为一个总体来看的话，可以分为：①决定国家事务的权力，通过此权表达国家意志并对国家的事务作出决定，立法权就属于决定国家事务的权力；②排除纠纷的权力，指排除国家事务与管理中遇到的各种各样纠纷的权力，在我国审判权和检察权都是排除纠纷的权力，此权的内容主要是化解社会矛盾，缓和社会冲突；③管理国家事务的权力，就是对已经决定了的国家事务进行管理的权力，行政权就属于此权的范畴。通过行政权对国家经济、政治、文化、社会等方面的事务进行管理，这些事务的复杂性决定了行政权在国家权力中是最为复杂、涉及范围最广、最难以确定具体范围的一种权力。

4. 行政权是由行政机关行使的权力。任何国家权力都有它的行使主体，行政权的行使主体是国家行政机关，而且国家行政机关对行政权的行使具有独占性，即除了行政机关以外，任何其他机关若没有取得法律的授权或行政机关的委托都不能行使行政权。当然，在行政管理实践中，也有一些不是行政机关身份的组织在一定范围内行使行政权，前提是其必须取得法律的授权。同时，其在行使行政权时身份已经不是其他组织，而是行政主体。[4]还应说明，行政机关仅仅是行政权的行使者，而不是行政权的所有者，正因为如此，行政机关不能对行政权进行处分。

5. 行政权是具有强烈组织性能的权力。行政权从其本质属性上看是将分散的东西变为整体的东西，是让个别的、特殊的东西从属于一般的、普遍的东西，而这一过程就是组织的过程。因此，行政权具有强烈的组织性能。[5]

二、行政权的特征

行政权的特征是指行政权区别于其他权力的内在属性，如同行政权的概念是由人设计和构造的那样，行政权特征的表述在理论界也没有一个统一的认识。因此，对行政权特性的分析必须结合一国宪法和法律制度的规定，我们也只能在宪法和法律规定的前提下分析行政权的特征。另外，行政权的特征可以从纯粹学理的角度分析和认识。

（一）行政权的一般特征

1. 行政权分配行政职位。行政权是一个权力系统，而不是一个具体的权力现象，我们在分析一个国家的行政权时也必须和一个国家的行政机构体系联系起来，行政权创设了一系列行政职位,行政职位是行政权的物质承担者,没有行政职位行政权便无法运作。由于行政权创设了诸多职位,因此,行政机关和行政人员在行政权运作过程中必须存在于一定的职位之下,[6]并在相应的职位下扮演一种角色,不论其是否在行使权力,角色本身要求他必须行使权力。分配职位既是行政权责任化的一个体现,同时它也使行政权有了极大的诱惑力,因为,某个行政机关或行政人员取得了职位以后就必然带来了物质上或精神上的利益。行政权分配职位的特征从一个侧面说明行政人员并不重要,而职位或者角色的设置则更加重要。

2. 行政权具有主动性。行政权由于是管理社会事务的一种权力,因此,它不能仅仅以维持社会秩序为宗旨,还必须推进社会的发展,在行政管理过程中对社会关系和社会事务进行创新。而与行政权处于平行关系的司法权以排除障碍和缓解纠纷为主旨,故这样的权力不求有所创新,更不要求权力行使者具有主动创造的精神。[7]行政权的主动性要求行政机关和行政人员必须主动地把法律规范的规定运用于行政管理活动过程中,并以法创造社会的物质财富和精神财富。

3. 行政权是具有较大自由裁量余地的权力。不论立法技术多么高超的国家都不可能把社会生活中发生的所有事务都规定下来,必然在诸多方面有所疏漏,这既是由立法本身的缺陷决定的,又是由社会事务发展的状况决定的。对于法律有所疏漏的社会事务在绝大多数情况下都归于行政权的范畴之下,由行政权对这些事务进行处理。行政权在处理法律没有规定的事务时,其就具有依其认识水平进行选择的权力,而对于这种选择权立法机关并不能够提供具体的标准,只能由行政机关进行自由裁量,即便是法律对行政事务作出规定,这种规定也不一定能够完全和具体的与行政事态予以对应,法律在诸多方面只作了一般性和原则性的规定,而把具体的操作过程留给了行政权。因此,行政权是具有较大裁量余地的权力。[8]

4. 行政权是最为敏感的国家权力。任何国家权力都具有它的社会效应,而在所有国家权力中行政权的社会效应最为突出。如果行政权的行使状态是良好的,它将迅速在公众之中产生良好反应。反之,如果行政权的行使具有弊病,它也会迅速地、深刻地在公众心目中产生不良影响。[9]公众对国家权力的关注一般主要地是对行政权的关注。一个国家的经济生活、政治生活的状况也常常通过行政权体现出来。在现代社会中,行政权被认为是统治权的核心,有人就干脆把现代国家称之为"行政国",[10]这都充分说明行政权是一种最为敏感的权力。

(二)我国行政权的特征

1. 行政权是一种独立性与受控性相统一的权力。行政权的独立性是指行政权由国家行政机关行使,行政机关对行政权的行使具有排他性,即除行政机关之外,任何组织和个人都不得直接行使行政权。[11]行政权的受控性是指行政权在行使过程中要受到权力机关的控制,依我国的政权体制,权力机关除行使立法权外,还有权监控其他国家权力的行使,其中包括对行政权的监控。[12]

2. 行政权是一种执行性与指挥性相统一的权力。所谓执行性,是指行政权从总体上来讲是执行国家意志和国家法律的权力，它的权力性质是由立法权派生出来的，是对立法权的一种逻辑发展。[13]就单个行政机关而论，其在履行行政职能时具有明显的执行色彩，其行为过程都是在一定规则下进行的，其行为本身是完成已经被决定了的东西，而不是完全超乎法律和规则之外的。所谓指挥性，是指行政权为了能够有效运行，行政主体必须有管理行政事务的高度权威，其是从国家人格中演绎出来的一种权力。行政机关在宪法和法律规定下具有其他国家机关和社会组织所没有的权力就是这种权威性的体现。[14]执行性与指挥性是一致的，行政机关处在法律规则与社会事态联结的链条中端，处在国家和公民连接的链条中端。正是其所处地位的特殊性决定了它既具有执行性，又具有指挥性。两个方面同样是辩证的统一。

3. 行政权是一种责任制[15]与集体管理相统一的权力。行政权的责任制是指行政权在行使过程中权力行使的各个环节由专人负责的制度。依《中华人民共和国宪法》的规定，国务院实行总理负责制，国务院的各部、各委员会实行部长、主任负责制。地方各级行政机关实行各级行政首长负责制。责任制的内容有三个方面：一是行政首长有权对有关行政事务作出决策或行政决定；二是行政首长对已经决定的行政事项有权指挥实施；三是当行政事务在实施中发生了有悖法律的状况，行政首长必须首先承担法律责任，如行政处分责任、向受害人说明理由并道歉的责任等。所谓集体管理是指行政机关的组成人员都有参与行政决策和实施行政决定的权利。对于重大的行政事项必须通过集体讨论作出决定，我国行政机关实行的全体会议和常务会议就是集体管理的具体表现。责任制和集体管理是不矛盾的，为了提高行政权行使的质量必须集思广益，发挥行政机关中每个成员的聪明才智；为了提高效率和完善责任追究机制，必须让行政首长和其他责任人有权作出决定并有义务承担法律责任。二者是相互补充的，而不能够绝对化。

4. 行政权是一种专业化与社会化相统一的权力。所谓行政权的专业化，是指行政权在行使中受到技术准则的制约，必须服从各个方面管理事态的客观规律，行政管理机关本身必须是专业化的机关而不是仅仅懂得政治和道德的机关，行政人员必须是具有履行管理职能所必需的专业知识的人员，甚至是受过系统的行政管理或行政法知识的专门训练的人员。[16]所谓行政权的社会化，是指行政权是一种公共权力，是从社会意志和社会利益中派生的，其来源于社会，扎根于社会，行政权在行使中必须符合社会意志，并接受广大社会成员的监督。行政权专业化与社会化从表面上看似乎是矛盾的，但从本质上分析，社会化和专业化具有高度的统一性，只不过二者的侧重点有所不同而已。行政权在行使过程中，尤其在具体的运作中必须符合现代技术准则，符合各个方面行政管理事态的客观规律，其对技术准则的追求和客观规律的遵守也就代表了广大社会成员的意志和利益。总之，现代行政权需要由受过系统训练的专业的管理队伍行使，而这些专业的行政管理队伍在行使行政权时又必须与社会的总体要求保持一致。

三、行政权与相关权力的关系

行政权与相关权力的关系是分析行政权概念时必须予以阐释的，这是因为行政权在诸多方面与国家的其他权力有一定的交织性，若这种关系得不到有效阐释，行政权的概念就难以正确把握。

（一）行政权与立法权

在不同的国家行政权体系之下，行政权与立法权会形成不同的关系。在官僚集权制之下，由于国家权力没有明确的界限，因而行政权与立法权也没有明确的界限。例如，在奴隶社会和封建社会很难说哪一种权力是行政权，哪一种权力是立法权。在三权分立的国家政权体系之下，行政权与立法权是两种平行的国家权力，在平行中相互制约，著名的制衡原则就充分表现了行政权与立法权之间的牵制性。[17]议行合一的政权体制之下，[18]国家权力的划分相对明确，议与行之间保持了有机的统一性。议指的是表达国家意志的行为。因此，它自然而然地被归于立法权的范畴之下。行相对于议而言，是对表达出来的国家意志予以执行的行为。因此，立法权以外的所有国家权力都可以归于行的范畴之下，如行政权、司法权等。上列三种政权体制使行政权与立法权的关系有了三种不同的性状。

在第一种政权体制之下，由于国家权力之间的关系没有非常明确的界限，甚至不作不同性质的权力区分，故而很难对这种政权体制下的行政权和立法权的关系作出明确划分，如果说它们之间有什么关系的话，那就是一种二权合一的关系，一种权力界限不清的关系，这种权力关系的不明确性也许是导致专制权力的一个根本原因。

在第二种政权体制之下，各种国家权力有了明确的界限，这个界限也确定了诸种国家权力的自我价值，且不同的权力交由不同的国家机构实体行使，如立法权交由国会行使、行政权交由总统及其行政部门行使、司法权交由司法机构行使。不同的机构实体行使不同的国家权力，各机构之间的关系也由权力的性质和宪法制度对权力行使模式作出的规定决定。以美国为例子，立法权由国会的上院和下院行使，行政权由总统及其行政部门行使，上院和下院在有关表达国家意志的问题上对总统及其行政部门起着制约作用。如总统要对别的国家宣布战争状态必须由国会批准，在国会没有批准的情况下总统单方面宣布战争状态就很可能遭到国会的弹劾，当然，总统及其行政部门对国会也有制约作用，如行使否决权。[19]

在第三种政权体制之下，行政权与立法权是一种一体化的权力，即行政权没有独立于立法权的单独意志，它的意志与立法权的意志是统一的，甚至是从立法权的意志中派生出来的。显然，行政权对立法权的服从是绝对的，而不像第二种政权体制之下的相互制约性。我国属于第三种类型的政权体制结构，行政权与立法权的关系是一体化的关系形式。一是行政权是从立法权中派生的，行政权不能有独立于立法机关意志的独立意志，其如果有意志的话也是一个处于二级层次的意志，即受第一层级意志决定的意志。二是行政权是执行立法机关决定的权力，对于有关国家发展和社会格局变迁的重大事务要由立法机关决定。立法机关决定以后便转入了执行阶段，在执行阶段行政权是扮演主要角色的，它应当不折不扣地将立法权已经决定了的事项予以执行。三是立法权对行政权的运作具有进一步监控的职责。行政权在运作过程中其行为是独立的，就是有权独立地作出相关的行政决定，行政权所作出的行政决定在现代国家是通过多种形式完成的。如可以通过授权立法制定相关的行政管理规则，通过颁布规范性文体对某一方面的社会事务及其关系作出规定，还可以通过行政命令对某些单一而具体的事项作出处理等。上述行为虽为行政权的独立行为，但是立法权对上列运作行为同样具有监控的职责，这种职责同时也是立法机关的权力，上列诸方面只是立法权与行政权的关系原理。一国的宪法制度对立法权与行政权发生关系的具体过程一般都作了明确规定，《中华人民共和国宪法》的相关条文也有这样的规定。

（二）行政权与审判权

在绝大多数国家的宪法制度中，对国家权力的划分，不将审判权作为一种独立的权力而看待，一般将审判权归入司法权的范畴。我们在讲三权分立或五权分立的政权体制时，[20]都是将司法权作为一种独立的国家权而论的，而不包括审判权的概念。但是，《中华人民共和国宪法》所规定的国家权力则没有司法权的专门条款，如第3条规定："中华人民共和国的国家机构实行民主集中制的原则。全国人大代表大会和地方各级人民代表大会都由民主选举产生，对人民负责，受人民监督。国家行政机关、审判机关、检察机关都由人民代表大会产生，对它负责，受它监督。"该条所规定的内容并没有司法机关，也没有司法权的称谓。因此可以说，在我国司法权是一个学理用语，而不是一个法律用语，在学理上人们将审判权和检察权共同称之为司法权。由于宪法没有司法权的规定，我们在探讨行政权与其他国家权力的关系时，没有必要探讨行政权与司法权的关系，而只需探讨行政权与审判权、检察权的关系。审判权是指由人民法院行使的排解各类纠纷的权力。《中华人民共和国宪法》第123条规定："中华人民共和国人民法院是国家的审判机关。"第126条规定："人民法院依照法律规定独立行使审判权，不受行政机关、社会团体和个人的干涉。"这是宪法关于行政权和审判权关系的仅有的一些规定，这些规定只是从反面阐释了行政权以及其他相关权力不能打扰审判权的正当行使，而没有从正面回答行政权和审判权之间究竟是一种什么样的关系形式。这便使我们在研究审判权与行政权的关系时不得不从下位法律规范中去探寻。1989年制定的《中华人民共和国行政诉讼法》则在一定程度上解决了审判权和行政权的关系。依该法的规定，我国特定级别的审判机关有权对特定级别的行政机关的行政行为进行司法审查。申言之，审判权对行政权的行使有制约作用，尽管这种制约在我国目前情况下还很有限，但这一规定无疑确定了行政权与审判权的一种新的关系形式。《中华人民共和国宪法》第89条在规定最高国家行政机关的职权时，有这样一个条款，即国务院编制和执行国民经济和社会发展计划以及国家预算。这一规定赋予了行政机构非常大的权力，国民经济和社会发展以及国家预算当然包括人民法院的财政预算。进一步讲,行政权可以为审判权的发展设计基本的规则,当然不是具体规则,行政权可以决定审判权活动的预算开支等。事实上,我国各级人民法院的财政预算都由政府行政系统的预算决定。上述两方面表明我国行政权与审判权一方面是一种平行关系,即两种权力处于一个平台上,它们都可划归于执行权的范畴,都对立法权负责,二者之间没有相互隶属性;另一方面是一种制约关系,行政权通过行政预算等对审判权有隐含的制约作用,而审判权通过司法审查对行政权有一种明显的制约作用。

(三)行政权与检察权

检察权在不同的国家归入不同的权力系统,然而从理论上讲检察权是司法权的一种,因为它承担的职能也是排除纠纷。依公认的理论,排除纠纷的权力都可以归入司法权的范围。《中华人民共和国宪法》第130条规定:"中华人民共和国设立最高人民检察院、地方各级人民检察院和军事检察院等专门人民检察院。"第131条规定:"人民检察院依照法律规定独立行使检察权,不受行政机关、社会团体和个人的干涉。"这是宪法关于检察权与行政权关系的规定,该规定要求行政权不得干预检察权的正当行使。将这一规定作一引申的话,就是行政权与检察权之间既不具有包容性,又不具有相互制约的属性,似乎是一种井水不犯河水的权力关系。同时《宪法》第129条还规定:"中华人民共和国人民检察院是国家的法律监督机关。"该条所规定的"法律监督"是意义非常广泛的概念,依笔者理解,只要涉及法律问题人民检察院都有权进行监督。行政权在运作过程中也必然牵涉到法律问题,主要涉及有关的行政法制问题。既有行政机关进行行政管理的行政法制问题,也有行政机关运作的内部行政法制问题。这些法制无疑是我国法制的重要组成部分,对于这样的法制在运作过程中出现的问题,人民检察院应当有权进行监督。所以,检察权除了与行政权保持平行关系外,还有对行政权运作的法制化程度进行制约的权力。如同对审判权的财政状况有权决定一样,行政权有权对检察院的财政预算作出规划和决定。由于行政权、审判权、检察权都属于执行权的范畴,它们共同对立法权负责,这样便使我国行政权、审判权、检察权三者的关系是一种和谐统一的关系。问题在于这种和谐统一的关系必须通过一定的形式来完成,目前我国存在的不足之处就在于行政权、审判权、检察权的关系处理技术还存在一些需要完善的地方。

第二节 行政权的条件

一、行政权的物质条件[21]

所谓行政权的物质条件,是指对行政权的存在和运作起一定制约作用的物质构成,它是一种看得见、摸得着的实实在在的因素,没有这些因素行政权便是一个无源之水的虚幻存在物。从某种意义上讲,物质条件是行政权若干条件中最为本质、最不可忽视的条件。然而,行政权的物质条件是以中性的形式表现出来的(所谓中性的形式,是指这种条件不具有阶级色彩和人文色彩)。因此,该条件常常被行政权的研究者所忽视。[22]在行政法治实践中,行政权的物质条件包括三个方面:

1. 经济基础

一个国家的政权体制总是建立在一定的经济基础之上,对此马克思主义经典作家早就作过阐释,著名的经济基础决定上层建筑的理论就非常深刻地阐释了经济基础对国家权力的作用。从大的方面看,不同的经济基础决定不同的行政权格局。我们发现,在经济基础比较雄厚的国家,行政权的结构化、规范化程度都比较明显,而在经济基础比较薄弱的国家其行政权的结构化、规范化程度相对较差,这也是为什么不发达国家总容易出现行政上乃至政治上动荡的一个非常重要的原因。从中观方面看,一国的行政权系统控制较多的经济基础时,其行政权行使的方便程度就要相对大些,而行政权系统控制的经济基础不足时,其行政权行使的方便程度则要差得多。从微观方面看,一个行政部门或者行政单位若有较多的经济支配力量,其行政权的有效性就要强一些。反之,若一个行政单位或者部门所支配的经济力量较小其行政权的有效性就相对差一些。上列若干方面仅仅是行政权经济基础条件的现象问题。依经济基础和上层建筑关系的辩证原理,经济结构与行政权的结构也有着密不可分的关系,公有制经济所决定的行政权结构与私有制经济所决定的行政权结构就有非常大的区别。这一理论提醒我们,在行政权结构的完善过程中必须将经济因素考虑进去,经济结构的调整和变化必然带来行政结构的调整和变化。

2. 社会技术

近现代社会,科学与技术的发展日新月异,我们注意到科学与技术的发展与行政权的发展有着非常密切的关系。科学与技术常常可以改变原来的社会结构和社会关系,[23]而原先形成的社会结构和社会关系的变化又使传统的行政职能发生变化,一些职能可能因社会技术的发展和社会关系的变化不复存在,另一些职能则在新的社会技术出现以后必须进行重新组合,还有一些新的社会关系需要政府必须确立新的职能。一国的行政体制系统对社会技术发展变化的感应程度反映该国行政权行使的质量,即一国行政系统能够及时地对社会技术变化引起的社会结构和社会关系的变化作出反应,那么该国的行政权就处在一种良性循环状态下。反之,一国的行政体制系统对社会技术所引起的诸方面的变化反应迟钝,其行政权的运转将必然被阻滞。社会技术除决定行政权格局外还决定行政权的行使方式,现代信息系统在行政权行使中的广泛运用就是一个明显例证。

3. 国家强力

行政权作为一种国家权力其有一般国家权力的共性,即它是国家机器的组成部分。任何国家机器的运转都必须有相关的强力作为支持,否则,任何机构体系就没有运作过程中的保障手段和发生阻滞后克服障碍的手段。马克思主义经典作家将国家强力概括为军队、警察、法庭等是有道理的。这些因素仍然是现代国家权力行使的重要手段。我们知道,行政系统直接承担着管理国家事务和社会事务的职能,它必须通过强有力的管理手段才能实现管理目标,其享有的指挥权、命令权、强制权等都必须有相应的后续保障手段,这些手段就是国家强力。上述三个方面是行政权的最为基本的物质条件。

二、行政权的意识条件

行政权的意识条件与行政权的物质条件是相互对应的。所谓行政权的意识条件,是指制约行政权行使的那些精神因素。精神因素和物质因素向来就是不可分割的。行政权的内外在因素中物质因素固然不可或缺,而意识因素同样不可缺少,它是制约行政权行使的最为基本的构成。行政权的意识条件包括三个方面:

1. 国家政权体系在权力行使中的总的统治意识

任何政权体制的存在和运作都有一个总的统治意识,这个意识既是由其政体的原则决定的,又作为一种指导思想支配着权力的行使。孟德斯鸠对权力行使的总体意识进行过研究,并得出了合乎逻辑的结论。他认为,政体分为四类,即共和政体、贵族政体、君主政体和专制政体。共和政体是指在一个国家由所有社会成员执政的政体。[24]依孟德斯鸠的论点这样的政体是一种权力行使的良性政体,因此,在这样的政体下良知就显得特别重要,作为支配这种政体的指导原则便是品德,即政体将塑造良好的道德品质作为行使权力的指导思想,并最终在全社会范围内塑造出良好的品德。"爱好政治的希腊人,生活在平民政治之中,知道品德的力量是唯一支持他们的力量。"[25]贵族政体,是指在一个国家由一部分人执政的政体,"贵族政治最高的权力是掌握在某一部分人的手中。就是这些人制定并执行法律。其余的人民和这些人的关系,最多就像君主政体中的臣民和君主的关系"。[26]贵族政体由于是一部分贵族执政,执政的贵族形成了一个团体,"这个团体,依据它的特权,并为着私人的利益,抑制人民"。[27]因此孟德斯鸠认为,贵族政体若要维持下去,若要保持其良好运转就必须把节制作为行使权力的指导原则。如果执行的贵族过分贪婪,就会对公众利益造成极大伤害,久而久之,贵族政体就会瓦解。"节制是贵族政体的灵魂。我指的是那种以品德为基础的节制,而不是那种出自精神上的畏缩和怠惰的节制。"[28]所谓君主政体,是指在一个国家由一个人执政的政体。"有君主政体就要有优越的地位、品级甚至高贵的出身。荣誉的性质要求优遇和高名显爵。就是因为这个缘故,荣誉便在这类政体中获得地位。"[29]也就是说,在君主政体中,荣誉是权力行使的指导原则。专制政体是一种变态政体,由于是变态政体其权力行使的指导原则便是恐怖。"在专制政体之下,君主把大权全部交给他所委任的人们。那些有强烈自尊心的人们,就有可能在那里进行革命,所以就要用恐怖去压制人们的一切勇气,去窒息一切野心。"[30]

2. 国家的行政政策

政权体制的统治意识是从权力结构的大系统中探寻行政权行使的意识因素的,

因为行政作为一个国家政权体系的重要组成部分，其权力行使的基本格局不能脱离国家的政权大系统之外，即一个国家政权体系的指导思想必然会对行政权行使的指导思想产生决定性影响。同时，行政系统作为国家的行政体系的一个分支有自己相对独立的属性。一国的行政政策就是一种不以人的意志为转移的存在物，而这些政策也就成了行政权意识条件中的另一重要的组成部分。所谓行政政策，是指一国行政权行使的路线、方针以及相关的原则。行政政策的决定因素有三个方面：一是一国立法机关所表达的国家意志，当这些国家意志不是具体的操作规则而是抽象的指导原则时，它就成为行政权的基本政策因素，因为行政权在行使时受制于这些抽象规则。二是一国执政党的执政方略和治国方略，在一党制国家这种执政方略和治国方略对行政权的统制具有决定意义，行政权在运作中处处以政策为灵魂，政策甚至成了行政权有效与否的判断标准。三是行政系统自身的行政原则。行政系统的相对独立性是一个不争的事实，它的相对独立性可以反映在其在行使权力时相对自我的价值倾向，立法的滞后性以及执政党政策的过分灵活性都使行政系统具有独立意志成为可能。上述三个方面就是行政政策的基本构成，这些行政政策是现代国家行政权行使中非常重要的意识因素。

3. 行政权行使者的个人悟性

现代行政系统基本上形成了一套完整的运作模式，与其说行政机构的运转是由行政系统中的构成分子为之的，还不如说是行政机构、行政职位、行政过程等构成了系统化的运作套路。个人在行政系统中绝大多数情况下只是扮演一种角色，尤其是马克斯·韦伯的官僚政治理论出台以后，人们都认同这样的观点。但是，个人在行政机构体系中并不是被动的，他作为一种活的生灵必然有着自己对行政事务的认识，个人的认识就成了行政系统中的个性，这种个性无论在什么时候都是存在的。正因为这一点，无论过去的行政体制，还是现代国家的行政体制都比较重视官员遴选制度的建设。现代国家一般都拥有一套完整的、科学的选官制度，笔者所指的选官制度主要指行政系统的选官制度。通过这个制度将合适的人选择到合适的岗位上，如果个人在行政系统中不重要的话，那么，也不会用那么大的精力构建选官制度。黑格尔曾经指出，一个人之所以能够担任行政公职是自己知识和才能的一种证明。换句话说，行政系统中官员的知识与才能必然决定行政权行使的质量。一般地讲，行政系统官员整体素质较高的情况下，行政权行使的质量也相对较高。反之，行政系统中官员素质较差时，行政权行使的质量也相对较差。

三、行政权的体制条件

行政权的体制条件是就政治体制作为行政权的制约因素而论的。政治体制通常是指权力握有者为实现其对社会事务的管理而采取的统治或者管理方式、方法的总和。它包括国家政权体制的形式、国家结构形式、政权组织形式、制定政策的模式等若干方面。[31]政治体制作为行政权的条件可以作出这样的表述，即不同的政治体制，行政权的范围、行政权的行使方式、行政权在政治生活中的地位、行政权对公众的影响力等都有所不同。我们将从政治体制的若干方面对这些条件予以分析。

1. 不同的政权管理形式行政权有不同的状态

现代世界不同国家和地区的政权管理形式都存在不同的差异,有些差异相对小些而有些差异相对大些,这些差异都必然使行政权有不同的格局。如我国台湾地区实行五权政制,这五权政制是立法权、行政权、司法权、考试权和监察权。一方面五种权力归于五个不同的机构实体行使,另一方面五权都是由人进行人为设计的。《中华人民共和国宪法》所规定的国家权力仅有立法权、行政权、审判权、检察权,而没有将考试权和监察权作为一种独立的权力单列出来。在大陆行政权的框架中,包括了考试权[32]和监察权,而我国台湾地区行政权系统中却不包括考试权和监察权。可见,不同的政权组织方式行政权的范围等都存在非常大的差别。

2. 不同的国家结构形式行政权有不同的状态

国家结构形式是指有关中央和地方关系的连接方式,有单一制与联邦制之分。在单一制之下,中央与地方的关系十分密切,中央政府的决策对地方有非常大的影响,地方在一些情况下没有独立意志,尤其对重大问题没有独立作出决定的权力。联邦制则是指在中央和地方的关系上采取联盟的形式,各个地方实体转让一些权力组成中央政府,各地方实体仍然保持自己的相对独立性。在有些联邦国家除了中央政府有一部宪法外,地方还有自己的宪法。显然,联邦制结构下,中央政府的权力对地方的影响是有限的。从国家结构形式的状况看,单一制与联邦制行使行政权也有较大的差异。单一制国家的行政权是统一的,既有统一的意志又有统一的模式,且行政权的实效性和强度相对大些。而在联邦制国家,行政权则较为分散,各个地方实体都有一套适合于本地方的行政体制和行政权行使模式。中央政府的行政权在有关中央事务上是有高度权威的,而在有关地方事务上则没有相应权威。

3. 不同的选举制度行政权有不同的状态

选举制度在政治体制中是最为复杂多样的制度之一,一些国家采取普选制,而另一些国家则采取非普选制;一些国家采取直接选举制,而另一些国家则采取间接选举制;一些国家采取相对多数选举制,而另一些国家则采取绝对多数选举制;一些国家采取选举团选举制,而另一些国家则采取选民选举制等。选举制既包括对立法、司法等系统公职人员的选举,又包括对行政系统特定官员的遴选。无论对行政系统以外官员的选举,还是对行政系统内部官员的选举,最终都会影响行政权的状况。一方面,选举制度可以决定或制约行政系统与其他机构的关系,制约行政系统与公众的关系。如在行政系统官员由选民直接选举的情况下,这些官员就必须对选民负责,选民在一定范围内可以决定行政官员的命运,而在行政系统官员由选举团选举的情况下则是另一种格局。另一方面,选举制度可以决定行政系统自身的状况,包括办事效率、责任心等。

4. 不同的制定政策模式行政权有不同的状态

政策制定模式包括两个非常重要的方面:一是政党体制所形成的政策及其形成政策的模式。有些国家实行两党制,有些国家实行一党制,有些国家则实行一党领导下的多党合作制。两党制国家的政策形成常常是各方面妥协的结果,即每一个政党都多多少少放弃一些原来的主张并牺牲一定范围的利益使有关政策达成一致。一党制与一党执政下的多党合作制在政策形成上比较有效率。政党只是一定利益的代表,政策在形成过程中或多或少都要将有关的实质性内容与社会利益联系起来,这样便使政党政权的形成与行政权有着千丝万缕的联系。二是政权体制所形成的政策。政权体制就是国家诸机构体系及其运作的模式。政权体制也在不断产出政策,除了有关的法律规则外,还有一系列的治国方略。这些治国方略是由政权体制的综合因素所产生的,它常常不是某一个机构实体的单独意志。正因为如此,政权体制结构下的政策对行政权的格局也必然产生影响。总之,体制作为行政权的前提是千万不能被忽视的,良好的政权体制必然塑造出良好的行政权。反之,不合理的政权体制必然塑造出不合理的行政权。

四、行政权的法制条件

行政与法的关系向来就是一个有争议的问题。第一种理论认为行政与法律是两个不同的事物,"国家的纯行政活动并不适于归入法律范畴之中。国家创设行政机关、管理政府财产以及对国家官员发布指示和命令,都不属于法律领域"。[33]此种论点在近来得到了一些学者的进一步发展。该理论的根据是,行政就其本质而论是活跃的,能够随着时代的变化而适时变化,其强烈的时代特性决定了行政作为一种治理国家的手段在此方面比法律更具有优势。而法律由于需要特定的程序,其常常难以对社会事态的发展作出适时感应,法律的这种对社会事务不能适时感应的属性可以称之为法律的历史滞后性。这一理论在法律制度不健全的国家占有很重要的地位,一些不发达国家在处理行政与法律的关系时常常比较谨慎,至少他们不愿意让既成的法律规范束缚住政府行政系统行使权力的手脚。第二种理论认为行政就等于法律。该论点从行政权实施主体亦是国家机构的组成部分出发,认为政府行政系统在国家政治生活中与立法机关的地位是互补的。立法机关制定的规则是那些普遍适用的规则,是那些在一定历史环境下具有长效性的规则,而它的这些规则在调整社会关系时必然会存在一定范围的疏漏。它的这些疏漏必须由其他的权力行使主体去补充,行政权及其所为之行为便可以起到弥补这些疏漏的作用。从这个意义上讲,政府行政系统所为的行为、所制定的规则亦是法律的构成部分。不论行政机构的地位高低,只要制定出相应的调整人们行为的规则,这些规则就是一国的法律构成。[34]该论点还对法律干预行政的状况提出了批评,认为法律的职能仅在于保证行政的有效性,而不是给行政权的行使设置障碍。[35]第三种理论认为是行政必须受到法律规范的约束。在现代民主国家这一理论应当说是占上风的,该论认为行政权作为权力的一种,和其他任何权力一样都有一种侵犯的性质,对于行政权的这种侵犯性必须通过有效的规则予以制约,而法律对行政的控制是最为重要、最为根本的。关于行政与法律之间的辩证关系博登海默的此段表述比较经典:"为了在一个复杂的工业社会里能够有效地管理公共事务,美国有必要而且是不可避免地要加强行政控制。在一个复杂的社会中,有许多相互冲突的利益需要调整,公共福利也必须得到保护以使其免受反社会的破坏性趋向的侵损,因此由政府直接采取行动进行管理就成为势在必行之事了。然而,我们必须清醒地认识到并去正视行政控制中所固有的某些危险。如果一个公共行政制度只注意结果而不关心人权,那么它就有可能导致独裁与压迫。某些集权主义国家的例子充分证实了这一点,即一个纯粹行政统治的国家不会对人格的尊严给予应有的尊重。因此,为使法律规则在社会中得到维护,行政裁量权必须受到合理的限制。"〔36〕上述关于法律与行政关系的诸种理论表明,法制作为行政权的条件是一个非常复杂的问题,这是因为法律与行政有时交织在一起,有时又有互相补充的特性。但是,无论如何法制作为行政的条件是不可否认的。一般地讲,法律制度越健全的国家行政权行使的规范化程度就越高。反之,法制越不健全的国家行政权行使的规范化程度就越低。

第三节 行政权的趋势

行政权的趋势是指行政权的发展趋势,我们在这里所讲的发展趋势有些是必然趋势,即行政权已经不以人的意志为转移朝着这样的趋势发展。有些则是应然趋势,即行政权应当朝着这样的方向发展,应然趋势实际上是人们对行政权发展方向的一个企求。

一、膨胀化

行政权的膨胀化是指行政权的发展呈现出日益膨胀的状态,其广度、宽度、强度等都有日益增长之势。膨胀化的具体表现是:

1. 行政权的范围越来越广。这里"行政权的范围"指的是行政权所涉及的社会事态以及社会关系等客体的范围。随着国家政权体制的发展,行政权所涉及的范围越来越广,到20世纪中期以后,行政权几乎涉及社会生活的各个方面,对此,托马斯·戴伊有相关论述。〔37〕

2. 行政权的宽度越来越大。行政权的宽度是将行政权与其他国家权力相比较而言的。一是原来属于立法权范畴的权力不知不觉转移到了行政机关手上,如立法本来只能由代议机构制定。然而,现代社会中行政机关的立法权能越来越大,从行政法规范的总量看,行政机关制定的行政法规范实际上多于立法机关制定的规范。而且

《中华人民共和国立法法》给行政机关制定法律规范的地位作了确认。如果我们将法理解成行为规则,那么行政机关制定的法的数量则更大一些。因为,哪怕是最低层次的行政机关都有权制定行政管理规范性文件,而这些规范性文件在规定行政相对人权利义务方面与其他上位法律最多只是量上的区别,而没有实质性的差别。当然规范性文件同样能带来相应的后果。二是纠纷解决权本属于司法权的范畴,而在现代国家中行政机关在很大程度上承担着解决纠纷的职能,或者说行使着排解纠纷的权力。对于一些民事纠纷行政主体有权作出裁决,而行政纠纷的一大部分都是由行政机关通过行政程序解决的。《中华人民共和国行政复议法》赋予行政机关解决纠纷的范围要比《中华人民共和国行政诉讼法》赋予人民法院解决纠纷的范围要广泛一些,这从二者的受案范围可以清楚地看出。

3. 行政权的强度越来越大。尽管人们对于行政的干预一直持谨慎态度,但不可逆转的事实是"守夜人"身份的行政权特性已经越来越弱,政府行政系统对社会生活的方方面面都进行着不同程度的设计。甚至可以说,越强调"福利国家"的属性,行政权对社会生活的干预就越强烈。

二、规范化

规范化是就行政权与行为规则的关系而言的,是指行政权的行使与这样那样的行为规则关系越来越密切。规范化第一层次的含义是人们追求行政权的规范化行使。一是立法机关制定大量的行为规则对行政机关所管理的社会事态作出规定,通过这样的规定减少行政机关对同类事态规定的概率。我国立法机关在每一个大的行政管理领域都制定了一个基本法或一般法,如土地管理方面有《中华人民共和国土地管理法》、环境管理方面有《中华人民共和国环境保护法》、公安管理方面有《中华人民共和国治安管理处罚法》、森林管理方面有《中华人民共和国森林法》、税收管理方面有《中华人民共和国税收征收管理法》、计量方面有《中华人民共和国计量法》等。这些规范大大减少了行政权对该领域进行规范的空间。二是立法机关制定的针对行政权规范化行使的规范,该类规范的作用对象是行政机关的组织体系及政府行政行为。如行政组织法、行政处罚法、行政复议法、行政诉讼法等。三是司法机关通过自己的行为或者通过宪法赋予它的职权对行政权的行使进行适当的约束。我国审判机关通过行使司法解释权制定了相关的对行政行为进行司法审查的行为规则,如2000年最高人民法院制定了《关于执行〈中华人民共和国行政诉讼法〉若干问题的解释》。人民检察机关通过行使法制监督权也可以促使行政权的规范化行使。规范化第二层次的含义是行政权在运作过程中为自己行使职权和相对人的权利义务制定的行为规则越来越多。美国就出现了"规章膨胀"这样的现象,即政府行政系统的规章越来越多,规章的膨胀说明行政权在运作过程中做到了有章可循。

三、民主化

行政系统的行政权威是行政权行使的必要保证，正是强大的行政权威保证了行政权在运作过程中能够克服来自各个方面的障碍。同时应当指出，行政权威是一把双刃剑，它既有利于树立行政主体的威望，又可能带来行政专制。事实上，在不发达国家行政权专制行使是主流。也就是说，政府行政系统将行政权封闭在一定的圈子内，有关的行政决策社会无从参与，有关的行政执行社会无从制约等。但是，自20世纪以来，随着全世界范围内民主进程加快，行政权的专制化色彩逐渐变弱，而民主化趋势逐渐明显，在发达国家这种趋势尤为突出。

1. 行政决策的社会参与日渐广泛。公众对行政决策参与的途径越来越多，参与的程度越来越深，以前一些封闭在行政系统的决策，现在都要向社会公布，如我国一些工程的决策就是在向社会公开的基础上进行的。一些国家甚至把一些更大的决策直接交给社会，如欧洲一些国家对是否加入欧元区的问题、是否加入欧洲一体化的问题、是否加入联合国的问题都采取了全民公决的形式，以多数票为依据作出最后的行政决定而不是由政府行政系统单方面作出决定。行政听证制度被《美国联邦行政程序法》系统规定以后就成为世界各国仿效的典范，一些与公众利益相关的行政决策都通过法定的听证程序进行。我国在价格、收费等方面都不同程度地实现了行政听证，并将听证的结果纳入整个行政决策过程。

2. 行政执法的社会参与日渐广泛。行政机关承担着执行法律规范的职能，而行政执法有很多模式，如可以采取以行政主体为本位的模式，也可以采取以执法对象为本位的模式；可以采取封闭执法的模式，也可以采取开放执法的模式等。近年来，世界各国都将行政主体执法的社会化视为执法的一个趋势，行政公开化原则在各国行政法中被广泛认可就是例证。《中华人民共和国行政许可法》第5条规定："设定和实施行政许可，应当遵循公开、公平、公正的原则。有关行政许可的规定应当公布；未经公布的，不得作为实施行政许可的依据。行政许可的实施和结果，除涉及国家秘密、商业秘密或者个人隐私的外，应当公开。符合法定条件、标准的申请人有依法取得行政许可的平等权利，行政机关不得歧视。"我国行政机关自我约束、接受社会制约的意识也越来越强，如公安部2003年8月26日颁布、2006年8月24日修订的《公安机关办理行政案件程序规定》第4条规定："公安机关办理行政案件应当遵循合法、公正、公开、及时的原则，尊重和保障人权，保护公民的人格尊严。"

3. 行政权的社会责任日渐突出。行政权承担两个方面的责任：一是政治责任，所谓政治责任，是指行政权对执政党和国家政权体系所负的责任；二是社会责任，所谓社会责任，是指行政权对公众以及运作的社会过程所负的责任。政治责任和社会责任在一般情况下应当是一致的，既符合政治责任要求的也符合社会责任的要求，反之亦然。但在行政权的运作过程中，由于有诸多的制约条件使得行政权的社会责任与政治责任常常存在一定程度的反差，符合政治责任要求的不一定与社会责任的要求相吻合。反之,符合社会责任要求的,不一定与政治责任的要求相吻合。在现代国家中,此二责任总存在一定的反差。传统行政权行使中所强调的对政治负责就是强调行政权的政治责任,而不太重视行政权的社会责任。国家政权体系的发展,使行政权对社会责任的精神日渐突出,对行政权的测评标准,许多已经转移到社会责任一边。

注释

〔1〕 以中国大陆和台湾地区之间的区别为例,台湾行政权的大范围之中没有包括人事管理权和行政监察权,而大陆的行政权系统中既有人事权又有监察权。

〔2〕 例如《美利坚合众国宪法》第 2 条第 1 款规定:“行政权力赋予美利坚合众国总统。……”而后续条款只是规定了一些行政权行使的程序,并没有列举行政权的具体范围。而《大韩民国宪法》第 4 章是关于政论行政权的规定,其在行文技术上则采取列举规定的方式。参见荣格主编:《世界著名法典选编》(宪法卷),中国民主法制出版社 1997 年版,第 11、390—392 页。

〔3〕 行政权的行使主体要根据国家政权体系的实际状况决定,一个国家如果对国家政权体制进行了合理分类,那么,行政权行使主体则比较明晰,而在一个国家对国家政权体系没有明确分类的情况下,行政权的主体常常是不明确的,当然,在作出合理分类的国家,不同的分类方式,行政权的行使主体则有所不同。

〔4〕 我国的行政权依《中华人民共和国宪法》的规定是赋予行政机关的,而行政机关以外的机关、组织或个人在一般情况下不能行使行政权。但在行政法治实践中,一些行政权由行政机关以外的机关或组织行使可能更为方便一些,因此便出现了授权的组织等非行政机关行使行政权的状况。学者们为了使概念统一起见,便发明了行政主体的概念,即将所有行使行政权的机关或者组织都叫做行政主体,当然也包括行政机关。这种称谓至少在学理阐释上具有一定意义。

〔5〕 组织是将分散的东西变成整体的一种行为,而该属性与黑格尔给行政下的定义是相吻合的。黑格尔指出,行政是使特殊从属于普遍的过程,因此我们可以说,行政具有强烈的组织性能。参见[德]黑格尔:《法哲学原理》,范扬、张企泰译,商务印书馆 1963 年版,第 217 页。

〔6〕 职位是行政权的物质承担者,职位对任职于其中的个人而言显得更加重要,在现代社会中,随着刻板的行政机构的形成,职位的意义显得十分重要,因为职位可以将个人、个性等予以淹没。参见[德]马克斯·韦伯:《经济与社会》(上卷),林荣远译,商务印书馆 1997 年版,第 242 页。

〔7〕 司法权一般被认为是一种消极权力,之所以说它是消极的,是因为在一般情况下它不具有创设新的社会关系的能力,只是维护原有的社会关系。

〔8〕 参见[美]伯纳德·施瓦茨:《行政法》,徐炳译,群众出版社 1986 年版,第 2—3 页。

〔9〕 参见[英]约翰·密尔:《代议制政府》,汪渲译,商务印书馆 1982 年版,第 57 页。

〔10〕 行政国是指在现代国家中,行政权处于最为重要、最为核心的地位。

〔11〕 在实行“议行合一”的国家,立法机关虽然对行政权可以进行全方位的控制,但立法机关不能代替行政机关直接行使权力,它们只能通过行政机关行使权力。

〔12〕 参见《中华人民共和国宪法》第2、3条。

〔13〕 参见[美]古德诺:《政治与行政》,王元译,华夏出版社1987年版,第10页。

〔14〕 行政机关的权威性是不能否认的,早在马克思主义经典作家阐释社会主义国家政权的理论时就作过阐释。恩格斯针对无政府主义反对任何权威的状况,在“论权威”一文中对社会主义国家需要行政权的状况作了精辟阐述。参见恩格斯“论权威”一文。

〔15〕 行政权的责任制是人类对行政权特性的一个总结,美国在建国时关于行政权究竟实行总统制还是委员会制的问题就有过激烈的争论,由于行政权具有追求效率与责任的属性,美国宪法还是选择了责任制。参见[美]汉密尔顿等:《联邦党人文集》,程逢如等译,商务印书馆1982年版,第236页。

〔16〕 随着现代社会技术水平的提高,行政权技术化、专业化的程度越来越高,对行政系统及其公职人员专业技术知识和行政法专业知识的要求也越来越高。

〔17〕 不同的政权体制、不同国家对行政权进行制约的方式和程度虽有不同区别,但有效制约行政权则是一个普遍接受的理论,也是一个普遍实行的制度。当然亦有人认为行政权的制约只是一个权力环节和权力过程的制约,而不是对国家权力实行无原则的约束。

〔18〕 “议行合一”的概念是马克思在“法兰西内战”一文中最早提出来的,其认为巴黎公社就是将议与行合为一体的政权体制,后来人们对议行合一的理论很少作出全面论述。

〔19〕 “否决权”是美国总统行使的对国会立法进行否定的一种制度,即国会制定的法案在生效以前必须先交付总统进行审查,总统如果不同意该法案,可对法案行使否决权。否决权是一种相对的否决权力,即总统对法案行使否决权之后,国会上下两院可以各以2/3的多数重新推翻总统否决权,这样,被总统否决的法案仍可以生效。除此之外,总统还有一种绝对的否决权,称衣袋否决权。即国会在临近闭会时通过的法案交付总统签署,如果此时总统行使了否决权,国会已经闭会,无法再重新提起讨论,被总统否决的法案就不了了之,亦即自然死亡。

〔20〕 三权分立是指立法、行政、司法权的分立,而五权分立则是指立法、行政、司法、考试、监察权的分立。

〔21〕 行政权的存在与运作受一定内在条件和外在条件的制约。内在条件是指在行政权内部起作用的那些条件;外在条件则是指在行政权外部起作用的那些条件。如一国的法制状况、一国的体制状况等可以作为内在条件对行政权的存在和运作起作用,而一国的经济实力、文化背景等则可以作为外在因素制约行政权的行使。还应指出,内在条件和外在条件都是一个相对意义的概念,即有些条件既可以是内在的又可以是外在的,有些条件从一个角度观察是内在的,从另一角度观察,则可能是外在的。无论内在条件还是外在条件都是一个认识问题,但无论如何,物质条件、意识条件、体制条件、法制条件、文化背景条件都是行政权存在和运作的主要决定因素,在对行政权和行政法问题进行研究时绝对忽视不得。

〔22〕 在我国目前相关政治学、行政学以及行政法学的教科书中,很少有学者系统地研究或介绍行政权的物质条件,这不能不说是我国学界的一大偏颇。

〔23〕 参见[英]J. D. 贝尔纳:《科学的社会功能》,陈体芳译,商务印书馆1982年版,第2、14章。

〔24〕［法］孟德斯鸠:《论法的精神》(上册),张雁深译,商务印书馆 1962 年版,第 8 页。

〔25〕参见［法］孟德斯鸠:《论法的精神》(上册),张雁深译,商务印书馆 1962 年版,第 20 页。

〔26〕同上书,第 13 页。

〔27〕同上书,第 22 页。

〔28〕同上书,第 23 页。

〔29〕同上书,第 25 页。

〔30〕同上书,第 26 页。

〔31〕贾湛、彭剑锋主编:《行政管理学大辞典》,中国社会科学出版社 1989 年版,第 54 页。

〔32〕台湾地区相关规定中的考试权相当于大陆的人事管理权。

〔33〕［美］E. 博登海默:《法理学——法哲学及其方法》,邓正来、姬敬武译,华夏出版社 1987 年版,第 349 页。

〔34〕《中华人民共和国立法法》对法的概念的确定最低到规章的层面为止,而在这中间有诸多的法律构成规则仍是行政机关制定的。

〔35〕参见［美］E. 博登海默:《法理学——法哲学及其方法》,邓正来、姬敬武译,华夏出版社 1987 年版,第 354 页。

〔36〕［美］E. 博登海默:《法理学——法哲学及其方法》,邓正来、姬敬武译,华夏出版社 1987 年版,第 356 页。

〔37〕［美］托马斯·戴伊:《谁掌管美国》,梅士、王殿宸译,世界知识出版社 1980 年版,第 66 页。

第三章　行政法的基本观念

第一节　行政法概念考

一、行政法概念的学理分析

行政法概念是行政法学研究涉及的首要问题。行政法概念是对行政法这一社会现象的基本定在所作的揭示,依逻辑学的一般原理,概念无非是对事物内涵和外延两个方面的揭示。内涵是就事物所包含的质的规定性的揭示,外延则是对一事物所涵盖之范围的揭示。行政法概念作为对行政法这一事物的揭示,亦必然包括行政法内在质的规定性阐释和行政法涵盖范围阐释两个方面。行政法的概念是学理范畴的东西,而不是实在法范畴的东西,即任何关于行政法的定义都是在行政法学的研究中反映出来的,而不是在行政法制度中予以表现出来的。如果行政法能够在实在法中得到概念的揭示,这个概念或者定义的比较就不是比较行政法学的问题,而是比较行政法的问题。行政法学教科书对行政法概念的探讨大多采取单刀直入的方法,即一开始就给行政法下一个定义,例如在崇尚实证研究的美国行政法学界,通常也在其著述的开始给行政法下个定义,施瓦茨在《行政法》一书的第一页就给行政法下了一个定义:"行政法是管理政府行政活动的部门法。它规定行政机关可以行使的权力,确定行使这些权力的原则,对受到行政行为损害者给予法律补偿。"[1]

就笔者目前所见到的上百种行政法教科书中,90% 以上一开始讲授的都是有关行政法的概念。[2]

这种单刀直入式的研究方法,对于行政法初学者以及想了解行政法知识的人来讲是一件有利的事情。然而,与行政法概念的揭示相比,揭示行政法概念的哲理似乎更加重要一些,因为,没有行政法概念形成的哲学基础,没有从思想方法上认识行政法概念产生的过程以及行政法概念的性质,行政法概念本身就是一个没有根基的东西。正因为如此,笔者在对行政法概念进行比较分析之前,首先解决行政法概念分析的学理问题。

(一)行政法概念的实在法空缺

有学者认为法和法律的最大特点在于使非常分散的意思表示达到统一,其认为人们在社会交往和社会过程中既存在真正的物质利益上的分歧,又存在主观认识上的分歧。尤其在面对一个社会选择时,这样的分歧几乎是无法避免的。法律最为本质的地方在于它能够将分歧的利益予以协调、分歧的意思表示予以统一。这个关于法的本质的论点尽管在正统法理学家看来是肤浅的,但不能否认的是,它至少揭示了法律现象在其运作过程中的一种功能状态,即法和法律能够统一利益、统一意志、统一行为,更为重要的是法在相当大的程度上能够统一人们的认识,如汽车在高速公路上行驶,时速究竟应当保持在多少码之内,可以说,如果让每一个社会成员或者每一个行驶人自己认识的话,可以有许多种不同的认识结果。而国家有关高速公路行车的法律规范统一规定一个标准,如最大时速不得超过每小时 120 公里,这个规定对于驾驶员和其他即将成为驾驶员的人而言是一个强制的、行为上的约束。对行为的约束只是这个规定的外在基础,从内在方面看,这个规定统一了人们对高速公路行车时速的认识,而人们会下意识地认为每小时 120 公里的时速是一个最接近科学、最接近安全的时速,正是这样的认识导致人们会在绝大多数情况下认同和支持这个规定。令人遗憾的是,法和法律统一行为、统一意志、统一认识的这个优势在相关的法律概念界定中并没有发挥相应的作用,因为到目前为止,还没有哪一个国家的实在法给行政法下一个定义。换言之,行政法概念的界定在各国的行政实在法中是空缺的。实在法不给本部门法下定义不只是行政法这个部门法所特有的现象,笔者查阅了宪法、刑法等重要法律部门的相关法典,包括我国的相关法典和国外的相关法典,其都没有在实在法中为本部门法下定义。实在法不给本部门法下定义究竟是由于何种根本原因决定的,至今尚未有人作出论证。笔者认为,各个部门法典不给本部门法下定义并没有非常深刻的哲学上的原因,或者说我们无法用相关的哲学原理解释这个现象。应当说,这只是一个传统和习惯的问题。在立法传统上,法所调整的社会关系都是具体的,法典都对所调整社会关系的状况、手段、程序、后果等方面的东西作出规定。一个法典在对这些元素作出规定时,在法治实践中并不影响本部门法对其所涉及的社会关系的调整,例如《中华人民共和国行政诉讼法》第 34 条规定:“人民法院有权要求当事人提供或者补充证据。人民法院有权向有关行政机关以及其他组织、公民调取证据。”其关于某一事项的规定在内容和环节以及行为方式方面都是非常具体的。实在法这样的具体规定在不作出关于部门法定义的情况下,不影响其对社会关系的调整。应当说明的是,实在法回避了本部门法的定义对本部门法所带来的后果并不十分相同。一方面,一些部门法虽没有对该部门法下定义,但指出了本部门法的制定依据和主要调整对象,例如《中华人民共和国民事诉讼法》第 1 条规定:“中华人民共和国民事诉讼法以宪法为根据,结合我国民事审判工作的经验和实际情况制定。”第 2 条规定:“中华人民共和国民事诉讼法的任务,是保护当事人行使诉讼权利,保证人民法院查明事实,分清是非,正确适用法律,及时审理民事案件,确认民事权利义务关系,制裁民事违法行为,保护当事人的合法权益,教育公民自觉遵守法律,维护社会秩序、经济秩序,保障社会主义建设事业顺利进行。”第 3 条规定:“人民法院受理公民之间、法人之间、其他组织之间以及他们相互之间因财产关系和人身关系提起的民事诉讼,适用本法的规定。”这些条文虽没有揭示民事诉讼法的概念,但将民事诉讼法的制定依据、承担的任务、调整的社会关系等都作了规定,此种规定非常有利于把握该部门法的定义。另一方面,一些部门法只有一个相对单一的法典,刑事法律和民事法律在此方面都是非常典型的。在一个部门法有单一法典的情况下,即使实在法本身没有为该法下定义,也不影响该法内涵的相对确定性。上列两种情形对行政法而言都是不吻合的,即行政法在其相关的法典中不可能提到行政法这个部门法的定义,如《中华人民共和国国务院组织法》第1条规定:“根据中华人民共和国宪法有关国务院的规定,制定本组织法。”后面的条文直接进入具体规定的事项之中,第2条规定:“国务院由总理、副总理、国务委员、各部部长、各委员会主任、审计长、秘书长组成。国务院实行总理负责制。总理领导国务院的工作。副总理、国务委员协助总理工作。”在这些条文中不但不可能揭示行政法的定义,就连行政组织的定义也都回避了。另外,行政法作为调整行政管理过程中的一个法律时,本身就由诸多小型法典构成,在没有一个统摄性行政法典作为龙头的情况下,这些小型法典即便有本法典定义的具体规定,也不能全方位反映行政法的概念。

(二)行政法概念主观性之成因

行政法概念在实在法中没有一个统一的界定,这便提出了一个问题,即行政法概念究竟是主观的东西,抑或是客观的东西。毫无疑问,在绝大多数行政法学者的认识中,行政法概念是客观的而非主观的东西。正如日本学者织田万在揭示行政法性质时指出的:“近世各国,于法之各部,无不编纂法典。独至行政法典,则未曾有编纂者。故行政法之形式的意义,即立法者之所命名,未由知之。除基于学者见解,定其实质上意义外,无由讲究辩明。然人各异其所见,未有定说。今就一般趋向推察之,则行政法之范围,不得不谓涉于规定行政机关之组织,及行政机关与私人关系之法规全体。而关于近世所谓法治国之行政法,特有可一言以留意者,抑法治之要,在于法令以定国家公力与人民利益之限界,使各自行动不得超越法令之制限。故法治国之行政法,一面乃公示关于国权作用之准则,一面乃彰明各人之于公法上之权能。然则与彼专制政治之行政法令,单为官吏执务章程者,固不可同一视之。”[3]

这个定性是将行政法归之于客观之中的。将行政法概念归之于客观之中似乎有着深刻的原因,似乎从法学理论上讲也是合理的。在法学理论中,部门法的划分,进而对部门法概念的界定都必须以该部门法调整的对象为基础。部门法所调整的对象是客观的社会关系,而客观的社会关系决定的部门法亦必然是客观的,这个分析过程若从表层现象上看是正确的、合乎一般的逻辑推理过程的。但我们所讨论的问题不是部门法的内容构成及其状况,而是给部门法下定义的问题。部门法本身的客观性并不影响对其下定义的主观性,深而言之,部门法本身的客观性并不能够决定人们在揭示部门法定义时的主观性。行政法作为部门法之一种,其所调整的社会关系是客观的,其所体现出来的规范形式也是客观的,此两方面的客观性同样不能决定行政法概念揭示的主观性。所谓行政法概念揭示的主观性,是指人们界定行政法定义、阐释行政法概念的行为是一个主观性行为,从而决定了任何行政法定义都是主观的而非客观的东西。

1. 当人们给行政法下定义时,是从其对行政法的理解出发的,尤其在实在法空缺了行政法的定义时,任何关于行政法定义的揭示都是作者们意识活动的组成部分。也许,人们认识行政法现象,揭示行政法定义会仅仅局限于行政法的法律现实,而这个现实并不等于行政法概念本身也是现实的。在这里,实质上不是一个事物,而是两个事物。第一个为行政法实在,包括行政法规范以及行政法运作过程中的社会现实。第二个则是人们对行政法现象的主观抽象,这个抽象就是行政法概念。这两个事物之间的联系是很密切的,正如辩证唯物主义所理解的,主观是见之于客观的东西,即没有客观性就没有主观性,没有一个事物的客观存在就没有人们对这一事物的主观认识。而诸多行政法学研究者将行政法现象和行政法概念混同于一体,将本来属于两个范畴的东西归属到一个事物中去,最终的结果便是只承认客观行政法概念的存在,而不承认作为主观的行政法概念的存在。

2. 行政法概念和行政法实在永远是不可以完全吻合的。例如,马诺辛曾对行政法下了这样一个定义:"行政法作为一种概念范畴就是管理法(从拉丁文中的'行政管理'一词翻译过来),更确切一点说,就是国家管理法。……国家管理是影响人们行为的社会管理的一种形式。管理主体对管理对象的这种影响是借助于行政法规范(与其他手段一起)来实现的。苏维埃行政法是苏维埃社会主义法的一个部门,行政法规范调整苏维埃国家管理范围内的社会关系,即在社会主义和共产主义建设中为完成国家任务和行使国家职能而进行实际组织工作的过程中产生的关系。"[4]

这个定义认为行政法是苏维埃行政机关进行国家管理的法律规范的总称,国家管理是这个定义的核心内容。但是,这个定义对于前苏联行政法实在而言并没有作出完全的包容,因为它排斥了苏维埃行政法实在中不是行政管理而是约束政府行政行为的那些规则,而这样的规则无论学者们还是行政机关都是非常熟识的。行政法定义与行政法实在之间的非完全吻合性不仅仅是某国家或某些国家的状况,几乎所有国家都存在这种现象。这种现象的根本原因并不是行政法学研究人员认识上的误差所导致的,而是认识与实在之间的辩证关系决定的。即认识总是高于实在的,即主观总是高于客观的。这个关系原理也说明了行政法定义的主观性。

3. 行政法概念除了包括人们对行政法实在的揭示外,还包含着人们关于行政法的一种理想,我们认识到,行政法定义基本上都是学者们从相对积极的方面对行政法现象的揭示,而且诸多定义中还包含着学者们对一国行政法治进程的主观预期,例如,我国台湾地区学者张家洋就给行政法下了这样一个定义:"一是行政法为国内法:法律有国际法与国内法之分,国际法为国际社会中处理国际关系事务的规范。行政法自然不属于此种类别,而具有国内法的性质。所谓国内法即由本国政府以国家主权所制定,适用于国内事务,其效力以国家领域为范围的法规。唯详细推敲,国内法与国际事务并非毫无关联,在此方面应注意下列三点事项:(1)本国政府对派驻国外的各种机构与旅外侨民,以及就有关行政业务的处理,仍系适用本国之行政法规;(2)本国政府对在本国领域内的外国侨民,虽有权适用本国行政法规加以管辖,但须受国际法及条约的限制;(3)国内行政法规吸收外国法或国际法原理原则与规定的情形日益普遍,由此形成行政法国际化的趋势。二是行政法为公法:前已言之,在国内法的范围内,有公法与私法两大系统。私法包含民法与商法两类,此外凡规范政府机关行使职权办理业务以及组织事项的法规,均属公法性质。故此,则行政法自属公法范畴,具有公法的特征与效力。三是行政法乃是以国家行政权为规范对象的法规:行政法固为国内法与公法,唯国内公法不以行政法为限。依据前述国家统治权及国内法系统划分的情形,则凡属规范国家政权、元首权、及各种治权的法规模不属于公法性质,而行政法仅为公法中的一个类别,故前述各家定义中,不乏就此点有所说明者。由此可知,在公法之中以行政权(亦即行政机关)为规范对象者始为行政法,其他部分的公法,均不属于行政法的范畴。此项说明,乃是从'形式上的行政'及法治观点,对行政法的意义所作阐释。"[5]

在这个定义中,作者对现代法治国中的权利义务相联结的社会关系形式给予了高度肯定,这个肯定实质上隐含着作者希望政府行政系统和社会成员之间应当通过权利与义务的形式建构相对和谐的关系。那么,这个预期仅仅是作者的主观预期,是作者的一种行政法理想。上列方面均表明行政法概念界定是一个主观现象,以及作为主观现象的具体形式。那么,行政法概念揭示主观性的成因究竟何在呢?笔者认为,人们对行政法下定义是一个认识活动,这个认识活动本可以通过一个统一的行为规则由主观而客观的。如假设一个国家在行政实在法中将行政法的定义规定下来,且规定这个定义具有法律上的拘束力和强制力。那么,法律规定的这个定义本来是人们认识的产物,是一个主观认知过程,但通过实在法的规定将这个主观的东西客观化了,因为,它由一个理论形态变成了制度形态。各个部门法中都存在法典不揭示本部门法定义的状况,这种不予揭示的状况决定了各个部门法定义都是一个主观的东西。但是,这种主观性对于行政法的定义而言更加突出一些。这主要因为行政实在法要比任何其他部门法都要复杂得多,对于这个问题我们在本章的其他部分还要讲到。

(三)行政法概念主观性之客观基础

行政法概念是主观的,是人们认识行政法现象的行为结果。这个结果不因为有认知行为而变为客观。上面我们已经指出,行政法实在无论如何是客观的东西。那么,行政法实在的客观性与行政法概念的主观性究竟是什么关系呢?在笔者看来,行政法实在是行政法定义的存在基础,即作为主观的行政法定义存在客观性的基础。正因为如此,任何关于行政法的定义都不能与客观的实在法完全背离。《布莱克维尔政治学百科全书》概括了行政法定义的三种模式,第一种模式为法律一体主义的模式:"它不承认在公法和私法之间存在明显的界限,并将调整行政机关的法律规则视为所有法律调整规范中的一个组成要素。这是普遍法制度的传统观念,最初起源于英国,但现在已为美国和许多英联邦国家所接受。20 世纪,这一观点由于行政法庭这一审理与行政机关争议的专门机构的出现,以及普通法院中行政诉讼程序的发展而受到削弱。"〔6〕

这个关于法律一体主义的模式揭示,是给行政法下的定义,而这定义的基础是英美等国家关于公法与私法一体化的法律实在,以及在英美等国家制度的格局,即是说法律一体主义是意识范畴的东西,是人们对行政法的认识,并通过这个认识形成了一体主义的行政法概念,而这个认识的客观基础则是一定的行政实在法。第二种模式为法律分立主义模式。"这种模式要求分别建立公法体系和私法体系,典型的情况是由不同的法院分别执法。在法国,我们可以看到,适用行政机关的法规系统和根据这些法规审理案件的法院系统明显都是独立的,最高行政法院领导着一个不同于民事法院,并适用不同的法律规则的行政法院系统。很多国家都采用了这种模式,尽管也有其他一些国家始终希望避免两种不同法律制度和法院系统之间的有害的冲突。"〔7〕

分立主义将行政法作为公法之一种,作为实证法律制度的组成部分,其区别于调整私人之间关系的私法。分立主义同样是对行政法的认知,是归属于主观范畴的,而这种主观性同样以一定的实在法为基础,存在于欧陆国家的公法与私法的分立、行政法院和特殊的司法审查制度都是这种一体主义认识模式的客观基础。第三种模式为行政监督模式。"彼得大帝在 1722 年创设的检察官制度,1922 年在苏联又得到了恢复。检察官是一名国家官员,其任务是监督行政行为的合法性。检察官通常有权暂时取消那些明显违法的行政决定,并提请有关的行政机关或司法机关给予刑事处罚或纪律处分。"〔8〕

行政监督是作者对苏联等东欧国家行政法的主观认知。当然,这个认知和拥有行政实在法的本国学者的认知是不相一致的,我国行政法学者对苏联和东欧国家的行政法认知有我们自己的范式。形成行政监督模式的认知亦离不开这些国家的行政法实在。我们知道,在苏联和东欧国家其行政监督制度是比较理想的,他们有一套完整的行政监督机制,这些机制在作为控权主义的其他西方国家产生了一定影响,以至于这些国家的学者所注意到的苏联和东欧国家的行政法主要是行政监督法,因此,行政监督法的定义也成了认知行政法的一种范式。上列关于行政法定义的三种模式充分反映了行政法定义和行政实在法之间的关系。

1. 行政实在法作为一种客观存在决定了行政法概念的存在。即是说,在没有任何行政法实在的情况下,关于行政法概念的揭示就不可能准确。我们注意到在一些空想社会主义的著作里设计了诸多行政法典,例如,《自然法典》一书就设计了一个行政法典,〔9〕也有一个关于行政法的定义,但由于这个设计从头到尾都是一种主观表象,致使它的这些法典只能供学术研究用,而不可能成为行政法实在。

2. 不同的行政法实在决定不同的行政法概念。行政法定义在不同学者的论著中有不同的界定。然而,若将行政法定义具体到一定的时间和空间中,在相同时间和相同空间中的行政法定义基本上能够保持定义大体上的相似性。例如,前苏联学者关于行政法的定义,基本上都是从国家行政管理的角度展开的,马诺辛给行政法下了这样一个定义:"行政法规范调整苏维埃国家管理范围内的社会关系,即在社会主义和共产主义建设中为完成国家任务和行使国家职能而进行实际组织工作的过程中产生的关系。"[10]与他同时代的瓦西林科夫又给行政法下了这样一个定义:"行政法规范是苏维埃国家为调整国家管理领域的社会关系而制定的行为规则。"[11]

而这两个定义放在一起分析,其基本内涵是相同的。这种现象在其他国家也是如此。[12]这个现象同样证明了行政法概念必须以行政实在法为基础。

3. 行政法定义因行政实在法的变化而变化。行政法的定义随着行政法实在的发展而不断呈现新的定义形式,卡罗尔·哈洛就对行政法在美国的定义过程作了一个具有历史性的梳理。首先是红灯理论的行政法定义。所谓红灯理论的行政法定义,是指行政法是用以控制政府行政权的法律,通过行政法规范为政府行政权的行使设置诸多的限制条件,行政权对于市民生活、对于市场而言应当叫停。这个行政法定义所反映的是自由资本主义时期的行政法实在。这个时期的行政法从三权分立和政府权力必须受到外在因素限制的状况出发,设计出诸多对行政组织和行政行为约束的规则。后来行政法概念的理论变成了绿灯理论。与红灯理论相反,绿灯理论认为行政法是政府行政系统对社会生活进行渗入的规则,在这个理论之下,政府制定规章的行为以及规章本身都是行政法治的组成部分。这个理论的存在基础是资本主义由自由市场阶段到福利国家时代,[13]即资本主义的国家,尤其政府行政系统应当以为社会公众创造福利为职责,这个职责也就决定了政府行政职能的性质是对社会生活发生良性作用。在绿灯理论之下,政府的积极性和主动性得到了肯定,而政府积极性和主动性的基础是为社会提供公共福利。行政法定义由红灯变为绿灯实质上是行政法实在的变化所引起的。当然,进入当代以后,行政法概念正以黄灯理论为基准。在黄灯理论中,既没有将行政权控制作为行政法的主要功能,也没有将行政对社会生活的渗入作为主要功能,而是强调行政系统与社会公众之间的和谐关系。这个理论的实在法基础是行政决策和行政过程必须通过行政听证等行政公开化的制度而为之。显然,行政公开化是一种非常理性地处理行政系统与社会公众之间关系的制度形态。这样的制度使学者们认为行政系统和社会公众之间应当相互渗入,并在社会和谐中共同实现某种价值。上列三种关于行政法定义的理论实质上表达了行政法治在现代国家中的发展进路。没有行政法实在的变化也就不会有行政法概念的相继变化。

(四)行政法概念主观性之绝对主观性

行政法概念是主观的,但这个主观是以客观的行政实在法作为基础的。那么,究竟应当如何看待行政法概念的主观性以及与行政法实在的客观性之间的关系呢?笔者却认为用行政法概念的绝对主观性和行政法概念的相对主观性分析这一问题是妥当的。我们先来探讨行政法概念的绝对主观性问题。行政法概念的绝对主观性是指在行政法概念中存在一个绝对主观的部分,这个绝对主观的部分在通常情况下并不以行政实在法的客观性为转移。我们不妨对这种绝对主观性从下列方面予以理解:

1. 行政法概念是对复杂的行政法现象的一个抽象,这个抽象本身是看不见摸不着的。即是说,行政实在法是现实的、个别的、具体的,而行政法概念则是相对若虚的、一般的、抽象的。上列区别使行政法学与行政法实在是两个不同的事物,那我们无论如何也要将行政法概念归到意识形态之中,而将行政法实在归于制度之中,行政法概念的意识属性使它在一定意义上讲是绝对主观的。

2. 行政法概念既是对行政法实在的抽象和概括,又是人们对行政法实在的设计,任何一个行政法概念都包含了作者对行政法实在的设计。对一个事物的设计是一种主观活动,而不是一种客观活动,设计行为的主观性决定了行政法概念中的一些定义始终不能够变为行政法实在。例如,博登海默关于行政法的定义是十分经典的:"行政法所主要关注的并不是传达任何形式的国家意志。就其最基本的表现形式来看,它关注的乃是对行使这种意志所作的限制。如果说行政法的任务是列举和阐述授予政府官员与行政机构的自由裁量权,那是不正确的。行政法所主要关心的是法律制度对这种裁量权的行使所作的约束。然而,这并不意味着,一项授予行政权力而未同时限制或限定该权力行使的成文法规定,因此而丧失了法律规定所具有的特性。为了确定一个国家的公共行政是否受法律约束的控制,就必须从整体上考虑公法制度。如果该国的执行管理机构在履行其职责时遵循正常秩序,如果它们的活动为那些对无限裁量权的行使设定了某些限制的规则所调整,又如果存在某些措施防止这些机构滥用权力,那么这个国家就有一个有效的行政法制度。应当强调的是,控制裁量权的规则并不一定都是立法机关或司法机关制定的;它们有可能是执行管理机构本身制定规则活动的产物。然而,我们很难想象,一个现行有效的行政法制度对于由法院或某种其他公正机构及裁判庭对政府官员的行动至少进行一种有限制的检查都未作规定,便能阻止政府官员任意滥用权力的现象。"〔14〕

这个定义对行政实在法作了高难度的乃至于法哲学层面的设计,如行政法的造法主体应当是一元主体等。然而,这种高难度的合理设计只是一种论点,它可能永远不会变为行政实在法。此说也证明了行政法概念的绝对主观性。

3. 行政法概念界定的不统一是其绝对主观性的又一个佐证。客观事物是一种真实的存在,而这个真实存在有着绝对的唯一性。即一国的实在行政法就是一种不以人的认识和意志为转移的客观存在物。行政法概念是对这个客观存在物的主观映像,这个存在物的唯一性也证明了映像本身的唯一性。不幸的是,对于同一个客观存在却常常有无数种主观映像。我们不把行政法作为一个客观的东西分析,我们仅以一个国家的行政法定义为单位分析。在一个国家之内其行政法实在是绝对的"一",然而,在这个绝对的"一"之上建立的行政法概念却是"二"或者"三"或者"四"的。按照一般原理,在"X"个行政法概念中,相对正确和能够存在的只能是"一",因为行政法实在只有一个"一"。而现实情况是在一个国家中关于行政法的诸种概念都能够并存,都能够和谐相处。其根本原因在于作为一种主观认识,在目前的理论基础上还无法证明其存在的不合理性,尤其在社会科学的研究中这种无法证明性是普遍存在的。

4. 行政法概念并不一定都是有行政实在法之内容和精神的，恰恰相反，诸多行政法概念没有正确反映行政法实在，而是对行政法实在的批判和否定。例如，有学者将行政法定义为是对行政权力进行设定之法，这个定义具有明显的否定行政法实在的论调，因为行政法不单单设定行政权力，更为重要的是它应当从不同层面约束行政权力。学者们在行政法定义中对行政实在法的批判、否定有时候并不是故意的，而是下意识的，此种下意识的批判和否定同样是主观的东西。

总之，行政法概念在现代行政法治国家已经具有与行政法治本身不相同的意义，如行政法概念本身就是一个哲学上的东西，还如行政法概念同时可以作为人们认识行政法的一个工具，还如行政法概念可以成为行政法治的一个口号。这些属性实质上都刻画了行政法概念绝对主观性之特性。

（五）行政法概念主观性之相对主观性

行政法概念的绝对主观性是行政法概念的主流，与绝对主观性相对应的是其相对主观性。我们说，行政法概念中有一部分具有相对主观的成分，是基于这样一些理由。一方面，行政法概念的定义者一般都以一定的客观知识为思想背景。当一个行政法学者给行政法下定义时，与其所具备的知识结构是有直接关系的，这个知识结构对于定义者而言就是客观的。例如，具有较强外围知识结构的行政法学者对行政法概念的认识就相对宽泛一些，而外围知识结构比较单薄的研究人员其行政法定义的视野就要狭窄一些。由于行政法学是社会科学的组成部分，社会科学的研究中价值倾向是不可避免的，学者们所站的立场不同对行政法概念的揭示也就必然有所区别。另一方面，行政法定义的揭示具有时代属性。不同的时代产生不同的行政法定义，时代的变化引起行政法概念的变化，不单单是由于行政实在法的变化所导致的，最为主要的是每一个时代都有它这个时代的经济、文化、政治等多元的社会背景。这些社会背景是包括思考行政法问题在内的任何社会问题的思考者不能超脱的。行政法概念或多或少都受到时代发展格局中外围因素的影响，《法律与行政》一书对行政法定义的哲理认识也持此一论点："尽管旧的政府理念是静止的，但新的政府理念如果不是动态的，那么至少是流动的。旧的理念视政府的作用为实施法律、维持社会秩序和保卫边疆。但对社会施加影响并非政府功能的组成部分，人们也不期望立法超越支撑明确和既定习惯的作用。相反，新的理念视政府为运动的发起者。运动的概念不限于发展或变革的政党，尽管存有异议，20 世纪初，保守党和统一党日益被定性为承诺进行税收改革、为新军事和国家社会开支提供资金……实施有差别的贸易税，政府不仅仅要规制社会，而且也要改善社会。"〔15〕

二、限权的行政法概念

行政法概念的比较仅仅是行政法概念的比较，即我们在行政法概念的比较中仅对学者们关于行政法的定义作的比较，而不涉及行政实在法问题，即是说，关于行政法概念的比较中最主要的是对有关行政法理念的梳理。当然,在概念比较过程中可能或多或少与一定的行政法实在有关联性,如果与行政法实在有关联的话,那也是因为这个行政法定义反映了一定的行政法实在。由于行政法的定义方式致使具体的定义有无数个,我们没有必要一一进行列举,只将这些无数的定义作类型学上的分析。依类型的划分,笔者认为行政法的概念有三种类型,即限权的行政法概念、扩权的行政法概念和二元结构的行政法概念。

(一)限权行政法概念的历史考察

"公法中规定行政机关权力和职能的分支。它所涉及的基本问题是国家行政机关对权力的运用。在某些法律制度中,行政法还制约着行政机关与其他行业部门之间形成的其他各种权力形式。因此,宪法所涉及的是通过宪法对权力进行分配,并对基本的自由权加以保护;而行政法关注的则是政府行政部门对出自任何来源的权力的行使问题。行政法在20世纪的发展,是现代国家勃兴的结果。对于政治体制的研究者来说,行政法的意义在于它是对行政部门权力的一种限制。"[16]这是西方权威政治学百科全书关于行政法的定义,这个定义所突出的便是行政法的限权属性,在学者们的研究中关于行政法的限权属性表现得更加具体:"行政法是控制行政机构执行各种行政程序的法律。"[17]上列定义是限权行政法定义中几个有代表性的定义。限权行政法是行政法定义类型中最主要的一种,其持续的历史跨度也非常大。可以说,从现代行政法产生起限权行政法定义就开始形成了,早在《联邦党人文集》之中有关政府法治的限权属性的表述就非常系统了,例如在该著作中,作者有这样一个关于行政及行政权行使的论断:"决定行政管理是否完善的首要因素就是行政部门的强而有力。舍此,不能保卫社会免遭外国的进攻;舍此,亦不能保证稳定地执行法律;不能保障财产以抵制联合起来破坏正常司法的巧取与豪夺;不能保障自由以抵制野心家、帮派、无政府状态的暗箭与明枪。……使行政部门能够强而有力,所需要的因素是:第一,统一;第二,稳定;第三,充分的法律支持;第四,足够的权力。"[18]

这个论断虽不是专门对行政法下定义,虽然不是站在行政法治这一较为具体的立场上为行政法下定义,但其思想中包含着对行政权起作用的原则应当以规制行政权为基点。为了将限权行政法定义的发展脉络予以厘清,笔者认为,限权行政法定义是一个历史过程,这个过程贯穿于若干定义行政法的全过程之中。这个过程是由下列阶段构成的:

1. 第一阶段的行政限权法定义以三权分立理论为基础

在戴西以前的行政法认知中都以此发展为行政法下定义,这其中的哲学原理在于:"的确,没有任何政治上的真理比这个反对意见所依据的有更大的真正价值,或者更加明显地带有自由保护者的权威色彩了。立法、行政和司法权置于同一人手中,不论是一个人、少数人或许多人,不论是世袭的、自己任命的或选举的,均可公正地断定是虐政。"[19]

该定义将国家权力作了类型上的区分。当然,这个区分的理论前提是孟德斯鸠在《论法的精神》中系统提出来的。[20]

三权分立的思想是这样的,首先从理论上把国家权力作了分立。第一类是为国家制定法律的权力,这个权力后来被认为是用来表达国家意志的,即立法权。第二类是执行国家意志的权力,这一权力就是行政权,它的功能在于执行表达出来的国家意志,而执行过程中的行为方式是履行国家管理职能。第三类是排解国家权力行使中以及存在于社会中之纠纷的权力,这个权力被认为是司法权。国家权力能够从理论上作出上列划分,那么,这个理论划分能否变为一种法律制度呢?诸多经典著作都对此作了论证,认为一个国家在建立其政治体制的时候,即应当对国家权力作出理论上的区分,即分为三权,然后再将这三种权力交由三个不同的国家机构行使。美国在建立联邦其政治制度的时候就这样做了,就是由国会行使立法权,总统及其行政部门行使行政权,联邦最高法院及其法院系统行使司法权。三权分立的格局形成以后,每一个机构都成了国家政治生活中的一个政治实体。每一个政治实体在国家政权体系中都扮演一定的角色,对于国家权力面对社会公众而言,三种权力是统一的。但是,三种权力由于形成了不同的权力系统,因此又是各自分割的,这种分割性便导致了每一种权力体系都有自己的意志,每一种权力体系都有自己的利益,每一种权力体系都有自己的一整套价值判断。这种状况便使国家权力潜藏着巨大的被分解的倾向。为了解决或者防止国家权力在行使过程中将被分解的问题,三种国家权力之间就必须进行有机的牵制。而牵制过程中最为本质和重要的东西便是以法对各种权力及其维度作出规定,我国台湾地区学者左潞生就指出:"行政法是关于行政权之法,现代立宪国家,多将国家统治权分为立法、司法、行政三种,是为'三权分立制';……于三权之外,又使考试、监察两权独立,是为'五权分立制'。'立法权'为制定法律的作用,其余则皆属行于法律之下:'司法权'为维持法律的作用,'考试权'为检定公务员资格的作用,'监察权'为纠劾公务员非法的作用。其行于法律之下,除去司法、考试、监察以外,为国家统治目的而为之作用者,则为'行政权'。立法权属于立法机关,以立法权为其规定之对象者,是为'立法法',如立法院组织法、中央法规制定标准法等属之;司法权属于司法机关,以司法权为其规定之对象者,是为'司法权',如法院组织法、民法、刑法,各种诉讼法等属之;考试权属于考试机关,以考试权为其规定之对象者,是为'考试法',如考试院组织法、考试法、典试法等属之;监察权属于监察机关,以监察权为其规定之对象者,是为'监察法',如监察院组织法、监察法、审计法等属之;行政权属于行政机关,以行政权为其规定之对象者,则为'行政法',如各种行政机关组织法及一切行政法规等均属之。故行政法是以行政权为中心,为关于行政权之法。"[21]

即是说,在三权分立或诸权分立的政治格局形成以后,立法体系和司法体系必然要有一种手段对行政权进行控制,其中行政法就是这种控制的主观设想。由此可见,限权行政法定义在第一阶段是由三权分立的理论推导出来的,上列左潞生先生关于行政法作为限权法以及与三权分立之间的关系就非常生动地体现了这个推论过程。

2. 第二阶段的行政限权法定义以防止行政干预为基础

三权分立是行政限权法定义的第一阶段，也是原初阶段，这一阶段的具体内容在当代行政法学的研究中已经提得很少了，但这一阶段的基本限权理念还没有过时，一定意义上其指导着现代一些国家限权行政法的进一步推演。资本主义制度进入了相对较高形态以后，国家的行政权能日益突出，如果说行政权能在三权分立理论的基础阶段三种权力保持平衡状态，那么，到了资本主义的高度阶段，其平衡性正被打破。行政权作为国家权力核心的格局在自然时限中悄然形成，其形成过程似乎不以人的意志为转移，似乎没有任何外力的作用，似乎人们对此种新的格局都能够认同。正如一些学者所指出的："政府的全部工作都是要专门技术的职务；完成这种职务需要具备特殊的专业性的条件，只有多少具备这些条件或者具有这方面的经验的人才能对这种条件做出适当的评价。"[22]

行政权力的膨胀有着深刻的历史原因，包括政治的、经济的、文化的，等等。行政权力膨胀与传统行政法中的限权理论存在一种矛盾的关系，即一方面，在三权分立理论指导下的行政法定义是以限权为宗旨的，然而，这个关于行政法限制政府权力的定义，并没有对实在的行政权起到约束作用。反之，在行政权的实际行使中行政对社会生活的渗透是非常普遍的，以美国为例，自 1887 年国际商业委员会产生以后，美国行政对社会生活的干预就基本上是全方位的，这中间存在强烈的政府管制，我们可以把美国近一百年来制定的有关法律，尤其政府规章的状况予以列举，如 1965 年约翰逊总统签署第 11246 号行政令，确立对弱势群体就业采取优惠措施的"肯定行动"原则。1972 年修订《公平就业机会法》，提高公平就业机会委员会的权力，并将《反歧视法案》的实用范围扩大至州政府及地方政府。1989 年沃尔克委员会发表文官评估报告书。通过《残疾就业法》，将优惠弱势群体的措施，扩大到有身心残疾的公民。[23]

这些法律和政府规章有些肯定了行政权对社会生活进行干预的权力，有些则是行政权直接通过制定规则的方式对社会生活进行干预的。在这种背景下，行政法限权理论进一步突出，例如韦德在其行政法著作中就给行政法下了这样一个定义："行政法定义的第一个含义就是它是关于控制政府权力的法。"[24]

与三权分立的行政限权法定义在形式上是相同的，即行政法的功能都在于控制行政权。但是，此时限权行政法定义的实质以及背景则发生了变化。其实质是行政限权法中的限权不单单是政府行政系统之间的限权，即不单单是立法机关通过制定行为规则控制行政权，司法机关通过司法审查活动制约行政权。而且在上述限权行政法的定义下，加进了社会公众对政府行政权的限制属性。古德诺在其行政法定义中就非常明确地提出了权利救济的主张，权利救济是指当社会公众的权利受到行政机关的侵犯后，其可以通过司法等机制保护自己的权利。当然，行政法定义毕竟是一个主观的东西，其对行政实在法的影响究竟有多大我们不得而知，但无论如何，行政限权法定义的第二阶段对行政法治向更高层次发展提供了学理上的依据。

3.第三阶段的行政限权法定义以社会自治为基础

20世纪中期以后,资本主义制度发生了根本性变化,一般情况下,人们将20世纪以后的资本主义称之为福利国家时代。所谓福利国家时代,是指政府系统的权力行使不是权力分立和对社会生活的干预,而是对社会生活作出改善,其不单单保障社会的自由和秩序,更为重要的是为社会创造财富和各种福利。就像任何事物都具有两面性一样,福利国家也是一把"双刃剑",它的一面对社会是有利的,因为,其能够为社会创造出比仅仅维持社会秩序更多的东西,也许这是它的最重要的一面。之所以说这一面比较重要,是因为福利国家是国家人性化的体现,国家已经不仅仅是一种政治实体,它还具有经济上的职能。与这一面相对,则是国家各个方面职能的增加,正如托马斯·戴伊所言:"如果说,政府的权力曾经一度受到限制的话——政府除了保障法律和秩序、保护私人自由和私人财产、监督合同、保护本国不受外国侵略以外,没有别的权力——那个时刻早已过去。今天,认为政府机构干涉着我们生活中'从生到死'的各个方面的看法是很平常的。在美国,政府的首要职责是为防老、死、无依无靠、丧失劳动力和失业提供安全保障;为老年人和穷人提供医疗照顾;为小学、中学、大学和研究生提供各级教育;调整公路、水路、铁路和空中运输的规划;提供警察和防火保护;提供卫生措施和污水处理;为医学、科学和技术的研究提供经费;管理邮政事业;进行探索太空的活动;建立公园并维持娱乐活动;为穷人提供住房和适当食物;制定职业训练和劳力安排的规划;净化空气和水;重建中心城市;维持全部就业和稳定货币供应;调整购销企业和劳资关系;消灭种族和性别歧视。看来,政府的职责似乎是无限的,而我们每年都给政府增添任务。"[25]

行政职能的普遍增加,在为社会生活不断创造利益的同时,也在一定程度上强化了政府的权力和权威,其进一步的结果则是对公众生活不适当的干预。而干预的本质则是对公众权益的侵犯,与自由资本主义时期相关自由的观念相违背。面对国家行政权的此种强大格局,人们认为,福利国家的最高价值并不是对行政权力的强化,而是要建立另一种机制,即社会自治的机构。社会自治是一个全新的观念,它要求政府系统在和社会公众发生关系的过程中,社会公众的自治价值高于政府权力行使的政治价值。我们知道,在限权行政法的前两个阶段,政治机制和社会机制是在分而论之的基础上展开的,二者是两张皮,即社会机制是一个方面,包括行政权力在内的政治机制是另一个方面。而在社会自治的理念之下,包括行政在内的政治体系与社会机制不可分割,政治机制只是社会机制的物质承担者,是社会机制的一种形式。"很显然,并不是人类的每一种交流形式和每一种社会形态都以自由为特征。当人们只是生活在一起,而没有形成一种政治体的时候——例如,生活在氏族社会或在家庭的私人生活之中——决定他们行为和行动的因素不是自由,而是生活的必需和出于对保存自身的关注。并且,在任何时候只要人类世界没有成为行动和语言的场景,自由就不可能成为社会现实,例如专制统治的社会将臣民局限在狭隘的家庭之中,从而阻止了公共领域的兴起。如果公共领域不能得到政治上的保障,那么它就缺乏得以形成的社会空间。诚然,它可能会作为愿望、希冀、期待或渴望寄留在人们的心灵之中;但众所周知,人类心灵是一个极其阴暗之所,在心灵的阴影中发生的一切很难被称作是可证明的事实。自由作为可证明的事实是和政治紧密相联系的,两者之间的关系就好像是同一事情的两个方面。"[26]

即是说政治机制和社会机制是一个事物的两个方面,该理论的进一步推演,便是其在行政法中的运用——行政法是通过社会自治的机制约束政治权力行使的。限权行政法的这一理论基础是十分重要的:一是它淡化了行政系统与公众之间在原来控权过程中的对立性。在原来的控权理论中,行政系统和它存在的社会机制之间是对立的,通过这种对立达到对行政系统控制的目的。二是它将政府机构之间对行政权的约束只作为行政控权的一个方面。行政控权在绝大多数情况下不是靠政治机制,而是靠社会机制完成的。三是社会自治实质上表明社会系统能够以多种形式影响政治系统,能够直接对行政权力的行使进行制约。当代行政法治中的一系列制度正是在限权行政法自治理念全面推广的情形下形成的。

(二)限权行政法概念的横向考察

限权行政法概念的横向考察不可以理解为对不同国家行政法定义认识进路的考察,行政法定义过程中,不同的学者必然存在于不同的国度之中,但学者们对行政法概念的界定并不必然与其所在的国家有关联。行政法概念的揭示本身就是一个存在于学者们主观认识上的东西。基于此,笔者这里对行政法概念所进行的横向考察是以学术论点、以学者为单位的。当然,由于历史和文化的原因,不同国家的学者对行政法的认识具有这个国家的思维传统。同时,行政法定义不能完全脱离行政实在法,这便决定了不同国家的行政法学者在揭示行政法定义时必然与该国行政法制度的状况有一定的吻合性。有些定义本身就是这个国家行政实在法的反映。限权行政法的概念,在不同国家的不同学者眼里有不同的理解。笔者将从下列四个方面将目前存在于各国和各学者中的主要限权行政法定义类型予以比较:

1. 客观法与主观法的限权行政法定义

法国行政法学家奥里乌认为行政法是公法的一个分支,行政法的规制对象是国家的行政体制,以此为进路行政法是规制行政权的法律是没有疑问的。但行政法的认知进路却存在于两个哲学范畴之中,第一个哲学范畴是主观范畴,所谓主观范畴是指行政法作为一种法律实在,必须与一定的社会事实结合起来,社会事实是行政实在法价值的最高承载因素。实在法与社会事实的结合是实在法由抽象规则而变为具体形态的过程,该过程无论如何不是自动实现的,是在外力的作用下实现的。这个外力便是行政系统的机构以及行政公职人员,当然一定情形下也交给司法人员。任何一个行政法由实在规则变为社会现实的过程都是上列主体意志的体现,这样的意志性必然是主观的东西,而非客观的东西。奥里乌的这一见解显然是相对抽象的,但它为我们提供了一个分析限权行政法乃至于所有行政法认知进路的方法。依这一范畴,主观性限权行政法是那些对行政机构和行政人员法律适用方式和意志进行限速的行政法。奥里乌在揭示了行政限权法主观性的一面之后，认为行政限权法亦有客观范畴，他认为一国行政实在法是对社会秩序的设定。任何关于行政实在制度、关于行政秩序设定的规则都离不开客观化的东西，如离不开相关的人、离不开相关的物、离不开相关的具体社会事实等。“客观法的基本要素是‘司法情形’，它由社会状态的平衡而自发形成；客观法同样考虑个体，例如各种机构，这些个体是行动个体，但它们的活动被视为自动活动，因而不发自一个主观法人；最后，客观法考虑由匿名力量如公共权力所做的司法行为。”[27]

从主观法和客观法的角度揭示限权行政法的定义既代表了奥里乌的论点，又代表了法国行政法学家给行政法下定义的一般路径。奥里乌将这个限权行政法的定义作了概括：“在以公共行政机构及其权力的组织为目标的行政法中，一切涉及行政组织的法都是客观法，而一切涉及公共行政机构的权力的法，在产生公务管理的法律关系中，都是主观法。”[28]

2. 普通法与特别法的限权行政法定义

普通法与特别法的划分本是法理学中关于法律类别的区分。普通法指涉及一般事项、调整一般社会关系的法律规范。特别法则是指调整特殊领域，并形成特别法律关系的法律规范。德国行政法学家平特纳将法理学中关于法律分类的这一理论运用到行政法定义中来，平特纳关于行政法是这样下定义的：“行政法是公共行政所使用或者与公共行政有联系的公法，并非行政当局在很大范围所使用的私法，尤其不是所谓的行政私法。故此，不能将行政法同行政所涉及的所有法律相提并论。此外，对行政法具有重要意义的宪法也不属于行政法的范畴，而属于国家法。由此可见，行政法甚至不能包括所有对行政有重要影响的公法。”[29]

显然，其将行政法与宪法衔接起来，肯定了行政法与公共权力之间的关系，并指出行政法就是要对行政及行政权产生作用和影响。此点表明，他的行政法定义同样是限权法的定义。在进一步的分析中，平特纳指出了行政法的两大范畴，也是限制行政权的两大路径。他认为行政权的行使涉及部门职权的问题，这些部门职权是必须有规则的，他将部门管理的主要领域划分为下列方面，并指出了与之对应的行政法规范。(1)地方法规和警察法。也就是说，就中央层面的行政管理而言，地方行政管理应当是一个部门，其职权是对地方管理的事务起作用，这部分行政法规范就是地方行政法。他所指的地方行政法不是我们通常讲的地方立法，而是由中央制定的有关地方管理的行政法，即地方关系法，行政区域法就属此类。警察法主要调整有关社会治安管理的事项，在任何一个国家中这类法律都是非常重要的，其主要作用是在警察的职权和警察管理体制的构成上，而不是具体的治安管理规则。(2)公务员法和其他公职法规。此类法律规范调整的是公务员管理关系和有关公共权力行使中相关的组织关系。平特纳将这类行政限权法规范归入特别行政法之中，其视角是非常独特的。众所周知，这个规范在正常情况下，是普通行政法的范畴。笔者认为，从限权的角度看，很多限权都是分层次而为之的，不同层次的限权就构成了一个特殊的部门，从这个意义上讲,平特纳的划分是科学的。(3)经济行政法和福利事业法。此类限权行政法主要是对政府经济管理行为和有关公共事业中行为的约束。(4)建筑法和计划法,是指对建筑管理中政府职责进行约束的规则和对计划管理中政府行为约束的规则。(5)道路法和交通法。(6)教育法、青少年法和文化法。(7)社会法和救济法。(8)卫生法。(9)税务行政法。(10)财政和预算法。平特纳所概括的10种特别行政法的种类基本上覆盖了政府权力行使的范围。应当指出,它所列举的有些行政法规范,似乎是行政管理的法律规范,似乎其功能不在于限制行政权,而是拓展行政权。但是,我们从平特纳的后续理论中则可以对这些论点作出否定的回答。他在"法律关系"一节中认为:"这里考虑的是一个具体的法律关系,其中必须涉及在行政机关与公民之间或者行政部门之间的特别关系。"[30]

在一种具体的法律关系中,行政主体只是一个权利主体或义务主体,不能够有任何拓展自己权力的机会,因为法律关系中的法属性就已经严格地约束了行政主体的意志。普通行政法是对特别行政法中相关规则的抽象,一个规则若能够在所有部门行政管理中普遍运用就是普通行政法。平特纳从特别行政法和普通行政法的进路认知限权的格局,是对限权行政法的另一个合理定位。

3. 体法与用法的限权行政法定义

我国台湾地区学者左潞生定义行政法为:"行政法是规定行政组织及行政作用之法。行政法内容包括'行政组织法'及'行政作用法'两大部分。行政组织法以规定行使行政权主体的组织及其权限为目的,质言之,即规定各种行政机关的构成及其行使的权限,此中包括政府行政组织及自治团体组织二者,是为行政上'体'的法则。行政作用法以规定行使行政权主体与其所属人民的关系为目的,质言之,即规定行政机关施行公务时,于何种情形下,方能授予或限制人民的权利及课取人民的义务,是为行政上'用'的法则。由此两种法则,以构成行政法的两大体系。至于'行政救济法',或称'行政争讼法',乃是行政法的补充法则,其内容除部分采用司法外,其余仍属于行政组织法及行政作用法范围,不能另立体系。"[31]

这个定义提出了一个限制政府行政权力的动态规范构成:一是"体法",二是"用法"。"体法"是指对行政机关组织体系进行设计和约束的规则。"用法"则是对行政行为进行约束的规则。左潞生的这一分析进路对行政限权法定义明晰性的梳理是十分关键的,它实质上是对限权行政法定义的高度概括,对于这样的高度概括我们没有理由再作进一步的探究。

4. 实体法与程序法的限权行政法定义

有学者认为,美国行政法实质上就是行政程序法,这个论点所反映的是美国行政法的一个侧面,而不是美国行政法的全部。也许是为了纠正关于美国行政法就是行政程序法的偏颇论点,《行政法和行政程序概要》一书的前言中就指出,行政机关的设立通常是用以处理当前的危机和解决严重社会问题的。并指出,在现代的行政权行使中,政府对来自于社会要求的反应就是设立一个新的行政机关,或者授予已经设立的行政机关新的权力，通过这些行政机关来完成相关的社会管理职能。他们的这个论断是正确的，例如自19世纪末美国就设立了一系列新的专门委员会以控制一些专业领域出现的社会问题，州际商业委员会和联邦贸易委员会的设立就控制了或者试图控制垄断集团和大公司的反竞争行为。之所以会出现这样的现象，主要原因在于行政机构权力行使中的灵活性，尤其管理秩序的灵活性："行政机关较之法院、立法机关或当选行政官员而言，拥有若干体制上的实力，能够据此处理各种复杂的问题。"[32]

这种状况无疑使政府行政权力在诸多方面有所膨胀，"机关也可变通其管理方法和决策程序以解决手边的问题。各种机关可以通过要求取得从事个体活动的许可证来控制某一领域的发展；它们能够规定标准、裁断违法行为以决定处罚；它们能够批准拨款、补助或其他奖励；它们能够制定最高和最低费率；它们还能够通过多种多样的非正式方法影响人们的行为"。[33]

行政权力的这种趋向显然使美国公众和美国社会感到不安，"但是，这些行政程序的潜在力量也会被视为是对其他重要价值的一种威胁。行政的'灵活性'可能只是未受制约的权力的伪装，况且在我们这个社会里，人们传统上一直对不受限制的政府权力抱有无可非议的极大的怀疑"。[34]

显然，这种不安的结果便是从实体上和程序上对政府行政权的约束："因此，行政程序的根本政策问题就是如何设计一种制约制度，既可最大限度地减少官僚武断和超越权限的危险，又可保持行政部门需要的有效采取行动的灵活性。行政法所涉及的是用来控制和限制政府权力的法律制约。"[35]

这个关于限权行政法的认识及其定义实质上揭示了行政法在限权过程中的两大部门：一个部类是对行政权进行实体上限制的规则，另一个部类便是对行政权进行限制的程序上的规则。他们的这个定义也纠正了关于美国行政法就是行政程序法的片面认识。上列关于限权行政法的四种认识进路，是由若干学者完成的，每一种进路都分布了一个国家，每一个论点实质上都与每个国家行政法实在有关联。然而，总体来讲，它代表了限权行政法在横向上的若干流派，因为在上列认知进程中孕育了一大批行政法学家和行政法研究者。

（三）限权行政法概念的本质

限权行政法概念的源流与现代宪政制度是分不开的，综观世界行政法学的走向，回顾行政法学的历史，不难发现限权行政法是行政法学的主流，是学者们认识行政法定义的主流思潮。限权行政法是行政法学层面的问题，这是不可否认的。但是，限权行政法概念的本质却不仅仅在行政法治层面，或者说，我们仅仅从行政法学和行政法治的层面分析行政权和行政法定义的本质是没有意义的，因为在行政法层面中，限权行政法所追求的就是通过行政法手段对行政权进行约束，这可以说既是行政法学层面中行政限权法的起点，也是其终点。它的本质也寓于这个起点和终点之中。行政法学的研究与行政法制度的研究不同，其就是要从相对较高的层面厘清一种行政法实在的理论根基。基于此我们认为限权行政法的本质可表述为下列方面：

1. 限权行政法概念的本质之一是公众对权力的恐惧

权力是一种支配力，指一方主体通过自己手上握有的实力对另一方主体的控制，这种控制可以是改变另一方主体的利益，可以是改变另一方主体的意志，也可以是改变另一方主体的行为取向等。一旦权力主体中的一方向另一方行使了实质性的权力，那么，对于被行使权力的一方而言则是一种不愉悦甚至责难性的状态。此点足以使人们对来自任何形式的权力的恐惧，对行使权力采用的任何方法的恐惧。恐惧权力虽然是经典作家的一种政治理论或者法律理论，但这个理论却有着深刻的社会基础。对权力的恐惧能否推出应当在社会生活的各个方面将权力予以取消和终止呢？回答是否定的。因为作为一种社会事物总要通过一定的机制组织起来，人类社会的组织中权力是必不可少的，人们将人类社会通过权力而组织起来的这一现象认为是人类所特有的，并作为人类文明的一个体现。正如基尔南所指出的："文明就是将社会分割成许多阶级。较高的阶级统治着较低的阶级。有时候，统治本身是为了全社会的利益；但更常的情况是为了统治阶级的利益。"[36]

一方面是权力的非有不可，[37]另一方面又是人们对权力的恐惧，那么，解决的机制便是对存在的正当权力以一种理性的方式予以控制，这个逻辑原理可以描述为："政治自由无非是权力的分配。一切权力都倾向于腐败；绝对权力则导致绝对腐败。因此，如果权力集中在少数人手中，那么政治自由就是不可能的，不管这些人是否经过民选。任何人都会滥用被赋予他们的权力，也就是说将各种形式和程度的权力集中在他们手中，他们就会绝对滥用权力。如果要使权力不被滥用，那么则要将权力尽可能分散。如果权力过于分散，则可能导致对秩序的威胁，因此尽管保守党一贯支持强大的中央集权，今天他们还是相信，如果权力完全集中在内阁之中，这将是英国的灾难，也是自由的灾难。既然政治自由无非是权力的分配，那么将政治权力和法律权力分配到不同的部门就是保障政治自由的基本途径。"[38]

2. 限权行政法概念的本质之二是行政权力的敏感性

在国家政权体系中，人们对诸种权力都是非常关注的，如期盼立法权能够规范行使，期盼司法权能够公正行使等。但是，人们在关注这两类权力时更多的不是对这些权力进行控制，而是提出另一种方式使这些权力科学化、民主化、程序化等。但是，关于行政权却是以控制的主张为根本点的。笔者认为，其中的原因在于行政权在所有国家权力中是最为敏感的，"所以人类，他们已经证明了那些人的堕落，不再由他们统治，而是由法律和理性——像源自个人错误和脆弱的东西一样抽象——取而代之；而且，由于行政官员被置于人民之上，所以法律被置于行政官员之上。如果这一点无法起作用，法律或者得不到执行，或者被滥用，留给人民的唯一补救时机就是，在所有国王和行政官员首次就职时向他们提出条件、让他们宣誓，以根据法律进行公正的审判：他们依赖这些誓词获得人民的忠诚，也就是说，获得服从他们执行那些法律——他们和人民自己制定或同意的法律——的契约。而这一点常常伴随着公开的警告，即如果证明国王或行政官员没有忠诚于人民对他的信任，那么人民就会分崩离析”。[39]

行政权力的敏感性并不是空穴来风。事实上，在现代国家政权体系中，行政权对公众生活的影响，尤其负面影响远远大于其他类型的国家权力，对于此种客观上日益膨胀的权力自然应当予以控制。

3. 限权行政法概念的本质之三是对法治概念的全面认识

“法治”是近现代产生的一个新名词，在法治概念之前，讨论较多的是有关法制的概念。法律制度指国家政权体系通过制定行为规则对社会生活进行的规制，就实质而论，法制中的法的目标不是权力主体，而是权力对象，即权力主体通过制定规则对法律对象施以影响。法治概念的实质是在社会机制中建立一个法治体系，这个法治体系中的主体是所有社会主体，而不是某一单个社会主体。手上握有权力的主体是法治内容的重要组成部分，即其行为亦要纳入国家的法律制度之中。在资本主义制度建立之前，封建国家和奴隶制国家都有行政法规范，而这时的行政法实质上是行政管理法。国家政权体系运用行政管理法对社会生活进行调适。法治原则将法律的对象、法律主体的形式进行了合理调整。“在一个政府中，承担执行法律的人可以制订、破坏、违犯、解释、阻碍和暂缓它们，甚或仅仅在免受惩罚的保证下逃避它们；任何这样的政府，一律被称为暴政。因此，在任何事例中，拥有足够力量这样做的违法者，无论他是世袭的还是选举出来的，是篡位者还是合法者，是善的还是恶的，一个人还是许多人，就是一个暴君；每一个接受他统治的社会就是暴政；每一个容忍他的民族是卑屈奴性的。”[40]

行政系统作为法律的执行者是法律治理的对象，而不是一个具有造法主体资格的存在物。限权行政法的定义其实质之一就是对法治内涵的全面认识。毫无疑问，法治的国家中包括社会公众，包括普通的社会成员。但他们只是法治主体和法治对象的一个方面，在现代社会中甚至不是最为重要的一个方面。将行政系统纳入法治概念之中，使行政法基本的定位在于对行政权的控制，这就赋予了法治新的内涵。对于行政法限权定义的这一本质必须认真领会，因为，行政法是现代法治的产物，也是现代法治概念的构成部分。

4. 限权行政法概念的本质之四是民主与法治的统一

民主的概念历史悠久，在西方启蒙时代哲学家的著作中，充满了有关人民主权的理论，最为普遍的是卢梭和洛克对人民主权理论的阐释。人民主权理论认为，在一个国家中人民的利益高于一切，国家政权是人民权力的形式，而不是人民权力的最终结果。后来一些资本主义国家的宪法将人民主权写了进去，依据人民主权理论，一个国家政治生活的重大事项应当通过民主权利决定，民主机制是国家政治生活的运转中枢，即是说，在一个国家的政权体系中，有时还会加进一些权力形式，如国家通过强制权力进行社会管理，通过强制约束制裁统治者，但核心制度则是民主机制。社会主义制度下，民主有了新的内涵，一方面，民主是政治生活的本质；另一方面，民主又必须和法治统一起来。二者是一个整体的东西。那么，在有关国家权力，尤其国家行政权力的构成和行使中,民主究竟应当如何体现呢?民主究竟应当如何与法治保持同步呢?早在古希腊,亚里士多德就有一个著名论断:“民主具有如下特征:官员由所有人从全体成员中选举产生;所有人应该位居每个人之上,每个人相应地在所有人之上;除了那些要求特殊技能和经历的官员,所有官员的任命应该通过抽签来决定;官员应该没有财产资格限制,或者限制标准非常低;除了军事官员外,一个人不能两次担任同一个职务,或者不能长期占据某个位置;所有官员或者大多数官员应该尽量缩短任期,应该由所有人来决定,或者从所有人中选举的法官应该对一切事务进行判断,比如账目审查、宪法、私人合同这类重大事务进行裁决;代表大会应该对所有或者多数重要事务行使最高决定权,或者,地方官员应该没有任何权力,或者只是享有一点点权力。这是我们的基础,这是我们的基本原则。”[41]

亚里士多德将其定位为国家政权体制的原则。笔者认为,这个论断精辟地论述了行政法限权的本质,行政法是一个法律选择,而这个法律选择的主体是广大人民,或者广大民众,人民通过选择良好的规则设定行政机构体系,并进而对行政机构体系进行约束,以达到民主与法治的统一。由此我们便可以说,限权行政法定义的另一特征是达到民主与法治的统一。

(四)限权行政法概念的进步性评说

笔者曾在《行政法的私权文化与潜能》一书中对行政法中的控权理论进行了一个简略的评说,认为行政控权从理论上讲是一个二律背反的命题,或者说是行政法学理论中的一个悖论。笔者的推论过程是这样的:行政权究竟是一个好的东西还是一个不好的东西,必须首先在理论上阐释清楚,如果行政权是一个好的东西,或者我们接受了行政权是一个好的东西我们必须予以确立,既然是一个好的东西,我们就必须让它发扬光大,让它按自己的逻辑去运作。就没有什么必要再人为地去控制它,因为这种控制本身既没有理论上的根据,又可能导致行政权的懈怠。如果我们选择了行政权是一个不好的东西,我们就不应该让它存在,其中不存在控制的问题。从这个意义上讲,行政权控制主义实质上是一个悖论,是一个二律背反的东西,即需要它是一个定律,控制它又是一个定律,对于行政权这个同一事物而言存在两个相反的定律。然而,行政权控制理论的二律背反在今后很长的历史时期中还将是一个客观存在。正如作者在前面所指出的,行政权在现代社会生活中是必要的,因为没有它国家将陷入无政府状态。而在目前人们的政治觉悟和认知水平下,行政权在行使中犯错也是必然的,如行政公职人员因为觉悟较低而实施有悖于公务员本质的东西。还因为公职人员文化水平的制约使行政权在面对所处的事务时,总会出现技术上的错误。政治上存在的潜在问题和技术存在的潜在问题都说明了一个命题,即对行政权的控制。在目前这种历史环境下,行政法对行政权的控制是必须的,限权行政法的进步意义其基础就在这里。[42]

三、扩权的行政法概念

在西方,有学者非常敏锐地注意到,行政法在字面意义上能够作出两种解释:第一种解释是行政法是对行政权及其行政系统进行规范的法,这一部分的行政法不完全等同于限权的行政法定义,因为法律在规范行政权时也包含着对行政过程的赋权行为;第二种解释是行政法是由行政系统制定之法,那既然是行政法就是行政主体在运用行政权的主观过程中而为之的法律,依这一理解行政法是行政机关行为的结果。[43]

这个论点实质上是对一些国家的行政法理念作了概括,而不是纯粹的理论上的分析。能看到行政法有此两种解释是这个学者观察问题敏感性之所在,同时,他还指出,行政权在行使过程中由行政系统所造之法是不应当归入行政法的定义之中的。但是,有些学者则有相反的认识,其将行政机关在行政过程中制定的或者适用的法律规范作为行政法的核心部分,而这一部分必然是行政主体对行政权力的扩张。在笔者提出扩权的行政法概念之前,还没有哪一位学者使用这一概念,但行政法是管理法的概念则是存在了将近一百年的。笔者围绕行政法是管理法的概念对控权的行政法概念予以评介。在笔者看来,限权行政法应当有一个与之对应的概念,而在行政法的定义中,从管理法定义的实质看也是要揭示与限权法相反的定义内涵,因此,笔者用扩权的行政法概念表述有关行政法是管理法的行政法定义方式。

(一)扩权行政法概念的历史考察

扩权行政法定义并不像限权行政法定义那样,在定义之中就开宗明义标出其对行政权力的态度,即在限权行政法定义之中一般都包括了行政法控制行政权力或限制行政权力的措辞,而且这些措辞在有些著作中是十分激烈的。而在扩权行政法定义中其一般都不明确指出行政法的实质在于扩权,这个定义类型通常都经过了一个转换,将行政管理过程中的法律规范以及对行政主体在行政过程中能够有所作为的情形转化为行政法上的扩权。而这个定义中出现最多的是行政管理而不是行政权。我们举一些关于行政法作为扩权法的定义。前苏联行政法学家瓦西林科夫指出:"苏维埃行政法可以认为是调整国家管理范围内的社会关系——即苏维埃国家机关在组织与实施执行和指挥活动过程中发生的社会关系——的一个法律部门。当然,这个定义需要加以具体化和说明。行政法规范还规定作为管理对象的企事业单位和组织的建立、变更和撤销的程序,调整它们和国家管理机关的相互关系,调整管理对象的许多方面的活动。此外,行政法规范还规定计划编制、物价制定、物资分配、工资确定的程序。行政法规范规定公民的各种权利和义务,规定实现这些权利和义务并保证其不受侵犯和违反的机制,从而使国家法的规范得以具体化并补充国家法规范。行政法规范还规定社会组织和社会机关的法律地位;规定担任国家机关职务的程序,规定国家职员职务上的和个人的权利与义务,规定他们行使国家职务的规则以及他们的责任。行政法不仅调整管理者的活动,而且也调整被管理者的活动。例如,交通规则、公共场所行为规则、贸易规则、狩猎和捕鱼规则、教学规则、卫生规则等，都是调整被管理者活动的规则。管理机关监督人们遵守这些规则，对违反这些规则的人适用国家强制措施。行政法规范还规定什么样的行为（作为或不作为）属于行政违法行为，规定实施这些行为的行政责任的形式和种类，规定审理这些违法行为案件的程序。”[44]

这个定义中，行政法的价值定向在行政相对人一边。我们可以认为国家行政管理过程中包括管理者和被管理者两个方面，依这个定义行政法的目标和价值定向在于为管理者设定和赋予权力，为被管理者设定行为规则。其中最为关键的一点是被管理者有关权利义务的规则来自于管理者，“管理者监督人们遵守这些规则，对违反这些规则的人适用强制措施”，非常明显的肯定了管理者在整个管理过程的职权性和主动性。如果管理者在管理过程中对自己的行为方式进行延伸的话，这种延伸本身则是对国家强制权力的行使。行政法的扩权性能在这个定义中表露无遗。与这个定义相对应的是我国1983年编撰的第一部行政法统编教材，其在定义中认为“行政法是一切行政管理法规的总称”。[45]

行政管理活动过程是以政府行政系统为本位的过程，这个过程的权力主体是行政机关，与它有关的行政管理的行为规则都是行政法。进一步讲，行政机关能够遵守的法律规则是行政法，行政机关自己制定的行为规则都是行政法。我国2000年制定了《中华人民共和国立法法》，在这部法律里我们事实上肯定了行政机关的立法权。首先，《立法法》的名称是关于立法的法，即只要在这部法律里反映出来的行为规则都是法。其次，这部法律中用了这样的一些能够成为法的类型的术语，包括法律、行政法规、地方性法规、行政规章等。其中，绝大部分并不是由立法机关制定的，而是由行政机关制定的。行政机关一旦取得了立法权，便必然是对行政权的扩张。因为，众所周知，在国家政权体系的分工中，立法权是归于立法机关的，《中华人民共和国宪法》也肯定了这一点，行政机关取得立法权的第一种扩权便是将其权力扩展于立法权之中。行政机关同时还可以利用制定的行为规则进行再一次扩权，如对某一管理领域中法律留下的空间体现自己的意志，对法律规定的空间扩展其意志的控制过程。笔者所讲的有关《立法法》的情形虽是一种法律制度层面的东西，不是纯粹的行政法学理，但这个行政法实在恰恰就是对中国多年来行政法学研究中一些论点的再现。我们不用多说，扩权行政法的定义是行政法定义中的一个客观存在，谁也不能够予以否定，这个理论的存在已经在诸多方面影响到了行政法。反过来说，扩权的行政法定义是对一定行政法实在的反映。与限权的行政法定义相同，扩权的行政法定义亦有其历史发展过程，亦有其强大的理论背景和社会实践背景。

第一阶段的扩权行政法定义以秩序设计为扩权的基础。扩权的行政法定义大多体现于社会主义国家的行政法学家之中，甚至可以说，长期以来社会主义国家的行政法学家所主张的行政法几乎都是扩权的行政法。早在20世纪30年代，苏联行政法学家就提出了行政法是国家管理法的主张，只是起初关于国家管理法的理论基础还没有阐释清楚。后来的苏联行政法学家多引用马克思的一些精辟论述界说国家管理中管理机关权威的重要性,马克思认为:“一切规模较大的直接社会劳动或共同劳动,都或多或少地需要指挥,以协调个人的活动,并执行生产总体的运动——不同于这一总体的独立器官的运动——所产生的各种一般职能。一个单独的提琴手是自己指挥自己,一个乐队就需要一个乐队指挥。”[46]

马克思的论点是否能够必然推论出行政法就是扩充政府行政权力的法律是值得探讨的问题,但扩权行政法定义的学者运用马克思的论述定义行政法似乎亦顺理成章。即一个国家的政权,尤其社会主义的政权建成以后,必须对社会秩序进行全新设计,因为社会主义制度与资本主义制度的建立过程不同。资本主义的建立过程是自然成长的过程,资本主义的生产方式在封建制度内部就形成了。而社会主义制度则是在推翻旧制度以后形成的,其没有先前的制度上的积淀与准备。因此,社会主义制度建立以后必须事先设计社会秩序。社会主义社会秩序是一个全新的秩序,这个秩序的设计既没有现成答案,也没有参照物。立法机关不可能制定若干部法典将新的秩序表述清楚,正如有学者指出的:“国家活动的第一种形式是立法活动。立法活动的任务是制定法律和其他法律文件。在苏联,法律由最高国家机关——苏联最高苏维埃、加盟共和国和自治共和国最高苏维埃——制定。法律规定属于最高苏维埃专门权限的问题(这些问题最终只能由最高苏维埃解决)和其他国家生活的最重要的问题,法律规定都是最基本的规范。最高苏维埃的常设机关——它们的主席团——有权在最高苏维埃闭会期间颁布法令,法令可以修改和补充法律,但随后要提交相应最高苏维埃批准。国家管理具有执行和指挥的性质。管理活动的‘执行’是指执行法律和其他法令。管理机关的执行活动常常同时是指挥的,因为它以该机关颁布单方权力性命令,包括适用国家强制措施的命令为前提。”[47]

行政机关就是在具体的管理活动过程中,以立法机关的基本规则为参照完成社会秩序之设定的。行政机关设计新的社会秩序的权能实质上是建立行政法规范的活动,行政法的扩权本质便从这种秩序设计中体现出来,这是扩权行政法概念的第一阶段。

第二阶段的扩权行政法定义以关系设定为扩权的基础。行政法之所以要扩充行政机关的权力,在第一阶段是秩序设计所必要的。随着社会的发展扩权行政法定义的理论基础亦在发生变化。“苏维埃国家管理之苏维埃国家机关依据法律和为了执行法律而进行的执行和指挥活动,是经常地、实际地履行国家职能的活动。”[48]

显然,国家管理过程已经不单单是一种行政过程,甚至是一个法律过程。这是人们在后来国家管理的发展中对国家管理的新认识。这个认识对于扩权行政法的理论化、体系化有极其重要的意义,因为,如果不将行政管理与法律规范结合起来,不将行政权的行使与法律理念结合起来,那么,行政法本身就不会作为一个概念在社会主义的法律部门中出现。瓦西林科夫有这样一个精辟论断:“苏维埃行政法调整整个国家管理,首先包括国民经济的管理。但是经济法构想的拥护者们否认这一事实。他们断言,国民经济领域的管理关系和社会主义企业、联合组织进行经济活动时所发生的关系有着不可分割的联系,它们一道构成由经济法所调整的统一的'经济关系'。实际上,国民经济领域的国家管理是统一的苏维埃国家管理的一个组成部分,因此,它是由行政法所调整的。"[49]

如果将这一阶段行政扩权法定义的理论基础作一概括的话,那么,由于国家行政管理机关存在于社会主义的法治体系之中,管理行为是社会主义法律制度的组成部分,管理机关必须在制度范畴内对新的社会关系作出法律上的设定,或者仅仅是名义上的法律设定。在这种设定中行政机关可能是被设定的对象之一,但在绝大多数情况下,行政机关本身就是这种关系设定的主体,行政机关在行政管理中拥有一些手段:"预测。预测可以称为社会管理的第一种职能。预测就是根据现有的资料和科学成就对某种事件或过程的发展变化做出科学预见。没有预测,就不能确定整个社会和个别社会过程的未来状况。在现代社会,预测对于顺利实现其他管理职能有着越来越重要的意义。计划是确定某种过程(经济的、文化的、军事的等)发展的方针、目的、比率、速度以及数量与质量的指标。"[50]

关系设定中行政权的扩张是十分明显的,因为关系设定实质上肯定了行政机关在行政权以外的权力行使范畴。

第三阶段的扩权行政法定义以规范形成为扩权的基础。社会主义国家的建立和发展,都经历了一个由相对凸显国家政权中政治功能向凸显国家政权中法制功能的转化过程。即是说,国家政权的建立初期,主要的国家职能主要以政治的形式出现,这在前苏联建国初期的一系列政治运动中得到充分体现,[51]也在我国新中国成立初期的一些政治运动中得到充分体现,至少在我国1954年宪法制定之前开展的一系列国家活动,基本上都是在政治机制作用下进行的。在社会主义国家的宪法典颁行以后,尤其在有关的行政法治国的理念形成以后,这种转化便至少在形式上完成了。我国在20世纪70年代末期将"有法可依、有法必依、执法必严、违法必究"作为依法治国的基本方略确立下来。这个方略与目前的"法治国家"还不是同一意义上的概念,但它实质上确立了法律规范在治理国家中的重要性。扩权行政法的定义在这一阶段就以规则的形成为基础。依法治国的第一要素是要有法可依,因此,在一个国家的社会生活中形成大量的行为规范是必需的。该法理对于行政系统而言,就是在行政管理中制定大量的行为规则。每个行政管理部门行为规则的形成被认为是行政权行使质量高的一个体现,而这种部门规则在立法机关不能迅速解决的情形下自然而然地是行政机关的当然职能:"部在计划、科技、基本建设、物资技术供应、财政和信贷、干部、劳动和工资、住宅、保健、保护社会主义财产方面行使着多方面的职能。赋予部的权限是与执行上述职能相联系的。部有时是在整个部门行使这些权限,即将这些权限适用到该部门的所有客体,有时则只是将这些权限适用于直属它们管辖的个别企业、联合体和组织。所有的部在各不同领域,既相应地行使其内部协调的职能(如拟制有关计划草案准备方法的指示,批准企业和联合组织的财务计划形式等),又相应地行使对所属联合组织、企业、组织和事业单位的业务管理职能（如建立、撤销企业，任命公职人员等）。部长会议可以授权某些部实行个别的跨部门管理职能。部在自己权限范围内，根据并为了执行法律及国家最高权力机关的其他决议、部长会议的决议和命令、相应上一级部的命令，得发布文件并组织检查其执行情况。"[52]

此一阶段扩权行政法的理论基础对于后来行政法规范比重中绝大部分是行政系统所造之法起了极大的作用。

第四阶段的扩权行政法定义以社会改造作为扩权的基础。扩权的行政法定义在其最高阶段是以社会改造为其理论基础的。国家行政权力对社会生活的态度历来有两种情形，一种情形是国家对社会生活中的若干事务不予干预，通过社会机制决定社会事务的运作方式，科尔在《论民主》一书中就认为，"作为个人，人不能被代表，这个事实清清楚楚，很难理解那么多政府理论和民主理论就建立在个人可以被代表这种思想之上。每个人都是意识和理性的一个中心、自决能力的一种愿望、一个基本的本体。一个这样的愿望怎么能代表许多呢？一个人作为自己的同时是怎么能成为许多其他人呢？如果他能，这将是一个奇迹，但是把我们的社会制度建立在一个假想的奇迹上，这是一个危险的试验"。[53]

归属于个人的事物、归属社会的事情，政府行政系统是不可以取代的。和这一理论相反，另一种情形则是行政可以对社会生活进行设计、对社会过程进行介入，甚至可以采取给付行政的方式为社会公众解决相关的福利。扩权行政法在当前一些学者的认识中就以此为基础。行政机关既然可以作为一个主动的存在物改造社会生活和社会过程，其就有能力介入到行政生活之中，这种介入是权力的主动行使，行政法扩权理念也就由此得到了理论上的支持。

（二）扩权行政法概念的横向考察

扩权行政法概念在不同的学者看来有不同的扩权进路和解释扩权的不同方法论。我们可以将存在于行政法学研究中的扩权行政法概念作出下列概括：

1. 计划模式的扩权行政法概念

美国经济学家莫里斯·博恩斯坦将社会分为理智指导的社会和爱好指导的社会两种社会类型，它的这一划分是从国家权力对待社会生活的态度入手的，在爱好指导的社会类型之下，政府对公众的社会选择采取放任态度。即政府既没有行政上的指导，也没有国家权力方面的强制，社会成员根据自己的爱好选择生活模式。尤其在社会成员的经济行为中，以市场机制作为调节手段。在理智指导的社会管理下，政府将社会生活从若干方面予以设计。其中主要的设计并不在法律和立法方面，而是在行政权的作用之下完成的。这两种社会类型也成了资本主义国家和社会主义国家对待社会的重要区别。显然，爱好指导的社会行政权在通常情况下不介入公众的生活空间。而理智指导的社会行政权则是以国家计划尤其行政计划的方式干预社会生活。"社会主义计划性原则表现在：国家管理机关的活动是旨在实现人民代表苏维埃批准的经济和社会发展计划；在国家管理机构中设有计划机关，在其他管理机关中设有计划分支单位；管理活动本身是具有计划性的。……必须提高整个计划工作的水平，使它适应我国经济的新的规模和模式。我们的任务是要保证加速实现各种科学技术的发明和发现，以提高社会劳动生产率增长速度和产品质量；在计划中更充分地考虑社会的需要，并且在最有效地使用劳动、物资、财政、资源的情况下满足这种需要；在改善产品和价格指标体制的基础上保证计划的平衡；建立国家储备，集中力量和资源，执行最重要的全国性计划项目。统一计划系统的环节应该包括长期计划、五年计划和年度计划。长期计划要根据科学的预测编制。在计划工作中，现在要解决下述任务：保证计划的部门原则和地域原则更好地结合，更广泛地采用纲要式方法，就最重要的科学技术、经济和社会问题制定综合性计划纲要，改善编制计划的组织和方法，缩短编制期限。"〔54〕

这是一个关于行政计划的经典性论断，计划范围之广、内容之具体、要求之严格都是前所未有的。从行政计划出发，行政机关在权力行使中诸多方面的行为即便没有法律规定，也已经具有了法律上的依据。1977 年制定的苏联宪法提出了社会和发展计划的概念，使以前的国民经济计划变为了社会发展计划。这个宪法的诸多条款都是对国家经济计划的规定。〔55〕

扩权行政法概念中的一些论点就是从行政计划来的，此种理论指导下的扩权行政法可以说是一种刚性的扩权行政法，或者说，从比较刚性的角度对扩权法的理解。行政系统的计划行为实质上就是一种立法行为，而且在有些情况下，行政系统的计划行为高于立法行为，因为一个立法行为一旦完成，其就在较长时间内终止了因同类事项而引起的行为。但是，行政系统的计划行为则是必须经常为之的，正如前述计划包括短期计划、中期计划、长期计划等。频繁的计划行为以及由这一行为产生的结果必然会改变相对较少的立法行为及其所产生的结果，这是我们对扩权行政法横向考察后所得出的第一个结论。

2. 主体身份易位的扩权行政法概念

社会主义制度建立以后，国家政权体系虽然是依据宪法或者宪法性文件组成的，但其与西方国家真正意义上的宪政体制还是存在较大区别的。在西方国家宪法所确立的宪政体制是以国家机构、国家机构的分工、国家机构内部的权力制约为特征的。当然，这种制约的前提是以民主机制为基础的。社会主义国家的宪政体制中不能没有政党机构，这在前苏联宪法、前南斯拉夫宪法以及中华人民共和国宪法中都有体现。〔56〕

社会主义国家政权的取得是在社会主义政党的领导下进行的，因此，政党在政权体系的建设和形成中，政党在日后的国家权力分配中无疑都是一个不可不考虑的因素，正如列宁所指出的："在我国，任何国家机关未经党中央指示，都不得解决任何重大政治问题或者组织问题。"〔57〕

这是社会主义政权体系下政党在权力行使中的总原则。这个总原则肯定了党对国家政权体系的领导作用，肯定了政党在一定意义上是国家政权体系中重要的权力主体。“各部、国家委员会和其他中央与地方机关中的党组织就执行党和政府的指示,遵守苏维埃法律方面对所在机关的工作实施监督。这些机关的党组织应当按照苏联共产党章程。积极促进完善所在机关的工作,教育机关工作人员提高对所从事的事业的责任心,采取巩固国家纪律的措施,改进对居民的服务,开展和官僚主义的斗争。在必要的情况下,机关党组织可以越级向相应党的机关反映所在机关及其个别公职人员的问题。工业、运输、通讯、建筑、物资技术供应、商业和公共饮食等企业、公用事业单位、国营农场和其他国营农业企业、计划组织、设计机构、科研机构、高等学校、文化教育机构和医疗机构的基层党组织享有对行政机关活动进行监督的法定权利。”[58]

政党实质上具有管理国家行政事务的能力,政党组织的这个特性使行使国家行政权的行政系统在国家政权中的主体地位十分不明确,如行政系统是否具有法律上的人格?是否是一个法律关系中的独立主体?这些问题在宪法和法律中都没有规定。在很大程度上,行政机构体系具有双重身份,第一个身份是代议机关的执行机关,第二个身份是政党的执行机关。这两个身份使行政机构体系的地位非常特别,一方面,行政机构体系受到了来自两个主体的监控。另一方面,行政机构又有了两个主体的双重授权。但总的趋势是行政机构体系作为政党和政权体系的执行机构,其在权力行使中的权威性和地位相对较高,因为行政机构是法律主体和政治主体之统一,它在法律上的权利和义务只是其行使权力中的一个范畴,更为重要的是它有政治上进一步演绎权力的能力。即是说,行政机构体系在实现行政管理时,为一定行为和不为一定行为法律已经不能对其进行完全的约束,法律只能够约束行政主体作为国家权力机关执行主体的部分,而不能约束其作为政党机构执行主体的部分。行政机关在这种情况下,有时以政党组织的名义取得了较多的权力。列宁在苏维埃国家政权运作中已经发现了这一现象,而且表现出了较大的担忧,因此,他指出:“必须十分明确地划分党(及其中央)和苏维埃政权的职权;提高苏维埃工作人员和苏维埃机关的责任心和主动性;党的任务是对所有国家机关的工作进行总的领导,而不是像目前那样进行过分频繁的、经常的、往往是对细节的干涉。”[59]

总之,国家行政机构在国家政权体系中主体身份不明确,或者主体身份的特殊性是行政法扩权定义的另一个解释路径。

3. 政府管制的扩权行政法概念

政府管制理论是政治经济学中关于国家对待经济的一种思想方式。这个思想方式在诸多思想家的著作中都有体现,20世纪西方国家中最有影响的经济学家凯恩斯就认为:“国家引导消费倾向可以通过赋税计划来进行,可以通过利率升降来进行,也可以通过其他手段来完成。更重要的是,银行利率政策本身并不是决定合适的投资率。因此,我相信,投资在某种意义上的全面社会化将是大致实现充分就业的唯一手段;当然,这并不排除采取各种形式的折中方案和将公共权力与私人主动性结合起来的各种策略。但除此之外别无国家社会主义囊括绝大部分社会经济生活的可能。

生产工具的所有制形式并不是国家要承担的重要问题。如果国家能决定增加生产工具方面的资源数量,能决定生产工具所有者的基本回报率,那么,国家就履行了应尽的职责。此外,还可以逐渐采用社会化的必要措施,这样就不会割断社会的根本传统……”[60]

这个理论对后来美国实施新政产生了巨大影响,是新政的理论基础。当然,美国的新政实质上是一种国家干预或者政府管制的思维方式。政府管制与计划经济是有本质区别的。在计划经济的理论下,政府为经济和社会活动设计出了基本的方略。而在政府管制的理论下,政府有选择地对存在于市场的东西进行干预,有些干预甚至是十分严格的。社会主义国家的学者中有相当一部分认为政府管制是其履行经济管理职能的基本手段。政府管制虽然不是政府行政部门对经济生活的具体设计,但它赋予了政府为经济生活设置条件的权力,个人在这种管制中必然受到行政权力的约束:“每个人都是自己公共事务执行者的时代已经一去不复返。今天,不论他属于哪个阶层,不论是为他自己,还是为他的财产,他都得向负责这项服务的集团寻求交通工具。”[61]

用政府管制的理论作为行政法的扩权性质是非常合理的,因为,政府在对个人生活、经济单位、市场主体行使经济权力时已经将自己的权限从行政领域扩展到了经济领域。

(三)扩权行政法概念的本质

扩权行政法概念是行政法学理论中自成一体的概念形式,而这个概念形式的理论基础我们在上面已经作过分析。这个概念形式与限权的行政法概念一样亦反映了一定的行政法实在。即如果我们将扩权的行政法概念的纯理论性抛开,用行政实在法的眼光来看,那么,扩权的行政法实质上是一种行政法制度,由于本书的侧重点在行政法学的研究方面,而不在行政法实在方面,故此,我们不再进一步探讨扩权行政法在各个行政法治中的状况。但是,作为比较研究,我们必须将理论上的限权行政法概念与理论上的扩权行政法概念的本质予以厘清,这也是比较研究所必需的。两种行政法概念的基本价值也是通过其本质反映出来的。扩权行政法概念的本质可以有这样一些方面:

1. 扩权行政法概念的本质之一是行政权的优先性

我国第一部统编的行政法教材对行政权优先作了这样的表述:“这是行政职权的公益性所决定的。行政职权的优先性,是指行政职权与其他组织及公民个人的权利在同一领域范围相遇时,行政职权具有优先行使与实现的能力。”[62]

可见,行政权优先是将行政权与公民权相比较而言的,即当行政权与公民权利发生冲突以后,以行政权优先。扩权的行政法概念其最为核心的本质是肯定了行政权的优先地位。当然,行政权的优先性有两种分析路径:一个是将行政权具体到某一个个案中去,在这个个案中行政权应当优于公民的个体权利,行政权优先的此层意思似乎容易被人们接受,因为,行政权在具体的运作过程中应当是国家权力的延伸,社会个体的权利不能与国家权力相对抗。另一个是将行政权作为一个权力体系看待,而将与之对应的公民权作为一个权利范畴看待。显然,这个层面的行政权优先理论是难以成立的,因为,行政权力来自公民权利这是有宪法依据的。然而,扩权的行政法定义对行政权优先的肯定是绝对的,即行政权作为一个权力范畴优先于社会公众的权利。

2. 扩权行政法概念的本质之二是政府的本位性

在一个国家的社会结构中,政府行政系统以及政府的其他部门是一方,而社会公众是另一方。双方之间在社会生活中的地位是可以作出选择和法律认同的。上面我们指出,限权的行政法定义突出社会公众的本位性,即社会公众在国家政治生活中处于相对较高的地位,而国家政权体系,尤其行政系统应当处于比社会公众相对较低的地位。扩权行政法定义则与之相反,其将行政系统视为社会过程中的一个本位,其地位相对其他社会公众的地位相对较高。"苏维埃国家管理机关是国家机关的一种形式。它被授予相应的国家管理权限。这些权限主要是以苏维埃国家的名义颁布有关法律拘束力的文件,通过适用教育、说服和监督的措施保证这些文件的贯彻;对执行这些法律文件的情况实施监督;在必要的场合,通过适用国家强制措施,而保证这些法律文件不致遭到违反。"[63]

这是关于行政系统本位性的肯定性表述。

3. 扩权行政法概念的本质之三是对社会个体的不信任性

国家行政机关所面对的社会公众有两个理解进路。其一是将社会公众作为一个整体看待,即社会公众是一方,国家政权体系是另一方;其二是将社会公众作为个体看待,即社会中的成员是一个一个的个体。社会主义国家的宪政理论把社会公众的整体作为国家政权的基础,例如宪法规定的人民当家做主,一切权力属于人民就是例证。但是,社会公众作为整体大多存在于理论层面上。在国家行政权力的行使过程中,在行政权的运作中一般都是将社会公众作为个体来看待的。行政法扩权理论的本质之一便是行政系统对社会个体的不放心性。所谓行政系统对社会公众的不放心性,是指行政系统认为社会中的个体通过自身是不足以很好生存的,只有在行政系统的作用下,才能有很好生存的机会。行政系统对社会秩序的设计、社会关系的设定等都是基于对社会个体生存条件的改变而为之的。

4. 扩权行政法概念的本质之四是职权的万能性

"苏维埃国家管理不仅旨在实现经济和组织的职能,而且在于实现国家的所有其他职能,如文化教育,对劳动手段和要求的监督,对社会主义所有制、法律秩序、公民权利和合法利益的保护,国防及保卫和平。此外,在社会主义建设时期,国家管理机关还直接执行镇压被推翻了的阶级的反抗的职能。在世界社会主义体系建立以后,国家管理机关要积极从事发展和社会主义国家的兄弟合作,维护世界和平以及保持和所有国家的正常关系。"[64]

从这个关于行政职权的经典表述中我们可以看出,扩权行政法概念中职权的功能，即行政职权是由行政机关实施的具有主体性的权力，其对社会生活和公众空间的影响是无所不能的。正因为行政职权具有这种强大的功能，因此，由其充分发挥作用应当是有效率的，这便是扩权行政法本质的另一内涵。

（四）扩权行政法概念的终结

扩权行政法概念就目前掌握的资料看，集中体现在俄国十月革命至1991年苏联解体的这个历史阶段中，主张行政法为管理法从而扩张行政权的主要是前苏联东欧以及其他一些社会主义国家的行政法学家。我们知道，任何政治思想和法律思想都有其存在的社会背景，都有其形成的文化背景，都有与之相适应的意识形态的支持。扩权行政法概念是社会主义国家行政管理思想和法治思想的统一。尤其在社会主义国家处于高度的计划经济阶段时，政府对社会生活的干预是必不可少的，限权行政法思想理念就是这一阶段社会和文化背景的反映。20世纪以来，人类政治思想和法律思想都发生了深刻变化，政府机制和社会机制的关系也有了新的认识进路。即便一些长期推行计划经济体制的国家，计划仅仅被认为是政府管理社会生活的方式之一。社会权利与政治权利的平等性，或者政府机制由社会机制而产生的社会思想认识进路深入人心，在行政法学家的著述中不再坚持扩权的行政法定义模式。也许有学者认为行政法具有行政管理的性质，但是，即便是持这种主张的学者也只是将行政法的管理功能视为功能之一，如我国20世纪90年代以后编著的行政法教科书大都放弃了扩权行政法的定义主张。[65]

从这个意义上讲，我们认为扩权行政法的概念已经终结。这种终结在不同的国家、不同的学者中有不同的反映，一些学者放弃了扩权行政法定义选择了限权行政法的定义，另一些学者则放弃了扩权行政法的定义，选择了二元行政法的定义。对于二元行政法的定义，我们将在下面讨论。

四、二元结构的行政法概念

二元结构的行政法概念是学者们认识行政法的另一个进路。在一定意义上讲，二元结构的行政法定义是对限权的行政法定义和扩权的行政法定义的折中，即其在两个相对偏执的行政法定义之间选择了一条中间道路。依二元行政法定义，行政法应当是限权法和扩权法的统一。这种定义方式已经不是某一个国家行政法学家的独占性论点，而具有相当程度的普遍性。本节我们将二元行政法概念的若干基本问题予以评介。

（一）二元行政法的产生及背景

"行政法，简言之就是调整行政的行政组织及行政活动＝行政作用本身，以及有关围绕这些法律纠纷的法。更简洁地说，它是对行政的授权与统治之法，即在宪法下，规定行政组织的地位、权限和责任等，或具体规定行政机关的各种行为，而不问这种行为是权力的还是非权力的，与此同时，广泛规定行政救济的各种方式和程序，据此对行政权加以限制。这里所说的加以限制，意味着对行政权加以拘束，但也意味着它不仅把行政看作是必要的手段限制其活动,而且根据需要,也推动向积极的行政活动方向上的拘束。”[66]

这是日本行政法学家室井力给行政法下的定义。在这个定义中,室井力先生揭示了行政法的两个有机构成部分:一部分是有关约束行政系统及其职权行使的部分,另一部分是行政机关在行使行政权力时应当具有必要手段和发生作用的必要部门,行政机关拥有特定部门的管理手段,并根据这种手段为一定行政行为,这种手段和行为的延伸便是行政权威的体现。即在这个定义的前一部分内容中所包括的行政法内容是限权法的内容,而在这个定义的后一部分则是有关扩权法的内容。我国有学者认为:“行政法是关于行政权力的授予、行使以及对行政权力进行监督和对其后果予以补救的法律规范的总称。用以调整在行政权力的授予、行使以及对其监督过程中发生的各类社会关系,尤其是行政权与其他国家权力和个人权利之间发生的社会关系。”[67]

这个定义的提出者在对该定义内容进一步解释时指出了这个定义的下列若干含义:

1. 认为“行政法是设定行政权力的法”,并指出了行政法所设定权力的若干范畴:“行政法是用来设定行政权的法律规范。这包括两部分内容:一是行政权必须授予一定的载体,并形成一定的体制,以及这些权力组织内部活动的各种规则。二是规定哪一类行政组织享有何项行政权力、权力的范围有多大、权力之间界线何在等问题。在一个国家法律体系中,凡是创设和规定行政权力的法律规范均属于行政法范畴。这类规范有不同的存在形式:第一种是统一规定于某一法律。如《地方各级人民代表大会和地方各级人民政府组织法》规定了行使行政权力的地方各级人民政府的设置、体制、职权等;第二种是分散在各单行法中,如《行政监察法》、《矿产资源法》等。相当一部分法律都涉及该领域内行使行政权力的主体和职权;第三种是通过法律,专门将某种权力授予某类行政机关。如通过行政处罚法,权力机关将行政处罚的部分设定授予有规章制定权以上的行政机关。并明确规定了行政法规制定机关和规章制定机关在行政处罚设定权方面的范围和限制,这是因为:行政处罚权是一项对公民、法人人身、财产权利产生影响的行政权力,并非任何行政机关均可设定,只有那些依法享有此权力的行政机关才能享有,而且必须在法定范围内实施。据此我们可以判断,所有规定行政机关享有处罚权的法律规范均是行政规范,因为正是这些法律创设了行政权力。”[68]

这个表述恰如其分地反映了其对行政法扩权功能的认同。

2. 认为“行政法是规范行政权力如何行使和运用的法”,并进一步指出:“行政机关或某一组织依法取得行政权并不意味着能够顺利有效地行使该权力。如何保证行政权力的有效行使同时防止出现侵害公民法人权益的现象呢?还需要一整套规范行政权运用及行使的规则,这类规则包括实体规则和程序规则两部分,是行政法的核心内容。就这类规则的存在形式而言,它们又可以分为两大类:一类是分散在各个特别法、部门法中的规则,如《治安管理处罚条例》、《海关法》、《税收征收管理法》等,分别是规范警察权力、海关权力、税收权力行使的具体规则。另一类是统一于某一法律,各机关普遍适用的规则,如《行政处罚法》、《行政程序法》等,这类法律是统一规范行政权力的运用及行使的规则的。"[69]

此一层面的含义是较为典型的限权行政法定义。当然,作者还提出了行政法包括行政救济的规则和行政监督的规则以及行政机关在部门行政管理中的规则。其所提出的监督规则和救济规则是以限权为对象的,而其所提出的部门行政管理规则则是以扩权为特征的。上列两个行政法定义既没有遵行扩权行政法定义的路径,也没有依限权行政法的思维方式对行政法概念进行界定,而是选择了一种将扩权的行政法定义与限权的行政法定义结合起来的新的路径。这种定义行政法的新路径的产生有着深刻的背景。

(1)二元结构行政法概念的产生有其社会背景。在限权行政法定义之中,学者们主张行政法应当对行政权力进行法律约束。这种约束主张的最早社会背景是自由资本主义时代的国家特征,即在自由资本主义阶段,政府行政系统所履行的主要是国家安全等方面的防护职能。行政系统在这个职能之外不能再有其他职能,限权的目的在于防止行政权在若干领域的不当延伸。扩权行政法的背景则在于需要一个强大的行政机构体系对社会生活中的秩序、社会关系等进行设计和设定,人们对行政系统的依赖性是扩权行政的主要社会背景和历史根源。二元结构行政法概念的产生,其社会背景则是另一种情形。进入20世纪以后,国家政权的职能和性质都发生了变化,自由资本主义已经向更高形态过渡,当然,过渡的原因在于资本主义社会中出现的各种新的社会事项,对于诸种社会事项的出现,国家不能视而不见,不能不予以干涉,社会公众亦常常希望行政系统能够有所作为,正如室井力所表达的:"这种倾向进入20世纪后半叶进一步得到加强。是否称这种国家与行政为社会国家或福利国家,或者是否称它为国家垄断资本主义阶段的国家及其行政暂且不论,但必须肯定现代社会的现实国家或公共团体及其行政与过去具有明显不同的作用和职能。现代社会一方面,维持资本主义社会与经济;另一方面,也为苦于各种矛盾的人提供精神的、物质的服务。这种现代社会只要不否定行政本来是追求实现公共利益这一理念(行政的公共性),今后仍将不断通过各种理由继续且必须介入我们的社会与经济生活。"[70]

行政体系进入社会过程的深度和广度都较前发生了质的变化。对于这样的变化,社会公众的反映自然是非常矛盾的。一方面,社会公众希望行政系统在为自己创造利益方面能够积极、主动;另一方面,出于对行政权侵犯性的恐惧,人们又不希望行政权对社会生活的介入过于深刻。正是这种矛盾着的状况,使行政法二元结构的概念有存在的空间。我们认为,一个理论,尤其社会科学的理论既是解释社会现象的方法,又是能够解决社会问题的方略,二元结构的行政法定义对于解决我们对行政权的这种两难心理诉求,解决行政权在运作中这种实质性的两难状况都是非常适合的。

事实上,行政权在现代社会中,尤其在当代社会中的表现与其在传统社会结构中的表现有巨大区别。在传统社会中行政的功能和手段都具有高度的单一性和价值上的同质性,而在当今社会格局中,行政权本身就蕴涵着形式上和实质上的单质性。积极的行政和消极的行政就充分体现了行政权的这种矛盾状况。积极行政是指行政权在其运作中必须保持沉默和被动。然而,积极行政和消极行政只是社会公众对行政权运作的主观愿望,行政本身并不一定能够恰当把握这种积极性和消极性的度。这样便需要具有两种价值的行政法制度予以调适。当行政权本为积极而没有积极的情况下,扩权的行政法定义便为其积极性提供了理论基础,便为社会公众对这种积极性的诉求提供了理论基础。当行政权本该消极而没有消极的情况下,限权的行政法定义便能够提供理论基础,主要指为社会公众对行政的基本态度提供一种指导方法。室井力还用负担行政法和授益行政法的概念描述行政的这种矛盾性:"行政在与作为其对象的权益的关系上,从其内容上看,可以分为负担行政和授益行政。前者是剥夺限制国民权益的行政(如分摊金的课赋、营业的停止、各种执照的吊销),后者是给予国民某些权益的行政(如补助金的交付、各种许认可、租税的减免、道路建设)。另外,有的行政对某一特定人是授益行政,但对其他特定人则构成负担行政(例如,批准在居民住地附近的建筑、对公共汽车运费的认可)。"[71]

这个分类与其说是对行政权的理论认识,还不如说是对行政权客观状况的一种评介。上列的分析足以表明二元结构的行政法概念具有深刻的社会背景。

(2)二元结构行政法概念的产生有其思想背景。如果说二元结构的行政法概念在日本等国的出现是在强大的社会背景的作用下形成的话,那么,其在我国的出现则主要基于某种思想基础。我们认为,扩权行政法虽然是社会主义国家行政法研究的主张,或者说,其思想进路主要产生于社会主义国家,其与社会主义行政法学家的研究习惯有关。但进一步的分析则表明,限权的行政法概念是社会主义国家行政法概念的一种政府主张。即限权行政法概念既是社会主义国家的意识形态和治国方略所肯定和认同的,又是社会主义政权体系对行政法理论带有的强制性的指导意见。例如,《中华人民共和国宪法》第15条规定:"国家实行社会主义市场经济。国家加强经济立法,完善宏观调控。国家依法禁止任何组织或者个人扰乱社会经济秩序。"第16条规定:"国有企业在法律规定的范围内有权自主经营。国有企业依照法律规定,通过职工代表大会和其他形式,实行民主管理。"这两个宪法条文为行政系统的扩权提供了具体的制度基础,当然,我国有关的其他法律文件都肯定了这个制度基础。更为重要的是在我国的主流意识形态中,包括行政机构体系的国家政权体系在社会管理中的权力扩展和权力延伸是得到肯定的。正是在这样的思想指导下,扩权行政法定义才在我国行政法学研究中一度占有主流地位。然而,进入20世纪中期以后,随着自1978年开始的改革开放和经济体制改革,学者们已经认识到经济体制的改革和政治体制的改革不能够截然分开。经济体制改革到一定阶段后,如果不进行行政治体制的改革,经济体制改革就不可能再深入下去。与之相适应,人们认为政府行政系统的扩权必然使经济体制改革阻滞。中国共产党第十三次全国代表大会在 1987 年召开后，社会公众的核心议题亦为政治体制改革，其中设计了若干关于政治体制改革的思路。但这样的设计还不能够直接进入到行政法治和行政法学层面。即在行政法学研究中，国家意识形态所倡导的主流思想仍然适用解释扩权的行政法概念，而不适用解释限权的行政法概念。然而，一些接触过西方行政法学和行政法制度的学者深深地认识到，顺应历史潮流的行政法概念应当是限权的行政法概念而不是扩权的行政法概念，正如《比较宪法与行政法》一书对行政法所下的定义："行政法是关于行政的法律，它调整着行政机构的组织和职能、权限和职责。"[72]

学者们对行政法限权的主流诉求与当时的主流意识形态，与当时的行政法传统存在巨大的悖反。扩权行政法概念自俄国社会主义革命成功到 20 世纪 80 年代已有 60 多年的历史，在中国也有 40 年多的历史，因此，在政府行政系统的认识中和在诸多行政法学者的认识中，扩权的行政法概念还难以被否定。正是在此种社会制度的实在需求与主流意识形态和主流行政法学派认识冲突的背景下，二元结构的行政法产生了。二元结构是指将行政法用两个元素统一起来，其中的一个元素是用行政法限权，另一个元素是用行政法扩权。即行政法是管理管理者的法与管理被管理者的法律的统一，对其进一步的含义我们将在下文中进一步分析。

（二）二元结构行政法概念的本质

二元结构的行政法概念在不同的国家有不同的具体表现，在不同的学者所构造的二元行政法学科体系中学科内容的构造亦有所不同。我国行政法学研究人员在行政法教科书中，虽然行政法定义的基本含义是二元结构，但在讲授行政法体系时则以一元为主，即将限权的行政法内容讲得相对较多，而将扩权的行政法内容放在部门行政法学教科书中，以我国学者主编的《行政法学新论》为例，其在全书中设置了四编，第一编为"总论"，在总论部分主要论述了行政法的一般理论，尤其是行政法的基础理论，如行政法渊源、行政法关系等。第二编为"行政主体论"，在这一部分介绍了行政机关和公务员等两个重要的行政法主体。第三编为"行政行为论"，包括行政立法、行政执法、行政许可、行政救助、行政检查、行政征收、行政合同、行政处罚、行政强制、行政司法等重要的行政行为。第四编为"对行政的监督论"，包括行政法制监督、行政复议、行政诉讼和国家赔偿等。单就这个体系而论，我们认为其涉及的内容主要是限权行政法的内容。这个教科书中关于行政法扩权的内容基本上没有系统讲解，但学者们千万要注意，其在行政法定义中认同了大量属于扩权的行政法范畴，因为，其将行政管理过程中的法律都归入行政法之中，再加之部门行政法在我国体系的庞大性，一部行政法总论之中没有太好的条件列举部门行政法中扩权行政法的内容。与我国学者的体系设计相反，日本二元结构行政法概念的主张者设计的行政法教科书则将限权的行政法内容和扩权的行政法内容予以适当的平衡，日本行政法学家主编的《日本现代行政法》开辟了下列诸编，第一编为"行政法的基本原理"，第二编为"行政作用法"，第三编为"行政救济法"，第四编为"行政行为法"，第五编为"主要行政领域——现代行政与国民生活。”其设置的五编中,前四编主要是有关限权行政法的内容,而第五编则是扩权行政法的内容,如其将“警察及防卫”、“医疗卫生行政”、“公共设施生活环境的改善”、“教育行政”、“社会保障及劳务保护”、“经济行政”、“财政”等都作为一章。此种将二元结构的行政法概念通过行政法等体系的设计表现出来的著述方式是值得认同的,因为它使行政法学科体系的设计与行政法概念统一起来。这便从另一个侧面反映了二元结构的行政法定义在不同的学者看来,其内涵是不完全相同的。但是,二元结构的行政法是一个对行政法概念认识的路径,这种路径的若干具体区别并不影响其总体上的相似性或者同一性。笔者认为,二元结构行政法概念的本质有下列方面:

1. 二元结构的行政法概念运用的是对立统一的分析方法。对立统一是辩证哲学原理中的一个基本规律,其认为任何事物内部都存在相互对立的两个方面,这两个方面的东西互为前提条件,互相支持,互相制约,共同存在于某事物这个统一体之中。行政法概念中的限权行政法和扩权行政法,在二元结构行政法概念看来都是相对片面的,都突出了行政法这一事物中的某一种单一属性。二元结构使行政法中既有规范行政机关的规则体系,又有规范行政相对人的规则体系,二者共同存在于行政法这一事物之中。这个行政法概念之所以在社会主义国家,尤其在我国被广泛接受和传播,与其在哲学方法上的两分法是分不开的。正如有学者对行政法律关系所作的概括:“在讲行政法律关系核心时,我们不能只强调行政主体的权利,而不强调其所应承担的义务;不能只讲个人的义务,而不讲个人的权利,更不能使个人的权利为客体。在我国行政法制相对还不健全的今天,如果把行政主体与行政相对一方的行政法律关系仅仅归结为权力与服从的关系,那就会扭曲我国人民和政府的关系,就会给滥用权力的人找到借口。我们是社会主义国家,是人民当家做主的国家。保护人民的合法权益,为人民服务,是我国行政法对国家机关的一项基本要求。因此,我们决不能受封建主义、官僚主义影响,割裂权利与义务的关系。我们在分析行政法上的权利义务关系时,尤其要注意从辩证唯物主义的立场出发,深刻地分析问题,避免片面、主观。”[73]

2. 二元结构的行政法概念是行政法学研究中的矛盾调和。限权的行政法概念与扩权的行政法概念是相互矛盾的,在行政法学理论中是两个相互对立的行政法学派。这样的对立若存在于不同国家的学者之中,其对行政法学理论体系的构建就不会产生太大影响,但若存在于一个国家的学者之中,其必然会制约一个国家的行政法学研究,进而制约一个国家的行政法实在。令人遗憾的是,限权的行政法概念和扩权的行政法概念即便在一个国家也常常是同时存在的,如果两种概念处于势均力敌的情况下,其后果便是必然制约一个国家行政法学体系的形成,使一个国家的行政法学研究难以形成主流的思想体系。二元结构的行政法概念则调和了行政法学研究中关于行政法概念的矛盾。这种调和不单单是对个别行政法学家在行政法研究中论点的调和,主要是对一个国家中行政法学研究群体矛盾的调和。笔者注意到,自 20 世纪 80

年代后期，二元结构的行政法概念在我国被提出以后，行政法学研究中不同流派之间的冲突并不十分明显，人们通过行政法的二元结构的思维理解和领会我国行政法的一般意义。

3. 二元结构的行政法概念是行政法治中的理念妥协。行政法治向来就有两种理念，当然，这两种理念通过限权的行政法定义和扩权的行政法定义得到了反映。一种理念是行政法必须对行政权力进行高强度的控制。立法机关作为国家法律的制定者应当将社会生活的主要秩序设计出来，留给行政机关非常小的裁量空间。另一种理念则是行政机关作为政治实体的构成部分，应当积极主动地行使权力，因此，行政法主要应当以对社会的控制为主，而不应当以对行政机关的控制为主。这两种关于行政法对行政权态度的理念实质上是对一国行政法治进程选择的反映。这两种关于行政法治的进路，依时代民主意识来讲，前者是合乎理性的；依行政权威理论来讲，后者是合乎理性的。因为行政主体通过行政法对社会进行控制，以效率价值论之的话，是最为有效的。在我国上列两种理念在不同的学者中有不同的反映，在国家政权体制中的反映和社会系统中的反映亦有所不同。学者提出二元结构实质上是对行政法治模式设计的妥协。有学者对这种妥协的精神作了这样的注解："公共利益与公民利益的差别与冲突是现代社会最常见最普遍的一种现象，正确处理利益关系应该是统筹兼顾，不可只顾一头，反映在行政法学上，其利益主体的权利义务关系应该是平衡的。这种平衡既包括不同主体之间的权利义务的平衡，也包括同一主体自身权利义务的平衡。平衡论认为，一方面，为了维护公共利益，必须赋予行政机关必要的权力，并维护这些权力有效地行使，以达到行政目的；另一方面，又必须维护公民的合法权益，强调行政公开，重视公民的参与和权利补救，以及对行政权的监督。这两方面不能偏废。行政法，既调整行政关系，又调整监督行政关系，是调整这两类关系的法律规范和原则的总称。行政关系，经法律的调整，具有权利义务的内容，即上升为行政法律关系。行政法律关系可分为行政实体法律关系和行政程序法律关系，它们是同一行为同时受两种不同的法律规范的调整而形成的两类不同的关系。监督行政关系则是为了监督行政权、解决行政争议的各种关系，其中主要是行政诉讼关系。行政关系和监督行政关系，具有内在的必然的联系，同时受同一部门法调整。行政法关系，其中包括行政实体法律关系和行政程序法律关系以及监督行政法律关系，最显著的一个特征是权利义务不对等性，但后二者的不对等性与前者的不对等性是倒置的，这就平衡了行政主体与行政相对方的权利义务关系，保证了各主体法律地位的平等，体现了现代行政法的民主性。行政法主体，都必须遵循行政法治原则，都应受法治原则的制约，无论何方违反行政法律规范，都应追究其行政法律责任，只是各方可能违反的法律规范、追究其责任的主体，以及可能受到制裁的形式有所不同而已。行政法既不是行政特权法即管理法，也不是抑制行政权力的控权法，而应是平衡法。当然，同行政主体相比较，行政相对方处于弱者的地位。因此，在一般情况下，应在总体上强调依法行政，给予行政相对方更多的行政参与权和设置更为完备的权利补救措施，以体现人民当家做主的国家性质。”[74]

4.二元结构的行政法概念是对行政法体系不规整的认同。部门法体系的划分与其调整的对象有关,通常情况下人们根据法律规范调整的对象将其划分成若干不同的部门,即调和同一对象的行为规则才能存在于同一部门法之中。二元结构的行政法在调整对象的设立上一般容纳了两个以上的对象范围。如按对行政机关进行限制的关系形式作为一个对象,亦将行政机关在行政管理过程遇到的关系形式作为一个调整对象。两个调整对象本身是有差异的,两种调整对象中的关系形式亦有较大反差。显然,将不同调整对象的东西统一于一个法律概念之下,必然使此门法律规范的体系具有不规整性。例如,我国学者依二元结构的行政法概念编撰的行政法规体系就是一个管理政府和政府管理的规范的大集合。其中,有关行政管理的法律法规以及有关的规范性文件就处于极度地膨胀之中。在限权行政法概念之下,行政法规范体系的规范性是十分明显的,如美国学者编纂了《美国宪法与行政法典》,[75]其中有关宪法和行政法的规范条文是极其有限的,即是说,在单一的行政法概念之下,行政法规范体系相对规整一些,而在二元结构的行政法概念之下,其行政法体系是不规整的。而其不规整性的体现并不仅仅表现在其规范数量的膨胀方面,还表现在不同规范存在于一个法律体系中的冲突方面,这样的冲突对于一个部门法的科学性构架是致命的。

(三)二元结构行政法概念的张力

二元结构的行政法概念在一定意义上讲是关于行政法的一种政治性解释,之所以说它是政治性解释是因为此种关于行政法概念的解释过程充满着政治角逐中的行为规则。在政治角逐中,一个问题常常不需要最终答案,只要一个问题各派政治力量都能接受,那么,这种能够接受的方案就是可以存在的,但这并不是最终的。因为这个答案在下次的角逐中将可能被否决。二元结构的行政法概念必然不是一个最终的方案,因为它对行政法的解释带有阶级性,至少不是一个最终的解释,因为它没有一个关于行政法的最后价值判断。在政治角逐中,一个问题常常不需要正确答案,一个通过政治行为所作出的选择没有必要是最为正确的,能够调和各派力量和各派利益的错误的选择是经常存在于政治选择之中的。二元结构的行政法概念我们还不能说是一个错误的选择,但至少无法用一种理性的适合于行政法治的方法论对其进行解释。上列两点证明了二元结构的行政法概念是政治过程的产物,其概念之张力是十分明显的。

1.方法论上的张力。我们在本书第二章探讨了行政法学方法论,而且对存在于现代各国行政法学探讨中的方法论进行了梳理。可以说,任何一个能够对行政法作出解释的方法论也能够对行政法现象作出合乎逻辑的说明。然而,二元结构的行政法概念却难以用一种合适的方法论进行解释。你可以说,我们可以用对立统一规律证明在行政法概念中存在限权法和扩权法的必要性,但是,这样的解释具体到行政法层面是提供不了任何有价值的关于行政法进一步发展的路径的。它只是描述了行政法这一现象中主观上应当存在的两种东西,但没有说明这两种东西存在于一个体系之中所能够导致的进一步结果。行政法放置于整个社会机制之中,是一个非常微观的东西,对于这种微观的东西只能够用具体的方法论进行解释,如果用非常宽泛的方法论解释则无法阐释行政法中的个别问题,如行政自由裁量权究竟应当是进一步扩大,还是应当通过法律手段予以控制,用对立统一规律是无法解释的,二元结构的行政法概念和二元结构的行政法体系亦无法这用一个原理证明这一问题,更谈不上提供一个具体答案。

2. 法治对象上的张力。有学者将行政法的调整对象界定为:行政法的调整对象可概括为两大类:其一,行政关系,这类关系,又可细分为:①行政机关相互之间的关系,行政机关与公务员之间的关系。这种行政关系的特点一般是主体之间的关系要受到层级的节制,特别是在上下级关系中,命令与服从是其关系的重要形式。在同级关系中,其共同的上级的协调往往必不可少。②行政机关与公民、法人或其他组织之间的关系,这种关系的特点是,行政主体处于主导地位,双方意思表示不对等,但不存在层级的节制。其二,其他国家机关对行政机关的监督关系,这类关系通常也是由于行政职能的存在及其行使引起的。在这类关系中行政机关总处于被监督者的地位,监督主体处于主导地位。监督行政关系有其自己的特点,但其基础自然是行政关系。[76]这是二元结构行政法概念关于行政法规制对象的论述,再没有比这样的论述更加模糊不清和模棱两可的了。因为通过这个描述现代国家中法治的主体为何物我们无从知道。法治的主体是一个确定的因素,而不能够是此一时彼一时的不确定因素,更不能是通过行政法制度将有关行政法的参与者各打五十大板的思维程式。在现代国家,你可以引用宪政民主理论解释行政权的法律理想,也可以用国家权威的理论解释行政法的规制对象。显然,法治发达国家,包括我国在内都应当选择现代宪政理论。而依宪政理论,社会公众在国家政治生活中是权利和国家权力的唯一拥有者,而政府行政系统只是国家权力的行使主体。当然,如果我们离宪政民主机制的距离还很遥远,那么,我们仅可以依国家强权理论将行政法治定义为通过国家行政主体的强力对社会的治理,即我们可以毫不掩饰地回归到扩权行政法的概念之中。二元结构的行政法使法治在我国处于一种权度的张力之中,至少依二元结构的行政法解释行政法现象的话,给人们的印象是一种张力。

3. 学科体系上的张力。行政法概念是行政法学科构建的始点。即是说,我们要构建一个行政法学科体系,我们必须首先给行政法下一个定义,同时我们所理解的行政法定义便决定着未来构建的行政法学科体系。二元结构的行政法定义的进路使行政法学科中存在一些从法治对象讲相互冲突的元素。我们知道,一旦当行政权进入运作阶段,一旦当行政机关依据手中的行政权进行社会控制时,其就与行政权行使的对象,在一个个个案中存在利益和意志的冲突,行政法的功能便是控制这样的冲突。行政法只有在恰当地选择了控制点之后,冲突才能得到有效控制;反之,若冲突的控制点没有得到正确选择,那么,冲突的控制就无法进行。以法律构建行政法学科体系,其必然存在逻辑上的张力。我国行政法学科体系虽然经过近 20 年的努力,但至今还没有形成一个相对规整的体系,或者还没有形成让绝大多数行政法学人都认同的学科体系,其原因与这个体系的不合理,以及人们长期受到二元结构的影响,对科学的体系还无法正确判断是分不开的。

4. 法典结构上的张力。综观世界各国的行政法典,我们不难发现,其法典在规范构成上逻辑上的同元性是十分明显的。所谓法典逻辑上的同元性,是指一部行政法典的规制对象始终是一致的,规范的逻辑构成始终是一致的,规范之行为原则和行为方式始终是一致的。例如,1946 年制定的美国联邦行政程序法,从头到尾以行政权的行使为对象,而基本的逻辑方法是为行政权在实体上的行使提供具体的程序规则,其权利保护取向始终在社会公众一边。然而,行政法典的同元性在我国行政法典中则没有得到充分保证。以《中华人民共和国行政许可法》为例,该法在立法宗旨和立法走向上是一个以规制行政主体为对象的行政法典,但在这个行政法典中关于行政相对人必须履行法律义务的条款有 10 条之多。又如《中华人民共和国土地管理法》本是一个规制行政相对人的法典,但在这个法典之中关于行政主体义务的条款也不在少数。我们不是说,在一个行政法典之中不能够将两个元素相对地统一起来,只要这种统一是必须的,没有这种必须的统一就无法进行技术处理,此时这种统一才是必要的。然而,我国任何一部行政法法典似乎没有这样的统一,法典本身就是不全面、不周延的。我们认为,我国行政法概念中二元结构占主流地位的状况是行政法典中混合两个元素的必然结果。这样的混合使法典的实际规制价值大打折扣,因为行政主体可以在以规范自己为对象的行政法典中寻找到一个约束行政相对人的另一个条款,而行政相对人同样可以在规制自己的法典中寻找到一个约束行政机关的条款,并进而达到与行政机关的平衡。我国行政法典中这种相互的平衡实质上已对行政法进程起到了极大的负面作用。而其思想方法上的源头还在二元结构的行政法方面。

(四)二元结构行政法概念分化之必然性评说

二元结构的行政法概念的产生有其特定的社会背景和理论背景。当产生它的这些大背景不再存在时,二元结构行政法概念也就失去了存在的空间。进入 21 世纪之后,我国的社会进程在一些方面已经有所加快。主要表现在我国社会过程的全球化方面,我国政权体系运作的开放性方面。在这样的格局之下,二元结构的行政法定义已经基本上不能适应社会主体对行政权控制的进程。其由二元进路向一元进路的转化已经成为必然。不幸的是我国学界虽然已经认识到这种转化的必然性和必要性,但很少有学者从一元的角度对行政法概念进行重新界定,并以此对行政法体系进行合理建构。现实中应当发生的事情没有发生并不意味着其不会发生,二元结构行政法概念之分化、二元结构行政法体系之分解正是历史的必然。

第二节　行政法的界定

一、行政法的定义

行政法[77]是行政主体与其他社会因素发生冲突的控制性规范，反映并连接行政主体与行政相对方以及其他社会主体的关系，在现代民主国家其法律指向在行政主体。这是我们给行政法的一个最为简洁的定义，现将该定义分解于后。

(一)行政法是连接行政主体与其他社会主体关系之法

我们将手中握有行政权力对社会事务进行行政管理的组织叫做行政主体。[78]它是一个范畴概念，其中包括了诸多内容：一个国家的行政机构体系当被宪法赋予了对社会事务进行管理的权能时它便是行政主体；一个履行部门行政管理的机构体系当它承担了部门行政管理职能时我们将它叫做行政主体；一个层级性的行政机关在某一管理层次对社会其他因素发生影响时，我们也将它叫做行政主体；当一个行政管理机关或者履行行政管理职能的具体组织作出某一个影响其他主体权益的行为时，我们同样将它叫做行政主体。行政主体无论类型多么复杂，表现形式多么不同，它都是行政法中不可缺少的元素，是行政法中的第一存在，没有这样的存在，后续的行政过程便无法展开。由于行政权涉及社会生活的几乎任何一个方面，因此，在行政权的作用下便产生了与行政主体相对应的其他社会主体，这些社会主体的表现形式非常多，我国现行法律规范将这些主体概括为公民、法人和其他组织。[79]实际上这些主体是指：自然人，即民法上所界定的那些自然人；企业单位，就是进行生产活动的具有营利性的那些组织；事业单位，即从事一定公共活动的组织；社会组织，包括具有法人资格的组织和不具有法人资格的组织；其他机关，就是行政机关以外的那些机关，如司法机关等。行政主体的行政权能是在和上列主体的相互联系过程中表现出来的。行政法的第一属性就是将行政主体与其他社会主体连接起来，行政法就像一个纽带，一头牵着行政主体，另一头牵着其他社会主体。当然，联结的前提是行政管理活动过程和行政权对社会的作用。

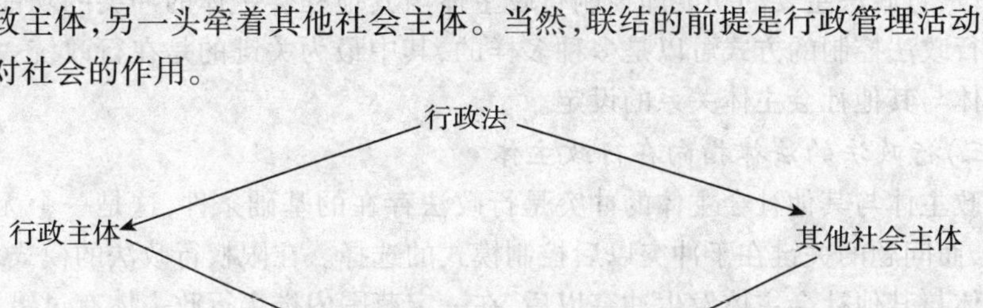

可以看到，行政法两端始终是两个相互不一致的存在物，行政法之所以会造成诸

多的争议也在于行政法的两端是两个没有融合为一的事物，所以行政法概念本身并不是一个力求和谐的东西。而行政统一体之两端虽是行政主体和其他社会主体，但行政统一体两端则共同指向行政统一体的中心。即行政统一体本身是一个和谐的概念，行政法功能便在于促使不和谐的两端共同指向行政统一体的和谐状态之中。

（二）行政法是控制行政主体与其他社会主体冲突之法

在行政的统一体中存在行政主体与其他社会主体两方面，行政统一体是一个完整的事物，该事物之中的构成无素与该事物本身有直接关系，当该事物中的构成元素处在和谐统一的状态之下时，行政统一体便是一个良性的机制，是一个良性的社会分系统。反之，当该事物中的构成元素处在矛盾冲突之下时，行政统一体便是一个存在较大危机的社会支系统。因此，行政统一体元素之关系从理论上讲就成了行政统一体存在的前提条件。显然，行政统一体中存在行政主体与其他社会主体两个互补的主体，然而，这两个互补的主体在自身的利益追求中却存在相当大的差异。如果将行政主体当作一个母体来看的话，行政主体所要求的是所有参与到行政统一体的主体都必须以其为中心作向心运转，而其他社会主体本身又是由诸多不同具体元素构成的小元素，它的运转模式相对于行政主体而言则呈现为离心状，我们可以用图来表示。

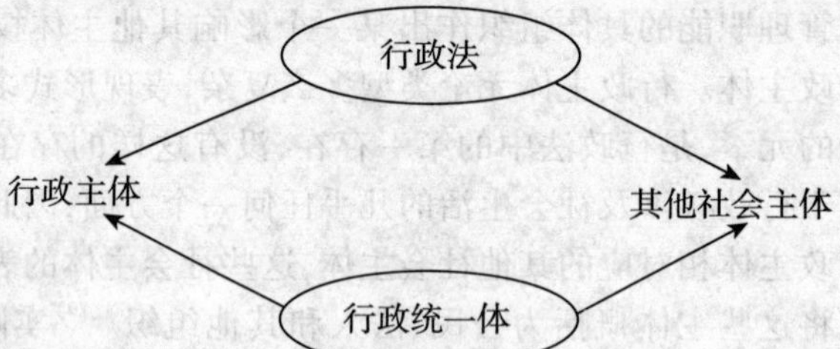

这一图式表明行政主体与其他社会主体都处在行政统一体中，而各自运转的方式却是相反的。相反的运转方式必然会发生冲突，就是行政主体与其他社会主体之间的冲突，行政法在最为起点的意义上连接了行政主体与其他社会主体，一旦进入了下一阶段，行政法主要的功能即控制行政主体与其他社会主体的冲突的功能就得以发挥。行政法控制的方式可以是多种多样的，其中最为关键的是在行政统一体中对行政主体与其他社会主体关系的设定。

（三）行政法的法律指向在行政主体

行政主体与其他社会主体的冲突是行政法存在的基础条件，这是一个无须争论的问题，而问题的关键在于冲突以后控制模式的选择。在限权行政法的模式之下，当行政主体与其他社会主体发生冲突以后，在一定范围内推定行政主体有过错，以此建立的行政法就是要对行政主体的行政权力进行有效控制，在推定行政主体违法或不当的同时，认可其他社会主体行为的正当性，整个行政法过程就是在这样的逻辑结构下展开的。扩权法的理论则不同，即在扩权法的模式下，推定其他社会主体的行为不

当,故而肯定行政主体有法律上和行政过程上的优先权。[80]对此我们也可以通过如下图式说明:

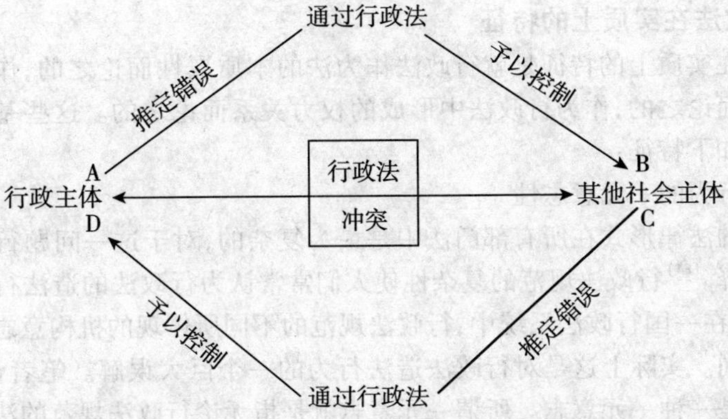

图中 AB 曲线所反映的是扩权行政法定义模式,而 CD 曲线反映的是限权行政法定义模式。这两种定义模式或者说两种类型的行政法理念单就事物的表象,单就图式本身并不能说明哪一种更加合理。进一步讲,合理模式的选择必须从理论上作进一步的分析。我们说,行政法的法律指向在行政主体,实则从两种模式中选择了一个模式即选择了限权法的模式。为什么会选择这一模式呢,因为这一模式是合乎理性的模式,我们可以作如下论证,笔者在《行政法的价值定位》一书中曾经将行政权主体分成行使主体和归属主体两个方面,在行政这一统一体中,依现代宪法的理论这种分类是成立的。即是说,行政权从它的最终归属来看,它归属于社会主体,这种社会主体不论叫做公众也好,叫做人民也好,叫做广大的社会成员也好,它终归是行政权的直接关系人。这种直接关系人身份决定了它是行政权的真正所有者,而行政主体只是行政权的行使者,即它始终是行政权力的行使主体。行使主体和归属主体的关系是一种法律上的约定关系,该约定关系中行政权归属主体是矛盾的主要方面,而行政权行使主体是矛盾的次要方面,甚至可以说是行政权归属主体所握有的一个工具。正如弗里希曼所分析的,美国总统肯尼迪在就职演说中作了这样的发言:“不要问你的国家能为你做些什么——而要问你能为你的国家做些什么。”[81]弗里希曼认为这一句话的两个部分没有一个部分是正确的,前者一般被认为是带有组织性的,意味着政府是主人或神,而社会成员或公众是仆人或信徒。后者则将政府置于了家长的地位,同样不符合现代自由社会的理念。正确的表述是我们能够通过政府做什么,即“我和我的同胞能通过政府做些什么”。[82]该论点是非常合理的,政府应当被视之为公众所控制的一个工具。在行政法中行政主体便是其他社会主体实现自身价值时所创造的一个工具,显然,工具和工具的使用者之间的关系是非常清楚的,就是只有工具的使用者对工具进行控制的可能,而没有工具对工具使用者进行控制的可能,当工具使用不方便时工具的使用者便可以随时对工具进行更换。这便是行政法的法律指向为什么是行政主体的理论基础。[83]

二、行政法在实质上的特征

行政法在实质上的特征是就行政法作为法的本质属性而论之的，作为国家意志的组成部分而论之的，作为行政法中形成的权力关系而论之的。这些基本的属性使行政法具有如下特征：

1. 造法行为的一元意志性

行政法的法律形式在所有部门法中是最为复杂的，对于这一问题行政法教科书一般都有阐释。[84]行政法规范的复杂性使人们常常认为行政法的造法行为是多元意志的体现，即在一国行政法系统中，行政法规范的不同所体现的机构意志或者主体意志就有所不同。实际上这是对行政法造法行为的一个巨大误解。笔者认为，行政法的造法行为是一种一元意志。所谓一元意志就是指无论行政法规范的法律形式有何不同，至少在一个国家的行政法体系中造法行为的意志是统一的。一是一国行政法的意志是国家意志或者人民意志的组成部分，除了国家意志和人民意志外不能有别的主体的意志，若别的主体将自己的意志不适当地融入行政法意志之中，那么这样的行政法规范肯定是不良的。在一国的行政法制度中，在一国行政法规范的构成中常常存在着国家意志或人民意志以外的其他意志，若某个行政法规范在国家意志或人民意志以外便肯定不能归于良法之列，肯定是一种为恶的法律，行政法实质特征的此一方面是判定行政法规范合理性与否的重要标准。二是一国行政法的意志是由最高立法机关表述的意志。制定法律规范主体的多元性并不必然与其意志的多元性相对应。某一主体享有制定行政法规范的权力，也能够完成行政法的造法行为，但它常常没有独立于最高立法机关意志的独立意志。此问题也是值得引起重视的一个问题，笔者发现在一些行政法教科书中，将立法行为本身与立法者所应体现的意志混为一谈，似乎享有立法权的机关同时具有造法的完全意志。正是在这一错误理念的支配下造成了行政法规范的冲突，笔者此处所讲的是一国范围内行政法规范的冲突普遍存在。2000 年制定的《中华人民共和国立法法》实际上是对行政法乃至其他部门法造法行为意志一元性的规制和认可。

2. 作用基点的行政权力性

任何部门法都有其发生作用的基点，行政法作为部门法之一也有着自己独特的作用基点，它的作用基点是行政权。这里牵涉行政权与法的关系问题，行政权作为一种国家权力在运行过程中也具有制造规则的能力。行政主体在日常活动中制造了大大小小的行为规则，无论行政主体制造了什么样的规则，在一般意义上这样的规则都不能简单地被视为是行政法。事实上在一些国家行政权本身所造之法并不一定被归于行政法的范畴，而被认为是一种管理法。由于我国的行政法学和行政法理长期以来受管理论的影响，人为地将行政机关所造的法一股脑地归入行政法的范畴，这种简单处理的方式是欠妥当的。从本质上讲，行政法是以行政权为作用基点的那些法律，即对行政权的状态、行政权的体制构成、行政权的运作过程、行政行为的状态等进行规范的那些行为规则才可以被认为是行政法。它牵涉到立法权和行政权的关系，在一国宪法体制中一旦确立了立法机关的造法地位，那么，立法机关便可以在各个领域制定法律，并通过自己所制定之法规范相关主体的行为，立法机关通过造法规范行政系统的行为，其所造之法就是行政法。也就是说，行政法是立法机关通过自己的造法行为对行政权发生作用的那些法，行政权是整个行政法作用的基点，而行政权对社会生活发生作用并不是行政法的基点。正如我国台湾地区学者张载宇所指出的："行政法以行政行为为其规律对象，可分行政组织、行政行为、行政救济三部分；行政组织规律行政机关之组织及职权；行政行为规律行政机关与人民之关系；行政救济规律违法或不当行政损害人民权益之救济途径。"[85]从严格意义上讲，行政权对社会发生作用所形成之规则，行政主体自己所制定的规则若没有正当的法律路径或依据则不能被归入行政法的范畴之中，这应当成为行政法的一个原则性问题。

3. 保护对象的私权性

传统行政法学理论认为行政法是公法的范畴，[86]行政法所保护的权益关系是公共权力。在这样的理论背景下，公权便被普遍认为是行政法的保护对象，这一论点在管理论的行政法理念之下表现得尤为突出。上面我们已经分析了行政法的法律指向，认为行政法的法律指向是行政主体，反过来说，行政法所保护的就是与行政主体相对的另一方主体，即其他社会主体，其他社会主体是一个由无数单一主体构成的系统。在行政法运作过程中，行政主体几乎都是在与某一单一主体的关系之中行使行政管理权的，行政法的功能在于使行政主体行使的管理权最大限度地接近合理，最大限度地使该权力的承受对象得到较大利益。从这点出发我们可以得出结论，行政法是保护私权之法而不是传统理论认为的保护公权之法。同时，我们认为，公权是一个抽象概念，它在一般情况下没有实质内涵。一方面，利益必须由个体来证明，"一旦进入法律运作的层面，公共利益就是一个无法被证实的虚构命题。我们知道，利益一旦与行政法的规则或者行政法的运作过程结合起来，它就是一个法律层面的概念，利益概念本身在法律层面意义不大，只有当它转化为若干法律概念以后、与若干法律命题结合起来以后，它才具有实质性的法律意义。显然，在行政法中，利益的概念是同行政法主体的权利、行政法主体的义务、行政法主体的责任、行政法主体的主观意识等联系在一起的，也只有通过上述这些法律概念才能确定利益的属性和利益的内涵。以行政法主体的权利观察，各种权利都反映在行政主体和行政相对一方当事人的关系之中，在权利发生的范畴看是个别化的，在权利的承担主体看有一方必然是以个体身份出现的。而义务更是个体化的，只有通过个别性的行为我们才能看出行政法义务的特性。"[87]只要某个人是行政法规则中的个体；它就应当是行政主体所主张的公共成员的一个，它就应当是行政主体所主张的公共利益的受益者。但是，对于一个以公共利益为借口的行政行为或者行政过程，可能行政法中的任何一个人都没有得到来自这种公共利益的实惠，这样就使公共利益的概念成了一个无法证明的虚假概念。

换句话说,利益的证明都是个别化的,行政法的私权保护便可以由此得到证明。另一方面,公共权力的责任最终是由私人承担的。"尽管作为公平的正义具有个体的特征,两个正义原则却不是建立在现有欲望和现存社会条件上的。这样我们可以得到一个正义的社会基本结构的观念以及与它相容的有关个人的理想,它们可以成为评判制度和指导整个社会变革的标准。为了确定一个阿基米德支点,我们不需要求助于先验的或至善论的原则。通过假设某些普遍欲望(如对基本社会善的普遍欲望),并把在一个适当规定的最初状态中所得到的协议当作一个基础,我们能够从现存环境中获得必需的独立性。原初状态具有这样的特征,即一致同意是可能达到的;任何一个人的审慎推理都是代表所有人的。而且,这一点也同样适用于由两个正义原则有效地调节着的一个组织良好的社会中的公民所考虑的判断。每个人都具有类似的正义感,在这一方面,一个组织良好的社会是同质的。政治论证诉诸这种道德上的一致意见。"[88]罗尔斯的论断表明,公共权力只是保护个人权利实现的手段,一个公共行政过程的正义与否,最终必然归结到个人欲望实现的程度和个人利益被代表的程度上。公共权力的过错行使必须承担责任,而公共权力责任的承担都必须具体到单个的人身上,例如,在行政法制度中有不少责任形式,诸如承认错误、恢复名誉、履行职责等。这些责任的实现都是通过社会个体的行为而为之的,没有社会个体对社会责任的承担,这些责任就没有实现的具体路径。行政法对私权的保护在一定意义上讲是行政法的基本任务,行政法私权保护的程度直接制约着行政法的质量和行政法发展的走向。

法意志方面	造法行为	行政法是由多主体制定的,但若干制定主体是无意志的,只有一个统一的意志
法基础方面	作用基点	行政法是以行政权为作用基点的法律,而不是行政权对社会发生作用的法律
法价值方面	保护对象	行政法被视为公法,但其保护的对象却在私权方面,因为为公的东西无法证明

三、行政法在形式上的特征

行政法在形式上的特征是指行政法作为一个法律现象的外在表现。行政法是一个独立的法律部门,每一个部门法都有与其他部门法在外形上的区别,我们把这种区别叫做行政法在形式上的特征。

1. 法群性

在法律理论中,"单一法典"几乎是部门法的代名词。如一国的刑法典决定了一国刑法这一部门法的存在和格局,民法典决定了该国民法这一部门法的存在和基本格局。重要的部门法基本上都以一个统一的法典为标志,法典进而成为部门法区分的更为重要的标志。这一法律理论或者法律现象在行政法中却是完全不适合的。行政法在现代国家作为一个部门法是没有异议的,它的部门法属性不是由一个具有单一法典的规则所支撑的,它是由许许多多不同的行政法典构成的。当然,这些行政法典中涉及行政权某一个方面的问题,不能同刑法这一部门法中的刑法典相等同。具体地讲,行政法在法律外在形式上是由无数法律规范构成的法律群。有关行政组织的规则、行政行为的规则、行政程序的规则、行政救济的规则、行政部门管理的规则共同支撑起了行政法这一法律部门。行政法由法群构成的事实是使行政法这一部门法产生巨大争议的根本原因。各国由于政治体制、行政法传统、法治进程等不同,在行政法诸法典的立法顺序和制度运行的侧重点上都有所不同。一些国家由于有良好的对行政进行司法审查的传统,因此,便在行政诉讼的法律构成中较为完善。有些国家由于重视行政过程的民主参与,因此,便在行政程序的立法构成中独树一帜。有些国家由于重视行政体制的建构,因此,便在行政组织法典制定中走在前列。我们今天所关注的行政法在各国几乎都有不同的特色,同一意义的行政法概念在全世界几乎难以找到,而同一意义的民法概念、刑法概念在不同国家几乎无太大差别。行政法的法群性使行政法这一部门法显得极为尴尬。它既使行政法理念在不同国度有所不同,又使各国在行政法立法和执法的价值选择等方面有所不同。实际上,一些仁人志士早已认识到了行政法的这一尴尬状态,为了解决这一状态便着手进行行政法法典化的尝试,即通过立法用一个统一的法典将行政法统一起来。1935 年德国威敦比克邦就曾作过行政法法典化的尝试,但还是没有成功。[89]我国台湾地区行政法学家张家洋先生认为行政法的法典化是行政法的一个发展趋势。他从下列四个方面论证了行政法法典化之必要:一是"有助于各种法规内容的标准化与统一化";二是"有助于对行政法各项基本原则的认定";三是"有助于确定行政法规或类别行政法规的范围";四是"有助于法规的系统化与彼此间内容的协调配合"。[90]张先生的这种主张是有道理的,而从行政立法的技术看,制定统一的行政法典尚有非常大的困难。

2. 法阶性

法阶性是行政法形式特征的第二个方面。在行政法这一部门法中,排列着若干法律层级,同为行政法规范,而各自在行政法体系中的地位均有所不同,它们形成了一个金字塔式的规范结构。行政法的法律形式中自上而下有诸多层次,首先,在根本法中有许多内容是行政法规范。例如,宪法关于国家行政机关体系结构的规定,关于行政权与其他权力关系的规定,关于行政权活动原则的规定都是行政法的内容,而且是非常具体的内容。根本法中具有行政法内容的事实,我国行政法学界并没有给予必要重视,这可以从我国行政法教科书关于行政法渊源的讲授中看出,一般教科书都没有认为宪法是行政法最为重要的渊源。依笔者看,行政法渊源之首应当是宪法,例如印度宪法关于"行政"的规定有 24 个条文,这些条文不但确定了印度行政机构的组织体系,而且规定了行政机构的活动原则。行政权在运作中对一些具体社会事务的作用亦受宪法规则的制约。例如,葡萄牙宪法专列"公共行政管理"一章,关于行政管理中的一些关系规定得非常具体。第 269 条规定:"①公共行政人员以及国家和其他公共实体的代理人,在履行职责时,应为各自所属行政机构依法规定的各种公共利益服务；②公共行政人员以及国家和其他公共实体的代理人不得因行使宪法规定的政治权利特别是政党政治权利而受到妨害或处于特权地位；③保障被告在纪律诉讼中的陈述和辩护权利；④除法律明确许可者外，不得兼任公务或公职；⑤法律将规定执行公务、公职及从事其他活动时的禁例。"[91]该规定是非常具体的行政行为规则。其次，在基本法中有许多内容是行政法规范。我国全国人民代表大会制定的基本法除一小部分是民法、刑法、商法、程序法的内容外，绝大多数内容是行政法。有些规则是对行政权行使直接设定禁止或限制的规则，如《行政许可法》、《行政处罚法》，有些则是在设定行政主体与相对方、行政主体与管理事态等的关系中体现的规则。再次，在一般法律中有许多内容是行政法规范，一般法在我国被认为是由全国人民代表大会常务委员会制定的规则，由于它在效力上要低于基本法，因此，在法律体系中给了这类规则一个特殊的法律地位，其高于一般法以下的所有行政法规则，但低于基本法以上的规则。最后，综合管理法中有许多内容是行政法规范，综合管理法是由国家行政机构体系在对社会事务进行管理时制定的与社会成员之间关系的规则，这类规则在立法技术比较发达的国家作了严格限制，限制的目的在于有效控制行政权。上面的排列仅仅是一个大体上的排列，在行政法体系中行政法梯形结构的排列要比这复杂得多。行政法的法阶性是行政法与其他部门法区别的重要标志，因为它使行政法并非成为一个简单部门法，而更像一个独立的法制系统或法律种类。当我们在讨论民法、刑法、婚姻法等部门法的效力时，我们不会对其内部规则的效力等级产生那么大的困惑。而当我们探讨行政法的效力等级时，常常感到十分困惑，这是由行政法内部效力等级的梯阶性决定的，而这种梯阶性的森严程度也让人望而生畏。2000年通过的《中华人民共和国立法法》中对我国法律效力等级的确定，实则是对行政法效力等级的确定，其他部门法中法律效力的属地原则是以国界为地域标准的，而行政法效力等级中的属地原则常常以省界乃至于县界为标准。

3.法圈性

法圈性是行政法形式特征的第三个方面。行政法的法群性和法阶性决定了行政法作为一个部门法其只有法圈上的质的规定性和相对稳定性，而较少法律内容上的质的规定性和相对稳定性。有学者认为"行政法规，范围虽然复杂，如果各种法规，都有相当的固定性，不必随时修改，仍不难以类相从，各立编次，再将各编各章予以联贯，制为统一法典。唯行政法规为国家行政政策的表现，行政政策要因时、因地、因事而制宜，随国内外情势而变迁，因而为行政政策表现的行政法规，亦随时在变动之中"。[92]即是说，其他部门法内容本身既具有确定的内涵又具有容易预判的内容。而行政法只能以法圈为判定的标准，而不能以具体的内容为判定标准。因为，行政法内容处在不断的变化过程中，以我国行政法规范的制定为例，每年全国人民代表大会及其常务委员会制定的行政法规范大约有近10项，而国务院制定的行政法规有近30项，部委规章则有40余项。当然，立法行为和法律废止在一定程度上是同步进行的，即制定一部或若干新的行政法规范后同时对一些旧的规范作出无效化处理。宣告废止和自动失效是两个经常采用的方法,行政法规范的这种流动特性使我们必须以某种框架确定行政法的独有属性,我们所认可的框架就是行政法的法圈。行政法法圈的属性是非常重要的,它使行政法作为一个法律理念处于与社会不断交换能量的状态之下,即行政法这一法律部门比其他任何法律部门的社会开放程度都高,社会过程中调适人们的行为规则常容易被行政法规范所吸收。此点既是行政法有利的一面,又是行政法引来诸多问题的一面。我们知道,行政法在运作中最容易受法外因素的影响,如政策的影响、道德的影响等,造成这些影响的原因来自于行政法法圈的社会开放性。

法构成方面	法群性	行政法是由诸多规范构成的法律群,它无统一法典,但有不定数法典。
法效力方面	法阶性	行政法排列着若干层级,不同层级效力有所不同。
法变迁方面	法圈性	行政法是一个框架性概念,以法圈确定它的部门法属性,其作为一个开放系统与社会发生能量交换。

第三节 行政法关系

一、行政法关系的界定

行政法关系是由行政法规范规定的行政主体与其他社会主体之间形成的权利义务关系,这种关系以国家管理关系为直接基础,它作为一种调整手段作用于国家管理关系。[93]这是笔者给行政法关系所下的定义,对于该定义可以从下列方面予以讨论:

1. 行政法关系以行政法规范为前提

法律关系与法律规范之间的关系是法学界一直探讨的一个问题。一种观点认为,法律关系的存在与否不以法律规范为前提,即法律规范是否存在不能影响法律关系的成立。法律关系作为一种客观的社会关系是一种客观存在,该客观存在不以人们的意志为转移,故而也不以法律规范为转移。学者们常以马克思的一番话为理论依据论证这一论点的合理性。马克思在《论离婚法草案》中指出:"立法者应该把自己看作一个自然科学家,他不是在制造法律,不是在发明法律,而是在表述法律,把精神关系的内在规律表现在有意识的现行的法律之中。"[94]一些学者认为马克思的此番话表明法律关系本身是一种客观存在,是否有立法的认可都不影响这种客观存在的必然性,立法者只不过将这种客观存在表述出来而已。行政法关系作为法律关系的一种也是一种客观存在,亦可不以法律规范为前提。笔者认为,马克思对法的这种表述是从法作为一种社会现象不以人们意志为转移的角度出发的,并不是说,具体的法律关系是一种不需要设定的客观必然关系。我们认为,法律关系在形成过程中必然受制于法律规范,进一步说,法律规范是法律关系形成的基础性条件,没有法律规范就不能形成这样那样的法律关系。我们知道,依经典著作的理论法律是统治者意志的体现,统治者要把自己的意志化为全社会的意志就必须使自己的意志成为规则,即必须将自己的意志“奉为法律”。统治者将自己的意志奉为法律的过程就是在社会中设定关系的过程,每一个法律规则实质上都设立了某一个方面的法律关系,人们可以为某一行为或者不为某一行为的关系。例如,《中华人民共和国国家赔偿法》第2条规定:“国家机关和国家机关工作人员违法行使职权侵犯公民、法人和其他组织的合法权益造成损害的,受害人有依照本法取得国家赔偿的权利。”该规定确立了行政机关与行政相对人在行政机关违法行使职权而承担赔偿责任的关系形式。在《国家赔偿法》出台之前没有相应的规则确立违法行为的赔偿责任。因此,在行政法制度中便没有违法行使职权对相对人进行赔偿的关系。可见,行政法规范是行政法关系形成的前提。这一本质属性对于认识行政法关系及其对行政立法的要求有重要意义,因为从这一原理出发,我们可以看出国家对行政权及其行政过程的控制是通过行政法关系的形式进行的,没有行政法关系,不通过相应的规则设定行政法关系,立法者便无法对行政过程进行控制。这一原理具体化以后就是行政法规范设定行政法关系,一个行政法规范必然设定一个或者一个以上的行政法关系,至于行政法规范所设定的行政法关系是抽象关系还是具体关系则是另外一个问题。

2. 行政法关系是社会关系的一种形式

“社会关系的含义是指许多个人的合作,至于这种合作是在什么样的条件下,用什么方式和为什么目的进行倒是无关紧要的。”[95]这是马克思对社会关系的解释,此解释表明社会关系是一个极其复杂而宽泛的概念。经典著作在多处讲到人类从一开始就不是孤立的单个个人,而是集体的,是在相互依赖中存在的。因此,行政法关系作为人与人之间的结合形式也无疑是一种社会关系。同时,还应指出,在行政法规范规定的关系中,一些关系从表面上看似乎是人与物或者人与非物质的东西的关系。例如,《信访条例》第34条规定:“信访人对行政机关作出的信访事项处理意见不服的,可以自收到书面答复之日起30日内请求原办理行政机关的上一级行政机关复查。收到复查请求的行政机关应当自收到复查请求之日起30日内提出复查意见,并予以书面答复。”第35条规定:“信访人对复查意见不服的,可以自收到书面答复之日起30日内向复查机关的上一级行政机关请求复核。收到复核请求的行政机关应当自收到复核请求之日起30日内提出复核意见。复核机关可以按照本条例第31条第2款的规定举行听证,经过听证的复核意见可以依法向社会公示。听证所需时间不计算在前款规定的期限内。信访人对复核意见不服,仍然以同一事实和理由提出投诉请求的,各级人民政府信访工作机构和其他行政机关不再受理。”该条款表面上反映的是人与事的关系,即信访人、信访单位与信访处理决定之间的关系,在行政法规范中有不少这种人与事之间关系的规范。我们认为,人与事的关系不是法律关系,即便在行政法关系中有大量人与事的关系,我们决不能简单认为法律关系是人与事的关系。人与事的关系在法律中可能有表述,但这种表述要么是纯粹自然的形式,要么是人与人之间关系的物质形式。如上列条文规定的信访人与信访决定的关系中其权利义务并不发生在信访人与信访决定之间。而是发生在信访人与信访决定涉及的另一主体之间，足见，行政法关系始终是人与人之间的关系，我们将行政法关系的属性确定为社会关系就是对人与人之间关系的肯定，而不是对人与物之间关系的肯定。

3.行政法关系以国家管理关系为直接基础并作为一种调整手段作用于国家管理关系

法律是建立在经济基础之上的上层建筑，这是我国正统理论的法理观。由此出发，我们可以认为行政法关系同样是由经济基础决定的，是建立在一定经济基础之上的政治关系形式。这一解释虽符合马克思主义的一般法原理，但不能够揭示为什么会在同一个社会中形成不同部门法律关系这样一个事实，即同一的经济基础怎么既决定了诸如民法、刑法那样的法律关系形式，又决定了经济法、行政法这样的关系形式。换言之，决定法律关系的应当有两个基础：一个是最终基础或者间接基础，另一个是直接基础。经济基础可以是前者，而后者则是各个部门法存在的直接基础。其实，马克思曾有过这样的论断："因为国家是统治阶级的各个个人借以实现共同利益的形式，是该时代整个市民社会获得集中表现的形式，因此，可以得出一个结论，一切共同的规章都是以国家为中介的，带有政治的形式，因此便产生了一个错觉，如像法律可以以意识为基础，而且是脱离现实基础的自由意志为基础的。……法律应以社会为基础。"[96]表明部门法除有经济基础这一最终基础外，还有自己形成的直接社会基础，如婚姻家庭这一社会现象决定了婚姻家庭法关系的存在。行政法关系的直接基础应当是国家管理关系。从人类社会发展过程看，社会发展到一定阶段以后，便出现了国家管理这一社会现象，从社会学的角度分析，国家管理是一种社会现象，此种社会现象是由一个特殊的社会阶层来完成的，用马克思的话说，这个特殊的社会活动，那就是管理。而管理是在阶级对立和利益冲突的社会背景下进行的，管理者违背管理本意的行为和被管理者不服从管理的行为都可能导致管理关系的偏差，因此就需要用各种各样的手段对管理关系进行调整，可以用图表示：

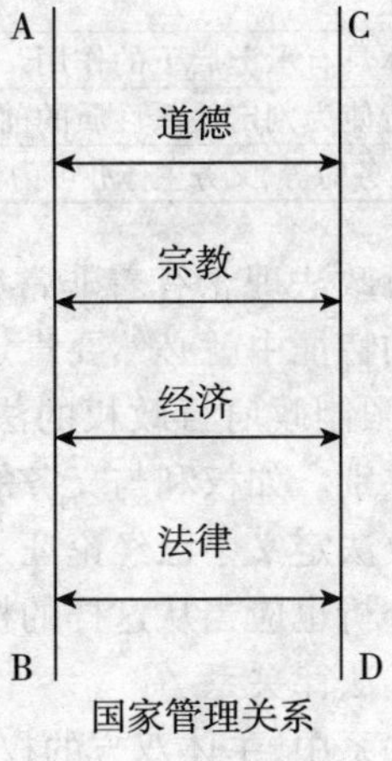

国家管理关系

该图中圈内有AB和CD两条纵向排列的线条，假设国家管理关系正常，那么AB线条和CD线条就必须始终保持平行。若不如此的话，圈内诸因素就处在混乱状态中，由于管理建立在复杂的社会背景之下，利益的不一致和人们行为偏差都有可能在客观上造成AB线条和CD线条的交织，为了始终保持它们的平行就需要各种各样的手段，设立各种各样的关系对AB线条与CD线条的纵向关系进行调整。而调整它们的那些手段和关系形式是以横向的方式出现的，圈中我们列举了道德、宗教、经济、法律等手段，而每个手段都是一种关系形式，或者都通过一种关系形式而起作用，行政法关系就是其中之一。可见行政法关系是建立在国家管理关系的基础之上的，没有国家管理关系行政法关系就失去了客观基础。行政法关系作为一种手段对国家管理关系起作用。

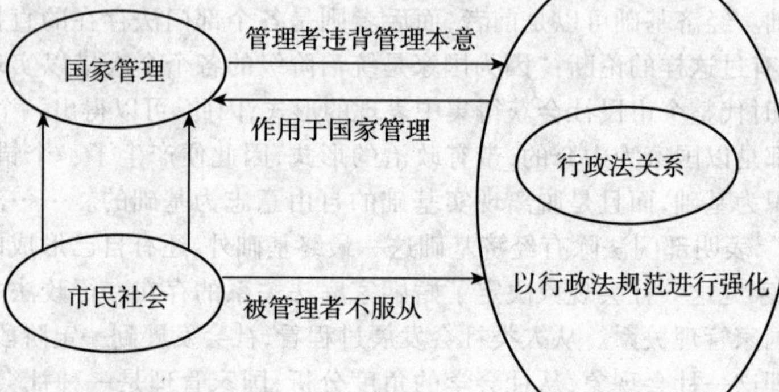

二、行政法关系的特征

关系构成	复合式	行政主体与上位主体有关、与下位主体有关，每一行政法关系都有这种复合性
主体地位	比例中项	行政主体具有承上启下的作用
关系判定	职权行使	以职权行使为判定关系性质的前提
关系属性	权利对等	权利与义务对等、义务主体亦可为权利主体，权利主体亦可为义务主体

行政法关系特征的表述与行政法理念有着非常密切的联系，若我们认为行政法是管理法，那么，在行政法关系的特征中就必然要肯定行政主体在行政法关系单方面性的地位；若我们认为行政法是限制政府行政权的法，那么，行政法关系特征必然与一般意义的法律关系特征无甚差别。如权利与义务的平等性便应成为行政法关系特征的主要变奏。由于我们在行政法定义中已经论证了行政法法律指向的行政主体特性，因此，我们对行政法关系的分析也应当从这样的机理出发。

1. 行政法关系是一种复合式法律关系

在民事、刑事、经济等法律关系中，主体双方的权利义务是明确的，主体的数量和类型也是较为单一的。如在民法的债权与债务关系中，债权人与债务人就是非常明显的关系主体，其形式单一、权利义务单一。行政法关系则与之不同，它是一种复合式的关系形式。所谓复合式的关系形式，是指行政法关系的主体以及主体之间的关系常常是复式结构，任何一个行政过程都体现在这种复式结构的运行中，可以用图表示：

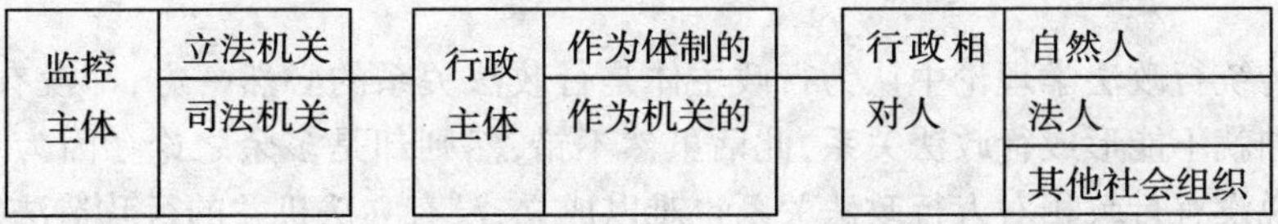

在行政法关系中，具体的法律关系形式是行政主体与作为行政权力承受者的个体（这种个体或者是个人、或者是组织）之间的关系。如行政主体可以对行政权承受者作出行政决定，主张某种管理权利，而作为行政权力的承受者可以向行政主体主张行政行为的程序性、主张行政过程的合规则性等。此一方面的关系形式在我国行政法学界没有被忽视，遗憾的是学者基本上将行政法关系限定在这个单一范畴内。在这一具体的行政法律关系背后还隐藏着另一个关系形式，即行政权力监控主体与行政主体的关系。因为，行政主体的权力主张必须有明确的或者暗含的来源、依据，为其制造来源或依据的主体必须与其有一种内在的关系形式，甚至可以说，行政主体在对行政相对方作出行政行为时都是在前一关系启动之后而为之的，若没有监控主体和行政主体的关系启动，行政主体便无法与相对方形成具体的行政法关系。行政主体同时还可能与其他监控主体发生意态的关系，如当行政主体在与行政相对人发生关系以后，很可能先对自己主张权利所带来的司法上的后果进行评估，这种评估是由行政主体单方面进行的，而它的背后却隐藏着行政主体与监控他的主体之间的行政法关系。[97]传统行政法教科书一般将行政法关系仅仅限制在行政主体与行政相对人的关系之中。其所注意的仅仅是行政法关系长河中的一个非常小的河段，而将决定这一河段的主流给忽视了，这也正是国内关于行政法关系理论走不出困境的症结所在。

2. 行政法关系中行政主体处在比例中项上

将行政主体视为“比例中项”是卢梭在社会契约论中提出的。[98]卢梭认为主权者和臣民是通过行政体连接在一起的，即主权者:行政体:臣民。卢梭认为若要让主权者与臣民相等就不能破坏比例中项，同时，只有比例中项有效连接比例等式的两端时，比例等式的比值才不会出现错误。我们认为，卢梭的这一理论虽然不太容易理解，但是，就行政权行使中各种各样的关系形式而言，行政主体确实处在一个中间环节上，在它的前端是制造行政管理行为规则、表达国家管理意志的立法机关，而在它的后端则是由行政主体通过行政权力施加影响的行政相对人。如图：

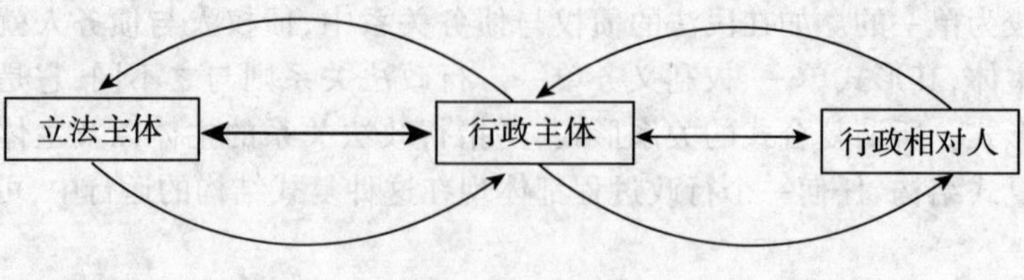

在传统行政法学理论中认为行政主体是行政法关系的必然一方，即没有行政主体的参加就不能形成行政法关系，此话虽然不错，然则却是多余之论。因为，我们同样可以说没有行政相对人行政法关系也难以成立，没有立法机关的行政造法行为，行政法关系更难以存在。行政主体作为行政法关系比例中项的表述才真正合理地揭示了行政主体在行政法关系中的地位。一方面，行政主体与行政相对人有管理、制约与被制约的关系形式，即行政主体有管理行政相对人的权利，而行政相对人同样有制约行政主体的权利。另一方面，立法机关与行政主体也有相应的关系形式，如立法机关通过造法行为规范行政主体的活动，赋予行政主体职权，行政主体通过行政职权在一定程度上制约立法行为，当然行政主体对立法行为的制约大多表现在技术上。

3. 行政法关系以行政职权为转移

在法治实践中，行政机关以及行使行政权的其他组织所介入的法律关系范围是多方面的，行政机关可以因内部事实行为而引起与其他民事主体的民事法律关系，可以因内部事实行为而引起一些与经济组织的经济法律关系，还可以因实施职权外之不法行为成为法人犯罪的主体而介入到刑事法律关系中。换句话说，行政机关或者行使行政权的其他组织所参加的法律关系不一定都是行政法关系。为了将行政机关参加的行政法关系与其他法律关系区别开来就必须有另外的标准为行政法关系定性，其中最为重要的标准就是行政法关系以行政职权为转移。传统教科书把这一特征表述为行政法关系发生在行政管理活动过程中，这一表述从字面意义看是正确的，但它同样没有为我们把行政法关系的属性提供到可操作的标准。在行政法治实践中常有一些类似于行政管理的活动而行政机关也介入其中，然而，这种关系不一定就是行政法关系。[99]笔者认为，行政职权是行政法关系的基本判定标准。某一有行政机关介入的关系究竟是否为行政法关系要看这样的关系是否与行政机关本身所固有的职权相联系，立法机关通过立法赋予行政机关职权的行为而引起的关系形式应当是行政法关系。行政机关为了达到实现行政功能的目的依据法律规则或自身的权力而对相对人采取行政行为，并在此基础上结成了一个法律关系，这样的关系亦是行政法关系。由于我国行政权的主体除了行政机关外，还有诸如授权组织等不同类型的组织，该组织在行政资格构成上不是行政机关，而它由于依据法律作了属于行政权的行为，与其他主体在权力行使的瞬间结成的关系也必然是行政法关系。虽然，"职权行使"是行政法关系的制定依据，但是，我们不能因此就认为行政法关系判定标准问题得到了解决，因为职权行使仍然是一个需要作出确定的概念。行政法学界有人提出了“上班说”，即行政机关或授权的组织在八小时上班期间所为的行为便是行政行为，此时所形成的关系亦为行政法关系。有人提出了“制服说”，即行政机关工作人员若穿制服并作出了某种行政行为，其与相对方结成的关系就是行政法关系，反之则不是。还有人提出了“行政公文说”，就是行政机关在为某种行为时有正式的行政公文，公文内容若与相对方的权利义务有关，此时所形成的关系就是行政法关系，等等。笔者认为“职权行使”应当通过相应的立法文件予以规定，即何时、何地、何种性质的行为为行政行为应当有具体的细则。[100]

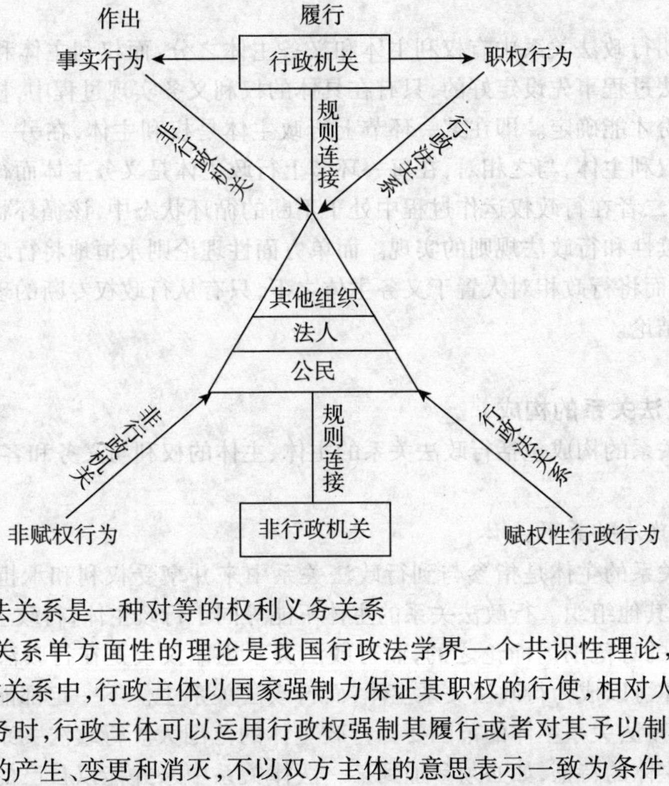

4. 行政法关系是一种对等的权利义务关系

行政法关系单方面性的理论是我国行政法学界一个共识性理论，该理论认为“在行政法律关系中，行政主体以国家强制力保证其职权的行使，相对人不履行行政法规定的义务时，行政主体可以运用行政权强制其履行或者对其予以制裁。而且，行政法律关系的产生、变更和消灭，不以双方主体的意思表示一致为条件，行政主体可以单方面的设定或者变更行政法律关系而无须征得相对人的同意。”[101]笔者认为传统理论存在巨大误区，它至少偏离了法律关系的法理学解释。在法理学中，法律关系是一种权利义务关系，正是权利义务将法律关系主体连接起来。即一方的权利就是他方的义务，一方的义务就是他方的权利，而且权利义务具有对等性。卢梭就曾指出，法律（以及由法律设定的事态）的对象永远是普遍的，法律只考虑不特定对象的抽象行为，而绝不考虑个别人以及个别的行为，[102]单方面性理论实际上将法律关系的普遍内容个别化了。在行政法关系中权利义务可以用图式表示：

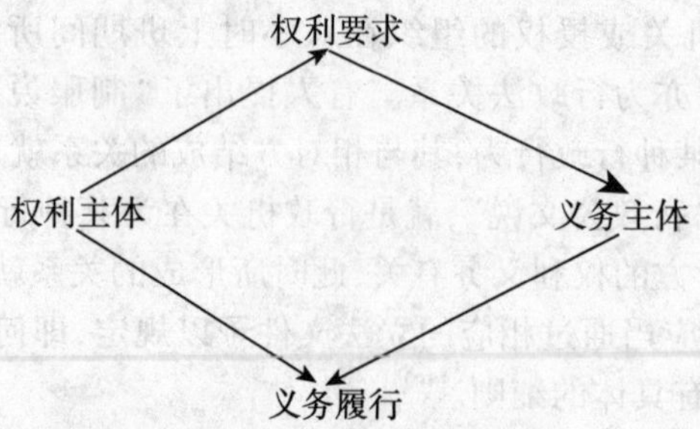

该图表明行政法关系中有权利主体和义务主体之分,而权利主体和义务主体并不是由行政法过程事先设定好的,只有在具体的权利义务实现过程中,权利主体和义务主体的身份才能确定。即在某一环节上行政主体是权利主体,在另一环节上行政相对人则是权利主体,与之相对,在每一环节上行政主体是义务主体而行政相对人则是权利主体,二者在行政权运作过程中处于不断的循环状态中,该循环状态保证了行政过程的连续性和行政法规则的实现。而单方面性理论则永恒地将行政主体置于权利主体之下,而将行政相对人置于义务主体之下,只有从行政权专断的理念出发才能得出这样的结论。

三、行政法关系的构成

行政法关系的构成包括行政法关系的主体、主体的权利与义务和客体三个方面,分述于后。

(一)行政法关系的主体

行政法关系的主体是指参与到行政法关系中来并享受权利和承担义务的自然人、法人或者其他组织。行政法关系的主体不能等同于行政主体,行政主体是在行政职权、行政法的总范围内而论之的,而行政法关系主体仅仅是在行政法关系中论之的。行政主体可以成为行政法关系主体,而行政法关系主体不一定都能成为行政主体,即是说行政法关系主体的范围要比行政主体的范围大。行政法关系主体符合一般法律关系主体的特征,如必须参加到某一法律关系中来并能以自己的名义享受权利承担义务等。在我国行政法治实践中能成为行政法关系主体的有下列法律主体:

1. 自然人。在行政法教科书中很少用自然人这一概念,一般用公民的概念,如《中华人民共和国诉讼法》、《中华人民共和国复议法》等。"公民"这一概念严格地讲是一个宪法概念,若把它直接在部门法律中使用似乎不甚严谨。例如,当我们在行政法中使用了公民的概念以后,那么外国人的身份就被排斥了。我国行政法理论中对行政相对人的解释是它包括公民、法人和其他组织,而在行政法治实践中外国人同样可以成为行政相对人。如《中华人民共和国外国人入境出境管理法》第 3 条规定:"外国人入境、出境,必须从对外国人开放的或者指定的口岸通行,接受边防检查机关的检查。外国的交通工具入境、出境,必须从对外国人开放的或者指定的口岸通行,接受边防检查机关的检查和监护。”此规定确定了外国人以及使用外国人交通工具的人作为行政法关系主体的地位,而外国人显然不包括在公民、法人和其他组织的范围内。正因为使用公民的概念不周延,笔者认为应当在行政法学中用自然人的概念代替公民的概念。正如有学者指出的:“自然人之为行政法关系当事人,不以本国人民为限,外国人在不抵触条约、国际惯例之原则下,亦得为行政法关系之当事人。”[103]

2. 企业。企业是指从事生产或者经营活动的营利性组织。由于我国在很长一段时间内实行计划经济,国营或国有企业占有很大的比重,在经济生活中占有非常重要的地位,长期以来是行政法关系的当然主体。现在我国还处在经济的转型期,这种转型期从 1992 年我国作出推行社会主义市场经济的决定以后就开始了。目前,转型过程并没有完全结束,当然,无论这种转型结束与否都使私人企业成为行政法关系的主体之一,所不同的是转型越深刻、越彻底,私人企业在行政法关系主体中所占的比重就越大。

3. 经济联合体。经济联合体是指国内的或者在中国经营的国外经济联合体,它通常是由诸多企业(国有或私营)组成的经济性联合组织,这样的组织不是企业。他们在一定范围内从事经济活动,其在行政法运作中具有独立的主体资格,而不是将权利义务分散到具体的企业组织中。对行政法关系的这一主体我国行政法学界研究得不多,也许,行政法学者会认为这应当是经济法学研究的问题。而在笔者看来,经济联合体在行政法关系中的权利义务、其和行政主体的关系形式,与行政主体同一般企业的关系形式有较大差别,尤其它与行政主体之间的权利义务关系是一个新的时代问题,应当引起行政法学界足够的重视。

4. 事业单位。事业单位是指“受国家机关领导,不直接从事社会物质生产和商品流通,不实行经济核算,工作人员列入国家事业编制,所需经费全部或部分由国家财政预算拨给的单位”。[104]我国的事业单位是非常复杂的,有些事业单位是纯粹的事业单位,它履行的职能是纯粹的社会性职能,如医院等。而有些事业单位则更像行政机关,如气象管理部门,其在履行气象管理职能时,名义上是事业单位,实际上与行政机关没有多大区别。对这种事业组织的地位行政法学采取了以授权组织定其名分的方式,这些事业单位在行政法关系中有时处于行政相对人的地位,有时则处于行政主体的地位。还有一些事业单位界于上述两种类型的事业单位之间,它们承担的职能更多的是公共事业职能,有时也扮演行政管理者的角色,如高等院校等。不论事业单位是以行政主体的身份介入到行政法关系中,还是以行政相对人的身份介入到行政法关系中,其都是行政法关系中不能忽视的主体。目前,我国行政法学界一些学者对事业单位行政主体资格地位的研究就很有时代意义。应当指出的是,我国对事业单位作为行政相对人身份的研究还是个空白。

5. 社会组织。社会组织有两种类型:一个是一般性社会组织,是指一些分组人群[105]为了适应和控制环境,实现某种特定目的而建立起来的集合体。它是个体实现价值的渠道，个体在加入社会组织时，在一定范围内放弃了属于纯粹个体的权利。另一个是社会团体，是指一些分组人群“为了一定利益，按照一定原则并经过法律手续组织起来从事特定社会活动的社会组织”。[106]社会团体的基本标志是必须建立组织、制定章程、确定机关、进行登记，依行政法上的许可而成立。社会团体根据成立的宗旨和目的不同分为政治团体、文化团体、其他社会团体等。社会团体我们认为是不营利的，这也是其与经济联合体的根本区别，工会、共青团、妇联、文联、社联等有明显的针对性活动，其在从事的实体内容上都是非营利的。社会组织在我国是非常复杂的，有些社会组织从事的事务不但有政治性而且有行政性，对于不同类型社会组织的法律地位需要行政法学界认真予以澄清。

6. 社会利益集团。社会利益集团是指“以一定的利益关系和利益目的为基础，其内部成员遵循一定的价值规范的社会群体。其主要特点在于：在社会生活中，它力图通过自己的活动来实现自己的特殊利益”。[107]社会利益集团在它的初期无疑是社会学和政治学关注的问题，随着社会的发展，社会利益集团在国家政治生活和社会生活中扮演着越来越重要的角色。尤其在民主政治较为发达的国家，社会利益集团不但对立法、司法活动有所渗透，而且对行政过程也起着重要作用，对行政决策的影响是一个侧面，对行政过程的制约是另一个侧面。社会利益集团和一般社会组织相比，一是规模大；二是结构松散。利益是社会利益集团的纽带，利益组合关系越多利益集团也就越多。笔者认为，社会利益集团已经成了行政法中的一个非常重要的现象，我国的一些重大的行政决策常常与利益集团的影响有关，若干方面的行政听证是让利益集团参与行政过程的一个手段，说明社会利益集团对行政法治的制约已经成为了行政法治和行政法学不能回避的问题。

7. 立法机关。若把行政权行使作为一个过程来看，那么，可以说我国各个层次的立法机关都是行政法关系的主体。立法机关作为行政法关系的主体有两种类型：一是能动主体，所谓能动主体指能以自己的行为决定行政法关系形成和走向的主体，如最高立法机关通过立法活动为行政机关设定义务，较低层次的立法机关通过行使监督权和质询权对行政过程施加影响。立法机关作为行政法关系的能动主体其行为虽然与宪政和宪法有关，但以行政权作为衡量行政法关系的标准，立法机关作为能动主体仍然是行政法关系的主体，而不是民事或者经济法律关系的主体。二是受动主体，所谓受动主体就是指其行为受行政机关行政职权影响时成为行政法关系主体的情形。如立法机关为了购置办公用车而从行政机关申领牌照的行为。立法机关的办公行为不能改变其作为立法机关的性质，行政机关对其颁发证照的行为也必然是行政行为，因此，这一关系亦属行政法关系。

8. 司法机关。我国司法机关包括人民法院和人民检察院。他们各自行使着某一方的司法权，而宪法在设立司法权的时候将其与行政权的关系亦作了适当安排。司法权作为排除纠纷、法制监督的权力亦必然要排解因行政权的行使而引起的纠纷，亦必然要通过一定的方式对行政权进行法制监督。从这一意义上讲，司法机关在行政法关系中是能动主体。另外，行政权的作用范围亦必然影响到司法主体。就行政权影响司法主体论之的话，司法机关又是行政法关系中的受动主体。

9. 外国国家机构。“国家之为行政法关系当事人，并不以本国国家为限，即外国国家有时亦得立于当事人之地位，如依外交行政法规互换使节，或依文化经济合作计划签订协定，其互换合作主体，仍为两国之国家。”[108]笔者认为，由于国家是一个必须由相关机构代表的集合概念，因此，国家作为行政法关系主体亦不易理解。在行政职权行使过程中，即使有国家行为也是由相关的机构代理的，而当单一机构代为国家行为时常常能独立承担法律责任，其作为行政法关系主体亦属必然。我国行政主体出于某一方面行政管理需要而与外国的国家机构发生联系时，外国国家机构也就成了行政法关系的主体。

10. 国际组织。国际组织的类型多种多样，有的是政治性组织，如联合国以及联合国安全理事会、国际人权组织；有的是经济性组织，如世界贸易组织、石油输出国组织、欧洲经济共同体等；有的是社会性组织，如联合国教科文组织、世界卫生组织、世界环境保护组织等。上列组织都可以成为我国行政法关系的主体，如我国有关机关承认世界人权组织有关规则的行为，其在与该组织发生关系时，该组织便是我国行政法关系的主体。2003 年我国非典危机期间，世界卫生组织对我国采取有关行为，当其作出这种行为时与我国有关行政机关发生的关系亦是行政法关系，其作为行政法关系主体的身份也就得到了证明。

11. 行政机关。行政机关是指行使国家行政权力的国家机关，其职能是对宪法规定的各项行政事务进行管理，是国家机构的重要组成部分。行政机关的职能来源于宪法和其他相关的法律，它是依照一定的法律程序建立的。在行政法治实践中，行政机关可以分为中央行政机关和地方行政机关，在全国范围内行使职权的叫中央行政机关，其有着特殊的行政手段，在某一区域内行使行政权的机关叫地方行政机关；还可以分为一般行政机关与职能行政机关，一般行政机关管理全局性行政事务，而职能性行政机关管理某一方面的行政事务，等等。行政机关在我国是一个法律用语，《中华人民共和国宪法》第 3 条规定：“中华人民共和国的国家机构实行民主集中制的原则。全国人民代表大会和地方各级人民代表大会都由民主选举产生，对人民负责，受人民监督。国家行政机关、审判机关、检察机关都由人民代表大会产生，对它负责，受它监督。中央和地方的国家机构职权的划分，遵循在中央的统一领导下，充分发挥地方的主动性、积极性的原则。”可见，行政机关在行政法中是一个标准的法律用语，而行政主体是一个学理用语。因此，笔者此处使用行政机关的概念。

（二）行政法关系主体的权利能力与行为能力

所谓权利能力，是指法律关系主体享受权利、承担义务的资格；行为能力则是指法律关系主体以自己的行为行使权利、履行义务的条件。行政法关系中的权利能力是指行政法关系主体在行政法中以自己的行为享受权利、承担义务的资格；行政法中的行为能力指行政法关系主体在行政法中以自己的行为享受权利、承担义务的法律条件。

行政法关系主体的权利能力和行为能力是一个非常复杂的问题，有时行政法关系主体在某一权利享受中必须同时具备权利能力和行为能力。如某自然人要担任行政公职即必须既有权利能力又有行为能力。有时权利能力和行为能力不一定并存，即仅有权利能力便可以享受某方面的权利，如取得公民资格的权利就没有行为能力的限制。也就是说，行政法关系主体有些权力的享受是双重条件，有些义务的履行也必须符合双重标准，而另一些权利的享受和义务的履行则是单一标准。例如，公民服兵役的义务就必须受权利能力和行为能力双重标准的制约。行政法关系主体权利能力和行为能力状况要根据各国行政法制度的规定而确定，根据行政法关系主体享受的权利性质和承担的义务性质而确定。而在一般情况下，民事法律规范中关于法律关系主体权利能力和行为能力的规定可以在行政法中运用。如民法规定人的权利能力始于出生终于死亡。在一般情况下，行政法关系主体在行政法中的权利能力亦应照民法的规定。但是，行政法若有特别规定的则必须依行政法的规定来确定主体的权利和义务。行政法的规定是从行政过程的特征出发的，有些规定可能是有利于行政相对人的，如未满16周岁的公民不服兵役；有些规定则是不利于行政相对人的，如未满法定年龄不得参与公务员考试，这些规定由于遵从了行政权的客观规律，因此其效力高于一般法对权利能力和行为能力的规定。

（三）行政法关系主体的权利和义务

行政法关系主体有上列11种具体的类型，这11个具体类型根据其权利义务的同类性可以概括为四个方面，即行政相对人、行政主体、权力机关、司法机关。行政相对人的具体形态很多，但他们在行政法关系中的权利和义务基本上具有同类性，除了一些细小差别外在主要方面都是相同的。司法机关包括审判机关和检察机关两个方面，他们与行政主体的关系在实质上也具有同类性。为了使问题简化起见，我们将诸多主体概括为四个方面讨论其权利与义务。另外，权利与义务具有对应性，即一方的权利就是他方的义务，而另一方的义务就是他方的权利。权利与义务的这种统一性使我们可以在讨论某一主体的权利时，同时揭示与它对应的主体的义务，分述于后。

1.行政相对人的权利与行政主体的义务

（1）免受行政干扰权。所谓免受行政干扰权，是指行政相对人依宪法和法律的规定享有基本的自由权利，这种自由权利不受行政主体行政行为的介入和干扰。宪法在对一国政治生活和社会生活进行设计时，都为公众留下了广泛的生活空间，这些生活空间仅仅留给公民自己，公民在自愿的前提下可以组成某种群体维护和保障自己的生活空间。行政主体依宪法和法律规定有自己行使职权的范围，且只能在规则允许的前提下行使职权，公民个人以及公民群体的生活空间对于公民来讲具有排他性，行政机关不能干扰公民自己的生活，更不能在无法律依据的情况下介入到公民个人的生活空间中去。行政相对人的免受行政干扰权对行政主体而言就承担着不干扰行政相对人正常生活的义务。这一权利是现代行政法中行政相对人的重要权利，西方发达国家正当行政程序条款所保护的也是行政相对人的此项权利。[109]免受行政干扰权是行政相对人的一个权利范畴，在该权利范畴中包括了诸多具体的权利内容，如我国行政法治中强调的行政相对人隐私保护权，不接受行政主体的非法摊派权等。

(2)要求平等保护权。服务行政是现代国家行政权行使的基本理念，该理念对行政权行使提出了非常高的要求，其中最主要的就是行政主体必须对行政相对人权益的实现进行有效保护，即行政相对人从行政主体那里寻求保护是现代行政过程的一个重要属性。就行政相对人而论，在要求行政主体保护的过程中有要求行政主体平等保护的权利。所谓要求平等保护的权利，是指行政相对人有权要求行政主体对自己与其他社会成员给予相同的待遇。该权利的宪法基础是平等权，《中华人民共和国宪法》第33条规定："凡具有中华人民共和国国籍的人都是中华人民共和国公民。中华人民共和国公民在法律面前一律平等。国家尊重和保障人权。任何公民享有宪法和法律规定的权利，同时必须履行宪法和法律规定的义务。"这一条文具体到行政法关系中就是任何一个行政相对人，不论其以个体的身份出现还是以群体的身份出现都必须得到同等保护。行政相对人的要求平等保护权对于行政主体而言就是平等保护的义务，此义务在我国行政法理论中没有被明确提出来，而在一些行政法文件中对行政主体规定了相同情形相同对待的行为原则。

(3)利益主张权。所谓利益主张权，是指行政相对人在行政主体行政权行使的过程中有向行政主体提出某种主张，并通过这种主张获得物质利益或者精神利益的能力。行政相对人作为社会中的个体，其本身是各种社会利益的承担者，在一定的民事法律关系中，也可以向相关的个人或组织主张利益。在政府行政系统对行政权的实现过程中，他有权向行政主体主张国家向社会分配的利益，如行政相对人有权主张对土地的承包，有权主张从事某种活动的资格，有权得到行政救助等。利益主张权是行政相对人的一项基本权利。应当指出的是，行政相对人在社会生活中扮演多种多样的社会角色，当他在非行政法关系中存在利益并主张这种利益时，行政主体便没有赋予他所主张利益的义务，因为这时的利益是受民事法律规范调整的，但行政主体有保护行政相对人所主张利益实现的义务。当他在行政法关系中，或者说如果某种利益属于国家分配的利益，此时，这一利益对行政相对人而言就属于行政职权的客体，行政主体赋予相对人所主张之利益就是其义务。总之，行政相对人的利益主张权与行政主体的利益赋予义务是对应的，将行政相对人该权利与行政主体对应义务统一起来的，在实体方面而言是这种义务的国家分配性，在程序方面而言则是行政法关系的连接性。

(4)行政过程参与权。前面我们从较大的视野分析了行政权的概念，即行政权具有归属主体和行使主体两个有逻辑关系的主体。由于公众在社会生活中是一个多元素的主体，其尽管是行政权的归属主体，但行政权必须被转换到行政主体之手，由行政系统以及行政机关行使行政权。这种转换不能完全否定行政相对人是行政权归属主体的哲理属性，即他们在法律形式上虽然不是行政权的行使者，但在权利的最终承受方面行政相对人仍然不能完全脱离行政权。在行政权运作中行政相对人有权参与到具体的过程中,《中华人民共和国宪法》第2条第3款规定:“人民依照法律规定,通过各种途径和形式,管理国家事务,管理经济和文化事业,管理社会事务。”宪法使用的是人民的概念,一些学者认为人民是个政治概念,这种说法是不完全正确的,既然宪法使用了人民的概念,那么这一概念就应当是一个法律概念。如果说“人民”这一概念是一个宪法概念的话,那么,行政相对人则是人民这一概念在行政法中的转换形式,因此,他当然有权参与行政权行使的过程。《中华人民共和国宪法》第41条关于行政相对人参与行政管理的形式也作了原则规定:“中华人民共和国公民对于任何国家机关和国家工作人员,有提出批评和建议的权利;对于任何国家机关和国家工作人员的违法失职行为,有向有关国家机关提出申诉、控告或者检举的权利,但是不得捏造或者歪曲事实进行诬告陷害。对于公民的申诉、控告或者检举,有关国家机关必须查清事实,负责处理。任何人不得压制和打击报复。由于国家机关和国家工作人员侵犯公民权利而受到损失的人,有依照法律规定取得赔偿的权利。”行政相对人参与行政过程的权利对应于行政主体接受行政相对人参与的义务。行政相对人参与行政过程的范围、形式、程序等要根据宪法和一些行政法规范的规定而确定。随着社会的发展,行政相对人对行政过程参与的权利会得到进一步发展。

(5)不法行政行为拒绝权。行政相对人的拒绝权是指在行政法关系中行政相对人在行政主体行政行为违法或明显不当的情况下可以不予接受的权利。行政相对人在行政法关系中的权利和义务是对等的,我们在讲行政法关系的特点时已经讲到了这一点。在行政权行使中行政主体常常可以对行政相对人的不法请求等作出拒绝,同样道理,行政相对人在行政法关系中也享有对行政主体违法或者不当行政行为的拒绝权。《中华人民共和国农业法》规定对于行政机关向农民在没有法律依据的情况下设定义务的行为农民有权予以拒绝,这是我国行政法治对行政相对人拒绝权最早作出的决定。后来,在《中华人民共和国行政处罚法》中规定被处罚人有权对行政机关没有开具没收或罚款收据的行为拒付款项。拒绝权与行政相对人享有的其他权利相比,对行政相对人来得更为实惠一些。同时,这一权利的享受是受严格的条件制约的,它要求行政主体的行政行为明显违法或者明显不当,要求行政相对人的此项权利限制在比较小的范围之内,其目的在于使这一权利的行使不至于泛化。行政相对人的拒绝权对应于行政主体接受行政相对人拒绝的义务,即在行政相对人拒绝行政机关的行政行为以后,行政主体不得再以强制手段要求行政相对人继续履行行政行为所设定的义务。当然,行政主体可以要求行政相对人提供拒绝的法律依据和事实依据。在行政相对人拒绝以后,行政主体是否可以通过其他的法律途径救济自己的行政权力则是一个需要探讨的问题,应该说,这样的救济权利在法律上应当没有多大障碍。

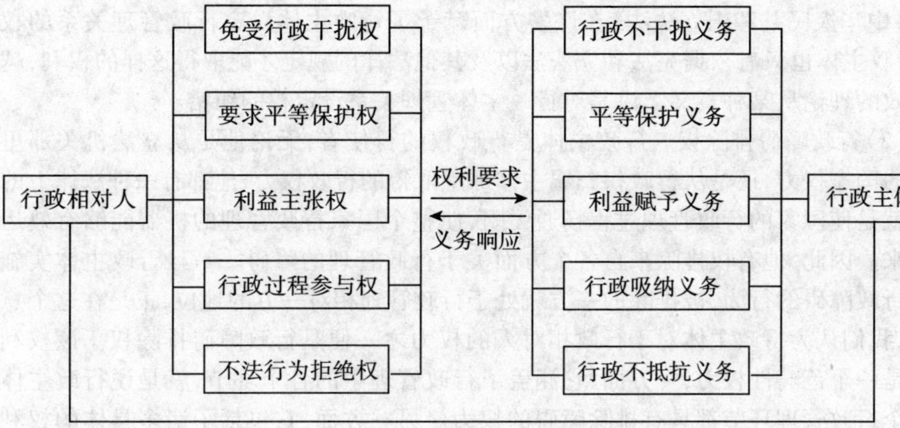

现实行政法关系

2. 行政主体权利与行政相对人义务

(1)管理关系实现权。行政主体依法履行行政管理职能,管理职能本身是一个抽象概念,它只有通过行政主体对诸多管理关系的确认、排除、改变等才能予以实现。在我国行政法治实践中,行政管理关系的设定一般是通过法律的规定而为之的。例如,各个部门行政管理的法律规范就设定了无数个行政管理关系,

《中华人民共和国产品质量法》第 13 条第 1 款规定:"可能危及人体健康和人身、财产安全的工业产品,必须符合保障人体健康和人身、财产安全的国家标准、行业标准;未制定国家标准、行业标准的,必须符合保障人体健康和人身、财产安全的要求。"这是法律对产品质量行政管理关系的设定,这个设定只是一个法律规范,它还没有成为现实的法律事实和行政过程。该关系的实现必须通过行政机关的行政行为、通过行政机关行政行为对行政相对人的作用才能达成。行政主体为了实现宪法和法律设定的行政关系,必须对行政相对人发生作用。因此,对于行政相对人而言行政主体的第一项权利就是行政管理关系的实现权。该权利同样是在权利范畴的意义上而论之的。即是说,在这一权利范畴之下包括了诸多具体的权利类型,行政主体通过日常的行政行为对行政相对人履行法律义务的状态进行影响,都是行政管理关系实现权的具体表现。与行政主体这一权利对应的是行政相对人接受行政主体行政作用的义务。行政相对人承受行政主体的作用是其最为基本的义务,正是这种相互作用的权利义务过程使法律设定的行政关系由抽象而具体。应当说明的是,在具体的行政过程中,一些行政主体也有设定行政管理关系的权利,我们认为这一权利应当不是一个独立的权利,而是行政管理关系实现权的从属权利。因为,从法理和宪法的一般规定看,行政主体设定行政管理关系的行为都必须有立法机关的明确授权或者概括性授权,在没有得到立法授权的情况下行政主体不能设定新的管理关系。在法治化进程较快的国家,行政主体取得这种权利的途径、范围、方式等都有明确的法律依

据。《中华人民共和国立法法》在许多方面赋予了行政主体设定行政管理关系的权利,行政主体也只有依据宪法和立法法以及其他法律的规定才能取得这样的权利,越权无效的理论从某种意义上讲是对行政主体管理关系设定权的纠错。

(2)行政障碍排除权。行政主体是行政权的行使者,无论他是从立法机关那里取得的国家权力,还是从行政权归属主体那里取得的行政权力,他都有一种法律上的责任就是使国家的行政管理过程畅通无阻,使整个国家行政管理的机器能够有效运转起来。因此,他有权排除来自各个方面关于行政管理的障碍。一旦行政主体实施排除行政障碍的行为,被排除的一方就处于行政管理相对一方的地位,正是在这个意义上,我们认为行政主体对于行政相对人的权力之一便是行政障碍排除权。该权利同样是一个范畴性权力,一方面,它涵盖了行政管理中的各个环节,就是说行政主体在各个行政管理环节都具有排除障碍的权力。另一方面,它包括了诸多具体的权利内容,如行政主体采取强制措施将对行政管理关系造成威胁的当事人予以约束等。行政主体的这一权力对于行政相对人的义务而言包括两个方面的内容:一是行政相对人由于和行政主体共同处于行政法关系的统一体中,使行政法关系以良性循环的状态存在于行政过程中是双方的共同目标。因此,行政相对人首先不能有意识或下意识地为行政管理设置障碍,他自身不得以自己的行为阻碍行政管理过程的实现。二是一旦行政主体有明确的法律依据认为行政相对人正在为行政过程设置障碍而以行政手段予以排除,行政相对人便有义务接受行政主体的排除行为,在传统行政法理论中,有学者认为行政相对人有服从行政管理的义务是有道理的。[110]

(3)行政规则阐释权。行政规则阐释权不是行政立法的解释权,《中华人民共和国立法法》关于各个层次的行政管理法规范的解释权都作了规定,依据《中华人民共和国立法法》规定,我国只有极少数的行政主体享有行政法规范的解释权。行政规则的阐释权是指行政主体在行政管理活动过程中将法律规则或者行政规则对行政事项的规定与具体的行政事态以自己的判断予以结合的权利。只要是行政立法文件,无论其处在哪一个层面上,或者行政法律,或者行政规章,或者行政管理规范性文件,它们基本上都是一些抽象规定,在其中只包括某种法律过程的价值判断,而不包括法律过程的事实判断。例如,《中华人民共和国行政监察法》第 42 条规定:“对监察建议有异议的,可以自收到监察建议之日起 30 日内向作出监察建议的监察机关提出,监察机关应当自收到异议之日起 30 日内回复;对回复仍有异议的,由监察机关提请本级人民政府或者上一级监察机关裁决。”该条的内容是具体的,而实质仍然是价值性规定,只有当一个具体的事实与这一条款结合时,其才由价值性规定变为法律上的事实判断。行政法施行中的每一个事实判断都是由行政主体作出的,行政主体由价值判断作出事实判断的过程就是阐释行政规则的过程。行政主体对行政规则的阐释是下意识的,因为每一个行政过程不可能都要通过类似于立法解释那样的程序进行。例如,当某一个纳税人在没有按照税收管理的行政法规范交纳税款时,行政主体便将一系列的税收管理规定与行政相对人的这一违法行为结合起来,这一结合本身不是对税收管理行为规范的解释,而是对税收管理过程中行政规则的阐释,它使规则与具体的行政管理事态融为一体。行政主体的这一权力是对其行政主体精神的肯定。与该权力相对,行政相对人有义务接受行政主体将价值判断变为事实判断的义务。当然,在行政法治实践中,行政相对人有可能对行政主体适用于自己的规则阐释行为不予认同,在这样的情况下行政相对人可以通过法律救济予以解决。

(4)行政紧急处置权。行政主体对行政职权的行使在一般情况下具有明显的依据,此处所指的依据是具体的且可以直接予以操作的依据;具有相对规范化的运作过程,这样的依据和过程所表现的是一个常态的行政权,行政主体在行政管理中的有效性和可持续性是以这种常态性为基础的。但是,在行政权行使过程中,由于行政所面临的事态的复杂性和不可测性,非常态的行政权运行也必然在一定范围内存在。法律认可非常态的行政权是问题的一个方面。我们知道,行政法关系是行政过程的承载体,只有当非常态的行政过程能够在行政法关系中存在时对行政权的运作才具有实质意义,否则,仅仅停留在法律抽象规定的虚设中。那么,行政主体在法律上的依据不明显,在没有行为上可测性和行政先例的情况下,对行政相对人发生作用就成了非常态行政过程实现的前提。行政紧急处置权就是在上述逻辑基础上存在的。如果我们给这一权力下一个定义的话,那么,可以作出这样的界定:行政主体在行政法关系中没有明显的法律依据在非连续性的职权行使中对行政相对人采取的一种措施,其采取该措施的资格就是他的权力。紧急处置权不是在常态的行政过程中表现出来的,而是在不可预测的行政事态中表现出来的,行政主体在行使这一权力时无须具体的法律依据,只要有行政公益性[111]的价值推定即可。行政主体在行使这一权力时采用的手段也不是一般意义上的行政手段,有时可以采用现行法律没有规定的行政手段。相对于行政紧急处置权行政相对人的义务是对非常态行政行为的接受,即接受行政主体非常态行政行为是行政相对人对应于行政处置权的义务。

(5)行政制裁权。行政制裁权是行政主体对行政相对人所享有的权力中最为本质性的权力,也是最后的权力。说它是最为本质的权力是说该权力是行政主体行政权威的高度体现。说它是最后的权力是说行政主体上列各权的实现一般都是以该权为保障手段的。若行政主体没有制裁权这一最后手段,前列各项权力的实现常常会遇到阻滞,而对来自行政相对人的阻滞行政主体并没有有效的手段予以保障。有学者将该权界定为:“制裁权亦称强制权,国家对于具有行政上义务之人,违反行政法规定时,予以制裁,主要分为行政罚与行政执行;行政罚系基于一般统治关系,对违反义务之处罚;行政执行为行政上的强制执行,对不履行行政法义务者强制其履行。”[112]该定义虽然有需要探讨之处,但它非常清楚地揭示了行政制裁权的国家强力性,即这种权力带有明显的国家强制的色彩。笔者认为,行政主体的制裁权是行政主体所享有的类似于裁判权的权力。即是说,行政主体可在行使这一权力时,作为法律规则与违法行为的裁判者或执行者的身份出现,行政主体先对行政相对人的行为与法律的关系作出确认,针对行政相对人对抗法律的行为采取相应的制裁措施。在一些国家行政罚被认为是对轻罪的制裁,由司法机关实施。我国行政法将行政上的制裁权非常明确地赋予了行政主体,《中华人民共和国行政处罚法》、《中华人民共和国治安管理处罚法》以及诸多行政管理部门法都作了规定。行政相对人因行政主体行使制裁权而承担的义务是承受违法行为后果的义务。

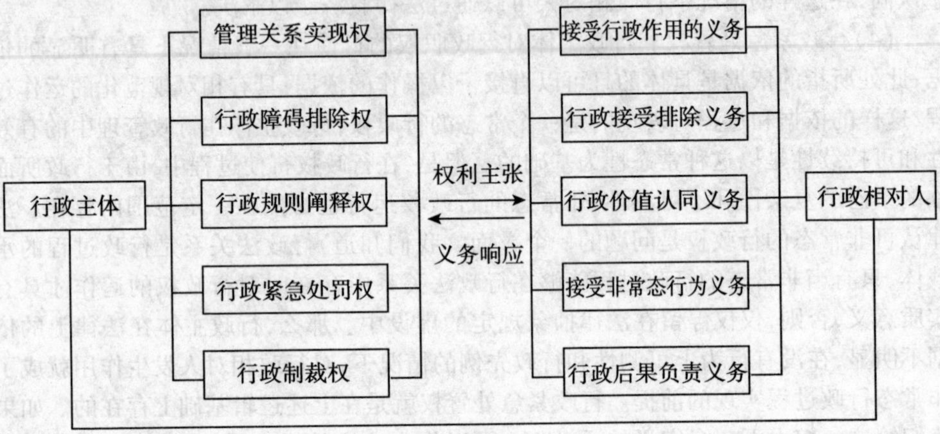

现实行政法关系

3. 权力机关的权力与行政主体义务

(1)行政权范围划定权。"权力机关"是我国宪法使用的一个独有概念。在发达国家其或者指立法机关,即制定法律规范享有造法权的机关,或者称代议机关,就是由民选代表构成并对国家事务作出决定的机关。我国在行政法律行文中叫人民代表机关,它分成若干不同层次,不同层级的人民代表机关享有不同的权力。中央一级的人民代表机关享有国家立法权,地方省级人民代表机关享有地方立法权,而其他较低层次的人民代表机关则不享有这样的权力。无论是否享有立法权,从总体上看,权力机关有权划定行政权的范围。中央立法机关在此方面的权力非常明显。我国全国人民代表大会和全国人民代表大会常务委员会除了通过宪法将各种不同类型的国家机关的界限划分清楚外,[113]每年都制定一些新的行政管理的法律规范,并通过制定新的行政管理法律规范为行政机关提供新职权范围。例如,2003 年制定的《中华人民共和国行政许可法》就对行政主体行使行政许可权的范围作了限制,将行政主体以前非常广泛的行政审批权限制在相对有限的范围。又如,2001 年 11 月 14 日上海市人民代表大会常务委员会制定并于 2009 年 2 月 24 日修正的《上海市市容环境卫生管理条例》第 17 条规定:"市容环境卫生管理部门应当会同有关部门,根据国家的城市容貌标准,结合本市实际情况,制订本市的城市容貌标准,报市人民政府批准后公布实施。本市的城市容貌标准应当包括建筑景观、公共设施、环境卫生、园林绿化、广告标志、公共场所等方面的要求。"[114]其中关于上海市人民政府和上海市市容环境卫生管理部门的权限作了合理划分和限定。县级以下人民代表机关由于不享有立法权,因此,在行政权范围划定方面的权力非常有限,如果有所划定也仅仅体现在一些具体事项上,就是对具体事项中的行政权范围作出划定。《中华人民共和国地方各级人民代表大会和地方各级人民政府组织法》第8条第3项规定:“讨论、决定本行政区域内的政治、经济、教育、科学、文化、卫生、环境和资源保护、民政、民族等工作的重大事项。”笔者认为,权力机关对行政权范围的划定主要是将属于行政机关的权力与属于公众的生活空间区别清楚,防止行政主体不适当地介入到属于公众个体的生活空间中。还要将行政机关行使的权力范围与司法机关行使的权力范围区别清楚。权力机关的这一权力是相对于行政系统或者行政主体而言的,行政主体在这一法律关系中属于义务主体。当权力机关划定其职权范围时其就具有了行政不越权义务。

(2)行政关系设立权。所谓行政关系设立权,是指权力机关设立行政内部关系和行政外部关系的资格和能力。行政关系是社会生活中较为基本的关系形式,它首先表现为行政外部关系,即行政主体与行政系统以外的因素发生的关系。上列我们所讲的行政主体与其他社会主体之间的关系都属于这一关系范畴的东西,如行政主体与自然人、行政主体与企事业单位、行政主体与非法人组织等。这些关系在一定意义上讲是一种非法律关系,但在其被相关的法律规则强化以后就成了行政法关系。权力机关通过制定法律或其他行为规则对行政主体与外部因素关系有形成权。[115]外部关系还包括行政主体与其管理的社会事态之间的关系,如各级人民政府与其管辖下的行政事务之间的关系,职能部门与其职能管理客体的关系,这些关系的设立权基本上都是由权力机关行使的,若具体到权力机关与行政主体的法律关系中,权力机关就是这一法律关系中的权力主体。在行政权行使中,有些关系的主体没有行政机关的介入,如在医疗行政管理事务中,医患双方的关系就没有行政机关的介入,但行政权在发生作用时必须对这样的关系作出反映,或者予以认同,或者予以否定。在具体的行政过程中,这种认同或否认行为是经常发生的,它无疑是行政法关系中的一种前提性关系,权力机关对该关系亦有权设立。例如,《中华人民共和国职业病防治法》第22条规定:“产生职业病危害的用人单位,应当在醒目位置设置公告栏,公布有关职业病防治的规章制度、操作规程、职业病危害事故应急救援措施和工作场所职业病危害因素检测结果。对产生严重职业病危害的作业岗位,应当在其醒目位置,设置警示标识和中文警示说明。警示说明应当载明产生职业病危害的种类、后果、预防以及应急救治措施等内容。”内部行政关系的设立权是权力机关最为重要的对行政主体行使的权力,我国行政机构体系的构成,内部的层级、内部的平行关系都是由权力机关设立的。我们所探讨的行政主体的类型一般都有法律上的依据。该依据便是权力机关设立关系的基础。行政主体对应于权力机关这一权利的义务是行政过程实现的义务,其通过行政职能实现权力机关设定的关系,权力机关设定关系时并不一定同时促使某一关系予以实现,行政主体作为权力机关的执行机关自然而然地承担起了实现行政关系的义务。

(3)行政过程监控权。不同的政权体制下代议机关与行政机关的关系不同。在三权分立的政权体制下,代议机关对行政机关有制约作用而没有监控作用。所谓制约就是代议机关通过行使立法权以及与立法权相关的其他权力对行政机关的权力行使予以约束。如通过弹劾权对高层行政机构的不法行为进行纠正等。而在我国以人民代表大会制度为基础的政治制度下,权力机关有权监控行政主体的行政过程。应当指出,权力机关的监控主要是对行政过程的监控,就是对行政权总体上的运作状态以及这一运作状态与权力机关确定的行政目标之间的关系进行监督和控制。既使行政过程依有效规则运行,又使行政过程与行政目标保持最大限度的和谐。《中华人民共和国宪法》第62条有诸多款项规定了全国人民代表大会对最高国家行政机关行政过程的监控权,如第9项规定:"审查和批准国民经济和社会发展计划和计划执行情况的报告。"实际上是对预算执行中行政过程的监控。第99条规定:"地方各级人民代表大会在本行政区域内,保证宪法、法律、行政法规的遵守和执行;依照法律规定的权限,通过和发布决议,审查和决定地方的经济建设、文化建设和公共事业建设的计划。县级以上的地方各级人民代表大会审查和批准本行政区域内的国民经济和社会发展计划、预算以及它们的执行情况的报告;有权改变或者撤销本级人民代表大会常务委员会不适当的决定。民族乡的人民代表大会可以依照法律规定的权限采取适合民族特点的具体措施。"这是对地方权力机关监控地方行政过程的确认。行政主体对应于权力机关此项权力的义务是行政执行的义务,即其必须执行权力机关的意志并且使行政过程向权力机关保持高度的开放状态。

(4)行政行为质询权。所谓质询权是指权力机关对行政机关及其公职人员提出质问并要求答复的权力。它是国家权力机关对行政主体行使的一项特殊权力。在法治实践中,权力机关的质询有三种情形:一是正式质询,权力机关依严格的法律程序对行政过程提出疑问,一般通过某种质询案要求行政主体作出回答。[116]二是普通质询,此种质询也叫询问,由权力机关对行政机关提出问题,行政机关对权力机关提出的问题作出非书面的答复。在我国这种形式的质询经常采用,通过此种质询,权力机关可以非常方便地了解和介入行政过程。三是个案质询。其是指权力机关就某一具体事件而不是一个行政过程或行政事态向行政机关提出问题并由行政机关予以答复的情形。《中华人民共和国宪法》规定了权力机关的这一权力,由于我国宪法没有相应下位法对质询制度作出具体规定,因此,我国权力机关质询权所对应的是答复的义务,即有义务对权力机关的质询案作出答复,包括提供有关的资料、提供行政过程的依据、说明行政行为的理由等。

(5)行政罢免权。行政罢免权是指权力机关终止行政机关职权和行政人员职位的一种能力,它是权力机关机构设立权和人事决定权的构成部分,但它作为一种独立的权力是可以存在的。行政机构的设立以及行政人员的构成是权力机关享有的重要权力,行政机构设立以后以及行政人员职务取得以后存在一个终止问题。职务的终止有两种途径:一是按照普通的法律程序终止,如行政机构在改革中被撤销、行政人员在晋升和降职中职务发生变迁。二是按照非常程序终止,其中权力机关通过罢免行为终止职务关系就是其中之一。罢免行为究竟是对机构的罢免还是对职位的罢免是一个需要探讨的问题,《中华人民共和国宪法》第63条规定:“全国人民代表大会有权罢免下列人员:(一)中华人民共和国主席、副主席;(二)国务院总理、副总理、国务委员、各部部长、各委员会主任、审计长、秘书长;(三)中央军事委员会主席和中央军事委员会其他组成人员;(四)最高人民法院院长;(五)最高人民检察院检察长。”该条规定的罢免似乎是对机构的罢免。《中华人民共和国地方各级人民代表大会和地方各级人民政府组织法》第10条规定:“地方各级人民代表大会有权罢免本级人民政府的组成人员。”此条款规定的罢免是对行政人员职位的罢免。总之,我们认为,权力机关的罢免权是对行政职务的终止,而此种终止方式是在严格的法律程序下进行的。与权力机关的这一权力相对应,行政主体具有接受罢免的义务,若权力机关罢免的不是某一个行政机构整体而是个人,该个人所从属的行政主体承担不得非法保护的义务。

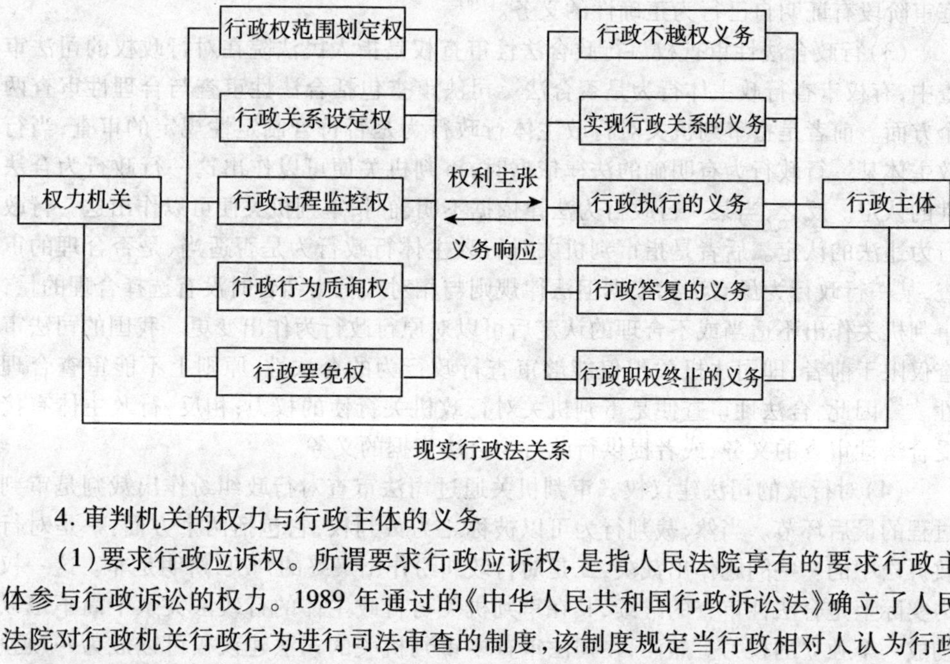

现实行政法关系

4. 审判机关的权力与行政主体的义务

(1)要求行政应诉权。所谓要求行政应诉权,是指人民法院享有的要求行政主体参与行政诉讼的权力。1989年通过的《中华人民共和国行政诉讼法》确立了人民法院对行政机关行政行为进行司法审查的制度,该制度规定当行政相对人认为行政机关的行政行为[117]侵犯其合法权益时,有权向人民法院提起诉讼,行政相对人的起诉将行政主体置于被告的地位,人民法院有权要求行政机关应诉。人民法院行使这一权力受到严格的条件限制,最主要的是只有当行政主体成为行政被告以后才可以行使这一权力,而在行政主体日常的行政行为中人民法院不享有这一权力。审判机关与行政主体的关系受一国政治体制的制约,在实行全面司法审查的国家,审判机关对行政主体的要求应诉权是全方位的,而在司法审查制度仅存在一定范围的国家,常常是最高层的行政主体不受审判机关的约束,即司法机关不能对高层行政主体行使要求应诉的权力。行政主体对应于审判机关要求应诉权的义务是应诉,就是说行政主体有应诉的义务,应诉既可以被看作是一个程序义务,因为应诉本身并不决定行政主体行政行为的正确与否;又可以被当作实体义务,从行政主体被置于司法权作用之下来看,应诉是一个实体义务,因为它肯定了司法权对行政权进行评判的机制。

(2)要求行政举证权。所谓行政举证的义务,是指当行政主体被审判机关通知应诉以后,在行为过程中行政主体必须提出主张以证明自己行政行为的正确性,该义务要求行政主体必须提供有效的证据材料向审判机关表明自己行为是合法合理的。行政主体代表国家行使行政管理权,它在行使权力时必须对自己的权力负责,使每一个权力行使行为同时具有法律依据和事实依据。行政相对人享有起诉的权利但不同时承担举证的义务,这是法律给行政相对人在诉讼阶段的一个特权。司法机关负责对行政行为进行审查,在审查的同时不连带承担提供证据的义务,其作为审判活动过程的主导者有权要求行政主体提供证据。与司法机关这一权力相对应,行政主体在庭审阶段有证明自己行为正确性的义务。[118]

(3)行政合法性审查权。行政合法性审查权是指人民法院在对行政权的司法审查中,有权审查行政主体行为是否合法。司法审查包括合法性审查与合理性审查两个方面。前者是指审判机关对行政主体行政行为是否符合制定性规定的审查,当行政主体某一行政行为有明确的法律依据时,审判机关便可以作出这一行政行为合法性的认定。反之,当某一行政行为法律依据不明确时,审判机关便可以作出这一行政行为违法的认定。后者是指审判机关对行政主体行政行为是否适当、是否合理的审查,某一行政行为虽有法律依据但法律规则与相对人行为结合时没有选择合理的量,审判机关作出不适当或不合理的认定后可以对原行政行为作出变更。我国的司法审查仅限于前者,即司法机关仅仅能够审查行政行为的合法性,原则上不能审查合理性。[119]因此,合法性审查便是审判机关对行政机关行使的权力;相反,行政主体有接受合法性审查的义务,或者提供行政行为合法依据的义务。

(4)对行政的司法建议权。审判机关通过司法审查对行政纠纷作出裁判是审判过程的最后环节。当然,裁判行为可以被称之为裁判权,它包括两个方面:一是对行政诉讼中的一些问题作出裁决,二是对行政纠纷作出最终的判决,辨明是非。这一权力实际上是合法性审查的继续,其在审判机关与行政主体的行政法关系中尚不足以构成一个独立的权力。然而,在司法审查中审判机关的司法建议权可以成为一项独立的权力,因为司法建议权本身可以独立于司法审查权。司法建议权是指审判机关通过对行政主体行政行为的司法审查,对被审查的行政行为作出正确与否的认定,但对行政主体行政行为引申出来的行政过程中的弊漏予以提请注意的权力。该权力与司法审查权有联系,其实质却不是司法审查所必须做的。司法建议权将审判机关的权力延展到行政管理活动过程中,这正是它的特殊性所在。行政主体与审判机关这一权力对应的义务是改进行政工作,使日常行政行为更加规范化。行政的司法建议权至少目前在我国是一个时空性极强的权力,司法机关只能在司法审查中行使这一权力，且司法建议的内容必须与司法审查所牵涉的行政行为有关系，不能在司法审查之外行使司法建议权。

(5)对行政的司法强制权。审判机关在对行政行为的司法审查中处于主导地位，无论是作为原告的行政相对人，还是作为被告的行政机关都必须服从于审判机关。一是在案件审理中，双方都必须依法院规定的程序和环节行使义务，而不能对抗法院，若出现某一方对抗审判机关其便可以采用强制手段排除司法权行使中的障碍。审判机关强制的对象当然包括行政主体。二是审判机关一旦作出已经发生法律效力的判决，该判决中的义务无论哪一方都必须履行。如果行政相对人或行政主体不履行审判机关的判决，审判机关便有权采取司法强制措施。显然，在这里司法强制权的义务主体包括行政主体。与这一权力对应，行政主体有履行人民法院生效法律文书设定事项的义务。

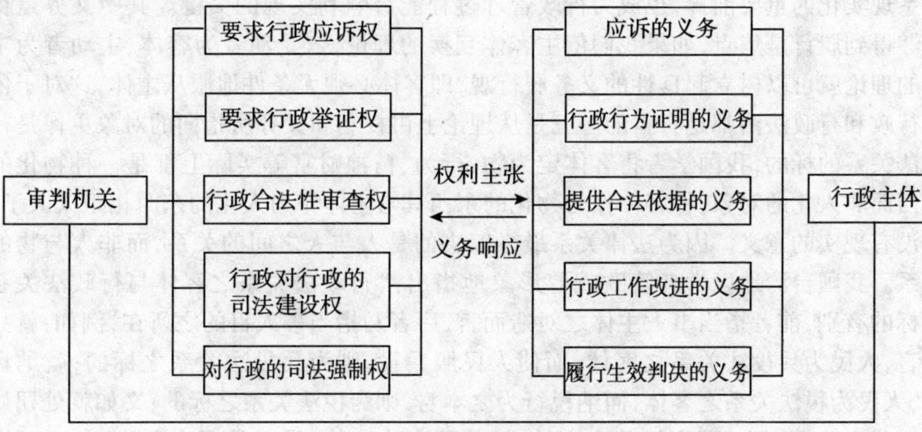

现实行政法关系

(四)行政法关系的客体

行政法关系是一个学理用语，是人们为分析行政法现象方便起见而采用的一套分析方法。将法律理论中有关法律关系的一般原理运用到行政法分析中来，此点决定了行政法关系客体是一个争议颇多的概念。我国大陆传统行政法教科书认为行政法关系客体是指行政法关系中主体权利和义务所指向的对象，依此将行政法关系的客体概括为物、行为、精神财富等。这一解释套用了民法学中法律关系客体的概念。该解释对于认识行政法现象和解决行政法治问题意义不明显。我国台湾地区学者则从另一角度认识行政法关系的客体，他们将行政法关系主体与客体作为一个对应的事物来看待，认为在一个行政法关系中如果有一方处于主动或主导地位足以支配他方时，支配的一方便是主体。与之相反，若某一个人或组织在行政法关系中处于被动的或者受他人支配的地位便是行政法关系的客体。[120]根据这个理解主体或客体所反映的是行政法关系参与者在行政法关系中的地位，若是权利义务的主动者就是主体，若是权利义务的受动者就是客体。主体与客体在行政法关系的总概念中处于互换的状态，即在此一行政法关系中是主体，在彼一行政法关系中便是客体。例如，行政主体根据兵役法的规定要求符合法定年龄的自然人服兵役，在这一行政法关系中行政主体是该法律关系主体；而服兵役的自然人是客体。还以兵役行政法关系为例，若某自然人依兵役法服兵役后有权要求行政主体给予其相应的待遇而行政主体必须依法给其以待遇，此一法律关系中行政相对人是主体而行政主体是客体。总之，行政法关系中的支配者为主体，被支配者为客体。笔者认为，此种关于行政法关系主客体的理论值得大陆行政法学界和行政法治实践借鉴。一是这种关于行政法关系的客体观反映了行政法关系参加者相互平等的地位，任何行政法关系的参加者既有可能成为主体，又有可能成为客体，此点对于解决大陆长期以来认同的行政法关系单方面性的错误理论会有所助益。二是行政法关系中权利义务明确后其实现的程度就成为行政法关系现实化的重要前提，也成为行政管理过程能否顺利实现的关键。其中义务是否能够得到履行是焦点，如果我们依主客体互换的理论，依受动者为客体、主动者为主体的理论就可以树立起良性的义务履行观，即客体必须无条件地服从主体，这对于依法行政和行政法治都是有益的。三是从理论上讲权利和义务所指向的对象更像是行政法关系的标的，我国学者将客体定为物、行为、精神财富等实际上都是一种物化的东西而非人化的对象，将客体作为物化的东西其与主体作为人化的东西相距太大了，且没有现实的意义。因为法律关系最终解决的是人与人之间的关系，而非人与物的关系。我国台湾地区学者管欧就曾形象地指出："行政法关系之客体与行政法关系之标的有别，前者指当事人主体之对造而言，后者乃指当事人目的之所在，例如：就兵役言，人民为兵役法关系之客体，而使人民服兵役，则为兵役法关系之标的；就纳税言，人民为税法关系之客体，而纳税行为之本身，则为税法关系之标的；又如就处罚妨害风化之违警而言，警察机关为主体，被处罚者为客体，予以处罚之行为则为标的。故所谓行政法关系之标的，亦得概括为行政法上所规定作为或不作为所构成之行政事项。"[121]

四、行政法关系的发生和变迁

（一）引起行政法关系发生和变迁的原因

1. 法律规定。行政法关系是由法律规范规定的，因此，法律规范或者调整行政管理关系的其他行为规则是引起行政法关系发生和变更的基本原因。国家制定一个新的行政法律规范后，该规范中设定的权利义务主体及其权利义务关系就形成了一个新的关系形态。而行政法规范的修正、废止同样可以引起行政法关系的变更和消灭。

2. 自然事实。所谓自然事实，是指不以人的意志为转移的非常态事件。这些事件有的是自然事件，如因地震引起的行政上的救助关系，因水灾引起的此方面行政法关系的发生或变更。有的是人为事件，如突发公共卫生事件就会带来一系列原有法律关系的变化并发生新的行政法关系。

3. 主体的行为。行政法律关系主体有 11 种类型,既有单个的个人又有作为群体出现的组织,它们都可以为这样那样的行为,如行政违法行为可以引起一个具体的行政法关系,行政合法行为也可以引起一个具体的行政法关系,行政管理职责的行为可以使原有法律关系变化或不复存在。

(二)行政法关系发生和变更的类型

1. 主体的发生和变更。自然人的出生、社会组织和企事业单位的成立、行政机关的设立都是行政法关系主体的发生。而某个人或组织介入到某一法律事件之中亦为某一行政法关系主体的发生。行政法关系中主体因某种原因将权利义务转移,此时外形是权利义务的变更实则为主体的变更。行政主体的合并、撤销、分立、职权转移是主体变更的典型情况。

2. 权利义务的发生和变更。权利义务发生包括原始发生和继受发生两个方面。所谓原始发生,是指行政法关系主体因法律规定或自然事件直接发生了某种权利义务关系,而不借助于某种中介环节,如依宪法和法律规定公民在法律上享有财产权和受益权,该权利的发生直接来源于宪法和法律。所谓继受发生,是指行政法关系主体借助于某种中介因素的行为而产生的权利义务,如行政主体通过行政法规范赋予行政相对人某种权利或为相对人设定某种义务。行政法关系主体权利义务的变更也是一个非常普遍的行政法现象,行政主体对同一行政事态在管理过程中的任何调整都会引起权利义务的变更,如税务机关对于纳税人税款的减少或增加等。

注释

〔1〕　[美]伯纳德·施瓦茨:《行政法》,徐炳译,群众出版社 1986 年版,第 1 页。

〔2〕　一般教科书在第一章就给“行政法”下一个定义,不同的学者从不同的角度解读行政法的含义,学者们在揭示行政法的概念时大多从一国法律制度出发,通过行政法的定义描述一国行政法的概念。例如,于安在《德国行政法》一书中指出:“行政法的性质是按照特定时代背景确定的。当代德国行政法的性质是所谓‘给付行政法’。”参见于安编著:《德国行政法》,清华大学出版社 1999 年版,第 12 页。

〔3〕　[日]织田万:《清国行政法》,李秀清等点校,中国政法大学出版社 2003 年版,第 5 页。

〔4〕　[前苏联]B. M. 马诺辛:《苏维埃行政法》,黄道秀译,群众出版社 1983 年版,第 29 页。

〔5〕　张家洋:《行政法》,三民书局 1986 年版,第 5—6 页。

〔6〕　[英]戴维·米勒主编:《布莱克维尔政治学百科全书》,邓正来等译,中国政法大学出版社 2002 年版,第 10 页。

〔7〕　同上书。

〔8〕　同上书。

〔9〕　摩莱里设计的行政法典名称叫《行政管理法》,共 12 个条文,其基本上涉及了现代行政法中的一些基本理念,如第 1 条规定:“最高参议会的职权在于监察各城市参议会所通过的决议和法令是否含有就目前或就未来而言可能与国家的法律相抵触的地方,以及公安和经济方面的措施是否真正符合分配法和其他法律的宗旨。最高参议会对这些法

令进行检查之后,认可或否决其全部或部分内容。这样为一个城市所作的决定,在相同问题上适用于其他所有城市,并且经下级参议会同意之后即具有法律效力。”参见[法]摩莱里:《自然法典》,黄建华等译,商务印书馆 1982 年版,第 119—120 页。

〔10〕[前苏联]B. M. 马诺辛:《苏维埃行政法》,黄道秀译,群众出版社 1983 年版,第 29 页。

〔11〕[前苏联]П. Т. 瓦西林科夫主编:《苏维埃行政法总论》,姜明安等译,北京大学出版社 1985 年版,第 17 页。

〔12〕一些社会主义国家,由于受前苏联法治模式的影响,对行政法定义的认识都是从国家管理的角度出发的,如前南斯拉夫共和国宪法关于公法的规定与前苏联基本上是一致的。

〔13〕福利国家实质上是治理国家方式的一个变化,其基本理念是国家包括行政系统的主要职能是为社会提供公共服务,为社会创造更多的福利。福利国家的概念既反映了政府对社会的一种责任,又反映了国家以一种比较强势的力量介入到公共生活的空间之中。

〔14〕[美]E. 博登海默:《法理学——法哲学及其方法》,邓正来、姬敬武译,华夏出版社 1987 年版,第 353—354 页。

〔15〕[英]卡罗尔·哈洛、理查德·罗林斯:《法律与行政》,杨伟东等译,商务印书馆 2004 年版,第 47 页。

〔16〕[英]戴维·米勒主编:《布莱克维尔政治学百科全书》,邓正来等译,中国政法大学出版社 2002 年版,第 10 页。

〔17〕K. C. Davis, Administrative Law Text, West Publishing Co., 1972, p. 1.

〔18〕[美]汉密尔顿等:《联邦党人文集》,程逢如等译,商务印书馆 1982 年版,第 356 页。

〔19〕同上书,第 246 页。

〔20〕其实,三权分立理论的源头是很早的,早在古希腊就有了三权分立的思想,亚里士多德在《政治学》一书中将国家权能分为三种,即议事机能、行政机能和审判机能,这三种机能的划分实质上为后来人们提出三权分立理论提供了认识上的方法论。参见[古希腊]亚里士多德:《政治学》,吴寿彭译,商务印书馆 1983 年版,第 215 页。

〔21〕左潞生:《行政法概要》,三民书局 1977 年版,第 7—8 页。

〔22〕[英]J. S. 密尔:《代议制政府》,汪瑄译,商务印书馆 1982 年版,第 195 页。

〔23〕宋世明:《美国行政改革研究》,国家行政学院出版社 1999 年版,第 188—189 页。

〔24〕[英]威廉·韦德:《行政法》,徐炳等译,中国大百科全书出版社 1997 年版,第 5 页。

〔25〕[美]托马斯·戴伊:《谁掌管美国》,梅士、王殿宸译,世界知识出版社 1980 年版,第 66 页。

〔26〕[英]彼得·斯特克、大卫·韦戈尔:《政治思想导读》,舒小昀等译,江苏人民出版社 2005 年版,第 196 页。

〔27〕[法]莫理斯·奥里乌:《行政法与公法精要》,龚觅等译,辽海出版社、春风文艺出版社 1999 年版,第 143—144 页。

〔28〕同上书,第 148 页。

〔29〕[德]平特纳:《德国普通行政法》,朱林译,中国政法大学出版社 1999 年版,第 3 页。

〔30〕 同上书,第 86 页。

〔31〕 左潞生:《行政法概要》,三民书局 1977 年版,第 8 页。

〔32〕 [美]欧内斯特·盖尔霍恩、罗纳德·M. 利文:《行政法和行政程序概要》,黄列译,中国社会科学出版社 1996 年版,导言第 1 页。

〔33〕 同上书,导言第 2 页。

〔34〕 同上书。

〔35〕 同上书。

〔36〕 [英]维克托·基尔南:《人类的主人》,陈正国译,商务印书馆 2006 年版,第 1 页。

〔37〕 [英]罗素:《权力论》,吴友三译,商务印书馆 1991 年版。

〔38〕 [英]彼得·斯特克、大卫·韦戈尔:《政治思想导读》,舒小昀等译,江苏人民出版社 2005 年版,第 190—191 页。

〔39〕 同上书,第 92 页。

〔40〕 同上书,第 100 页。

〔41〕 同上书,第 365—366 页。

〔42〕 限权行政法概念在行政法学界只是一个形式命题,只具有形式上的合理性,因为我们在以限权法界定行政法的概念时,并没有对限权的深刻哲理基础进行探讨。从上面的分析我们可以看出,限权行政法定义存在的最终基础应当是人性,即人们认识问题的现实和人们认识问题中的自我立场。到目前为止,在行政法学界还没有一部探讨行政法中有关人性的问题,尤其限权行政法中有关人性的问题的著作。对于行政法学界来讲,这是一个非常宏伟的研究课题,若有学者能够从人性的角度系统地探讨行政限权法的必要性,那必然使行政限权法定义更有存在的主观价值。

〔43〕 行政法如果产生于行政机关的行政管理活动过程,那么,行政法本身就是行政机关行为的结果,而不是行政机关行为的前提。行政法一旦作为行政机关的行为结果来看,其规制对象就不是行政机关,而是行政机关的行为对象,即行政相对人。

〔44〕 [前苏联]П. Т. 瓦西林科夫主编:《苏维埃行政法总论》,姜明安等译,北京大学出版社 1985 年版,第 1—2 页。

〔45〕 王珉灿主编:《行政法概要》,法律出版社 1983 年版,第 1 页。

〔46〕 《马克思恩格斯全集》(第 23 卷),人民出版社 1972 年版,第 431 页。

〔47〕 [前苏联]П. Т. 瓦西林科夫主编:《苏维埃行政法总论》,姜明安等译,北京大学出版社 1985 年版,第 39 页。

〔48〕 同上书,第 3 页。

〔49〕 同上书,第 32 页。

〔50〕 同上书,第 33 页。

〔51〕 前苏联建国以后,开展了一系列政治性运动,这些运动一开始是政治机制的产物,当这些政治运动完成以后,便以法律的形式确定下来,行政法对前苏联社会生活的调整就是在这种复杂的情势下进行的。当时实行的集体公社等就是这种活动的一个代表。

〔52〕 [前苏联]П. Т. 瓦西林科夫主编:《苏维埃行政法总论》,姜明安等译,北京大学出版社 1985 年版,第 73 页。

〔53〕［英］彼得·斯特克、大卫·韦戈尔:《政治思想导读》,舒小昀等译,江苏人民出版社2005年版,第387页。

〔54〕［前苏联］П.Т.瓦西林科夫主编:《苏维埃行政法总论》,姜明安等译,北京大学出版社1985年版,第51页。

〔55〕《苏维埃社会主义共和国联盟宪法》第10条规定:“苏联经济制度的基础是生产资料社会主义所有制。社会主义所有制的形式包括:国家(全民)所有制和集体农庄合作社所有制。工会和其他社会组织为执行章程所规定的任务所必需的财产,也是社会主义财产。国家保护社会主义财产,并为其增多创造条件。任何人无权利用社会主义财产来达到个人发财致富的目的和其他自私目的。”参见萧榕主编:《世界著名法典选编》(宪法学卷),中国民主法制出版社1997年版,第427页。

〔56〕参见萧榕主编:《世界著名法典选编》(宪法学卷),中国民主法制出版社1997年版,第636页。

〔57〕《列宁全集》(第31卷),人民出版社1963年版,第261页。

〔58〕［前苏联］П.Т.瓦西林科夫主编:《苏维埃行政法总论》,姜明安等译,北京大学出版社1985年版,第47页。

〔59〕《列宁全集》(第33卷),人民出版社1963年版,第221页。

〔60〕［英］彼得·斯特克、大卫·韦戈尔:《政治思想导读》,舒小昀等译,江苏人民出版社2005年版,第426页。

〔61〕同上书,第418页。

〔62〕王连昌主编:《行政法学》,中国政法大学出版社1994年版,第14页。

〔63〕［前苏联］П.Т.瓦西林科夫主编:《苏维埃行政法总论》,姜明安等译,北京大学出版社1985年版,第59页。

〔64〕同上书,第41页。

〔65〕我国20世纪90年代以后基本上摒弃了管理法的行政法定义,而代之以二元结构的行政法定义,即认为行政法还是行政管理法,但行政法的管理性能存在于两种情境之中:一是对行政相对人的管理,二是对政府行政系统的管理。

〔66〕［日］室井力主编:《日本现代行政法》,吴微译,中国政法大学出版社1995年版,第4页。

〔67〕应松年主编:《行政法学新论》,中国方正出版社1999年版,第11页。

〔68〕同上书,第11—12页。

〔69〕同上书,第12页。

〔70〕［日］室井力主编:《日本现代行政法》,吴微译,中国政法大学出版社1995年版,第8页。

〔71〕同上书,第12页。

〔72〕龚祥瑞:《比较宪法与行政法》,法律出版社2003年版,第6页。

〔73〕罗豪才主编:《行政法学》,中国政法大学出版社1996年版,第22页。

〔74〕同上书,第9页。

〔75〕美国法典中宪法与行政法卷翻译成汉语以后,总字数不超过200万字,这和管理法主

义的国家形成鲜明对比。通常情况下，管理法主义的国家由于将行政管理法都视为行政法，某一方面的管理规则常常就有若干个，一个领域的行政管理规则要比美国整个行政法典还要多许多倍。

〔76〕 罗豪才主编：《行政法学》，中国政法大学出版社1996年版，第9—10页。

〔77〕 “行政法”这一术语本身就是一个非常困惑的概念，因为它牵涉三个问题：一是行政问题，二是法的问题，三是行政与法的关系问题。前两个问题实际上是两个元素，即“行政”、“法”。这两个元素我们可以假定为具有确切地没有争议的内涵。而第三个问题则非常复杂，即行政与法的关系是一个可以从不同角度理解的问题。可以认为行政法是有关行政的法，还可以认为是行政所造的法，还可以认为是行政必须受到法律的约束等。由此可见，行政法这一称谓本身就来得要比其他部门法的称谓复杂。参见［美］E.博登海默：《法理学——法哲学及其方法》，邓正来、姬敬武译，华夏出版社1987年版，第348—356页。

〔78〕 从大多数国家行政法制度和行政法学理论来看，“行政主体”这一概念更像是分析行政法学问题的一个工具，因为在绝大多数国家的行政法制度中并没有使用“行政主体”这一概念，而是使用“行政机关”这一概念。学者们为了使问题能够抽象一点，便用行政主体概括各种各样的行政机关，且将行政机关置于动态的行政活动过程中进行分析。

〔79〕 应当说，“公民、法人或者其他组织”这一概念最早作为法律概念使用是在《中华人民共和国行政诉讼法》之中。《中华人民共和国行政诉讼法》第2条规定：“公民、法人或者其他组织认为行政机关和行政机关工作人员的具体行政行为侵犯其合法权益，有权依照本法向人民法院提起诉讼。”后来的《中华人民共和国国家赔偿法》、《中华人民共和国行政处罚法》、《中华人民共和国行政复议法》都将与行政主体处于相对一方的主体称之为“公民、法人或者其他组织”。

〔80〕 行政权推定有效理论和行政权优先理论在行政法学界是一个非常普遍且被大多数学者接受的理论，然而，笔者认为这一理论的前提是难以成立的，这一理论的社会效果也是很有问题的，对于该问题笔者在《行政法的私权文化与潜能》一书中讨论过。参见关保英：《行政法的私权文化与潜能》，山东人民出版社2011年版，第22页。

〔81〕 ［美］米尔顿·弗里德曼：《资本主义与自由》，张瑞玉译，商务印书馆1986年版，第3页。

〔82〕 同上书。

〔83〕 各国宪法关于行政权力与人民关系的规定都反映了行政系统的现实状态。《德意志联邦共和国基本法》第1条规定：“（自由的权利）（1）人人都有自由发展其个性的权利，但不得侵犯他人的权利或触犯宪法秩序或道德准则；（2）人人都有生存权和人身不可侵犯权。个人的自由不可侵犯。只有根据法律才能侵害这些权利。”《希腊共和国宪法》第1条规定：“第1款希腊的政体为议会制共和国。第2款人民主权为政府的基础。第3款一切权力来自人民和民族，并依照宪法的规定行使。”《伊朗伊斯兰共和国宪法》第121条规定：“共和国总统在国民议会召开的有国家最高法院院长和宪法监护委员会成员出席的会议上宣誓，并在宣誓书上签字。誓词如下：作为共和国总统，我在伟大的古兰经和伊朗人民面前，向至高的真主宣誓，我保证护卫国教、伊斯兰共和国制

度和宪法。竭尽全力地履行自己的职责。为人民和国家繁荣服务。发扬光大伊斯兰和道德。支持和发展正义。不自行其是。维护人民的人身自由和人格以及宪法承认的人民的权利。作出一切努力保卫国家的边界和政治、经济和文化的独立。求助于真主,追随先知,以自我牺牲的精神,忠诚地履行人民作为神圣的托付交给我的权力,日后移交给自己的继承人。”

〔84〕行政法律规范数量繁多,表现形式多样,没有统一完整的法典。由于行政法调整的社会关系极为复杂、广泛且易于变动,因此,只能以不同的规范性法律文件规定不同的行为法规范,调整不同性质和特点的行政关系,使行政法律规范寓于形式多样的法律文件之中。在我国,法律、行政法规、地方性法规、行政规章、自治条例和单行条例、有权法律解释、条约与协定等可以成为行政法的渊源。这些行政法渊源的具体表现文件不仅数量数以万计,且名目极为繁多。如仅规章一项就存在规则、规定、办法、细则、通知、公告等名称,而在这些名称之前还可冠以“临时”、“暂行”、“试行”等字头。规范数量的繁多和表现形式的多样,使行政法典的编纂只能在局部地区或个别领域进行。到目前为止,世界各国都未能制定普遍适用于全部或绝大部分领域的统一完整的行政法典。参见张正钊主编:《行政法与行政诉讼法》,中国人民大学出版社 1999 年版,第 11 页。

〔85〕张载宇:《行政法要论》,汉林出版社 1978 年版,第 12 页。

〔86〕同上书,第 13 页。

〔87〕关保英:《行政法的私权文化与潜能》,山东人民出版社 2011 年版,第 342—343 页。

〔88〕[美]约翰·罗尔斯:《正义论》,何怀宏等译,中国社会科学出版社 1988 年版,第 254 页。

〔89〕威敦比克邦行政法典体系排列如下:全法共 224 条,分为四编:第一编总则,共七章,第一章为法的概念;第二章为公共关系准则;第三章为行政作用,即我们通常所说的行政机关的行政行为;第四章意思表示,指行政法关系各方有关权利义务的主观概念;第五章期间与期日,具有浓厚的程序色彩,规定了行政系统行为成立的期限,显然此章的内容与后来西方各国制定的行政程序法的内容很相似;第六章时效;第七章担保之提供。第二编社团营造物及财团。又分为公法上社团、公的营造物及财团,共三章内容,这些内容具有浓厚的自由市场色彩。第三编公物。即为区别于私人财物的公共性财物及其社会从其受益的问题。第四编公法上的债务关系。另有一条为附则,规定该法的施行日期等。上述内容表明,该法典既有行政实体法的内容也有行政程序法的内容,但主要是行政实体法的内容。由于该法侧重了行政实体法,所以其中一些主要内容参照了民事立法及其技术,甚至和民法典的编排体例也很相似,西方国家把法律分为公法和私法,由于宪法、行政法等都被认为是公法,因此,该法典不能和民法同日而语。其所涉及的实体上的权利义务关系是政府公共行政管理中的权益关系,与民事立法主要关于私人权益关系的内容有质的差别。德国威敦比克邦行政法典内容中值得引起重视的是第一编第三章,即行政作用部分。这一部分规定的内容被认为是行政法总则的核心。理论界关于行政作用争论甚大,不论从概念上还是从基本内容上,该法典以法律的形式对行政法的这一核心问题作了回答,并且采取列举规定的方式,概念极其详密,有很大的启发性。对后来行政作用法的研究提供了很有价值的材料,一些学者认

为这是标准的立法。参见关保英:《市场经济与行政法学新视野论丛》,法律出版社1996年版,第296页。

〔90〕 张家洋:《行政法》,三民书局1998年版,第25页。

〔91〕 萧榕主编:《世界著名法典选编》,中国民主法制出版社1997年版,第381页。

〔92〕 张载宇:《行政法要论》,汉林出版社1978年版,第23页。

〔93〕 我国传统教科书给行政法关系下的定义是:“每一个部门法都有自己特定的调整对象,行政法调整的是国家行政机关在行政管理活动过程中所产生的社会关系,这类社会关系的总和称为行政关系,即行政法所调整的对象是行政关系。……行政法关系是行政法对行政关系加以确认后才形成的。行政法明确规定了行政关系和各方当事人的权利和义务,即行政关系被行政法所调整,确认后便成为了具有法定权利和义务的行政法关系。”(侯洵直主编:《中国行政法》,河南人民出版社1987年版,第5—6页。)这一定义具有普遍性,诸多教科书都是这样的定义方式。笔者认为这种定义方式存在一定问题,主要是其把行政法关系视为行政法的调整对象。其实,行政法关系并不是行政法的调整对象,行政法的调整对象是就行政法的作用客体而言的,行政法规范通过规定一定的关系形式对特定对象起作用,行政法关系只是调整社会关系的一种手段,其本身并不是调整对象。

〔94〕《马克思恩格斯选集》(第1卷),人民出版社1965年版,第183页。

〔95〕《马克思恩格斯全集》(第3卷),人民出版社1965年版,第33页。

〔96〕 同上书,第70页。

〔97〕 行政主体背后的控制主体(如立法机关、司法机关等)与行政主体之间的关系应当是行政法关系的一种形式,而国内有学者则将此种关系形式排除在行政法关系之外,认为其他主体与行政主体的监控关系是所谓的监督行政法关系。笔者认为将行政法关系分为一般行政法关系与监督行政法关系既缺乏理论上的依据,又不利于行政法制度的完善,因为它将一个统一的行政法问题多元化了。

〔98〕 “正是在政府之中,就可以发现中间力量;这些中间力量的比率就构成全体对全体的比率,也就是主权者对国家的比率。我们可以用一个连比例中首尾两项的比率来表示主权者对国家的比率,而连比例的比例中项便是政府。政府从主权者那里接受它向人民所发布的一切命令;并且为了使国家能够处于很好的平衡状态,就必须——在全盘加以计算之后——使政府自乘的乘积或幂与一方面既是主权者而另一方面又是臣民的公民们的乘积或幂,二者相等。”参见[法]卢梭:《社会契约论》,何兆武译,商务印书馆1982年版,第77页。

〔99〕 行政机关因行政调解行为而形成的关系就属于此种形态的关系形式。

〔100〕《美国联邦行政程序法》的规定应当借鉴,如第551条第10项对“制裁”行为的范围作了如下规定:“①禁止令、强制令、限制令或其他影响人身自由的措施;②不予救济;③罚款或罚金;④销毁、禁止使用、没收、扣留财产;⑤确定损害赔偿金额、应偿还金额、费用、酬金、收费额、责令赔偿或恢复原状;⑥吊销或暂停许可证,或对许可证附加限制性条件;⑦采取其他强制性或限制性措施。”

〔101〕 惠生武主编:《行政法与行政诉讼法教程》,中国政法大学出版社2011年版,第11页。

〔102〕 卢梭指出:"我说法律的对象永远是普遍性,我的意思是指法律只考虑臣民的共同体以及抽象的行为,而绝不考虑个别的人以及个别的行为。因此,法律可以规定各种特权,但是它却绝不能指名把特权赋予某一个人;法律可以把公民划分为若干等级,甚至于规定取得各该等级的权利的种种资格,但是它却不能指名把某某人列入某个等级之中;它可以确立一种王朝政府和一种世袭的继承制,但是它却不能选定一个国家,也不能指定一家王室。总之,一切有关个别对象的职能都丝毫不属于立法权力。我们还可以看出,法律既然结合了意志的普遍性与对象的普遍性,所以一个人,不论他是谁,擅自发号施令就绝不能成为法律;即使是主权者对于某个个别对象所发出的号令,也绝不能成为一条法律,而只能是一道命令;那不是主权的行为,而只是行政行为。"参见[法]卢梭:《社会契约论》,何兆武译,商务印书馆 1980 年版,第 50 页。

〔103〕 涂怀莹:《行政法原理》,五南图书出版公司 1987 年版,第 117 页。

〔104〕 贾勘主编:《行政管理学大辞典》,中国社会科学出版社 1991 年版,第 452 页。

〔105〕 参见[德]斐迪南·滕尼斯:《共同体与社会》,林荣远译,商务印书馆 1999 年版,第 52 页。

〔106〕 同上书,第 321 页。

〔107〕 同上书,第 322 页。

〔108〕 张载宇:《行政法要论》,汉林出版社 1978 年版,第 73 页。

〔109〕 《美国宪法》第 14 条修正案规定:"第一节:所有在合众国出生或入籍、并受制于其管辖权的人,都是合众国公民和其居住州的公民。任何州不得制定或实施任何法律,来剥夺合众国公民的优惠与豁免权。各州亦不得不经由法律正当程序(Due Process of Law),即剥夺任何人的生命、自由或财产,或在其管辖区域内对任何人拒绝[提供]法律的平等保护(Equal Protection of Laws)。第二节:众议员应在各州按其相应的人口数量分配,计入每个州的全部人数,排除不纳税的印第安人。但如果在任何选择合众国总统与副总统的选举人、国会代表、州的执法与司法官员或其立法机构成员的选举中,该州的任何男性居民——只要他达到 21 岁,并且是合众国公民——的选举被剥夺或以任何方式削弱,除了因为参与叛乱或其他犯罪,那里的代表基数应按照这类男性公民和该州达到 21 岁的男性公民的总数之比而减少。第三节:任何人先前作为国会成员、合众国官员、任何州议会的成员或任何州的执法或司法官员而宣誓支持合众国宪法,后来又参与反对合众国的起义或叛乱,或给予其敌人以援助或便利,皆不得成为国会参众议员或总统和副总统的选举人,或在合众国或任何州下担任任何文职或军事职务。但国会可以通过每个院的 2/3 多数表决取消这一限制。第四节:经由法律授权的合众国公债——包括为镇压起义或叛乱的服务而偿付抚恤金和津贴所导致的债务——之有效性不可质疑。但对于反对合众国的起义或叛乱之援助,或针对失去或解放任何奴隶的任何要求,合众国或任何州皆不承担任何责任或偿付任何债务;相反,所有这类债务、责任或要求都应被判为非法与无效。第五节:国会有权通过合适的立法而加以实施。"此条是对正当程序的规定,也是我们研究正当程序的经典依据。参见[美]保罗·布莱斯特等编著:《宪法决策的过程》(上册),张千帆等译,中国政法大学出版社 2001 年版,第 11 页。

〔110〕 参见支馥生主编:《行政法学》,武汉大学出版社 1990 年版,第 101 页。

〔111〕 这里实际上存在一个行政主体在权力行使过程中的行政自由裁量权问题,这样的权力在行政紧急处理中更为明显。在行政主体实施的其他行政行为中也存在这样的问题,例如,《奥地利行政处罚法》第19条规定:"行政处罚以法律所规定者为限,但第20条、第21条之情形,不在此限。对于被告在正式审理程序中得为减轻或加重之原因,及其经济能力与家庭状况应加斟酌。"

〔112〕 张载宇:《行政法要论》,汉林出版社1978年版,第83页。

〔113〕 宪法关于不同类型国家机关之间的权力分配规定得非常明确,一般反映在宪法总则部分的条款和国家机构的条款中。笔者注意到,宪法将除了行政机关与审判机关,行政机关与检察机关的权力作了合理划分外。对行政系统内部不同行政机关的权力也作了大体上的区分。《中华人民共和国宪法》第89条至第92条都有行政系统职权区分的内容。

〔114〕 地方立法对不同机关职权的划分必须遵从一定的原则,一是上位法已对国家机关的权限作出划分的,它不得再进行新的划分;二是必须结合本行政区域管理的特点而划分,使职权划分能够从本区域行政管理的需要出发;三是必须就职权行使中的具体问题作出规定,而不能规定原则问题。

〔115〕 一些教科书在讨论行政机关的职权时,认为行政机关亦享有形成权,这是一个值得探讨的问题,关键是如何界定形成权的概念,若将形成权界定为新的权利义务的设定权,那么,行政机关就不享有形成权,至少较低层次的行政机关不享有这样的权力。而将形成权界定为在处理具体事件过程中,形成一定权利义务关系的话,那么,行政机关就享有形成权。但是,从法的一般原理出发,形成权应当是前者而不是后者。

〔116〕 西方国家的法律制度将这种类型的法律行为叫不信任案。

〔117〕 《中华人民共和国行政诉讼法》关于可以进行司法审查的行政行为作了严格限制,参见本书第四篇中"行政诉讼受案范围"一案。

〔118〕 我们认为行政主体证明自己行为正确性的义务不应仅仅存在于司法审查阶段,因为在行政法治实践中,行政主体的绝大多数行政行为进入不了司法审查阶段就发生了法律效力。笔者认为,行政主体在行政管理活动过程中就应当具有证明自己行为正确性的义务,而不应当待该行为进行司法审查程序后再行证明。

〔119〕 参见本书第四篇的"行政诉讼一审程序"一章。

〔120〕 "行政法关系当事人之主体,亦得简称为行政法关系之主体,乃当事人以主动之地位而适用行政法之规定,支配他造之当事人,此时其主动者即为主体,亦称为能动主体;其受以支配之被动者即为客体,亦称为受动主体者,例如:国家依兵役法之规定,颁布征兵命令;依各种税法之规定,征收税款,则国家为主体,人民为客体;唯若人民依兵役法之规定,要求国家给予因服兵役所应享有之权利;依税法之规定,请求国家退还溢纳之税款,则此时人民乃为主体,国家乃为客体。至于人民行使选举权,选举人为主体,被选举人为客体,更属显然;人民行使参政权,此时人民固为行政法关系之主体,唯并无其客体可言。"管欧:《中国行政法总论》,蓝星打字排版有限公司1981年版,第79页。

〔121〕 管欧:《中国行政法总论》,蓝星打字排版有限公司1981年版,第80页。

第四章　行政法的渊源

第一节　行政法渊源的理论

一、行政法渊源的界定

行政法的渊源有两个层面的含义，第一个层面的含义是指规范行政主体以及其他社会主体行为规范的根本来源，[1]也就是行政法规范的最终源头。这一层面的行政法渊源理论所关注的是行政法的自然主义以及行政法的造法者。例如，在行政法规范中有些规则原来是道德规则，后来被正式的法律规范所认可。在行政法规范中还有一些规则原来属于社会技术规则，由于后来在行政过程中普遍使用并因而被行政法规范吸收。此一理论的基础是自然法主义，所谓自然法主义是指法律是一个社会历史现象，有其产生和发展的历史基础和社会基础，行政法作为一个重要的法律部门它的规范既与历史有关，又与社会有关。故而，每一个规范都可以寻找历史的或者社会的源头。第二个层面的含义是指规范行政主体以及其他社会主体的行为规范是以何种形式表现出来的，表现行政法规范的形式就是行政法的渊源。如我国行政法学理论就普遍认可了我国从法律到自治条例和单行条例 6 种重要的行政法渊源。[2]笔者认为，行政法渊源是上述两个方面含义的结合，当我们在分析行政法渊源的定义时必须将源头理论和形式理论有机地结合起来，而不能有所偏废。如果我们仅仅从法律源头的角度分析行政法的渊源就会忽视对我国现实行政法制度和行政法现象的研究。反之，若我们仅仅从法律形式的角度分析行政法的渊源我们就会忽视行政法基础条件的研究。两方面结合以后我们认为行政法渊源有下列本质属性：

1. 有相对确定的形式

行政法渊源的第一属性就是具有相对确定的形式，行政法的渊源与其他法律渊源一样都能够规制人们的行为，而规制人们行为的前提便是具有确定的形式。所谓确定的形式就是指其在法律外形上是非常清楚的，并能具体地确立法律上的权利义务关系。

2. 有相对明确的来源

法律是第二性的社会现象，“调动和协调个体扮演角色的功能机制是法律，而制定与节目相关的价值的机制则是意识形态。这样，因为法律调节和协调人们参与角色和节目，又因为社会分化必然在角色层次发生，所以如果社会将要分化或进化，法律就成为至关重要的系统。因此,法律关系化是社会分化的一个关键条件,它通过规定行政者与角色的关系,通过调整社会系统单位之间的合作,来降低复杂性”。[3]足见法律只是一个社会手段,只是一个让社会因素简化的工具。但是作为第二性的社会现象是受某些第一性的因素决定的。行政法规范也不例外,每一个调整行政过程诸关系的规则都有着相对明确的来源。例如,行政不超越职权的行为规则就来源于行政与立法之间的关系前提。

3. 有相对程度的行政关联

行政法是以行政权、行政过程、行政关系为轴心而运作的,与之相适应,行政法的渊源都具有相对行政关联性。一个行政法渊源要么与行政权有关,要么与行政管理活动过程有关,要么与行政关系有关。若某个行政规则与行政的上列方面没有关系就不能成为行政法渊源。行政法渊源与行政的关联是一个相对意义的概念,即上列不同的行政法渊源与行政权、行政过程、行政关系关联的程度有所不同,有些规则与行政法方面的关联是直接的,如行政法正式渊源中的行政组织法、行政行为法;有些则是间接的,如部门行政管理中相对人之间的一些规则,这些规则是通过行政权而将不同的当事人连接起来的;有些则是通过其他中介环节与行政权有关联,如行政法非正式渊源中的技术准则,是以国家政权机关为中介而对行政过程进行调控的。

4. 有相对严整的体系

法律规则最为本质的特征之一是具有普遍性,所谓普遍性就是指法律规则所涉及的不是某种个别的社会现象,而是不特定范围的众多的社会现象,某一规则在制定时它并不是针对某一个人或某一件事,而是针对某类事件或某些人群,甚或所有相关人群。与规则的普遍性对应的是规则本身的成体系性,即规则一般都是一个规则系统,有相关的机制。行政法渊源同样具有法律规则的这一属性,我们称某一行政法渊源时都是基于规范本身的严整或者相对严整的体系而言的。例如,我们认为行政管理规范性文件是行政法的正式渊源,是因为行政规范性文件确实是调整行政过程的一个成体系的规范系统,我们说行政法理是行政法的非正式渊源,是因为行政法理是由一个较大的规则系统构成的。

二、行政法渊源的演化过程

“就法治思想言,现代法律之法源,以制定法、习惯法与条理为主。此三者,在法律渊源上所占之地位,因时代而不同:18 世纪以前,人民知识简单,思想保守,日常公私生活,多依传统习俗而行,系以习惯法为主要的法源时代;18 世纪以后,进入民权时代,又因产业革命,社会关系较前复杂,习惯法多已不能适应当代需要,而以制定法为主要法源;20 世纪以来,进入福利国家时代,国家之任务繁重,机械的制定法主义,又不足以适应需要,故宁由法律为概括的规定,使政府衡量时势,酌情处理。使条理在法源上之地位,日臻重要,有取代成文法之势。”[4]这是对现代法源从法理角度作的一个分析,笔者认为它对于我们分析行政法渊源的演进过程有重要的指导意义,具体分析如下：

1. 自然法主义阶段

现代行政法是资产阶级革命的产物，这在行政法学界是一个没有争议的问题。资产阶级革命取得成功以后，建立起了以三权分立为机制的政权体制。权力分立以后各机构都追逐着自己的利益和在政治生活中的地位。因此，各机构内部以及各机构之间都必须通过规则连接起来，行政法实际上就是在各个机构的连接关系中形成的。无论机构内部如何连接、机构之间如何连接，机构与人民的关系是问题的根本。即任何一个机构的权力都必须从人民那里找到来源。资本主义建国前的主权在民论以及权力分立论[5]都具有明显的自然法色彩，[6]因此，我们可以说行政法法律渊源发展的第一阶段是自然法主义阶段。1776 年《弗吉尼亚权利法案》第 1～3 条规定："①所有人都是生来同样自由与独立的，并享有某些天赋权利，当他们组成一个社会时，他们不能凭任何契约剥夺其后裔的这些权利；也就是说，享有生活与自由的权利，包括获取与拥有财产、追求和享有幸福与安全的手段。②所有的权力都属于人民，因而也来自人民；长官是他们的受托人与仆人，无论何时都应服从他们。③政府是为了或者应当是为了人民、国家或社会的共同利益、保障和安全而设立的；在所有各种形式的政府当中，最好的政府是能够提供最大幸福和安全的政府，是能够最有效地防止弊政危险的政府；当发现任何政府不适合或违反这些宗旨时，社会的大多数人享有不容置疑、不可剥夺和不能取消的权利，得以公认为最有助于大众利益的方式，改革、变换或废黜政府。"[7]其关于行政法控权的自然主义色彩表露无遗。

2. 习惯法主义阶段

行政习惯法有广义和狭义之分，广义行政习惯法包括三个方面的内容：[8](1)行政判例法，就是司法机关在判决行政案件时形成的调整后来行政过程和司法过程的判例以及判例中所包括的权利义务规则。(2)行政先例法，是指行政机关或者行使行政职权的其他组织在作出先前行政行为、处理先前行政案件时形成的处理规则。它也由个案构成，与判例不同的是该个案存在于行政过程中，仅在行政系统内部，尚未司法化。(3)纯粹习惯法，所谓纯粹习惯法是指行政系统在处理行政事务时所遵从的习惯做法，存在于公众社会中大量的习惯准则只要能够规范行政权的行使都可以成为习惯法。狭义的行政习惯法仅包括后者。我们知道，资本主义国家的建立并不意味着现代民主国家的完全形成，即在资本主义国家建立以后很长一段时间，国家政权仍处在相对专制的状态下。与专制权力相对应，行政权的行使更多地考虑行政的方便性和行政自身的利益，习惯法对行政过程的约束将对行政主体更有利。因此，习惯法曾经一度对行政权起着主要的规制作用。现在一些国家崇尚判例在法律规制中的作用与前述历史渊源不无关系。

3. 制定法主义阶段

正如大多数行政法学者所认为的，18 世纪以后 20 世纪以前，资本主义国家进入了自由资本主义阶段，人民主权在国家政治生活中的地位越来越突出。加之产业革命和近代社会技术的日益发展使社会关系变得比以前复杂起来,各种各样的社会组合关系不断出现。对社会生活中的这种巨变,行政系统单靠习惯法是无法进行调整的,因此,为社会生活和社会过程、为行政权和行政过程设计规则,并要求规则在整个社会过程中占主导地位就成了国家和公众的普遍要求。制定法的迅速发展就是对上述社会背景的回应,一些重要的行政法制度、重要的行政法典、重要的行政法规则就是在这个时期产生的。

4. 行政造法主义阶段

艾森豪威尔担任总统期间就曾发生过这样一件事,在他担任总统以后发现在诸多方面缺乏规范政府行为和行政管理关系的规则,就向国会提出要求国会制定一些新的调整行政管理关系的法律。当艾森豪威尔的意见反映到国会后,一些议员说,在我们这里的做法不是先由国会制定规则而是先让总统制定规则或者提出具体的立法案。这一事件说明在现代国家行政的造法功能已成为一个不可逆转的事实。一些学者对此作了这样的解释,即现代国家的性质已由民主国家进入了福利国家。在福利国家时代,一是社会关系的组合方式越来越多,二是新出现的事物越来越多,而立法机关对这样的社会过程的反应常常是迟钝的,只有行政部门才能作出适时反应并作出有效应对。即法律对行政过程的规定应当是概括性的,而行政系统对行政过程的规定才是具体的。行政造法阶段便必然成为现代行政法的一大特色。

三、行政成文法的危机及分析

正统的法律理论和正统的行政法学理论都是行政成文法主义者。所谓行政法成文主义是指现代法律理论和法治观念都力图使行政法以成文法为根本,以成文法或者制定法为规制行政权的主要或唯一的规则。[9]不幸的是,在现代国家的行政法体系中行政成文法处于一种极度的危机状态中,它既是一个客观事实,又似乎是行政法发展的一个必然趋势。笔者试对行政成文危机作出下列分析:

1. 行政成文法具有天然的先天不足性

(1)行政权的不定界限与行政成文法内涵的有限性反差所导致的不足。行政权的界限向来就是比较模糊的,不论一国法律制度对行政权采取概括规定的方式,还是采取列举规定的方式,都难将行政权的范围全部表述出来,这是行政权与其他国家权力的最大区别。行政权的这种不定界限性随着社会的发展将变得越来越明显,当然,行政权不定界限的特性与行政权膨胀化的发展趋势是相辅相成的。行政成文法所要解决的问题是对行政权的范围和行使方式作出规定,行政成文法在规定行政权时其条款和内涵都是有限的。《中华人民共和国宪法》第 89 条关于国务院职权的规定,尽可能予以列举,但也仅仅只有 18 项,在行政权行使中国务院行使的职权远远超出了宪法所列举的这 18 项的范围,如国家派科学代表队到南极去考察,从国务院职权的 18 项规定中就看不出来。行政权的不定界限使行政成文法在调控行政权时显得十分不足。

(2)行政关系不定形态与行政成文法设定关系确定性反差所导致的不足。行政关系是对行政管理关系和行政过程中发生的各种关系的统称。行政关系是一个范畴概念,即在该概念之下包括了不断变化的无数个关系形态。而行政成文法在设定行政关系时是基于一定的时段、一定的事态性而为之的。即行政成文法所设定的行政关系无论如何都是有限的和可以确定的,但行政管理过程中行政关系的产生、变更和废止不能完全与行政成文法的规定对应。从法律调整的角度讲,行政关系的不定形态和行政成文法设定关系的确定性便形成了反差,此点也使行政成文法存在一定危机。

(3)行政事态多变性与行政成文法调整手段恒定性反差所导致的不足。行政管理事态是多变的,在现代科学技术日新月异的社会条件下,行政事态的变化更是任何高明的立法者和管理者所不能预测的。一个新的社会事态的出现同时需要新的行政手段予以应对,行政成文法中所规定的行政手段却是相对有限的,如我们无论对行政行为如何分类,法律规范所认可的行政主体可以采取的行政行为仅有一定的数量。有限的行政调整手段在应对多变的行政事态时总会表现出一定程度的不适,这是行政成文法先天不足的另一层含义。

(4)行政行为具体化与行政成文法规则抽象化反差所导致的不足。行政行为从理论上被分为具体行政行为和抽象行政行为,应当说这仅仅是一种理论上的分类。在行政过程中不论我们现在称之为的具体行政行为还是抽象行政行为,都是针对一定的事或一定的人,当然有的是针对一定的事但不针对一定的人,有的则是针对一定的人,但不针对一定的事。[10]而行政成文法规则却是抽象的,是说它是对无数同类行为或同类事件的高度概括,一个规则对应无数同一类的事或同一群人。行政行为的具体化与规则本身的抽象化是存在较大反差的。例如,同是征税行为,对不同的人法律只能作出同一的规定,而行政主体对同一规则常常适用于不同的人,这些不同的人与规则的差距是非常大的。行为的具体化与规则的抽象性也使行政成文法在调整行政关系时显得底气不足。

行政成文法之特性	涉及客体之特性	二者反差之表现	结论
内涵有限性	行政权不定界限	包容不能	规则先天不足
设定关系确定性	行政关系不定形态	应对不能	规则先天不足
调整手段恒定性	行政事态多变不可测	调适不能	规则先天不足
规则抽象化	行政行为具体化	变化不能	规则先天不足

2. 行政成文法危机之深层原因分析

(1)行政权力的世界化倾向。行政权的范围是由各国在其宪法和法律制度中规定的,不同的法律规定就有不同的行政权形态,[11]这样的制度实践使行政权在范围设计和方式确定的初期具有明显的本土化倾向,即把行政权作为一个事物来看的话,它在起初是以国为单位的。20 世纪中期以后,在各国的政治交往中有作为多数国家认同的联合国,在各国的经济交往中有作为多数国家认同的世界贸易组织,在文化和社会事务交往中更是具有大多数国家认同并参与的组织。各国行政权在行使中无论涉及政治事务、经济事务，还是涉及社会事务、文化事务都较前有了大致相同的行为方式，诸多国家相同的行为方式就是行政权的世界化倾向。但是，行政法制度却是以国家为单位而不是以世界为单位的，以国家为单位的行政法与以世界为单位的行政权倾向是导致行政成文法危机的深层原因之一。我们当然不能接受行政法已经全球化了的观念，但我们可以说行政法具有全球化的倾向，全球化倾向必然使各国的行政法成文出现危机。要么放弃成文法对行政权的绝对规制理论，要么将国家政权完全封闭起来，二者几乎没有调和的余地。

(2)社会运行调节机制的市民社会倾向。社会运行的调节机制是指一国社会生活在运行过程中以何种范畴的权利义务形式进行控制和约束。政府以国家权力进行调控和由市民社会调节是两种不同类型的调控机制。在第一种调控机制下，政府处于对社会生活调控的主导地位，政府可以用严格的法律规则调控，也可以用超强度的行政手段进行调控。[12]在第二种调控机制下，政府将社会过程和社会关系交给市民社会，由市民社会的相关规则和手段进行调节，如通过市场建立社会关系之间在经济上的交换关系，而不是以计划手段建立起社会成员之间的经济关系。显然，自20世纪90年代我国建立市场经济体系以来，社会运行的调节机制已由前者向后者过渡，不过我国仍然处在这样的过渡阶段。毫无疑问，市民社会调节机制是对行政成文法在一定意义上的否定，如果像我国传统上把行政法理解为行政管理法的话更应当如此，这是行政成文法危机的第二个深层原因。

(3)人类行为规则的技术化倾向。人与人之间的关系建立在社会行为规则的基础之下，只要有人与人之间的结合就必然具有调整人与人之间关系的规则。所不同的是在不同的社会形态下，调整人们之间的行为规则的主流有不同的形式。在社会技术不发达的社会形态中，调整人们行为的规则主要是纯粹社会性规则，所谓社会性规则是指该规则是以伦理规则为主要特征的，且这种伦理规则是由社会传统和政治机构设定的。现代社会已经进入了高度技术化的社会阶段，[13]电子计算机的出现使社会的技术化进入了一个非常高的阶段。在高技术化的社会过程中，人与人之间的关系一是较为复杂，二是需要更多的规则调整。而调整人与人之间基本的规则来源不是传统和政府立法，而是技术中涉及的客观规律性。一些受客观规律支配的行为规则无论政府的立法是否认同它都深深地制约着人们的行为，这种规则的制约比政府成文法的制约更具有实质意义。如在电脑病毒日不能开启电脑，它并不是政府立法但它对人们行为的约束超过了政府立法的效力。

(4)法律理念的非权威化倾向。传统法理学认为法律是统治阶段意志的体现，法律的造法机构是国家的立法部门，法律的传统机制是国家强力。总之，法律本身意味着政治权力和政府权威，现代社会中，随着人们在社会过程中的组合关系越来越多，人们不再像以前那样仅仅靠国家权力的作用遵守规则，不再仅仅限于遵守国家所制定的规则。当人们参与了某一利益组合群体后，其出于对自己所参与的利益组合群体的认同,自然而然地会选择遵循该组合群体内部的行为规则。例如,一些行业协会的规则对其成员的行为约束中的自觉性要比法律规范来得更为实在。当人们一旦将法律仅仅视为一种行为规则而不是规制手段时,当人们不是处于恐惧而是出于自愿而遵守规则时,规则的性质也就发生了变化。正是人们对法律的非权威化认同使成文法独有的价值发生了危机,这是行政成文法危机的又一深层原因。行政成文法的危机使行政法渊源类型呈现出多元化特征,[14]也为行政法的非正式渊源留下了巨大空间。

四、行政法渊源的理论分类

1. 依行政法渊源的客观范畴为标准:分为正式渊源和非正式渊源。正式渊源指体现在正式行政法文件中的那些渊源形式;非正式渊源指没有体现在正式的行政法文件中但对行政权起着规范作用的那些渊源形式。笔者在下文将以此分类为线索对我国行政法渊源进行讲解。

2. 依行政法渊源的适用范围为标准:分为中央行政法渊源与地方行政法渊源。中央行政法渊源在全国范围内适用,如全国人大制定的法律、国务院制定的行政法规、职能部门制定的部门规章;地方行政法渊源在区域范围内适用,如地方管理法、地方政府规章等。

3. 依行政法渊源的造法主体为标准:分为立法机关制定的行政法渊源,行政机关制定的行政法渊源和司法机关制造的行政法渊源。立法机关制定的有关国家行政关系的行为规则是前者;行政机关在立法机关的授权和委托下所制定的行政法就是行政机关制造的行政法渊源;司法机关在审判和检察活动中针对行政监督或者行政的司法审查所制定的规则就属于司法机关制造的行政法渊源。

4. 依行政法渊源对行政权的作用性质为标准:分为积极行政法渊源与消极行政法渊源。有学者将行政分为积极行政与消极行政。"消极行政以维护国家安全,保持社会安全为目的,其作用仅在抵御外侮,保境安民。""积极行政以促进社会发展为目的。"[15]与之对应,凡属于保护社会安全和抵御外侮的行政法渊源便是消极行政法渊源;凡促进社会事务发展,增加社会福利的行政法渊源便是积极行政法渊源。

5. 依行政法渊源的作用对象为标准:分为内部行政法渊源与外部行政法渊源。调整行政系统内部法关系的行政法渊源形式就是内部行政法渊源;调整行政主体与行政相对人关系的那些渊源形式则是外部行政法渊源。

6. 依行政法渊源涉及的管理客体为标准:分为一般行政法渊源与部门行政法渊源。一般行政法渊源指调整行政系统中的一般行政关系,其适用于所有的行政管理主体;部门行政法渊源指调整部门行政管理关系,其适用于某一特定行政机关。

7. 依行政法渊源是否包含实体权利义务为标准:分为行政程序法渊源与行政实体法渊源。行政程序法渊源仅仅调整行政过程中的程序关系,不包括行政主体和行政相对人实体上的权利和义务;行政实体法渊源调整行政过程中的实体关系,包含行政主体和行政相对人在实体上的权利与义务。

8. 依行政法渊源的事态性质为标准：分为普通行政法渊源与特别行政法渊源。所谓普通行政法渊源是指其涉及的是一般行政管理事态，针对一般的人或事；所谓特别行政法渊源是指其涉及的是特定或特别的行政管理事态，针对特别的人或事。依《中华人民共和国立法法》的规定，特别行政法的效力高于一般行政法的效力。[16]

9. 依行政法渊源的对象为标准：分为行政组织法渊源、行政行为法渊源、行政救济法渊源。行政组织法渊源所规制的对象是行政组织，如国务院组织法、公务员法、行政编制法；行政行为法渊源规制的是行政行为，如行政程序法、行政处罚法、行政许可法；行政救济法渊源的规制对象是行政权益救济，如行政诉讼法、行政赔偿法等。

序号	区分标准	类型名称	基本含义	意义
1	客观范畴	正式渊源	体现于正式法律文件中的	质疑成文法主义
		非正式渊源	体现于非正式法律文件中的	
2	适用范围	中央法渊源	在全国范围内适用	理解法的适用范围
		地方法渊源	在区域范围内适用	
3	造法主体	立法机关制造的渊源	享有立法权的机关制定	行政亦有造法功能
		行政机关制造的渊源	享有行政权的机关制定	
4	作用性质	积极法渊源	主动促进社会事务发展	把握法属性的社会过程
		消极法渊源	被动维护社会秩序	
5	作用对象	内部法渊源	调整内部行政关系	关注调整对象的互动
		外部法渊源	调整外部行政关系	
6	管理客体	一般法渊源	涉及一般行政管理关系	如何确定部门行政法地位
		部门法渊源	涉及部门行政管理关系	
7	权利义务性质	实体法渊源	含实体权利义务	认识规则的价值
		程序法渊源	含程序权利义务	
8	事态性质	普遍法渊源	一般行政事态	对法效力有所认识
		特别法渊源	特别行政事态	
9	规制对象	组织法渊源	规制行政组织	把握行政法结构
		行为法渊源	规制行政行为	
		救济法渊源	规制行政救济	

第二节　行政法的正式渊源

一、行政法正式渊源的界定

所谓行政法的正式渊源是指体现于正式的法律文件和行政法文件中，经国家权威机关认可或制定规范行政主体行政过程的行为准则。[17]行政法的正式渊源有下列本质属性：

1. 行政法的正式渊源有正式的规范文本

各国法律制度对行政法的规范文本一般都有规定，如美国政府的联邦登记就将所有政府行政法文件纳入其中，某一行政法文件若能够调整某方面的社会关系就必须进行联邦登记。《中华人民共和国立法法》对于我国各个层面行政法律文件的文本都作了规定，如行政法规一般必须以“条例”、“规定”和“办法”的文本形式出现。笔者将正式渊源的文本叫规范文本而没有叫法律文本，是因为在正式的行政法文件中除了法律性规则外，还有非法律性规则的行为规范。因此，行政法正式渊源的文本一般都是规范化的，有相关的条文、有相关的权利义务设定、有相关的制裁条款、有相关的发生法律效力的构成要件等。

2. 行政法的正式渊源有权威性的造法主体

造法主体是对法律渊源进行分类的又一标准，行政法也不例外，其造法主体的状态亦直接关系到渊源本身的性质，正式的行政法渊源都有权威性的造法主体。一方面，正式渊源的造法主体是明确的，并承担着一定的权力行使职能，它所行使的权力既可能是国家权力也可能是社会权力。另一方面，正式渊源的造法主体具有权威性，所谓权威性是指其行为与国家行为有关，其行为对社会过程产生实质性影响。在民主和法制健全的国家正式渊源的造法主体可以是国家以外的组织，如教会、政党等。因此，我们不能够将行政法正式渊源的造法主体仅仅限制在国家机关之中。

3. 行政法的正式渊源有相对稳定的规制方式

人类社会中的行为规则是多种多样的，不同的行为规则在规范人们的行为时所表现出来的方式也是有所不同的，例如，道德准则和法律准则对人们行为的规制就有明显区别。道德的规制没有正式的规制方式，至少规制方式所要达到的最终结果不十分明确。行政法的正式渊源有相对稳定的规制方式，所谓稳定的规制方式是指它的规制对象、规制手段、规制所要达到的预期目的都是十分清楚的，如《中华人民共和国著作权法》第55条规定：“当事人对行政处罚不服的，可以自收到行政处罚决定书之日起3个月内向人民法院起诉，期满不起诉又不履行的，著作权行政管理部门可以申请人民法院执行。”该条中的权利义务明确、期限明确、结果明确。行政法的正式渊源依法理学，其规制包括主体性条款、假定性条款、制裁性条款等。正是比较规范的规制方式使正式的行政法渊源在对行政管理关系的调整中起着最为重要的作用。

二、行政法正式渊源的效力

1. 时间效力

行政法的正式渊源都有时间上的效力范围，从生效到终止的期间内都有法律效力。一些法律文件在制定时明确规定了生效或终止的时间，例如，《中华人民共和国职业病防治法》第79条规定：“本法自2002年5月1日起施行。”[18] 正式行政法渊源的失效时间有时为前法制定以后后法自动失效，有时为该法被废止以后其时间效力也随之终止。有些行政法文件制定需要有权机关的批准,此时只有当批准程序完成以后其时间效力才开始。正式法渊源生效以后仅仅对生效以后的人或事发生作用,而对生效以前的人或事不发生作用,这在法律上叫无溯及力。[19]若某一法律具有对生效前的事或人有约束力的情形就叫做具有溯及力。具有溯及力的行政法正式渊源必须在立法文件中作出明文规定,否则不能认为有溯及力。

2. 空间效力

空间效力指行政法正式渊源所能够约束的地域范围。依行政法正式渊源的状况,若某一行政法文件是全国性的,其就在中华人民共和国范围内有效,若某一行政法文件是地方性的,其就在本地方有效。例如,《规章制定程序条例》是由国务院制定的,它就在全国范围内发生法律效力。《上海市标准化条例》是由上海市人民代表大会制定的,它仅仅在上海市具有法律效力,而在上海市以外的其他地区不具有法律效力。由于我国设有特别行政区,全国性的行政法文件在特别行政区的效力要根据该法律文件的内容性质而定。

3. 对人的效力

"法律规范的效力通常是地域性的,一般适用于进入其地域范围之内的所有人。有的法律规定适用于所有的在其地域范围之内居留的人,以及所有——无论其是否停留或具有住所——其权利客体在该地域范围之内所有的人。"[20]这是某些国家行政法对人的效力的原则,即以属地原则作为对人的效力依据。我国行政法对人的效力是这样的,若某一行政法规范在某一地域或区域内有效,那么在这一地域或区域的所有人都必须受该规范的约束。例如,上海市的地方性法规和地方政府规章以上海市地域为规制对象,外地到上海的人不论居住或旅游都要遵守上海的上述规则。[21]

4. 对事的效力

行政法规范都是以行政管理事态为基础的,产生某一行政法规范的事态必然要受已经产生出来的行为规则的约束。如《中华人民共和国人口与计划生育法》对有关人口和计划生育的事态进行调整,其对此类事态就具有法律效力。在行政法治实践中常常会出现行政法规范对某类事态作出概括规定的情况,在概括规定的情形下,该规范所涉及的事并不十分具体;某些事情是否受此规范的约束要由行政主体自由裁量之。如在非典发生期间,什么样的人或人群以及行为应当以传染病防治法处置之,什么样的人或人群以及行为应当以治安管理处罚条例处置之,这样的复杂事态就需要行政主体结合法律规则自由裁量。

三、行政法正式渊源的内容

(一)宪法中的行政法渊源

宪法是国家的根本大法,是所有其他部门法的母法。宪法所规范的内容是国家制度和社会制度中最为基本的内容,它包括公民的权利义务、政治制度、经济制度、社会制度、文化制度、国家机构等。宪法的上列内容与行政法都有着直接和间接的关联性，具体地讲有下列方面：

1. 宪法关于行政权与其他国家权力关系的规定是行政法的渊源

行政权与立法权、行政权与审判权、行政权与检察权之间的性质区别和范围区别必须通过宪法规定，宪法规定的关于行政权和其他权力的界限是行政权在运作中遇到的首要问题，因此，这些规定也就是行政法的渊源。

2. 宪法关于行政系统在国家政治体制中地位的规定是行政法的渊源

国家的政治体制包括政党体制、政权体制、行政体制、司法体制若干分支，各分支共同构成了一国的政治体制。各分支之间的关系决定一国政治体制的状况。如有些国家实行多党制，有些国家实行一党制，宪法对政党在政治体制中的地位都有规定。行政系统在政治体系中处于什么样的地位是宪法不能回避的问题。我国宪法规定我国实行人民代表大会制度，行政系统是人民代表大会意志的执行者，它必须对人民代表大会负责并报告工作，这些规定是宪法的内容，同时也是行政法的基本渊源。

3. 宪法关于行政系统内部构成的规定是行政法的渊源

行政系统的内部结构在宪法中都有规定，包括行政系统的分层、行政系统中中央与地方的关系、行政系统的职能划分、一个行政支系统中所包含的子系统等。例如，《中华人民共和国宪法》第 85 条规定："中华人民共和国国务院，即中央人民政府，是最高国家权力机关的执行机关，是最高国家行政机关。"第 86 条规定："国务院由下列人员组成：总理，副总理若干人，国务委员若干人，各部部长，各委员会主任，审计长，秘书长。国务院实行总理负责制。各部、各委员会实行部长、主任负责制。国务院的组织由法律规定。"第 105 条规定："地方各级人民政府是地方各级国家权力机关的执行机关，是地方各级国家行政机关。地方各级人民政府实行省长、市长、县长、区长、乡长、镇长负责制。"

4. 宪法关于行政机关所能够行使的行政权的规定是行政法的渊源

行政系统中主要机构行使的权力一般都是通过宪法规定的，宪法关于主要行政机构行使权力的规定是行政法的渊源。如《法兰西共和国宪法》第 21 条规定："总理领导政府的活动，总理对国家防务负有责任。总理保证法律的执行。除第 13 条的规定外，总理行使规章制定权，并任命文职人员和军职人员"。[22]《中华人民共和国宪法》第 89 条对国务院行使的职权作了列举规定，第 107 条规定："县级以上地方各级人民政府依照法律规定的权限，管理本行政区域内的经济、教育、科学、文化、卫生、体育事业、城乡建设事业和财政、民政、公安、民族事务、司法行政、监察、计划生育等行政工作，发布决定和命令，任免、培训、考核和奖惩行政工作人员。乡、民族乡、镇的人民政府执行本级人民代表大会的决议和上级国家行政机关的决定和命令，管理本行政区域内的行政工作。省、直辖市的人民政府决定乡、民族乡、镇的建置和区域划分。"该条规定了省、县、乡行政机关所行使的职权。

5. 宪法关于公民权利义务的一些规定是行政法的渊源

公民权利在宪法中有数十个方面,其中一些权利义务属于纯粹的宪法权利义务,如公民有参与各级人民代表机关选举的权利,公民有热爱国家的义务,等等。另一些权利义务则具有多重性,即它既是公民的宪法权利义务又是公民在行政法上的权利义务。例如,《中华人民共和国宪法》第 41 条规定:"中华人民共和国公民对于任何国家机关和国家工作人员,有提出批评和建议的权利;对于任何国家机关和国家工作人员的违法失职行为,有向有关国家机关提出申诉、控告或者检举的权利,但是不得捏造或者歪曲事实进行诬告陷害。对于公民的申诉、控告或者检举,有关国家机关必须查清事实,负责处理。任何人不得压制和打击报复。由于国家机关和国家工作人员侵犯公民权利而受到损失的人,有依照法律规定取得赔偿的权利。"与其说该条规定的权利是公民的宪法权利还不如说是公民的行政法权利。

6. 宪法关于国家基本国策的规定是行政法的渊源

在法治进程较快的国家,国策都必须通过宪法规定,或者通过类似于宪法的法律文件规定,由于我国是发展中国家,法治进程还没有达到理想境界。因此,我国的国策一部分在宪法之外,如有些国策由党和政府的政策确定。而绝大多数国策还是通过宪法的形式确定的,宪法确定的国策都是行政法的渊源,只不过是国策作为行政法的渊源与其他形式的渊源相比要间接一些。例如,《中华人民共和国宪法》第 25 条规定:"国家推行计划生育,使人口的增长同经济和社会发展计划相适应。"在《中华人民共和国人口与计划生育法》出台之前此条规定的国策一直是行政法的直接渊源。

7. 宪法以及宪法性文件关于行政区域划分的规定是行政法的渊源

我国行政法教科书没有讲授行政区划问题,也许多数学者会认为行政区划的问题是宪法问题。但是,在笔者看来,行政区划应当是行政法的一个基本问题。我们知道行政权的划分除了职能和层级划分外,还有空间划分的问题,尤其我国地方行政权的行使都以区域为单位。此省的行政机构不能到彼省行使权力,此县的行政机构不能到彼县行使权力,此乡的行政机构不能到彼乡行使权力。对行政区域界限的划分当然应当是行政法范畴的问题,只不过行政区域划分具有一定的历史传统,而传统法学理论又将其归之于宪法规范之下,才使人们产生了错觉。基于上述,笔者认为我国宪法和宪法性文件关于行政区划的规定是行政法的一个间接渊源,因为它间接地确定了行政权的空间范围。我国行政区划大致如下表所示:

中华人民共和国行政区划统计表[23]

省级		地级		县级		乡级	
合计	行政区划单位	合计	行政区划单位	合计	行政区划单位	合计	行政区划单位
34	4 直辖市 23 省 5 自治区 2 特别行政区	333	285 地级市 15 地区 30 自治州 3 盟	2852	860 市辖区 368 县级市 1453 县 117 自治县 49 旗 3 自治旗 1 特区 1 林区	40446	2 区公所 19881 镇 12066 乡 151 苏木 1063 民族乡 1 民族苏木 7282 街道
北京市				16	14 市辖区 2 县	325	144 镇 33 乡 5 民族乡 143 街道
天津市				16	13 市辖区 3 县	245	123 镇 10 乡 1 民族乡 111 街道
河北省		11	11 地级市	172	37 市辖区 22 县级市 107 县 6 自治县	2234	1 区公所 1019 镇 889 乡 51 民族乡 274 街道
山西省		11	11 地级市	119	23 市辖区 11 县级市 85 县	1397	564 镇 632 乡 201 街道
内蒙古自治区		12	9 地级市 3 盟	101	21 市辖区 11 县级市 17 县 49 旗 3 自治旗	1010	490 镇 108 乡 151 苏木 17 民族乡 1 民族苏木 243 街道
辽宁省		14	14 地级市	100	56 市辖区 17 县级市 19 县 8 自治县	1515	615 镇 202 乡 68 民族乡 630 街道
吉林省		9	8 地级市 1 自治州	60	20 市辖区 20 县级市 17 县 3 自治县	895	429 镇 161 乡 28 民族乡 277 街道
黑龙江省		13	12 地级市 1 地区	128	64 市辖区 18 县级市 45 县 1 自治县	1278	485 镇 354 乡 55 民族乡 384 街道

续表

省级	地级		县级		乡级	
上海市			17	16 市辖区 1 县	208	108 镇 2 乡 98 街道
江苏省	13	13 地级市	102	55 市辖区 23 县级市 24 县	1281	836 镇 95 乡 1 民族乡 349 街道
浙江省	11	11 地级市	90	32 市辖区 22 县级市 35 县 1 自治县	1341	650 镇 265 乡 14 民族乡 412 街道
安徽省	16	16 地级市	105	43 市辖区 6 县级市 56 县	1509	923 镇 325 乡 9 民族乡 252 街道
福建省	9	9 地级市	85	26 市辖区 14 县级市 45 县	1104	609 镇 301 乡 19 民族乡 175 街道
江西省	11	11 地级市	100	19 市辖区 11 县级市 70 县	1540	802 镇 588 乡 8 民族乡 142 街道
山东省	17	17 地级市	138	48 市辖区 30 县级市 60 县	1824	1094 镇 113 乡 617 街道
河南省	17	17 地级市	159	50 市辖区 21 县级市 88 县	2399	1014 镇 815 乡 12 民族乡 558 街道
湖北省	13	12 地级市 1 自治州	103	38 市辖区 24 县级市 38 县 2 自治县 1 林区	1232	746 镇 178 乡 10 民族乡 298 街道
湖南省	14	13 地级市 1 自治州	122	35 市辖区 16 县级市 64 县 7 自治县	2388	1131 镇 855 乡 97 民族乡 305 街道

续表

省级	地级		县级		乡级	
广东省	21	21 地级市	121	56 市辖区 23 县级市 39 县 3 自治县	1586	1131 镇 4 乡 7 民族乡 444 街道
广西壮族自治区	14	14 地级市	109	34 市辖区 7 县级市 56 县 12 自治县	1243	715 镇 353 乡 58 民族乡 117 街道
海南省	3	3 地级市	20	4 市辖区 6 县级市 4 县 6 自治县	222	183 镇 21 乡 18 街道
重庆市			38	19 市辖区 15 县 4 自治县	1012	604 镇 206 乡 14 民族乡 188 街道
四川省	21	18 地级市 3 自治州	181	45 市辖区 14 县级市 118 县 4 自治县	4660	1831 镇 2451 乡 98 民族乡 280 街道
贵州省	9	6 地级市 3 自治州	88	13 市辖区 7 县级市 56 县 11 自治县 1 特区	1518	729 镇 474 乡 236 民族乡 79 街道
云南省	16	8 地级市 8 自治州	129	13 市辖区 11 县级市 76 县 29 自治县	1365	659 镇 442 乡 142 民族乡 122 街道
西藏自治区	7	1 地级市 6 地区	74	1 市辖区 1 县级市 72 县	693	140 镇 534 乡 9 民族乡 10 街道
陕西省	10	10 地级市	107	24 市辖区 3 县级市 80 县	1418	1136 镇 80 乡 202 街道
甘肃省	14	12 地区 2 自治州	86	17 市辖区 4 县级市 58 县 7 自治县	1345	470 镇 724 乡 34 民族乡 117 街道

续表

省级	地级		县级		乡级	
青海省	8	1 地级市 1 地区 6 自治州	43	4 市辖区 2 县级市 30 县 7 自治县	396	138 镇 200 乡 28 民族乡 30 街道
宁夏回族自治区	5	5 地级市	22	9 市辖区 2 县级市 11 县	237	101 镇 92 乡 44 街道
新疆维吾尔自治区	14	2 地级市 7 地区 5 自治州	101	11 市辖区 22 县级市 62 县 6 自治县	1026	1 区公所 262 镇 559 乡 42 民族乡 162 街道
香港特别行政区						
澳门特别行政区						
台湾省						

宪法由于具有母法的地位，因此，宪法和行政法还存在深层次的逻辑关系。一是宪法是行政法规范的制定依据。一国要制定行政法规范必须间接或直接从宪法中找到依据，如我国在制定《中华人民共和国行政监察法》时就充分考虑了《宪法》第 89 条的规定。二是行政法是对宪法的扩充规定。[24] 宪法是对国家制度和社会制度总体框架的设计，其不可能包容国家制度和法律制度的一些具体内容，行政法对宪法规定的基本轮廓予以具体化。三是行政法所规定的内容不能与宪法相抵触。宪法在国家法律体系中具有最高的法律效力，它是所有部门法的上位法，行政法作为宪法的下位法不能同宪法规定的内容相抵触。这里有一个问题需要讨论，就是部门行政法和宪法在发展过程中的变化原理问题。宪法是行政法之母这是无可争议的，同时还应该看到，宪法的制定需要通过特定程序。其内容的相对原则和稳定，决定了宪法在对应社会生活中出现的新事物时常常有一定的滞后性。如我国 1982 年宪法制定时规定我国在经济行政管理方面实行计划经济，此时宪法与社会发展的变奏就存在相对的不和谐性，而我们则在短期之内不可能对宪法的规定作出重大修改。此时，行政法以及其他部门法能否作出新的规定就是一个非常重要和敏感的问题。笔者认为，宪法与行政法是一个普遍与特殊的关系，若把宪法作为一个普遍的、一般的事物来看的话，行政法则是一个特殊的、个别的事物。依唯物论的变化原理，个别的、特殊的变化才能引起一般的、普遍的变化，因此，笔者认为在宪法规则与社会发展变奏不和谐时行政法可在一定条件下作出超前规定，当然，这样的超前规定应当依照严格的立法程序进行。

（二）法律中的行政法渊源

法律是一个特指概念，是指全国人民代表大会以及全国人民代表大会常务委员会制定的对社会事务进行规范的行为规则。法律在我国分为两个部分,一是由全国人民代表大会制定的基本法,《中华人民共和国立法法》第7条第2款规定:“全国人民代表大会制定和修改刑事、民事、国家机构的和其他的基本法律。”二是由全国人民代表大会常务委员会制定的一般法,《中华人民共和国立法法》第7条第3款规定:“全国人民代表大会常务委员会制定和修改除应当由全国人民代表大会制定的法律以外的其他法律;在全国人民代表大会闭会期间,对全国人民代表大会制定的法律进行部分补充和修改,但是不得同该法律的基本原则相抵触。”上列法律的范畴中前者的效力高于后者,它们都可以对刑事、民事、行政以及其他社会问题作出规定,其中涉及行政权行使、行政关系设定、行政管理事务的规则就是行政法的渊源。法律中的行政法渊源包括:

1. 有关行政权分配的规则是行政法渊源

宪法所分配的行政权只是一些大的原则,而行政权的一些具体分配规则还必须通过法律进行。如《中华人民共和国戒严法》、《中华人民共和国民族区域自治法》、《中华人民共和国村民委员会组织法》等。

2. 有关行政机关组织体系的规则是行政法的渊源

行政法中的“体”是行政法的基本构成,我们在本书第一章已经强调了“体”在行政法体系中的重要性。所谓“体”就是行政机关的组织体系问题。有关行政机关组织体系的规则绝大多数反映在法律层面的行政法渊源中,例如,《中华人民共和国国务院组织法》、《中华人民共和国地方各级人民代表大会和地方各级人民政府组织法》、《中华人民共和国警察法》等。

3. 有关行政主体造法行为的规则是行政法渊源

立法权本属全国人民代表大会及其常务委员会,但由于现代行政事务的复杂性,立法机关常常将一些行政规则的制定权赋予行政机关,或者叫授权立法或者叫委任立法。例如,《中华人民共和国立法法》就赋予了国务院制定行政法规的权力。第七届全国人民代表大会常务委员会就授权深圳市人民代表大会和深圳市人民政府分别制定法规和规章在深圳经济特区实施。

4. 有关部门行政管理的行为规则是行政法的渊源

这可以说是行政法律渊源层面中最大的一种,这些部门行政管理的规则既设定了行政管理关系,又赋予行政主体为一定行政管理行为的权力。我们所研究的行政行为绝大多数都从部门管理法中来,例如,《中华人民共和国海洋环境保护法》、《中华人民共和国文物保护法》、《中华人民共和国药品管理法》、《中华人民共和国居民身份证法》。

5. 有关行政程序的规则是行政法的渊源

行政程序规则在有些国家是行政法最为基本的规则。行政程序规则是通过外在的因素为行政主体的行为过程设计规程,其以法律的形式出现是顺理成章的。行政程序规则的立法选择在不同的国家有所不同,如有的国家通过完整的行政程序法对行政机关的行为过程作出全面规定,有些国家则针对行政机关的某种行为设计规则。我国没有完整的行政程序法,只有相关行政行为的程序规则,如《中华人民共和国行政处罚法》、《中华人民共和国行政许可法》等。

6. 有关行政救济的规则是行政法的渊

行政救济制度指当行政权行使对相对方权益造成侵害时相对方可以通过一定形式维护自己权益的制度,或者保障行政权行使不发生偏差的制度。行政救济对行政权的约束是十分关键的,若从深层次观察,行政救济牵涉权益分配问题,因此,有关行政救济的行为规则亦是以法律的形式出现的。如《中华人民共和国行政复议法》、《中华人民共和国行政诉讼法》、《中华人民共和国国家赔偿法》等。

(三)行政法规

行政法规是一个特指概念,它是指由国务院制定的有关调整行政过程中出现的各种关系的行为规则。行政法规作为行政法的渊源可以规定三类事项:第一类是为执行法律的规定而规定的事项。国务院是全国人民代表大会执行机关,其具有执行全国人民代表大会意志的义务,为了完成这样的义务它必须享有一定的权力,制定行政法规使全国人大的意志得以实现便是其权力之一。《中华人民共和国立法法》第56条第2款规定:"为执行法律的规定需要制定行政法规的事项。"这里有一个问题就是什么样的事项才算"执行性"事项,这是一个需要通过立法行为解决的问题。[25]笔者认为,全国人民代表大会及其常务委员会要求其执行的事项才应当被认为是"执行性"事项。如果全国人民代表大会常务委员会对某方面行政管理事态已经规定得非常具体,此时,国务院只能以具体行政行为实施这样的事项。第二类是行政管理的具体事项。《中华人民共和国宪法》第89条关于国务院的职权作了列举规定,但是,许多所列举的内容还是十分抽象的,如"领导和管理经济工作和城乡建设"、"领导和管理教育、科学、文化、卫生、体育和计划生育工作"、"统一领导全国地方各级国家行政机关的工作,规定中央和省、自治区、直辖市的国家行政机关的职权的具体划分"、"领导和管理民政、公安、司法行政和监察等工作"、"保护华侨的正当的权利和利益"等。这些规定都是非常广泛的,国务院是否在每一种属于《宪法》第89条规定的事项中都能制定行政法规,同样应当通过立法予以解决。否则,一些本应通过法律调整的社会关系和行政管理关系可能会降格为由行政法规调整,既损害我国法制的权威性,又不利于国家对社会关系的调控。第三类是制定法律尚未成熟的事项。《中华人民共和国立法法》第56条第3款规定:"应当由全国人民代表大会及其常务委员会制定法律的事项,国务院根据全国人民代表大会及其常务委员会的授权决定先制定的行政法规,经过实践检验,制定法律的条件成熟时,国务院应当及时提请全国人民代表大会及其常务委员会制定法律。"该条使国务院有制定行政法规的较大自主权。但是,笔者认为对于该条的规定同样应当通过立法行为予以解释。因为"尚未成熟"是一个非常难以确定内涵的用语,某一种事态可能在此一角度可以被认为是不成熟的事态,而该事态在彼一角度则可以视为成熟的事态。行政法规作为行政法的渊源其制定程序已经有专门的行为规则调整,2001 年 11 月 16 日国务院令第 321 号公布的《行政法规制定程序条例》就专门用以调整行政法规的制定行为,在此笔者不再作详细讲解。

(四)地方性法规中的行政法渊源

地方性法规是指由省、自治区、直辖市,较大的市,省、自治区政府所在地的市的人民代表大会及其常务委员会制定的调整地方社会关系的行为规则。地方性法规所规定的事项既有行政管理的部分,又有行政管理以外的其他事项。属于行政管理事项的才是行政法渊源,而行政管理以外的事项不是行政法的渊源。地方性法规有三种形态,即省、直辖市、自治区人大及其常委会制定的,较大的市的人民代表大会及其常务委员会制定的,省、自治区政府所在地的市的人大及其常委会制定的。在三种类型的地方性法规中,效力最高的是省级人大及其常委会制定的。即地方性法规之间存在一个效力等级问题,这是地方性法规的一个特殊之处。地方性法规就有关的行政事项可以作出下列规定:(1)为执行上位法的规定而对行政事项作出规定。地方性法规的上位法依次包括行政法规、法律和宪法。《中华人民共和国立法法》第 64 条第 1 项规定:"为执行法律、行政法规的规定,需要根据本行政区域的实际情况作具体规定的事项。"依该规定,地方性法规可以直接执行行政法规、法律并作出相关规定,地方性法规在制定时不能违背行政法规、法律和宪法,也不能直接为执行宪法而制定规则。换言之,宪法对某一事项作出原则性规定后,留有需要细化的空隙,这样的空隙地方性法规无权予以填补,只有法律才能填补宪法留有的空隙。(2)属于地方性的行政事务。地方事务是指仅仅在某一行政区域内发生的事务,如浦东新区开发的事务只能发生在上海市,深圳特区有关事务只能发生在深圳市,且这样的事务具有严格的区域性,它只能是某一区域独有的,具有排他性。这是笔者对地方事务的理解。我国法律对地方事务没有正式的法律形式规定,人们对地方事务也没有一个统一的认识,一般将本区域管理权涉及的事项即使在其他地方亦认为是地方事务,这样的理解值得商榷。如文化管理、科技管理、教育管理全国各地都必然存在,而且我们很难将此一地方的文化管理和彼一地方的文化管理作出实质性区分,尤其我国作为单一制国家更是如此。然而,我国地方立法实践中,都将只要存在于本地的事务都以地方事务论之,都以地方性法规予以规范,其结果造成了立法上的浪费。[26] 总之,地方性的事务既应当是中央立法难以涉及的,又应当具有区域上的排他性。(3)中央立法空缺因地方行政权的行使必须予以应对的事项。《中华人民共和国立法法》第 64 条第 2 款规定:"除本法第 8 条规定的事项外,其他事项国家尚未制定法律或者行政法规的,省、自治区、直辖市和较大的市根据本地方的具体情况和实际需要,可以先制定地方性法规。在国家制定的法律或者行政法规生效后,地方性法规同法律或者行政法规相抵触的规定无效,制定机关应当及时予以修改或者废止。"中央立法若对某一事项作出普遍规定的时机尚未成熟,地方性法规可以率先作出规定。这样的地方性法规除了受地方性法规本身的条件限制外,还有两个附属条件:第一个条件是有关国家主权、政府组织、相关的国家制度、限制公民权利、国有财产的征收、基本经济制度等重大事项的不能作出规定;第二个条件是一旦上位法制定出了新的规定,地方性法规的规定与上位法新的规定不一致时应立即予以修正或废止。

(五)自治条例和单行条例中的行政法渊源

自治条例和单行条例是由民族区域自治地方的国家权力机关制定的有关调整该地区范围内社会关系的行为规则。它包括自治条例和单行条例两种,前者是指调整民族区域自治地方的自治组织和活动原则、自治机关的组成、自治机关的职权以及自治地方有关重大问题的综合性行为规则。例如,《内蒙古自治区民族区域自治条例》、《五峰土家族自治县自治条例》等。后者是指调整民族区域自治地方某一单个方面社会关系的行为规则。例如,《湖北省恩施苗族土家族自治州计划生育条例》、《湖北省五峰土家族自治县农业特产税征收管理条例》等。自治条例和单行条例中有一些是行政法以外的规则,绝大多数是行政法规则。它们对行政事态的规定在基本方面与地方性法规的规定相类似,而在下列方面区别于地方性法规的规定:(1)自治条例和单行条例规定的事态有非常明显的民族性,其在一些方面可以结合当地民族的特点而作出规定。(2)自治条例和单行条例可以对法律、行政法规的规定作出变更规定。这是地方性法规不可以作的。当然,变更规定的内容不能违背法律、行政法规所确立的基本原则,不得违背宪法和民族区域自治法的基本内容。[27](3)自治条例和单行条例要实行特殊的批准制度。自治区的自治条例和单行条例,报全国人民代表大会常务委员会批准生效。自治州、自治县的自治条例和单行条例报省、自治区、直辖市人民代表大会常务委员会批准后生效。

(六)行政规章[28]

行政规章包括部门规章和地方政府规章两种,我们分别予以讨论。部门规章是指由国务院各部、委员会、中国人民银行、审计署和具有管理职能的直属机构制定的有关行政管理规则。部门规章的制定主体包括国务院的职能机构,即部委级机构和直属机构两种。部门规章所能够制定的事项仅仅涉及执行法律、行政法规、国务院的行政规范性文件等需要规范的具体事项。规范事项的具体性是部门规章最大的特点,部门规章在制定时只能涉及本部门的行政管理事项,而不能超出本部门的事项。地方政府规章指省级人民政府、较大的市的人民政府,省级政府所在地的人民政府制定的有关调整行政管理关系的行为规则。地方政府规章因制定主体有3个,故而,其本身存在效力等级的高低,即省级政府制定的规章高于较大市的政府和省级政府所在地的政府制定的规章。地方政府规章必须是为了挂靠法律、行政法规、地方性法规的需要而制定,这是它的第一个条件。另一个条件是属于本行政区域内的行政管理事项,本行政区域内和行政管理是地方政府规章的两个基本前提。[29]2001年11月16日国务院令第322号公布了《规章制定程序条例》对规章的名称、立项、起草、审查、决定和公布等作了具体,它将保证规章制定程序的规范化。[30]

(七)行政规范性文件[31]

行政规范性文件在行政法学界称谓不一,有的称为行政规范,有的称为行政管理规范性文件。2003年上海市人民政府制定了《上海市行政规范性文件制定和备案规定》,这也可以被看作是一个调整行政规范性文件的行政法规则。行政规范性文件是指行政主体在行政管理活动过程中制定的规章以外或者规章以下的行政管理行为规则。行政规范性文件的制定主体有两类:一类是具有规章以上行政法文件制定权的行政机关,如国务院、省、较大的市的人民政府、省会人民政府。国务院既有权制定行政法规,又有权制定行政法规以外的行政管理规范性文件,如国务院每年都要发布一些通告或行政措施,这些通告或行政措施所面对的是不特定的人或事,具有普遍约束力,但它本身又不是行政法规。部门规章制定权的机关和地方政府规章制定权的机关除了制定规章外,也制定行政规范性文件,这是行政规范性文件的一种类型。另一类是不具有规章以上行政法文件制定权的行政机关。我国各类行政机关都有权制定行政规范性文件,如乡镇人民政府,各级人民政府职能部门等。行政规范性文件的制定依据是非常明确的,《中华人民共和国宪法》第89、90、107条都有赋予各级人民政府及其职能部门制定行政规范性文件的条款。《中华人民共和国地方各级人民代表大会和地方各级人民政府组织法》第59、61条都有同样的赋权行为。但是,目前我国还没有一部关于行政管理规范性文件的制定程序规则,更没有行政规范性文件所能规制内容的实体规则,这使我国行政管理规范性文件显得十分混乱。[32]例如,一些地方在行政管理规范性文件中设定行政行为,为当事人设定义务,更有甚者在行政规范性文件中设定行政处罚、行政强制等。如何用法律手段规制行政规范性文件是我国行政法学界和行政法治实践应当关注的一个问题。

(八)法律解释中的行政法渊源

法律规范的规定与法律所涉及事态的结合并不像人们想象的那么简单,也并不像立法者制定法律时所考虑的那么简单。换句话说,法律规范的规定与客观事态之间往往存在较大的差距,导致执法者将法律规范运用于它所规制的客观事态时会遇到各种障碍,如何排除这种障碍呢?法律解释就是一条比较简捷的途径。在法治实践中,法律解释会有下列情形,一是法律条文的内容需要重新确定。如《湖北省木材流通管理条例》规定,在运输木材时必须具有准运证。那么,此处所讲的"木材"究竟包括哪些范围,例如,家具、乒乓球拍是不是此条例中所讲的木材等,都需要通过有权机关予以解释。二是规范冲突的解释。在法律运作中,前法与后法之间,此部门法与彼部门法之间,此层级法律与彼层级法律之间,此地的法与彼地的法之间都会有内容上的不一致,而有关的事态都在这些不一致的规范调整之列,执法者究竟选择哪一个规则处理这样的事态就需要对法条作出解释。三是有些法律上的事件具有极大的折中性,它既接近于此一个法律条文,又接近于彼一个法律条文,该法律事态究竟以哪一个法律条文处理亦存在一个解释问题。行政法适用中需要解释的情形比其他部门法更为多见,有权的机关对上列问题所作的解释由于能够对行政主体和相对人的权

利义务产生影响,因此亦是行政法渊源的一种,具体包括:

1. 立法解释。立法解释是指由立法机关对相关的法律条文及其含义所作的阐释。法律由全国人民代表大会常务委员会解释,它的解释大体上有两个范畴,即"法律的规定需要进一步明确具体含义的";"法律制定后出现新情况,需要明确适用法律依据的"。[33]其中涉及行政法问题的阐释就是行政法的渊源,具有和其他法律层面行政法渊源同样的效力。地方性法规的制定主体对地方性法规内容进行阐释的行为也应当属于立法解释的范畴。

2. 行政解释。行政系统内部对于有关自己制定的行政法文件的解释就属于行政解释。行政法规的解释权属于国务院,这种解释包括三个方面:一是需要明确适用中的界限,即某些条文涉及的权利义务范围;二是需要作出补充规定的情形;[34]三是对于行政工作中具体应用的问题予以说明,此一部分的解释由国务院授权国务院法制机构解释。《行政法规制定程序条例》第 33 条规定:"对属于行政工作中具体应用行政法规的问题,省、自治区、直辖市人民政府法制机构以及国务院有关部门法制机构请求国务院法制机构解释的,国务院法制机构可以研究答复;其中涉及重大问题的,由国务院法制机构提出意见,报国务院同意后答复。"规章解释权属于规章的制定机关,它所需要解释的情形与行政法规基本相同。[35]

3. 司法解释。在行政法中,司法解释指司法机关在行政审判中对有关法律适用和法律内容所作的阐释。例如,2000 年最高人民法院就颁布了《关于执行〈中华人民共和国行政诉讼法〉若干问题的解释》。另外,在司法实践中,人民法院常常要对法律规定的内容作出确定,一旦确定以后就对行政主体和行政相对人有拘束力,这同样是行政法渊源的构成部分。

（九）我国参加的国际条约中的行政法渊源

所谓国际条约是指我国同外国缔结或我国加入并生效的国际法规范,它不属于国内法的范畴,但具有与国内法同样的法律效力。国际条约所涉及的事项是多方面的,它包括政治、经济、贸易、法律、文化、军事、科技等若干方面。无论单边条约还是多边条约只要我国加入其中就成为了我国的法律渊源。如果我国加入的国际条约涉及政府行政权的行使、涉及行政系统与其他相对人的关系,它就自然而然地成为我国行政法渊源的组成部分,既对行政主体有约束力,又对行政主体以外的其他社会主体有约束力。例如,第六届全国人民代表大会常务委员会第八次会议决定,中华人民共和国加入《保护工业产权巴黎公约》(1967 年斯德哥尔摩文本),从此以后我国行政系统在行使职权时就要受该条约的约束。该条约第 6 条第 7 款规定:"(1)如果本联盟一个国家的商标所有人代理或代表人,未经该所有人授权而以自己的名义向本联盟一个或一个以上的国家申请该商标的注册,该所有人有权反对所申请的注册或要求取消注册,或者,如该国法律允许,该所有人可以要求将该项注册转让给自己,除非该代理或代表人能证明其行为是正当的。(2)商标所有人如未授权使用,以适用上述第 1 款的规定为条件,有权反对其代理人或代表人使用其商标。(3)各国立法可以规定商标所有人行使本条规定的权利的合理期限。”[36]该条就为我国商标登记机关设定了权利义务。有些国际条约我国是有条件加入的,即只承认该条约中的一部分或大部分权利义务,对于有些条款有所保留,有所保留的条款对我国行政系统和行政相对人没有约束力。[37]

(十)联合国宪章和WTO规则中的行政法渊源

从广义上讲,联合国宪章和WTO规则也是国际条约。但是,联合国宪章和WTO规则与一般的国际条约相比有它自身的特点,一方面,联合国宪章和WTO规则具有较高的地位,它们所涉及的内容以及各国对它们的认同度要高于一般的国际条约。另一方面,联合国宪章和WTO规则涉及的范围甚广,有关政治方面的事务在联合国宪章以及联合国的一些其他文件中普遍包容,而涉及经济性的事项则在WTO规则中普遍包容。同时,联合国宪章和WTO规则具有非常严整的规范文本。正因为如此,联合国宪章和WTO规则在诸多方面远远区别于其他的国际条约,故而,我们将其单列出来并介绍其中涉及的行政法渊源。

1.联合国宪章中的行政法渊源。联合国宪章从其文本看是一个有关联合国的组织法,但其涉及的内容却与人类政治文明以及其他文明有关,它对各国(加入联合国的国家)权力行使的价值取向有非常重大的影响,它既使各国的权力行使朝着国际化的趋势发展,又使各国的权力行使朝着文明化的趋势发展。在序言中有这样的规定:“欲免后世再遭今代人类两度身历惨不堪言之战祸。重申基本人权,人格尊严与价值以及男女与大多各国平等权利之信念,创造适当环境,俾克维持正义,着重由条约与国际法其法渊源而起之义务,久而弗懈,促成大自由中的社会进步及较关的民生,并为达此目的为行容恕,彼此以善邻之道,和睦相处,集中力量,以维持国际和平及安全,接受原则,确立方法,以保证非为公共利益,不得使用武力,运用国际机构,以促成全球人民经济及社会的发展。”[38]仅序言中所规定的和平、进步、正义、自由、发展等价值对各国行政权有着不可争议的约束力,其中一些条款的约束力则更加具体。应当说明的是,联合国宪章的约束力并不仅仅在国与国的关系中体现出来,它更多的是对一国行政权行使的价值取向有深刻影响。

2. WTO规则。“WTO规则基本结构大致可分为三大部分。第一大部分是基本协议,用以确立内容广泛的基本原则,包括:《关于建立世界贸易组织的协定》(Agreement Establishing the World Trade Organization)、GATT1994和三个多边贸易协定,即《货物贸易总协定》(General Agreement on Trade in Goods,GATG)、《服务贸易总协定》(General on Trade in Service,GATS)、《与贸易有关的知识产权协定》(Agreement on Trade-Related of Intellectual Property Rinhts,TRLRS),还有若干专门协定,即各成员国后来达成了的《关于指导争端解决规则与程序的谅解》(Understanding on Rules and Procedure Governing the Settlement of Disputes,DSU)和《贸易政策审查机制》(Trade Policy Review Mechanism,TPRM)。第二大部分是基本协议的附件,用以处理具体部门或问题的特殊规则,主要包括隶属于GATT1994的12个协议、隶属于

GATS 的 4 个议定书和仅为少数成员签署的多边协议。第三大部分是各成员国制定的内容详细而又冗长的减让表，即允许外国具体产品或服务提供者进入其市场的承诺。对于货物贸易而言，这些减让表的形式一般是对产品关税的约束承诺及部分农产品配额的约束承诺；对于服务贸易而言，减让表中的承诺表明了具体部门对外国服务提供者的市场准入程度，还包括各成员国不准备适用非歧视待遇的服务部门清单。"[39] WTO 规则的条款不能直接适用于行政主体的行政过程。但是，它对行政系统的制约至少有下列方面：一是它制约着行政主体的行为原则。WTO 规则最为基本的原则包括最惠国待遇原则、国民待遇原则、透明度原则、自由贸易原则、公平宪章原则等。这些原则对我国相关行政主体的行为原则有着深刻的影响，在这种意义上来看 WTO 规则是我国行政法的渊源之一。二是它制约着行政主体的行为过程。例如，《进口许可程序协议》要求"为使其成员方政府贸易及贸易商知晓有关进口许可程序规则，成员方应在已向世界贸易组织通知的官方公报、报刊、杂志等出版物上，公布进口许可证申请程序规定及有关信息，包括个人、企业和机构提交这种申请的资格，需要接洽的行政机关，以及需要申领进口许可证的产品清单等。公布的时间应不迟于上述规定生效之日起前的 21 天，特殊情况最晚不得迟生效之日。如有其他成员方对所公布资料提出意见，成员方应予以考虑"。[40] 三是它制约着行政主体的行为性质。"成员方应指定一个中央政府机构负责履行通知义务，将拟实施的、缺乏国际标准或国际标准有实质不同，并且对其他成员的贸易有重大影响的卫生与植物卫生措施通知世界贸易组织。通知的具体内容是，采取措施所涵盖的产品以及涉及的特定法规，简要说明特定法规的目标和理由。"[41] 行政主体的行为性质因 WTO 规则而发生了变化。

（十一）党和政府联合发布的文件

中国共产党的政策以及相关的文件曾对我国行政法有指导意义，但政策和党的相关文件依《中华人民共和国宪法》的规定不是行政法的正式渊源。而党和政府联合发布的具有拘束力的文件则是行政法的正式渊源。我们说它是行政法的正式渊源是因为它在我国行政法治实践中具有同其他正式行政法文件同等的规制效力，且涉及的是行政管理中的一些具体事项，如《关于对党和国家机关工作人员在国内交往中收受礼品实行登记制度的规定》（中共中央办公厅、国务院办公厅发布）、《关于领导干部报告个人重大事项的规定》（中共中央办公厅发布）、《关于卫生改革与发展的决定》（中共中央国务院发布）、《财政部、国家发展计划委员会、监察部、公安部、最高人民检察院、最高人民法院、国家工商行政管理局关于加强公安、检察院、法院和工商行政管理部门行政性收费和罚没收入收支两条线管理工作的规定》（中共中央办公厅、国务院办公厅转发）。我国地方党政机关也经常联合发布具有行政法渊源性质的文件。

行政法的正式渊源

序号	名称	属性	造法主体	基本内容	备注
1	宪法	母法	全国人民代表大会	有关行政权范围、行政关系范畴、行政过程的根本规则	部分渊源
2	法律	基本规则	全国人民代表及常委会	有关行政权范围、行政关系范畴、行政过程等的基本规则	部分渊源
3	行政法规	实施宪法和法律	国务院	有关行政权范围、行政关系范畴、行政过程、行政事务的一般事项	全部渊源
4	地方性法规	实施法律、行政法规的地方规则	省、较大的市、省会市的人大	有关自治权具体范围和自治地方具体事项的规则	部分渊源
5	自治条例和单行条例	民族性法规	自治地方人大	有关自治权具体范围和自治地方具体事项的规则	部分渊源
6	行政规章	实施性具体性、操作性	部委、直属机构省府、较大的市府有权市府	行政管理的具体规范和操作规则	全部渊源
7	行政规范性文件	补充性规则	各级政府及职能部门	有关事务性、补充性规则,约束力极低	全部渊源
8	法律解释	阐释性规则	有权的机关	有关规则在适用过程中需要阐释的内容	部分渊源
9	国际条约	涉外性规则	全国人大或全国人大批准	有关涉及与外国权利义务关系的	部分渊源
10	党和政府联合发布的文件	行政规则	党的机构和行政机构	有关行政管理的具体或政策性事项	全部渊源

第三节　行政法的非正式渊源

一、行政法非正式渊源的界定及必然性

(一)行政法非正式渊源的界定

非正式渊源是指那些具有行政法意义的资料,而此资料尚未在正式的行政法文件中得到权威性的规范或至少是明文的阐述和体现。[42] 其有下列内在属性:

1. 行政法规范的非认可性。行政法是诸部门法中体系最为庞大、内容最为复杂、表现形式最为多样的一个分支。尽管不可能有一部完整、统一的法典,但其在调整行政管理关系的普遍而基本的行为准则却得到了国家有权制定行政法规范的机关的认可,使其具有了规范人们行为的强制力,从而也使被认可的行为规范成了行政法的正式渊源。而非正式渊源突出的特点之一就是没有得到国家的认可,缺乏与正式渊源同等的效力,有时虽然调整着行政管理中的一部分关系,但始终没有成为现行行政法

规范的有机构成部分。此属性是研究非正式渊源的前提条件,又是区分两种性质不同的行政法渊源的依据。

2. 对行政权的规制性。非正式的行政法渊源之所以能在一定条件下调整行政管理关系,在于其与行政权有千丝万缕的联系,或者反映了行政权行使中的逻辑,或者体现了行政权的实质,或者为行政权的行使提供了符合公意的、符合客观规律的范式。换言之,行政法的非正式渊源有规制行政权的取向,其规制作用有时并不亚于正式渊源。当然,非正式渊源对于行政权的规制方式、程度、客观效应较正式渊源要复杂得多。社会环境、行政文化、价值观念、民风民俗都是影响其规制作用的决定因素。行政法非正式渊源的规制性使其对行政权的行使、制约和效果有了与正式渊源相似或相近的功效,进而决定了其可以成为行政法渊源的部分,也决定了何种非行政法规范的行为准则可以成为调整行政行为的规范,何种不可以如此。可见,该属性对于确定非正式渊源的体系有重大意义。

3. 对行政管理的普遍覆盖性。行政法规范是由行政权的行使和行政管理活动过程中抽象出来的,绝非个别的、单一的存在形态,而且已为行政法的一般原理和法学理论所证实。非正式的行政法渊源既要成为行政法渊源的另一种形态,故需有法律规范的共性。显然,覆盖行政管理活动的全部或部分的非正式规范,才有升格为行政法非正式渊源的可能。同样道理,只有对行政管理活动中具有普遍指导意义的非正式行为准则,才符合法律原理而成为指导行政管理的准则。进一步讲,如果没有普遍覆盖性这一特征,行政法的正式渊源将成为无源之水、无本之木,成为各种行为准则的大集合,而反映在行政执法中则是任意行政和主观行政。

上述三属性又可视为行政法非正式渊源的规格和标准,三者缺一不可,要判定某一个正式渊源之外的行为准则是否可以成为非正式渊源,便必须把三个标准结合起来予以权衡。

(二)行政法非正式渊源的必然性

1. 以行政法渊源及渊源理论的演化观察之。“就法治思想言,现代法律制度之法源,以制定法、习惯法与条理为主。”[43]在法制尚不发达时,行政民主化还未被普遍接受,行政人员多以传统习俗而行,多以习惯法为主要法源。而在行政法进一步发展,行政的法律化和民主化提高以后,单一的习惯法已难以适应行政管理的态势,而不得不以制定法为主要的行政法渊源。1992 年以后,由于我国处于从计划经济向市场经济发展的过渡阶段,政府职能发生了一系列变化,行政体制、行政管理和行政权力运用都需要新的观念指导。单一的制定法,甚或行政习惯法均不能完全承担约束、指导、监督行政权的任务,便不得不辅之以非正式的行政法渊源。我国台湾地区著名行政法学家张载宇将行政法的渊源的演化过程叙说为:“由习惯而制定法,由制定法而条理。”[44]张氏所指的条理显然是正式渊源之外的渊源范畴。

2. 以行政权的社会功用观察之。“我们生活在一个以行政为中心的时代。”[45]这一格言为越来越多的国家和学者所接受,行政时代的社会特性必然使行政机构的权力日益庞大，行政的权威日益强化，行政管理的自主性日益强烈。在这一时代中，无论政府行为规范的制定还是公共政策的执行以及“政府的效能从根本上说都是取决于行政领导”。[46]政治与行政相互交织、不可分割也表现得极为突出。这些都使行政难以被几个简单的法条约束和提供规范，更难以用写在纸上的法律条文提高其效率。在我国由计划经济向市场经济过渡的社会条件下，许多行政事务、行政问题具有复杂性和技术性及连续控制的要求，而法律规范所固有的滞后性，导致了许多行政处置权不得不授予行政管理机构。此时要对行政提供规范和进行有效控制，非成文法之外的渊源不可。

3. 以行政法产生和发展的动力来观察。行政权与行政法并非同步。从历史过程看，行政法（指正式渊源）的产生远远落后于行政权，“行政为国家统治作用之一种，有国家即有行政，故行政伴随国家而产生……唯行政与行政法不能混为一谈，有行政并非即有行政法的存在，……”[47]一些学者把行政法的产生与发展归之于五大原因：①民主思想的激荡和民主进程的发展；②行政事务的增繁和行政管理的复杂化；③科学技术的高度发达，尤其行政管理中专业技术知识的运用和行政系统内部的分工细密；④是社会观念的影响，即以个人为权利本位的权利思想渐为以社会为本位的义务思想取而代之；⑤国际关系的增进，使各国行政管理都趋向国际化、规范化。显然，这五个因素既促进了行政法的法典化、规范化，又为行政人员提供了广泛的正式渊源之外的参考系和行为指南。综而观之，行政法的非正式渊源具有必然性，但其并不否定正式渊源的主要规范作用，要防止非正式渊源的虚无主义和绝对主义。

二、行政法非正式渊源的功能

一方面，行政法的正式渊源无疑是行政法的主要渊源，是提供行政准则的主体要素和主导因素。另一方面，正式渊源并不是十全十美的，其在对行政权的监控和行政管理的指导作用中还有一些缺陷，例如，立法中的空白地带；执法中自由裁量权的行使依何原则；“制定法和法律文件的用语永远不可能是绝对明确的，因此解释它们的时候就有两种可供选择的道路，我们总是倾向能够实现正义的解释”；[48]“执法者最主要的不是实现法律而是实现正义”[49]等问题，正式渊源是无能为力的，只有通过非正式渊源，才能把握立法者的意图，才能领会法律的精神，才能对付各种空白地带和剧变状态。总之非正式渊源承担着正式渊源永远也不可能承担的职能。

1. 行政法条空白的弥补功能。“现在的行政无论是在质上还是量上都日趋扩大和多样化，要使法律在所有情况下都对行为要件作出具体的、划一的规定，实际上是不可能的。”[50]正式渊源要达到高度完善，难度还是很大的，其阶段性、暂时性决定了作为正式渊源的行政法条常常会出现缺位和空白，而非正式渊源恰好弥补了正式渊源的空缺。非正式渊源体系的稳定性、恒久性、抽象性决定了其对行政法条文的弥补是及时和易到位的。应当指出的是，非正式渊源弥补功能的实现与一定的外在条件有关，如行政环境、行政意识等。

2. 行政自由裁量权的参考系功能。行政自由裁量权的行使有客观上的依据，受一定原则的约束；这些原则和依据共同构成了自由裁量权行使的参考系。正式渊源由于较强的直接规则性，是难以直接成为自由裁量权的参考系的，唯有非正式渊源符合此特征。正如E. 博登海默所言，如果没有非正式的渊源，执法必然表现为：一个行政措施的作出，合理程度取决于管理人员在政治上是保守、自由还是激进的；取决于他在立法上是信仰传统还是信仰改革的；取决于他是资方还是劳方的朋友；取决于他是倾向于强有力的政府还是倾向于无力的政府；抑或取决于他所具有的独特主观信念是什么。非正式渊源作为自由裁量权的参考系可能是模糊的，不甚明确的。"但它们不管怎样，还是给执法者裁决提供了某种程度的规范性指导。"〔51〕

3. 行政管理新规则的产生功能。行政机关及其公职人员的管理行为是蕴涵多层社会意义、法律意义和政治意义的行为。一是该行为是一种执法行为和行政司法行为，即对国家活动的执行，对行政违法的确认和制裁；二是该行为是一种技术行为和科学行为，即巧妙的管理艺术、丰富的科学知识，直接影响行为结果的质和量。如黑格尔所言，"行政事务带有客观的性质，它们本身按其实体而言是已经决定了的，并且必须有个人来执行和实现。行政事务和个人之间没有直接的联系，所以个人之担任公职，并不由本身的自然人格和出生来决定。决定他们这样做的是客观因素，即知识和才能的证明"。〔52〕行政管理的客观性、技术性和知识性决定了正式渊源与管理对象和行为间差异性的存在。换言之，行政管理需要每日每时地产生新的规则，淘汰旧的规则，甚至旧的管理体制和模式；新的规则与旧的正式渊源的反差，只有非正式渊源能够调和，从非正式渊源中寻求新的规则。

4. 行政执法的超前指导功能。"政治是国家意志的表达，行政是国家意志的执行。"〔53〕表达国家意志与执行国家意志之间暂时的冲突、恒久性的不协调是经常而普遍的，其表现形态和原因是多方面的。其中之一是，立法的相对稳定性与行政权行使的活跃性的质差，"法律永远落后于行政"。〔54〕解决这一矛盾的方法之一就是对行政执法、行政管理活动进行不断调整，以使行政活动不至于因为法律的滞后性而阻碍管理对象和客体的发展。非正式渊源以它的预测、推理、普遍等性能对行政的超前性予以指导，使行政机关和管理人员实施正式渊源尚未认可的行政行为时，同样有客观上的依据。从某种角度讲，非正式渊源对行政执法的超前指导功能具有发展正式渊源的意义，具有创造性。

三、行政法非正式渊源与正式渊源的关系

行政法非正式渊源与正式渊源之间的关系是指二者在法学理论上的逻辑关系，而非执行和运用中的关系。二者可表现为下列关系形态：

1. 二者不总是一致的，但共存于行政法的渊源体系中。行政法的正式渊源与非正式渊源在绝大多数情况下是一致的，没有矛盾和冲突。例如，行政要充分体现公共意志这一国际上公认的公共行政政策可被视为一条非正式渊源，而这一渊源与各国

行政法关于行政合理性原则的规定、关于公民权利义务的规定均具一致性。但是,二者经常会表现出不一致,甚至对立。例如,行政学理论中的效率原则就与行政法一向强调的"严格程序化原则"有一定出入,即效率和程序的反差。再如"小政府、大社会"、"小政府、大服务"已成为人们普遍接受的一项非正式渊源,而其与"行政权威原则"、"行政机关统一行使行政权原则"等正式渊源亦存在反差。行政法正式渊源与非正式渊源一致性与反差的关系是矛盾的两个方面。一致时使二者有了相似的、质的规定性,使其可以共存于行政法渊源体系中,反差则使二者相互补充,互为前提条件。各自从不同的侧面指导行政过程。

2. 后者是主要的行政行为准则,但前者有时会表现出更高的效力。我国行政法与发达国家和地区的行政法相比还较为落后,处在不断完善和逐渐发展阶段,建立较完善的行政法体系,制定各层次的行政法规范是完善行政法的首要任务。换句话说,我国行政法渊源仍然处在"制定法时代",即以制定法为主要的行政法渊源,以及为主要的调整手段,突出正式渊源在行政管理中的作用。另外,这种正在发展和完善的过程使非正式渊源发挥作用有了机遇。它既可以为正式渊源的完善提供材料、依据和准则,又可直接指导行政活动,在一定条件下,其所表现出的效力可能要高于正式渊源。诚如亨廷顿所指出的:从一种观点看,"政府行为的合法性在于这些行为能与'公众哲学'保持一致。根据民主理论,政府行为的合法性来源于它们对人民意志的体现"。[55] 显然,亨廷顿是对非正式渊源效力的高度肯定。在某些情况下,行政法非正式渊源的效力还可能高于正式渊源的效力,非正式渊源的比较高效力性可发生在某一件行政事务中,发生在某一行政活动过程中,抑或发生于某一行政管理阶段,甚或较长一段时期。

3. 后者有较强的体系性,但前者的个别准则可转化为后者。在行政法渊源体系中,正式渊源结构性强,各国都有自己的正式渊源体系。正式渊源的发展与完善总是依赖于非正式渊源,或者由其提供理论上的依据,或者直接由非正式渊源转化为正式渊源。随着科学技术的发展,社会信息化程度的提高,"政府不能再用旧方法和追求旧目标,……为了迎接未来,需要向人们灌输自由思想,使人们抛弃根深蒂固的旧习惯和旧思想。这就需要一个成熟的社会,一个既能提高自发性、灵活性和想象力,又能承担起全面管理责任的社会,也需要一个开诚布公的政府……"[56] 新型社会、新型政府需要新的规范作为指南,一些技术性、专业性的非正式的行政准则将被国家权力所确认。

四、行政法非正式渊源的基本范畴

行政法非正式渊源的基本范畴指可以成为非正式渊源所调整的行政关系的准则体系,或者其他规范框架。笔者认为,下列诸方面可以成为行政法的非正式渊源:

1. 行政的正义标准。"统一法理学"把法律的普遍本质叙说为两个:一是秩序,并认为它是侧重于社会制度的形成结构;二是正义,认为其所关注的是法律规范与制度安排的内容，它们对人类的影响，以及它们在人类幸福与文明建设中的价值。足见正义所体现的是某种实质性的倾向。可以成为行政法非正式渊源的行政正义包括：一是行政中的合理化，即趋于正式渊源之外的、被社会普遍公认的价值准则。该准则在有些场合是客观规律的反映，在有些场合则是多数意志和利益的体现。它往往对行政决策的形成有着比正式渊源更为强烈的调整意义。二是行政中的平等倾向。社会主义行政权与平等的正义观是浑然一体的。三是行政中的有恒化。既包括个人对行政职权忠诚的心理状态，又包括行政组织对行政事务持久性、有序性的认识。通过有恒化这一正义行政准则，提高行政主体的主动性和履行非正式渊源规定义务的自觉性。四是行政的福利与安全倾向。现代行政有两大目的，即为促进社会福利的实现和与司法部门共同维护公共安全。行政人员除依成文法办事外，还要考虑此二因素。另外，自由、宽厚、果断亦是正义标准。

2. 行政过程中的推理、思考。约翰·密尔把政治组织和政治体系中的行政组织视为人的劳作，并认为由于它是人的劳作，其运转就不是自动的，也不是靠几个法条可以实现的，“而是在人们积极的参与下”，并适应“现有人们的能力和特点”。[57]说明行政权行使中行政人员的主观能动性具有决定意义。因此，行政过程中的推理、思考也不失为主要的非正式渊源。包括行政人员和行政组织运用演绎方法、归纳方法、类推方法所提出的合乎逻辑的结论，包括依据现代“思维术”以及系统论、控制论、信息论所作的判断。

3. 行政客体的本质、原则。行政客体或曰行政对象，是指行政权发生作用的所有事物，根据主体与客体关系的原理，行政权制约因素的根本方面不在主体本身，而在于客体，包括客体的性质和内在关系等。行政客体的内在关系有下列四种：一是管理的物质自然界所具有的必然的关系特性，如交通行政管理机关就面临着各种交通工具和交通环境的自然关系；二是某种固定的和必然的人的自然状态，如工商、税务、物价、计量等行政机关面临着各种人的关系模式和行为状态；三是某种政治和社会生活制度所造成的人及自然的关系性状；四是不同意识形态和文化结构下的关系性状等。四者皆有其客观性质和关系原则，该性质和关系原则，无论如何，正式的行政法渊源都不可能全面覆盖和包含。即正式渊源与上列原则不一致的情形是经常存在的，此时，行政客体的关系性质、原则就自然而然地成了行政法的非正式渊源。

4. 行政政策。行政作为一种管理活动被认为是对国家意志的一种执行，而政治则是对国家意志的一种表达。所以，政治与行政具有天然的联系，且二者的关系极为复杂，有时行政甚至承担着政治的职能。但从总体上讲，行政从属于政治，这便决定了各种政治力量对行政的渗入和左右，突出表现在对行政政策的决定和影响上。当政治施加于行政的政策还没有被立法机关以法律形式认可时，这一行政政策就是行政法的一种非正式渊源。

5. 行政技术准则。20世纪五六十年代发生在美国和日本的行政管理革命开辟了一个新的行政管理时代，该时代是对传统行政管理的否定。主要特征是：专业化、职能化、科学化和技术化,系统理论、行为科学、信息论、控制论以及一系列自然科学中的运算过程和技术规范体系在行政管理中广泛应用。行政技术准则在行政法制度较发达的国家,已逐渐转化为法律规范,成为调整人们行为的行政准则。我国近年来的行政立法亦有此趋向。但是,由于行政管理定量化、技术程度的飞速提高,行政法不可能完全将这些准则予以认可,成为正式渊源,只能甚至必须作为非正式的渊源调整行政行为。

6. 行政习惯和惯例。行政习惯指的是行政过程中的惯常做法,并未有充分的成文法上的依据;惯例则是指行政机关在处理先前行政案件时一贯遵循的准则。由于我国是非判例法国家,因此,在将习惯和惯例作为行政法的非正式渊源时,必须与其他非正式渊源结合起来。

7. 外国行政法。行政法作为统治阶级意志的体现,有阶级性的一面;作为一项社会控制手段,它又有技术性和社会性的一面。后者决定了不同类型的国家、不同类型的行政法有相通的内容。无论哪一国的行政法,都把依法行使行政权作为行政的一项基本原则就是例证。以此类推,行政法治发展较快的国家的一些行政法准则,可以作为我国行政法的非正式渊源。随着各国经济、科技、文化的交流的日益密切,行政法的发展有国际化的倾向。

8. "辅助权威"。它是一个总的名称,其中包含论文、法律期刊、百科全书以及其他有助于寻找和解释诸如法律和案例这种"基本权威"的一些辅助读物。[58]带有权威性的、被普遍承认的行政管理和行政法学的理论、观点、学说亦为非正式渊源的一种。

五、行政法非正式渊源的适用原则

法律适用是重要的法学理论和法治实践问题,我国已有一系列关于法律适用的原则。[59]但这些适用原则是针对正式渊源而言的,还没有独立的成体系的非正式渊源的适用原则。行政法的适用与其他部门法的适用有一定的差异,例如,行政法的适用一般不需要人民之请求,"社会秩序不良,则行政机关即应适用有关治安之法规,以维护秩序;文化之不发达,交通之不便利,则行政机关即须自动的适用有关文化交通之法规……"[60]行政法适用的这种非请求性使行政法适用中的疑难、障碍多于其他部门法,尤其在适用中如何对待正式渊源与非正式渊源的关系等。而目前我国只有一些正式渊源的适用原则,如"行政权的行使须有法律根据"等。因此,探索行政法非正式渊源的适用原则,既可以填补该问题的理论空白,又有利于指导非正式渊源的适用。

1. 限制原则。限制原则是指对非正式渊源的适用应适当地予以限制,甚至应规定一定的标准,列举出各种限制因素。如正式渊源有规定时便不得适用非正式渊源。该原则是处理正式渊源和非正式渊源关系的依据,通过它,突出行政法治思想,突出正式渊源在行政法制体系中的主导地位。当然,对非正式渊源如何限制,具体标准还需理论界进一步研究。

2. 附条件原则。非正式渊源本身是一个庞大的体系，包括各种类型的行为准则，因此，对其适用必须附加一定的条件。一方面，排列各非正式渊源的等级与层次，何者在适用中应优先考虑，何者仅作参照，如当行政政策与行政惯例发生冲突时，就应优先适用行政政策。另一方面，各非正式渊源还须规定具体的适用条件。总之，通过对非正式渊源附加条件，使其适用与我国的法治原则和行政权行使的合理性保持最大限度的一致。

3. 从属原则。从属原则是指行政法非正式渊源适用时既要受行政范畴的限制，从属于行政管理活动过程，又要受各行政支系统的制约，附属于行政管理职能部门。要求行政机关及其公职人员以最相近或邻近的，最符合本部门实际和客观情况的渊源适用之。从属原则是对限制原则和附条件原则的必要补充，通过它可以防止非正式渊源适用中的过分政治化和非行政化。

4. 主动原则。“社会的需要和社会的意见常常是或多或少走在法律前面的”，〔61〕为了使法律适应社会需要和社会意见，就需要诸如“抑制”、“衡平”、“立法”等手段，而抑制和衡平实际上是对执法人员主动性的认可，允许其在一定范围内灵活掌握。非正式渊源的适用大多数没有强制性，不是以国家强力直接作用保证实施的，主要靠行政人员的主观能动性。主动原则则要求行政人员进行综合平衡，自主地以非正式渊源解决正式渊源没有认可的行政事项。

5. 灵活原则。法律非正式渊源的效力靠内在价值，其实施主要靠劝说，此特性决定了行政法非正式渊源适用中因时因地的制宜性。与正式渊源的适用相比，其有很大的伸缩性，其本身就是自由裁量的而非羁束的，行政人员可根据不断变化的客观事态自由选择。

行政法的非正式渊源

类型	属性	功能	与正式渊源的关系	适用原则
1. 行政的正义标准 2. 行政过程中的推理、思考 3. 行政客体的本质、原则 4. 行政政策 5. 行政技术准则 6. 行政习惯和惯例 7. 外国行政法 8. “辅助权威”	(一)行政法规范的非认可性； (二)对行政权的规制性； (三)对行政管理的普遍覆盖性	(一)行政法条空白的弥补功能； (二)行政自由裁量权的参考系功能； (三)行政管理新规则的产生功能	(一)二者共容于行政法渊源体系中，不总是一致； (二)正式渊源是主要的行政行为准则，但非正式渊源有时会表现出更高的效力； (三)正式渊源有较强的体系性，但非正式渊源的个别准则可转化为正式渊源	1. 限制原则 2. 附条件原则 3. 从属原则 4. 主动原则 5. 灵活原则

注释

〔1〕 应松年主编的《行政法学新论》一书给行政法的渊源下了这样一个定义：“所谓行政法的渊源是指行政法律规范的外部表现形式和根本来源。不同国家行政法的渊源不尽相同。例如，法国行政法绝大多数来自最高法院的判例，我国行政法都来源于各类国家机

关所创制的具有法律效力的规范。"参见应松年主编:《行政法学新论》,中国方正出版社 1999 年版,第 17 页。

〔2〕 参见侯洵直主编:《中国行政法》,河南人民出版社 1987 年版;张尚鷟主编:《行政法学》,高等教育出版社 1991 年版;皮纯协主编:《行政法学》,中国人民大学出版社 2002 年版。

〔3〕 [美]乔纳森·H. 特纳:《社会学理论的结构》,吴曲浑等译,浙江人民出版社 1988 年版,第 148 页。

〔4〕 张载宇:《行政法要论》,汉林出版社 1978 年版,第 39 页。

〔5〕 权力分论最为典型的形式是三权分立理论,现在一般认为该理论是孟德斯鸠在《论法的精神》一书中提出来的。其实,权力分立的思想有非常深刻的历史渊源,早在亚里士多德的《政治学》中就提出了权力分立的思想,亚里士多德将国家机能分为三种,即议事机能、行政机能和司法机能。亚里士多德指出:"城邦都有议事、行政、审判(司法)三机能。构成议事机能的方式,①全体公民合议的一切事情;②部分公民合议的一切事情;③全体公民合议一些事情。相应地成为,①平民;②寡头和贵族;③共和方式。在实施时,三方式又可以各有若干不同安排以适应各类型政体的各个品质。就行政机构而言,各职司的种类为数或多或少,权限或轻或重,任期或长或短,授任方式或为选举或为拈阄,各有若干不同方式,各政体应当各自选择与其建国宗旨相符合的安排。"参见[古希腊]亚里士多德:《政治学》,吴寿彭译,商务印书馆 1965 年版,第 448 页。

〔6〕 参见《中国大百科全书》(政治学卷),中国大百科全书出版社 1992 年版,第 615—616 页。

〔7〕 萧榕主编:《世界著名法典选编》(宪法卷),中国民主法制出版社 1997 年版,第 4 页。

〔8〕 参见关保英:"论行政习惯法",载《甘肃政法管理干部学院学报》2000 年第 3 期。

〔9〕 吴大英主编:《比较法学》,中国文化书院 1987 年印行,第 258 页。

〔10〕 在通常情况下,法律规则中的人和事或者事和人难以截然分开。但是,根据规制事和规制人的主次关系还是可以将规范分为规制事的规范与规制人的规范。如针对易燃、易爆和其他危险品规定的法律规范,就应当说是对事的规范。而对有关的弱势群体、特殊群体进行规定的规范则应当是规制人的规范。

〔11〕 《意大利共和国宪法》第 83 条规定:"共和国总统由议会在两院议员联席会议上选出。各区议会在保证少数派代表权的条件下选出本区 3 名代表参加选举。瓦莱·达奥斯塔区只有 1 名代表。共和国总统的选举,用秘密投票法进行,以大会的 2/3 多数票赞成选出。从第 4 次投票起,只要获得绝对多数票即可当选。"《美利坚合众国宪法》第 2 条第 1 款规定:"行政权力赋予美利坚合众国总统。总统任期 4 年,总统和具有同样任期的副总统,应照下列手续选举:每州应依照该州议会所规定之手续,指定选举人若干名,其人数应与该州在国会之参议员及众议员之总数相等;但参议员、众议员及任何在合众国政府担任有责任及俸给之职员的人,均不得被指定为选举人。"《希腊共和国宪法》第 81 条规定:"政府由包括总理和各部部长的内阁组成。内阁的组成和活动由法律规定。经总理提名,得以命令任命一名或数名部长为副总理。法律规定可以是作为政府成员的代理部长,而不管部长和副部长的地位,以及常务副部长的地位。任何人,

如不具备第 55 条对议员候选资格规定的条件，均不得被任命为政府成员或副部长。政府成员、副部长和议长在任职期间必须停止任何职业活动。部长和副部长不得兼任其他职务，由法律规定。在副总理缺位时，总理得根据需要，指定一位部长为临时副总理。”参见萧榕主编：《世界著名法典选编》（宪法卷），中国民主法制出版社 1997 年版，第 303、11、182 页。

〔12〕 参见［美］莫里斯·博恩斯坦编：《东西方的经济计划》，朱泱等译，商务印书馆 1999 年版，第 35 页。

〔13〕 技术化的社会要求社会关系的调控也必须以技术手段为之，传统的行为规则已经不能够应付新的社会关系的属性，这是法律渊源发展变化的重要原动力。

〔14〕 “特别在法律的性质上，多元化主义者这一名称很可能与自然主义者是同义语。也就是说，多元主义者可以把政府的法规和法令只看作是法的一个部类。他还可能信仰一种来自上帝而在教会的敕谕中或许表现出来的更高的法律。或者他可能把历时长远的习惯当其被某些社会或职业团体采用的时候看作是法律的依据。他甚至可能想到某些抽象的东西如正义、权利观念或者仁慈的社会目的，认为是法律的必要基础。总之，多元主义者在对待法律的态度上，既可能是实证主义者，也可能是自然主义者。一元论者信仰一个权力无限的国家，承认只有一个主权者，因此也就无例外地是一个实证主义者。”［美］爱·麦·伯恩斯：《当代世界政治理论》，商务印书馆 1990 年版，第 105 页。

〔15〕 张载宇：《行政法要论》，汉林出版社 1978 年版，第 46 页。

〔16〕 曾经有一个案件在判决中就是因适用特别法而导致原告败诉，案件的基本情况是，X 旅客乘坐 Y 铁路运输企业的火车，由于火车晚点导致该旅客耽误了一笔生意，该旅客起诉铁路运输企业要求依合同法承担违约责任，给付巨额经济赔偿。人民法院在判决时，认为铁路运输企业的违法行为是存在的，但《中华人民共和国铁路法》是特别法，而《中华人民共和国合同法》是普通法，本案应选择适用铁路法，而铁路法规定铁路运输企业因误点而承担的赔偿责任仅为向旅客赔礼道歉，而没有经济赔偿的规定，因此，法院驳回了旅客要求巨额赔偿的要求。

〔17〕 “将法律渊源划分为两大类别，亦即是被我们所称之为的正式渊源与非正式渊源，看来是恰当的和合乎需要的。所谓正式渊源，我们意指那些可以从体现于官方法律文件中的明确条文形式中得到的渊源。这种正式渊源的主要例子有，宪法与法规、行政命令、行政法规、条例、自治或半自治机构和组织的章程与规章、条约与某些其他协议，以及司法先例。所谓非正式渊源，我们意指那些具有法律意义的资料和考虑，这些资料和考虑尚未在正式法律文件中得到权威性的或至少是明文的阐述与体现。尽管无须在这方面作说尽无遗的列举，但我们仍将非正式渊源分为正义标准、推理和思考事物本质的原则、个别衡平法、公共政策、道德信念、社会倾向以及习惯法。”［美］E. 博登海默：《法理学——法哲学及其方法》，邓正来、姬敬武译，华夏出版社 1987 年版，第 395—396 页。

〔18〕 法律规定的日期和生效的日期不一定是同一日期，有时制定日与生效日间隔很长一段时间，制定日与生效日之间间隔的理由是需要研究的，一般认为法律制定出来以后需

要有一宣传过程和作好其他准备工作的过程,因此不立即生效有利于法律最终的实效性。

〔19〕 参见[德]汉斯·J.沃尔夫、奥托·巴霍夫等:《行政法》,高家伟译,商务印书馆2002年版,第287页。

〔20〕 同上书,第287页。

〔21〕 如我国各地关于计划生育的规定不太统一,有的地方规定可以有条件地生育二胎,且各地规定的二胎条件也有所不同。而另一些地方则规定无论什么情况下,一对夫妇只能生育一胎,如果各地规定不同,流动人员究竟依户籍所在地法的规定生育,还是依居住地法的规定生育就是一个法律冲突问题。

〔22〕 萧榕主编:《世界著名法典选编》(宪法卷),中国民主法制出版社1997年版,第127页。

〔23〕《中华人民共和国行政区划简册》,中国地图出版社2013年版,第1—8页。

〔24〕[德]哈特穆特·毛雷尔:《行政法学总论》,高家伟译,法律出版社2000年版,第13页。

〔25〕 如果说《中华人民共和国立法法》是有关立法的原则性条款,不能对立法的一些具体问题作出规定的话,那么,《行政法规制定程序条例》和《规章制定程序条例》就应当对行政立法执行性的具体事项作出规定,但遗憾的是上列两个行政立法文件都没有对行政立法的执行性作出具体规定。

〔26〕 笔者翻阅了若干省、市、自治区的地方性法规,其所规制的对象和涉及的具体内容都是相同的,有些甚至连基本条文也没有太大的变动。

〔27〕 参见《中华人民共和国立法法》的相关规定。

〔28〕《中华人民共和国立法法》关于规章的规定同样不够具体,没有指出规章可以依什么样的上位法而制定,是可以依相邻上位法而制定呢,还是可以直接依宪法而制定,这是一个值得深入探讨并在今后的立法文件中予以解决的问题。

〔29〕 然而在这里我们还必须区分地方性法规和地方政府规章,笔者认为两者的界限有下列方面:一是行政属性上的区分:立法性行为与行政性行为;二是调整方式上的区分:法律关系的创设性与法律关系的促成实现性;三是制定根据上的区分:法律授权性与法规授权性;四是客体范畴上的区分:广延领域性与专门职能性;五是社会效果上的区分:宏观控制性与显著效果性。

〔30〕 有学者对目前我国行政规章的行文技术进行了研究,认为目前我国行政规章的行文技术存在较大问题。参见张淑芳:"论规章的行文技术",载《华东师范大学学报》2004年第2期。

〔31〕 行政规范性文件在行政法学界称谓不统一,有的称之为行政规范性文件,有的称之为行政规范,有的称之为行政管理规范性文件等。

〔32〕 目前正在讨论的《中华人民共和国行政程序法》草拟稿将行政规范性文件写了进去,至于在行政程序法中规定行政规范性文件是否妥当则是需要探讨的一个问题。

〔33〕 参见《中华人民共和国立法法》第42条。

〔34〕 参见《行政法规制定程序条例》第31条。

〔35〕 参见《规章制定程序条例》第33页。

〔36〕 全国人大常委会办公厅公报编辑室编:《中国加入世界贸易组织法律文件及有关国际

条约》,中国民主法制出版社 2002 年版,第 762 页。

〔37〕《中华人民共和国行政诉讼法》在涉外行政诉讼部分对此作了一些规定。

〔38〕张宏良、金瑞德编:《改变人类命运的八大宣言》,中国社会出版社 1996 年版,第 239 页。

〔39〕关保英主编:《行政法与行政诉讼法》,中国政法大学出版社 2007 年版,第 66 页。

〔40〕石广生主编:《中国加入世界贸易组织知识读本》(一),人民出版社 2002 年版,第 136 页。

〔41〕同上书,第 122 页。

〔42〕[美]E. 博登海默:《法理学——法哲学及其方法》,邓正来、姬敬武译,华夏出版社 1987 年版,第 395 页。

〔43〕张载宇:《行政法要论》,汉林出版社 1979 年版,第 40 页。

〔44〕同上书,第 40 页。

〔45〕[美]詹姆斯 · E. 安德森:《公共决策》,唐亮译,华夏出版社 1990 年版,第 47 页。

〔46〕同上书。

〔47〕管欧:《中国行政法总论》,蓝星打字排版有限公司 1981 年版,第 109、110 页。

〔48〕[英]丹宁:《法律的训诫》,龚祥瑞译,群众出版社 1980 年版,第 3 页。

〔49〕李岱:《法学绪论》,中华书局 1936 年版,第 56—61 页。

〔50〕[韩]金东熙:《行政法Ⅰ》,赵峰译,中国人民大学出版社 2008 年版,第 191 页。

〔51〕[美]E. 博登海默:《法理学——法哲学及其方法》,邓正来、姬敬武译,华夏出版社 1987 年版,第 349、425 页。

〔52〕[德]黑格尔:《法哲学原理》,范扬等译,商务印书馆 1982 年版,第 311 页。

〔53〕[美]古德诺:《政治与行政》,王元译,华夏出版社 1986 年版,第 6—9 页。

〔54〕[美]E. 博登海默:《法理学——法哲学及其方法》,邓正来、姬敬武译,华夏出版社 1986 年版,第 349、425 页。

〔55〕[美]塞缪尔 · P. 亨廷顿:《变化社会中的政治秩序》,王冠华等译,三联书店 1989 年版,第 25 页。

〔56〕[法]西蒙 · 诺拉:《社会的信息化》,施以方等译,商务印书馆 1982 年版,第 12 页。

〔57〕[英]约翰 · 密尔:《代议制政府》,汪瑄译,商务印书馆 1981 年版,第 193 页。

〔58〕[美]法恩 · 兹沃思:《美国法律制度概论》,马清文译,群众出版社 1982 年版,第 112 页。

〔59〕参见沈宗灵主编:《法理学》,北京大学出版社 1985 年版,"法律适用"一章。

〔60〕管欧:《中国行政法总论》,蓝星打字排版有限公司 1981 年版,第 105 页。

〔61〕[英]梅因:《古代法》,沈景一译,商务印书馆 1984 年版,第 15 页。

第五章 行政法基本原则

第一节 依法行政原则

一、依法行政原则的构成要件

(一)理论界关于依法行政的构成诸观点

依法行政并非一时髦用语。自从行政权从国家总权力中分离出来成为一种独立的国家权力时,便有了行政法的产生,随之亦有了依法行政概念的出现。基于依法行政概念形成的悠久历史,有关其构成要素的讨论颇多,学者们从不同的角度、不同的侧面提出了各种各样的观点。在此,笔者顺便要说明的是,"依法行政"随着社会的发展,其名称已有所改变。本来,依法行政是作为行政法的一项基本原则而提出的,但在现代国家的行政法中,人们普遍用"行政合法性原则"来代替它了。如"行政法治,或称行政合法主义,是法国行政法的基本原则。""合法性原则,作为与比例原则相并列的德国行政法的基本原则。"[1]在我国目前的行政法教科书中,也都将"行政合法性原则"作为行政法的一项基本原则。因此,我们认为,依法行政的构成要素亦是行政合法性原则的构成要素。

1. 两要素说

此种观点认为依法行政的构成要素有两个,世界许多国家和地区的学者都持此观点,当然,在要素的具体含义上存在较大差异。如英国的依法行政由越权无效和自然公正组成。越权无效的核心内容是越权的行政行为不具有法律效力。该原则既约束行政实体行为,也约束行政程序行为。自然公正则指:一方面,任何人或团体在行使权力可能使别人受不利影响时,必须听取对方的意见,每个人都有为自己辩护和防卫的权利。无论在行政上,还是司法上,任何人不能未经审问就受处罚,行政裁判官和司法官必须听取对方意见才能作出判决。另一方面,避免偏私,"不能自己作自己的法官"。[2]美国的依法行政构成两要素表现为基本权利和正当程序。前者指一切组织和个人都必须服从法律,但这种法律必须旨在保护而不是摧残人类固有的基本权利。后者指法律的实施必须通过正当的法律程序进行。[3]我国台湾地区学者则主张依法行政原则的基本内容包括法律优越原则和法律保留原则。[4]中国大陆也有学者认为依法行政原则的基本内容有两项:①行政活动必须根据法律;②行政行为必须符合法律。[5]

2. 三要素说

此观点认为依法行政由三方面的因素构成。如日本有学者提出依法行政的三项内容为:(1)法律保留。建立议院内阁制、议会制的民主主义,通过国会对行政进行政治限制。(2)法律优先。行政立法、行政裁量和行政手续中存在立法权优先的要求或者立法的统治问题。(3)司法救济。通过法院对行政进行司法方面的事后救济。[6]法国依法行政原则也包含了三项内容:行政行为必须依据法律;行政行为必须符合法律;行政机关必须采取行动来保证法律规范的实施。[7]

3. 四要素说

依法行政构成的四要素主要见诸中国学者的著述中。如有的学者归纳为:(1)任何行政职权都必须基于法律的授予才能存在;(2)任何行政职权的行使都必须依据法律、遵守法律;(3)任何行政职权的委托及其运用都必须具有法律依据,符合法律要旨;(4)任何违反上述三点规定的行政活动,非经事后法律认许,均得以宣告为"无效"。[8]另有的学者归结为:(1)所有行政法律关系,当事人都必须严格遵守并执行行政法律规范;(2)任何行政法律关系的主体都不能享有行政法律规范以外的特权;(3)一切违反行政法律规范的行为,都属于行政违法行为,自始无效;(4)一切行政违法主体,都必须承担相应的法律责任。[9]还有学者认为,依法行政的原则就是要使一切行政管理活动有法可依,有法必依,执法必严,违法必究。有法可依是使行政管理活动合法化的前提条件。有法必依是要求行政机关及其工作人员必须依法办事。执法必严是要求行政机关及其工作人员在执行宪法和法律的过程中,必须保持高度的严肃性,不许有任何的任意性。行政活动都必须符合宪法和法律的规定。违法必究,在行政法范围内主要是指行政机关及其工作人员必须对其违法行为向国家权力机关和人民群众承担应有的责任。[10]

4. 五要素说

我国台湾地区学者对依法行政提出了五个方面的要素,即(1)行政权之作用,不得与法规相抵触。不问法规规定之形式如何,均有拘束行政权的效力。行政权的行使必须遵守法规,不得与法规相抵触。(2)行政权非有法规依据,不得使人民负担义务或限制其权利。人民与国家的一般权利义务关系,既非权力服从关系,而为行政法规所规定,人民对国家的义务与权利,自以法规所规定者为准。行政机关不得滥用其权力,使人民负担义务或限制人民权利。且因行政权之作用为人民设定权利或免除其义务后,行政机关自身亦应受其拘束,不得任意更改。(3)行政权非有法规依据,不得为特定人设定权利,或减免其义务。行政机关对于法规在同一情形下应为同一的适用。即对于人民权利的设定或义务的免除,均应依据法规为同等的措施,不得有例外的歧视。若无法规的依据,对于特定人赋予超过一般规定的权利,或免除一般规定所课之义务,均属违法。(4)行政得自由裁量,须受法规之限制,并符合于公意。裁量不得超越法规所定之界限,如裁量超过其界限,则为违法。另外裁量须适合于社会公意,如不合公意则为不当。(5)行政法规之适用,由行政机关本其职权主动为之。如社会秩序不良,行政机关应主动适用治安或交通等法规,以维护或整饬秩序,而无待人民之请求,与司法官适用法律采不告不理原则不同。[11]

(二)依法行政的构成要素分析及衡定标准

依法行政的构成要素我们可以将其作多种分类:主观要素和客观要素;实体要素与程序要素;内在要素与外在要素;内容要素与形式要素,等等。任何事物都是由某些内在要素通过一定的构造形式而完整地体现出来,所以内在要素与外在要素对一完整事物而言缺一不可,依法行政亦如此。但两者之间,实质要素是居于第一位的。故诸要素之间应着重于内在的实质性的东西,这些要素我们可以比喻为构成生物的细胞或物体的元素。现实中,由于这种实质的要素往往是抽象的、无形的,即使有形也难以度量,因而容易被人忽略。上述关于依法行政构成要素的众多观点,就是未能把握依法行政的实质内涵,多数注重于其外在的表现,使依法行政的真正要素游离于诸理论之外。衡量一要素能否成为依法行政的内在构成要件,须遵循如下准则:

1. 应以行政权为视角

依法行政的构成要件是衡量行政是否依法的标准,我们要搞清楚什么是依法行政,就得先从"行政"概念入手。英语的 Administration 用来表示行政,原意指对事物的处理。现代国家的行政不仅仅是对事物的处理,而且是对国家事务的处理,这从行政的定义上可以说明。如行政就是要积极地实现国家政治目的,不以维持现状为满足;行政为国家统治权的中心作用,即国家统治权的行使以行政作用为其重心。[12]表明行政是一种国家行为,它所执行的是一种国家意志,与公民、企业、社会组织的行为不同,后者所反映的是个人或少数人的意志。那么,行政必然要以国家强力为后盾,由此而产生行政权力。行政权力的行使一方面导致了国家意志的执行,另一方面若行使不当必然损害相对方的权益,因而出现了行政法的约束。所谓的依法行政就是要使行政权依据法律,政府只能在法律规定范围内活动,督促政府及其工作人员依法办事,防止违法、失职、越权和滥用职权等。所以,我们考察依法行政的内在要件必须站在行政权角度上,不是指行政权行使的形式,其实质才是最根本的出发点,或者说抓住了事物的根本。事实上,行政法治实践中的诸多违法、越权行为都是行政权使用不当所使然。前述学者们的观点多数从"依法"、"守法"等角度论证,不免有些偏颇。

2. 应以法的实质为基准

法的实质非法的本质,在无产阶级学者中,谈到法的本质就是指法的阶级性,即一国的法律要体现统治者的意志,为统治者服务。法的实质要从法的"正义"上讲。古希腊哲学家亚里士多德说:"要使事物合乎正义,须有毫无偏私的权衡,法律恰正是这样一个中道的平衡。"[13]中国大百科全书法学卷:汉文"法"字古体为灋。据东汉许慎著《说文解字》解释:刑也,平之如水;所以触不直者去之,从去。"从水,取其平,意即法平如水";据《说文》解释,"兽也,似山牛一角,古者决讼,令触不直"。即在古代进行神明裁判时,以被触者为败诉。拉丁文 jus,法文 droit,德文 Recht,俄文 IIPaBo,也都兼有“公平”、“正义”的含义。[14]可见从“法”的中西词源看,法好比一个天平,代表公平和正义。依法行政中,行政主体的行政行为关键不是符合形式上的法律条文,而应该是法律的精神。即考察一行政主体是否行为合法,不仅要看它是否有合法的现象,更应看它是否有合法的实质。从前面关于依法行政构成要件的各种观点中,我们很难发现有将“法的实质”作为要素的。尽管有学者提出,“二战”以后,人们越来越注重从实质而不是从形式的角度来考察行政与法的关系,[15]笔者却不以为然。因为,从理论上讲,没有把公平、正义等法的实质精神作为依法行政的要素;从依法行政的实际,亦仅限于以制定法为依据,只要依法律、法规条文办事,即可视为依法。

3. 应从行政大系统整体入手

行政事务的复杂性决定了现代行政不可能由单一主体完成,而是由复合主体或依据一定模式组合,共同完成某一行政事态的管理。行政主体亦呈现出多样性,有机关、组织和个人。那么,依法行政对行政主体的要求就不是针对某个机关或某个个人,必须要求整体的协调一致,包括纵向和横向两方面。纵向上指从中央到地方各级行政系统都要依法行政;横向上指同一级别的所有行政主体也要依法行政。也就是说,我们在论证依法行政的构成要件时,不能局限于某一方面或某一点上,应着眼于大的行政系统。从上述诸观点看,基本上致力于具体的行政环节。比如学者们提出的“依法设定权利,依法设定义务,任何行政职权的行使都必须依据法律……”均可视为孤立地讲某一主体或某一行为的依法标准,缺乏一个大前提。不容讳言,依法行政的标志自然是每个主体、每一环节都依法,没有个体的依法肯定谈不上整体的依法。但是,依法行政的构成要素是一个宏观意义上的概念,首先应着眼于“大处”,其逻辑序列应是从一般至个别,即先对整体依法行政提出要求,然后才是具体的个别的环节。否则,各种构成要件似乎是一些零散的东西,缺乏内在的连接机制。

4. 应用变量的分析方法

如前所述,依法行政为一个大的概念范畴,从它产生以来,在不同国家或同一国家不同的历史时期都可以适用,但其内涵不可能永远是同一的。也就是说,依法行政是一个动态的概念,因时因地的差异而有相异的含义。如关于依法中的“法”,20世纪90年代以前,常常理解为仅指立法机关制定的法律。认为立法权是国家权力机关所独有,其他国家机关都不得行使这种权力。如果国家行政主体的活动离开宪法和法律,另搞一套,那就改变了本身的性质,违背了民主原则。[16]进入90年代,由于政府管理职能的增多,管理的专业性、技术性亦越来越强,立法机关在立法问题上有了诸多的障碍,因而对“法”也有了新的理解,不仅指立法机关制定的法律,也包括行政机关的授权立法和职权立法。那么,我们探讨它的构成要素时,不可用静止的观点和静态的分析方法。作为依法行政的动态构成要素应有以下特点:其一,具有可包容性。即这些要素必须是在较长时期适用的,亦就是包容较大的时空段,至少应在同一制度的同一国家不同历史时期能够运行。其二,具有超前性。依法行政的诸要素不能只在当前事态管理上起作用,同时要对未来事态发生作用。这样,要素应具有一定的原则性和概括性,不能针对具体事务和环节作出。

(三)依法行政构成要素的新内涵

1. 行政权力的从属地位

行政法上的行政权是一种执行权,有时也称为行政权力或行政管理权,它指的是行政主体组织管理公共事务的权力。行政权作为国家权力的组成部分,它是一种制度化的力量,是在法定职位的基础上,要求下级服从的权力。行政权是行政主体进行行政管理时的重要因素之一,正如美国学者诺顿·朗所说的:"行政管理的生命线就是权力。权力的获得、保持、增长、削弱和丧失是实践工作者和研究者所不能忽视的。忽视了这点,其后果几乎可以肯定就会是丧失现实性和导致失败。"〔17〕可见行政权之重要意义。然而行政权行使可能带来的消极后果也是不容忽视的。正因为如此,对行政权行使的正确导向显得尤为重要,就是要引导行政权力依法运行。要做到这一点,首要的是防止行政权力的膨胀,始终将行政权置于从属地位。行政权力的从属性表现为两个方面:一方面,从属于国家立法权,这是最直观的一种从属形式,也就是理论界讨论得最多的行政权力须依宪法、法律而行之;另一方面,也是深层的或根本的方面,就是要使行政权力从属于国家主权。主权观念由法国学者波丹1576年在其著作《国家论》中提出,并解释为"公民与臣民之上的最多权力"。〔18〕卢梭赋予它新的含义,认为主权是"公意"的体现,"公意"就是人民的整体意志。〔19〕在民主国家中,法律就是"公意"或主权的体现,但"公意"并不都通过法律体现出来,因为法律不可能穷尽社会事务,致使行政管理中有许多问题往往无法律条文可循。因此,行政权对法律的服从只表现了从属性的一方面,还必须服从公共意志。至于具体的运作方法可以因体制、历史阶段和地区的差异而不同。如在我国市场经济条件下,行政主体之行政除依宪法、法律、行政法规等外,还需参照广大公众的意愿,具体的行政行为过程都要尽量吸收公众的听证、参与,作出的行政决定始终有利于公众权益,不可违背公众意志行事。

2. 行政职权行使的公正性

行政权力在一般意义上讲,是一较为抽象的概念,但和一定职务关系连接起来时,就显得非常具体了,这时,我们往往将其称之为职权。行政职权行使的公正性是行政主体是否依法行政不可或缺的量度标准。要搞清楚何为行政职权行使的公正性,必须先了解"公正"一词的本来含义。"公正"即公平、正义的意思。"公平":"不偏袒。《管子形势》:天公平而无私,故美恶莫不覆;地公平而无私,故小大莫不载。"《战国策秦一》:"商君治秦,法令至行,公平无私。"〔20〕"正义"一词的使用由来已久。在亚里士多德那里,它主要用于人的行为。在罗尔斯和近现代西方思想家那里,正义的概念越来越多地被专门用作评价社会制度的一种道德标准,被看作社会制度的首要价值。〔21〕我们在此两种意义上采用。首先,公正作为一种行为准则,它要求行政主体对行政对象的合法行为一律平等地保护,违法行为一律予以追究和制裁。不允许任何对象享有宪法、法律以外的特权，不得强迫其承担法律以外的义务，不得使其受到法律以外的处罚。其次，公正作为一种制度准则，它要求职权行使机制的公正性。在公正社会原则的大前提下，规定公平地参与社会政治生活、公平地分配社会利益的行政制度和行政政策。也就是说，由于社会是由若干的个体组成的联合体，在他们的相互关系中，一种行为必然影响到另一种行为，产生了一定的权利义务关系，那么，这种关系的设定需要由公正原则来支配。而且需要由这一原则规范和约束行政主体的行为，使行政主体的行为尽量遵循它。

3. 行政系统的整体协调运作

行政系统是指将行使行政权的机关、组织和个人按系统原理合理组织起来形成的机关、组织的总称。行政系统的整体协调运作在现代行政中日益重要。因为现代行政机关规模庞大，部门众多，不进行有效协调，必定造成各自为政，难以履行行政职责，更谈不上依法行政。笔者认为，协调运作的具体措施可以从两方面进行：一为体系；二为活动。体系的协调是前提，只有达到行政体系协调才谈得上行政活动的协调。行政体系的协调表现为机构设置、部门分工、人员配备科学化，这就需要依管理事态设置职位，而且对同一职能的各级行政机关应整体规划，职位设置以后再安插必需的人员进去。这样可以避免行政体系中的冗余人员。人员过多，有时很小的管理事务也由多人承担，必会形成不一致后果。行政活动运作的协调主要有：①沟通。即通过信息传递、传阅资料等方式使有关行政管理的规章制度相互配套。各地区、各部门都有规范性文件，往往就同一问题确定了一系列规章制度，如不沟通，可能影响行政行为的有效实施。②协助。它使行政目标的实现以最小的成本为代价。一个行政过程由诸多环节组成，一个行政目标的实现需要人力、物力、财力和时间的消耗，这些因素都是衡量行政效率的标准。如能在行政目标运行的各个阶段得到有关部门的帮助，自然抑制了各方面的浪费。

4. 行政手段的超前社会导向作用

“国家行政之目的，既不仅以维持社会秩序及人民之安宁为限，尤需进而增进社会之繁荣及人民之福利。”[22]那么在行政手段的使用上，除了传统的处罚、强制、许可、奖励等外，还需运用一系列能对社会进程产生推动作用的方法，而且应将此作为依法行政不可缺少的要件。因为行政的目的不应该以维持社会现状为满足，更多的应是促使国家政治、经济、文化等各个领域朝世界先进水平迈进。美国学者 E. 博登海默说：“法律永远落后于行政。”[23]也就是说，立法的相对稳定性与行政权行使的活跃性形成反差，解决这一矛盾的方法之一就是对行政执法、行政管理活动等进行不断调整，以使行政活动不至于因为法律的滞后性而阻碍管理事态的发展。为此，行政权行使除法律手段外，还需重视行政法非正式渊源的作用。“非正式渊源以它的预测、推理、普遍等性能对行政的超前性予以指导。”[24]“那些具有行政法意义的资料，而这些资料尚未在正式的行政法文件中得到权威性的或至少是明文的阐述和体现。”[25]笔者以为，主要是行政技术规则的运用，即针对行政管理特性，巧妙地将系统理论、行为科学、管理艺术等用于行政活动中,使之产生法律不可替代的作用。

二、依法行政的阻却因素

所谓依法行政的阻却因素是指对依法行政的实现有制约作用,并使其向负面发展或倾斜的主客观因素,该因素或者是物质的,或者是意识的。(1)作为依法行政的阻却因素其是依法行政得以实现的负条件。依法行政的实现是需要条件的,这些条件可以以良性的作用促使依法行政在原有的基础上加速进程,这种情况下,便可以说这些条件是正条件。反之,当依法行政的条件成为依法行政的减速器或其他制动物时便可将其视为依法行政的负条件,可见负条件是依法行政的一个障碍而不是一个促成因素。(2)作为依法行政的阻却因素其存在于外在和内在两个范畴之下。前者是依法行政概念系统诸构成之外的内部主客观存在,如行政权行使的文化背景、经济基础等存在物之中牵制依法行政的东西;后者是依法行政概念系统诸构成的内部主客观存在,如行政体制及其各支系统构成、行政法治状况、公职人员的素质等牵制依法行政的东西。(3)作为依法行政的阻却因素其既可以以物质的形式表现出来又可以以非物质的形式表现出来,体制的、连接规则的东西应当认为是物质性的,而伦理准则的、心理的东西则应当说是非物质的。自依法治国的思想被确定为国策之后,理论界尤其行政法学界对依法行政的研究进入了一个前所未有的阶段,各种理论观点方兴未艾。然而,笔者认为目前国内对依法行政的研究有三个比较明显的偏向:一是绝大多数学者关注依法行政概念本身的研究,而鲜为关注依法行政内外在诸条件的研究;二是绝大多数学者重视从正向设想依法行政应当如何的研究,而鲜为从反向对依法行政障碍因素及其排除的研究;三是绝大多数学者在方法论上倾向于阐释性研究,而鲜为从理性角度揭示依法行政的宏观状况和宏观环境。

(一)层级关系中连接模式选择上的阻却因素

现代社会中行政系统的体系结构多以金字塔型出现,处于塔顶的是行政体制系统的最高机构,处于塔底的则是行政机构体系的最低层次。从最高层到最低层中间有许多相互连接地位不同的机构层次。在不同的同家、不同的政治体制之下,机构层次的多少有所不同。金字塔型结构在联邦制国家和在单一制国家又有不同的具体表现,如一般认为在联邦制之下呈扁型金字塔,在单一制之下呈尖型金字塔。无论扁型金字塔还是尖型金字塔其各层级之间都是通过一定的规则连接起来的。在连接模式的选择上有两种可供选择的方案:一是双向连接方案,亦可称为双向连接模式。在双向连接模式下,从金字塔的顶部到金字塔的底部是通过两套相互对应的规则把各层级的机构有机地粘合在一起的。其有着从上至下的命令指示规则,并有着自下而上的请示汇报规则。二是单向连接方案,也可以称之为单向的连接模式,之所以称为单向连接模式是说在行政机构层级之间的连接线路上是单向的,即强调从一个方向至另一个方向的连接线路。在该连接模式下,自上而下的连接规则是明显的,而自下而上无明显的规则。上对下的指挥命令权是绝对的,下对上的服从义务同样是绝对的。

两种连接模式最大的区别在于下层机构是否有法律上的或者合法的独立意志、独立服从法律、服从管理事态的权力。后一种模式，下层机构除了选择服从上层机构的命令外，不能有别的、法律范围之内的选择，当然其在法律之外的选择则是另外的事情。

我们认为，我国行政机构体系在上述两种模式中是选择了后者而不是前者，也就是说，我国行政机构体系中，在上层行政机构与下层行政机构的关系中是以单线路的连接规则连接起来的，往往突出上层行政机关对下层行政机关的绝对领导地位。上层行政机构不但能够决定、约束下层机构的行为，而且能够决定、制约其本身的结构、构成和具体的行为过程。下级服从上级在我国已经成为了一条永远不可更改的组织原则。行政法学界在讨论行政越权时有人甚至认为在我国由于上下级行政机关是一种包容关系，因而上级对下级的越权不是行政越权，认为上级对下级不存在行政越权问题。依此制度和理论，下级行政机关是不能具有独立于上级行政机关的意志的。其在行使职权时，当所执行的行政法规范与上级的意志发生冲突时，则自然而然地选择了上级的行政命令而丢弃了法律规范；当其遇到的行政管理事态与上级的意志矛盾时，便顺理成章地选择了上级的意志而置管理事态的客观规律性于脑后。我国目前的单向连接模式下，行政执法人员在法律认同、行政事态认同、上司命令认同上是以认同上司意志为根本取向的，无疑是依法行政顺利实现的障碍。以此而论，层级关系中连接模式的单向选择是依法行政的内在阻却因素之一。

（二）价值准则上的封闭性与体系板块上的开放性的阻却因素

依法行政是通过一定的法律主体及其对依法行政职能的承担而实现的。故此，探讨我国行政机构的总体系和各组成机构方面的一些问题并不显得多余。就一个国家的行政机构体系而言是由有形要素和无形要素两者组合而成的，二者缺一不可。行政机构体系的有形要素是指行政机构体系中看得见、摸得着的物质要素，如行政机构的总体构成、行政机构体系中各分系统、行政机构体系中的单个行政机关、行政机构体系中的组成人员等。行政机构体系中的无形要素是指在行政机构体系中看不见、摸不着的非物质要素，如存在于人们观念之中但却调整着行政系统人员行为、机关行为、机构体系运转行为的价值准则等。前者可以视为行政机构体系的硬件，后者则为行政系统中的软件。此二要素的任何一面都存在于行政机构体系的内部，是以行政机构体系为视角的。那么，其与外界必然发生这样或那样的关系，包括各种各样的能量交换，如有关价值准则的吸收与排斥，机构体系外人员的吸收和体系内人员的排斥。总之，现代行政机构体系都是以社会这一庞大的环境为母体的，其只不过是社会的一个单体。我们可以把行政机构体系与社会的能量交换概括为两种情况：第一种是其与社会的能量交换是频繁的、不间断的、开放的。在这种情况下，行政系统与社会的关系较近，其对社会的关系是一个开放着的系统。第二种是其与社会的能量交换是最少化的、有间断的、不十分开放的。该情况下，行政机构体系与社会的关系较远，其对社会而言应当说是一个封闭着的系统。应当指出，笔者此处所讲的开放与封闭都是相对意义上的，因为行政系统与社会的能量交换是必然的，所不同的是强度和频度上的区别。

上述原理明确以后,我们便来分析我国行政机构系统与社会的能量交换问题。对于我国行政机构系统与社会的关系向来有两种理论。一曰开放论。其认为我国行政系统对社会而言是一个开放着的系统,并认为这种开放已超过了必要限度,由于过分开放而导致行政机构进口是个略微偏大的口径,有人甚至以此来解释我国行政机构体系膨胀化的现象。二曰封闭论。该论认为我国行政机构体系对社会而言是处于封闭状态的,认为正是这种封闭性导致了行政机构与社会的相对分离,使一些行政执法行为得不到社会大系统的认同。一些学者以此解释行政机构中的腐败现象和其他不法行政行为的根由。我们认为对于我国行政系统的开放性或封闭性不能一概而论,而应视具体情况分别论之。我国行政系统在硬件即体系结构板块上是开放性的,而该开放性的本身又是存在缺陷的,即不是进口与出口对等的开放系统,而是进口大于出口的开放系统。行政系统中机构的设立常常不是由行政事态的必然性决定的,而是由一些人为因素或主观因素决定的。社会各阶层都可以通过一定的途径进入行政系统,一跃成为行政公职人员,行政系统公职人员被淘汰或因其他原因成为其他社会阶层的可能性却是微乎其微的。此种现象与建立行政机构体系时缺乏科学论证和没有严格的、现代意义上的公务员制度有直接关系。行政机构体系板块上的这种不健全的开放性既是导致机构臃肿的直接原因,又是行政系统依法行政障碍的间接原因,因为它制约着行政系统中构成分子对于法律规范的理解水平。与上述相反,我国行政机构体系在软件上,即在规范、约束行政人员的价值准则上则是封闭性的。行政系统中上下级之间、平行机构之间都有一定的行为评价准则,该行为评价准则在大多数情况下存在于人们的主观意识之中,如马克思讲的法律关系是人们联系的道理一样。尽管其是意识范畴的东西,但却深深地制约着人们的行为,成了行政系统中任何人都在合法范围内不能逾越的鸿沟。我国行政系统中形成的这些价值准则既有一定的体系,同时又形成一定的定式,使一些活跃的、健康的、与社会发展保持同步的、被大多数社会成员公认的价值准则难于渗入其中。如行政系统中的权力本位准则、权威认同准则、办事中庸准则不易淘汰,效率准则、程序准则、公正准则等难于渗入行政系统而调适机构整体和行政机关工作人员的行为。价值准则上的封闭性使行政系统中的一些无形调节规则与法律规范、社会、行政管理事态都处在反向的关系形式之下,从而阻却依法行政的实现。

(三)行政权行使政治化的阻却因素

行政权与其他国家权力一样,是国家权力的基本构成之一,具有其他国家权力的共性。即能够改变相对一方的社会地位和法律地位,能够给社会构成主体在社会生活中确定一个地位,使其扮演相应的社会角色,能够决定现代社会生活的一些与全体社会成员相关的事态的发展方向,等等。权力的这些功能或属性被人们认为是其政治功能的反映,甚至人们一论及权力问题都有意无意地将其归于政治或政治学的范畴。政治一向被认为是对权力的争夺、分配或支配,政治学亦被定义为是研究权力的科学，等等，这些事实都说明行政权的政治化是一种占统治地位的思想或倾向。在现代社会中，随着政党体系、政权体系等对社会控制的加深，使行政权的政治化倾向有了新的内涵。一般地讲，控制一个国家权力的政治实体都尽可能使行政权的行使依自身的意志而运行，而不论是短期的意志还是长期的意志，是牵涉局部利益的意志还是牵涉全局利益的意志，是附合所有阶层的意志还是只附合个别阶层的意志。诚然行政权的政治化倾向在社会和国家政权发展的一定阶段是必然的，是具有进步意义的。该进步意义表现在使行政权一体化、权威化、运行过程中的总体社会效果等方面。但是，行政权行使政治化的弊端也是显而易见的，它常常导致行政权行使因政治环境的变化而变化，因权力行使实体的变化而变化，甚至因权力行使者个人即领导人的变化而变化。最根本的弊端是行政权与社会事态、经济因素、社会技术发生长期或短期的分离。正因为如此，在一些发达国家将行政权政治化的信条改为行政权技术化、经济化、社会事态化的信条。如20世纪美国将政党分肥制度以彭德尔顿法的形式改变成文官制度。通过该法使履行行政管理职能的公务人员在行政权行使中不再看执政党的眼色而行事，而是严格服从社会技术规范和行政管理事态的客观规律。

笔者认为，我国行政权行使政治化的倾向较为明显。一是我国的国家政权体制是议行合一的体制形态。所谓议行合一的体制是指把议事和执行有机地结合在一起的体制形式。议行合一体制的最大特点是行政机构体系是从属于立法体系的，它必须服从于立法的意志。显然，该体制下，行政机构体系的独立性是相当有限的，这可以说是其政治化的一个方面，当然这一方面在我国是必须的。二是我国在党政关系上一直存在一些问题，有些是大范围的，有些是局部的，若党政关系没有理顺则会出现党干预行政事务的情形，使行政政治化。对此邓小平同志在其著作中有多处论述，一直到晚年邓小平同志还是坚持党政分开的基本思想。三是高层行政机构的权力认同亦导致行政权的政治化。总之，行政权的政治化倾向在我国是明显的。它所导致的弊端有：使决策机构和执行机构分离，即作决策的行政机构在大多数情况下不负责决策的执行职能，而执行机构则没有决策的权力。加之行政机构整体是由若干层次构成的，一个决策从根据客观事态的形成到最终作用于客观事态需要经过两个传递阶段，而每个传递阶段又都有若干传递环节。一个传递阶段是有关决策的事实依据由行政管理事态到低层行政机构再由低层行政机构传递到作决策的高层机构。另一个传递阶段是高层机构形成的决策再层层下传最终作用于管理事态。经过两个传递阶段可能导致两个后果：一是决策内容的不真实，这是由于作决策的机构在作决策时所依据的经过若干传递环节的客观事实可能发生变异所致。二是决策内容作用于客观事态时的不真实，因为形成的决策经过若干传递环节后使决策的本意发生变化。其中还有一个可能导致不真实的因素就是客观事态发展变化的活跃性和决策形成的迟滞性的矛盾，就是往往把根据甲事态作出的决策作用到乙事态上面。上述行政权行使政治化的倾向对于依法行政的阻滞是深刻的，且是隐蔽的。依法行政的实质在于考虑客观的行政事态的本来面目，考虑行政法制背后的精神实质，而依政治倾向的行政权所选择的是客观行政事态的外部形式，关注程式化的东西多于关注实体化的东西。

（四）若干调适规则空缺的阻却因素

行政机构体系内部除了应当具有纵向的和横向的连接规则外，还应当具有与上述连接规则对应的行为调适规则。我们知道行政机构无论体系有多么庞大，无论其形态有多少类型，其终究不过是由人组合而成的。行政机构体系的构成分子和一般的社会成员一样，需要生存、需要和其他人结成诸种社会关系，也就是说，公职人员除具有行政权行使者的身份外，还有着自然人的身份。可以说，他们扮演着相当丰富的社会角色，如家庭成员的角色、社会阶层构成人员的角色、利益组合体中利益体现者的角色等。公职人员社会角色中所体现的利益关系必然要对其行政权的行使产生影响，当这种影响比较强烈时，行政系统内部就会出现因同一利益关系而组合的利益群。笔者把行政系统利益群概括为下述若干类：①区域利益群。即一定区域内的行政机关工作人员以本地域范围的利益为轴心而结成的利益群体。该利益具有区域性、自然性等特点，此二特点决定了区域利益群内部的所有公职人员在行使行政权时，当区域利益与社会利益、其他群体利益、甚至国家利益发生冲突时，他们所选择的是前者，即选择区域利益而牺牲别的利益。我们经常讲到行政执法中的地方保护主义就是在这种区域利益的基础上形成的。理论界总有一种错误的认识，认为地方保护主义或其他保护主义都是由区域内的行政机关形成的，其实是由行政机关中公职人员所扮演的社会角色不同所致。②部门利益群。就是指处在同一部门的公职人员因共同的利益关系而结成的利益群。该利益群较前者更为复杂一些，因为它已经超越了地域范围，具有强烈的抽象性。③层次利益群。即同一层次的行政权行使者因共同利益而结成的利益群。可以说，层次利益群在我国不算突出，其原因是我国在上下层次之间单向的连接规则在一定程度上制约了它。④临时组合利益群。在一定时期、一定阶段、一定的社会环境下，或者面对一个较大的社会事态，面对一个必须作出决策的行政事务等状况下，行政系统中处于不同区域、不同部门、不同层次的行政机关公职人员，因某种物质或精神利益而组合的利益群体。这种利益群具有临时性、短期性、实用性等特点，行政系统中除亲情关系、裙带关系以外的关系网都属此类，上列四者是最主要的利益群体。应当说，这些利益群是一个全世界范围的问题，是一定历史阶段的问题，在人类处于现代社会阶段之下，在我国的社会主义初级阶段之下，诸种利益群的产生是必然的。然而，对于各种利益群的遏制是有一些有效方法的，并非不治之症。总之，在一些发达国家是鼓励在社会上出现各种利益关系的，但不论哪一个国家都不允许把社会上的利益关系渗入政府行政系统中，任其对行政权的行使产生影响。从各个国家的情况看，行政系统内部各种各样的调适规则是否健全是这些利益群能否存在并对行政权行使产生影响的关键。我们认为，自市场经济推行以来，我国行政系统中的形形色色的保护主义愈演愈烈，已经成为困扰依法行政顺利实现的一大障碍，根本原因在于我国缺乏行政系统内部的调适规则。如行政内部协调规则,该规则主要调适内部各职能部门之间的关系,包括执法中的协调、行政案件处理中的协调、日常行政管理活动中的协调等;再如行政协助规则,该规则解决不同区域、不同职能、不同层次在行政执法中的协助关系等。作为行政立法来说,亦应当把行政权的一体化、行政执法中的法制统一作为重要的行政法治原则确定下来。上述足见,不健全的行政系统内部的调适规则是依法行政实现的又一阻却因素。

三、依法行政主体障碍的克服

(一)障碍克服与行政主体的价值选择

行政机构体系的上述意识与行为变态是对行政系统若干正当价值准则的否定。纠正行政系统意识变态的目的就是使行政系统的价值有所回归。甚至可以说,诸种变态之所以会发生亦与长期以来不明确行政系统固有的价值准则有密切联系,即由于人们不认识、不注意行政系统的价值准则,因而,在心理上和行为上就不可能向接近价值准则的方面靠拢。可见,研究依法行政主体障碍克服的对策,必须首先确定行政系统的价值准则。笔者认为,行政系统的这些价值准则主要有下列两个范畴:

1. 关于行政系统独立人格的确定问题

依我国宪法规定,国家权力分为立法权、行政权、检察权和审判权。宪法关于国家权力的分类和行使中的分工,是对议行合一政治制度的具体发展,它确认了行政权和其他权力对立法权的从属地位,并认同了其他各种权力的独立价值。如宪法一方面规定其他诸种权力要对行使立法权的人民代表机关负责,另一方面规定了其他机关在行使各自的权力时不受任何组织、个人或其他因素的干涉。其他诸种权力从属于立法权是顺理成章的,是立法权的逻辑发展,立法权被认为是对国家意志的表达,而其他权力则被认为是对表达出来的国家意志的执行。其他权力独自的价值不容否认亦是顺理成章的,因为各有各的本质属性,如果出现一种权力和另一种权力的交叉,那就不可能有效地执行表达出来的国家意志,因为它自身的内容此时就是不确定的。我国行政权力长期以来是在错综复杂的状况下运行的,它在运行过程中已经超越了宪法当初对它内容的界定,变成为一种范围不甚明确、内容不甚确定、方式不甚规范的交叉物。在我国对行政系统进行监督和制约的主体数量超过了任何一个国家,如人民代表机关、检察机关、人民法院、民主党派、政协、监察机关、人民群众、新闻媒介等十个左右,其中有些机关或组织的监督足以改变行政机关行为的方式,众多的监督如果依客观规律而运行,当然是无可非议的。然而,错综复杂的监督难以协调,各监督主体的自身价值或多或少要渗入行政机构体系中,使行政机构体系的价值发生变异。遗憾的是,长期以来,无论在理论界还是在实务界都忽视了这一问题,一味地强调各社会因素、政治因素对行政权的制约,使行政权在许多方面成了弹性极大的权力。笔者认为,我国行政权在一定程度上讲,已经没有了立法对其所确定的独立人格。作为行政权的独立人格讲,一是行政权具有独立的质的规定性,是一个区别于他种权力的国家权力,对其不能作任何变通解释。二是行政权除从属立法权外,对任何权力都不具有从属性。三是行政权自身是强而有力的,不受任何组织、个人、机关的干涉,就像人民法院的审判权不受外界因素干涉一样。四是任何其他国家权力都不得以或明或暗的形式渗入行政权内部,使行政权具有此种权力的属性。

2. 关于行政系统硬件与软件的规则确定问题

行政系统的构成因素可以分为硬件和软件两个方面。硬件就是指行政机构体系的板块方面,包括行政机构大系统的层级构成,如层级的数量、层级之间的联系规则;包括一个行政机构内部各部门的构成,即在一个行政机构内部设立了多少主管部门、服务部门等;也包括行政机关中的人员构成等。软件指在行政系统内部形成的联系人们的意识规则或行政伦理准则。这些软件存在于人们的主观意识之中,以一种无形的力量调适着行政机构和行政人员的行为。笔者所指的这些软件是一些深层次的连接规则,它是通过行政机构体系中人员的心理认同来实现的,与行政系统中连接人们的法律规则有着明显区别。法律规则属于行政系统中的硬件,它是被国家强力认可并保证实施的。法律规则是公开的、有形的,而连接人们的伦理准则则是隐含的、无形的。对于行政系统中的硬件与软件都可以确定一些规则,通过这些规则赋予其一些属性。我们认为,我国行政机构体系中,在硬件与软件的规则选择上出现了错位,把本该属于软件的规则运用于硬件,把本该属于硬件的东西运用于软件,造成硬件不硬、软件不软的变态现象。我国行政机构的硬件不硬表现如我国行政机构的板块一直处于开放状态之中,而且是进口大于出口的开放系统。行政机构和其他社会阶层在板块上的能量交换是经常的、不断的,其他社会阶层都有进入行政系统的机会和途径,一旦进入行政系统其就获得了一个稳定的职位。在一般情况下,很难再被行政系统淘汰。行政系统组成人员成为其他社会阶层的现象与其他社会阶层成为系统组成人员的状况相比,前者的绝对数和相对数都远远小于后者,这也可以用来解释我国行政机构每年以8.3%的速度递增的原因。行政机构软件不软的现象也有许多表现。行政系统内部在长期的运行过程中形成了独立的价值规则,该规则可以叫做行政伦理准则,如行政系统中人们潜意识中的一些服从准则、对上负责不对下负责的准则、权力实用准则等。行政系统的伦理准则必须经常地和行政系统之外的一些社会公认的准则发生交换关系,社会成员中健康的、进步的伦理准则应当能够很顺利地渗入行政系统中,这就要求行政系统已经形成的伦理准则体系应当是一个开放的系统,随时接受来自外界的健康准则。然而,在这一软件上,我国行政系统一直是一个封闭系统,它既不容易丢弃自身已经形成的伦理准则,更不容易接纳、吸收社会上先进的伦理准则。硬件不硬所导致的结果是人浮于事和机构臃肿。软件不软所导致的结果是行政系统与管理事态和社会的分离。基于此,要克服依法行政主体障碍,必须重新确定行政机构体系中硬件与软件的规则。即应使行政机构体系板块处于一定状态的封闭之下,至少进口不能大于出口;使行政机构体系中的伦理准则能经常性地和社会上进步的伦理准则发生交换关系。

(二)依法行政主体障碍克服的法制手段

笔者认为,对依法行政主体障碍克服的研究,首先要立足于法律角度,因为法律制度之内的东西比法外的东西来得更直接。其次要立足于对克服手段进行宏观设计,因为所有的具体克服措施都是以手段的宏观设计为前提的。

1.关于层级关系中的连接规则

我国行政机构体系中的伦理变态和心理变态与行政机构内部层级关系中的连接规则的非正当性有关。我国行政机构体系是一种金字塔式的结构,在此层级结构中需要用双向的连接规则把高层行政机关和低层行政机关连接起来,使高低层行政机关都有法律上的独立人格。然而,我国行政机构体系中的层级连接规则向来是单向式的,即强调上对下的权力,正是通过上对下的命令、指示把二者联结在一起。上级的权力是不容置疑的,下级没有法律上的独立人格,仅是上级手中所控制的一个工具。在此种连接规则之下,下级在行政事态、法律规范与上级命令指示的选择上,自然而然地选择了后者,其必然阻碍依法行政。因此,我们认为,在强调上对下的命令指示的同时,还必须重视下对上运行中的独立线路,即在一些细小问题上,上层行政机构必须以下层行政机构所掌握的情况为据,不能超越下级行政机关的权力。简单地讲,我国行政机构体系中长期以来形成的决策机构与执行机构相分离的现象必须得到解决。任何一个具有独立职能、与行政管理事态发生关系的机构,都应当是既具有决策职能又具有执行职能,或者反过来说,既具有对行政事务的执行权又具有对事务的决策权。这样就可以使行政法规范的运行减少环节,进而减少因无谓传递所造成的误差。该连接规则的改变必然使行政系统内部形成新型的良性关系形态,由原来的独判式指挥命令权变为相互制约的双向权力。

2.关于静态行政法的价值定位

行政法规范可以用不同的标准予以分类,以行政法对行政主体的作用形态为依据,可以把行政法分为静态行政法和动态行政法。静态行政法就是从静态上对行政机关组织体系及其公务人员的规定。动态行政法是对上述主体行为的规定。静态行政法的价值就是指静态行政法所要追求的效果和自身的积极作用。静态行政法的价值选择有两种:静态行政法促成程序化的价值;静态行政法促成效率化的价值。我国的静态行政法在价值选择上以前者为根本取向,在行政系统内部强调机构的大而全、小而全,在机构行为中强调程式化、结构化就是例证。在这样的价值选择之下,行政机构体系对社会的消耗、对社会造成的压力往往得不到法律规则之内的重视。以行政组织法为例,其采取的是柔性原则,行政机构则有较强的伸缩性,行政机关编制法也不健全,仅有的一些编制规则亦没有严格的量化标准。而公务员法则弱化了社会技术化。我们认为,要克服行政主体依法行政的障碍在行政组织法的价值选择上应选择效率准则。从行政机构体系的总价值看,其应当是国家政权体系为获得较大利益而投入的一个成本。成本最小化是一个无须证明的经济原理。依此,行政机构体系的规模越小越好。行政组织法必须选择控制行政机构规模的价值准则,行政编制法应尽可能量化,并有权威性的保障手段。公务员法应强化公务员的技术属性。

3. 关于动态行政法的规制技术问题

动态行政法的规制技术是指行政法规范对行政机构体系的行为、行政机关的行为、行政机关工作人员的行为进行规范和制约的技术。该规制技术手段的科学与否直接关系到行政行为的质量,关系到行政行为与法律规范关系的合理程度。我国在动态行政法的规制技术上存在误区。表现为:

(1)动态行政法的规制侧重点放在微观行为上。行政系统中的行政行为可以分为微观行为和宏观行为,前者指行政系统中单个行政机关的行为和工作人员的个体行为表现,这些行为尽管是直接对相对人产生影响,但它常常是另一类行为即宏观行为的派生行为。后者是指行政机构总体的行为表现。在两类行为中后者对前者具有派生作用。行政法规制的选择侧重点应在宏观行为上,而我国在对行政行为规制的选择上多以规制微观行为为主。

(2)动态行政法的规制侧重点放在程序行为上。行政行为具有实体行为和程序行为之分,实体行为是能够设定权利义务、改变权利义务的行为范畴。程序行为则是如何作出实体行为的行为范畴。实体行为是程序行为存在的前提,只有以实体行为为根据,程序行为才具有意义。而我国在对行政系统行为的规制上重程序规制、轻实体规制。以《行政处罚法》这一关于行政处罚的基本法为例,其中心环节还在于对程序的规制而不是对实体的规制上。

(3)动态行政法的侧重点放在外显行为上。行政行为有外显行为和隐含行为之分。所谓外显行为就是以一定的形式显露出来,容易判断和鉴别的行为。所谓隐含行为是指具有隐蔽性,其行为外形不甚明显的行为。如行政人员直接违反行政法规范的行为属前者,而间接违反行政法规范的行为则为后者。违反行政规则的行为为前者,违反行政道德准则的行为为后者。我国在对行政行为的规制上,动态行政法多侧重对外显行为的规制,而对一些暗含的违法行为则很少有规制,如对行政系统中的权力目的行为、营造私网行为、从属意志行为鲜有规制。我们认为,要克服依法行政的主体障碍,必须在动态行政法的规制技术上发生变化,以规制宏观行为、实体行为、隐含行为为重心,以规制微观行为、程序行为、外显行为为必要补充。

第二节 行政合理性原则

行政合理性原则与行政合法性原则被视为现代行政法的两大基本原则。[26]关于行政合法性原则的基本内容理论界已有定论,而行政合理性原则的基本内容则说法不一。难以形成共识的焦点在于合理性原则中的合理条件问题,即符合什么样的条件才算合理。由于法律没有合理性原则的统一规定,理论界关于合理性原则的论点各有根据,导致行政法治实践中合理性原则很难起到规范行政行为的作用,所以,探讨行政合理性原则的合理条件就成为一个非常重要的行政法学问题。

一、行政合理性原则合理条件的误区

在行政法学界和行政法治实践中,关于行政合理性原则的合理条件有不同的认识和理解,其中一些认识是存在一定错误的,这种错误从表面上看并不十分明显,但从法理学的角度,从规制行政权的角度看却是十分明显的,因为依此种错误性的理解,行政合理性原则不可能起到规制行政权的作用,更不可能像行政合法性原则那样为行政机关的职权行使提供具体的行为规则。这些误区有下列方面:

(一)道德理念误区

道德理念误区是指以道德规范判断行政合理性条件的理论误区。该论认为,行政合法性原则是解决行政权行使必须合法的问题。由于行政权在行使过程中行政主体在很大程度上享有自由裁量权,而合法性原则仅能解决法律有明确规定或法律规定为羁束的行政行为的状况,其不能对行政主体的自由裁量行为进行调整,不能为自由裁量行为提供准确的依据。唯行政合理性原则可以规制行政自由裁量权。[27]合理性原则中的合理性及其相应条件在法律规定的范围之内是不可能寻找到的,而必须从高于法律规则的行为规则中去寻找,即从人类公认的道德规则中去寻找。英国的迪普罗克大法官从反题的角度论证了行政合理性原则的合理条件,他认为在确定了行政权行使中的不合理因素后,合理性也就明了了。他说:"如此无逻辑或所认可的道德标准,令人不能容忍,以致任何认真考虑此问题的正常人都不会同意它。"[28]这句话的意思是说,行政主体的行为如果不符合普遍的道德要求其行为就是不合理的。例如,行政主体在对某一违法行为进行处罚时,尽管行为人的行为是违法的,行政主体的处罚行为亦没有超越法律规定的幅度,但行政主体若违反了社会道德标准,不适当地选择了处罚的上限或下限,该处罚行为就是违背合理性原则的。在我国也有一些学者明确提出了道德理念标准。[29]道德理念作为行政合理性原则的合理条件从表面上看是没有错误的,但若从深层次看此说对于规范行政权的行使是没有意义的。因为法律规则和道德规则是两个不同层次的行为规则,法律规则是以道德规则为基础的,是对道德规则的深化。任何一个法律规则或法律原则中都不同程度地包含了道德规则。[30]在合理性原则中探讨道德规则从操作层面上讲是没有意义的。再者,合理性原则是行政法的法律原则,其尽管是对行政合法性原则的补充,但不能因此将该原则淡化为法律之外的原则,将道德准则作为合理性原则的条件有淡化合理性原则作为一项法律原则之嫌疑,以此论之,将道德理念作为合理条件的误区就再明显不过了。

(二)多数认同误区

多数认同误区在对行政合理性原则合理条件的理解上是带有一定普遍性的。所谓多数认同就是指行政机关的执法行为或行政机关作出行政行为的活动,若没有法律的明确依据时，该执法活动和行政行为的判定标准就应当是社会成员的认同程度。若一个行政行为作出时得到了社会成员的普遍赞同，这一没有明确法律依据的行政行为就是符合行政合理性原则的，反之，若一个行政行为遭到多数人的反对则是违背合理性原则的。西方行政法中的比例原则就含有此义，"该原则要求适当地平衡一种措施对个人造成的损害与对社会获得的利益之间的关系，也禁止那些对个人的损害超过了对社会的利益的措施"。[31]我国也有人对多数认同原则作过这样的表述，即行政合理性原则要求行政主体的行政行为或行政执法活动"符合国家和人民的根本利益"。[32]此处所讲的国家和人民的根本利益就是由多数认同的利益。多数认同之所以是对合理性原则的错误认识，根本原因在于它的不可操作性。其一，行政主体的行政执法活动和行政行为在一般情况下都是一定地域范围内的行为，除中央行政机关的行为是全国范围内的行为外，其余绝大多数行政行为都是受严格的地域限制的，一定地域内的多数认同并不能代表全社会的多数认同；其二，行政主体的执法活动和行政行为在行政法治实践中不可能以精确的方式测定多数认同或少数认同，事实上行政行为作出后行政主体并不可能采用诸如投票表决等方式测定认同的比率，若每个没有合法性原则规制的行政行为都这样做，在操作层面上讲也是不大可能的；其三，行政行为的主体是行政机关，行政机关在行政法关系中仅代表一方当事人，而行政行为的对象则可能是不特定的多数人，尤其牵涉到行政主体履行管理职能的执法行为，其往往面对的是一定范围内的多数人，而管理行为在大多数情况下是为相对人设定义务的，相对人对让其承担义务的行政行为当然不会表示认同，此时若用多数认同规则限定合理性条件，则国家行政管理将无法正常进行。同时，有些行政行为是在利害关系人利益冲突的基础上形成的，利害关系人之间的量的对比并不能证实行政行为实质内容的正确性，也就是说，行政行为正确性的一面恰恰是少数利害关系人认同的，而错误性的一面则恰恰是多数利害关系人认同的。此时，若以多数认同限定合理性条件则必然使错误的行政行为付诸实施。

(三)政策导向误区

政策导向误区是指把政策作为判定行政执法活动和行政行为合理与否的标准。有学者明确提出："合理就是按照法令政策办事。"[33]依政策办事大体上可以理解为：在没有明确法律根据的情况下，行政机关在作出行政行为时依政策而行，当然前提是政策能够提供行政执法时需要的规则；在法律规定的幅度内选择行政行为时，依政策精神而定其行政行为的松弛与严谨性；在行政执法中，法律选择有所冲突的情况下，依政策选择适用哪一个法律规范。政策导向之所以被笔者称为行政合理性原则合理条件的误区，是因为以下理由：其一，政策的灵活性、多变性难于为合理性原则提供确定的合理条件。众所周知，政策与法律相比具有极大的灵活性、可变性，其因时间的不同、其他外界条件的不同而经常性地发生变化，而每一次变化人们并没有一个方法能够作出准确的预测。这样必然不能为行政合理性原则提供比较恒定的判断标准，长此以往就会淡化合理性原则对行政行为的指导意义。其二，政策的内容从某种意义上讲比法律规范还要抽象，即其不是具体的操作规则，难以为行政行为提供可以直接参照的依据。例如，改革开放以来，中共中央在一些重大问题上都形成了决议，如《中共中央关于经济体制改革的决议》、《中共中央关于政治体制改革的决议》、《中共中央关于建立社会主义市场经济的决议》等。这些决议无疑是党的重要政策，但是，这些政策都是一些根本性的指导原则，具有非常强的抽象性。其可以作为立法的指导原则、执法的指导原则，而难以作为行政行为的具体限定标准。换句话说，政策所提供的指导原则仍然不能解决行政主体的执法选择问题，其还必须制定进一步的具体规则才能达到操作层面。其三，法律理论中没有政策的系统理论，因此，对于政策就有诸多不同的理解。一些人认为政策仅指执政党中央机关的政策，而另一些人则认为地方党的机构的政策也是政策的组成部分。若如后者所理解，政策还可能存在不同地区、不同部门之间的冲突，那么，相互冲突的政策是难以为行政合理性原则提供执法依据的。

(四)客观规律误区

把符合客观规律作为行政合理性原则的合理条件在理论界几乎是定论性观点，如一些学者明确指出行政合理性原则要求“符合客观规律性”。[34]有些学者指出：“合理性原则是行政法原则的另一重要组成部分，指行政决定内容要客观、适度、符合理性。”[35]其中的客观可以理解为符合客观规律。还有学者指出，合理原则要求行政行为合乎情理，“即行政主体作出行政行为，必须符合客观规律，合乎情理。不能要求行政相对人承担其无法履行或违背情理的义务”。[36]笔者认为，上列关于符合客观规律是行政合理性原则标准的说法与前列三者相同，仍然是对行政合理性原则认识的误区。可以从下列方面反驳之：一是什么是符合客观规律的，什么是不符合客观规律的在行政执法实践中并不是十分明确的。客观规律是人们通过多次认识、多次论证、多次推理后总结出来的，某一事物是否符合客观规律并没有一个明确的答案，如对某一企业向江河排放废水的行为罚 1000 元符合客观规律，还是罚 2000 元符合客观规律并没有一个肯定的标准，二者可能都符合客观规律或者都不符合客观规律。二是客观规律是一个相对意义的概念，在一定场合符合客观规律的，在另一场合则不一定符合客观规律，由于此种相对性就使执法人员不可能从符合客观规律的标准中得到有意义的行为规则。有的学者为了使符合客观规律的说法具体化，便提出了行政合理性标准的技术准则，即一个行政行为是否合理则看它是否符合某一方面行政管理的技术准则。在现代行政管理中有很多受技术因素制约的东西，一些行政管理事务带有很强的技术色彩。若行政行为符合该行政事态的技术规则其就是合理的，反之则是不合理的。例如，高速公路在修建时有很多技术指标，这些技术指标对于行政主体确定行车规则有制约作用。由于路面的情况和车速的关系一般确定最大时速为 120 公里，若将规则定于 90 公里就是不符合技术准则的。此种将符合客观规律技术化的说法尽管有一定道理，但在行政法治实践中仍然难以操作，因为作出行政行为的机关并不一定懂得某一事态中的技术准则。

二、行政合理性原则合理条件衡定标准的新视角

行政合理性原则无论如何都是行政法作为一个部门法的法律原则，对行政合理性原则合理条件的探讨不能离开法的范畴。各误区的内容都使合理性原则远远离开了法律的范围，所提出的合理性条件都有文不对题之嫌。笔者认为，从法律的范围内来看，行政合理性原则的合理条件由如下各标准构成，各标准既可以单独规制行政行为在合理范围内的选择，又可以作为一个整体规制行政行为的选择。

（一）符合法治观念的合理性

有学者曾将治理国家的方式分成下列诸种：一曰人治，即以人的力量来治理国家。人治的实质在于突出权力行使者的个人意志，而个人在行使权力时不受任何规则的制约，封建社会的王权或皇权治理就是人治的典型代表。在现代社会突出行政首脑的个人意志也是人治的表现。二曰权治，即以强权治理国家。在权治情况下，治理者借助于军队或其他国家强力对社会实行近乎暴力型的治理，我们经常提到的强权政治就是对权治的一种别称。三曰党治，就是借助政党组织的力量治理国家。在一党制国家，执政党往往决定国家大事，凌驾于所设立的国家机构之上，从决策和执行两个方面决定国家事务的状况。四曰群治，就是由广大社会成员自行实现国家治理。五曰法治，即以立法机关制定的法律来治理国家。法治除了要有明确的法律规范外，还要有完整系统的执法体系和司法体系，它是一种制度化的治理国家的方式。[37]上列五种治国方式中，唯法治是理性的治国方式。由于我国在行政权行使中，上述五种成分在很长一段时间内是并存的，行政主体或者行政执法人员常常不是纯粹地依法行使职权，有时考虑个人因素，有时则以强制权力对待行政管理相对一方当事人，有时则过多地考虑执政党的政策等。尤其在法律对行政事态没有作出明文规定的情况下，行政执法者更是愿意选择法治理念以外的因素。符合法治理念的合理性就是指行政执法人员必须把法治理念作为合理原则的标准，行政执法人员主观意识必须符合法治理念的要求，不能以人治理念、强权治理理念、党治理念等作为支配权力行使的主流观念。《中华人民共和国宪法》第13条修正案规定："中华人民共和国实行依法治国，建设社会主义法治国家。"明确提出了"法治"二字。法治的首要因素是全社会的法治观念，尤其是权力行使者的法治观念。行政合理性原则的合理条件要求执法人员在处理法无明文规定的行政事务时，必须在法治观念的支配下选择相关的行政规则，而不是让法治以外的因素左右其头脑。这是合理性原则合理条件的首要标准。[38]

（二）符合宪政民主的合理性

在非宪政民主的政权体制之下，权力行使者握有强大的国家权力，其权力几乎是不受制约的，社会生活的绝大多数重大问题都由权力行使者决定，而处于被支配地位的绝大多数社会成员甚至连参与国家事务的机会也没有。而在宪政民主的政权体制之下，权力行使者的权力是非常有限的。权力行使过程是受到制约的，这种制约既来

自于国家政体的不同部分,又来自于广大的社会成员。权力行使者与社会成员在外在的关系形态方面表现出了一种极大的平衡状态。以对重大的国家事务的决定权而论,在宪政民主制之下权力行使者和广大的社会成员是一种分庭抗礼的关系形式。如1994年欧洲诸国行政首脑在马斯克斯特里召开了一个使欧洲经济进一步一体化的会议,并有达成行政协定的意向,但是,对于是否加入一体化行政协定这一重大问题,政府行政首脑无权单方面作出最后决定,而必须在本国范围内进行投票表决,即实行全民公决。在一些国家,公决结果使行政首脑感到失望,因为60%以上的公众投了反对票,这一事例充分体现了权力行使者与公众之间的平衡关系。在我国,行政主体在行政权行使中,常常处于至高无上的地位,在法律对执法作出明文规定时,[39]这种至高无上的地位或多或少要受到法律规则的制约,而在法无明文规定或法律规定不明确让其作出合理性选择时,这种至高无上的地位就突出地表现出来,即行政主体在突出自身地位的前提下选择自己认为合理的处理方式。因此,笔者认为,行政合理性原则的合理条件必须符合宪政民主精神,它要求行政主体所认同的合理性是在行政主体与相对方权益关系平衡以后的合理性,是突出行政相对方地位的合理性。宪政民主除了力量对比这一实质性内容外,还有一些具体要求,如行政行为公开化的要求,行政行为公众化的要求等。还要说明的是,宪政民主并不是一个抽象概念,它反映在宪法条文中的法治精神、法治内容对行政合理性原则都有具体的规制作用。

(三)符合相关实体规则的合理性

一国的法律是一个完整的法律体系,尽管有部门法之间的划分。但这种划分只是一个技术问题,只是一个具有相对意义的问题,而不是绝对的,更不能将所划分的法律规范予以割裂。然而,在我国法治实践和法学理论中,却人为地将法律的门类予以割裂并绝对化。似乎一个部门法只对十分狭小的部门关系进行调整,而不可能调整因其他行为而引起的关系。笔者认为立法者在制定法律规范时所关注的并不是部门法本身的意义,而是部门法在规范社会行为中的意义。即它试图将具有相同性质的行为纳入同一规则的调整之下,并使法律规则能够使所有相关行为得到调整。也就是说,只有行为的同一性,或只追求行为调整中的同一性,而不能绝对强调法律部门的同一性。依这一理论,行政法所疏漏的事态,若相对方的行为接近于其他部门法所设定的行为就应当受到其他部门法的调整,或者行政主体参照其他部门法进行调整。其他部门法中的一些实体规则可以直接运用到行政执法中,可以直接为行政合理性原则提供标准。笔者可以用一例来说明,我国刑法中的牵连犯就是指行为人在实施某一犯罪行为时,触犯了另一个罪名,对于这一行为的整体而言,其是两种犯罪,并且有两个完整的故意和两个完整的行为,但行为人的最终追求却只有一个。此时,执法机关在对行为人追究责任时,只追究一个罪名的责任,用重罪吸收轻罪,这一刑法中的规则对于行政执法中的合理性原则有指导意义。在行政处罚中,行政主体常常遇到行政相对人为了某一更大的利益而实施法律中的两条禁止行为,如某一木材贩运者,从林区农民处收购木材并用自己的汽车运走,此时其违反了有关林业管理的法律规定，一是禁止收购木材的规定，二是无证运输木材的规定。而对于此种类似于牵连犯的行政违法，法律并没有规定具体的处罚方式，行政主体就面临合理性选择问题。那么，刑法中重罪吸收轻罪的处罚规则就可以作为行政处罚机关选择的标准，对行政相对人为同一目的而实施的两个违法行为只处罚最重的行为。相关法律规范中的实体规则对行政合理性原则的合理条件有着不可取代的价值，而这一点在行政法学理论中则是被忽视了的。

（四）符合法律形式要件的合理性

行政合理性原则存在于行政自由裁量权之下，在行政自由裁量权的范围内，行政主体行政行为的实质法律要件是难以判断的，如英国法官科克在判词中写道："尽管委员会授权委员们自由裁量，但他们的活动应受限制并应遵守合理规则和法律规则。因为自由裁量权是一门识别真假、是非、虚实、公平与虚伪的科学，而不应按照他们自己的意愿和私人感情行事。"[40]表明自由裁量中行政主体行政行为的实质要件是带有很大主观成分的东西，没有一个确切的标准判定实质要件，甚至可以说合理性原则的准则就是要为实质要件的选择提供标准。而法律的形式要件对行政合理性原则却是具有实质意义的。在这里法律的实质要件和法律的形式要件发生了操作上的矛盾。即实质要件和形式要件不能够并存，这是法律在执行过程中的一种比较特别的现象，因为在一般情况下法律的实质要件和形式要件共同制约着行政主体的行政行为。在合理性选择中，由于实质要件的不可操作性，形式要件就显得尤为突出。行政主体在行政裁量范围内选择实体内容时，若要达到真正合理就必须首先符合法定形式要件：一是行政行为的主体必须是符合法定标准的主体，若其在法律上不合格就不能实施相关行政行为；二是行政主体必须在符合法定程序的前提下进行选择，而不应违背法定的程序规则，若法律规定了行政行为实施的步骤其在作合理性选择时就必须按法律规定的步骤选择实体内容；三是行政主体必须在符合法律规定的具体形式下进行选择，若需以书面形式进行合理性选择其就不能以口头形式作出行政决定等。还有一个问题需要强调，就是行政主体在相对人实体权利不能明确决定的情况下，要突出维护行政相对人的程序权利。程序权利的恰当保护，常常可以达到使当事人对于实体权利感到满意的效果。我国《行政复议法》和《行政诉讼法》规定了相对一方当事人可以提起行政复议和行政诉讼的权利，像这样一些比较重要的程序权利行政主体应重点保护。

三、行政合理性原则合理条件的内容构架

我们研究行政合理性原则合理条件标准的意义在于，一方面，为行政合理性原则的实现提出指导原则；另一方面，为合理性原则合理条件的具体内容研究提供理论依据。从这些基本标准出发，我们可以进一步构架合理性原则合理条件的具体内容，这些内容将为合理性原则的实现提供具体的行为规则。

（一）下位规则服从上位规则的合理性

行政法规范体系中排列着不同层次的行政法渊源，在这些渊源中有地位高低之分，处于高位的我们叫上位规则，比高位规则低的我们叫下位规则。在绝大多数情况下，我国行政法中的上位规则与下位规则所规定的内容是一致的。然而，由于行政法规范体系的复杂性，下位规则与上位规则之间的矛盾冲突是经常存在的。例如，1998年5月19日湖北省人民政府常务会议以147号文件发布了《湖北省戒毒管理办法》，其中第18条第2款规定："自愿戒毒期限不得少于30天。"该条实际上确立了一个对于吸毒者自愿戒毒的制度规则，即其一方面在强制戒毒中纳入了自愿戒毒制度，另一方面为自愿戒毒规定了具体的期限。而国务院1995年1月12日第170号令发布的《强制戒毒办法》则没有确立自愿戒毒的制度。可见，湖北省政府在戒毒问题上的规章与国务院的行政法规是存在冲突的。在行政执法实践中若遇到自愿戒毒并引起了纠纷，行政执法机关如何进行合理性选择，此时就应当以《强制戒毒办法》为依据，而不能以《湖北省戒毒管理办法》为依据。下位规则与上位规则的冲突在行政法治实践中非常多见，在合理性选择中应以上位规则为准。《中华人民共和国立法法》对此作了明文规定，第78条规定："宪法具有最高的法律效力，一切法律、行政法规、地方性法规、自治条例和单行条例、规章都不得同宪法相抵触。"第79条规定："法律的效力高于行政法规、地方性法规、规章。行政法规的效力高于地方性法规、规章。"第80条规定："地方性法规的效力高于本级和下级地方政府规章。省、自治区的人民政府制定的规章的效力高于本行政区域内的较大的市的人民政府制定的规章。"之所以选择上位规则不选择下位规则既是基于法理的考虑，又是基于上位规则具有普遍意义而下位规则无普遍意义的考虑。

（二）权利保护强于义务附加的合理性

在行政执法实践中，一些需要行政主体自由裁量的事态是在法律没有明文规定的情况下进行的。此种情况对于行政管理相对一方当事人而言，可能从法律没有规定的状态下获得某种利益，也可能得到某种义务。当然，前提是行政主体对没有规定的事项行使了行政管理权。例如，法律对于经纪人尚没有作出统一规定，[41]而一些公民、法人或者其他社会组织则想利用市场经济的大好环境从事经纪人活动。对于工商行政机关而言，经纪人事项必须纳入行政管理领域，必须有效调整此方面的管理关系，由于法律对此没有明文规定工商行政机关便存在一个合理性选择问题。在对这一事态的选择上，有两种相互对立的选择方案，第一个方案是对经纪人活动严加管理，甚至采取禁止的措施，或者尽管不予禁止但对从事经纪活动的公民、法人和其他社会组织采取严加限制的管理方式，即以限制其权利为基本的行为取向。第二个方案是允许公民、法人和其他社会组织从事经纪人业务，并尽可能保护经纪人的权利。两种选择形成了比较明显的对照。可以说，行政机关在经纪人管理中的合理性判断上述二者都是有根据的，且可以得到有效实施。在法律没有明文规定合理性选择内容的情况下，两种选择都不为过，但两种选择所得到的实际社会效果却是完全不同的,这是无须证明的事实。笔者认为,我国自1992年推行市场经济以来,政府行政管理已由全面干预向宏观调控转变,“管得好的政府是管得少的政府”的观念越来越得到人们的认同。基于这一大前提,行政主体在作出行政合理性选择时,必须以保护行政相对人合法权益作为合理性的基本内容。一个法律空白的行政事态对于行政相对人来讲,可以变成权利也可以变成义务,行政主体必须从保护相对人的权利出发实施行政行为,而不能以向相对人赋予义务为行政行为。当然,在行政法治实践中,权利和义务有时是交织在一起的,相对人取得权利的同时也可能要承担由该权利而引起的义务,或者在履行某一义务时也享受到了相应权利,在此种权利与义务紧密结合的情况下,此条准则是不大适合的。但就行政主体对行政相对人的行政取向分析,权利保护取向和义务附加取向还是明显存在的,该内容要求行政主体选择前者。

(三)无过推定优于过错推定的合理性

行政行为的作出是受一定内外条件制约的,内外条件的不同使行政行为有不同类型。有些行政行为是基于行政战略的考虑,行政机关依职权主动为之,此种行为一般不受行政相对人状态的制约。而相当一部分行政行为是基于相对一方当事人的行为而引起的,例如,行政许可行为是由于相对一方当事人的请求而引起的,行政奖励行为是由于相对一方当事人对社会有益的行为而引起的,行政处罚行为则是基于相对人对社会有害的行为而实施的。行政强制、行政处分等都是基于相对方的行为而产生的。基于相对方对社会有害的行为而实施的行政行为在行政法上可以统称为行政制裁。该行为在行政法治实践中运用得颇多,它是行政主体维护行政秩序所不可缺少的。制裁行为的实施有明确状态、需查明状态和不明确状态之分。所谓明确状态就是指行政相对人实施的有害行为无论性质还是量度都是不需要查证的,如司机驾车闯红灯的行为就不需要搜集其他证据。需查明状态是指相对人实施的对社会有害的行为一些事实是清楚的,而另一些事实则不清楚,其还需进一步查明,其中的部分事实可能没有有效的手段予以查明。而不明确状态则是指行政相对人实施的对社会有害的行为其主要内容并不明确,而在一定时间内行政主体不可能通过有效手段查明,但违法行为的确存在并需要追究相对人的责任。在三类状态下,后两种状态都存在较大的合理性选择问题,即选择何种制裁手段、制裁手段运用到何种程度上才是妥当的,这时,就有两种可供选择的内容:一是过错推定,在过错推定的情况下,行政主体可以凭主观判断,可以通过对已获得事实与当事人以往的表现作出当事人主观有恶性、客观有恶性的判断,并因此作出行政行为;二是无过推定,在无过推定的情况下,行政主体只能就已获得的事实作出认定,而不能凭主观判断认为相对人有其他过错。作为法治国家的行政而论,应以无过推定作为行政合理性的选择标准。例如,某花木运输商从甲地将花木运往乙地,途经丙地时,丙地植物检疫机关将花木运输车辆拦截检查,在相对人提供了已经检疫证明之后,就应推定该车花木无问题而不能推定该车花木有假,并对相对人再一次进行检疫。[42] 无过推定的法理基础可以追溯至“法无明文规定者不为过”的信条。

(四)取利优于取稳的合理性

行政主体在行政执法实践中,尤其在作出具体行政行为时,常常面临利益最大化与秩序最大化之间的冲突。利益最大化要求行政主体在行政权行使中必须追求最大利益,笔者此处所讲的最大利益不是指对行政主体自身的利益,而是行政主体通过行政行为对社会、对行政管理相对一方当事人所创造的利益。在行政主体所创造的利益中,利益关系是分成不同层级的,就是说有些利益对行政相对人最大而对社会次之,有些利益对社会和行政主体最大而对相对人次之。在这个排列顺序中应该打破传统观念中社会利益优于个人利益的传统思维定式,应将行政相对人的利益放在首位。因为,行政行为的直接对象是行政相对人,且对行政相对人的利益可以量化而对社会的利益则难以量化。秩序最大化要求行政主体必须把维护统治秩序、维护行政管理秩序放在第一位,使行政管理显得比较平稳。长期以来,我国在行政执法中所选择的是秩序最大化,一则维护有效的管理秩序是我国政府所强调的,[43]二则行政主体,尤其一些行政首长为了保护自己权力的稳定性而不愿在追求利益方面下工夫。"不求有功,但求无过"在行政执法中是多数人的信条。利益的选择和秩序的选择应当说都是有道理的,都可以作为行政合理性原则合理条件的内容。而笔者认为,二者不能半斤八两,必须有轻重之分。如果说,计划经济体制下秩序稳定性的选择优于利益最大化选择的话,那么,市场经济下利益最大化选择必须优于秩序最大化选择,因为市场经济的良好秩序必须从行政相对人的利益中、社会利益中得到反映,也只有坚持利益最大化才会为秩序注入新的活力。[44]可以通过一个例子说明利益最大化对合理性原则的有效价值,即在行政法设定的义务中,有诸多义务形态。行政相对人必须依法履行义务,但是,由于行政相对人能力和个体情况的不同,对所负担的不同义务履行能力亦有所区别,如依《中华人民共和国农业法》农民有交纳公粮的义务,一些农民从事多种经营便无粮可交,其有能力以钱抵粮。若依传统的秩序最大化,行政主体只能让某一无交粮能力的行政相对人交粮,若以利益最大化为指导,行政主体便可以使相对人对交粮义务进行金钱替换。从行政合理性的角度看,选择后者显然更为合理。因为它既照顾到了相对人的利益,亦实现了国家利益和社会利益,并最终稳定了社会秩序。

(五)许可选择大于禁止选择的合理性

行政法上的行政许可在行政法学界得到了普遍重视,理论界对此问题的研究也比较深入。遗憾的是与行政许可同样重要甚至比行政许可更为重要的行政禁止在行政法学界则被忽视了。行政法上的行政禁止是指行政法或行政主体为相对一方当事人设定的不得作出某种行为的状态。它可以来自于两个方面:一个方面是行政法规、规章以至于规范性文件中所设定的禁止。《中华人民共和国道路交通安全法》第45条第1款规定:"机动车遇有前方车辆停车排队等候或者缓慢行使时,不得借道超车或者占用对面车道,不得穿插等候的车辆……"另一个方面是行政主体执法过程中设定的禁止,如交通警察禁止某机动车辆从某路段通行。行政禁止和行政许可是行政权行使中两种经常采用的行政方法或手段。此二方法既是相反的又是相辅相成的,说它是相反的是说两种方法对行政相对人来讲所得到的效果是不同的,一者使相对方获得了权益或利益,另一者使相对方失去了权益或利益。说二者是相辅相成的则是说没有行政禁止也就没有行政许可,行政禁止是行政许可的前提条件,而行政许可则是对行政禁止状态的解除。在行政合理性选择中,行政主体可以作出禁止性的选择,也可以作出许可性的选择。笔者认为,许可性选择大于禁止性选择应成为合理性原则合理条件的内容构成。之所以这样讲,除深层次的法理学原因外,从行政主体与立法机关的关系讲亦应如此,行政禁止与行政许可在一定意义上讲是一种立法行为,其明确的设定义务性充分证明了其立法行为的性质。行政主体的执法功能从哲学意义上说是对国家意志的执行功能,而立法机关则是国家意志的表达者,执行者不能超越权限去表达国家意志。[45]从这个意义上讲,行政主体应尽可能选择许可性行为,而少些选择禁止性行为。退一步来讲,许可行为若出现错误至少不会伤害行政相对方的合法权益,而禁止行为错误后既有可能侵害相对方的权益,又有可能使行政权对抗立法权。试举一例说明,《中华人民共和国进出境动植物检疫法》第 26 条规定:"对过境植物、动植物产品和其他检疫物,口岸动植物检疫机关检查运输工具或者包装,经检疫合格的,准予过境;发现有本法第 18 条规定的名录所列的病虫害的,作除害处理或者不准过境。"该条在操作过程中很可能遇到这种情况,即过境植物的病虫害不在该法第 18 条规定的名录之内,但有可能属病虫害系列,此时,检疫机关就遇到一个禁止和许可的合理性选择问题,依许可选择大于禁止选择的规则检疫机关应作出放行决定,而不能作出不准过境的决定。

第三节 行政法原则的实现

一、行政法原则实现的界定

所谓行政法原则的实现是指行政法原则中的权利义务规则由应然变为实然的状态,由存在形态变为实在形态的状态。实现与实施不同,后者指行政法原则在行政权和行政法中的具体运作过程,前者则是指通过运作所获得的实际结果。如果说后者是一个实证性概念的话,那么,前者则是一个理性化概念,它其中可能包括了实证乃至实用成分,而它的最高追求则是一种理性的价值选择;实现和效力不同,效力指行政法原则对人、对事甚或对空间的规制程度,而实现则不单单包括它的具体规制环节,而是对规制环节的一个高层次的升华。如果说效力是行政法制度范围内的概念的话,那么,实现则是高于行政法制度的一个哲理概念,它其中可能包含着一定的效力属性,而它实质上却是对效力的一定理论提炼;实现与执行不同,执行是指行政主体在履行行政管理职能过程中对行政法基本规则内容的贯彻,而实现则是在行政主体和行政相对人双方的作用下，使行政法基本原则的内容归位于权利与义务的关系之中，实现中可能包含着执行，但是它与执行相比是更为周延的概念系统。若要领会行政法原则实现的定义，上列三对关系必须首先予以澄清，否则将会使讨论的问题发生混乱。若从较深层面分析，行政法基本原则的实现应符合如下理论构成：

（一）行政法原则的实现，要求行政法原则必须由主观规则转化为客观规则

西塞罗关于法的属性有这样的表述："最博学的人们决定从法律开始，而且如果根据他们的界定——法律是植根于自然的，指挥应然行为并禁止相反行为的最高理性（reason），那么看来他们是正确的。这一理性，当它在人类的意识中牢固确定并完全展开后，就是法律。因此，他们认为法律就是知识，其自然功能就是指挥（command）正确行为并禁止错误行为。"[46]这一关于法律规则的经典表述表明法律规定在它是单纯的存在规则时，它是主观规则，即存在于人们意识中的一种心理上的联系，[47]此时，法律规则所包含的权利义务是一种应然性的权利义务，就是尚未物质化的意识性的东西。行政法基本原则既是法律宏观体系中的一个构成，它也就应当具有法律的一般属性，即作为主观范畴的存在物，如《中华人民共和国行政处罚法》第4条第1款规定："行政处罚遵循公正、公开的原则。"这一关于处罚原则的规定是对行政合法性原则的一个细化，在其仅仅写在《行政处罚法》中，而未与行政主体和行政相对人的行为发生联系时，必然属于主观范畴的东西，至于该主观范畴对社会和行政权运行的威慑作用则是另一个问题，因为我们无法找到客观标准来证明这种威慑作用，因此不能断然认为其有威慑作用就是客观的。行政法原则的实现则是其由主观到客观的过程，所谓客观化的过程就是说原则中所包含的禁止、许可、制裁等由意识上的联系化为了行为上的联系。"某个人的行为，由于法律秩序规定为制裁的条件，因而制裁得实施于他自己，也得实施于与之有某种法定关系的他人，这个人便是违法者，或是违法行为的主体。能够服从或不服从法律规范的人，换言之，其违法行为构成制裁的条件者，便是法律义务的主体。负责于违法行为者，是被制裁的某个人或某些人：即令违法行为并非其本人的行为，但是，其与违法者的法定关系，是制裁的条件。"[48]可见一定的行为与一定的关系是规则由主观转变为客观的条件，只有在一定的条件得到满足以后，规则方可以由主观变为客观，而只有当规则客观化以后我们才可以说它已经被实现了。应当说明的是，行政法原则的客观化比起一般法律规则的客观化有着更为特殊的内涵，其客观化中的条件满足要比一般法律规则条件满足更为特殊一些，这种特殊性表现在其所需要的条件系数相对低一些，如果一原则制约了行政立法过程，而行政立法主体只有行政主体一方，此时，我们不能认为只有一方主体而事先确立的行政法原则未予以客观化，这是行政法原则实现的特殊性之所在。

（二）行政法原则的实现，要求行政法原则必须由抽象规则转化为具体规则

"行政法基本原则具有普遍性。行政法的原则是可以分层次的。有的原则运用于国家行政管理的所有领域，有的则只适用于行政管理的某一领域。行政法是有关国家行政管理的法律规范的总和，作为它的基本原则理应适用于国家行政管理的整

个过程和所有领域,达不到这一标准,它便不能算作行政法的基本原则。"[49]这是对行政法原则抽象性一个层面的揭示,指行政法原则在行政法领域中对所有的规范、关系、行为都应当是适用的。同时,在法律规则中原则性条款和实施性条款的区别就在于原则性条款具有较大的抽象性,该抽象性表现为原则所追求的是一个整体,或者整体意志和利益上的一致,既不考虑个别,甚至也不考虑一些特定的部分,"既然每一部分与其整体的关系同不完整的东西与完整的东西的关系一样,既然一个人是那称为社会的完整整体的一部分,因此,就必须以整体社会的福利为其真正的目标"。[50]法律原则与一般的法律规则相比尤其注重整体,如《中华人民共和国行政复议法》第4条在对公法性原则总括时指出:"行政复议机关履行行政复议职责,应当遵循合法、公正、公开、及时、便民的原则,坚持有错必纠、保障法律、法规的正确实施。"当该法确认这一原则时所指的是整个的行政复议活动,是行政复议活动的这一整体性行为,是对千千万万个具体的复议活动的一个抽象,处在抽象阶段的法律原则可以说尚处于未实现状态。我们说,行政法原则的实现要求行政法原则由抽象到具体就是指对于整体性的行政关系、一般性的行政事态起作用的规则,必须化为对个案起作用的规则,必须在个案中体现自身所隐藏的科学内涵。作为一个普通的法律原则,所有规则都应当得到遵守。个人在遵守、服从这些原则的精髓时,是对社会行为的一个分割,但不是对原则本身的一个分割,只是原则以同样的要求辐射到各个具体的个案中,辐射到各个人的具体行为中,尤其在对待反社会、反行政管理秩序的人的时候法律原则所体现的一致性更是如此。例如,在行政复议过程中保障法律、法规的正确实施是一个抽象化了的规则,在其处于抽象化的阶段时,其内容是否有物质意义是无法证明的,你不可能用一个公理说明写在纸上的这些规则是否制约了人们的行为,但当具体的行政复议活动开展以后,无论是正向的复议活动还是反向的复议活动都使这一原则变为具体的规则。当然,对于违反原则的行为或状态应当从另一角度看,即只有这些违反带来制裁的后果时,我们才可以说这一原则得到了实现。也就是说,只有理想状态的实施才是我们所定义的客观状态。

(三)行政法原则的实现,要求行政法原则必须由指导性条款转化为操作性条款

行政法原则是对行政法规范的高度概括,它在绝大多数情况下是对行政法规范起指导作用的规则。如《中华人民共和国行政处罚法》第4条规定:"行政处罚遵循公正、公开的原则。设定和实施行政处罚必须以事实为依据,与违法行为的事实、性质、情节以及社会危害程度相当。对违法行为给予行政处罚的规定必须公布;未经公布的,不得作为行政处罚的依据。"这一关于行政处罚合理性的规定是一个非常明显的指导性条款,即以这些内容指导行政处罚法其他条款以及部门行政管理法关于处罚的条款,使这些具体条款在实现过程中公正、公开并具有依据。尽管行政法原则和行政法的指导思想是两个不同范畴的概念,[51]但行政法原则的指导性价值是不能低估的,作为一种指导它可以成为具体规则实施的灵魂,它可以决定具体规则实施的方

向,可以左右具体规则实施过程中的宽严程度等。同时,我们不能因此把指导价值和操作价值等同起来,正如德沃金指出的:“法律原则和法律规则[52]之间的区别是逻辑上的区别。两套方案都是针对特定情况下有关法律责任特点的决定,但是,它们的不同处在于它们所作的指示特点。规则在适用时,是以完全有效或者完全无效的方式。如果一条规则所规定的事实是既定的,那么,或者这条规则是有效的,在这种情况下必须接受该规则所提供的解决办法。或者该规则是无效的,在这种情况中,该规则对裁决不起任何作用。……规则和原则之间的这第一个答案必然带来另一个差别。原则具有规则所没有的深度——分量和重要性的深度。当各个原则互相交叉的时候,要解决这一冲突,就必须考虑有关原则分量的强弱。”[53]可见,原则在一般情况下由于其所具有的深度和分量使它处在指导地位。笔者认为,在法律体系中指导性条款如果没有后续的规则证明其已经起了指导作用,那么,其仍然处在未实现的状态之下,而只有其由指导性条款变为操作性条款之后,其才可以说处于实现状态。笔者试举一个原则性条款变为操作性条款的极端例子,如在美国曾经发生了这样一个案件,某个在祖父遗嘱中的指定继承人,其为了提前获得祖父遗产而将祖父杀死,若依操作性条款其应享有继承权,因为遗嘱是有效遗嘱,而依“任何人不得从其错误行为中获利”这一原则条款,其便不能获取继承权,最后法律以该原则条款判决某甲不能获取其祖父遗产。[54]这便使原则性条款变成了操作性条款。此时,我们便可以说这一法律原则得到了实现。在行政法原则的实现中,原则性条款还可以依其他途径变为操作性条款,如指导操作性条款的实施等。

(四)行政法原则的实现,要求行政法原则必须由广延性条款转化为个案性条款

“行政法基本原则是指贯穿于行政法关系和监督行政法关系之中,作为行政法的精髓,指导行政法的制定、修改、废除并指导行政法实施的基本准则和原理。”[55]以此论之,行政法基本原则是一个有着广延领域的概念系统,一方面,其存在于行政法关系中,即存在于行政主体和行政管理相对一方当事人结成的具体的管理与被管理关系中;另一方面,其存在于监督行政法关系中,即存在于有权对行政主体行为进行监督的主体与行政主体结成监督与被监督的法律关系中。它还存在于行政法规范的制定、修改、废止等立法行为中,以及行政法规范的具体实施中,这种非常大的覆盖面使其在领域上具有广延性,恰恰是这种广延性导致行政法基本原则从概念本身观察不具有对相关主体权利义务的约束力,如有人在表述行政法的作用时指出:“行政法的基本原则指导着行政法制定、修改、废止工作”;“行政法的基本原则有助于我们理解行政法或对行政法进行解释”;“行政法基本原则可以指导行政法的实施”;“行政法基本原则还可以弥补行政法规范的漏洞,直接作为行政法适用”。[56]上列四个方面的作用除了第四个作用外,前三者都是无法得到合理证明和解释的,因为“指导”与不指导并没有后续证据可以证明,“有助于”与“无助于”更是无法作出确定的阐释,正因如此,作为概括性、广延性的行政法原则应当说处于未实现状态。而作为实现了

的行政法原则就必须在个案中具有意义，而且必须在个案处理中保持其内涵的相对确定，"法律也含有类似情况类似处理的准则。如果这个准则不被遵循，人们就不能通过规范的手段来调节他们的行为。诚然，这个观念并不十分吸引我们，因为我们必须假设法律规范本身和解释他们的原则给出了类似性的标准。然而类似情况类似处理的准则却有效地限制了法官[57]及其他当权者的权限。这个准则迫使他们对参照有关的法律规则和原则在人与人之间所作出的区分给出证明"。[58]此段论述非常精辟地论证了法律原则在个案中的意义。行政法原则的实现至于原则本身的广延是无足轻重的，关键在于这些广延的条款在个案中证明自身的价值，并促成法律本身所需要的一般性。

二、行政法原则未实现状态分析

行政法原则未实现状态是指已经存在的行政法原则因主观或客观的原因而导致的未产生实际效果、未在行政法权利义务的能量交换过程中发生作用的状态。显然，从字面意义上看，它是一个与实现状态对应的概念。未实现与不存在不同，后者指本该确定的行政法原则由于立法技术的落后或者其他情况而未予确定，前者则具备了行政法原则的外形，只是未发生行政法原则的功效，二者的区别是非常明显的。首先，未实现与失效不同，后者指法律文件中确定的行政法原则因时过境迁而失去效力的情况，如我国20世纪80年代的行政法原则中就有一个"计划管理原则"，[59]而90年代推行市场经济以后这一原则便失去了规制行政权的效力，而未实现状态之下，有效的行政法原则就没有发生过相应的效力，从来没有规制过行政权和行政行为。其次，未实现与未发生作用不同，未发生作用必然包括未实现，而未实现状态的存在是非常普遍的。笔者将对未实现状态及其诱发因素作如下分析：

（一）因行政法原则的理论错误导致的未实现状态

综观发达行政法治国家行政法理论中的行政法原则理论，不难看出其行政法原则的确定和运作都有强大的理论支持，其行政法原则的理论一般受其宪政理论和宪法原理的约束，从宪法理论和行政法原理中演绎行政法的原则，英国、美国、德国、日本几乎都是如此，[60]而我国行政法学理论中关于行政法原则的理论存在严重的理论缺陷。一是我国行政法原则绝大多数都是学者们的一种主观认识，而没有相应的法律依据和理论基础，如从来没有人提到我国行政法原则的关系，也很少有人从宪法原则、行政权的特征、行政法治等角度推演行政法基本原则的内容，这便导致了我国行政法原则既是无源之水又是无本之木，由学者们主观意识决定的行政法原则，自然是公说公有理、婆说婆有理，关于行政法原则的具体内容至今尚未达成共识的事实就是例证。当然，有人尽管认为合法性原则与合理性原则是我国行政法的两大原则，但近年来也有人提到依法行政原则、程序正义原则、行政效率原则、机构精简原则等。[61]二是我国学者关于行政法原则和行政法指导思想的界限似乎都没有澄清，有人认为行政法的基本原则就是行政法的指导思想，还有认为两者是部分重合关系等。指导思想和基本原则的界限不清，基本原则的性质、规制程度也就无法确定。三是行政法原则的渊源形式没有澄清，如行政法的基本原则是以法律理念的形式出现的，还是以法律规范的形式出现的都没有形成一致的看法。若行政法原则是以法律规范的形式出现的，那么哪一层次的法律规范所表现出来的渊源形式才应当是我们所指的行政法原则，如《中华人民共和国宪法》规定的关于行政权行使的诸项原则是否就是行政法的原则，还是一般的行政法律中所规定的行政法原则就是行政法原则，如《中华人民共和国行政处罚法》、《中华人民共和国行政监察法》、《中华人民共和国行政复议法》等规定的原则才是行政法的原则，或者部门行政管理的行政法规、地方性法规、规章中确定的相关原则也是行政法的基本原则。[62] 由于这些问题没有解决，那么，行政法原则的实现便首先在理论上产生了阻滞，如我们从法律理论出发将“自然正义”、“利益均分”等作为行政法的基本原则，其便可能永远处于无法实现的状态。理论上的问题不单单在理论的范畴内有效，它必然会影响到行政法治实践。因此，行政法原则理论之不足是导致行政法原则未予实现的起始性原因。

（二）因行政法原则高于规范进程导致的未实现状态

行政法原则和具体的行政法规范一样都能够对行政权的行使起到规制作用，但二者的规制特点都表现出了极大的差异。一般地讲，行政法规范可以直接对行政权的运行进行规制，而行政法原则有时直接规制行政权，有时则必须依靠具体的行政法规范对行政权进行规制，也就是说，在一些情况下行政法原则是通过行政法规范而起作用的，“行政法的基本原则与行政法的具体条文是统率与被统率的关系”，[63] 揭示了基本原则要通过规范进而作用于行政权的特点。故而，行政法规范和行政法原则的高度一致、高度吻合便是行政法原则实现的一个重要条件。我们知道，建设社会主义法治国家，全面实行行政法治应当是我国法律制度和法律运作的总原则，也是我国行政法的总原则，而法治的内容和法律规范之间的差距自然而然地阻滞了行政法原则的实现。“在任何法律制度中，法治的内容是：对立法权的限制；反对滥用行政权力的保护措施，获得法律的忠告、帮助和保护的大量的和平等的机会；对个人团体的各种权利和自由的正当保护；以及在法律面前人人平等。在超国家和国际的社会中，法治指不同社会的不同传统、愿望和要求的承认，以及发展协调权利要求，解决争议和冲突，清除暴力的方法。它不是强调政府要维护和执行法律及秩序；而是说政府本身要服从法律制度而不能不顾法律或重新制定适应本身利益的法律。”[64] 这是法治这一总原则应当包括的科学内涵，其与现行法律规范之间的距离是巨大的。我们认为，原则必然是高于具体的规范和具体条文的，如行政效率原则就是一个对行政主体有高深度要求的原则，然而，它与现实法律规范中的低效率现象形成非常大的反差。原则的内容高于具体规范既可以说是一个合理现象，又可以说是一个不合理现象。说它是合理现象是因为它是对规范目标和规范理想的一个确定，可以帮助规范向高层次发展。说它不合理是因为它总是使法律原则中的若干内容成为空中楼阁，那么，解决这一问题的办法就必须是既审视法律原则的现实合理性，又有意识地提高法律规范的质量。

（三）因行政法原则的稳态结构与行政事务多样性反差所导致的未实现状态

行政法原则的实现和行政法具体规则的实现一样，都需要法律适用这一中间环节作为规则与事态之间的桥梁。就是要把法律的普遍原则适用于具体的事务之中，从而便引申出法律原则与具体事务之间的关系问题。行政法原则的特点之一是其有着相对稳定的内容，并且存在于一定的结构之下，如合法性与合理性就是一个严谨的结构，程序合法与实体合法就是一个严谨的结构，而结构化了的稳态特性能够对付普遍，却不一定能够完全针对个别。而行政权运行过程中所遇到的具体事务是多样化的，甚至是不可以用科学方法进行预测的。因此，在普遍和特殊之间便产生了矛盾和冲突。“法律的纯粹决定性主要就在于把普遍物不仅对准特殊事物，而且对准个别事物予以直接适用。对于犯了某一种罪的人，应否杖 40 或 40 减 1，应否科罚 5 元或 4 元 2 角 3 分等，应否处有期徒刑 1 年或 364 天等又或 1 年零 1 天、2 天或 3 天，究竟怎样才算公正，这就无法作出合理的规定，也无从适用端源于概念的规定性来决定。可是多杖或少杖一下，多罚或少罚一元或一分，多判或少判一周或一日的徒刑等，就是不公正了。”[65]法律的一般规则尚且无法完全合理地对付具体的个案，刑事法律中这种不确定性尚且如此，行政法原则因行政事务的特点更是存在这种法律原则与事态反差的情形。同时，行政事务的变化是无常的，一些新的事务的不断出现使一些较为传统的法律原则显得十分无力，如在民主国家的情况之下，程序至上主义占了绝对统治地位，此时，正当程序的原则也就具有实际的规制作用。然而，在福利国家的情况下，服务行政[66]则是公众所最为需要的，那么，程序至上主义则必为正义、公益至上主义所取代，而正当程序的原则也在相当长的时间内，还不可能在行政法原则中消失，这样便使这一原则的实现带来严重阻滞。在行政法原则的实现中，因原则的稳态结构与行政事务活跃性反差所导致的未实现状态有许多例证。

（四）因高于行政法规则的法外规则对行政法原则实现的制约导致的未实现状态

对行政法原则实现的研究不能单单限制在法内或法定制度的研究，更不能仅仅限制在行政法的范围之内。从法内到法内的研究固然是非常重要的，然而，无论如何，法内的制度是不能取代法外的制度的。古德诺就曾经批评了研究英美行政法制度的人，仅把视野限制在法内制度所带来的不良后果，他指出：“不过，再没有什么研究方法比这种方法[67]更能把学者们在判断一个国家真正的政治生活时引入歧途了。因为同法定的制度一样，法外制度也决定政论体制的特点。甚至事实常常是这样，法外制度比能够提供政治体制框架的法定制度对政治体制的影响更大。”[68]因此，我们在考察行政法基本原则的实现时必须适当放宽视野，从行政法规范和行政法原则之外看其实现的阻却因素。行政法由于与国家的行政生活和政治生活联系紧密，因此其常常受到政治因素的制约，且是一些法外政治因素的制约。如我国行政法规则和党中央的政策规则之间就经常发生联系，政策规则常常要在法律规范的规定下起作用,但同时其也在很大程度上决定着行政法规范的运作方向,行政法规范运作过程中的轻重和缓急程度选择等。在这样的情况下,政策是行政法规范的灵魂,其地位高于行政法规范也是在这种意义上论之的,那么,行政法理和行政法制度中已有的原则有时就必然受作为其灵魂的政策精神的左右,例如,在一般情况下我们必须遵守程序合法这一行政法原则,而西部大开发中为了迅速实现资金引进、土地发包等往往使一些行政主体将程序置于行政执法中的第二位。对于将程序暂时弃置的行政执法,在政治和行政领域内,甚至在行政法治的领域内都是持肯定态度的,因为弃置程序的行政方式可能比遵循程序的行政方式在招商引资方面短期效果更为明显一些。法外规则对行政法运行的影响要比对任何其他部门法的影响都要大一些,它不仅仅制约了被公认的行政法原则的规制作用,而且还制约了已经有明确内涵的行政法规范的规制作用。这是行政法原则实现的另一阻滞因素。

(五)因行政法适用主体对行政法原则认识不足导致的未实现状态

"以高度抽象概括和经验主义盘根究底的方法来具体说明合意的构成就产生这样的一个问题,即试图把特定社会中的法律内容和形式与存在于社会中的假定合意结合起来并非易事。"[69]这是对法律实施主体法律认识的一个表述,即要使法律的抽象规则与具体的法案结合起来,而且结合得恰到好处并不是一件容易的事情。在我国行政法治实践中,行政法适用主体或者说行政执法人员对行政法原则和行政法规则认识不是一个普遍问题,通过一项调查就可以使问题清楚。2000年湖北省委党校课题组对华北某省的34名地厅级干部、59名县处级干部、158名科局级干部进行了问卷调查。"被调查对象中,除宪法外,系统学习过《行政诉讼法》、《行政处罚法》的不足一半;学习过《行政复议法》的仅为26%;学习过《国家赔偿法》的仅为20%;系统学习过《地方各级人民代表大会和地方各级人民政府组织法》的也只有37%。更令人吃惊的是,接受调查的领导干部中,竟有27%的领导干部没有系统学习过作为国家根本大法的宪法","在国家权力和公民权利的关系上,只有41.8%的人回答是公民权利产生国家权力,而42.6%的人回答是国家权力产生公民权利,另外有15.6%的人回答'不知道'。调查显示,有71.6%的被调查对象对'依法治国'的理解仅仅停留在以法治国的水平上,而对'依法治吏是依法治国的核心问题'采取认同态度的仅仅有25.9%","对'一个行政执法案件,在实践中是否能够以法定程序公正处理'的问题,只有21.5%的被调查对象认为能够依照法定程序公正解决,其余近80%的领导干部认为不可能,在回答不能公正解决的原因时,近80%的被调查者选择了'权压了法'或'钱买了法';有51.8%的人认为'权力对公正执法的干扰最大'。但是,当问到'您处理违法行为时,您的上司来电话说情,这时您首先想到的是什么'这一问题时,表示能继续依法办事的被调查者为66.1%,表示'准备迎合领导意图或为了给领导个面子,违心地打折扣'的被调查者也高达33.9%。"[70]这一调查数据虽不代表我国行政执法主体的全部,然其说明力仍然很强。行政主体对行政法原则的认识要比对行政法规范的认识难度还要大,因为行政法原则是高层次的规则,其中包含着深刻的法理和哲理成分。再者,法律文化水平只是制约执法者对法律原则认识的一个因素,社会地位、既得利益、外在环境、传统文化等都不同程度地制约着行政主体对行政法原则的认识,都会不同程度地导致对行政法原则认识之不足,而不足的认识必然使行政法原则的实现受阻。

三、行政法原则实现与行政法治的新进路

"法治包含有这种条件:假如任何种类的行为是应受法律制裁的,无论其出于何人,他总是应该受这样的制裁的。换句话说,国家所设立的制度,必须是不能例外或豁免的。譬如说一个私人的铁路公司如因其职员的疏忽而对我有所损害,我便能向法律求得赔偿;那么按法治原则,如果政府(或国家)因他自己官吏的过失而对我加有同样的损害,我就应该同样的能控诉政府。换句话说,国家本身在同一的情形下——就是以法律的责任加诸他人的身上时所有的情形下——也必须有他的法律的责任:并且这种责任,我们将来可以证明,丝毫没有与主张事实的主权学说不相符合之处。"[71]这是对法治条件的一个简要描述,它至少含有两层意思:一是指法治要求国家和公众之间要保持对等的关系,即公众因某行为要承担法律责任的话,那么,国家必须因自身的同样行为与公众承担对等的责任。二是法治要求法治对象之间的同一化状态。若具体到行政法治中来,则要求行政主体与行政相对人在法律上建立一种平等的责任形式,同时要求行政相对人之间也处于相对恒定的平等状态之下,若不具备这两个条件行政法治就不复存在。因此,强化行政法治必须使行政权的行使统一化、规范化、标准化。行政法原则则可以起到对相对不平衡的行政法规范[72]进行平衡的作用,起到使行政主体和行政相对人相互制约的作用,起到使行政相对人保持在一种平等关系状态下的作用。由此可见,行政法原则的实现并不是行政法原则本身的问题,该问题可以从两个方面来看:

(一)行政法原则实现在行政法治中的地位

这是我们在探讨行政法治与行政法原则实现之关系时必须首先回答的问题,该问题可以从两个方面来看,一方面,行政法原则的实现是行政法治的内容构成。关于行政法治的内容构成理论界已有一些研究,[73]如有人将"有法必依、执法必严、违法必究"的社会主义法制原则具体到行政法治中来,认为有完整的行政法规范,依法行政、行政责任制、系统的行政救济等是行政法治的构成,此种观点虽然不错,但有一定的片面性,或者说社会主义法制原则的内容应用到行政法治中还不大适用,因为社会主义法制原则中的法和行政主体在行政执法中的法还不完全是同一意义上的概念,对此,我们下面还要作进一步的分析。"法治是一个无比重要的、但未被定义也不是随便就能定义的概念,它意指所有的权威机构、立法、行政、司法及其他机构都要服从于某些原则。这些原则一般被看成是表达了法律的各种特性,如正义的基本原则、道德原则、公开和合理诉讼程序的观念。它含有对个人的至高无上的价值观念和尊严的尊重。"[74]也就是说,法治并不单单包容具体的规则,其中高于规则的原则性东西

显得更为重要，如在英国的法治概念中就包含了效率至上这一非常重要的法律原则，[75]换句话说，如果没有效力至上这一法律原则，就不能说具备了英国式的法治。在行政法治中也是如此，如没有自然公正原则英国行政法治便是不存在的，没有正当程序规则这一行政法原则就没有美国式的行政法治。当然，当某一国家的行政法原则成为行政法治的内容时，其必然处在以直接或间接形式实现的状态。作为间接形式实现的状态其是通过具体的行政法规则而得以体现的，作为直接的实现状态，其是为行政主体和行政相对人提供权利和义务的形式得到体现的。《中华人民共和国宪法》第13条修正案指出："中华人民共和国实行依法治国，建设社会主义法治国家。"与其说是对法治规则的一个定位，还不如说是对法治原则的一个定位。另一方面，行政法原则的实现过程、程度是检测行政法治的标准。法治概念原本是英国宪法学家戴西借鉴英国宪法的概念，在《英宪精义》一书中，戴西赋予法治三个方面的衡定标准：首先，他认为法律排斥专断权力的思想。认为英国人只能因为违法而不能因其他而受到惩罚。特权和无限的官僚权力进行任意处罚是与通常的法治相背离的。其次，法治意味着法律面前人人平等，意味着官吏和平民受到普通法院执行的普通法律的同等制约。它排斥了政府行为享有的特殊豁免权或对涉嫌政府官吏案件加以特殊制裁。最后，在英国法治还反映了这种思想，宪法不是公民权利的渊源，而是一般法律所提供的救济措施赐予个人以利益和自由的结果。[76]这三个法治标准都是对某种法律原则和思想的企求，也就是说，这些原则实现的过程、结果可以用来衡量行政法治水平之高低程度。此种关于法律原则实现是法治标准的思想对于行政法治尤为关键，具体地讲，行政法规范制定主体的多层次性，行政法渊源效力等级的多级性使我们难以用具体的行政法规则实现的程度判断行政法治的质量。如某省政府制定的《X省调整机动车车船使用税税额和征收非机动车车船使用税的规定》在机动车税收征收中有与上位法不一致的地方，若不以行政法原则的实施来衡量行政法治，那么，对这一违法规章执行得越到位，行政法治的质量也就越高，显然，以具体规则来衡量是非常不合理的。从这个意义上讲，行政法原则的实现程度是行政法治重要的衡量标准。

(二)行政法原则实现的行政法治表现

行政法原则在行政法治中的地位问题解决后，我们便必须转入行政法原则实现在行政法治中的具体表现。这一表现指行政法原则实现是如何以动态的形式作用于行政法对社会事态的调整过程中的，具体而言有三个方面：

1. 行政法原则实现在行政法关系设定中的表现。一切法律关系都具有意志的性质，是一种意志关系，行政法关系也不例外，它是行政主体与行政相对人之间的一种意志联系，通过这种联系行政主体向相对一方当事人发出指挥、命令等信息，而相对一方通过对这种信息的接收，享受权利和承担义务。"法权关系是表现统治阶级意志的法权规范所规定与调整的社会关系。此外，在任何法权关系之中也都表现了该法权关系的主体——行使权利并履行其义务的人——的意志。许多法权关系因权利主体的意志行为而产生,如财产关系以及其他因实施而产生的关系。有许多法权关系虽然不是由于权利主体的意志表示而产生如行政关系,因为损害而发生的民事法权关系等,但它们的实现亦需有其参与者(至少一个参与者)之意志行为而始有而能。"[77]表明法律关系是法律对社会调整过程中的最低结合点,也是最为敏感的结合点。同时,行政法关系除了法律设定外,行政主体还有一定的权力设定法律关系,行政法关系的单方面性也就是这样表现出来的。即便是由法律规则设定好的行政法关系,行政主体在其中处于一定的主导地位之下,[78]在这样的状态下,它可以依据行政权力对已经设定好的行政法关系作二次设定。无论一次设定还是二次设定都必然伴随着行政主体的权力行使,必然伴随着行政主体意志对行政相对人意志的决定,要使这种设定达到一种公正、合理的状态,就必须依靠行政法原则对整个规则过程进行制约。如行政公开化原则可以使行政主体的每一种设定行为在一定的社会范围内公开。如果行政法原则没有在行政法关系设定中得到体现,没有对行政法关系的设定进行有效的规制,那么,行政法原则的实现就不是完整意义上的实现。

2. 行政法原则实现在行政法条款与行政事态结合中的表现。法律条款是指法律规范和法律条文所确定的某种状态,该状态可以是一种禁止,也可以是一种许可,可以是一个奖励,也可以是一个制裁,总之,法律条款对于某一特定的行政当事人来讲可能是有利的也可能是有害的。那么,能否将有害的法律规则套用到实施有害行为的人的身上,或者将有利的规定加诸于实施对社会有利的行为的人的身上就是一个非常关键的问题。一般地实施法律规则与社会事态结合的行为叫法律行为,法律行为是指具有合法权益的人所做的,能够产生特定法律后果的或产生法律上可能且允许的后果的意思表示或意愿宣告。[79]但法律行为既有可能是正当的,又有可能是不正当的,所谓正当的法律行为就是指把法律规则的规定与行政事态,或者将法律规则的规定与特定的行为正确地结合起来的行为。所谓不正当的法律行为,则是指把法律规则的规定错误地与行政事态或某种行为结合的行为,在这种结合过程中条款本身只是事态的另一面,它与事态处在一个统一体中,二者并不能够互相参照,互相确定彼此的正确与否,或者说事态和条款作为一种独立的存在物都是中性的,只有将二者结合以后才能产生非中性的东西。显而易见,行政法原则是这种结合的最有力、最有效的裁判者,如当行政主体根据《中华人民共和国治安管理处罚法》的规定处理某一行为时,正当程序、公正、公开就成了这一法律行为的有效判据。这是行政法原则实现在行政法治中第二层次的表现。

3. 行政法原则实现在行政法不当运作校正中的表现。1976 年英国法学家布莱克提出了法律运作及其运作机制的概念,其用分层、形态、文化、组织和社会控制等因素作为法律运作过程中的变量。"分层标志着社会的纵向关系和社会资源的等级性分配。其中等级性的各种因素都是一个变量";"形态标志着社会的横向关系和分工、亲密度、团结性等人员分布的状态,它的普遍变量是关系距离";"文化体现了社会的象征性方面,而法具有象征的功能,因此法的变化与文体发达的程度成正比";

“组织体现了社会的集体性方面或者说进行集体行为的能力，集体之间的协调需要政府的规则和管理能力”；“社会控制标志着社会生活的规范性，而法与其他社会控制方式之间的消长成反比”。“比如家长制的式微导致青少年法的繁荣、官治的手段一旦失灵自治的呼声就格外响亮等。”[80]笔者认为布莱克这一分析有极大的启迪作用。首先，他提出了法律运作的概念，若具体到行政法中便可以使我们把静态的行政法规则放到动态化的运行过程中考察。其次，其提出的法律运作过程中的五大变量是很有价值的，尤其对行政法的指导作用不可低估。行政法在其运作过程中必然牵涉到纵向与横向的关系，牵涉到行政主体与环境、文化背景的关系，牵涉到以行政手段还是以其他手段进行控制的问题，牵涉到行政系统内部的组织结构和价值取向问题，这些决定行政法运作的问题可以在法律规则之外进行观察分析，可以用法律之外的手段控制这些运作的变量。但是，法律、法治的发展都是一个由必然王国向自由王国发展的过程，例如，在行政法运作的初期人们就尽可能通过外力的作用控制行政权，比如通过行政监督、司法审查等，而随着社会的发展外力控制已不再是唯一手段或主要手段，而更侧重于行政权的自我控制，侧重于行政法在运行过程中自我行为的控制，那么，行政法原则以及行政法原则的表现则使行政法运作尽可能通过自我控制而主动实现，如依法行政原则、行政效率原则、行政合理性原则就可以在行政法的运作过程中校正相关的不正当行政行为。

注释

〔1〕 胡建淼：《行政法学》，法律出版社 2010 年版，第 45 页。

〔2〕 王名扬：《英国行政法》，中国政法大学出版社 1987 年版，第 151—177 页。

〔3〕 王名扬：《美国行政法》，中国法制出版社 1995 年版，第 114—116 页。

〔4〕 翁岳生：《法治国家之行政法与司法》，月旦出版社股份有限公司 1991 年版，第 225—229 页。

〔5〕 胡建淼：《行政法学》，法律出版社 2010 年版，第 48 页。

〔6〕 [日]和田英夫：《现代行政法》，倪健民等译，中国广播电视出版社 1993 年版，第 27—28 页。

〔7〕 参见王名扬：《法国行政法》，中国政法大学出版社 1989 年版，第 205—207 页。

〔8〕 参见罗豪才主编：《行政法学》，中国政法大学出版社 1996 年版，第 58 页。

〔9〕 参见应松年主编：《行政法教程》，中国政法大学出版社 1988 年版，第 40—42 页。

〔10〕 参见侯洵直主编：《中国行政法》，河南人民出版社 1987 年版，第 45 页。

〔11〕 参见张载宇：《行政法概要》，汉林出版社 1970 年版，第 99—101 页。

〔12〕 参见管欧：《中国行政法总论》，蓝星打字排版有限公司 1981 年版，第 1—3 页。

〔13〕 [古希腊]亚里士多德：《政治学》，吴寿彭译，商务印书馆 1965 年版，第 169 页。

〔14〕 《中国大百科全书》（法学卷），中国大百科全书出版社 1984 年版，第 76 页。

〔15〕 胡建淼：《行政法学》，法律出版社 1998 年版，第 64 页。

〔16〕 侯洵直主编：《中国行政法》，河南人民出版社 1987 年版，第 44 页。

〔17〕 参见湖北省编制委员会办公室编:《行政管理学词典》,湖北省编制委员会办公室 1985 年印制,"公共管理"一章。

〔18〕 参见[美]乔治·霍兰·萨拜因:《政治学说史》(下册),盛葵阳等译,商务印书馆 1986 年版,第 462 页。

〔19〕 [法]卢梭:《社会契约论》,何兆武译,商务印书馆 1980 年版,第 26、35、36 页。

〔20〕 《辞源》(第 1 卷),商务印书馆 1979 年版,第 311 页。

〔21〕 [美]约翰·罗尔斯:《正义论》,何怀宏等译,中国社会科学出版社 1988 年版,译者前言第 5 页。

〔22〕 管欧:《中国行政法总论》,蓝星打字排版有限公司 1958 年版,第 17 页。

〔23〕 [美]E. 博登海默:《法理学——法哲学及其方法》,邓正来、姬敬武译,华夏出版社 1987 年版,第 349、425 页。

〔24〕 参见关保英:《市场经济与行政法学新视野论丛》,法律出版社 1996 年版,第 27 页。

〔25〕 转引自关保英:《市场经济与行政法学新视野论丛》,法律出版社 1996 年版,第 21 页。

〔26〕 行政法的基本原则在行政法学界经过了一个漫长的逐步完善的阶段。20 世纪 80 年代初,第一部统编的行政法教材曾经把行政法基本原则概括为六大原则。80 年代中期应松年教授主编的《行政法学原理》概括为三大原则。90 年代以后才统一为行政合法和行政合理两大原则。参见罗豪才主编:《行政法学》,中国政法大学出版社 1996 年版,第 53 页。

〔27〕 "合理性原则产生的主要原因是行政自由裁量权的存在与扩大。无论行政自由裁量权的滥用或行政裁量显失公正,都是对行政法治的破坏。故而,我们既应当承认自由裁量权的作用,又应当加强对自由裁量权的控制。正是在此需要下,合理性原则产生了。"罗豪才主编:《行政法学》,中国政法大学出版社 1996 年版,第 61 页。

〔28〕 转引自胡建淼:《行政法学》,法律出版社 2010 年版,第 53 页。

〔29〕 1986 年中国行政法学年会罗豪才、孙晓民提交的"行政法的基本原则"一文曾经提到行政合理性原则的标准之一就是"符合正义"。

〔30〕 法学基础理论教科书中关于法律和道德关系的论述一般都是持此论点的。

〔31〕 参见皮纯协、胡建淼主编:《中外行政诉讼词典》,东方出版社 1989 年版,第 758 页。

〔32〕 胡建淼:《行政法学》,法律出版社 1998 年版,第 79 页。

〔33〕 龚祥瑞:《比较宪法与行政法》,法律出版社 1985 年版,第 482 页。

〔34〕 参见罗豪才、孙晓民:"行政法的基本原则",1986 年中国行政法学研究会论文。

〔35〕 罗豪才主编:《行政法学》,中国政法大学出版社 1989 年版,第 41—43 页。

〔36〕 胡建淼:《行政法学》,法律出版社 2010 年版,第 56 页。

〔37〕 对上述五种治理方式的概括是由郭道晖教授完成的,其在 1998 年中南政法学院的一次演讲中系统阐述了这些观点。

〔38〕 遗憾的是行政法学界没有人系统研究行政意识或行政法意识问题,行政法学界应当引起注意。

〔39〕 目前我国一些地方制定了行政执法条例,如湖北省 1999 年制定的《湖北省行政执法条例》对行政执法主体、行政执法行为、行政执法监督等作了系统规定,对限制执法者的

权力不无好处。

〔40〕 转引自胡建淼:《行政法学》,法律出版社 1998 年版,第 75 页。

〔41〕 我国于 2004 年制定了《经纪人管理办法》,该《办法》仅仅是一个部门规章,而经纪人及其所从事的市场活动仅仅通过一个部门规章进行调整还是存在巨大缺憾的,事实上,《经纪人管理办法》中的有关权利和义务是极其不对等的,其对经纪人这一市场现象的调整主要以管理为宗旨。

〔42〕 当然,这种推定的前提是法律无明文规定,若有明文规定则不存在推定问题。

〔43〕 参见《中华人民共和国宪法》序言和总纲。

〔44〕 利益最大化指管理相对一方当事人所得到的物质和精神利益,这些利益从深层次讲是秩序的决定因素,利益关系不均必然导致秩序的混乱,利益体现的越充分秩序便越稳定。

〔45〕 卢梭在《社会契约论》一书中曾经提出行政机关处在一个比例中项上,中项的一方是主权者,另一方则是公民,要使这一比例关系成立,行政主体不能代替主权者去立法。

〔46〕 [古罗马]西塞罗:《国家篇·法律篇》,沈叔平、苏力译,商务印书馆 1999 年版,第 160 页。

〔47〕 马克思主义经典作家把法律关系视为意志关系,即人们通过意志而联系的一种关系形式。“这种具有契约形式的(不管这种契约是不是用法律固定下来的)法权关系,是一种反映着经济关系的意志关系,这种法权关系或意志关系的内容是由这种经济关系本身决定的。”《马克思恩格斯全集》(第 23 卷),人民出版社 1972 年版,第 102 页。

〔48〕 [奥]凯尔森:《法与国家的一般理论》,沈宗灵译,中国大百科全书出版社 1996 年版,第 56 页。

〔49〕 胡建淼:《行政法学》,法律出版社 1998 年版,第 51 页。

〔50〕 [意]阿奎那:《阿奎那政治著作选》,马清槐译,商务印书馆 1963 年版,第 104 页。

〔51〕 许多行政法教科书在给行政法原则下定义时,将其与行政法的指导思想相混淆,其实法律的指导思想和法律原则有着质的区别,一般地讲法律的指导思想是不同类型的法律的区别标志,而法律原则则是不同部门法区别的标志,如“一切权力属于人民”的法律指导思想确定了法律的社会主义属性,但它不能确定是哪个部门法有这样的思想。“依法行政”这一原则确定了其是行政法这一部门法,而不能确定是何种类型的行政法。正是某个部门法所独有的原则使其有了相对确定的概念系统。

〔52〕 德沃金所指的法律规则实际上指的是操作性条款。——笔者注

〔53〕 [美]罗纳德·德沃金:《认真对等权利》,信春鹰、吴玉章译,中国大百科全书出版社 1998 年版,第 45—46 页。

〔54〕 此案在处理过程中,法院开始承认,“的确,对关于规定遗嘱制作、证明和效力以及财产转移的成文法,如果拘泥于字义进行解释,并且,如果这些成文法的效力和效果在任何情况下都不能给予以控制或者修改时,应该把财产给予凶手”。但是该法院继续指出,“一切法律以及一切合同在执行及其效果上都可以由普通法的普遍的基本的原则支配,任何人不能依靠自己的诈骗行为获利,亦不得利用他自己的错误行为,或者根据自己的不义行为主张任何权利”。因此,该凶手不得接受遗产。参见[美]罗纳德·德沃

金:《认真对等权利》,信春鹰、吴玉章译,中国大百科全书出版社 1998 年版,第 41—42 页。

〔55〕 罗豪才主编:《行政法学》,中国政法大学出版社 1996 年版,第 53 页。

〔56〕 同上书。

〔57〕 此处的法官我们可以进而延伸为法律的适用者,仅从适用法律的角度看,行政执法人员和法官并无二致。

〔58〕 [英]约翰·罗尔斯:《正义论》,何怀宏等译,中国社会科学出版社 1988 年版,第 225 页。

〔59〕 参见王珉灿主编:《行政法概要》,法律出版社 1983 年版,第 55 页。

〔60〕 如"联邦主义"、"全权主义"、"法治主义"是美国宪法的三项原则,同时也是美国行政法的基本原则。参见胡建淼:《行政法学》,法律出版社 1998 年版,第 53 页。

〔61〕 杨海坤在《行政法与行政诉讼法》(法律出版社 1996 年版)一书中指出了四项原则,即"社会主义行政民主原则"、"行政合法性原则"、"行政合理性原则"、"行政效率原则"。方世荣主编的《行政法与行政诉讼法》(中国政法大学出版社 1996 年版)提出了下列原则:"保障公民权利和自由原则"、"依法行政原则"、"行政效益原则"等,在一些学术论文中对机构精简、程序正义等原则也不乏有专题研究者。

〔62〕 除《中华人民共和国宪法》确定的一些行政法原则外,构成我国行政法主要框架的《行政诉讼法》、《行政复议法》、《行政监察法》、《行政处罚法》、《国家赔偿法》等都确定了相应的原则。部门行政管理的法律规范也有一些原则,将原则定到哪个层次便是一个值得研究的问题。

〔63〕 胡建淼:《行政法学》,法律出版社 2010 年版,第 44 页。

〔64〕 [英]戴维·M. 沃克:《牛津法律大辞典》,北京社会与科技发展研究所译,光明日报出版社 1988 年版,第 790 页。

〔65〕 [德]黑格尔:《法哲学原理》,范扬、张企泰译,商务印书馆 1961 年版,第 222 页。

〔66〕 服务行政是现代法治国家对行政权价值的一个新的确定,它与福利国家、社会协助等法治的理论基础有关。参见宋世明:《英国行政改革研究》,国家行政学院出版社 1999 年版,第 101 页。

〔67〕 古德诺此处所讲的方法是对私法内的方法而言的。

〔68〕 [英]F. J. 古德诺:《政治与行政》,王元译,华夏出版社 1987 年版,第 1 页。

〔69〕 [英]罗杰·科特威尔:《法律社会学导论》,潘大松等译,华夏出版社 1989 年版,第 116 页。

〔70〕 杨德文:"官员法律素质令人担忧",载《政府法制》2001 年第 1 期。

〔71〕 [英]马季佛:《现代的国家》,胡道维译,商务印书馆 1937 年版,第 245 页。

〔72〕 法律规范由于在制定时考虑一般的、普遍的情形,因此,其对于行政相对人来讲并不一定是平衡的,例如,对同一违法行为罚款 50 元的处罚,其在上海和兰州对相对人来讲就是不平衡的,这是由其收入情况决定的。诸如因这些外界因素引起的不平衡还非常多见,行政法原则在对这些因素平衡方面可以起到重要作用。

〔73〕 法治概念的提出在我国是一大进步,在我国传统的法律理念中,只讲法制而不讲法治,

而法制和法治的区别是非常明显的，法制应是一个静态概念，而法治则是一个动态概念，法制是一个单向治理的概念，而法治则是一个双向治理的概念，即在法制概念之下治理的对象仅仅是公众，而在法治概念之下，治理的既有公众，又有权力的行使主体。作为法治而论，至少包括主体合法、过程合法、程序合法、对象合法、后果合法等方面。

〔74〕　[英]戴维·M. 沃克：《牛津法律大辞典》，北京社会与科技发展研究所译，光明日报出版社 1988 年版，第 790 页。

〔75〕　参见胡建淼：《行政法学》，法律出版社 1998 年版，第 53 页。

〔76〕　戴西认为法治就是法律主治，它包括“武断权力的不存在”、“普通法律与普通法院居优势”、“宪法的通则形成于普通法院的判决”等。参见[英]戴西：《英宪精义》，雷宾南译，中国法制出版社 2001 年版，第 232—239 页。

〔77〕　《马克思列宁主义关于国家与法权理论教程》，苏联科学院法学研究所中国人民大学翻译组译，中国人民大学出版社 1955 年版，第 484 页。

〔78〕　理论界关于行政法关系单方面性的理论是这种主导性的一个证明，当然，随着我国行政法治的发展单方面性的理论将会被权益对等理论所取代。

〔79〕　[英]戴维·M. 沃克：《牛津法律大辞典》，北京社会与科技发展研究所译，光明日报出版社 1988 年版，第 493 页。

〔80〕　[英]布莱克：《法律的运作行为》，唐城、苏力译，中国政法大学出版社 1994 年版，序第 7 页。

第二篇　体制行政法篇

第六章　体制行政法概说

第一节　体制行政法的概念

一、体制行政法的界定

所谓体制行政法，是指对行政系统的宏观构成和微观构成以及相关权力分配作出规定的行政法规范的总称。体制行政法与政府行政体制有关，它不是政府行政系统某个单一方面行为规范的称谓，而是将行政系统作为一个事物来看待所涉及的所有行为规则。我国国家机构体系中包括立法体制、审判体制、检察体制、行政体制四个方面，每个体制系统都有对其进行规范的行为规则，每个相应的行为规则都使该系统有了严格的规范体系。行政系统作为国家机构系统的一个分支，也有其相应的行为规则，行政体制法就是与行政体制构成相对应的规则体系。[1]行政体制法不同于行政组织法，行政组织法是对行政机关组织体系的规定，其调整的范围相对窄一些，而行政体制法除了调整行政组织外，还对行政组织中的其他要素，如公务员等也要作出规范，即行政组织法是行政体制法的构成部分之一，它的概念要比行政体制法的概念小一些。行政体制法不同于公务员法，公务员是行政系统的构成分子，对公务员作出规范的行为规则是行政体制法的构成部分，它的概念同样要比行政体制法的概念小一些。行政体制法也不是行政编制法，行政编制法无论作为一个独立存在的法律范畴，还是作为一个从属于行政组织法的法律范畴，[2]它的范围都比行政体制法的范围小。可以说，行政组织法、公务员法、行政编制法共同构成了行政体制法的内容。但是，若把行政组织法、公务员法、行政编制法简单相加作为行政体制法也不是完全正确的。上述三个范畴在行政系统中承担着各自的职能，它们对于完善行政体制是不可或缺的，但行政体制中的一些其他问题并不是可以通过上列三个范畴的法律规则可以解决的。例如，行政机构体系建立以后，其在运作过程中不能与社会事务完全对应，而需要进行综合时，单一的行政组织法、单一的公务员法、单一的行政编制法并不能予以弥补，而它们三者以外的其他相关规则就可以起到相应的作用，而起到对行政权综合作用的相关规则可以被看作行政体制法的又一构成范畴。如我国近一两年来行政系统建立综合执法制度，可以说，调整行政综合执法的行为规则归于行政组织法、公务员法、行政编制法都不甚合理，将其称为行政体制法似乎是最为恰当的。从这个意义上讲，行政体制法既是一个相对稳定的规则，又是一个能够调节行政职权分配的法律手段。另外,我国近年来在一些部门行政管理的法律规范中也规定了相关的行政权行使机制。例如,《中华人民共和国海洋环境保护法》第5条规定:"国务院环境保护行政主管部门作为对全国环境保护工作统一监督管理的部门,对全国海洋环境保护工作实施指导、协调和监督,并负责全国防治陆源污染物和海岸工程建设项目对海洋污染损害的环境保护工作。国家海洋行政主管部门负责海洋环境的监督管理,组织海洋环境的调查、监测、监视、评价和科学研究,负责全国防治海洋工程建设项目和海洋倾倒废弃物对海洋污染损害的环境保护工作。……"该条实际上是一个行政体制法的行为规范,因为它是对行政系统中有关海洋管理体制的规定,这一规定既不是行政组织法也不是行政编制法和公务员法的内容。可见,行政体制法除了包括行政组织法、公务员法、行政编制法外,还有自己相对专门化的内涵。

区分 名称	概念区分	对象区分	范围上区分
体制行政法	规范行政体制的行政法	调整事权诸关系	包容后三者并有区别后三者的独特内涵
行政组织法	规范行政机关的行政法	调整组织结构诸关系	被体制行政法包容
公务员法	规范公务员的行政法	调整构成分子诸关系	被体制行政法包容
行政编制法	规范行政组和公务量的行政法	调整结构与构成分子的量化关系	被体制行政法包容

二、行政体制法的特征

行政体制法具有如下特征:

1. 行政体制法是行政法的静态部分

行政法由静态和动态两个方面构成,正如我们在本书第一章所讲。传统行政法理论将行政法中的静态部分称之为"体",就"体"本身而言有四个层面的意思:一是"体"指的是行政权组织体系,例如《澳大利亚宪法》第61条规定:"联邦行政权属于女王,由总督以女王代表名义行使之。此项权限包括本宪法及联邦法律的执行与维护。"第62条规定:"联邦政府设联邦行政会议,作为总督的咨询机构。行政会议的委员由总督任命和召集,并宣誓为行政会议委员,任期由总督规定。"[3]此条确立了澳大利亚行政系统的总体构成。这一层面的"体"将行政系统与国家机构的其他系统区别开来,使行政系统的界限和范围相对确定。二是"体"指的是某一层次或某一系统的行政体制构成,它实际上反映的是行政系统中的一个支系统。如从地缘层面看某省、某县的行政机构单位就是一个属于体的范围,某个部或局也是一个属于体的范围,这一层面也有相对应的规则作出规定。例如,1955年11月19日国务院制定的《国务院法制局组织简则》第3条规定:"国务院法制局暂设五组,分别掌管政法、文教、工业、劳动、贸易、交通、农业和外事等方面法规的审查、草拟和整理工作;并且设立法制史研究室和翻译室。国务院法制局设办公室,掌管法制档案、法规编纂、图书资料、文书、人事、总务等工作。”这些规则使这一层面“体”的含义相对确定,这也从另一侧面证明行政法中的行政权和行政体制等都是通过规则设计的。三是“体”指的是一个单一的行政机关。我国行政机关在对外作出行政行为时都有一个名分,如某区公安局对违反治安管理的人作出处罚或强制,此时公安局就是一个行政机关。当然,行政机关作为一个单位究竟具体到哪一个层次是一个需要探讨的问题,我国行政法学界把能够以自己的名义对外作出具体行政行为的机关似乎看作一个“行政机关”,行政主体理论证明了这一点。但是,在我国行政系统内部,究竟什么是行政机关却是没有定论的。《中华人民共和国宪法》第3条使用了“行政机关”的概念,但尚未对行政机关作出界定,在以后的相关行政组织法中似乎也不曾有这样的界定。[4]笔者认为一个有自己支配资金并能够对行政事务进行处理,不论其能否以自己的名义对内或对外从事行政活动都可以被认为是单一行政机关。四是“体”指的是行政系统中的构成分子,即公务员或行政机关工作人员。它们之所以是“体”的范畴,是因为行政系统中的组织相对来讲是第二层次的元素,而不是第一层次的元素,第一层次的元素是组织中的人。行政组织中创设了无数个职位,而每一个职位没有人的话便是一个没有太多实质意义的空柜子。人赋予了职位实实在在的物质要素,因此,公务员或者行政机关工作人员也是我们所称的“体”。行政法中的“体”的上述四个范畴都有相应的规则,每一个范畴需要由规则作出确定,如国务院组织法对国务院构成的规定、地方政府组织法对地方各级行政机关构成的规定等。当然,行政法中的“体”从客观上讲指的是一个完整的事物,即是说“体”所包含的上述四个元素是需要相关的规则联结在一起的,一个单位的构成规则和整个行政系统的联结规则都是行政法的静态部分。

2. 体制行政法是行政职权分配的行为规则

行政法中各个层次的“体”都是代表行政权归属主体从事行政活动的机关或组织,在行政管理过程中,它们是行政权的物质承担者,从事这样或者那样的行政行为,而它们的每一种行政行为都必须有来源,必须具有从事这种行政行为的资格,[5]行政体所需要的资格就是合法取得行政职权。“因此,遂使[职权]构成行政组织的要素,亦为组织法规必须规定的事项。且自另一方面言之,各级政府所设行政机关数目众多,而各机关均有其职权,则为避免事权重叠,职责混淆起见,组织法规更须就专属于特定机关的职权范围作明确的规定,构成其行使权力执行业务的合法依据。”[6]职权是依据行政体制法的规定而赋予的,它属于特定行政机关在其事务范围内对行政事项以及行政事项中涉及的人的处置。行政体职权的取得具有法律依据,行政组织法的内容之一便是对职权予以合理分配,将不同的职权交由不同的机关行使,这一点被称为职权的特定性,即每一个职权都有一个特定的对象。例如,《中华人民共和国地方各级人民代表大会和地方各级人民政府组织法》第61条规定:“乡、民族乡、镇的人民政府行使下列职权:(一)执行本级人民代表大会的决定和上级国家行政机关的决定和命令,发布决定和命令;(二)执行本行政区域内的经济、教育、科学、文化、卫生、体育事业和财政、民政、公安、司法行政、计划生育等行政工作……”[7] 乡级人民政府的职权专属于乡级人民政府,其他任何组织都不能擅自行使乡级人民政府的这些职权。同时,行政体制法在分配职权时都给予了职权本身相对确定的范围,对职权范围的确定有时以一定的区域作为确定的标准,有时以一定的行政事态作为确定的标准,有时以所管理的人的范围为标准。但在绝大多数情况下,行政权行使必然发生阻滞,机构政策也就势在必行。在现代行政权行使和行政体制的设计中,如何避免职权的重叠是一大问题。为了在行政体制法中使行政权清晰可见,各国尽可能以行政事务的种类、行政主体的管理区域、行政过程的客观对象等为标准确定职权范围。在立法技术上将概括规定、列举规定和混合规定结合起来,对于行政事态有明确范围且不易产生歧义的尽可能列举规定。对于行政事态不易确定范围但必须由行政主体有效处理时则采取概括规定的方式。为了使行政职权行使更加符合行政管理的需要,一般将概括规定和列举规定结合起来。行政体制法虽然为行政主体分配职权,但是,在组织法中分配职权都采用针对性的立法方式,每一个行政机关行使一个对应的职权。这种分配方式有时不能解决职权交叉行使的问题,因此,行政体制法如何将行政主体职权分配、职权划分作得更加合理便是一个非常重要的实践问题,我国长期以来采取的方式是用相应的补充规则调整权力行使过程。[8]

3. 体制行政法是行政行为内在化的规则

“体”和“用”在行政法中属于两个不同的范畴,我们可以将二者分而论之。但是,在行政法治实践中行政机关的组成体系和行政机关的行为过程并不是那么绝对分割。可以说,既没有不履行行政行为的行政体,也没有行政行为非由行政体为之的合法状态,即一定的行政行为总是由合法的行政主体所为的行为,一定的行政主体总履行着行政行为。正因为如此,行政主体和行政行为不能完全割裂,行政体制法与行政行为法不能完全割裂。行政行为是行政主体的行为外化过程,它必须对行为承受者产生影响就是其外化性的表现。而行政体制法则是使行政行为内在化的规则,行政行为的内部分配是行政行为的启动机制,任何一个行政行为的启动都是在行政系统内部权限授予和权限划分的基础上进行的。例如,《中华人民共和国出境入境边防检查条例》第4条规定:“边防检查站为维护国家主权、安全和社会秩序,履行下列职责:(一)对出境、入境的人员及其行李物品、交通运输工具及其载运的货物实施边防检查;(二)按照国家有关规定对出境、入境的交通运输工具进行监护;(三)对口岸的限定区域进行警戒,维护出境、入境秩序;(四)执行主管机关赋予的和其他法律、行政法规规定的任务。”该条文是一个有关行政体制的规则,因为它既确立了边防站的法律地位,又合理分配了边防站的职权。这些职权是边防站在法律上的权利和义务。显然,此条规定在行政系统内部确立了边防站若干行政行为的启动机制。体制行政法的这一法律特征对于我们研究行政行为,对于我们合理制约行政行为是一个很好的进路。

第二节　体制行政法功能的分析

体制行政法的功能与特征

体制行政法	功能	内容
1	宪法的补充	确定行政边界
2	行政权轮廓勾画	建构行政层级
3	微观体制设计	调整事权关系
4	程序间接规制	综合行政职能

体制行政法是对行政体制发生作用的,它的功能主要表现在行政体制中,具体而论,体制行政法的功能有如下方面。

1. 对宪政体制的补充功能

一国宪法所确立的有关国家权力划分以及各国家机构之间的关系形式可以被称为宪政体制。例如,《中华人民共和国宪法》确立了人民代表大会的根本政治制度,人民代表大会作为国家权力机关对其他国家权力机关有监督和控制作用,这是我国宪法所确立的宪政体制的基本框架。笔者认为,宪政体制不是一蹴而就的,它要随着一国政治、经济、文化、社会的发展而不断注入新的内涵,不断出现具有时代意义的格局。一国的宪法和其他能对宪政体制产生影响的法律无论多么健全,都不能够完全和时代发展对立起来,不论该国的宪法多么完美。例如,美国宪法几乎对美国的宪政体制作了在美国人看来几乎完善的规定,但是,20 世纪中期以后,美国还是制定了许多与宪政体制相关的法律。[9]宪法、法律在一些方面的滞后性、社会发展相对于前者而言的超前性都使各国不得不在后来的立法中完善宪政体制,其中体制行政法是最能够对不完整的宪政体制进行补充的法律规范。我们知道,我国每届人民代表大会在每次会议期间几乎都出台有关国务院机构改革的方案,每次都有许多新的关于机构改革的内容,这些内容与其说是关于行政机构体系的,还不如说是关于宪政体制的,因为每一项改革内容都从不同侧面改变了公众与国家行政系统、公众与整个政权系统之间的关系。如 1998 年 3 月 10 日第九届全国人民代表大会第一次会议通过的《关于国务院机构改革方案的决定》将以前 40 个职能部门减少到 29 个,其在简化行政职能方面无须多说,单就减轻公众所负担的行政支出就在一定意义上改变了国家行政体制与公众的关系。这样的改革方案是体制行政法的当然构成,其对于完善我国的宪政体制具有非常重大的意义。

2. 对行政权轮廓的勾画功能

行政权与其他国家权力的界限需要通过法律规则来划分,这是现代法治国家所必需的。而不可忽视的事实是,无论我们采用什么样的立法手段,行政权与其他国家权力的界限,永远是一个需要不断予以探讨和确定的问题。例如,立法权本由立法机关行使,但行政系统制定规则的权力越来越膨胀,制定的规则越来越多,当它制定这些规则时,其所调整的社会关系究竟应当是立法权的范畴,还是行政权的范畴,恐怕是一个谁也无法说清楚的问题。例如,2003年公安部制定了《公安机关办理行政案件程序规定》,该规定确立了公安机关办理行政案件的程序规则,依法理这样的程序规则应当由国家立法机关制定,而不能由从事该项事务的行政系统制定。也就是说,在这个问题上立法权与行政权之间的界限并不清楚。行政权范围中还有一个比上述界限更为重要的界限问题,即行政主体权力与公民权利关系的问题,哪些事情应当交由公众自己处理和解决,哪些事情应当在行政主体的管理之下解决是非常重要的行政权界域。例如,2003年国家七部委发布了《工程建设项目施工招标投标办法》第8条规定:"依法必须招标的工程建设项目,应当具备下列条件才能进行施工招标:(一)招标人已经依法成立;(二)初步设计及概算应当履行审批手续的,已经批准;(三)招标范围、招标方式和招标组织形式等应当履行核准手续的,已经核准;(四)有相应资金或资金来源已经落实;(五)有招标所需的设计图纸及技术资料。"该条文是行政主体对自己行使权力的规定,也是行政主体对公众设定义务的规定。行政权与公民权的关系通过该条文的制定过程和条文内容足以反映出来。上述方面表明,行政权的基本范围显然在宪法和法律中作了规定,然而,这些规定离行政权具体的轮廓还相去甚远,如谁也无法对《中华人民共和国宪法》第89条规定的国务院行使的"管理权"确定一个永远不变的界限或范围。体制行政法可以在其他法律规范规定的前提下,对行政权的范畴作出进一步规定,对行政权的基本轮廓作出进一步勾画。例如,2013年《国务院机构改革和职能转变方案》指出:"按照建立中国特色社会主义行政体制目标的要求,以职能转变为核心,继续简政放权、推进机构改革、完善制度机制、提高行政效能……"此条文对新的社会条件下行政权的范围作出了明确勾画。

3. 对行政微观体制的设计功能

行政体制可以分为宏观、中观和微观三个范畴。所谓宏观行政体制是指一个国家行政系统的总体构成,它包括行政机构体系的所有层次和所有部门。宏观行政体制在一国宪法和法律作出设计后,能够保持相对稳定,一般没有立法机关的修宪行为便不作变动,从这个意义上讲,体制行政法对宏观行政体制的调控相对少一些。中观行政体制是指行政系统处于相对中间的结构,如横向方面不同部门、不同区域之间的关系及联结方式,纵向方面高层与低层之间的关系及联结方式。一国在行政组织和相关的体制行政法中对中观行政体制的规定亦同样较为完整,如关于省政府和县政府职权范围的划分、关于工商部门与税务部门职权范围的划分都比较明确,体制行政法对中观体制所起的作用非常重要,但由于体制行政法关于此一方面体制设计的规则明确,我们便没有必要对其进行专门研究。所谓微观体制,是指行政系统中细小的权力划分形式,它常常涉及两个直接行使行政权的机构之间的权力分配,涉及行政机构与所管理的具体事务之间的关系。此类体制由于关系到的权益关系比较具体,易被研究行政组织法规则的人所忽略。在行政权行使中,微观体制对行政权的质量影响更大,如行政罚款的处置是一个非常小的问题,而这一问题处理得好就有利于建立良好的政府形象,这一问题处理得不好就会损害政府的形象。以前采取罚没收入与财政支出一条线的微观管理体制,结果导致执法扰民等不良行政。而后来通过体制行政法调整为罚没收入和财政支出两条线的体制,使行政效率大大提高,也树立了良好的政府形象。可见体制行政法对微观行政体制的设计功能不可忽视。应当说明的是,设立微观行政体制的规则,大多不是以行政组织规则或者公务员规则出现的,而是散见于其他部门的行政管理法中。

4. 对行政程序的间接规制功能

行政程序在一般意义上讲是针对行政行为而言的,[10]即指行政主体行政行为的顺序、方式、期限等的组合过程。体制行政法虽然在表层意义上与行政程序设置无密切而直接的关系,然而,我们不能因此否认体制行政法与行政程序之间的关系。首先,行政程序都是一定主体而为之的程序,没有主体,程序就会成为无源之水、无本之木。例如,我们在讲行政处罚程序时是针对某一个执法机关的行为过程而确定内涵的,该执法机关是该处罚程序的首要构成因素,确定主体的规则是体制行政法的内容,而它必然是行政程序的前置规则。其次,体制行政法为行政程序的启动设立了前提条件。《中华人民共和国监察部组织简则》[11]第 8 条规定:"监察部发现并且确认国家行政机关工作人员有下列事实的时候,应当分别处理:(一)对于违反纪律的,做出结论后建议其主管部门按照纪律处分批准程序的规定给予纪律处分,或者报请国务院批准予以纪律处分;(二)对于受纪律处分后工作有显著成绩或者经过考验证明确已改正错误的,建议其主管部门或者报请国务院批准撤销其处分;(三)对于损害国家财产的,督促其主管部门依法令其赔偿;(四)对于有犯罪事实的,应将案件移送人民检察院处理;(五)对于向违反纪律行为作坚决斗争的或者在国家财产遭受损害的时候抢救有功的,建议其主管部门或者直接予以表扬、奖励。"该条确立了监察部对行政机关工作人员的处分事宜,而对所列举诸项处分事宜的程序启动便由此条开始。没有该条文的规定,对国家行政机关工作人员处理的行政程序便无法展开。体制行政法间接决定行政程序是一个具有极大理论意义的问题,它提醒我们在为行政主体的行政行为确立程序规则时,必须与体制行政法的完善紧密地结合起来。

第三节 体制行政法的基本内容

行政边界是行政事务范围的界域。在行政主体的行政管理活动中,其行为界域包括下列内容。[12]

1. 行政主体的事项界域

即行政主体在履行某一行政管理职能、对某一行政过程进行调控时其所涉及的事态末端，即此一事态与彼一事态之间的界限。行政权行使最为重要的是事态问题，事态决定了机构的行为，甚至决定了机构本身的存在。事态是行政机构的根本目标，任何一个行政机构都要围绕自己的目标而运转，一旦偏离目标要么构成行政法上的越权，要么构成行政法上的滥用职权。体制行政法的内容之一便是确定行政主体所为之的事态界域。例如，城市建设管理机关履行的管理职能是对城市建设管理关系的调整，那么，什么是城市建设的管理关系，具体地讲，什么是城市建设的管理事务，必须通过体制行政法对此加以确定。《老年人权益保护法》第 2 条规定："本法所称老年人是指60 周岁以上的公民。"该法就是一个部门行政管理的法律，而它所涉及的事态范围是老年人管理，老年人管理的前提是老年人事务，什么是"老年人"便是必须通过规则予以确认的，该法将老年人限制在60 周岁以上的范围，对该范围确定的条款实质上是一个体制行政法的条款，因为它涉及行政主体的职权究竟能够延伸到多大的范围。

2. 行政主体的地缘界域

行政主体的权力行使受空间范围的制约，其在空间上的边界就是地缘问题。我国诸多部门法都规定了行政主体的管辖地域，行政组织法中的省、县、乡都是一个地缘单位。我们平时几乎都在机关前面冠以地域，如上海市工商局、普陀区税务局等，这些名称虽在习惯上使人不过多考虑其职权的地缘性，但前面的地域冠词限制了其权力行使的地缘。在行政机关的职权行使中，地缘无论如何都是不可缺少的，否则，在一国可能只有一个行政主体行使某一方面的管理权。

3. 行政主体的人缘界域

人缘界域受事项界域和地缘界域的制约，与地缘界域有着密切联系，但人缘界域同样是行政边界的构成，例如，《中华人民共和国公证法》第19 条规定："从事法学教学、研究工作，具有高级职称的人员，或者具有本科以上学历，从事审判、检察、法制工作、法律服务满 10 年的公务员、律师，已经离开原工作岗位，经考核合格的，可以担任公证员。"该条确立了公证员的人缘界域，从而为公证任免机关的任免权确定了人缘范围。行政边界的外在表现形式是行政行为，而内在表现则是行政职权，从这个意义上讲，确定行政边界是体制行政法的基本内容之一。由于立法技术上的不成熟，在我国现行行政法文件中，大多数确定行政边界的规则是有关部门行政管理的行政法规范，这是立法上应当改进的问题。我们不能由于确定行政边界的规则存在于部门行政法之中就将这些规则简单地划归到行政行为规则中去。[13]

(1)构建行政层级结构。行政体系是以层级结构的形式排列和组合的，在现代国家几乎都毫无例外地采取这样的体制形式。关于该体制形式的来源有不同的说法，有人认为行政体制的层级结构来源于军事管理系统、[14]有人认为来源于企业的组织与管理系统等。层级制的结构来源并不重要，重要的是它似乎是现代行政体制的基本属性。不过,我们若从深层次考察,行政系统的层级结构同样是人设计的,同样是通过规则设计的。换句话说,如果我们通过一定规则将行政系统设计为平面结构,那从理论上讲也是行得通的。因此,规则本身就成了问题的关键。这里存在一个规则和行政体系层级结构的逻辑关系,我们从行政管理的实际需要看,即我们暂且不讨论规则对行政结构的确认,就一个有效的行政管理体制而论,是需要建立一个命令和指挥系统的,必须有一个能够对行政事务作出决定的决策中心,必须有一个能够对问题作出决定的机制,然后需要将这个决策机制形成的决策付诸实施的若干主体;我们可将此设想为是金字塔式的结构,也可以将此设想为圆心式结构,无论什么结构都有一个层级性的序列,一个较为合乎指挥机制的连接链条,如图所示:

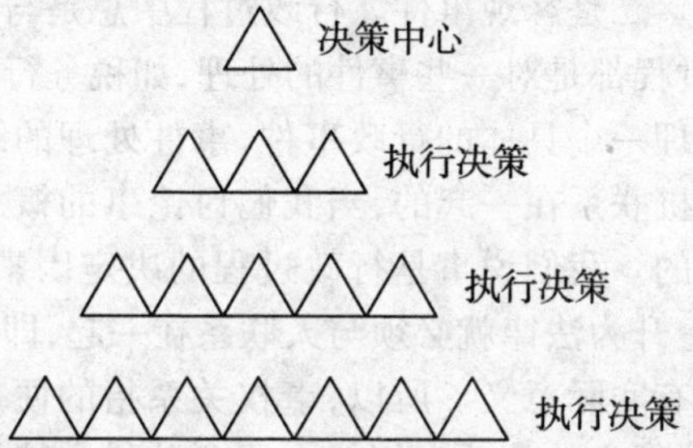

上述两图都反映了行政系统中的层级结构。从行政权行使的科学属性分析,层级制结构是行政权尤其是大规模行政权行使的必然,如果不采用这样的结构可能会导致行政效率的低下或者行政目标的不一致等。但是,规则对于形成行政系统中的层级结构起着决定性作用。层级结构本身的科学性并不带来它的现实性,它由科学变为现实就是通过规则而完成的,我国建国前期制定的体制行政法都确认了层级制结构,如 1949 年 12 月 30 日政务院第 13 次政务会议制定的《海关总署试行组织条例》第 4 条规定:"中央人民政府海关总署设署期长一人,主持全署事宜。副署长若干人,协助署长执行职务。署长及副署长,由中央人民政府委员会任命之。"第 6 条规定:"中央人民政府海关总署设下列各厅处:一、办公厅;二、税则处;三、货运监管处;四、查私处;五、海务处;六、财务处;七、统计处;八、视察处;九、人事处;十、总务处。"第 9 条规定:"中央人民政府海关总署设地方海关机构为关、分关、支关,各地海关直隶于海关总署,各分关、支关得依据海关总署之规定,隶属于地方海关。"第 12 条规定:"各地海关、分关、支关设置关长、分关长、支关长主持关务,必要时得设副关长、副分关长、副支关长协助之。"这些规则使海关总署以金字塔式结构排列,其既有高度集中的决策中心,又有执行海关事务的分支系统。体制行政法建构层级即是其内容的另一方面。

(2)调整事权关系。事与权是行政过程的两个基本方面,事指的是行政机关管理过程中面对的客体。事有两个不同的认识:一是客观事实。即不以人的意志为转移的客观事物,任何一个行政机构的存在都以这样的事物为基础,尤其行政管理职能部门的划分是以这些客观事物为标准的，如土地行政管理机关所面对的客观事实就是与土地相关的客观事物，海洋行政管理机关所面对的事物就是海洋及其相关事物，这一层面的客观事物是确定行政职能的最终标准。当然，现代社会中由于科学技术的突飞猛进，人们对客观事物的认识有了较大的变化，以前被认为是独立的客观事物，现在却被归入到其他事物中去，如人们通过环境保护管理就将与环境有关的多种事物归入到一类事物中去；或者以前被认为是某类事物中的事物现在被分化为单独的事物，如高速公路这一事物就从公路这一事物中独立了出来。每一类事物或者综合、或者分化的变化都对行政体制产生直接影响。高速公路这一事物的出现就产生了对应的高等级公路管理局。由此可见，人们对客观事态的认识和判断是行政体制中最为根本的决定因素。二是客观事件。行政过程中总是与一定的客观事件联系在一起的，任何一个行政过程都是对一些事件的处理，如税务行政机关在税务征收行为中的每一次行为都在处理一个具体的行政事件，事件处理的结果直接关系到行政过程的质量。事与权是有机联系在一起的，当我们讨论事的概念时是将事中的人及其关系暂时没有考虑进去的。我们说事是行政过程的决定因素，并不是说只是事才具有实质意义，事一旦被上升为法律就必须与人联系在一起，即只有涉及有关主体权利义务的事在法律上才具有实际意义。所以，事权关系指的便是因事决定的人与人之间的关系，人与行政主体行为的关系。例如，《国务院稽察特派员条例》第9条规定："稽察特派员履行下列职责：（一）检查被稽察企业主要负责人员贯彻执行有关法律、法规和国家政策的情况；（二）查阅被稽察企业的财务报告、会计凭证、会计账簿等会计资料以及与企业经营管理活动有关的其他一切资料，验证被稽察企业的财务报告等资料是否真实反映其财务状况，主要包括资产负债情况、还债能力、获利能力、利润分配、资产运作、国有资产保值增值等；（三）监督被稽察企业是否发生侵害国有资产所有者权益的情况；（四）对被稽察企业主要负责人员的经营管理业绩进行评价，对被稽察企业主要负责人员的奖惩、任免提出建议。"该条设定了稽察特派员在履行职责时的事权关系，他们能够查阅被稽察部门的财务报告、会计凭证、会计账簿，等等，而且仅仅能够查阅该条所列举的这些材料。这便设定了一个事与权的关系，即稽察部门的权力究竟能够延伸到什么样的事态中。体制行政法对事权关系调整的越具体其立法质量也就越高。

(3)综合行政职能。行政职能的划分，在一国建立其行政体系时就已经有所建构。有些大的职能是通过宪法规则划分和确定的。综观各国宪法关于行政职能的建构，一般对于层级职能划分比较明确，而行政系统内部的职能划分则比较模糊。例如，《印度宪法》第256条规定："各邦和联邦的责任——各邦行使行政权时，务应遵守议会法律和适用于该邦的现行法律。联邦行使行政权时应注意向各邦下达印度政府认为必要的指示。"第257条规定："联邦在某些情况下对各邦的管理：第1款：各邦行使行政权时，不得妨碍或影响联邦行使行政权，联邦行使行政权时应注意向各邦下达印度政府认为必要的指示。第2款：联邦行政权应包括，就联邦认为具有全国意义和军事意义的交通线的建设和维护问题向各邦下达指示。但本款规定并不限制议会宣布公路、水道为国家公路、军事公路或国家水道的权力；不限制联邦对经此宣布的公路、水道的权力，也不限制联邦建设和维护交通线（作为联邦对陆海空军军事工程所负职责的组成部分）的权力。第3款：联邦行政权应包括就保护本邦境内铁路的措施给各邦下达指示的权力。第4款：在执行根据第2款规定给予建设与维护交通线的指示，或根据第3款规定给予保护铁路的指示时所需费用，如果超出该邦接获该项指示前履行正常职责开支的费用时，印度政府应按双方协议商议数额付给该邦款项；在达不成协议的情况下，款项数目应由印度最高法院首席法官指派仲裁决定。”[15]该条关于联邦与各邦的职权划分是清楚的，而在其宪法的其他条文中关于行政横向职能的划分并不十分清楚。笔者认为，宪法关于行政职能的划分应当包括横向的职能关系。而各国大多采取了以宪法之下位法的形式划分横向职能。我国关于各职能部门的权限范围，各职能部门的内部权限划分也基本上由法律划分。[16]即便宪法和法律对行政职能作了划分，这种划分也不是一劳永逸的，它要随着社会的发展有新的调整。当然，我国行政职权的划分本身存在诸多需要探讨的地方。我们知道，长期以来我国行政系统职能交叉、职权重叠的现象非常普遍，此点决定了我国传统的行政职能划分需要重新审视，加之社会事务的发展和社会组合关系的不断深化，在不断地对行政职能进行整合。宏观整合、中观整合、微观整合都不可缺少。2002年我国国务院发布了《国务院关于进一步推进相对集中行政处罚权工作的决定》，该决定对传统行政职能进行了较大范围的综合。例如，其将传统执法中数个部门的权力统一整合到行政综合执法机构手中，[17]体制行政法对整合行政职能具有行政法中其他规范不可取代的作用。

第四节 体制行政法的立法技术分析

一、体制行政法和体制行政法学的现状

在本章第一节已经指出体制行政法具有自己的独特内涵，它是一个具有确定意义的事物，是行政法中一个独立的法律现象。一个独立的法律现象或者法律规范体系的成立有三个决定因素：第一个决定因素是其是否有区别于其他法律规则的调整对象，若某一个法律规则有着独立的调整对象它就具备了成为一个独立法律现象的客观条件。我们通过上面的分析已经非常清楚地看出，体制行政法的调整对象不是行政组织法、公务员法、行政编制法的调整对象，即便它们有部分重合，这种重合并没有使两个不同的事物成为一个事物。第二个决定因素是其是否有相应的规范体系。部门法的规范体系是部门法成立的又一条件，若某个法律部门没有规范体系其成为独立法律现象的可能性就不大。所谓独立的规范体系，是指它有国家制定的相对稳

定的行为规则,此处所讲的行为规则并不是指完整的法典,而规范体系不一定要以法典的形式存在,只要其有大量的调整某一特定关系的规范形态存在,不论这些规范形态是法典式的,还是个别化的都是无关紧要的。体制行政法并无一个称之为体制行政法的法典,但大量存在于国家行政法制体系中的单个体制行政法规范足以使其构成为一个独立的行政法现象。第三个决定因素是其他规范对它的排除性。法律部门的划分是人们从复杂的法律现象中抽象和概括出来的。即是说,人们最初在制定一国的法律时并不一定严格地冠以某某部门法的名称。例如,《汉谟拉比法典》就是一个非常综合的法律规范体系,其中设有宪法性的法律规范、刑事性的法律规范、民事性的法律规范,甚至还包括行政法的法律规范。[18]法律门类的划分比法律现象本身要晚得多,可以说,法律门类划分首先是一个学术问题,其次才是一个国家法律制度认可的问题。正因为如此,法律门类划分不是绝对的。某一类型的法律规范有自己的独特内涵,而这样的规范又不能完全被其他法律规范所吸收,我们就可以将这样的法律规范当成一个独立的法律现象。目前体制行政法的规范很难被其他法律规范完全包容,即行政法中的其他法律规范对体制行政法有一定的排他性。上述三个方面决定了体制行政法作为一个独立的法律现象已经存在于行政大系统之中。然而,由于我国法治实践没有在立法技术等方面对体制行政法以足够重视,目前我国体制行政法比行政法中的其他规范要落后许多。一则,我们还没有在立法制度中确认体制行政法的概念系统。二则,我们还没有一个完整的体制行政法的法典,上面已经指出行政组织法、公务员法等并不能够取代体制行政法。我国立法层面上的体制行政法典似乎还没有一部,全国人大关于国务院机构改革的方案具有体制行政法的功能,但还不能算作一个严格意义上的法律。我国关于行政体制调整的规则大多以政策或规章出现。三则,由于我国对体制行政法的认识不足,使目前一些本来调整行政行为的行政法规范包含大量体制行政法的内容,如国务院 1991 年发布的《国有资产评估管理办法》第 9 条规定:“持有国务院或者省、自治区、直辖市人民政府国有资产管理行政主管部门颁发的国有资产评估资格证书的资产评估公司、会计师事务所、审计事务所、财务咨询公司,经国务院或者省、自治区、直辖市人民政府国有资产管理行政主管部门认可的临时评估机构(以下统称资产评估机构),可以接受占有单位的委托,从事国有资产评估业务。前款所列资产评估机构的管理办法,由国务院国有资产管理行政主管部门制定。”对国有资产评估管理作出规定的规则本是行政行为规则,因为国有资产评估是一个政府行为,而此条所规定的内容则是有关国有资产评估体制的问题。将体制行政法的规范写入行政行为法的规范中,既淹没了体制行政法的实践意义,又大大降低了体制行政法在行政法中的地位。上述方面说明,我国体制行政法在行政法治中还是相对落后的。

与体制行政法的状况类似,我国体制行政法的研究也相对落后。我国目前行政法教科书大多数没有提到体制行政法的概念,[19]更没有开设专章讲授体制行政法的内容,而其他部门行政法甚至有相应的专著,如行政行为法、行政复议法等。理论界关于体制行政法的论文也少之又少。总之,在我国行政法学中,如何重视体制行政法研究是我国行政法学界今后面临的一个重要任务。

二、体制行政法的立法权问题

体制行政法在我国行政法规范中十分分散。一则,各个层面的行政法文件几乎都有体制行政法的内容,上到宪法下到行政规范性文件。[20]政策性文件中体制行政法的内容则更多,例如 1997 年中共中央组织部、人事部发布的《关于做好乡镇机关实施国家公务员制度和参照管理工作的意见》第二点规定:“乡镇机关的职位设置工作,要在机构改革‘三定’的基础上进行。要认真进行职能分解,结合乡镇机关特点编制好职位说明书,使各职位职责明确,工作量饱满。不得因人设事,不得超规格、超职数设置领导职位。乡镇机关不得设置正、副科级非领导职务。……”这一政策性文件所规定的内容都是体制行政法内容。二则,各个层级的行政机关几乎都有权制定体制行政法规范。上到国务院下到乡镇政府,都在一定范围内制定有关体制行政法的规则。笔者认为,体制行政法既涉及行政机构体系和其他国家权力机构的权力划分,又涉及行政系统内部的职权划分,更为重要的是它还涉及行政主体与行政相对人权益关系的确定,它在行政法规范体系中的地位是十分重要的。对于如此重要的规范其立法权问题就显得十分重要,笔者试提出如下设想。

1. 有关行政系统与其他系统权力划分的体制行政法应当由全国人民代表大会及其常务委员会制定。《中华人民共和国立法法》第 8 条第 2 款规定:“各级人民代表大会、人民政府、人民法院和人民检察院的产生、组织和职权”由法律规定。依该规定有关行政系统与其他国家系统权力分配的规则应以法律形式出现,即由全国人大及其常委会制定规则。

2. 关于行政系统与公民关系的体制行政法应当由全国人大及其常委会制定《中华人民共和国立法法》第 8 条第 5、6、8 项都有这样的规定,如“对公民政治权利的剥夺、限制人身自由的强制措施和处罚”、“对非国有财产的征收”、“基本经济制度以及财政、税收、海关、金融和外贸的基本制度”都应通过法律形式规定。国家行政系统与公众的关系是一国政治制度中的基本问题,这样的问题常常是通过具体的行政法规则反映出来的,制定这些规则的机关应当是全国人民代表大会及其常委会,这既有法律上的根据,又有理论上的依据。

3. 关于行政系统内部建制的体制行政法应当由全国人大及其常委会制定。行政系统的体制结构是行政制度的基本问题,它若设计合理就可节省较多行政成本,减轻社会负担,若设计不合理不但不利于提高行政效率,且会在很大程度上增大公众的负担。我国行政系统的内部结构由行政系统自己设计的情形较多,这是造成行政机构膨胀的一个重要原因。因此,我们认为不能由行政系统自身对体制结构进行设计,应当由全国人民代表大会及其常委会制定此类体制行政法规范。

4. 微观行政体制调控的体制行政法可以由中央行政机关制定。微观体制调控是指对区域性、基层性行政机构自身职能的整合。此类整合虽与行政权对公众的关系有关,但以其外在形式看主要涉及行政系统自身诸部门的关系,如行政综合执法主要整合若干职能部门之间管理关系,且这样的整合基本上都有利于减轻行政体系对公众的压力。因此,这样的体制行政法由行政系统自己制定是完全可以的。同时,不应由低层行政机关行使这样的权力,因为低层行政机关处于执行地位,而高层行政机关处于决策地位,中央人民政府处于行政系统的决策中心,由它制定此类体制行政法规范便是天经地义的。

5. 关于地方行政体制调控的体制行政法可以由地方人大制定。我国地方一定层级的人民代表大会享有地方立法权,既然是地方立法,便可以对地方的一些重要事务作出规定,在中央立法法有空隙而需要予以规制的事项,地方立法便可以予以规定,有关地方行政体制方面的问题,地方享有立法权的人大有权制定规则,《中华人民共和国立法法》第四章第一节关于地方性法规可以规定的事项作了列举规定,从所列举的内容看并没有排除地方性法规在行政体制方面的设计功能,前提是其在体制设计时不能对抗上位法律规范的规定。笔者认为,从宪政体制的高度认识,体制行政法的立法权应当高度集中,对目前我国较为分散的体制行政法立法格局必须予以规范,低层行政机关不能再以规范性文件的形式对体制方面的问题作出规定。

注释

〔1〕 理论界很少有体制行政法的称谓,但是,如果我们把行政法的作用限定在对体的规范和对用的规范的基本范畴之中时,体制行政法在行政法体系和行政法学体系中的存在就是必然的。因为,无论是行政组织法的概念,还是公务员法的概念都不能完全概括作为对体进行规制的行政法规范的性质。

〔2〕 国内不少教科书将行政编制法作为行政组织法的构成部分。参见孟鸿志主编:《中国行政组织法通论》,中国政法大学出版社 2001 年版,第 137 页。

〔3〕 萧榕主编:《世界著名法典选编》(宪法卷),中国民主法制出版社 1997 年版,第 52 页。

〔4〕 在国外的立法文件中,关于行政机关有法律上的明确定义。例如,《美国联邦行政程序法》对行政程序的规定一开始就给“行政机关”下了定义。参见萧榕主编:《世界著名法典选编》(行政法卷),中国民主法制出版社 1997 年版,第 1 页。

〔5〕 行政机关法律资格的取得有两种理论解释:一是因为其代表国家行使职权,其法律资格是从国家取得的;二是因为其代表人民,其法律资格是从人民取得的。在传统教科书中讲得较多的似乎是前者。关于这一问题在我国行政法学理论中是相对比较薄弱的,我们认为,这一问题甚至是行政法或行政组织法的一个起点问题,这一问题解决不好,法律规范对行政权的规则,对行政组织结构的规划就会遇到障碍。

〔6〕 张家洋:《行政法》,三民书局 1998 年版,第 308 页。

〔7〕 行政机关的义务和职权究竟是什么关系是一个需要探讨的问题,义务是在通常情况下是指必须为之的行为。行政机关作为公权力的代表其职权亦是不可以放弃的,从此一角度出发,行政机关的职权同时也是它的义务。此二者的关系作为一个非常重要的行

政法学理论。

〔8〕 我国每一次的行政机构改革都是通过改革方案的形式推行的，而不是通过修改行政组织法的形式推行的。由于通过改革方案的方式很难使改革的内容和结果具有法律效力，因此，第一次改革以后就故态复萌。最好的选择应当是依法改革，改革的成果具有法律效力。

〔9〕 例如，《美国联邦行政程序法》、《美国各州标准行政程序法》、《美国情报自由法》、《美国私人秘密法》、《美国联邦政府机构会议公开法》、《美国文官法》，这些法律实质上都有一定的宪政色彩。

〔10〕 参见关保英：《行政法的价值定位》，中国政法大学出版社 2003 年版，第四章。

〔11〕 参见张培田主编：《新中国法制研究史料通鉴》，中国政法大学出版社 2003 年版，第 2942 页。

〔12〕 行政机关的行为界域在通常情况下并不是由行政行为法规定的，规定行政行为界域的多数是行政组织法。例如，《居民委员会组织法》将居民委员会的任务归结为法制宣传、办理居住地的事务和公益事业、调解民间纠纷、协助维护社会治安等。这些任务实质上是对行为的规定，尤其是对行为界定的规定。可见，行政行为及其界域并不完全由行政行为法规定。

〔13〕 部门行政法主要涉及的是有关行政主体及行政行为的内容，但部门行政法是一个法律规范的综合体，其中除行政行为法以外，还有一些行政组织的规则。

〔14〕 参见张金鉴：《行政学典范》，三民书局 1979 年版，第 233 页。

〔15〕 萧榕主编：《世界著名法典选编》（宪法卷），中国民主法制出版社 1997 年版，第 52 页。

〔16〕 《中华人民共和国宪法》第 89 条有一些基本划分，而关于审计部门的职权的规定最为具体。

〔17〕 该问题本书还有章节专门研究。

〔18〕 《汉谟拉比法典》在序言中规定："安努那克之王，至大之安努，与决定国运之天地主宰恩利尔，授与埃亚之长子马都克以统治全人类之权，表彰之于伊极极之中，以其庄严之名为巴比伦之名，使之成为万方之最强大者，并在其中建立一个其根基与天地共始终的不朽王国。"这些条款无疑是宪法规则或者类似于宪法规则。第 41 条规定："自由民以自己的财产换取里都、巴衣鲁或纳贡人之田园房屋，且加付价额时，里都、巴衣鲁或纳贡人仍可以回到自己的田园房屋，并可以收取其所加付的价额。"这条是一个典型的民事法律条款。参见法学教材编辑部《外国法制史》编写组编：《外国法制史资料选编》，北京大学出版社 1982 年版，第 17—30 页。

〔19〕 2004 年由笔者主编的《行政法与行政诉讼法》第一次使用体制行政法的概念。参见关保英主编：《行政法与行政诉讼法》，中国政法大学出版社 2004 年版，第 120 页。

〔20〕 例如，《当阳市城市公共客运交通管理办法》第 5 条规定："市建设局是我市公共客运交通行政主管部门。其主要职责是：（一）在城市总体规划指导下，编制城市公共客运交通发展规划，制定城市公共客运交通车及客运场管理的规章制度；（二）从事城市公共客运交通的车辆进行审批，并负责有关证牌的发放和管理；（三）负责对城市公共交通车经营权有偿出让和转让的实施工作；（四）配合物价、地方税务部门对客运车的收费

标准和票据进行管理;(五)配合有关部门加强对客运车的治安和交通安全管理;(六)按规定征收城市公共客运交通有关规费,并代征代收城市公用事业附加费;(七)依照有关规定监督、检查、指导城市公共客运车经营活动,负责处理乘客的投诉;(八)组织城市公共客运经营者的培训,定期进行政治、法律、法规、规章教育,检查本办法的执行情况,对违反本办法规定者进行教育处罚。"该办法是一个行政管理规范性文件,而此条的内容是有关公共客运管理方面的组织规则。

第七章　行政组织法

第一节　行政组织法的理论

要旨 概念	行政组织之概念	行政组织法之概念	行政组织法的规制对象
定义	行政法上的行政组织是由行政组织法规定、设计而行使国家行政权的社会单体	行政组织法是指对行政机关的组织体系以及行使行政权的其他组织之状况作出规定的行政法规范总称	行政组织法的规制对象即行政组织法所规制的事项
内涵	(1)由行政组织法规定或者设计的； (2)具有法律上的人格； (3)以行政职权和职位为基础； (4)以行政管理事务为对象	(1)行政组织法在传统教科书中多采广义，广义的行政组织法包括有关行政组织体系的法律规范、公务员法律规范、行政编制法律规范等； (2)行政组织法应当包括除行政机关组织以外的其他行使行政权的组织的规则； (3)行政组织法不能被简单理解为一个或者一些单一的行政法典	(1)行政组织法规定行政体制在政治体制中的地位； (2)行政组织法规定行政体系的内部构成； (3)行政组织法规定行政体系内部的联结方式； (4)行政组织法规定单个行政机关或行政机构的设立依据； (5)行政组织法规定行政机关的领导体制； (6)行政组织法规定行政机关的职权； (7)行政组织法规定行政过程的行政授权； (8)行政组织法规定行政委托问题

一、行政法中的行政组织

行政组织法的研究不能不涉及行政组织，行政组织是行政组织法规范的对象。行政法上的行政组织可以界定为由行政组织法规定、设计而行使国家行政权的社会单体。

1. 行政组织法中的行政组织由行政组织法规定或者设计

这是行政组织法中的行政组织与我们在行政学中所言的行政组织的根本区别。行政学中的行政组织是一个科学用语而不是一个法律用语，行政学中的行政组织没有法律上的属性,而行政法上的行政组织具有法律属性,已经不是一个纯粹的科学概念。行政学中分析行政组织首先考虑的是它的合理性问题,[1]如是否有行政目标建构、是否有实效性等,行政法中分析行政组织首先考虑的是它的合法性,如一个行政组织是否有法律上成立的依据、是否由法律规范设计等。在传统行政法中,行政组织的分析基本上不考虑它的科学属性,如马诺辛在《苏维埃行政法》一书中指出:"国家组织活动对象的特点在于国家组织享有国家权力:任何国家组织都为完成国家任务与行使国家职能而进行工作;国家组织的活动在总体上是在全社会范围内进行的,从这个意义上说,是一种普遍的活动;国家组织受国家的委托并以国家的名义进行工作,在一定的社会关系范围内是国家的体现;最后,国家组织的合法行为不仅是通过国家组织拥有的一切手段,而且是通过整个国家拥有的一切手段来保障的。"[2]它关于行政组织的分析完全从国家管理权和行政法规范的角度出发,而没有考察行政组织的科学属性。令人欣慰的是现代行政法理论在关注行政组织法律属性的同时,也给予了行政组织科学属性必要的关注,德国行政法学者汉斯·J. 沃尔夫等在 1999 年前后修订的《行政法》这一教科书中专辟一章介绍"行政学"的问题,在分析组织作为法律主体时指出:"公法人是由自然人或者法人组成的具有法律能力的联合体(团体),对外管理特定财产的组织(基金会),或者管理特定设施的组织(设施)。公法人产生的动因可能是先于法律存在的社会基础(人民、乡镇),也可能是私人的主观能动性。公法人作为具有法律能力的法律主体的资格并非源自私人意思自治,而是专门的法律或者根据特定的模型示范法(typenbildenden Modllgesetz)作出的国家行为。它们不仅是公法人法律能力和法律必要性的生效要件,而且是其源泉。公法人是相对独立的行政单位,因此是间接国家行政的组织形式。"[3]其对行政组织的分析已经远远超出了法律范围,在一定程度上注意到了行政组织的科学属性。

2. 行政组织法中的行政组织具有法律上的人格

行政组织在行政学中被认为是一种社会单体,所谓社会单体,是指行政组织是一个由社会中的不特定人构成的实体,而这个实体存在于社会大系统之中,社会是它的母体,它是由社会产生出来的单体。行政组织与社会处在不断的能量交换中,社会过程的演化必然要反映到行政组织中来,而行政组织只有适应社会的发展才能使自己延续下去。行政组织本身是一个动态的事物,其自身处在产生、成长、兴盛、衰亡的运动过程中,[4]这是行政学对组织基本属性的强调。而行政法上的行政组织强调的则是法律上的人格问题。所谓法律上的人格,是指行政组织一旦成立就具有行政法上的主体地位,能够在行政法关系中享受权利和承担义务,能够以自己的名义从事行政法上或者其他部门法上的行为。关于行政组织是否有法律人格在前些年的行政法学理论中是有一定争议的。一些学者认为行政组织没有法律上的人格,理由是行政组织是代表国家行使职权的,它是国家的代表,是受国家委托而行使行政管理权的,它的行为常以国家的名义出现,而不能以自己的名义出现。而另一些学者主张行政组织具有法律上的人格,因为国家是一个虚在的概念,行政组织由于有人员、财物等因素,是一个实在的概念,既然是一个实在的概念就应当具有法律上的人格。近年来,这一争议已经不复存在,因为我国行政诉讼法、国家赔偿法都赋予了行政组织法律上的人格。行政组织若没有法律上的人格就不能以自己的名义从事法律活动。

3. 行政法中的行政组织以行政职权和职位为基础

本书第二章在分析行政权时曾经指出行政权的一个基本特征就是分配职位。行政权创设了一系列职位并将这些职位予以合理分配,正是这些职位构成了行政系统中的基本单位。行政法上的行政组织是以行政职权和职位为基础的。行政系统中存在诸多的行政权力,行政权力是指由行政系统中的主体支配其他主体的力量。行政权是一种实力,而这种实力存在于此一主体与彼一主体的关系之中,没有相应的主体就没有办法对行政权作出解释。反过来说,行政权就是行政主体存在的基础条件,当然,行政权是从较为宏观的角度讨论的,而在行政过程中,行政权必须转化为行政职权。一般国家的宪法使用行政权的概念为行政机构体系定位,而在宪法的下位法中行政权都被不同程度地转化为了行政职权,如《中华人民共和国地方各级人民代表大会和地方各级人民政府组织法》中关于行政权的规定都没有使用行政权的概念,而使用的是行政职权的概念。该法第 59 条规定:“县级以上的地方各级人民政府行使下列职权……”尽管该条文是从行政主体演绎出行政职权,但实质上是行政职权作为一种原动力决定了行政组织的存在。职权是行政组织的原动力,而行政职位则是行政组织的法律形式,职位是指因职权决定的存在于某一组织系统中的位置。行政职位就是因行政职权决定的存在于行政系统中的位置。例如,《中华人民共和国国务院组织法》第 2 条规定:“国务院由总理、副总理、国务委员、各部部长、各委员会主任、审计长、秘书长组成。……”总理、副总理、国务委员等都是行政职位,这些职位构成了相应的行政机构。

4. 行政法中的行政组织以行政管理事务为对象

在国家政权体系的组成中,除了行政组织以外,还有其他组织,如立法组织、司法组织等。行政组织必须和国家机构体系中的其他组织予以区分,区分的标准最为重要的是行政管理事务。立法组织所面对的事务是立法事务,即与国家造法功能有关的事务,这种事务的目的在于表达国家意志,行政组织所面对的事务是行政事务,行政事务主要是执行国家意志。

在现代社会中行政主体承担着一定范围的造法功能,这要求我们必须把行政范围内的造法行为和立法范围内的造法行为区别开来,如果没有准确区分,就有可能使行政组织和立法组织的界限难以划分;不作有效区分,行政组织便可能行使立法职能,立法组织履行行政职能。有些事务的区分具有客观标准,而有些则没有客观标准。因此,一国法律如何确定立法事务和行政事务各自的界限便显得十分重要。行政事务和司法事务的区分是一个重要问题,因为司法事务要由司法组织承担,行政组织不履行处理司法事务的职能。这一对事务之间的界限在现代社会中同样不易区分,理论上我们虽然可以将排除纠纷的事务归于司法事务的范畴,把管理性事务归于行政性事务的范畴。然而,排除纠纷的事务也有一部分在行政职能之下,例如,行政复议就是解决行政纠纷的制度,从排解纠纷的意义上讲,它应当归于司法行为中,但各国行政法制度都将这一事务归于行政权势范畴之下。因此,如何用科学标准圈定行政事务是行政法学界应当探讨的问题。行政事务除了必须和国家政权体系中的其他事务作有效区分外,还必须和国家事务之外的其他事务有所区分,如归属于企业的那些事务。企业也存在管理问题,这就是我们经常谈到的公共行政和企业行政之间的界限。我们常常把企业事务用"以盈利为目的"来衡量,而把行政事务用以"非盈利性"来衡量,这只是以行为的外在表现来分析,而不具有内在性的价值。即是说,什么事务是私权行政的范围,什么事务是公共行政的范围,同样是一个需要加以研究的问题。这样的问题没有解决,行政组织与其他组织的界限就不易划分。由于宪法和法律关于行政管理事务都有一个相对概括的规定,例如,《中华人民共和国宪法》第107条规定:"县级以上地方各级人民政府依照法律规定的权限,管理本行政区域内的经济、教育、科学、文化、卫生、体育事业、城乡建设事业和财政、民政、公安、民族事务、司法行政、监察、计划生育等行政工作,发布决定和命令,任免、培训、考核和奖惩行政工作人员。乡、民族乡、镇的人民政府执行本级人民代表大会的决议和上级国家行政机关的决定和命令,管理本行政区域内的行政工作。省、直辖市的人民政府决定乡、民族乡、镇的建置和区域划分。"我们可以从比较宽泛的角度将这些事务看作行政事务,然后将与行政事务有关的管理组织叫做行政组织。在行政法上只能作出这样的初步认识。

二、行政组织法的界定

"行政组织法是规范行政权主体之法。"[5]这是关于行政组织法的一个最简洁的定义。然而,该定义难以揭示行政组织法的真正内涵,因为行政权主体是需要通过进一步定义的概念。在行政主体的概念无法澄清的前提下,行政组织法的定义就无法得到澄清。笔者认为行政组织法可以下这样一个定义:所谓行政组织法,是指对行政机关的组织体系以及行使行政权的其他组织之状况作出规定的行政法规范的总称。

1. 行政组织法在传统教科书中多采广义,[6]广义的行政组织法包括有关行政组织体系的法律规范、公务员法律规范、行政编制法律规范等。而笔者定义的是狭义的行政组织法。狭义的行政组织法将公务员法、行政编制法等从行政组织法中排除出去了。在笔者看来,行政组织有一整套的机制和原理,而它的这一套机制和原理并不适于解释、分析公务员和行政编制问题。同样的道理,公务员法和行政编制法的若干原理也不能用来解释、分析行政组织法问题。正因为如此,行政组织法不应当包括公务员法和行政编制法。

2. 行政组织法应当包括除行政机关组织以外的其他行使行政权的组织的规则。行政机关在法律上是一个特指概念,专指各级人民政府及其职能部门。例如,《中华人民共和国宪法》第85条规定:"中华人民共和国国务院,即中华人民政府,是最高国家权力机关的执行机关,是最高国家行政机关。”将国务院非常明确的界定为行政机关。在宪法的其他条文中对地方各级人民政府以及各级人民政府职能部门都有类似规定。笔者所指的行政组织法不单单包括对行政机关作出规定的组织规则,行使行政权的其他组织的规则亦是笔者所讲的行政组织法的范围。在行政权的运行中,常常出现非国家的组织行使国家行政权的状况,且这一状况并不是我国所独有的,越是社会发展水平高的国家这样的组织就越普遍。[7]《中华人民共和国食品卫生法》授权卫生防疫站行使食品卫生监督和管理权,《中华人民共和国城市居民委员会组织法》授权城市居民委员会在一定范围内行使某些属于行政职能的权力,办理某些行政事务等。被授权的组织在行使行政权的空间段和时间段也存在一个组织问题,这一组织环节的规则亦应当是行政组织法的内容,而目前我国行政法教科书中关于行政组织法的定义似乎忽视了这一部分内容。

3. 行政组织法不能被简单理解为一个或者一些单一的行政法典。行政组织法的构成中不能没有单一的法典,如我国的行政组织法中就有《中华人民共和国国务院组织法》、《中华人民共和国地方各级人民代表大会和地方各级人民政府组织法》等。然而,单一法典并不是行政组织法的全部内容,在诸多行政法规范中同样有行政组织法的内容,如一些部门行政管理法中关于行政授权问题的规则、关于行政委任的规则同样是行政组织法的内容。

上述三方面是我们领会行政组织法的定义时必须首先予以考虑的。若从深层分析,行政组织法有以下属性。

(1)行政组织法是立法机关对行政体系的一种限制规则。行政组织法所反映的是立法机关和行政机构体系之间的关系。它是立法机关对行政组织体系的基本设计,当立法机关通过行政组织法对行政机关的组织体系进行设计时,对行政组织的基本构成都作了规定。该规定虽然包含着赋权的含义,但它更多的是对行政机构组织体系的限制,行政机关组织体系构成的合法基础就来自各个层面的行政组织法,若行政系统在行政过程中使其组织超出了立法机关规定的范围,其所派生的组织就失去了合法性。例如,《中华人民共和国国务院组织法》第 9 条第 1 款规定:“各部设部长 1 人,副部长 2 至 4 人。各委员会设主任 1 人,副主任 2 至 4 人,委员 5 至 10 人。”该条便是部、委员会合法性的基础。部、委员会之所以能够存在就是因为具有这样的法律基础。各部只能设部长 1 人也是合法性的前提,若某一个部设了 2 个部长就不再有法律上的合法性。从这个意义上讲,行政组织法是立法机关对行政组织体系的一种限制规则。立法机关设立行政机构体系时充分考虑了行政体系的行动成本,如何控制该成本必须在制定行政组织法时就予以充分考虑。将行政机构的组成限制在一定规模是所有控制过程的起点,如将每个部的部长控制在 1 人,副部长控制在 4 人便是非常有效的控制技术。总之,行政机构体系以及行使行政权的其他组织不仅仅具有行为上的合法性,更为重要的是必须具有自身存在的合法性,而自身存在的合法性就是行政组织法规范的内容,使行政组织法对行政机关体系的控制也因此得到证明。

(2)行政组织法是行政主体履行行政职能的资格要件。政府行政系统对行政权的行使是通过行政过程而完成的。行政过程存在于行政主体的无数行政行为中,即行政系统对行政事务发生作用都是以个别的行为形式实现的。行政系统中的一个大的行政决策是国务院的一个个别的决策行为,某一个职能部门对其所管理事务的决策是部委的一个个别行为,一个单一的行政机关对某一行政事件的处理便是一个行政主体的个别行为。每一次的个别行为都有一个对应的主体,而每一个主体在作出一个行为时必须同时具备两个法律要件:一个要件是履行这种行为的职权要件,即该行政主体是一个具有合法权益的行政主体,但还必须具有作出某一行政行为的相应职权。如在环境保护执法中,环境保护机关究竟能够作出什么样的行政决定、行使什么样的权力,必须有部门行政法规定的具体职权,这一职权与自然人行为能力要件非常相似。另一个要件是履行这种行为的主体资格要件,这一要件是前一要件的前提。我国行政法学界在探讨行政主体行政过程时,对于前一要件研究的较多,行政越权理论等都是从前一要件得出的结论,而忽视了对行政主体后一要件的研究。行政主体的资格要件是十分关键的,它相当于自然人的权利能力要件。一个行政主体能够作出某一行政行为必须符合行政法上的主体资格,即必须是以法定的方式组建并能以自己的名义承担行政法上的权利义务。在西方一些国家的行政法理论中,行政行为瑕疵的第一种便是主体瑕疵,如应当通过合议制作出决定而由行政首长作出了决定,应当在法定人数下表决而在不达法定人数的情况下作出了行政决定。也就是说,行政主体的状况是行政行为的第一要件,主体状况的要件就是行政主体的资格要件。资格要件不是行政行为法和其他行政管理法规范解决的问题,而是行政组织法解决的问题。例如,《中华人民共和国香港特别行政区基本法》第60条规定:"香港特别行政区政府的首长是香港特别行政区行政长官。香港特别行政区政府设政务司、财政司、律政司和各局、处、署。"如果没有这一组织规则赋予行政长官、政务司、局、处等主体资格要件,这些行政主体既不能存在,更不能履行行政管理职能。[8]

(3)行政组织法是行政关系形成的前提性规则。"行政关系通常是指作为行政主体的行政机关和法律、法规授权的组织,因行使行政职权或接受法制监督而与外部国家机关、组织、个人发生的各种关系以及各行政主体相互之间,行政机关与所属国家公务员及被委任的组织、个人之间,法律、法规授权的组织与其工作人员之间发生的内部关系。"[9]这是我国学者对行政关系的揭示。行政关系是由行政主体与其他主体形成的各种各样的关系形式,只要与行政主体的职权行使有关与行政主体法律资格有关形成的关系都可以被定义为行政关系。人们常常将行政关系与行政法关系予以区分,认为没有被行政法规范强化的关系是行政关系,而被行政法规范强化的关系为行政法关系。这样的区分是有一定道理的,行政主体常常在法律规则之外与其他社会主体发生这样那样的关系,如行政主体受政策制约与公民、法人发生的管理关系,用不着有法律上的依据,但的确是行政主体与其相对人之间的关系形式。行政关系可能会因行政行为法、行政救济法而形成,行政关系则不一定受行政行为法和行政救济法的制约。然而,无论如何行政关系必须受行政组织法的制约,行政组织法是所有行政关系形成的前提,无一例外。我们前面已经讲过没有行政组织法,行政主体就无法取得法律上的资格,就没有作出行政行为的主体要件,而行政关系是在肯定行政主体是一个合格法律主体的前提下论之的。因此,行政组织法是行政关系形成的前提。此一属性要求我们研究行政关系不能仅仅从行政过程研究,不能仅仅从行政行为法和行政救济法研究,必须先从行政组织法研究。从法律层面上讲,控制行政关系的方法之一是制定有效的行政组织规则。[10]

三、行政组织法的规制对象

行政组织法所规制的事项主要有下列方面。

1. 行政组织法规定行政体制在政治体制中的地位

行政体制在政治体制中的地位从法律形式上讲大多表现于宪法规范之中,如宪法关于行政机关与权力机关关系的规定、关于行政机关体系与司法体制的规定等。从行政法治的角度分析,宪法关于行政体制在政治体制中的地位是行政组织法的重要构成。因为行政机构体系存在于国家政权体系这一大背景下,其作为一个实体与其他国家机构实体的关系当然应当由行政组织法调整。正因为如此,《中华人民共和国地方各级人民代表大会和地方各级人民政府组织法》第 55 条规定:"地方各级人民政府对本级人民代表大会和上一级国家行政机关负责并报告工作。县级以上的地方各级人民政府在本级人民代表大会闭会期间,对本级人民代表大会常务委员会负责并报告工作。全国地方各级人民政府都是国务院统一领导下的国家行政机关,都服从国务院。地方各级人民政府必须依法行使行政职权。"其规定了地方各级人民政府在政治体制中的地位,将宪法关于行政组织的规定进一步具体化。

2. 行政组织法规定行政体系的内部构成

行政系统在现代国家都是一个大的社会系统,它由非常多的支系统构成,行政系统自身的结构是行政组织法必须予以规定的。一是行政系统内部分成多少层次,如我国分成中央和地方两大系统,而地方又分成省、县、乡三级,四级行政管理体制就构成了我国行政系统的纵向结构。二是行政系统内部分成多少职能,即横向的权力结构,如国务院分成多个职能部门,多个职能部门又分成多个职权。内部结构中的纵向结构相对稳定,而横向结构则在不断的变化之中。因为,横向结构是对管理事态的感应,管理事态的变化就必然带来行政机构横向结构的变化。

3. 行政组织法规定行政体系内部的联结方式

行政体系内部以何种方式联结是行政组织法的内容之一。所谓联结方式,是指纵向结构中各层级之间是以什么样的方式联结在一起的,如上下级之间的行政权力关系究竟是一种指挥命令关系,还是一种分工负责的关系,甚或是一种权力的包容关系。若是指挥命令关系上级则可以对下级行使指挥命令权,而下级必须对上级请示汇报;若是一种分工负责的关系,那么上下级之间可以在各自职责范围内履行管理职能而不受制约；如果是一种权力包容关系，上级则可以无条件地行使下级的权力。横向机构之间的联结方式也非常重要，如他们之间行使的权力若遇交叉时怎么处理，互相有无制约和监督的功能，等等。我国行政组织法中关于上下级之间的联结规则相对比较明确，如上下级之间是一种指挥命令和请示上报的关系形式。而横向行政机构之间则没有明确的联结规则，这也是遇到职能交叉后不能及时处理的一个原因。

4. 行政组织法规定单个行政机关或行政机构的设立依据

行政机构关系是由无数行政机关和行政机构组成的，行政机关和行政机构的发展与变化是行政机构体系的一个普遍现象。换句话说，国家通过较高层级的行政组织法并不能确定行政机构内部的所有构成。个别行政机关和行政机构要根据社会事态的不断发展而产生或者消亡。单个行政机关和行政机构的产生和终止必须依据相关的原则，这些原则就是行政组织法的基本内容之一，正如有学者所言："在法治行政原则下，行政机关的设立均应具有合法的依据，其种类不一，而以个别机关本身的组织法规为其依据，各该机关即依据其组织法规组合而成。"[11]应当指出行政机关和行政机构在我国行政法中的概念是不同的，行政机关是有独立法律人格的行政组织。行政机构则有两种理解：一种是广义的理解，此一理解取宪法关于国家机构的概念，将较大范围的行政机关称为行政机构。另一种是狭义的理解，此一理解将行政机构视为比行政机关要小的机构实体，认为它是行政机关的内设组织，如《中华人民共和国行政复议法》规定在行政复议机关内部设立行政复议机构，显然，复议机构的概念要小于行政复议机关。有学者则认为，行政机构本身没有独立的法律人格，它是以行政机关的名义从事行政活动的。笔者此处指的单一行政机构所采用的是第二种理解。

5. 行政组织法规定行政机关的领导体制

行政机关的领导体制是一个非常复杂的问题，主要因为领导体制可以有多种模式选择。我们常常讲到的单头领导体制和双重领导体制就是一种选择模式。单头领导体制指行政机关只对一个上司负责，其与上级是一种单向式结构。双重领导体制指行政机关对两个上司负责，是双重式管理结构。就一个行政机关的内部体制而论有首长制、合议制、混合制之分。首长制指行政首长对行政机构的行政行为负责，行政首长既有高度的管理权威，又有高度的管理责任。合议制指行政机构决定问题的方式采取多数原则，机关成员进行合议最后通过表决而作出决策。混合制则是将上述两种方式结合起来，一些问题行政首长有决策权，而重大问题则进行表决。行政机关采取什么样的领导体制行政组织法必须予以规定，否则，行政机关就没有决定问题的良好机制。

6. 行政组织法规定行政机关的职权

行政机关的设立都有其特定的目的，正如我们前面所讲行政目标决定了行政机关的存在，而行政机关的存在也必须以完成行政目标为宗旨。为了让行政机关完成行政目标其必须具有应有的权利能力和行为能力，法律对行政机关权利能力和行为能力的规定大多以行政职权的方式表现出来，行政组织法规定行政职权就成为最为关键的内容。行政组织法对职权的规定涉及下列内容：一是行政职权的性质，即究竟属于何种性质的职权，是一般的管理权限还是特别权限等；二是行政职权的范围，即某一行政职权涉及的具体范围，如税务局在税收征收中究竟有多大的权力范围；三是行政职权所涉及的事项种类，行政职权都与哪些行政事项有关，行政主体有权处理的事项有时构成了具体的职权范围；四是行政职权行使的条件。行政职权行使是在复杂的行政过程中进行的，为了适应行政过程同时不侵害其他社会主体的权益，行政职权的行使都有相关的条件，如时间、地点、手段等，行政组织法对行政职权行使的条件也要作出规定。

7. 行政组织法规定行政过程的行政授权

行政授权是指其他非行政机关行使行政权的情形。行政授权是在行政管理活动过程中发生的，它与行政行为的关系似乎更为密切一些。但是，行政授权关系到行政主体资格问题，关系到行政机关的职权转移问题，这样的问题当然应当是行政组织法解决的问题。

8. 行政组织法规定行政委托问题

行政委托是指行政主体为了行使行政权方便起见，将一些属于自己的职权委托给其他组织或行政机关以外的机关行使的情形。由于行政委托同样关系到职权的转移问题，因此，有关委托的规则亦应为行政组织法的规范内容。

第二节　国务院组织法

一、国务院组织法的概念

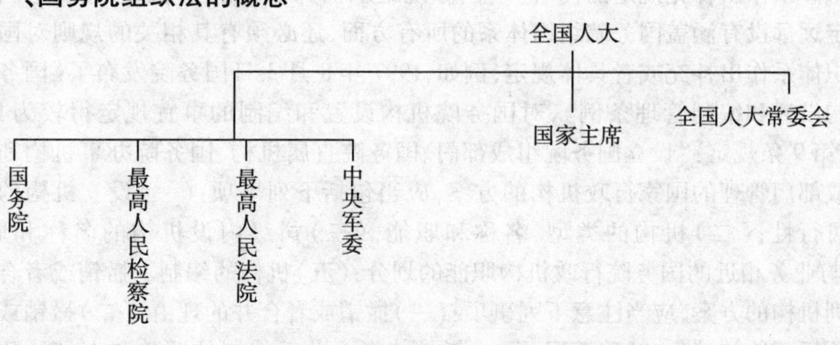

所谓国务院组织法，是指对国务院及其组织体系作出规范的行政组织法。国务院组织法是我国的中央行政机关组织法。我们知道，在联邦制国家一般不将最高行政机关称为中央行政机关,而是称之为联邦行政机关。在单一制国家最高行政机关就是中央行政机关,对中央行政机关作出规定的行政组织法就是中央行政组织法。我国宪法也没有采用中央行政机关或者中央行政组织法这样的概念,而是将中央行政机关叫做国务院,规范国务院的行政组织法就是中央行政组织法。

1. 国务院组织法以中华人民共和国中央政府为规制对象,包括中央政府本身以及它的组成体系。

2. 国务院组织法是由最高立法机关或最高行政机关制定的。我国国务院组织法包括三个部分:第一部分是宪法关于国务院组织体系的规定,例如,《中华人民共和国宪法》第85条规定:“中华人民共和国国务院,即中央人民政府,是最高国家权力机关的执行机关,是最高国家行政机关。”第86条规定:“国务院由下列人员组成:总理,副总理若干人,国务委员若干人,各部部长,各委员会主任,审计长,秘书长。国务院实行总理负责制。各部、各委员会实行部长、主任负责制。国务院的组织由法律规定。”第91条规定:“国务院设立审计机关,对国务院各部门和地方各级政府的财政收支,对国家的财政金融机构和企业事业组织的财务收支,进行审计监督。审计机关在国务院总理领导下,依照法律规定独立行使审计监督权,不受其他行政机关、社会团体和个人的干涉。”宪法的这些条款都是国务院组织法的内容,这些条文并不仅仅是国务院组织法制定的依据,它本身就是非常具体的国务院组织法内容。第二部分是国务院组织法典,即《中华人民共和国国务院组织法》,该法虽然只有11个条文,却将国务院最为基本的组织事项规定了下来,如第4条规定:“国务院会议分为国务院全体会议和国务院常务会议。国务院全体会议由国务院全体成员组成。国务院常务会议由总理、副总理、国务委员、秘书长组成。总理召集和主持国务院全体会议和国务院常务会议。国务院工作中的重大问题,必须经国务院常务会议或者国务院全体会议讨论决定。”此条是关于国务院决定问题程序的规定,内容是非常具体的。这一层面的国务院组织法是中央行政机关组织法的核心内容。第三部分是对国务院其他组织事项作出补充规定的内容。《国务院组织法》以及宪法关于国务院组织体系的规定远远没有涵盖国务院组织体系的所有方面,还必须有其相关的规则对国务院的组织体系作出补充或者具体规定,例如,1997年8月3日国务院发布了《国务院行政机构设置和编制管理条例》,对国务院机构设置和编制的事宜规定得较为具体。例如,第9条规定:“设立国务院组成部门、国务院直属机构、国务院办事机构和国务院组成部门管理的国家行政机构的方案,应当包括下列事项:(一)设立机构的必要性和可行性;(二)机构的类型、名称和职能;(三)司级内设机构的名称和职能;(四)与业务相近的国务院行政机构职能的划分;(五)机构的编制。撤销或者合并前款所列机构的方案,应当注意下列事项:(一)撤销或者合并的理由;(二)撤销或者合并机构后职能的消失、转移情况;(三)撤销或者合并后编制的调整和人员的分流。”又如,1998年3月10日全国人大通过的《关于国务院机构改革方案的决定》等。这一层面的规则地位低于前二者,而涉及的内容却非常具体全面。

3. 国务院组织法是我国行政组织法的龙头法。在我国行政组织法的体系中国务院组织法处于龙头地位,这是因为地方政府组织法必须根据国务院组织法未能规定的实体内容而设计,如国务院组织法对行政职能进行了合理划分,这一划分适用了中央行政机关的分工,而中央行政机关的分工又是地方行政机关分工的依据。从这个意义上讲,国务院组织法从实体方面统治了地方政府组织法。行政权范围的划分也必须在中央行政组织法中予以解决,若中央行政机关的行政权范围不清楚,那么地方行政机关的职权范围更不容易清楚。因此,《中华人民共和国宪法》第 89 条对国务院行使的权力作了列举规定。

二、国务院组织法对国务院性质和法律地位的规定

国务院是最高国家行政机关,属于中央人民政府,是最高国家权力机关的执行机关。这是《中华人民共和国宪法》第 85 条对国务院性质和法律地位的规定,宪法的这一条文是国务院组织法的最高形式,依这一规定国务院的性质和法律地位有下列含义。

1. 国务院是最高国家行政机关

国家行政系统是一个组织体系,该组织体系符合行政系统理论的一般原理,存在系统层级的划分和一定的运作模式。如果将国家行政体系设想为一个金字塔结构的话,国务院处在金字塔顶端;若将行政体系设想为一个圆形结构的话,国务院处在圆的中心。国务院的最高地位通过它行使的权力可以得到说明。一方面,国务院可以就全国事务作出决策,只要是中华人民共和国范围内的事务,国务院都有权作出决定,而其他行政机关则没有这样的权力,它们只能就区域范围内的行政事项作出决定。另一方面,国务院可以就国家事务作出决策。所谓国家事务,是指属于中华人民共和国国家性事务,而不是地方性事务,这一点可以通过国务院代表国家实施外交行为得到说明。《中华人民共和国国务院组织法》第 6 条规定:“国务委员受总理委托,负责某些方面的工作或者专项任务,并且可以代表国务院进行外事活动。”地方政府中的任何职位都没有从事外事活动的权力。总之,国务院作为最高国家行政机关可以对重大事务进行管理,且可以采取其他国家行政机关不可以采取的手段。

2. 国务院是中央人民政府

“政府”一词在不同的场合有不同的含义,在国际法中政府可以指称一个国家,在民事活动中政府可以指称司法机关。而在行政法中政府是行政机关的专称,我们通常所说的各级人民政府实则指各级国家行政机关。行政机关有不同的类型,我们所说的中央行政机关与地方行政机关就是两种不同的类型,[12]这种分类既基于活动地域而划分,又基于权力性质而划分。国务院在行政机关的组织体系中是中央人民政府,其他政府系统的活动都必须以国务院的行为为转移。

3. 国务院是最高国家权力机关的执行机关

《中华人民共和国宪法》第 57 条规定:“中华人民共和国全国人民代表大会是最高国家权力机关。它的常设机关是全国人民代表大会常务委员会。”表明我国最高

国家权力机关是全国人民代表大会及其常务委员会。国务院是全国人民代表大会及其常务委员会的执行机关。一则,国务院必须执行全国人民代表大会及其常务委员会的法律和其他决议。二则,国务院对全国人民代表大会及其常务委员会负责。“行政机关、审判机关、检察机关都由人民代表大会产生,对它负责,受它监督。”所谓向全国人民代表大会及其常务委员会负责,就是指它要向全国人民代表大会及其常务委员会承担法律责任,依它的意志履行行政行为。三则,国务院接受全国人民代表大会及其常务委员会的监督。全国人大及其常务委员会对国务院的组织情况和执行法律的情况有权进行监督,有权要求国务院依全国人民代表大会及其常务委员会的意志从事行政管理活动并修正国务院不当的行政行为,如可以撤销国务院不适当的决定和命令。四则,国务院的组成人员有义务接受全国人民代表大会的罢免,国务院总理、副总理、国务委员、各部部长、各委员会主任、审计长、秘书长等组成人员有义务接受全国人民代表大会的罢免。

4. 国务院的组成人员要由国家主席任免

国务院的重要组成人员由全国人民代表大会决定,我国宪法及组织法将国务院组成人员的决定权和任免权作了有效区分。国务院的组成人员其决定权由全国人民代表大会行使,而任免权则由中华人民共和国主席行使。《中华人民共和国宪法》第80条规定:“中华人民共和国主席根据全国人民代表大会的决定和全国人民代表大会常务委员会的决定,公布法律,任免国务院总理、副总理、国务委员、各部部长、各委员会主任、审计长、秘书长,授予国家勋章和荣誉称号,发布特赦令,发布戒严令,宣布战争状态,发布动员令。”

三、国务院组织法对国务院构成的规定

国务院有下列机构:

1. 总理

国务院设总理1人,总理领导国务院的工作,国务院实行总理负责制。总理任期5年,连任不得超过两届。

2. 副总理

国务院设副总理若干人,副总理协助总理工作,一般主管国务院某些范围的事项,而不是全部事项。副总理有权参加国务院的常务会议和全体会议。副总理每届任期5年,连任不得超过两届。

3. 国务委员

国务院设国务委员若干人,协助总理工作,国务委员受总理委托负责某些方面的工作或者专项任务,可以代表国务院进行外事活动。国务委员每届任期5年,连任不得超过两届。国务委员有权参加国务院常务会议和全体会议。

4. 国务院办公厅

国务院办公厅是一个由多个分支机构组成的机构实体。负责处理国务院的日常事务，国务院办公厅的负责人员是秘书长，秘书长1人，任期5年，连任不得超过两届。副秘书长若干人，协助秘书长工作。

5. 国务院职能机构

国务院职能机构是指管理某一方面国家事务的机构，它所管理的行政事项具有综合性。国务院职能机构分成两类：一类是部，各部设部长1人，副部长2至4人。各部实行部长负责制，部长负责召集部务会议，副部长协助部长工作。各部工作中的重大方针政策向国务院请示、报告，执行国务院的决定。部有权在本部主管的事项范围内发布命令、指示，有权制定行政规章。另一类是委员会。委员会设主任1人，副主任2至4人，另有委员5至10人。委员会实行主任负责制，主任召集委员会会议，副主任协助主任工作。各委员会工作中的重大方针政策向国务院请示报告，执行国务院的决定。委员会有权在本委员会主管的事项范围内发布行政指示，有权制定行政规章。国务院职能部门以管理职能为标准分为四类：第一类是宏观调控部门，其从市场经济管理的需要出发，对社会经济进行宏观调控，笔者所指的宏观调控是就其行政职能而言的，而不是说这些部门仅仅有宏观调控的管理手段。第二类是专业经济管理部门，此类部门负责专业经济事务的管理。第三类是综合事务管理部门，这类部门管理经济和政务以外的国家事务，如文化事务、科技事务、教育事务、社会保障。第四类是国家政务部门，负责管理有关的国家政务活动。国务院职能机构之间的相互关系也应当受到行政组织法的调整，1955年2月10日国务院常务会议通过了《国务院和国务院所属部门行文关系的暂行规定》，这是一个很好的调整部门关系的行政法规范。[13]

2013年3月十二届全国人民代表大会一次会议关于国务院职能机构设置表

国务院

- 宏观调控部门
  - 中华人民共和国国家发展和改革委员会
  - 中华人民共和国财政部
  - 中国人民银行
- 专业经济管理部门
  - 中华人民共和国环境保护部
  - 中华人民共和国交通运输部
  - 中华人民共和国国土资源部
  - 中华人民共和国农业部
  - 中华人民共和国水利部
  - 中华人民共和国工业和信息化部
  - 中华人民共和国商务部
- 教育科学文化、社会保障管理部门
  - 中华人民共和国科学技术部
  - 中华人民共和国教育部
  - 中华人民共和国人力资源和社会保障部
  - 中华人民共和国住房和城乡建设部
- 国家政务部门
  - 中华人民共和国外交部
  - 中华人民共和国国防部
  - 中华人民共和国文化部
  - 中华人民共和国国家卫生和计划生育委员会
  - 中华人民共和国国家民族事务委员会
  - 中华人民共和国司法部
  - 中华人民共和国公安部
  - 中华人民共和国国家安全部
  - 中华人民共和国民政部
  - 中华人民共和国监察部
  - 中华人民共和国审计署

6. 国务院直属特设机构

国务院直属特设机构是国务院为了某种特别需要而设立的管理某种专门业务的机构。我国设立直属特设机构1个，为国务院国有资产监督管理委员会。

7. 国务院直属机构

国务院直属机构是指负责主管各项专门业务的机构，此类机构国务院有权自行设立。

2013年3月十二届全国人民代表大会一次会议关于国务院直属机构设置表

国务院直属机构

- 国务院机关事务管理局
- 国务院参事室
- 国家宗教事务局
- 国家旅游局
- 国家知识产权局
- 国家安全生产监督管理局
- 国家预防腐败局
- 国家林业局
- 国家统计局
- 国家体育总局
- 国家新闻出版总署
- 国家广播电影电视总局
- 国家质量监督检验检疫总局
- 国家工商行政管理总局
- 国家税务总局
- 中华人民共和国海关总署

8. 国务院办事机构

国务院办事机构是指协助总理办理专门事项的行政机构，此类机构的设立由国务院根据工作需要自行决定。

国务院办事机构

- 国务院研究室
- 国务院法制办公室
- 国务院港澳事务办公室
- 国务院侨务办公室

9. 国务院直属事业单位

国务院直属事业单位

- 国家自然科学基金委员会
- 全国社会保障基金理事会
- 国家电力监管委员会
- 中国保险监督管理委员会
- 中国证券监督管理委员会
- 中国银行业监督管理委员会
- 中国气象局
- 中国地震局
- 国家行政学院
- 国务院发展研究中心
- 中国工程院
- 中国社会科学院
- 中国科学院
- 新华通讯社

10. 国务院部委管理的国家局

部委管理的国家局是国务院根据组织法的规定，根据行政事务的需要设立的，专门负责有关法律的实施和监督的部门，该类机构归于职能部门管理。

2013 年 3 月十二届全国人民代表大会一次会议关于国务院各部委管理的国家局设置表

国务院各部委管理的国家局

- 国家煤矿安全监察局
- 国家外汇管理局
- 国家中医药管理局
- 国家食品药品监督管理局
- 国家文物局
- 国家邮政局
- 国家测绘局
- 中国民用航空局
- 国家海洋局
- 国家公务员局
- 国家外国专家局
- 国家烟草专卖局
- 国家国防科技工业局
- 国家能源局
- 国家粮食局
- 国家信访局

11. 国务院议事协调机构和临时机构

国务院议事协调机构承担跨国务院行政机构的重要业务工作的组织协调任务。国务院议事协调机构议定的事项，经国务院同意，由有关的行政机构按照各自的职责负责办理。在特殊或者紧急的情况下，经国务院同意，国务院议事机构可以规定临时性的行政管理措施。

四、国务院组织法对国务院职权的规定

国务院的职权包括两个系统：一是国务院各构成部门的职权，如各职能机构、直属机构、办事机构等的职权，此类职权在国务院的一些分支性组织规则中作了规定，如《海关总署试行组织条例》第 5 条规定："中央人民政府海关总署之职权如下：一、组织与管理中华人民共和国的一切海关机构及其业务；二、制定执行政府法令海关任务的计划方案，单独或协同有关政府机关颁发关于海关业务的指令、训令、规章；三、研究海关政策问题，参与制定有关海关税则问题的国际条约和协定草案；四、拟定海关业务法规草案，参与制定海关税则并决定实施方案；五、督促全国海关执行国家政策法令，关务训令及规章，规定各地海关按期向总署报告工作和情况，检查审核各关工作；六、审核各海关对于走私及违反关章事件的处理情形，以及关于上述问题对海关所提出的申诉；七、编造总署及各海关之人员编制，财政预算，并指导各关之会计出纳事宜；八、遴选配备奖惩调遣全国海关工作人员，培养训练干部提高其政治业务水平；九、编制中华人民共和国对外贸易海关统计，指导全国海关统计工作；十、依法管理保护一切关产。"[14] 本书由于篇幅所限对国务院各组织机构的职权不予讲授。二是国务院作为一个整体的职权，即由国务院自身行使的职权，《中华人民共和国宪法》第 89 条对国务院行使的职权作了规定，《中华人民共和国国务院组织法》以及其

他部门行政法的组织规则中对国务院的职权也作了一些规定。综合上述国务院组织法中关于国务院职权的规定，笔者认为国务院的职权可以概括为下列几个方面。

1. 规定行政措施权。我国宪法和其他行政法文件没有对行政措施作出解释，有学者认为行政措施是行政主体就具体事件所作的意思表示，[15]并能够发生法律效果的行政行为。笔者认为行政措施是行政主体实施行政管理时采用的一种手段，而这种行政手段是一般的行政行为所不能包含的。同时，行政措施的强制力要强于一般的行政行为。国务院以外的其他行政机关有权在法律规定的范围内实施行政措施，但不能规定行政措施，只有国务院有规定行政措施的权力。所谓规定行政措施，就是指可以作出新的行政措施的设定和决定，对某类或某个事件采取法律原来没有规定的措施。

2. 制定行政法规权。这是国务院的一项行政立法权，是指国务院可对有关的行政事项依法定程序制定普遍性的行为规则，该行为规则具有仅次于宪法和法律的效力。2003 年国务院就制定了《退耕还林条例》、《突发公共卫生事件应急条例》、《工伤保障条例》等 20 个行政法规。行政法规的最大特点就是体系性和普遍性，一方面它是成体系的，另一方面它所涉及的行政管理事态具有普遍性。

3. 发布决定和命令权。决定和命令在我国行政法中同样没有确切的内涵。依笔者理解，决定和命令应当是两个不同的东西，决定是国务院就某一事件或某类事件作出的行政决策或行政处理，而这一处理既没有设定相应的行政措施，也不是一个具有普遍约束力的相对抽象的东西，即非普遍性和非措施的设定性是决定的两个基本特点。例如，1957 年国务院发布了《国务院关于劳动教养问题的决定》写道："根据中华人民共和国宪法第 100 条的规定，为了把游手好闲、违反法纪、不务正业的有劳动能力的人，改造成为自食其力的新人，为了进一步维护公共秩序，有利于社会主义建设，对于劳动教养问题，作如下决定：……"此处既是对某一事的决定，又不像行政法规的规定那样具有普遍的约束力。命令是国务院采取某一行政行动时对社会发出的一个信号，它似乎是其他行为的辅助行为，似乎更像是程序性的行为，如国务院在发布行政法规、行政措施时都采取"命令"方式，2003 年 1 月 2 日国务院以第 369 号令的方式发布了《排污费征收使用管理条例》。无论决定还是命令国务院都有权发布。

4. 提案权。该职权是国务院相对于全国人民代表大会及其常务委员会所享有的一项权力，也是它行使的一项重要的国家权力。提案是指国务院就有关行政管理方面的事项向全国人民代表大会及其常务委员会提出，供全国人民代表大会及其常务委员会立法或决策时采用。提案与提案能否被采纳是两个不同的概念，提案本身就是国务院的一项权力，某方面的行政管理关系需要用法律进行调整，国务院就可以提起立法案，对于每年的财政预算需要如何分配的问题国务院就可以提起财政预算案。

5. 行政领导权。行政领导权在《中华人民共和国宪法》第 89 条中有多处规定。我们可以将国务院的领导权概括为：一是领导全国性的行政工作，这些行政工作指行政系统内部的管理工作。一些管理工作属于某一机构，另一些行政工作不属于某一机构,无论什么样的行政工作国务院都有权领导。二是领导行政机构体系,即不论中央行政机关的构成部分,如部委、直属机构,还是地方行政机关,如省、县、乡等都有义务接受国务院的领导。相关的国务院组织法对行政领导的概念没有作出解释,至少可以说国务院的下位行政机关就有关行政事项有向国务院汇报的义务。三是领导有关行政事务的管理,如国务院对教育、科学、文化、卫生、体育、民政、公安、司法、国防、经济等行政事务有指挥命令和行政决定的权力。国务院领导过程中的手段问题以及领导过程中的层级关系是一个需要探讨或者以行政法文件予以规定的问题。

6. 行政管理权。行政管理权是指行政主体对行政事项作出处理等权力的总称。《中华人民共和国宪法》第 89 条关于国务院的行政管理权规定了诸多方面,如"管理经济工作和城乡建设"、"管理教育、科学、文化、卫生、体育和计划生育工作"、"管理民政、公安、司法行政和监察等工作"、"管理对外事务"、"管理国防建设事业"、"管理民族事务"等。我国相关法律关于国务院管理上述事务的方式没有系统的规定,国务院对上述事务的管理与职能部门以及地方政府对上述事务的管理如何区分是需要探讨的问题。

7. 预算编制权。预算编制权包括预算的编制权和预算的执行权两个方面。预算主要是指国家每年的财政支出,即国家在经济建设和其他方面的工作需要的财政经费以及财政经费的分配。国务院有权对国家预算依上年的经济收入予以编制,同时有权将全国人民代表大会通过的预算予以执行。[16]

8. 行政预测权。国民经济和社会发展是国家权力关注的焦点问题。国家通过诸多权力对社会的未来发展都要作出相应的决策,而决策的前提是预测,即依据不同的预测方案所作的决策就有所不同。为了保证国务院作出正确的决策,宪法规定国务院必须对国民经济和社会发展状态作出预测,而且预测对国务院而言是一项权力。比较典型的是国民经济和社会发展 5 年计划的制定。当然,国务院在日常的行政管理活动中亦可就某一或某些事态的发展格局作出预测。

9. 缔结条约权。缔结条约权是国务院在对外关系中行使的一项权力,它包括缔结条约权和缔结行政协定权两个方面。《中华人民共和国缔结条约程序法》第 3 条规定:"中华人民共和国国务院,即中央人民政府,同外国缔结条约和协定。中华人民共和国全国人民代表大会常务委员会决定同外缔结的条约和重要协定的批准和废除。中华人民共和国主席根据全国人民代表大会常务委员会的决定,批准和废除同外国缔结的条约和重要协定。中华人民共和国外交部在国务院领导下管理同外国缔结条约和协定的具体事务。"依该条规定国务院有缔结条约的权力,但这一权力是一个相对有限的权力,因为缔结条约和行政协定的决定权由全国人民代表大会常务委员会行使。

10. 行政保障权。依《中华人民共和国宪法》第 89 条第 11 项的规定,国务院的行政保障权是一个特定权力,它有两个方面的含义:第一个方面是国务院有权保障少数民族的平等权利,通过行使这一职权使少数民族同汉族具有平等权利,少数民族之间具有平等权利。第二个方面是国务院有权保障民族自治地方的自治权利。民族区域自治制度是我国的一项重要法律制度,国务院有权保障民族自治地方实行区域自治。

11. 行政保护权。行政保护权与行政保障权一样,也有着特定的内涵,《中华人民共和国宪法》第89条第12项规定:"国务院保护华侨的正当的权利和利益,保护归侨和侨眷的合法的权利和利益。"依该规定国务院的行政保护权有两个范畴,第一个范畴是保护华侨的正当权利和利益。[17]第二个范畴是保护归侨和侨眷的合法权利和利益。当然中华人民共和国其他公民的权利和利益国务院亦有权保护,这在"公民基本权利和义务"一章中规定。

12. 行政机关设立权。国务院有权设立行政机关和行政机构。《中华人民共和国国务院组织法》第11条规定:"国务院可以根据工作需要和精简的原则,设立若干直属机构主管各项专门业务,设立若干办事机构协助总理办理专门事项。每个机构设负责人2至5人。"国务院除了能够设立行政机关和行政机构外,有权规定所设立的机关的职权。由全国人大设立的部委机构国务院亦有权确定其任务和职责。

13. 行政编制审定权。行政编制是指对行政机关和行政机构进行定量规制的行为。一个行政系统应当包括多少个行政机关、一个行政机关应当包括多少个行政机构、一个行政机关和行政机构应当有多少职位和名额配置都属于行政编制的范畴。行政编制是行政体制法中一个非常重要的构成,编制权力应当相对集中。而从《中华人民共和国宪法》第89条第17款的规定来看,编制的制定应当是国务院的下位机构,如人事管理部门。国务院所享有的是行政编制的审定权,即对下位行政机构所制定的编制进行审定。

14. 公务员管理权。行政系统的管理分成外部管理和内部管理两个方面。外部管理是行政系统对行政系统外的人和事进行管理。内部管理则是行政系统内部的人员管理和事务管理。行政系统内部的人员管理主要是公务员管理。《中华人民共和国宪法》第89条第17款规定,国务院"依照法律规定任免、培训、考核和奖惩行政人员"。此条款确定了国务院对公务员实施管理的权力。国务院对公务员的管理仅限定在任免、培训、奖惩等方面,其他管理事项则应由立法机关制定管理规则。

15. 行政区划批准权。行政区划是行政管理的基本问题,虽然我国行政法教科书尚未讲到行政区划问题,但无论如何行政区划都不应当从行政法中排除出去,因为行政区划本身就是宪法规定的行政权的范畴,《中华人民共和国宪法》第89条第15项规定:国务院"批准省、自治区、直辖市的区域划分,批准自治州、县、自治县、市的建置和区域划分。"也就是说,行政区划的批准权在国务院。当然,国务院所批准的行政区划包括省和县两级,而乡的行政区划由省级人民政府批准。

16. 行政监督权。行政监督权是指国务院有权对国务院各部门和地方各级人民政府的职权行使进行监督。监督权应当是一种独立职权,它不宜被包容在行政管理权的范围内,无论从理论上还是从法律上我们都能够找到相应的依据,国务院有权"改变或者撤销各部、各委员会发布的不适当的命令、指示和规章",有权"改变或者撤销地方各级国家行政机关的不适当的决定和命令”，这实际上都是国务院对各级行政机关行使的监督权。

17. 紧急状态决定权。紧急状态是指在一定区域内限制自由的状态，这种自由的限制是针对不特定的社会成员的。紧急状态一般分为全国性紧急状态和区域性紧急状态两种情况，我国宪法第 67 条第 20 项规定，全国人大常委会有权“决定全国或者个别省、自治区、直辖市进入紧急状态。”〔18〕区域性紧急状态是在特定范围内的紧急状态，国务院有权“决定省、自治区、直辖市的范围内部分地区进入紧急状态”。

18. 行政紧急处置权。《突发公共卫生事件应急条例》第 3 条规定：“突发事件发生后，国务院设立全国突发事件应急处理指挥部，由国务院有关部门和军队有关部门组成，国务院主管领导人担任总指挥，负责对全国突发事件应急处理的统一领导、统一指挥。”该条文所规定的仅仅是突发公共卫生事件中国务院的处置权。其实，国务院对所有突发事件都享有紧急处置的权力，如地震、洪涝等灾害国务院同样有权紧急处置。所谓紧急处置，就是指可以用非常态下的行政管理手段对事件进行处理，如可以在某一区域内实施限制人身自由的行政强制等。

19. 行政冲突裁决权。此处所讲的行政冲突是指行政系统内部出现的不同区域、不同部门、不同层级之间出现的有关管理权能的冲突，如行政区划方面的冲突、对行政事项管理中出现的权属争议等。行政系统冲突的最终解决在国务院。国务院在行使这一权力时似乎是以第三者的身份出现的，但国务院作为最高行政机关对行政系统内部出现的问题当然享有最后的决定权。

20. 行政规则解释权。行政规则在适用于行政管理事态时，常会出现规则与事态之间的不吻合等情形。若出现了这样的情形就需要对规则作出解释，《中华人民共和国立法法》关于规则的解释作了具体规定，而行政规则解释的最终权在国务院。行政规则是指由行政系统制定的调整行政事项的规则。立法机关制定的行政规则国务院不享有解释权。

国务院职权表

序号	1	2	3	4	5	6	7	8	9	10	11	12	13	14	15	16	17	18	19	20
名称	规定行政措施权	制定行政法规权	发布决定和命令权	提案权	行政领导权	行政管理权	预算编制权	行政预测权	缔结条约权	行政保障权	行政保护权	行政机关设立权	行政编制审定权	公务员管理权	行政区划批准权	行政监督权	紧急状态决定权	行政紧急处置权	行政冲突裁决权	行政规则解释权

续表

序号	1	2	3	4	5	6	7	8	9	10	11	12	13	14	15	16	17	18	19	20
内容	对行政管理中需要采取的行政措施作出设定	对不特定的事项不特定的人作出普遍规定	对特定事项或者不特定事项作出权威性处理，具有决策性质	向全国人大或全国人大常委会提出立法等议案	对全国行政事务、行政管理机制进行领导	对全国重大的行政事项进行直接管理	对国家财政收支进行编制和执行	对国民经济和社会发展的重大问题进行科学预测	与外国缔结条约和行政协定，发生于对外关系中	保障民族平等和民族自治地方自治，是一项特定权力	保护华侨归侨等的权利和利益，是一项特定权力	决定设立行政机关和行政机构的权力，是归属于行政系统内部的权力	对行政机关和行政机构的量化标准进行确定	对行政系统的构成分子进行管理，是一项内部权力	对自治州、县、自治县、市的建制和区域划分作出批准	对国务院各部门和地方各级人民政府的工作进行监督	决定一定区域进入紧急状态，是在非常时期行使的权力	对紧急性事项作出处理决定的权力	对不同区域、不同行政部门之间的冲突进行调和	对行政法规等行政管理规则适用中遇到的问题作出解释

第三节　地方行政组织法

一、地方行政组织法的概念

地方行政组织法是指规范地方行政机关及其职权行使的法律规范的总称。我国行政组织法体系将中央行政组织法和地方行政组织法分而立之。地方行政组织法与中央行政组织法一样也是由诸多规制地方行政组织的法律规范构成的法律群。地方行政组织法的规范大体上由下列部分构成：一是《中华人民共和国宪法》关于地方行政组织规定的规则，宪法第 105 条至第 110 条都是有关地方行政组织的规则，如第 105 条规定："地方各级人民政府是地方各级国家权力机关的执行机关，是地方各级国家行政机关。地方各级人民政府实行省长、市长、县长、区长、乡长、镇长负责制。"二是《中华人民共和国地方各级人民代表大会和地方各级人民政府组织法》中关于地方行政组织的规则。该法是一个关于地方国家机关的专门立法，但该法将地方人民代表大会的组织规则和地方人民政府的组织规则放在一个法典中，[19] 显然，规范地方各级人民代表大会的组织规则不是地方政府组织法的内容。三是其他法律规范中有关地方政府的组织规则。四是国家有关地方机构改革的规范性文件等。地方组织法有下列属性。

1. 地方政府组织法与中央政府组织法具有衔接性

地方政府组织法与中央政府组织法都是行政组织法的构成部分，它们共同构成了我国行政组织法的体系。中央政府组织法是对行政组织体系中高层组织的规定，而地方政府组织法是对行政组织体系中低层组织的规定，二者在法律逻辑中的关系是非常明确的，即地方政府组织法必须和中央政府组织法衔接。它们的衔接表现在两个方面：第一个方面是地方行政组织法在立法顺序中与中央行政组织法有所衔接。《中华人民共和国宪法》对国务院的组织体系作出规定以后，在后面的条文中便规定了地方行政组织。1949 年 9 月 27 日我国制定了第一部《中华人民共和国中央人民政府组织法》、1950 年 1 月 6 日制定了《省人民政府组织规则》，可见二者在立法的时间顺序上就具有衔接性。第二个方面是地方政府组织法在实体内容方面与中央政府组织法有所衔接，如在机构设置中，地方设立的行政机构与中央设立的行政机构有高度的对应性。[20]

2. 地方政府组织法具有相对的灵活性

中央行政组织法相对稳定，而地方行政组织法相比之下较为灵活，地方行政组织对社会管理事务的区域性、具体性等特点决定了地方政府组织要比中央政府组织有更强的社会适应性，更加能够适应地方事务管理的变化。《中华人民共和国地方各级人民代表大会和地方各级人民政府组织法》从 1979 年通过先后修订了 4 次就很能说明地方政府组织法的社会适应性。

3. 地方政府组织法的立法主体具有双重性

中央政府组织法的立法主体是中央机关，即或者全国人民代表大会及其常务委员会，或者国务院，地方立法机关无权制定中央政府组织法。地方政府组织法的立法主体是双重的，中央机关有权制定地方政府组织法，如《中华人民共和国宪法》中关于地方政府的规定、《中华人民共和国地方各级人民代表大会和地方各级人民政府组织法》关于地方政府的规定；地方机关在一定范围内也有权制定地方政府组织法，依宪法和地方政府组织法的规定，地方各级人大可以决定地方的建置，地方各级人民政府有权决定乡、民族乡、镇的建置和行政区划，既然有权作出这样的决定，有关的决定规则就是行政组织法的内容。

二、地方行政组织法对地方行政组织性质及法律地位的规定

地方行政组织在地方组织法中的称谓是地方人民政府，它的性质和地位可表述如下。

1. 地方行政组织是地方国家行政机关

所谓地方国家行政机关，是指国家设立在地方的行政机关，它是我国国家行政系统的构成，它们在地方政府行政组织法中叫地方人民政府，而所行使的权力是国家行政权，是国家行政组织体系的当然构成部分。

2. 地方行政机关是地方国家权力机关的执行机关

地方国家权力机关是指设立在地方的人民代表大会或者它们的常务委员会。地方行政机关必须执行地方国家权力机关的意志,如果把地方权力机关当作地方事务意志的表达者的话,地方国家行政机关就是地方事务意志的执行者,通过它们的执行行为实现被表达出来的地方事务的意志。应当说明的是,我国是单一制国家,完全独立的地方意志是不存在的,每一种地方意志都是从国家意志中演绎出来的,只有在一些具体事务中地方才有相对独立的意志。

3. 地方行政机关实行双重领导体制

所谓双重领导体制,是指地方行政机关既要对本地人民代表大会负责并报告工作,又要对上级人民政府负责并报告工作。例如,县人民政府要对本县人民代表大会及其常务委员会负责并报告工作,又要对领导它的省人民政府负责并报告工作。地方政府实行双重领导体制是我国地方政府的特色,决定这一体制的有两个方面的原因,即我国是单一制国家,上级行政机关必须能够保证它的行政决定在下级得到执行,而下级行政机关也能够有效执行上级行政机关的意志,行政命令的一体化保证了全国行政权的统一性;地方在诸多方面有着自己的活动特点,尤其我国各地经济、文化、社会等发展不平衡,统一的行政意志在地方的实现要充分考虑地方特色。因此,地方行政机关必须执行地方权力机关的意志。这便是我国地方行政机关实行双重领导体制的来由。地方行政机关向地方权力机关报告工作因地方行政层级的不同而有所区别。县级以上地方人民代表大会设有常务委员会,在全会召开期间地方政府要向全会报告工作,在全会闭会期间则要向常务委员会报告工作。乡、镇一级人民代表大会没有设立常务委员会,乡、镇政府只能向人民代表大会的全体会议报告工作。

4. 地方各级行政机关受国务院的统一领导

《中华人民共和国地方各级人民代表大会和地方各级人民政府组织法》第55条第2款规定:"全国地方各级人民政府都是国务院统一领导下的国家行政机关,都服从国务院。"这一条的规定表明我国行政权是一种一体化的权力,尽管我国行政机构体系实行层级结构,下级对上级负责。但是,国务院的意志是行政系统中唯一或者最高的意志,要求地方较低层次的行政机关在执行相邻上级行政机关的行政决定时还要考虑国务院的意志,若相邻上级的意志与国务院的意志不一致时,其必须选择服从国务院的意志,而不能选择服从相邻上级的意志。此条规定实质上说明我国县级行政机关和乡镇行政机关实行的是三重领导体制,即对本级人民代表大会负责、对上级人民政府负责、对国务院负责。[21]

5. 地方各级行政机关要接受地方各级人民代表大会及其常务委员会、上级人民政府的监督

本级人民代表大会有权撤销本级人民政府不适当的行政决定和行政命令,而上级人民政府也有同样权力。这一权力实质上是监督权,即对行政机关行政行为进行监控和校正的权力。

三、地方政府组织法对地方政府构成的规定

(一)省级人民政府

省、自治区、直辖市是我国的二级行政机关,它们同属于一个级别,其地位仅次于国务院。其基本构成包括:(1)省长、自治区主席、市长,均为1人,任期5年,由本级人民代表大会选举产生。(2)副省长、自治区副主席、副市长,均为若干人,任期5年,由本级人民代表大会选举产生。(3)省、自治区、直辖市人民政府办公厅,设秘书长1人,任期5年,秘书长由省、自治区、主席、市长提请本级人民代表大会任命。(4)省、自治区、直辖市人民政府职能部门,有的称之为厅,有的称之为委员会,有的称之为局。设厅长、委员会主任、局长1人,副厅长、委员会副主任、副局长若干人,任期5年。厅长、委员会主任、局长由省、自治区主席、市长提请本级人民代表大会任命。(5)归口于委厅管理的机构,它们属于副厅级单位。(6)每个委员会、厅、局内部设立若干处级单位。

附:某省机构表[22]

省长
副省长

办公厅
计划委员会
经济贸易委员会
经济体制改革委员会
教育委员会
科学技术委员会
民族宗教事务委员会
公安厅
国家安全厅
监察厅
民政厅
司法厅
财政厅
人事厅
劳动厅
地质矿产厅
建设厅
机械工业厅
石油化学工业厅
交通厅
水利厅
农业厅
贸易厅
对外贸易经济合作厅
文化厅
广播电视厅
卫生厅
体育运动委员会
计划生育委员会
审计厅
统计局
地方税务局
工商行政管理局
环境保护局
土地管理局
新闻出版局
水产局
技术监督局
粮食局
乡镇企业局
外事办公室
国防科学技术工业办公室
人民防空办公室
机构编制委员会办公室

附:某直辖市政府机构表

市长
副市长

- 办公厅
- 计划委员会
- 经济委员会
- 经济体制改革委员会
- 教育委员会
- 科学技术委员会
- 民族事务委员会
- 公安局
- 国家安全局
- 监察委员会
- 民政局
- 司法局
- 财政局
- 国有资产管理委员会办公室
- 人事局
- 劳动局
- 建设委员会
- 市政工程管理局
- 城市规则管理局
- 公用事业管理局
- 交通办公室
- 水利局
- 农业委员会
- 商业委员会
- 粮食局
- 对外经济贸易委员会（外国投资工作委员会）
- 文化局
- 广播电影电视局
- 卫生局
- 体育运动委员会
- 计划生育委员会
- 社会保险事业管理局
- 审计局
- 统计局
- 地方税务局
- 物价局
- 工商行政管理局
- 技术监督局
- 环境保护局
- 环境卫生管理局
- 房屋土地管理局
- 新闻出版局（版权局）
- 旅游事业管理局
- 宗教事务局
- 参事室
- 机关事务管理局
- 法制办公室
- 外事办公室
- 侨务办公室
- 协作办公室
- 研究室
- 人民防空办公室

(二)自治州、设区的市的人民政府

这是我国行政机构的一种特殊形态,有些地方设有这样的机构,有些地方没有设置。设置此层机构的地方实行的就是四级地方体制,即省、市、县、乡;而没有设立此层机构的地方实的则是三级地方体制,即省、县、乡。其基本构成包括:(1)州长、市长。设州长、市长1人,任期5年,由本级人民代表大会选举产生。(2)副州长、副市长。各为若干人,任期5年,由本级人民代表大会选举产生。(3)办公厅,设秘书长1人。(4)本级人民政府职能部门。(5)本级人民政府职能部门管理的局级部门。

附:某设区市机构设置表

市长

副市长

- 办公室
- 计划委员会
- 经济委员会
- 经济体制改革委员会
- 建设委员会
- 教育委员会
- 科学技术委员会
- 对外经济贸易合作委员会
- 公安局
- 国家安全局
- 司法局
- 民政局
- 财政局
- 人事局
- 劳动局
- 文化局
- 审计局
- 卫生局
- 计划生育局
- 农业局
- 林业局
- 水利水电局
- 交通局
- 监察局
- 农村工作办公室
- 财贸工作办公室
- 外事侨务办公室
- 国土管理局
- 环境保护局
- 统计局
- 工商行政管理局
- 乡镇企业局
- 物价局
- 地方税务局
- 粮食局
- 化学工业局
- 冶金机构工业局
- 人民防空 办公室
- 蔬菜办公室
- 体育运动委员会
- 公用事业管理局
- 招商局

(三)县级人民政府

县、自治县、不设区的市,市辖区人民政府原则上是我国的三级行政机构,它们属于一个级别,其地位低于省级人民政府和市级人民政府。其基本构成包括:①县长、市长、区长1人,任期5年,由本级人民代表大会选举产生;②副县长、副市长、副区长若干人,任期5年,由本级人民代表大会选举产生;③县人民政府的职能部门,一般称为局、办、委。

附:某县机构设置情况表

县长

副县长

- 办公室
- 农业局
- 计划与经济局
- 教育科技局
- 统计局
- 工商行政管理局
- 民政局
- 审计局
- 国土资源管理局
- 财政局
- 建设局
- 交通局
- 计划生育局
- 卫生局
- 文体广播电视局
- 民族与宗教事务局
- 公安局
- 司法局
- 税务局

（四）乡级人民政府

乡级人民政府是我国最低层次的行政机关，包括乡、民族乡、镇人民政府，它的组成如下：(1)乡、民族乡设乡长、镇长1人，由同级人民代表大会选举产生，任期5年；(2)副乡长、副民族乡乡长若干人，由同级人民代表大会选举产生，任期5年；(3)乡人民政府工作部门。

四、地方政府组织法对地方政府职权的规定[23]

我国地方政府组织法关于地方政府职权的规定分成两个层次，而不是针对每个层次的行政机关规定的，这两个层次是县级以上地方各级人民政府的职权为一个层次，乡镇人民政府的职权为一个层次。为了尊重法律条文的规定，笔者将分成两个部分介绍地方政府的职权。

（一）县级以上地方各级人民政府行使的职权

1. 行政执行权

县级以上地方各级人民政府的执行权是在区域范围内行使的职权，这是其与国务院执行权的根本区别。县级以上人民政府既要执行国务院的行政决定，又要执行本级人民代表机关的意志，执行此方面有关行政管理的决策是其最为基本的职权。执行权具有两重意义，即它是职权和义务的统一，相对于上级行政机关和县级人民代表大会而言，执行是县级以上人民政府的义务，相对于行政管理过程而言，执行则是执行主体的权力。县级以上地方人民政府的执行权从行政内容上讲，包括下列几个方面：(1)本级人民代表大会和国务院制定的有关行政管理的立法，即地方性法规和行政法规；(2)本级人民代表大会的其他决议，就是地方性法规以外的其他有关地方行政管理事项的决议；(3)国务院的行政决定和命令以及国务院发布的行政措施；(4)国民经济和社会发展计划，包括全国性的发展计划和本地方由人民代表大会制定的社会发展计划；(5)执行中央和本地方的财政预算；(6)执行国家其他有关行政管理的法律和法规。

2. 行政规则形成权

《中华人民共和国地方各级人民代表大会和地方各级人民政府组织法》第59条第1项有这样的规定，县级以上地方各级人民政府有权“规定行政措施，发布决定和命令”。这实质上赋予了县级以上地方人民政府行政管理规则的形成权，即它们可以根据本地行政管理的实际情况形成有关的行政管理规则。省级和较大的市的人民政府有权以行政规章的形式形成行政管理规则，也可以行政管理规范性文件的形式形成行政管理规则，而县级人民政府（包括县级市）则只能以行政规范性文件的形式形成行政管理规则。地方人民政府所能够形成的行政管理规则仅仅限于地方行政管理事务，仅仅限于实施上位行政规则的事务，它不能通过规则创设新的权利义务关系。

3. 行政领导权

县级以上地方各级人民政府所拥有的行政领导权与国务院所拥有的行政领导权

是有区别的:一方面,国务院的行政领导权是在全国范围内行使的,而县级以上地方人民政府的行政领导权是在区域范围内行使的,只能在本级区域内发生效力。另一方面,国务院除了有内部行政领导权外,还有外部行政领导权。内部行政领导权是指对内部行政机关的领导,而外部行政领导权是对行政管理事务的领导,即国务院有权领导全国的行政事务。县级以上地方人民政府仅仅是内部行政领导权,它有权领导本级人民政府工作部门,有权领导下级人民政府。地方政府组织法没有将有关行政事务的领导权赋予地方政府,其目的在于保证行政领导权和行政管理事务在全国范围内的统一性,因为领导权是一个比管理权更为重要的权力。

4. 行政管理权

《中华人民共和国地方各级人民代表大会和地方各级人民政府组织法》第 59 条第 5 项规定,县级以上地方人民政府"管理本行政区域内的经济、教育、科学、文化、卫生、体育事业、环境和资源保护、城乡建设事业和财政、民政、公安、民族事务、司法行政、监察、计划生育等行政工作。"显然,地方政府对地方行政事务有管理权,它可以根据地方行政事务的特点作出行政决定、制定相关的行为规范,但地方政府对这些事务没有领导权。也就是说,上述事务的重大决策只能由国务院来作出,这些事务即便是区域性的,地方政府也不能进行行政领导。[24] 我们知道,由于国务院设有诸多职能部门,而且职能部门的设立都与上述事务有关,每一个职能部门管理经济、文化、环境等方面的行政事务。地方政府也有与国务院职能部门对应的部门管理一类事务,无论国务院职能部门对地方人民政府职能部门行使什么权力,都不影响本级人民政府对同类事务的管理。

5. 公务员管理权

国务院享有对全国公务员的管理权,而县级以上地方人民政府可以在本行政区域范围内行使公务员管理权。地方政府的公务员管理权是非常具体和有限的。一则,它的管理权必须有上位法的依据,管理的内容必须有上位法的具体规则,因为地方政府组织法强调地方人民政府要依法行使这样的管理权。二则,它对公务员的管理仅限于一些特定范围,即任免、培训、考核和奖惩。公务员的职位分类、权利义务、职务关系的变化等重大的公务员管理事项地方政府无权管理。

6. 行政保护权

地方政府的行政保护权比国务院的行政保护权要具体一些,主要表现在:其一,保护公有财产。即"保护社会主义的公民所有的财产和劳动群众集体所有的财产",通过地方政府的有关行政行为防止这些财产遭受非法侵害。公有财产中一部分是国家所有的财产,另一部分是集体所有的财产,上列两个部分地方政府都有权依法保护。其二,保护私有财产。"公民私有财产不可侵犯"在 2004 年的宪法修正案中已经作了规定,地方政府在保护私有财产方面具有不可取代的地位。其三,保护各种经济组织的合法权益。经济组织是指具有经济功能的社会组织,市场经济条件下经济组织的形态越来越多,在经济生活中的地位也越来越重要,地方政府在保护各种经济组织中所扮演的角色是非常重要的，其至少有义务不干预经济组织的合法经营行为。这些社会关系是社会秩序的基本组成部分，维护社会秩序是地方政府的重要职责，只有行使广泛的权力才能有效维护社会秩序。

7. 行政保障权

保障与保护在法律上的区别是一个需要探讨的问题，国务院组织法和地方政府组织法将行政机关的保护权和保障权都是分而规定的。依笔者理解，保障权和保护权最为本质的区分是两种权力所要达到的后果有所不同。保护权所行使的后果没有客观的检测标准，而保障权的后果有客观的检测标准。进一步讲，在保护权行使的情况下强调行政主体的行为过程，而在保障权行使的情况下重点强调行政主体的行为后果。地方政府的保障权有如下要求：一是保障公民的人身权利、民主权利和其他权利、县级以上地方人民政府在本行政区域有权保障公民各项权利的实现。二是保障少数民族的权利，要求行政主体有效保障少数民族依法享有的权利并尊重少数民族的风俗习惯，帮助本行政区域内各少数民族实行区域自治，帮助各少数民族发展政治、经济和文化的建设事业。三是保障妇女的合法权益。《中华人民共和国地方各级人民代表大会和地方各级人民政府组织法》第59条第9项规定：县级以上地方人民政府“保障宪法和法律赋予妇女的男女平等、同工同酬和婚姻自由等各项权利”。与保障妇女权益相适应，地方政府也有权力保障儿童的合法权益，这在《未成年人权益保障法》中有规定。

8. 行政监督权

县级以上地方各级人民政府对所属各部门和下级人民政府行使监督的权力。在日常行政领导中，上级人民政府有权督促下级人民政府作行政管理工作，有权过问下级人民政府所作出的行政决定。对于本级人民政府所属工作部门和下级人民政府所作的不适当的行政决定有权改变或者撤销。

9. 行政冲突裁决权

县级以上各级地方人民政府都有其所管理的工作部门，都有其所管理的下级人民政府，当不同部门之间就行政管理事项的管理发生冲突时，本级人民政府有权作出裁决。下级人民政府之间的冲突上级人民政府也有权裁决。

10. 行政预测权

县级以上地方人民政府对本行政区域内社会发展和经济建设的有关事务有权进行预测。《中华人民共和国地方各级人民代表大会和地方各级人民政府组织法》第8条第2项规定：县级以上地方各级人民代表大会“审查和批准本行政区域内的国民经济和社会发展计划，预算以及它们执行情况的报告”。显然，此条从另一侧面确认了地方各级人民政府的行政预测权。地方各级人民政府有权对本地方经济和社会发展的问题作出研究和结论性报告，并及时向县级人民代表大会报告。地方政府的这一权力在一定意义上讲是国务院行使同一权力的基础。

县级以上地方人民政府职权表

序号	1	2	3	4	5	6	7	8	9	10
名称	行政执行权	行政规则形成权	行政领导权	行政管理权	公务员管理权	行政保护权	行政保障权	行政监督权	行政冲突裁决权	行政预测权
内容	执行上级人民政府与本级人民代表机关的意志	制定地方政府规章或规范性文件并以此形成相关行政规则	对区域性行政事务和行政机构进行领导	管理所辖范围内的行政事务和行政机构	管理所属行政机关的公职人员	保护公有财产、保护私有财产、保护各种经济组织的合法权益	保护所辖范围公民的人身权、民主权利、保障少数民族的权利、保障妇女的权利	监督下级人民政府行政执法和行政管理的情况	裁决所属不同行政机关之间的矛盾和冲突	对国民经济和社会发展的有关事项作出预测

（二）乡镇人民政府行使的职权

1. 行政执行权

乡镇人民政府有权执行本级人民代表大会的决议，乡镇人民代表大会就有关本乡镇事项所作出的决议，乡镇人民政府必须予以执行。同时，执行同级人民代表大会的决议也是其行政职权的基本范围；乡镇人民政府有权执行上级国家行政机关的决定和命令，既包括相邻上级的决定和命令，也包括其他上级行政机关的决定和命令，这是由行政系统的领导关系所决定的；有权“执行本行政区域内的经济和社会发展计划、预算”。

2. 行政规则形成权

乡镇人民政府虽为最低层次的行政机关，但其作为国家机关的组成部分有权在自己管辖的行政区域内形成行政规则。《中华人民共和国地方各级人民代表大会和地方各级人民政府组织法》规定乡镇人民政府有权“发布决定和命令”，这些决定和命令有些可能针对特定事项作出，有些则可能针对普遍性的事项作出。针对普遍性行政事项所发布的决定和命令实际上就是行政规则。[25]

3. 行政管理权

乡镇人民政府处在最低层，其与行政管理事项的关系最为密切，因此其必须具有对行政事项的管理权。地方政府组织法规定，乡镇人民政府有权“管理本行政区域内的经济、教育、科学、文化、卫生、体育事业和财政、民政、公安、司法行政、计划生育等行政工作”。乡镇人民政府的管理权仅限于地方政府组织法所列举的事项。

4. 行政保护权

乡镇人民政府有权在本行政区域内保护公有财产不受非法侵犯；保护私有财产不受非法侵犯；保护各种经济组织的合法权益；保护法律、法规设定的社会秩序等。

5. 行政保障权

乡镇人民政府有权保障所管辖范围内公民的民主权利和其他各项权利；有权保

障少数民族的权利并尊重少数民族的风俗习惯;有权保障所管辖区域内妇女和儿童的合法权益。

由于我国行政机构体系是在单一制政体结构的基础上形成的,因此,上级行政机关和下级行政机关在权力行使中具有一体化的倾向,从《中华人民共和国宪法》、《中华人民共和国国务院组织法》、《中华人民共和国地方各级人民代表大会和地方各级人民政府组织法》的规定中可以看出,从低到高越是高层行政机关行使的权力范围就越广,强度也越大,下级人民政府可以行使的行政权力,上级也当然能够行使。我们注意到,县级以上地方人民政府行使的权力比乡镇人民政府行使的权力多,而国务院行使的权力则比县级以上地方人民政府行使的权力多,这充分反映了我国作为单一制国家行政职权的排列顺序。然而,从权责对等、权责合理分配的原理出发,不同层级行政机关所行使的行政权性质应当有所不同,换句话说,目前我国行政权行使中上级对下级的包容性是否合理是一个需要探讨的问题。[26]

乡镇人民政府职权表

序号	1	2	3	4	5
名 称	行政执行权	行政规则形成权	行政管理权	行政保护权	行政保障权
内容	执行法律法规和上级人民政府的决定	制定行政管理规范性文件,形成具体的管理规则	管理具体行政事务的权力	保护公有财产、私有财产不受侵犯,保护各种经济组织的合法权益	保护所辖范围公民的民主权利和其他权利,保障少数民族的风俗习惯、保护妇女的合法权益等

第四节 行政主体的职权整合规则

一、行政法上的行政主体

行政主体是我国行政法学界近年来非常重视的一个概念。诸多学者认为该概念在行政法学中的使用对于解释行政法问题有巨大的理论意义,[27]如可以使概念进一步统一,可以使行使行政职权的组织具有法律上的人格,等等。但笔者同时注意到,学者们对这一概念的使用仍然比较谨慎,如有的学者在行政法教科书中将行政主体叫做行政法关系主体,[28]有的叫做行政法主体,等等,这说明行政主体的概念需要予以澄清。

1. 行政主体是一个学理概念而不是一个法律概念

我国目前法律规范中还没有行政主体这样一个名词,《中华人民共和国宪法》有行政机关的概念,而没有行政主体的概念。《中华人民共和国行政诉讼法》和《中华人民共和国行政复议法》等部门法中也使用行政机关的概念而没有使用行政主体的概念。即是说,行政主体这一概念目前仅仅存在于行政法教科书和有关的行政法学论文中。

2. 行政主体是分析行政法现象的一个工具

在行政法治实践中,行政机关的概念还不足以包容所有行使行政权的部门或者单位,即一些部门或者单位本不是法律上规定的行政机关,但它们却行使着行政管理权,履行着行政管理职能,有时还像其他行政机关一样承担行政法上的责任。这样的组织不是严格意义上的行政机关,但与行政职权有密切联系,若在行政过程或行政救济中将他们叫做企业又不符合行政权归行政机关行使的理论,为了给非行政机关行使行政权一个合理的解释,学者们便发明了或者从别的国家借鉴了行政主体这一概念,[29] 由此,可以说行政主体是分析行政法现象的一个工具。

3. 行政主体是个动态概念

行政机关是法律表达中的一个静态概念,即它指某一个由法律规则设定的行政机关,而该机关具有法律上规定的成为行政机关的要件,它处在行政系统中的某一环节上,是庞大的行政系统中的一个角色,行政机关组织体系的静态性使行政机关也有了相应的静态特点。行政主体的概念则与之不同,它指的是行政权在运作过程中的一个现象,只有当行政权处在运行之中,某一组织代表国家行使行政管理权时我们才使用行政主体这一概念。

4. 行政主体是一个关系概念

行政机关是法律规则认可的实体,如中央行政机关由国务院和国务院的各个部门构成,当我们分析部门行政机关时并不一定将它放在一定的关系形式之下,如当我们说工商行政管理机关是管理工商行政事务时,并没有考虑工商行政机关在行政过程中的关系形式。行政主体概念是在一定的关系形式中讨论的,或者是在一定的职权关系中讨论的,当某一机关或组织具有管理行政事务的职能,并因此而与其他对象发生关系时我们才给它冠以行政主体之名,职权关系在此情形下不是行政主体存在的前提。行政主体与行政相对人似乎是不能分开的两个概念,也就是说,我们在讨论某一机关或组织是行政主体时,立刻就会想到与它处在对应的一方的行政相对人。行政主体作为一个关系概念高度抽象了行政权的行使者、高度简化了行政过程中不同资格的职能承担者、高度简化了行政救济中不同组织作为被争议人或者被告的资格。

上述若干方面是我们分析行政法上的行政主体时所必须予以澄清的。依我国绝大多数学者的理解,行政主体具有以下法理属性。

(1)行政主体必须取得法律上的资格。行政主体资格是其成为行政主体的必要条件。我们在行政法中将行政主体分为行政机关和法律、法规授权的组织。行政机关取得行政主体资格的条件是:获得有权机关的批准,或者获得国家权力机关的批准,或者获得有权批准的行政机关的批准;有确定的名称、有法定代表人等,而且它的名称和法定代表人通过了相关机关的认可;有法定的编制、设置了内部机构等,行政机关存在于行政机构体系之中，它必须符合有关的编制规则；获得了财政经费，这是行政机关存在的物质条件；对外行使行政管理权的机关还必须依法向社会公布，或者在政府公报，或者在全国发行的其他报纸上公布。

授权的组织取得行政主体资格最为重要的条件是有法律、法规的明确授权。某个组织本不是行政机关，但法律、法规为了使国家行政管理职能实现方便起见，便将一些国家行政权交由非行政机关行使。显然，法律明文将某一权力授予非行政机关是问题的关键所在。有学者认为，从理论上讲授权的组织取得资格还必须具备这样的条件：一是该组织必须具备履行行政管理职能的物质技术条件，二是该组织获得的授权决定应当予以公布。笔者认为，法律、法规授权的组织是在法律规定的前提下行使职权的，因此，该组织的其他要件没有必要予以关注。因为，法律、法规在授权时已经充分考虑了该组织的资格要件和行使行政权的可行性问题。

(2)行政主体是行政职权的行使者。行政职权是指由国家创设的存在于行政系统内部的国家权力范畴。行政职权是国家权力的一种，是国家行政权的职位化的形式。我们知道，行政权是相对于其他国家权力而言的一个巨大的权力范畴，必须通过国家职位分配下去，每一个职位都与一定的职权密不可分。例如，乡镇人民政府就是一个行政职位，而乡镇人民政府这一职位之下包括了五个职权范围，各个职权范围都是从国家行政权中派生出来的。职权只有从法律规则变成了实实在在的权利义务关系时才具有意义，而行政主体就是将抽象的职权转化为权利义务关系的物质承担者，即行政主体是行政职能的行使者。

(3)行政主体能够以自己的名义实施法律行为。这是行政主体属性中最为关键的一点。行政主体在行政系统内部究竟是否具有行政主体资格并不十分重要，因为行政系统内部通过领导关系使每个行政机构或行政机关都能统一到行政体系中来，行政机构或者行政机关在行政系统内部无论作出什么样的行为，它都不会立刻带来行政法上的后果。行政机关在与行政机关以外的社会主体发生的关系才是具有实质上意义的关系形式，说它具有实质意义是说行政主体与其他社会主体发生的关系具有明显的法律属性。理论界关于行政主体是能够实施管理行为的主体，是能够实施行政行为的主体等说法都值得商榷。笔者认为在行政系统内部行政主体实施的行政行为都具有相对独立的属性，如一个行政机构作出一个行政行为，相对于其他机关或机构而言，这一行为当然应当归于行为实施者本身。能以自己的名义实施法律行为才是正确的说法，一方面，行政主体实施的行为对相对人或者其他社会主体具有法律上的拘束力，即使没有法律上的拘束力也会引起相关行政法关系的变化。另一方面，行政主体实施的行为立刻会给自己引起诸多方面的法律后果，如成为行政复议中的被申请人、成为行政诉讼中的被告、成为国家赔偿中的赔偿主体等。因此，能够以自己的名义实施法律行为是行政主体属性的另一个重要方面。

(4)行政主体能够独立承担相应的法律责任。行政系统中的行政单位、行政机构在行政系统内部经常承担责任、行政机构因某一行为被管理它的行政机关责令改正等。这实质上也是一种责任承担,但是这样的责任是行政责任,不是法律责任。所谓法律责任,是指以明确的法律形式出现并能够产生后续法律效果的责任。行政主体由于能够独立实施法律行为,因而也能对自己实施的行为承担法律责任。行政主体承担的法律责任是多层面的,一则,它可以因为实施了不当的民事法律行为而承担民事法律责任,行政法学理论中把行政主体的民事赔偿责任已经归入到了行政责任中,如国家赔偿法关于行政机关不当行使职权而引起的赔偿就使本来属于民事赔偿的责任形式行政法律化了。二则,它可以因为实施了不当的行政法律行为而承担了行政法上的责任,其成为行政复议中的被申请人、行政诉讼中的被告就是明显例证。至于行政主体因实施犯罪行为是否应承担刑事责任则是一个需要探讨的问题,我们注意到《中华人民共和国刑法》规定了滥用职权罪,对这一罪名承担刑事责任的是行政工作人员,但该罪引起的原动力还是对职权的不当行使。也就是说,本该由行政主体以法人身份承担的刑事责任通过一定的形式转化为行政系统中的个人责任。

行政主体

概念 内容	行政主体概念的框定	行政主体的特征	行政主体的类型
基本要旨	(1)行政主体是一个学理概念,而非法律用语; (2)行政主体是分析行政法现象的一个工具,以补充行政机关概念的不足; (3)行政主体是一个动态概念而非静态概念; (4)行政主体是一个关系概念,反映行政法中不同的关系形式	(1)行政主体必须取得法律上的资格; (2)行政主体是行政职权的行使者; (3)行政主体能以自己的名义实施法律行为; (4)行政主体能够独立承担相应的法律责任	(1)行政机关; (2)授权的组织; (3)其他类型

二、行政法上行政授权的职权整合

所谓行政授权,[30]是指立法机关或者最高行政机关为了对行政权的行使进行有效整合,将某一方面的行政管理事项或者某一项行政管理事项交给行政机关以外的组织去实施的法律行为。行政授权具有下列本质属性。

(一)行政授权是对行政职权的整合

行政权是由国家行政机构体系行使的权力,我国各级人民政府及其职能部门是行政权行使的当然主体。《中华人民共和国宪法》、《中华人民共和国国务院组织法》、《中华人民共和国地方各级人民代表大会和地方各级人民政府组织法》都规定行政职权由各级人民政府及其职能部门行使。行政权由行政机构体系行使是一项基本的法律原则。但是,政府组织法关于行政职权的规定并不能够将行政权在运作过程中的种种复杂现象都考虑进去。例如,政府组织法就不能够穷尽行政权的所有内容,[31]这既是由立法技术决定的,又是由行政事态自身的特点决定的。比如,政府组织法并不一定能够注意到在行政权运作中，一些权力由行政机关以外的组织实施比行政机关实施来得更为容易。其中还有一点需要说明，在社会不断发展的过程中，政府职能也在不断的变化，政府管理的事情应当越来越少，一些应当归行政机关以外的组织处理的事项越来越多，这些事项让非行政机关处理既减轻了行政机构体系的负担，又使行政过程的运作更加合理化。上述原因表明宪法和政府组织法关于行政职权的分配并不是永恒的，并不是一成不变的，一旦出现了一成不变的现象就有可能使诸多没处理的事务游离于法律控制和行政管理之外。因此，解决法律规则和行政事态失控的冲突就成为行政法中不能回避的问题，即必须对已经设立的行政机构体系的职权、对已经规定的行政管理过程进行整合，通过整合将不能由行政机构体系完成的事项归入行政法治中，将行政机构体系的职权予以适当剥离，剥离后使一个或一些原来由行政主体管理的事项由另一个虽不是行政机关但能起到同样管理效果的机关管理。这便是行政授权最为本质的属性。

（二）行政授权是一种立法行为

行政授权是立法权的范畴而非行政权的范畴。我们知道，行政授权是对行政权的分配，分配行政权的行为当然是由立法机关完成的行为。因为，行政机关作为立法机关的执行机关自己处分权力的行为是非常有限的，只有当行政机关行使自由裁量权时才可以处分自己的行政职权。在立法机关对其权力已经明确作出设定的情况下，行政机关不能随意处分自己的权力。行政授权是对行政权与行政事态不和谐所作的整合，整合所处理的是行政系统与行政系统以外的组织之间的关系，只有享有造法权的机关才能对行政机关与其他因素的关系作出规范。因此，行政授权是立法行为而非行政行为。依我国行政授权的具体运作，除了全国人民代表大会及其常务委员会可以作出行政授权外，国务院也可以就行政授权事项作出规定。但是，应当注意到的是，国务院的授权行为实际上是二次授权，国务院只有在全国人大及其常务委员会为其规定的可授权范围内才能再授权。国务院要在行政法规中作出授权的规定必须先从立法机关制定的法律中寻找到授权的依据，如果国务院在没有授权依据的情况下将某一权力交给了其他主体，这便是行政委托而不是行政授权。说到底，授权行为是立法行为，而不是行政行为，行政机关依法律规定授权的行为从本质上讲不叫授权，应当被称之为执行法律的行为。由于我国长期以来将法律授权和行政法规的授权都叫做授权，使人们将立法机关的授权行为和行政系统就授权事项作出规定的行为没有从本质上予以区分，这是行政法学界应当引起重视的一个问题。[32]

（三）行政授权是赋予非行政机关行政主体资格的行为

行政主体我们前面已经作了讨论，是指能以自己的名义实施行政法律行为的行政机关或者其他组织。行政授权所涉及的权力承担者本没有行政主体资格，它们只在授权的情况下才取得行政主体资格，这些被授予权力的非行政机关有下列类型：

1. 行政机构。[33]行政机构依行政法理论和行政法规范的规定属于行政机关的内设部门，不具有独立的行政主体资格，但在法律法规规定其具有行政主体资格时，其就成了授权的组织,或者至少可以说这是行政授权的一种形式。行政机构作为授权的组织有三种情况:一是专门性的内设机构,这类机构也叫做专门行政机构,例如,《中华人民共和国专利法》第 41 条规定:"国务院专利行政部门设立专利复审委员会。专利申请人对国务院专利行政部门驳回申请的决定不服的,可以自收到通知之日起 3 个月内,向专利复审委员会请求复审。专利复审委员会复审后,作出决定,并通知专利申请人。专利申请人对专利复审委员会的复审决定不服的,可以自收到通知之日起 3 个月内向人民法院起诉。"二是法律法规授权的内部机构。这类机构作为行政机关的一部分,其设立没有法律法规的特殊规定,但因法律法规的授权而成为行政主体。例如,《道路交通管理条例》第 86 条规定,"警告、50 元以下罚款、吊销 2 个月以下驾驶证,可以由交通警察队裁决。"这里,交通警察队本属于公安局的内部分支机构,因该行政法规的授权而成为行政主体。[34]三是政府职能部门的派出机构。派出机构是由政府职能部门根据工作需要在一定区域内设置的代表该职能部门管理某些行政事务的工作机构,它们原则上没有独立的法律地位,只有在法律、法规授权的情况下才取得行政主体资格,如公安派出所、税务所等。《中华人民共和国治安管理处罚条例》第 91 条规定:"警告、500 元以下罚款可以由公安派出所决定。"公安派出所便由此条取得了行政主体资格。

2. 企事业单位。企业组织虽然以营利为目的,但是,有些企业组织的职能具有公共服务性。至少与公共利益有直接或间接关系,为便于行政管理,一些法律法规便授予企业公共行政管理的职能,它们便因此取得行政主体资格。例如,《中华人民共和国铁路法》第 14 条规定:"旅客乘车应当持有效车票。对无票乘车或者持失效车票乘车的,应当补收票款,并按照规定加收票款;拒不交付的,铁路运输企业可以责令下车。"《中华人民共和国烟草专卖法》第 14 条规定:"全国烟草总公司根据国务院计划部门下达的年度总产量计划向省级烟草公司下达分等级、分种类的卷烟产量指标。省级烟草公司根据全国烟草总公司下达的分等级、分种类的卷烟产量指标,结合市场销售情况,向烟草制品生产企业下达分等级、分种类的卷烟产量指标。"与企业单位相比,事业单位获得授权而成为行政主体资格的情况更为多见。这既是因为事业单位的职能与公共行政的密切程度更强一些,又是因为事业单位的一些行为过程本身就带有一定的管理因素。例如,《中华人民共和国教育法》授予教育行政管理部门对学生进行行政处分的权力等。

3. 基层群众性自治组织。基层群众性自治组织是指在城镇设立的居民委员会和在农村设立的村民委员会,它们在法律、法规授权的情况下也能够取得行政主体资格。例如,《中华人民共和国城市居民委员会组织法》第 3 条规定:"居民委员会的任务:(一)宣传宪法、法律、法规和国家的政策,维护居民的合法权益,教育居民履行依法应尽的义务,爱护公共财产,开展多种形式的社会主义精神文明建设活动;(二)办理本居住地区居民的公共事务的公益事业;(三)调解民间纠纷;(四)协助维护社会治安;(五)协助人民政府或者它的派出机关做好与居民利益有关的公共卫生、计划生育、优抚救济、青少年教育等项工作;(六)向人民政府或者它的派出机关反映居民的意见、要求和提出建议。"第4条规定:"居民委员会应当开展便民利民的社区服务活动,可以兴办有关的服务事业。居民委员会管理本居民委员会的财产,任何部门和单位不得侵犯居民委员会的财产所有权。"当城市居民委员会独立办理本居民区的公共事务、公益事务和公益事业时,它们便具有行政主体资格;在协助人民政府其他部门工作的情况下则不具有行政主体资格。《中华人民共和国村民委员会组织法》也有类似规定。

4. 社会团体。社会团体是一个特殊概念,是指具有法人资格能够独立从事民事活动的组织。我国的社会团体有的是半民半官性的,有的是纯民间性的。前者如共青团、妇女联合会、中华全国总工会,等等,后者如个体劳动者协会、律师协会。例如,《工会法》第26条规定:"职工因工伤亡事故和其他严重危害职工健康问题的调查处理,必须有工会参加。工会应当向有关部门提出处理意见,并有权要求追究直接负责的主管人员和有关责任人员的责任。对工会提出的意见,应当及时研究,给予答复。"第27条规定:"企业、事业单位发生停工、怠工事件,工会应当代表职工同企业、事业单位或者有关方面协商,反映职工的意见和要求并提出解决意见。对于职工的合理要求,企业、事业单位应当予以解决。工会协助企业、事业单位做好工作,尽快恢复生产、工作秩序。"第30条规定:"工会协助企业、事业单位、机关办好职工集体福利事业,做好工资、劳动安全卫生和社会保险工作。"《中华人民共和国妇女权益保障法》第7条规定:"中华全国妇女联合会和地方各级妇女联合会依照法律和中华全国妇女联合会章程,代表和维护各族各界妇女的利益,做好维护妇女权益的工作。工会、共产主义青年团,应当在各自的工作范围内,做好维护妇女权益的工作。"

三、行政法上行政委托的职权整合

《中华人民共和国行政处罚法》第18条规定:"行政机关依照法律、法规或者规章的规定,可以在其法定权限内委托符合本法第19条规定条件的组织实施行政处罚。行政机关不得委托其他组织或者个人实施行政处罚。委托行政机关对受委托的组织实施行政处罚的行为应当负责监督,并对该行为的后果承担法律责任。受委托组织在委托范围内,以委托行政机关名义实施行政处罚;不得再委托其他任何组织或者个人实施行政处罚。"这是单行的法律规范中对某一职权范围内的行政委托的一项规定。该规定尽管是对行政主体的一项具体行政行为而言的,它却标志着我国行政委托法律化时代的开始,之所以这样说,是因为行政委托长期以来是我国行政主体行使职权的一个重要的方法和途径,其范围之广、运用之多甚至超过了行政授权、综合行政执法等类似的权力转移行为,[35]而该行为在《行政处罚法》出台之前尚无一个较为系统的法律规定。然而,行政委托作为一个制度仅靠单行法规的具体规定还是远远不够的,其必须朝着制度化、体系化、规范化的方向发展。那么,从较深理论层面揭示行政委托的法律性质、构成要件等就显得十分重要了。

（一）行政委托行为的性质

若将委托作为一个法律概念看，其首先出现在民事法律之中，一般将其与代理作为一个相互对应的概念来考虑，如《法国民法典》这样给委托下定义："委托或代理，为一方授权他方以委托人的名义为受托人处理事务的行为。委托，得以公证书，或以私署证书，甚至以书信进行；亦得以口头进行委托。"[36]依委托的这种最一般的内涵我们可以给予行政委托这样一个定义：所谓行政委托，是指行政主体在行政法的范围内将有关的职权或权力交由另一方代理人行使的法律行为。首先，行政委托是发生在行政法范围内的委托，行政主体的行为除了行政法上的行为外，还有民事法律行为和经济法律行为等，[37]其在民事法律行为和经济法律行为中发生的委托关系不是行政委托。只有由行政法调整的行为而引起的委托关系才是行政委托，这是对行政委托法律范围的一个限定。其次，行政委托是一种内部行政法关系或者准行政法关系。行政法关系一般指行政主体与管理相对一方结成的受行政法调整和保护的关系形式。而行政权行使的复杂性决定了行政法关系有时发生在行政主体与一些特殊主体之间，如与彼一行政机关之间、与公权组织之间，这些关系既可以看作一种内部法律关系，又可以看作一种准法律关系，因为它在诸多方面与普通行政法关系有明显区别。行政委托关系不能够发生在行政主体与相对一方的行政法关系中，而只能发生在准行政法关系中。再次，行政委托是一种法律行为而不是简单的行政行为，这是必须予以重点强调的。在行政行为中行政主体的意志是独立的，可以对问题自己作出判断的，而行政委托中的意志是以严格的法律规则出现的意志，《中华人民共和国行政处罚法》第19条将这种法律属性作了充分的表述，"受委托组织必须符合以下条件：（一）依法成立的管理公共事务的事业组织；（二）具有熟悉有关法律、法规、规章和业务的工作人员；（三）对违法行为需要进行技术检查或者技术鉴定的，应当有条件组织进行相应的技术检查或者技术鉴定"。上述三个方面是我们领会行政委托概念时必须首先考虑的。行政委托的法律性质既是对行政委托概念的一个延伸，又是对行政委托概念的一个确定，这些行为性质由如下构成。

1. 行政委托具有行政主体意志分割性

行政主体意志是一切行政行为和行政职权的启动器，它显然是无形的，但却对有形的行政行为和行政职权起着决定性作用。行政法学界一些学者认为行政主体自己没有独立人格，只是国家职权的人格化。[38]此一论点是有道理的，而该论点并没有否认行政主体在履行行政职能时的独立意志性。所谓独立意志，是对自己的行为进行独立判断、独立控制、独立承担法律后果的一整套属于意识范围内的东西。此种意识是行政主体甚或行政系统的意志，说它是行政主体的意志是说在一个单一的行政行为和职权行使中，行政主体必须在意志力的驱动下而为行政行为。说它是行政系统的意志是说每一种行政职权的行使都是行政系统意志力作用的结果，这两者之间有一定的联系，但不完全是同一事物。行政公职人员的个人意识和个人的意志力不属于行政意识和行政主体意志的范围，尽管个人意志在行政主体意志形成中具备一定的决定作用。在非委托的行政机关职权行使和行政行为作出时,行政主体的意志是一个完整的东西,[39]一个没有受到外力干扰的独立事物。行政委托关系的成立则是行政主体意志分割成了两个意志范围:一个是作为委托者的行政主体的意志,另一个是作为代理者或受托者的行政主体的意志。传统行政法教科书中不承认受托方有独立的主体意志,认为其只是对委托的行政主体意志的一个具体化。[40]笔者认为此论是值得商榷的,因为它将委托过程中的职权和委托过程中的意志混淆了,即行政主体在委托时与受托方同一性的东西只存在于行政职权之中,而不存在于双方的意志之中,只要委托方和受托方是两个主体,这种意志的割裂性就是天然存在的。行政法治实践中,强调委托方对受托方进行监控的理论基础也在于此,委托方既不能通过自己的意志决定受托方的行为,也不能通过自己的意志决定受托方的意志。我们所讲的"意识分割"绝不能把它理解为职权分割。行政管理过程是在行政主体和行政相对人的相互作用之下完成的,一是行政相对人,二是行政主体,这是一个永恒性的命题。也就是说,不能由于有受托方的存在将一个行政法关系分解为两个或两个以上行政法关系,因此行政委托中行政主体意志的分割不能导致行政职权以及由行政职权引起的行政责任的分割。

2. 行政委托具有职权移转性

行政委托的焦点是行政职权,换句话说,整个委托过程是以行政职权为轴心的。所谓行政职权,是指行政主体将个别事件纳入规则之内的行为,正如古德诺所言:"许多由国家制定法律的机关通过的法律具有一个特点,它们只是作为一般的行为规则来表达国家意志的。因此,它们当然不会,也不可能将国家意志表达得十分详细,使之即使没有政府进一步活动也能够被执行。而政府的进一步活动就在于把一个具体的人或具体的事例纳入法律的一般规则对它起作用的那个类别里。而只有在具体的事情被纳入法律对之起作用的一般类别之后,国家的意志才能够被执行。"[41]即当规则确定以后,职权就是一个"进一步"活动的东西,这种进一步活动的目的是将个别的事、个别的物变成规则支配下之事、规则支配下之物。表明只要是特定主体的"进一步的活动"都可以贴上职权的标签,可以打上职权的烙印。然而,法律范围内的事物是应当保持其相对稳定性的,是应当在一定的质和一定量以及一定的时空范围内维持其定在的。行政主体行使的行政职权就是法律对这种定在的一个确认,它不但使职权的行使有了秩序标准,而且使职权在哲理上有了确定的内涵。行政委托则是在次级范围内对行政职权的一个移转,笔者此处所讲的次级范围是相对于法律规则这一首属范围而言的,如果说法律规则需要"进一步的活动"是一个对首属范围的具体化,那么职权移转则是对首属范围的一个次级反映,即对"进一步活动"的又"进一步的活动"。次级范围内的进一步活动除了有量上的不同外并没有截然相反的质的差别,若就对法律规则的实现而言尤其如此。行政主体的固有职权通过上面的分析就非常清楚了,由于它与立法中的规则一样,不可能完全将所有个别的事务都集中于自身的行为之下,因此便出现了其对职权的委托。可见,行政委托本身是对固有行政职权的一个移转，笔者使用移转的概念而没有使用转移的概念，因为移转和转移有着质的差别，在转移概念中，原主体不再有原职权的控制权，进而也不对原职权承担责任。而移转是职权位置的一个下移，而不是上移，这更增添了职权行使中败笔出现的概率。

3. 行政委托具有代理执行性

在行政法学理论中，代执行是间接行政强制的一种，是指“系对负有得由他人代为之作为义务的客体，逾其不履行义务时，由行政机关自身或命第三人代为其行为，而向义务人征收完成此项行为所需费用的处分，其构成要件有三：1. 不以负有行为而不履行者为对象；2. 须此种作为义务之性质为他人可以代行者；3. 须以行为完成后向义务人收取所为之费用。”[42]在代执行概念之下，有两种关系须引起注意：第一种关系也是行政法学教科书中讲得较多的关系即义务人与执行人之间的关系，即负有法律义务的人与对其义务履行的人之间的关系形式。此一关系形式在笔者看来在行政法学中并不十分重要，因为义务的明确性和执行内容的明确性使此种关系变得非常简单，也许正是由于此一关系的简单化，理论界才对其有较为完整的理论阐释。第二种关系是执行者与行政主体之间的关系。该关系应当是代执行中关系形式中最为重要的，然而这一关系在行政法学理论中却比较单薄。为了对此有一个深刻的理论阐释并因此解决行政法学中的其他问题，我们必须把这一关系从间接行政强制的狭窄范围内解放出来，使其成为一个原则性的行政法理问题。“在现代高度有机化的社会中……如果行政行为和决定将会从根本上影响到许多公民，特别是穷人的福利和幸福，那么，行政行为对个人自由和财产的干预就不得超出民选立法机构授权的范围……授权范围之内的行政决定，也应以正当的方式作出。如果没有保证这一点的手段，那么，生活将变得使人无法忍受。”[43]这是对于行政职权行使和行政行为的一个定位，即行政职权的行使和行政行为的作出不得超出民选机关——立法机关的规则以及授权的范围，或者换一种说法行政是对法律的一种执行。在不同的国家政权体制之下这种执行的灵活程度与伸缩性有异，[44]但都不影响行政本身的执行性。而行政执行能力是有限的，该有限性既有可能是行政主体自身能力的问题，又有可能是行政事态发展的一种必然性，因为行政事态具有未来性、大规模性、复杂性等固有特点。“委托处罚则是行政管理广泛性的要求。行政管理的范围，尤其是地方政府和农业、卫生、交通、劳动等部门比较大，而行政机构贵在精简，如果规定行政处罚只能由行政机关实施，必然会给行政管理带来很大难度，……如北京现有执法部门 54 个，其中 20 个为事业编制，6 个部门为行政、事业混合编制，不可能将这么多的有行政执法任务的事业单位统统纳入政府序列。”[45]其他主体为行政执法机关分担一定的执行事项是一种必然。而行政委托就是其他主体对行政执行的一种分担。那么，从执行主体和行政机关的关系看则是一种代理执行的关系形式。其中的执行是这种代理与被代理的连接基础，即没有执行这一链条代理与被代理的关系也就不复存在。充分的执行能力便是执行主体的本质性条件，难怪乎《中华人民共和国行政处罚法》第 20

条对负责行政处罚这一执行行为的主体作了严格的条件限制。

4. 行政委托具有责任连带性

行政委托是一个有机的行为体系，对其性质的分析必须在法律体系的整体框架内考察。众所周知，在法律概念之下，不能不包括法律责任，甚至可以说法律责任是整个法律行为中最具有实质意义的部分，因为它是结果性的，它对于引起不当行为的前因等有最后的纠错功能。行政委托自然而然地与行政行为的后果不可分开，即委托行为付诸实施以后必然会改变行政相对人的权利义务关系，或者必然会对行政第三人[46]利益造成影响。当行政行为与行政相对人的权利义务关系是良性状态时，则不会引来法律上的麻烦，当其与行政第三人的利益是良性状态时，情况也是如此。但是，行政行为常常并不都是良好结果，其有意无意地会对行政相对人的权利义务造成不良影响，并侵害行政第三人的权益，此时行政行为便带来了法律上的后果，即法律责任。在单一行政主体履行的行政行为情况下，法律后果的承担者是不需要讨论的，谁为行政行为谁承担相应责任。而在委托的行政行为中，由于有了委托方和受托方两个行为主体，至少对行政相对人来讲是两个行为主体，此时，责任主体是谁便是需要澄清的问题，也是十分关键的问题，因为它决定着委托行为性质的一个方面。在传统行政法学理论中，认为委托的行政行为中，责任主体是单一主体，[47]依我国相关法律的规定责任主体应是委托方而不是受托方，然而，从行政主体在委托过程的分割看，从行政职权在委托关系中的移转看，责任主体应当是双重的，即一种连带的责任形式。之所以这样说，是因为受托方在接受委托后便取得了一定范围内的行政主体资格，这从职权移转和意志分割两个方面可以佐证，受托方在接受委托后必然会具有物质上和精神上的利益。精神上的利益表现在其可以对行政相对人发号施令以显示自己的权威，物质上则可以通过行政行为而取得相应财富，此种利益正是其承担责任的基础条件，因为在法律上权利和义务是对等的、利益和责任是对等的。应当说明的是，委托方和受托方的连带责任是连接在一起的，行政相对人可以同时提出，有关机关也可以同时追究两者的责任，而不应当是由委托方承担责任后，再在内部行政机制中追究受托方的责任。高度规范化的行政法治理念所要求的是行政相对人权益的最为简捷、最为方便的保护，而选择受托方承担责任或选择委托方承担责任，甚或让二者共同承担责任才是这种简捷性和方便性的体现。这应当说是行政委托性质中的关键点。

（二）行政委托的法律类型

在我国法律对行政委托还没有严格规定的情况下，探讨行政委托的法律类型就显得十分重要，因为这种分类可以直接运用到行政委托的规则中去。一些国家和地区的法律规范对行政委托的类型作了法律上的规定，如依台湾地区有关法律规定，其行政委托的类型有三类：一是代理。“公法方面基于同样的考虑及行政上的便利与必要，也允许代理关系的存在。不过，有关行政职权的代理，则与一般的代理在性质上不尽相同，而为一种授权关系。[48]具体言之，此种代理关系亦称代行，系基于各种原因,将属于本机关或本人的全部或一部分职权,依据法令规定或本于职权裁量,授予其他机关或人员代为行使,而发生与其自身行使,具有相同效果的行政行为"。[49]二是委任。"所谓委任,是指在隶属关系下的上级机关或人员将其职权范围内的事项,交由所属下级机关或人员行使的措施,亦称交办或委办事项。就此种措施的性质而言,乃为原有职权的移转变更,故非有法令依据不得为之,委任关系成立后,被委任之事项,即被为移转于被委任者的职权范围。"[50]三是委托。"所谓委托,系指行政机关基于客观需要与行政上的便利,将其职权范围内的事项,请求无隶属关系的其他机关或团体与个人代为行使以处理有关业务的措施。"[51]该关于行政委托在法律上的分类为我们探讨大陆行政委托的法律类型提供了借鉴,从大陆行政法治实践的状况来看,行政委托的法律类型有如下述:

1. 职权常任型与临时性委托

该分类是以委托关系的期间来分的,即受时间因素制约的委托关系,当然时间是这一分类的基础,同时它还会带来委托关系在法律上的正式性与临时性等后续问题。若某一委托关系存在的时间比较长久,受托方因这一种长久性已经形成了行使委托方某一行政职权的惯性,而委托方对这种惯性已经有了先期的默许,使受托方对后期行为的履行几乎不需要再作出新的请求,我们把这种委托叫职权常任性委托。也就是说,在这一委托关系中,受托方所行使的委托方的权力已经是一种经常性的权力,已经成为自己的一个职权范围。如《公安机关办理行政案件程序规定》第 31 条第 3 款关于法律文书的送达规定:"无法直接送达的,委托其他公安机关代为送达,或者邮寄送达。"依此条规定,作出处罚决定的公安机关和其他公安机关在行政处罚案件处理中的委托关系就是一种职权常任性的委托关系。因为,职权常任性委托和行政授权有着质的区别,行政授权是法律直接将有关的权力赋予特定的组织,而不需要一个中间环节的行政机构。职权常任性委托中委托方和受托方的关系形式是明确的,受托方不是直接从法律规则中获得职权的,其职权必然来自委托的行政机关,如上述条文中的公安机关。职权常任性委托在行政委托中有较大的比例,在城市政府行政系统以及行政执法行为中,没有行政编制但负责执法的事业单位几乎都是职权常任性委托,正如上文所提到的北京市 20 多个事业编制的行政执法机关其职权行使除了授权的部分外,都是在常任委托关系下对职权的行使。临时性委托指就某一具体的行政事项或某一非常时期,行政机关为了行使行政管理权的方便,委托其他主体行使其行政职权的情形。此种委托关系除了行政主体有职权上的法律依据外,再无别的具体依据。显然,此种委托关系既可以是由行政主体的指挥权调整的,又可能是由相关的民事法律规则调整的。在该委托关系下,委托方与受托方的结合是短暂的,就事论事的。故而,从法律效果上看,职权常任性委托似乎是一种正式委托,因为它除了有行政法上的依据外,还有发生行政法效果的一系列机制。临时性委托则是一种非正式的委托,因为此种委托的法律效果在行政法的范围内并无太明确的依据。

2. 内部委托与外部委托

内部委托与外部委托是以委托关系的性质来划分的。所谓内部委托，是指发生在行政系统内部的委托关系。在行政系统中行政机构体系之间存在层级划分以及不同行政职能部门之间的关系，前者是一种纵向的关系形式，上级对下级有指挥和命令的权力，下级对上级有请求汇报和服从的义务。后者为横向的关系形式，此一行政机关与彼一行政机关之间保持一种平衡关系。横向行政关系在行政系统中是非常复杂的，除了职能部门之间的关系形式外，还有区域之间的关系形式，还有同一职能部门内部不同行政机关之间的关系。在纵向的行政内部关系中委托关系在一定范围内发生，即某种职权本属上级行政机关所有，但上级行政机关为了行政管理方便起见可以将自己的权力委托给下级行政机关行使，在一般情况下，纵向行政机关之间发生的委托关系相对较少，因为，我国行政机构体系中上级对下级行政机关的权力具有包容性，[52]依行政职权的包容理论，上级有命令下级为某种法律行为或不为某种法律行为的权力，因此，其可以不用委托关系而让下级承担某种职能。也就是说，上级对下级的委托关系只有在某种行政权力依法属于上级时其为了管理的方便才可委托下级为之。应当说，行政系统内部的委托关系最主要地发生在平行的行政机构之间，即处于同一级别的行政机关在行政执法中为了某种需要而将自身的权力委托于其他行政机关的行为。此种委托若从委托理论的一般原理出发仍然属于行政委托的范围，而与我们传统意义上的行政委托概念有一定区别。这种发生在平行行政机构之间的委托更像行政协助关系，尤其是内部行政协助关系。我们认为，此种委托不需要具体的法律规范规定，只要有行政权一体化的法律原则调控就可以建立这种正当的委托关系。所谓外部委托，则是指发生在外部行政关系中的委托关系。行政主体在行使行政职权时与行政系统以外的组织，包括事业单位、企业单位等发生的关系叫做外部行政关系。行政主体将行政职权委托于行政系统内部以外的主体的委托就是外部行政委托。依《中华人民共和国行政处罚法》的规定，在行政处罚的委托行为中，外部委托方不能是企业单位和个人，只能是事业单位。其他行政职权中的委托由于法律没有作出严格的条件限制，因此，我们认为企业单位和个人也可以成为受托方。正如一些学者所讲："行政委托的对象可以是组织，也可以是个人。"[53]

3. 概括性委托与个别性委托

法律规范对行政主体职权的设定可以有概括性设定和列举性设定两种分类方式。概括性设定是指法律对某一主体的职权作出原则性规定，只规定职权的主体范围而不确定职权的具体项目，如《美利坚合众国宪法》第10条修正案规定："宪法未授与合众国，也未禁止各州行使的各项权力，分别由各州或人民予以保留。"这是对美国州权的一个概括规定。列举规定指法律将某一主体的职权详细列举出来，指明具体的权力范围，如《中华人民共和国地方各级人民代表大会和地方各级人民政府组织法》第59条规定："县级以上地方各级人民政府行使下列职权：（一）执行本级人民代表大会及其常务委员会的决议，以及上级国家行政机关的决定和命令，规定行政措施、发布决定和命令;(二)领导所属各工作部门和下级人民政府的工作。……”共列举了10项地方政府行使的职权。概括性规定和列举规定的立法为我们对行政委托的分类提供了依据。我们认为,《中华人民共和国行政处罚法》第18条关于行政处罚的委托就是一个概括性的委托,因为该条只限制了委托主体资格而没有限制可以进行委托的具体处罚事项。个别性委托又可以有两种含义:第一种含义是对某一个别职权的委托。我们可以把行政职权视为一个一般概念和具体概念,若委托关系涉及的是作为具体概念的行政职权那么就是一个个别性委托。第二种含义是对某一具体行政行为或某一具体事件处理的委托,如此一个行政机关委托彼一个行政机关或代为某个行政行为,或代为处理某一行政事项,此种委托由于比较具体,因而亦属于个别委托的范围。概括性委托与个别性委托的分类是非常重要的,委托方和受托方是一种比较特殊的关系形式,在这一关系中委托方是矛盾的主要方面,受托方是矛盾的次要方面,作为矛盾的次要方面的受托方在职权的行使中其主体资格等必须受到限制,这就表明,概括性委托应当越少越好,这是现代行政法治的必然要求。我国行政法应尽可能对概括性委托进行限制,并使个别性委托有严格的程序规则。

4. 附款性委托与纯粹性委托

这是以委托的职权是否附有一定的款项进行分类的。在行政职权行使中,行政主体被一定条件约束的都可以叫附款性职权,[54]如《工伤保险条例》第25条第1款规定:“设区的市级劳动能力鉴定委员会收到劳动能力鉴定申请后,应当从其建立的医疗卫生专家库中随机抽取3名或者5名相关专家组成专家组,由专家组提出鉴定意见。设区的市级劳动能力鉴定委员会根据专家组的鉴定意见作出工伤职工劳动能力鉴定结论;必要时,可以委托具备资格的医疗机构协助进行有关的诊断。”此条关于劳动能力鉴定委员会对劳动能力鉴定的规定是一个附款性职权,即在劳动能力鉴定委员会鉴定劳动能力的同时,将有关的诊断工作委托给了具备资格的医疗机构。如果行政机关的固有职权尚存在这种附款,那么在行政委托中附款也是必然存在的,如某省文化局依据《某省文物保护管理条例》的规定委托某文化局对某一特定的行政违法行为处罚。“1990年12月,县文化局受省文化局书面委托授权,以原告违反了文物保护的有关规定,责令原告限期拆除通道上的顶棚,并处以500元罚款。”[55]这一委托行为中省文化局就在委托书中附了一定款项,这些款项是对受托方行使职权的一个条件限制,当限制条件解除后,作为受委托的机关便失去了继续行使职权的机会。纯粹性委托是以委托关系中委托方对受托方不附有任何条件,一般笼统地将某一职权委托给受托方,受托方在行使权力时除考虑职权本身外,不再考虑其他条件。如《福建省行政执法程序规定》:上级行政执法机关可以办理下级行政执法机关管辖的行政执法事项,也可以把自己管辖的行政执法事项委托给下级行政执法机关办理。依此规定,某乡人民政府将独生子女证书的发放权委托给计划生育办公室,其在委托过程中是对这一事项的一个总体的委托而没有附带受托方在行使这一职权时的条件限制。[56]附款委托和纯粹委托是两种不同的委托方式,其最主要的不同是委托方对受托方控制的程度差别。前者委托方对受托方进行了必要的控制,而后者则更像全权委托,两种模式所适用的委托事项以及利弊都是需要进一步探讨的。

5. 可引起救济后果的委托和非救济性委托

行政委托后的职权行使都会给行政相对人的权利义务造成影响,当然有有利影响与不利影响之分。然而,委托行为对相对人权益的影响既可能是直接的,也可能是间接的。所谓间接影响,是指委托行为通过其他中介环节对行政相对人权益造成影响的,如受托方机关通过出具某方面的法律证明材料而使另一机关作出了行政相对人不利的行政行为。所谓直接影响,则是指受托机关的行政行为直接侵害了相对人的权益。以此为基础,行政委托便可以分为非救济后果的委托和引起救济后果的委托。非救济后果的委托指委托关系中的行政行为不可能进入救济状态,如《工伤保险条例》第25条第1款规定:"设区的市级劳动能力鉴定委员会收到劳动能力鉴定申请后,应当从其建立的医疗卫生专家库中随机抽取3名或者5名相关专家组成专家组,由专家组提出鉴定意见。设区的市级劳动能力鉴定委员会根据专家组的鉴定意见作出工伤职工劳动能力鉴定结论;必要时,可以委托具备资格的医疗机构协助进行有关的诊断。"通过受托方的医疗机构作出的否定结论,尽管有可能侵犯相对一方当事人的合法权益,但该委托行为本身不能够进入救济状态。而引起救济后果的委托指委托行为作出后,受托机关根据委托作出的行政行为能够被提起行政复议和行政诉讼,如某些行政机关将行政处罚权委托给另一组织行使,若该职权行使行为侵害了相对一方当事人的权益,这种行为便可以进入救济状态。救济中的被告资格则是另一范围的问题。

(三)行政委托的构成要件

行政法学界有学者研究了行政委托中委托方和受托方各自的构成要件,如关于行政处罚的委托方与受托方有学者指出:"(1)委托方必须是行政机关,是作为行政主体的行政机关。法律、法规授权拥有处罚权的组织无权将授予其的行政处罚权委托其他组织行使。(2)委托方必须是拥有处罚权的机关,是行政处罚主体。没有行政处罚权,委托也无从谈起。(3)被委托的行政处罚权是法律、法规或规章规定可以委托其他机关或组织实施。……(1)受托方是其他行政机关或组织。公民个人不能作为行政处罚权的受托方。[57]特约监督员,如食品卫生监督员,只是承担着一部分监督检查职责,并无行政处罚权,行政机关也不能委托其行使行政处罚权。(2)受托方必须是具备法定条件的组织。……(3)受托方只能行使委托的行政机关委托权限内的行政处罚。委托方委托有关机关和组织行使部分行政处罚权,必须明确规定委托行使处罚权的范围、条件、对象、罚则和幅度。委托方只能在委托权限内行使权力。超出了权限范围其行为无效。"[58]此种关于行政委托中委托方和受托方条件的研究是非常有益的。但是,我们认为,我们应当把行政委托当成一个整体事物来看,对整个行政委托行为的构成要件作出确定,因为只有这样的确定才能对行政委托的质的规定性作出确定,才能使法律规则对行政委托行为作出有效规制。这些整体的构成要件应当包括：

1. 行政委托的成立，必须是行政主体有权委托的职权。“权力是非有不可的，不是政府的权力，就是无政府冒险家的权力。在有反抗政府的人或者即使是普通罪犯的时候，甚至暴力也非有不可。不过就广大群众来说，如果人生应该比阴郁悲惨、时时有强烈恐怖的一生好一些的话，暴力就应当尽量减少。权力的行使，如果要比乱施刑罚好的话，就必须受法律和习惯的制约，必须经过慎重的考虑，而且必须垫付给那些为了人民利益而受到严密监督的人。”〔59〕罗素对权力的这一论述既反映了权力存在的必要性，又表明权力行使必须受到有效的制约。行政主体的行政权是一种不可转让和处分的权力，这是行政法学理论中公认的一个原理。所谓不可处分性，是指行政主体对行政权力具有独占性并不得无端予以处置。因此，原则上讲，当法律、法规将行政权力赋予某一个行政主体后，其不能将该权力予以放弃或者转让。这就要求在行政委托中，行政主体委托的权力是有委托权的职权，这里的委托权是法律规定的委托权。“法律、法规授权的组织要将归属于自己的行政管理职权全部或部分地委托给其他组织行使，必须有法律、法规依据，即必须是法律法规明确规定该组织可以将行使的行政管理权的一部或全部委托给特定组织。否则，委托是无效的。”〔60〕而我国目前行政法治水平决定了还不可能对行政主体的委托权作出全面规定，在这样的情况下，我们只能确定有权委托的事项，而不能严格的确定委托权的事项。即必须将明确的法律依据和行政权范围予以折中，“若行政委托无须任何法律依据，这显然失之过宽，不利于规范国家行政权的行使。但如果规定任何行政委托必须有明确的法律依据，这又限之过严，忽视了行政委托与行政授权的区别，不利于国家行政权力运行的有效发挥。剥夺行政相对人权利的行政职权以及专有职权的行政委托，须有明文的法律、法规和规章的依据，这也是个可以考虑的选择”。〔61〕由此可见，有权委托的职权并不需要具体的委托性规则予以规定。应当说，除法律、法规禁止放弃或转让的职权以外，其他任何职权的委托都应以职权本身为转移，而不应以具体的规则为转移。以权力性质确定委托行为而不以法律规则确定是符合我国转型期政府职权的状况的。“十五”期间我国行政机关的职权要在较大范围内发生剥离，即以前由行政主体行使的一些职权要渐渐地转移到其他社会组织手中，若允许行政主体依职权性质进行行政委托，无疑会对行政主体的职权剥离起到前奏作用。

2. 行政委托的成立，必须是行政主体不便行使的职权。行政委托的理论基础有两个：一是权力的主体不一定是绝对的，即其有一定程度的可移性，对此《联邦党人文集》的作者已经作过表述：“各方面都同意，正常地属于某一部门的权力，不应该完全由任何其他部门直接行使。同样明显的是，没有一个部门在实施各自的权力时应该直接间接地对其他部门具有压倒的影响。不能否认，权力具有一种侵犯的性质，应该通过给它规定限度在实际上加以限制。因此，在理论上区别了性质上是立法、行政或司法的几类权力以后，下一个而且最困难的工作是，给每种权力规定若干实际保证，以防止其他权力的侵犯。”〔62〕如果作为总体上的权力体系尚不是绝对的，那么，行政权作为一个具体的权力范畴更具有相对性,这种相对性就构成了行政委托的一个理论基础。二是行政权力行使的最小成本化。行政法的效率价值是我国行政法学界近年来关注的热点问题之一。它是说行政权的行使应当是最低成本化的,即以最小的消耗换来最大的社会价值,一个行政职权的行使,一个行政行为的作出都必须迅速、准确和及时。此二理论基础充分支持了行政主体可以将行政职权依需要而进行委托。后一基础要求行政委托中的职权是行政主体不便行使的职权,即该职权虽然是行政主体的职权,但行政主体对该职权的行使并不十分方便,如基础公安机关一般设置在县一级,全县范围设一个公安机关,而乡镇政府则有很多个,乡镇政府发生的治安案件由县公安机关管理就显得不十分方便。这种情况下,依《中华人民共和国治安管理处罚法》的规定,其便可以把这一权力委托给乡镇人民政府行使。行政主体行使行政职权若在既有效又方便的情况下,就不能对这样的职权进行委托。如《婚姻登记办法》第 3 条规定:"办理婚姻登记的机关,在农村是乡、民族乡、镇人民政府,在城市是街道办事处或区人民政府,不设区的市人民政府。"我们认为,作为乡镇人民政府的职权而言本身就具有具体性的规定,其在大多数情况下对行政职权的行使并无不妥,然而,一些乡镇政府都将婚姻登记的权力委托给计划生育办公室,[63]显然是不大妥当的。同时,行政职权的不便行使和便于行使只是一个相对的概念,是在与一定事态、一定环境以及委托主体的关系中对比而言的。因此,若要对行政委托进行法律规制必须对方便性这一构成要件进行全面衡量。

3. 行政委托的成立,必须是受托方有代执行权的职权。一个合理的法律关系主体必须具有法律上的权利能力和行为能力。行政委托的受托方是代理行使权力的主体,它要获得执行的权力就必须具有法律上的权利能力和行为能力。代执行中的权利能力是指其可以进行代执行的具体权利,如某项权力只能委托给某一行政机关,此时就可以说非行政机关就没有这方面的权利能力,若某个职权必须委托给组织,那么,个人就没有相应的权利能力。由于委托关系中行政主体作为委托者相对规范一些,而个人在绝大多数情况下不能成为受托者,故亦无太大问题。也就是说,最突出的问题是组织接受委托的情况,如果需要将某一职权委托给合议制组织,个人负责制的组织就不具有可以接受委托的权利能力。行为能力则显得更为重要,它往往是技术方面的,即受着强烈的技术规则制约。如卫生行政管理机关要对卫生方面的行政违法行为进行处罚,必须先经过医疗机构的卫生鉴定,那么,有没有进行技术鉴定的能力就是该组织能否接受委托的一个条件。工商行政机关在技术合同行政处罚中,常常要科学技术委员会以及专利机关进行技术鉴定,该鉴定具有强烈的技术色彩,只有具备技术条件的科学技术委员会和专利委员会才具有相应的行为能力资格。《中华人民共和国行政处罚法》第 19 条规定:"受委托组织必须符合以下条件:(一)依法成立的管理公共事务的事业组织;(二)具有熟悉有关法律、法规和规章的业务工作人员;(三)对违法行为需要进行技术检查或者技术鉴定的,应当有条件组织进行相应的技术检查或者技术鉴定。"该条非常完整地对行政处罚中受托方权利能力和行为能力两个方面的资格进行了限定,它为其他行政委托关系的受托方资格确定提供了立法经验。总之,代执行权应当成为确定受托方主体资格的一个立法思路。

4. 行政委托的成立,必须是委托过程受程序规则制约的职权。行政法关系有应然关系和实然关系之分。前者指法律规则确定了一定的关系形式,但尚未依此规则发生具体的关系事实。我们知道,法律关系中最为重要的是主体、客体和权利义务,这三个要素都应当是一个动态的东西而不是静态的,即只有当具体的人或组织介入一定的事件并受相应的规则调整时法律关系才是一种现实关系。应然关系是没有动态化的关系。后者则是指在规则确定的基础上,人和事都已经介入到规则调控的范围之内。行政委托关系与一般意义的行政法关系相同也有应然关系和实然关系之分。法律规范规定的委托关系只是一种应然关系,如《中华人民共和国合同法》中关于委托关系的规定就属于此。因为,这种规定并没有引来或形成具体的委托关系形式。实然的委托关系则是具体到行政案件中的委托关系,委托方和受托方已就某种委托事项达成了具体的协定。行政委托关系的成立就是指实然的委托关系的成立,这种实然的委托关系的成立并不应当是随心所欲的,而是受着严格的程序规则制约的。行政委托类型的不同其受程序规则制约的程度和方法也有所不同。在上级行政机关将自己的行政职权委托给下级行政机关行使时,行政命令就是委托关系成立的信号和信息,上级对下级的关系就是这一委托关系联结的基本纽带,而上级对下级的行为负责就是行政相对人获取救济的基本保障。当行政主体将职权委托给其他组织行使时,该组织与行政主体必须通过要约的方式建立委托关系,通过合同或其他协议书规定委托方和受托方之间的权利义务。行政相对人的权益因这种委托关系受到侵害时,委托方将率先承担法律责任外,可以依协议书的规定追究受托方的违约责任。行政内部协助或委托虽也是行政委托的一种,但主体之间的关系更像民事法律关系,因为主体之间在地位、性质和职权方面都是平等的,相关的民事委托关系规则调整这种关系似乎更为合适。关于行政委托的程序规则究竟在哪一个行政法当中出现是需要研究的。目前一些行政委托程序反映在部门行政管理法之中。能否在即将出台的《行政程序法》中写进行政委托的程序规则是理论界应当认真研究的。

5. 行政委托的成立,必须是权责对等化的职权。行政委托关系的成立是以职权而展开的,不论委托方还是受托方在这种关系中都是通过职权联系在一起的。该关系中实则有三个性质的职权:一是本职权,即委托关系赖以成立的行政职权,如行政处罚委托中的处罚职权、行政奖励中的奖励职权、行政鉴定中的鉴定职权等。该职权是行政委托关系的基础条件,也是其他后续职权的参照系。二是委托权,就是委托机关委托受托机关为某种行为或不为某种行为的职权,只有当委托方有这一权利时,其本身固有的职权才有可能发生转移,否则这种转移就不可能发生。三是职权行使权,是指受托方从委托方那里取得的行使委托方职权的那一部分权力,这一权力行使是委托关系中最具实质意义的部分。因为,该权与具体的事项联结在一起,若权力行使伤害相对一方当事人的利益的话,也基本上是在这一部分。三个方面的职权使受托方和委托方在行政委托关系中都不同程度地获得了利益。而利益和风险、权力和责任应当是并存的。正是这一基本原理使我们不得不将权责对等作为委托关系的一个重要的构成要件来看待。也就是说,由于委托方和受托方在委托关系中都得到了利益,因此,双方都应当承担一定的法律责任,且法律责任承担的多少要根据其受益的量来决定。受益的量越大其所承担的责任也就应当越大。该原理对传统行政委托中仅由委托方承担责任的制度提出了挑战。委托方的责任应当是最先承担的,即行政相对人权益造成侵害后先由其承担,而这种先行承担并不意味着要求其承担责任的量大于受托方承担责任的量。

(四)行政委托的行政法控制

若将行政委托作为一个行政法制度来看,它在我国行政法治中仅有一些零散性的控制规则,或者说这些控制规则主要体现在行政处罚等具体的委托关系中。行政处罚委托关系中的规则可以简单地概括如下:"受托方以委托方的名义实施行政处罚。行政处罚委托产生的是一种委托代理关系。在委托代理中,代理人以被代理人的名义而不是以自己的名义,在代理权限范围内与行政相对人发生行政处罚法律关系。……受托方不得再委托。行政委托不同于民事委托,在民事法律关系中,代理人经被代理人授权,或在紧迫情况下为了被代理人的利益,可以转让第三方行使。行政处罚权是一项国家权力,必须由法定的机关行使。……受托方一是接受了委托行政机关的委托,必须亲自实施,不得再行委托。……受托方实施处罚行为的法律效果由委托机关承受。受托机关或者组织在委托权限范围内的行为在法律上视为委托行政机关自身的行为。……委托方有权监督受托方的行政处罚行为。"[64] 笔者认为,个别委托行为中的行政法控制固然重要,但是,若要从行政法治的角度来谈行政委托,或从行政法治的高度对行政委托进行控制,就必须构想一些系统的控制制度和控制规则。

1. 关于行政委托关系的行政法关系化

行政法律关系本是行政法学的一个基本理论问题,指在行政职权行使和行政管理活动过程中行政主体与行政管理相对一方当事人结成的权利义务关系。随着我国行政法治进程的发展,行政法关系不单单是一个理论问题,而是一个理论和实践的复合问题,其实践化倾向越来越明显,正如有学者指出的:"在行政法律关系中,行政主体是行政权力的行使者,公民、法人或者其他组织是行政权力的行使对象,处于行政客体的地位,而且双方的权利义务具有不对等性,行政主体一方往往优于另一方当事人。有鉴于此,法律往往也对行政主体以更多的控制。法律不仅通过设立行政权力的行使规则而加以控制,而且往往也赋予了其他机关和组织及公民对行政权行使活动的监督。在行政法关系中,对另一方当事人来说往往有更多的救济权利。为了防止行政主体违法行使权力,另一方当事人可以通过多种途径和方法而获得救济。"[65] 该实践性被称为行政法关系的救济性,显然,这一属性是行政法关系实践性的一个生动体现。行政委托关系至少在我国目前的行政法关系中还未曾出现,由于这种理论上的不足便导致了行政权委托关系的非驴非马状态。即其在庞大的法律关系中究竟属于一种什么样的关系形式，是行政法关系，还是民事法律关系，还是分而论之等都没有一个确切的说法。行政委托关系理论上的困惑必然导致其在行政法治实践中的控制漏洞。基于此，我们认为，行政委托关系应当行政法关系化，所谓行政法关系化，是指应当将行政委托关系首先从理论上纳入行政法关系的范畴之中，让行政主体之间的委托关系适应内部行政法关系的一般理论。行政主体与其他组织的委托关系中一部分适合内部行政法关系的要求，另一部分适合于外部行政法关系的要求。通过使行政委托关系成为行政法关系中的组成部分，回答委托方与受托方之间的权利义务内容、法律关系客体等。第二步骤是指将这种理论上的关系形式实践化，使其纳入行政监督法律关系和行政救济法律关系之中。上述两者若能够顺利完成，行政委托关系中的一系列重大理论和实践问题便可以得到合乎逻辑的解释。

2. 关于行政委托职能范围的法律设定

在目前的法治条件下，还不可能对一个具体的委托事项都作出详细的规定，在这样的情况下，笔者认为我们应该通过确定行政职能范围的方式使问题尽可能简化。行政职能是法律对行政机关职权行使范围的确定，它是一个职权系统而不是具体的行政权限。这种职能可以有中央政府职能和地方政府职能之分，中央政府职能是归于中央行政机关行使的那些职能，地方政府职能是归属于地方政府的职能，这两种职能的地位约翰·密尔有过精辟论述："如果司法，包括公安和监狱，既是如此普遍关心的事情，又独立于地方一般特点的科学问题，那么，可以也应当在全国范围内作出划一规定，并由此纯属地方当局的人更有训练的人贯彻施行有关规定；另外，也有一些事务，如济贫法、卫生规则等的管理，尽管他们真是全国所关心的，但在不能符合地方行政目的的情况下，用地方管理以外的方法管理。关于这样一些任务产生这样的问题：地方当局应当被授予自由决定权，不受国家监督或者控制到什么程度。"[66]依这种理论，我们能否这样说，即由中央政府承担的职能不能以行政委托的形式行使职权，或者有限制地进行委托。而由地方政府承担的职能范围则可以实行广泛的委托制度；这种职能可以有特别职能与一般职能之分，所谓特别职能，就是在国家政治生活领域中具有特殊地位的那些职能，而一般职能则是特别职能以外的那些广泛职能。由于我国一向重视特别权力关系，因此，对于行政主体的特殊职能应作出严格的委托限制，最好不能够进行委托。而一般职能则可以在相关规则的调控下进行委托。这种职能还可以分为与人身权有关的职能和与财产权有关的职能。人身权的职能与行政相对人的人身有关、财产权的职能与行政相对人的财产有关。人身权是行政相对人所有权利最为重要的，故而，人身权的职能行政主体不能委托，只有与财产权有关的职能才可以进行行政委托。当然，财产职能的委托也要受到法律规则的限制。这种职能还可以分为内部职能和外部职能，如果说内部职能委托中的法律规则是柔性，那么外部职能委托中的法律规则应当是刚性的。同时，对于行政委托中职能范围的设定应依法律或行政法规为之。关于行政委托职能范围的设定笔者仅提出两个基本思路,其中的一些深层问题还需进一步探讨。

3. 关于行政委托与行政合同的关系

亚当·斯密对契约的本质有这样的描述:"由于契约而产生的办理某事的义务,是基于由于诺言而产生的合理期望。诺言跟意图的单纯的宣告大不相同。虽然我说我想为你做这件事,但后来由于某件事情发生我没有做到,我并没犯违约罪。诺言就是你向所允诺的人宣告你一定履行诺言。因此,诺言产生履行的义务,而违反诺言就构成损害行为。违约是一切损害行为中最轻便的一种,因为我们依靠自己所占有的东西,当然多于依靠别人手里的东西。一个被抢去5镑的人认为他所受到的损害比由于契约而失去5镑的损害大得多。因此,在野蛮时代,除扰乱公共治安外,其他各种罪只受到轻微的处罚,要到社会有很大进步以后,契约才可据以起诉,违约才须加以纠正。"[67]既表明契约责任的必纠性,又表明契约责任不一定是法律责任中最为重要的,同时还反映了契约理念是随着社会的发展而不断发展的。行政委托关系实际上与契约关系十分接近。据此,我们应当将行政委托与行政合同结合起来进行研究,遗憾的是到目前为止行政法学界还没有将此问题视为同一范畴的问题进行研究者。行政合同是现代行政管理采用的一种重要手段,也是一个重要的行政法问题。行政合同"指行政机关以实施行政管理为目的,与被管理方的公民、法人或其他组织意思表示一致而签订的协议。"[68]由此可见,行政合同最大的特点是行政主体与管理相对一方意思表示的一致性。行政委托关系尽管不一定发生在行政主体与行政相对方之间,但其同样是行政主体与受托方之间的一种合议。我们认为,要将行政委托与行政合同挂起钩来,要么扩大目前我国行政合同理论的视野,不能仅仅将行政管理活动过程中的合同视为行政合同,尤其在制定行政合同法时,把行政委托合同作为行政合同的一种规定下来。要么以合同类型的方式确定委托方与受托方之间的关系模式,使二者由合同原理的一般规则联结起来。在行政委托的其他规则还不能很快制定出来的情况下,这应当是解决行政委托关系的一个非常好的思维进路。

4. 关于行政委托与行政职权剥离

《中华人民共和国经济和社会发展第十个五年计划纲要》指出:"加强社区组织和队伍建设,扩充社区管理职能,承接企业事业单位、政府机关剥离的部分社会职能和服务职能。以拓宽社区服务为龙头,不断丰富社区建设的内容,发展社区卫生,繁荣社区文化,美化社区环境,加强社区治安,完善社区功能。"[69]说明"十五"期间我国政府行政系统的职能要发生剥离。所谓剥离,是指原来属于政府行政系统的职能要从行政系统中分离出去,归属于企事业单位或社区组织,尤其社区组织以其区域集中、职能集中等特点可以履行诸多原来归属于行政系统的职能。"十五"期间,"按照发展社会主义市场经济的要求,进一步转变政府职能,集中精力搞好宏观调控和创造良好的市场环境,不直接干预企业正常的生产经营活动。加快政府审批制度改革,大幅度减少行政性审批,规范审批行为,加强监督机制。发挥商会、行业协会等中介组织的作用。"[70]这些关于行政系统职权行使的定位为我们确定行政委托的职能提供了一个思路，这是行政委托可以作为政府职能转变过程中采用的一个手段，或者政府职能转变后政府行政系统的一种管理形式。就政府职能转变过程中的手段而言，政府行政系统可以将一些既能够由自己行使，又可交由企业、事业单位及社区行使的职权先以委托的形式交由政府机关以外的组织行使，而这种转变以行政委托的形式进行似乎更为合理，因为通过委托关系行政主体一方面有权对委托出去的职权进行监控，另一方面对不能从行政主体分离的职权及时收回。就政府职能转变后，行政系统行使权力的形式而言，行政委托可以以职权常任性委托的形式把本由行政主体行使的职权长期交由委托的组织行使，职权的支配主体是行政系统，而职权的具体行使者是行政主体以外的组织。如果能够如此，那么行政委托就将成为我国行政法治中一个重要的基本制度，并有着强烈的时代特色。

四、行政法上行政综合执法的职权整合

(一)行政综合执法的概念

行政综合执法是指在行政执法过程中，当行政事态所归属的行政主体不明或需要调整的管理关系具有职能交叉的状况时，由相关机关转让一定职权，并形成一个新的有机的执法主体，对事态进行处理或对社会关系进行调整的执法活动。行政主体的执法行为若有明确的法律规范规定，行政事态的管理和管辖若有清楚的职能承担者，行政管理关系若是一个单一的关系形态就没有行政综合执法可言。从这个意义上讲，行政综合执法既是出于对行政管理事态有效处理的考虑，又从一个侧面反映了行政机关组织体系中职责范围不健全这一事实。如果从行政法的基本理论出发揭示行政综合执法的内涵，我们可以发现，其由如下若干相互联结的层次体系构成，这几个层次给行政综合执法确立了一个相对独立的质的规定性。

1. 行政综合执法是多行政主体的执法

行政综合执法在执法过程中尽管是以一个单一的行政机关出现的，但不能因此就误认为行政综合执法是单一行政主体的执法。行政法所讲的行政主体，都是享有独立的、完整行政职权的机关或者组织，也就是该职权是否独立是判断行政主体资格的关键。如学者们在揭示行政主体的概念时指出：系指依法拥有独立的行政职权，能代表国家，以自己的名义行使行政职权以及独立参加行政诉讼，并能独立承担行政行为效果与行政诉讼效果的组织。[71]该定义表明，行政主体的职权具有强烈的独立性，不能与其他任何机关或组织分享。该独立性来自于法律、法规的规定，也就是说，行政职权是已经规定好了并属于某一行政主体所享有。而行政综合执法机关在行使权力和处理社会事务时，其权力并没有法律上的明确依据，至少综合执法机关不能算是完整意义上的行政主体。但是，作为综合执法机关的组成者都有独立的法定职权范围，其在综合执法的组合体中是以独立的行政主体资格出现的，正是这种独立性决定了执行主体中的某一个机关能够转让一部分职权出来。综合执法的多行政主体与综合职权机关作出行政行为时的独立性构成了一对矛盾，这对矛盾对于综合执法机关

承担责任带来了实践上和理论上的麻烦。应当肯定的是,在对相对人承担责任方面综合执法机关应当是以独立身份出现的,而内部的责任承担则应归于各行政主体自身。

2. 行政综合执法是职能交叉的执法

一般而言,行政执法是行政主体本职能范围内的执法,如税务行政机关对税务领域行政管理法规的执行,工商行政机关对工商行政系统管理法规的执行等。国家在设立行政机构时是以行政职能为基础的,每一个行政机关的权力行使也只有在本职能范围内才是有效的。然而行政综合执法则不同,它的整个执法过程显示出了强烈的职能交叉属性,如一个综合执法机关可以同时扮演两种以上的角色,在一些城市设立的巡警大队既可以行使公安机关的管理职能,也可以行使交通机关的管理职能,还可以行使工商、环保、城建等部门的管理职能。此种职能交叉的原因有两方面:一方面是管理事态本身没有明确的归类,或者难以将其归入哪一个具体的行政部门中去,如在城市街道出现的摆地摊现象就同时违反了多个行政管理规范。在当时当地环境下,其是一种多头的违法,而且没有明显的行政归属,无论哪一个部门对其进行处理都必然有超越权限之嫌;另一方面是为了执法行为的方便,而将若干违法行为,或违反若干法律规范的行为集中在一个机构之下处理。综合执法机关在执法过程中的职能交叉性对现代行政机关的职能划分提出了新的课题,换句话说,政府能否通过对行政职能的重新认识而重组政府机构,通过此种重组使政府的职能既有所简化,又相对集中。但是,此种重组的水平无论有多高,都不会将市场机制形成中社会事务的不断复杂化完全理清楚,这正是综合执法存在的前提之一。从行政立法的角度来讲,职能交叉现象越多就反映了行政立法水平越低下,反之职能交叉越少则行政立法水平就越高。

3. 行政综合执法是权力转让性执法

在行政法学理论中,传统的观点认为行政主体的职权既是不可以处分的,又是不可以转让的。"行政职权是行政权的具体化,属于权力的范畴,因此不可自由处分。没有法律依据并经法定程序,行政主体不能增加、减少、放弃或转让行政职权。"[72]传统理论中的不可转让指行政主体不得把自己行使的职权转让给其他的机关、组织或个人行使。若要转让必须有法律上的明确授权且须依法定程序而为之。综合执法是对传统行政法学原理中职权不可转让的否定。在综合执法机关中,存在两种以上的职权,每一种职权都可以归于某一行政系统之下。而综合执法机关本身却不是诸如工商机关、税务机关、公安机关,但都履行着上述若干机关的职能,是若干种职权的一种集合,对于享有某一职权的原机关来讲其与综合执法机关的关系就是一种权力转让性关系。此种权力转让包含着非常深刻的理论内涵,一方面,综合执法机关的依法成立是否说明此种转让就是依法转让,笔者认为不能这样简单认识。法律规范中的依法转让,依法定程序转让是有非常严格之内涵的,它一般指必须是法律明文规定下的转让,不仅明文规定了转让的范围而且还规定了转让的程序。国务院依宪法将有关的特别管理权授予地方机关或其他职能部门就是典型的依法转让。此点说明，综合执法中的权力转让是在另一种理论基础支配下的转让，或者另一种法律前提下的转让，而不是传统理论中的依法转让。转让的深层理论还须理论界进一步探讨。另一方面，综合执法中的权力转让，转让者与受让者是授权关系、委托关系，还是内部行政合同关系是需要予以澄清的。由于综合执法机关成立的特批程序，表明了综合执法机关与原权力的转让机关之间更像内部行政合同关系。该关系提醒我们，综合执法机关与转让机关应当有某种行政上的协定，以明确责任。

4. 行政综合执法是权威性高于普通执法的执法

在一些地方制定的行政执法条例中，综合执法是被排除在执法范围之外的，因而没有受到法律规范的调整。例如，《湖北省行政执法条例》[73]第2条规定："本条例所称行政执法，是指行政执法机关在对行政相对人实施行政管理活动中，执行法律、法规、规章的行为。本条例所称行政执法机关，是指依法行使行政执法职权的行政机关和法律、法规授予行政执法职权的具有管理公共事务职能的组织。"《云南行政执法监督条例》[74]第2条规定："本条例所称的执法监督，是指县级以上地方各级人民政府（含地区行政公署，下同）对所属部门和下级人民政府，上级行政主管部门对下级行政主管部门行政执法活动进行的监督，……"显然，湖北省行政执法条例中的行政执法没有把综合执法包括进去。云南省对行政执法的监督排除了对综合执法的监督，这是我国行政法治实践中的一大弊端。我们认为，在行政执法体系中既要勇于承认综合执法的存在，又要大胆对其进行法律上的调控。行政综合执法与普通的行政执法相比，除了有上述三个关键区别外，还有一个区别是不可忽视的，就是执法效力上的区别。行政综合执法由于其执法主体必须通过特别程序认可，[75]其主体地位高于普通的执法机关。再则，综合执法机关是一种多位权力组合的执法形态，其多位权力组合后便形成了一个相对集中的权力板块，而该权力板块的变更、废止等必须经过权力转让机关的共同意志表示，因此，其在法律上的效力显然高于其他执法。综合执法在大多数情况下是即时进行的，而即时行政行为往往要受到法律的特别保护，[76]以此也可从另一侧面论证综合执法的高度权威性。

（二）行政综合执法的类型

尽管我国行政法制度对行政综合执法尚无系统规定，然而，行政法治实践中行政综合执法并不因此而受到什么限制。几乎在全国各地都存在综合行政执法问题，而且其相对数逐年增多，尤其在一些省会城市或地级市如广州，综合执法已成为行政执法的基本类型之一。若从理论上对综合行政执法分类的话，有下列主要类型：

1. 双重主体与多重主体的综合执法

行政综合执法是由两个以上行政主体组合而成的执法主体。以组合主体的多寡为标准，可以分为双重主体的综合执法与多重主体的综合执法。双重主体的综合执法是指由两个行政主体构成行政执法主体，或者在一个综合执法主体之中仅集中了两个行政职能部门的职权，此种综合执法由于组合主体较少，其责任承担比多主体的综合执法要容易一些,在行政法治实践中,工商与税务、公安与海关、工商与海关、工商与物价、环保与土地等行政主体组合而成的综合行政执法较为多见。应当指出,此种组合而成的综合执法与两个行政机关共同作出具体行政行为是有明显界限的,共同行政行为是就某一违法行为的处理而两个机关共同作出行政行为的状况,而综合执法是两个机关在转让部分权力的情况下就一定范畴职权而进行的联合。多重主体的执法是指由多个行政机关组合而成的综合执法主体,或者一个综合执法主体同时履行多个行政职能部门的部分职能。应当说,在执法实践中多重主体的行政综合执法要多于双重主体的综合执法。多重主体的执法由于有多个行政主体参加或者有多种行政管理职能,因此,原主体在承担责任方面难于前者。

2. 依法定程序组合的综合执法与依行政决定组合的行政综合执法

依《中华人民共和国行政处罚法》的规定,行政综合执法的组合主体可以依两种方式决定:一种方式是依职权决定,即有关行政组织依职权决定一个综合执法机关的成立;另一种方式是依授权决定,即行政主体在相关主体的授权下组建综合执法机关。在我国,依职权而决定综合执法主体成立的只有国务院,而依授权可以组成综合执法机关的有省级人民政府。上述两种决定综合执法机关成立的方式都可视为法定方式,因为它是在法律明文规定的情况下而确立综合执法机关的。法律亦为上列组合规定了法定程序。依行政决定组合而成的综合执法是指有些人民政府根据当地行政执法的状况而决定设立综合执法机关,并进行综合执法的情形。行政部门在作出设立综合执法机关的决定时并没有明确的法律依据,而仅仅根据自己的职权而为之。以行政决定组合而成的行政综合执法主体在我国有上升的趋势。应当说明的是,法律关于综合执法主体的设立权属的规定存在一定的问题,就是将行政综合执法主体的组合权确定得太高,即国务院和省级以上人民政府享有这一权力,至少对于行使行政处罚权的综合执法主体而言是如此。这样的规定不利于对行政综合执法进行有效控制,因为大量存在的低层行政机关决定综合执法权的状况,如果不予认同就必然使其对行政事态的有效管理变为非法,[77]最终不利于行政主体对行政管理事态的有效调整。

3. 临时性综合执法与经常性综合执法

在行政综合执法的概念之下还包括临时性综合执法和经常性综合执法两种形式。临时性综合执法是指针对某一范畴、某一时期的行政事态而临时组合而成的综合执法。此种综合执法在行政执法实践中非常多见,例如,行政机构系统在某一时期开展的某项专项斗争就属此类。税务征收管理专项斗争、打击假冒伪劣产品专项斗争、打黄扫非专项斗争,等等。在这些专项斗争中,常常是若干行政职能部门共同行动,对违法行为的处理也以专项斗争临时组成的机构的名义而作出。临时性综合执法由于受政策的影响比较明显,且追求短期的社会效果,故其规范化的程序往往不够,应当作为行政法重点调整的范畴。经常性综合执法是常设的综合执法机构所进行的执法。近年来,我国行政执法主体中常设的综合执法机构逐年增多。例如,集贸市场、市容管理等方面，由两个或两个以上具有相关管理职能的行政部门实现一个行政总目标，实行统一执法并对违法行为进行处罚。具体的做法大体有两种：一种是由政府建立综合执法机构，其中比较有代表性的是一些城市建立的巡警制度，在一些重要公共场所和主要街道由巡警负责巡查，对治安、市政、卫生、工商等进行综合管理并对违法行为统一实施处罚；另一种是由两个以上行政机关实行综合检查，根据具体的违法行为，分别以不同行政机关的名义进行处罚。[78]前一种情况是比较典型的经常性综合执法。经常性综合执法由于其机构建立较为规范，因而，其执法行为的偏差也较容易控制。笔者认为，临时性综合执法的比率与行政法治水平的高低有关，行政法治水平越高临时性综合执法就越少，反之，行政法治水平越低临时性综合执法就越多。

4. 精简行政机构的综合执法与便于相对方权益实现的综合执法

如果以行政综合执法的目的来分类，可以分为精简行政机构的综合执法和便于相对方权益实现的综合执法。前者指成立综合执法机构的目的是为了精简行政机构，尤其是防止对同一行政事态同时有多个行政机构发生作用的现象。在我国，行政管理职能部门布局主要以“条条”为主，加上各部门组织规则不健全，职权划分不甚明确，使行政管理一方面部门林立，另一方面又职能分散，造成工作中的相互扯皮现象。在这种条件下，如何使各个部门协调工作，发挥行政管理系统的整体作用就非常重要和迫切，尤其在一些综合性强的管理机构更是如此。可以说，综合执法对改变“大盖帽”满天飞，滥施处罚、消极处罚、有利争着罚、无利都不罚等现象有十分重要的意义。[79]可见，通过综合执法有利于简化行政机构。后者指成立综合执法机构的目的是便利于行政管理相对方当事人。在我国传统行政管理中，常存在“几个大盖帽，管一个小草帽”的现象，大盖帽多对于行政相对人行使权利非常不利，有时需要向若干个行政管理部门请求权利，其权利难于得到保护。有时，被侵害的相对一方当事人请求行政机关保护其人身或财产权，而若干个行政部门都有可能以权力交叉为由一推了之。综合执法机关设立以后，其权力相对集中，行动相对迅速，对于及时保护相对人的权益有积极意义。也许，某一综合执法机关同时既是出于精简行政机构的需要而设立，又便于行政相对一方当事人行使权利，但从理论上讲，作精简机构的行政综合执法与便于相对人权益实现的综合执法的分类还是很有意义的。

5. 区域性综合执法与职能统一型综合执法

从综合执法机关权力行使的外形来看，还可以分为区域性综合执法与职能统一型综合执法。所谓区域性综合执法，就是以地域为行使权力的对象而设立的综合执法机构的执法。我国行政机构都有一定的地域范围，一定地域范围内的行政机构体系为了使该区域的行政机构在某一方面的管理中行动统一，而有意识地建立的综合执法机构。城市巡警大队多属此类，其权力行使主要以地域为基础。所谓职能统一型综合执法，则是指一些行政职能部门为了在权力行使中发挥若干机构的合力，便和相关机构共同组成职能性行政执法机构，如专项斗争中的联合机构就属此类。此两种综合执法在有些方面有一定的联系,但其界限也是非常明确的。

(三)行政综合执法的法律控制

行政综合执法作为行政执法行为的一种应当与其他执法行为一样,其拘束力首先是对行政管理相对一方当事人的,而且如我们上面所讲的,其对相对一方的拘束力要高于普通执法,其具有明显的即时效力性就是例证。同时,不可忽视的一面是行政综合执法对于行政机关来讲同样具有法律上的拘束力。若一个综合执法主体集中了若干行政职能部门,那么这些行政部门就应对该综合执法行为负有连带责任。问题的关键在于必须通过有效的法律制度对行政综合执法进行全面调控,在我国行政综合执法还在摸索阶段,探讨对其进行有效调控的法律制度无疑具有非常现实的意义。

1. 关于行政综合执法的立法问题

《中华人民共和国行政处罚法》第16条可以说是到目前为止我国唯一的一个关于行政综合执法的控制性条款。笔者认为,国家应该把行政综合执法当成行政法中的一个基本制度看待,也只有这样才能全面规范行政综合执法问题。若把行政综合执法作为一个法律制度确定下来,就不能采取以往的法律行文方式,仅在一个不相干的行政法典中写一条有关行政综合执法的条款,而应当制定一个完整统一的综合行政法的单行法典。该法典可以由全国人民代表大会及其常务委员会制定,也可以由国务院制定。国务院作为行政法规的制定主体制定相关的综合执法法规并不为过。由于没有单行的行政综合执法的规定,导致目前关于综合执法的调控仅限制在行政处罚的综合执法中,其他类型的综合行政执法则得不到有效控制。在传统行政执法中,综合执法中名目繁多,如联合检查组、联合执法队等,这些特殊的行政综合执法主体所行使的权力不仅仅在处罚方面。有的综合执法机关可以行使收费权,有的则可以行使摊派权,有的还可以对财产行使强制权。[80]那么,处罚以外的这些广泛权力一旦侵害相对一方当事人就没有相应的制度保护其合法权益。《中华人民共和国立法法》颁布施行以后,关于综合行政执法的控制更提醒我们应当从立法上进行研究。我们知道,该法所调控的是规章以上的法律渊源,对以规范性文件出现的行政法渊源则没有相应规定。然而,行政综合执法机关的设立大多是以规范性文件的形式出现的,例如,“联合检查组就是县级以上人民政府所属的两个或两个以上行政机关为了一个共同的行政目标组成行政执法小组,联合进行检查,根据具体的违法行为,共同或分别以不同行政机关的名义共同进行处罚。”[81]由于《中华人民共和国立法法》不调整规范性文件,因此,从理论上很难说这些随意设立综合执法机关的规范性文件就是错误的。那么,若制定一个系统的行政综合执法控制法这一问题就可以得到解决。在国家关于综合行政执法的上位法出台之前,一些地方控制行政执法的地方性法规可以对行政综合执法进行控制,遗憾的是,大多数地方性法规都把行政综合执法排除在法律控制的范围之外。[82]还有一个问题应当说明,目前国家关于行政综合执法主体由省级以上人民政府决定的规定在执行起来比较困难,据笔者所知,大多数基层政府机关都设有综合执法机关,一般是由当地政府决定的,这是一个普遍存在的事实。

法律只有在肯定其资格的前提下,才有可能对其进行有效控制,因为它是既成事实的东西,对于既成事实的东西,只有在认同的基础上进行调控才较为可行,正如婚姻法恰当地承认事实婚姻那样。所以,笔者建议应将行政综合执法机关的设立权相对下移,至于下移到哪一级最合适需作进一步的探讨。

2. 关于行政综合执法机关的主体资格问题

行政综合执法机关是多行政主体的执法,是一种权力转让性执法,这是从其深层特性上而言的。那么,作为一个行政综合执法来讲在法律上的资格问题则是另一范畴的问题,而该问题是诸如责任承担等其他后续问题的关键。目前的法律规范包括《中华人民共和国行政处罚法》在内并没有给行政综合执法机关的资格一个明确的说法。如行政综合执法机关有没有法律上的人格、综合执法机关有没有独立的法律地位、综合执法机关以谁的名义作出行政行为等。笔者认为法律必须从以下方面予以认同:一是要认同综合执法机关的法律人格,即必须肯定综合执法机关是行政机关的一种,具有和其他行政主体一样的法律资格。如《湖北省行政执法条例》第10条规定:"实行行政执法主体资格制度。行政执法由行政执法机关在其法定职权范围内实施,非行政执法机关的组织未经行政机关的合法委托,不得行使行政执法权。行政执法主体资格由本级人民政府登记或者确认,并向社会公告。省垂直管理的行政执法机关的执法主体资格,由省人民政府登记,并向社会公告。县级以上人民政府的法制工作部门具体实施行政执法主体资格的登记和确认工作。"行政综合执法机关亦应通过主体资格登记合法取得执法主体资格,如果行政综合执法机关没有法律上的资格,既不利于其行使职权,也不利于对其进行控制。二是必须确立行政综合执法机关的独立法律地位。这一问题与上一问题有一定的联系,但不完全是一个问题。我们知道,综合执法中的"综合"二字既是行政主体中的主体组合,又是若干行政部门的职能组合,这就使一个综合执法机关打上了若干行政主体和若干行政职能的烙印,而此烙印很可能造成一个综合执法机关在权力行使中的裂变和在责任承担中的推诿。那么,使行政综合执法机关从原主体和原职能中独立出来就是应当的。其独立法律地位肯定之后,在复议、诉讼中就有可能成为独立被告。三是应当确立行政综合执法机关权力优先制度。此处所讲的权力优先不是通常所说的行政优先权,行政优先权是行政主体相对于行政相对人而言的权利。而笔者所讲的权力优先是指当行政综合执法机关的权力行使与普通机关的权力行使,尤其与原权力享有者机关的权力行使发生冲突以后。应当推定行政综合执法机关的权力为先而其他机关的权力为次,这是由行政综合执法的权威性决定的。

3. 关于行政综合执法机关权力行使过程的监控问题

行政综合执法机关的权力行使过程有着自己的特殊性,表现在一曰灵活性,即其比普通机关的行政执法更显灵活,可以根据当时、当地的情况选择适当的方法予以处置。二曰即时性,就是其对一些行政事态必须立即进行处置,而不能够有所延误,如城市巡警大队对打架斗殴者可以即时带离现场。三曰多样性,即行政综合执法所面临的事态是多种多样的,其可以选择数方案进行处理。上述特性决定了行政综合执法不能依一般的行政程序而运行。所谓一般的行政程序,就是指目前法律、法规认同的程序规则,如行政处罚中的管辖规则、调适规则、决定规则、执行规则等。这些一般规则调整行政综合执法必然使行政综合执法达不到预期的效果,在法律没有特别程序规定的前提下,[83]必须允许行政综合执法在普通程序之外运行。这自然而然地对我们提出了一个问题,就是如何有效对行政综合执法进行监控的问题。笔者认为可以从下列三方面考虑:一是对行政综合执法手段的限制。法律、法规可以列举若干种特殊的行政手段允许行政综合执法机关采用,但必须严格限制在可使用的范围之内。目前行政综合执法的手段过泛过乱,严重影响了我国执法机关的形象,通过此种限制保护相对人的合法权益。二是对行政综合执法进行空间上的限制。对于区域性行政执法而言这种限制显得尤为重要,即一些综合执法行为只有在特定的空间范围内才能使用,如将人身有危险的人迅速带离现场,只能发生在闹市区或有政治意义的场所。三是对行政综合执法进行时间上的限制。例如,可以规定对特定物品的扣留不得超过24小时等。另外,对行政综合执法的运行过程进行监督也是非常必要的,笔者认为,可以发挥一些行政职能部门内部设立的监督机关的作用,如在公安部门设立的督察警察就可以对某一行政综合执法中属于本部门的那一部分工作人员进行不定期监督。新闻媒体也可以介入到行政综合执法中来。甚至可以说,对行政综合执法过程的监控是防止行政综合执法侵害公民权利的关键。

4. 关于行政综合执法的法律救济问题

行政综合执法与普通行政行为的法律救济在若干重大问题上存在差异:第一个问题是在综合执法机关的行政行为作出后,由谁当复议被申请人或被告问题。实际上,在行政综合执法机关主体资格确定以后这问题就迎刃而解了,即由作出行政行为的综合执法机关担当被申请人或被告。若在主体资格没有确认之前,以哪一个行政主体的名义作出具体行政行为,哪一个行政机关就应当为被申请人或被告。第二个问题是行政综合执法被相对一方当事人推上被申请人以后,由谁来负责复议管辖问题。行政综合执法机关是由另一个行政机关组建的,是否说谁组建谁就应当成为复议管辖机关,回答是否定的。我们知道,依目前法律、法规的规定,行政综合执法机关的组建权在省级以上人民政府,即省政府和国务院。依《中华人民共和国行政复议法》的规定,[84]国务院是不能成为行政复议管辖机关的,那么,由国务院决定设立的行政综合执法机关的行政行为当然不能由国务院管辖。那么,是否由权力转让的共同上级机关管辖,回答亦是否定的。这样仍可能导致将管辖权放于国务院的结果。即便不放在国务院,放在较高层次的行政机关也是不妥当的,因为这样不利于高层机关行使更大范围内的权力和决策性权力。笔者认为,以综合执法机关所在地的人民政府法制部门复议较为妥当,如由人民政府法制办公室的复议处负责,原因在于法制机构所从事的工作就是有关的行政执法问题。而行政综合执法机关的行政行为被起诉进入诉讼程序后,管辖权则容易处理,以属地原则解决即可。第三个问题是行政综合执法机关的行政赔偿问题。对于行政相对人而言,行政综合执法机关仍是行政机关的组成部分,相对人所认同只是政府部门而不是某一机关,因此在行政赔偿中,行政综合执法机关应作为一个整体面向相对人,并支付有关的赔偿费用。此一问题有《国家赔偿法》的调整,不需要进行探讨。第四个问题是行政综合执法主体中,各职能机关的责任分担问题。违法行为出现后,各职能机关负连带责任是无可争议的。但责任有一个量化问题,即在承担责任中的角色主次问题,这要以违法行为的作用范围和职权主次的性质而论之。例如,若是工商行政机关与税务行政机关组成的综合执法机关,所谓的行政行为,主要侧重于市场管理方面主要责任就应当由工商行政机关负责,若行政行为主侧重于税收征收管理主要责任就应当由税务机关负责。若行政综合执法机关在组建时有执法协议,就依执法协议中的事前约定分担责任。

行政法上行政职权整合分析

	方式	资格	意义
行政主体资格	确认法律地位	独立主体	强化法律效力
行政授权	资格转移	独立主体	协调行政权主体与事态的关系
行政委托	行为转移	非独立主体	简化行政过程
行政综合执法	职权转移	独立主体	集中行政权力

第五节　内部行政合同

行政职权的整合除了行政法上的授权、行政法上的委托、行政综合执法等以外,内部行政合同也是一种特殊的行政职权整合制度。

行政合同问题是近些年来行政法学界关注的热点问题之一。然而,学者们在行政合同研究过程中有一个明显的偏向就是仅把行政合同问题的关注点放在行政主体与相对一方当事人的合同中,而忽视了行政主体相互之间即内部的合同关系。有些学者在揭示行政合同的特征时非常明显地把行政主体之间的合同排除在行政合同的概念之外,[85]还有一些学者在对行政合同的种类进行列举时,认为其外延完全是行政主体与相对一方当事人之间的合同关系。[86]另一些学者在对行政合同进行理论分析时提到"行政合同根据主体的不同,还可以分为行政机关之间的合同和行政机关与个人或组织之间的合同。"[87]但在其后揭示的行政合同类型中却没有行政主体之间合同关系的具体内容。行政法学界关于行政合同理论之所以存在此种偏向,主要原因在于学者们受政府宏观调控思想的影响,认为市场经济下行政主体对相对一方当事人的管理关系必须发生变化,而合同手段是这种变化的最为主要的体现,也就是说,学者们一味将行政合同沉湎于行政主体与另一方当事人之间关系在市场经济下变化这一事实,而忘记了管理手段的变化应首先在行政系统内部反映出来。因此,就引发了两个需要澄清的问题:第一个问题是行政合同概念之下包括不包括行政主体之间,行政主体与公务员之间的合同关系;第二个问题是如果行政合同理论中有内部行政合同,那么内部行政合同有无相对稳定的物质内容,即仅是理论上的研究,还是有实实在在的内容。不是法律有规定,而是应当有内容。[88]就第一个问题来讲,大多数学者关于行政合同的定义若明若暗地包括了行政主体内部的行政合同关系,如有定义认为:“行政合同是指行政主体之间,或行政主体与相对人之间,为实现国家行政管理的某些目标,而依法签订的协议”,[89]问题在于内部的行政合同的理论基本上到此为止,就是在定义上出现以后其后续问题便不得而知,或得不到有关理论上的进一步阐释。而第二个问题应当说是无可争议地存在行政合同的物质内容,如《中华人民共和国公务员法》第四章中关于公务员录用的规定实际上确立了公务员与行政主体之间的合同关系,尤其在某一单一的录用行为中这种合同关系的物质内容表现得非常明显。正如《湖北省行政执法条例》第5条规定:“行政执法应当严格依照法定权限和程序,遵循公开、公平、公正的原则,文明执法、高效便民,提高执法水平。行政执法实行执法责任制。”就非常主动地体现了行政主体与行政执法者之间的合同关系。而这些内部合同种类的实质内容是被理论界忽视了的。上述两方面的问题说明,对内部行政合同进行探讨既有理论意义也有实践意义。

内部行政合同制度的存在有着深刻的宪法基础。《中华人民共和国宪法》第3条第3款规定:“中央和地方国家机构职权的划分,必须在中央的统一领导下,充分发挥地方的主动性,积极性原则。”第110条第2款规定:“地方各级人民政府对上一级国家行政机关负责并报告工作。全国地方各级人民政府都是国务院统一领导下的国家行政机关,都服从国务院。”依规定我们可以看出我国国家行政机关是一个总的体系,在这一范畴之下存在各种各样的关系形式,如上下级之间的关系形式,地方之间的关系形式,职能机关之间的关系形式,公务员与行政机关之间的关系形式,等等,这些关系形式中有些是明显的指挥命令关系,有些则是平等主体之间的关系。宪法条文关于指挥命令的关系形式作了肯定性明确规定,而其他类型的关系形式则只作了原则上的规定,如分工协作、提高效率等。那么,对于这种没有明显隶属关系或者宪法没有调整的关系形式,一旦在履行管理职能过程中需要发生某种结合就必须在宪法原则的指导下以法律形式结合之,行政合同就是一种隐形的、平等的、相互信任的结合方式。尤其是对于行政管理权的系统而言,没有该形式就必然受到实现过程中的阻滞。应当说,这既是内部行政合同存在的法律基础又是行政合同存在的理论前提。从这个前提出发,我们必须给行政合同一个理论上的说法,并能转换到内部行政合同的客观范畴,更重要的是若把内部行政合同当作一个法律制度,其将受到具体的法律规则的调整,而不仅仅是法律原则的指导。

一、内部行政合同的性质

内部行政合同可以下这么一个定义,是指行政主体在实现行政权,即行政管理职能的过程中与其他行政主体双方的意志表达，达成合约和所结成的一种关系形式，在此种关系中双方以事先约定好的权利和义务而不是固有的权利和义务紧紧的联结在一起。同时，还有一种行政主体与其内部构成分子通过法律形式建立的合同关系，该关系中的权利义务在大多数情况下是法律规范事先议定好的，而一小部分关系是由双方在某一时段或某一事态中通过共同的意志表示所建立的权利义务关系。显然，内部行政合同中的关系有两种形式：一种是在权力行使过程中，双方意志表示合约后所形成的法律规则行使的关系。另一种是法律规则事先约定好，但具有明显的合同属性的关系。[90]总体论之，内部行政合同关系的性质如下：

1. 内部行政合同是行政权均衡化实现的合同

内部行政合同作为行政合同的构成还有与外部合同共同的东西，即是关于行政权运行的合同，其与行政权的运行有着千丝万缕的联系。一般认为，外部行政合同是实现相对人权益均衡化，事实化的合同，外部行政合同是行政的一种富有弹性的管理形式，它既不像行政命令那样僵硬，易挫伤个人、组织的积极性，又不像民事行政行为那样随便。它是双方当事人情愿自由与行政权优先性的有机组合。[91]在行政合同有明确规定的条件下，作为相对一方的个人或组织可以充分发挥聪明才能，积极稳定地实现合同所规定的目标。[92]相对人的权益的均衡化是外部行政合同情理之根本。内部行政合同的均衡化则是对行政权的均衡化，因为内部行政合同发生在行政权的运行过程中，当行政权的运行发生某种没有明确法律规则调整的情况下，并且这时牵涉到行政权不同主体之间的利益分配和管理权力分配问题。这时行政主体之间的利益分配和权力分配在这一刹那变成了两个主体之间的事情，而不是法律或者国家的事情，对此必须有一个正确认识，千万不要认为行政主体之间的关系在任何情况下都是国家的事情。[93]行政主体之间争取类似于民事法律关系中的要约和承诺，实现利益和权益的分配关系，在此国家或者国家法律对行政主体实际上采取用看不见的手段进行调节的方式，[94]由行政主体自由发挥自己在履行管理职能中的积极性，而且这种非常含蓄的调控方式对发挥行政主体的主观能动性是非常有效的。如许多行政边界争议，在上级行政机关难以解决的情况下，往往可以通过两个冲突主体之间的协商达成一致。法律规则关于行政权的分配，关于行政主体之间的关系的规定有诸多内容充分的体现了均衡化，如不同地域的行政机构在管理权的行使中基本上相同。[95]而法律规则对于同一级别但无隶属关系的行政主体的利益和权力一般没有规定，此种均衡的实现就只能通过内部行政合同的关系而为之。行政权的均衡是行政主体意志的均衡化，或者是以行政主体主观意识而表现出来的均衡化，而不是行政主体物质权利和权力行使的平均主义化。内部行政合同最大特征也就在于平等的行政主体之间通过对另一方行为的认同，而实现双方之间在意志上的对导性，从而达到均衡。这是内部行政合同性质首要的一点。

2. 内部行政合同是公法范围内的合同

公法与私法的区分本是西方学者研究法律问题时所使用的概念。所谓私法，就是指:“它合在一个法律体系内原则和规则总体之一部分,它包括处理普通的个人之间的关系的原则和规则”,[96]可见私法主要调整公民、法人和其他组织之间的关系。所谓公法,就是指有关国家有组织的政治团体、政府及其部门和他们的代理机构的结构,行为权力和安全职权、义务及责任的规则和原则,[97]公法所调整的是政府机构内部的各种关系。公法和私法概念的区分尽管是西方的法律传统,然而,随着我国法律与世界法律的趋同,随着我国加入世贸组织,这种概念在中国法律中的区分已经不是牵强附会的东西,而是活生生的现实。因为,无论如何我国法律所调整的关系亦无疑存在个人、组织之间的关系和行政体系内部之间关系的区分。只要这种区分的事实存在,公法与私法的范畴就必然存在。我们认为,我国公法和私法概念的区分不能简单接受西方国家的概念,因为在西方国家公法与私法的区分有着深刻的历史根据和社会根源,此二概念最早可以上溯到罗马法。[98]那么,我们若要区分公法与私法就不应受体系概念的制约,而应以宪法所确认的权利关系为基础,即若是有关私人权益的规则可以划归于私法范畴,反之,若是有关公权力组织的规则则可以归于公法范畴。依此论之的话,内部行政合同与外部行政合同在性质上就很清楚了。外部合同可以说有些是私权范围的问题,但必须以公法的形式出现,有的是混合性权利,即公权和私权交织在一起,但以私权为主。自然而然的外部行政合同所涉及的权利义务关系以私法上的权利义务关系为重心,如农业承包合同中的权利关系主要关系到承包者的私人利益。与之相反,内部行政合同的权益是纯粹的公共权益,其构成的法律关系也必然是公法上的法律关系,调整内部合同的法律规则亦应当是公法上的法律规则。把内部行政合同定性为公法范围内的法律关系或公法范围内部合同关系是有利于内部行政合同制度进一步完善的。我们知道,私法关系中的法律规则和公法关系中的法律规则是完全不同的,若以调整外部行政合同的法律规则和手段调整内部合同关系必然会带来负面影响。

3. 内部行政合同是平等主体之间的合同

关于行政合同的法律性质有学者曾经指出:“签订行政合同的双方当事人地位不同。根据中国民法通则的规定,民事法律关系主体在确定、变更、终止民事关系时,相互之间是平等的,不是一方领导或服从另一方的关系。行政合同则不同,它在成立之前,双方处于领导与被领导地位,合同的成立一般基于管理与被管理的关系,双方当事人地位不平等的特点在行政合同的其他特征中也有明显反映。”[99]笔者认为这一关于行政合同性质的表述其在概念上是不周全的,其只能解释外部行政合同的性质,而不适应于说明内部行政合同的性质。内部行政合同应当说是平等主体之间的合同关系。从合同主体双方自身在合同形成前的法律地位来看,内部行政合同各主体是平等的。法律所赋予各主体的职权以及各主体对相对一方当事人的支配力量也都是对等的,如甲地的税务机关与乙地的税务机关在合同成立之前其身份状况并无二致。内部行政合同中行政主体与公务员之间的合同关系尽管有一定的地位差异,但就双方对任用关系这一法律行为的意思表示来看,双方仍是一种平等的身份关系。

即行政主体不能因自己主张某项合同,而相对人反对而使该合同成立,相对方也不因行政主体的强迫而介入合同关系中去。在合同履行过程中,内部行政合同主体关系的平等性显得更为突出。如果说内部行政合同中存在强迫的话,也是基于合同另一方同意后的强迫,而不是权力行使中单方意志性强迫。这一性质表明,内部行政合同以结合论之,更像合同,或者说更符合合同的本意,因为它最接近契约关系的普通特征。契约的基本功能就是阻止人们对契约的另一方当事人采取机会主义的行为,以促进经济活动的最佳时机选择,并使之不必要采取成本昂贵的自我保护措施。[100]此种的平等主体之间的关系形式,对于行政权的实现来讲比制度确定的联结手段更能够减少行政权行使过程中的成本。

4. 内部行政合同是由双重规则联结在一起的合同

外部行政合同的联结规则主要是行政规则,即政府行使行政管理权时调整行政管理关系的相关规则,这些相关规则具体到外部行政合同中有如下内容:"行政机关得由行政契约在机关本身方面具有法定瑕疵,经以单方意思予以撤销,而相对当事人之人民则不得撤销";"行政机关因行政契约具备一定要求,得以单方意思予以解除,而相对当事人之人民在原则上仅得向行政机关申请解除,而不得擅自解除","不得成为民事诉讼的标准";"双方当事人就契约效力如何有争议时,用行政机关的意思表示具有公定力,则同时人民即应受其意思表示的拘束。"[101]这些外部行政行为的规则符合一般的行政规则,即内部行政合同的联结规则有两类:第一类规则是民事法律关系中符合合同性质的那一部分规则,包括行政主体之间的相互信任规则,这一规则是从普通合同中的诚信原则派生出来的;责任自负原则,该规则是由普通合同中的过错均分规则派生出来的,第三者裁决规则,该规则可以由普通合同中的诉讼权规则推定。上面我们已经讲过,内部行政合同更像民事合同,正是这一点决定了民事合同中的一些关键规则可以适用于内部行政合同之中。第二类规则是行政组织法律的相关规则。内部行政合同发生在行政机关在管理活动过程中自身的运行之中,即单纯行政权的运行之中,行政机关内部的组织原则对行政内部合同有很大的作用。如宪法规定和法律规定的行政主体之间相互协作,统一行动的原则对内部行政合同有直接的指导意义。这两类规则决定了内部行政合同不可能通过行政复议和行政诉讼制度等深刻解决,因而双方之间没有一种称得上行政权对相对方的那种不平等的东西。故而,内部行政合同应当有独立的规则体系,应当有独立的救济方式,笔者认为民事救济方式可以在内部行政合同救济中运用,即一方可以通过纯粹的民事诉讼救助自己。[102]而这一救助方式至少在目前我国的行政合同理论中是被忽视了的。其可以通过行政裁决进行救济,即由双方的共同上级解决他们之间的纠纷。此性质将引导行政合同理论提高到一个新的层次认识。

二、内部行政合同的基本范畴

要确立内部行政行为的基本范畴是非常困难的,一方面,内部行政合同的理论在我国是比较落后的,笔者查阅了目前国内大多数行政法学教科书和有关合同的著述,基本上没有人插手内部行政合同究竟包括哪些内容,有些学者只是在提到行政合同的内容时提了某个方面,[103]因此从理论上几乎找不到太有价值的资料。另一方面,笔者有意查阅了目前我国一些主要的法律和行政法规,关于内部行政合同的内容也非常少。幸运的是,日本两位学者室井力教授和和田英夫教授在揭示日本内部行政合同时倒有一些给我们以启示的内容,如室井力教授认为内部行政合同有两种情况:一是有关行政上的事务契约。这是指行政主体相互间签订的契约,“如市镇村之间的教育事务的委托,有关区域外设置公共设施的地方公共团体之间的协议,境界地的河川的范围负担比率的协议、地方公共团体之间的事务委托等”。[104]“公务员劳动契约。”即公务员和行政主体之间的任务和劳动关系的合同关系。和田英夫教授则是另一种说法,其认为内部行政合同一包括“行政主体相互之间建立的组织上的契约关系,二是包括道路管理负担分配上的契约关系。”[105]显然,后者认为内部行政合同不包括公务员的劳动合同。不论日本学者的观点如何,其都为我们确定内部行政合同的内容提供了一个雏形。依笔者的个人理解,内部行政合同应该确定在如下范畴之内。

(一)行政事务合同

这是内部行政合同的主要范畴,也是内部行政合同涉及最广泛的领域,它是指行政主体之间为了完成某种共同的或者不可以分割的行政事务而在两个以上行政主体之间所签订的合同。它可以存在于不同地位同一层次的行政机关之间,当然这是内部行政合同的主要形式。也可以存在于不同地区的较低层次的行政机关和较高层次的行政机关之间,如此一地区的县级工商行政管理局与彼一地区的市场工商行政管理局关于某一特定事项的合同关系。至于同一地区有相互隶属关系的行政主体之间是否存在行政事务合同关系,则是值得探讨的问题。依常理,二者之间不存在合同关系,因为上下级之间是一种以刚性行政规则联结的关系形式故不能以合同规则联结之。然而,笔者认为现代行政管理中即使是上下级之间的关系也不一定有完全的法律规则调整。换句话法,当上级要对下级行使权力时,并不能每一种行为都有法律上的依据,若无法律依据上级行政机关就不能以刚性权力让下级行政机关为之。此时,其便可以以行政合同关系的形式对下级行使管理权,如近年来在我国许多地方存在的执法责任书等就具有明显的合同色彩。因为该责任书对上下级都有约束作用。行政事务合同包括许多具体内容,如公路交界处两个不同地区管理机关的协作管理关系,随着我国国道的不断修整这一问题已非常普遍,此方面的合同亦越来越多。

(二)公务员劳动合同

关于公务员任命行为的性质在理论界有诸多说法,第一种学说认为公务员的任用行为属于双方行政行为,故称之为双方行政行为法,任命行为由国家与受任者双方一致的意思表示而成立,唯双方地位并非对等的,故为双方行政行为。[106]此说法的理由是公务员任用之后,其调动、撤换等无须经公务员本人同意,难以成为真正的合同关系。第二种学说为“需要对方同意的行政行为”,[107]认为任命公务员是附同意条件的单方行为。国家将此制度的地位归属于被任者,依被任命者的同意为主要条件,一方承认国家的优越性,另一方尊重受任者的同意权。第三种学说为“公法上的契约说”,认为公务员关系之发生,以受任者同意为前提,国家不能强迫人民受任为公务员,必须受任者同意始有效力。”[108]此说主要从受任者与行政主体之间合议的角度分析任用关系,故而得出契约关系的结论。室井力教授显然接受了第三种说法,笔者亦赞同室氏的观点。现代社会,公民有很大的自由权,行政主体的权力逐渐被带有契约关系的柔合权力取代,公务员对行政主体既不应当是财产上的依附关系,也不应当是人身上的依附关系,此种依附关系只能在封建君臣关系的基础上存在。而民主化的权力行使必然使权力系统的现代成分与权力系统本身亦通过正当的规则联结起来,此种联结既有比较明显的权利取向,也有相对突出的义务取向。合同关系最能够使这种取向明显化,事实上,我国的法律规范承认公务员与政府行政系统之间的关系为一种合同关系。如我国中共中央组织部、人事部、总政治部于 2007 年 8 月 9 日发布了《人事争议处理规定》,其中第 2 条规定:“本规定适用于下列人事争议:(1)实施公务员法的机关与聘任制公务员之间、参照《中华人民共和国公务员法》管理的机关(单位)与聘任工作人员之间因履行聘任合同发生的争议。(2)事业单位与工作人员之间因解除人事关系、履行聘用合同发生的争议。(3)社团组织与工作人员之间因解除人事关系、履行聘用合同发生的争议。(4)军队聘用单位与文职人员之间因履行聘用合同发生的争议。(5)依照法律、法规规定可以仲裁的其他人事争议。”此条规定一方面非常明确地将国家行政机关与公务员之间的关系视为合同关系,另一方面非常深刻地把行政机关与公务员的关系和专业技术人员与企业单位之间的关系视为同一性质的关系。应当就是对行政主体与公务员关系一个法律上的定性。

(三)行政协助合同

行政协助是指不同的行政主体之间为了实现共同的行政目标并且基于各自的利益的考虑相互之间提供物质帮助、精神帮助和其他相互帮助形式的协助关系。以行政法治实践观察之,行政协助关系有下列主要类型:(1)优势互补型。即两个行政主体在某一方面各自具有优势,而另一方在他方优势的事项中恰处于劣势。为了达到各自行政权行使的均衡,双方便建立协助关系,使自己从他方的优势中得到补充,而同时又输出自己的优势对他方进行弥补,最终实现双方之间的互惠。此种救助形式较为多见,内陆开放城市与沿海开放城市的行政主体之间经常建立此种合同关系。(2)物质援助型。此种类型在我国一般受政策导向的支配,而不是靠行政命令手段维系的。例如,我国东部开发较好的省份在经济发展上较早地取得了优势。那么,在我国宪法原则行政权一体化思想的指导下,发达省份对经济较为落后的省份,发达地区对经济较为落后的地区进行的物质帮助亦属此类。自从 2000 年西部大开发的号角吹响以后,东部地区的这种物质援助日渐明显。应当说明的是此种关系大多数都是以行政协议等优于行政合同的形式联系在一起的。(3)事态处理型。就是在行政权行使过程中,为了处理某一种必须急需行政的行政事态,行政主体之间所签订的合同及其所形成的合同关系。《中华人民共和国草原法》第 16 条所规定的就属此类。“草原所有权、使用权的争议,由当事人协商解决;协商不成的,由有关人民政府处理。”应当指出,行政协助合同应随着我国市场经济法的日益深化而逐渐制度化。自改革开放以来,我国一直强调让一部分人先富起来,就目前来看,一部分地区先富起来的情况更为突出,那么,走共同富裕的道路的基本路线就可以通过一定的法律形式非常柔和地予以调控。行政协助合同制度的健全必然能起到这种作用。

(四)行政边界协议合同

1988 年 12 月 27 日国务院第 13 次常务委员会制定了《行政区域边界争议处理条例》,并于 1989 年 2 月 3 日起发布施行。该条例系统规定了行政边界争议处理问题,并对行政边界协议合同问题作了规定。第 2 条规定:“本条例所称的行政边界争议是指省、自治区、直辖市之间,自治州、县、自治县、市、市辖区之间,乡、民族乡、镇之间,双方人民政府对毗邻行政区域界线的争议。”依该规定可以窥见,行政边界争议并非个别现象,而是行政权运行中的一个普遍问题。其一,内部行政法的范围特别广,可以说地方政府的每一个设置都包括在争议的范围之内,上到省与省之间,下到乡与乡之间。其二,争议纠纷比较复杂,因为行政区域之间的边界争议受历史、传统、人文环境等的影响,使争议带有很大的主观色彩,纯行政手段难以解决。其三,行政争议有时不单单是地域的争议,它同时包括财产争议和人的争议,作为财产争议主要指争取地域上的财产,这是不容讨论的。而作为人的争议则比较复杂,假设有一个村,座落在贵州和湖南的交汇之处,贵州省主张此村为贵州省所辖,而村民则选择湖南为自己的母省,此时,争议就带有强烈的人文色彩,若以行政手段强行把该村划归为贵州就会带来无穷后患。当然,从该条例的立法宗旨看,争议的主体是各级政府。为了能够有效解决争议,该条例首先规定了以流动行政合同进行自我解决的制度,其次才是专设裁决制度。第 3 条规定:“处理因行政区域界线不明确而发生的边界争议,应当按照有利于各族人民的团结,有利于国家的统一管理,有利于保护、开发和利用自然资源的原则,由争议双方人民政府从实际情况出发,兼顾当地双方群众的生产和生活,实事求是,互谅互让地协商解决。经该双方协商未达成协议的,由争议双方的上级人民政府决定。必要时可以按县行政区域管理的权限,通过变更行政区域的方法解决。”其中通过协商并达成协议的解决方法就边界争议合同。

(五)行政执法协作合同

行政执法协作合同是非常必要的,可以有两个方面的根据:之一,我国行政权是一个一体化的权力,行政执法必须是统一的,行政行为必须是同一方的。“同一律是指在全国范围内,同一职位同一部门的行政行为应当保持同一;不同地域之间尽管有地域差别,但行政行为的基本状况还是应当保持基本一致和相同。”[109] 而目前行政法治实践中不一致,不统一,不同一的情况非常普遍。之二,我国国家没有有效的法律规范对行政权的统一化作出规定,国家尚未制定一部统一的行政执法法,调整不同区域之间的执法关系。地方保护主义、行业保护主义等的蔓延就与此有关。[110]因此，行政执法协作合同就显得特别重要，它可以弥补法律在这一方面的空白。行政执法协作合同应有下列类型：一是区域之间的行政执法合同。即不同地区之间就行政执法问题签订的合同，如我国有些地方就有关假冒伪劣产品的打击签订了合同，此地的当事人若仿造另一地的名优产品，另一地依合同关系可以将违法行政人交由能够查清问题的彼地机关处理。公安机关在打击拐卖人口行为的执法中就有被拐卖地与拐卖地之间的合同关系。二是不同职能部门之间的行政执法协作关系，如工商行政管理机关和税务行政管理机关就可以建立执法协作关系等。三是综合行政执法中的合同关系。《中华人民共和国行政处罚法》关于综合执法有了初步规定，该法第16条规定："国务院或者经国务院授权的省、自治区、直辖市人民政府可以决定一个行政机关行使有关行政机关的行政处罚权，但限制人身自由的行政处罚权只能由公安机关行使。"那么，一个行政机关行使其他行政机关的处罚权若没有相应的权力转让关系，就难以确定行政复议的被申请人和行政诉讼的被告。因此，对于各类综合执法机关都应当建立相应的行政合同关系，这样可以做到综合执法机关权力行使中的权责明确。

三、内部行政合同在行政法治中的地位

《中华人民共和国宪法》第13条修正案规定："中华人民共和国实行依法治国，建设社会主义法治国家。"可以说这是我国由法制到法治的一个契机。而实现法治国家的重点是国家政权的内部治理问题，尤其是行政系统的法治化问题，正如江泽民同志指出的，依法治国的关键是依法行政。笔者认为法治国家必须首先有法治行政。不言而喻，行政系统内部的法治是一个关于对行政权进行治理的命题，该命题所要求的就是否定行政机构体系中纯粹以行政命令手段进行联结的简单模式，因为这种模式是无规则的、任意的、不可预测的，如果由行政命令模式转化为法律规则就可以使行政主体之间的关系由任意性转为稳定性，由不可预测性转化为可预测性。传统行政机构体系中，行政主体之间的关系表现为两个较为突出的方面：一是高层行政机关对低层行政机关有控制权，[111]下层的自主性非常小；二是平行的行政主体之间没有相应的规则调整，因此行政执法中的越权和推诿现象普遍存在，部门保护主义普遍存在、地方保护主义普遍存在。那么，作为法治的行政而言，高层行政机构与低层行政机构必须建立在相互信任的基础之上，必须是双向式的权利义务关系而不是单向式的。作为平等的行政机构体系而言必须通过一定的权利义务形式予以联结，而不能各自为政。那么，内部行政合同对于解决行政机构体系中纵向和横向的联结方式具有其他手段不可取代的地位。同时，传统行政体系中，行政主体和公务员的关系在大多数情况下也是一种人身依附关系，即公务员将自己的人身出卖于政府行政系统，由行政系统任意支配，而其可以作出其他选择的权利很少。内部行政合同关系必然使公务员与行政主体的关系形式发生根本变化，成为真正意义上的现代契约关系，使双

方都有一种严格的责任感,同时都对国家负有责任。足见内部行政合同在行政法治中的地位是其他任何制度不可取代的。具体分析的话,内部行政合同在行政法治中的作用有如下方面。

(一)行政机构体系中个人权力的限制作用

行政机构体系是由诸多因素构成的,但最小的组成元素就是公职个人,即单个的人。深而论之,行政机构体系中最有意义的就是人,这是因为行政机关,行政机构体系都是一个抽象的存在,只有人是活生生的存在物。尽管在马克思·韦伯的理论中行政机构体系和行政组织〔112〕是决定性的东西,但行政权运行中的发动者,行政行为作出时的决定者都是单个的个人。但同时,行政权运行又是以行政主体的名义进行的,是以行政主体的姿态体现出来的,因此,在一些法律制度中要求对社会负责的是行政主体而不是行政主体中的个人,〔113〕那么,个人和行政主体究竟是什么关系就是必须予以澄清的问题。应当说,该问题是一个深刻的理论问题,在古典作家的著作中就有讨论,如霍布斯在《利维坦》一书中就有这么一段精辟的论述:"在一个政治团体中,如果代表者是一个人时,他代表该团体的人格所作出的在特许状或法律中没有根据的任何行为,而不是该团体的行为,或该团体中他本人以外的任何成员的行为。因为越出特许状或法律限制之后,他绝不代表任何人而只代表他自己的人格。但他根据这些权限作出的行为则是每一个人的行为;因为主权者是大家的无限代表,所以对于主权者来说,每一个人都是授权者;脱离主权者的特许状的行为亦是主权者的行为;因而该团体的每一个成员便都是这种行为的授权者。"〔114〕霍布斯在这里提出的问题是非常有意义的,依他的看法,在一个行政机构体系中,行政人员个人的行为究竟归属于行政主体还是归属于行政人员个人,要依这样的标准确定:若行政人员的行为有法律上的根据或特许状上的根据这种行为就应视为行政主体的行为,行政机构中的每一个成员都要对该行为负责;若行政人员所为的行为既没有法律上的依据,也没有特许状上的依据,这时该行为就由行为人负责,而该行政主体不负责任。霍氏提出的问题最有价值的地方之一是行政主体中每一个成员的行为应必须有明确的依据,或者是法律上的依据,或者是特许状上的依据,只有存在依据的情况下才能确定后续行为中的责任。该理论对于分析我国的情况非常有意义,在我国行政机构体系中,大多数情况下行政机构中的行政人员在行为时,尤其行政领导人员在作出行政决定时没有既成的根据,由于没有既成的根据,因此就难于判断该行为属行政主体的行为还是属行为者个人的行为。事实上,我国诸多行政人员都以行政主体的名义为个人行为。由于法律不明,国家无从对此追究责任。毫无疑问,内部行政合同将创造一种法律上没有明文规定的规则,而这一规则正像霍布斯所讲的特许状,使行政人员,尤其领导人员的行为有了根据,即行政人员若在内部行政合同之外履行某种行为,这种行为就是纯粹个人行为,行政机构体系及其行政机关中的其他人员对此则不予负责。这样就有效控制了行政主体中个人的权力。〔115〕

（二）行政权威原则的保障作用

市场经济下社会关系越来越复杂，各种各样的社会联合形式亦越来越多，而对这种现象政府行政系统的管理将选择什么样的模式，便是一个非常现实和具体的问题。笔者认为有两种可供选择的模式，而客观上也确实存在此两种模式的导论：一是权威弱化模式，即政府行政系统在管理过程中的权威性将越来越弱；二是权威强化模式，就是政府行政系统的管理权力越来越强化。笔者赞同后者，其实早在20世纪恩格斯在“论权威”一文中对这一问题就有了一个肯定的答案。可见，联合活动、互相依赖的工作过程的复杂化，正在取代各个人的独立活动。但是，联合活动就是组织起来，“而没有权威能够组织起来吗？”[116]市场经济无疑是一种带有大规模、人人相互联合的经济形态，在这样大规模的经济形态下政府的管理权威当然是需要强化的，而这种强化并不显示政府对各个方面经济事务的全面干预，而是对管理过程和政府行政系统内部进行的规范化。正如汉密尔顿讲的：“政府和个人一样，不值得真正受人尊重的便得不到尊重；而没有一定的秩序和稳定性，也就不会达到真正的尊重。”[117]其非常深刻地指出了政府的威信和权威在于其权力行使过程的稳定性和规范化。内部行政合同则可以起到这种规范化的作用。通过内部行政合同可以使政府行政系统培养一种信用和诚实的行政意识，而信用和诚实是良好政府的首要前提，也是政府权威的重要来源。“一个好的政府应该做到两点：第一，信守政府宗旨，亦即人民的幸福；第二，获知实现宗旨的最佳途径。有的政府在这两方面都有欠缺，而多数政府则在前一点上有欠缺。”[118]笔者认为以行政合同的形式联结行政内部各主体之间的关系是在计划经济向市场经济过渡时期，政府管理在转变过程中采用的最好的内部管理形式。它对于改变行政权的无序性，营造行政权行使中的诚实、信用有决定意义，并通过诚实和自由强化行政权威。

（三）行政系统内部信任关系的促进作用

行政系统内部各主体之间的信任与不信任是行政权行使中面临的一个重要问题，不同的国家结构形式，政权的不同组合方式，行政体系的不同构成都会对行政系统内部的信任关系产生影响。在联邦制的国家结构形式之下，区域之间行政机构有着各自的独立体系和活动的指导原则，在一般情况下他们几乎不存在共同上级，即使存在对其活动的影响也是非常次要的，因此联邦制结构之下行政机构体系之间没有明显的利害冲突，它们不需要取得上司的认同。正是由于这一点，联邦制之下行政机构体系之间的平行关系，尤其不同区域之行政机构之间的关系容易处理，相互之间的信任关系也比较容易建立。而单一制行政结构形式之下，不同的行政机构之间有一个共同的上司，且共同上司决定着他们的各种利益关系，包括物质分配关系，职务担当关系，等等。故而，常常使不同区域的行政机构之间都存有一种戒心，不愿让对方过多了解自己的情况。在一些重大问题上常常采取不合作的态度，这也是其相互之间不信任的一种表现。而若在行政系统内部建立广泛的行政合同关系这种不信任将会避免。首先，内部行政合同关系中的双方主体可以通过合同关系化解其共同上司对他们进行指手画脚。行政主体的共同上司对于其两个下级机构的行政合同最多能有监督的权力而没有介入的权力。以合同形式的行政事项都是两个下级的事情,而与其无关,两者之间的不当竞争一旦清除,其相互信任的关系形式也就容易建立起来。其次,内部行政合同的签订也必然符合合同签订的一般形式。合同签订过程有双方当事人就合同内容相互协商的过程,一般要经过要约和承诺两个步骤。[119]所谓要约,是指当事人一方向他方提出订立合同的要求或建议,其在要约过程中将必要的事项都提了出来,包括合同中的基本手段、签订方式、期限等。而承诺则为当事人一方对他方提出的要求表示完全同意。可以接受要约人所提出的各种条件。不论要约还是承诺都是一种意思表示,也可能是行政主体与其构成分子之间的意思表示,无论何者双方意思总是一致的。正是这种双方之间的共识使行政内部合同可以建立行政主体或内部的信任关系。因为靠纯粹的法律规则建立的关系不见得是行政主体心服口服的,而由自己选择的关系形式显然是以自己为前提的。

(四)部门纠纷的和解作用

行政主体内部的纠纷问题在行政法管理论中尚未有提及,学者们普遍关注了行政主体与管理相对人一方之间的纠纷。其实,行政主体内部的纠纷是大量存在的,其有下列表现形式:一是物质利益的分配纠纷,河流、矿山、公路、草原、森林等方面的分配纠纷大量存在,主要是因为利益之间的纠纷关系。此种物质纠纷如不能得到解决,就会造成非常严重的后果。既可能造成双方之间激烈的矛盾冲突,有时甚至相互械斗,[120]又会造成严重的社会问题。众所周知,2000年春季在我国北方出现了大面积高程度的沙尘暴现象,特别是已经给首都北京造成了极大威胁。事情过后专家对沙尘暴的泥土进行了研究,结果发现沙暴的源头在内蒙古的额济纳,而造成沙尘的原因就是由于黑河的物质利益分配关系不当造成的。黑河本是一条流经甘肃省和内蒙古自治区一些区域的跨省河,而该河调节额济纳草原的生态环境。然而,自1992年市场经济推行以后,处于黑河上游的甘肃省某县则独揽了黑河的全部利益,其在本县境内修建了水库和大坝,导致河水到此中断,结果造成额济纳缺水而沙化现象日益严重,这一事例说明利益分配纠纷并不是一个小事情。二是管理权力分配纠纷,就是行政主体在对行政事务进行管理时所发生的纠纷。引用我们通常讲的行政越权和行政推诿来说明。行政越权就是指行政主体在履行管理职能时超越权限的情况。一般来讲,只要有超越权限的情况存在就必然有内部行政纠纷,如果有越权而无内部行政纠纷就是非常不正常的,至少有一方放弃了行政职权。与之相应,推诿是越权的反向情形,即本该由自己行使的管理权,而不行使,可能致本没有管理权的机关行使。此一方面的纠纷比第一种纠纷更为突出。1987年5月6日至7月2日在我国最大的林区大兴安岭林区发生的特大树林火灾就跟行政系统内部管理权力的纠纷有着不可分的关系。大兴安岭林区处在一个比较特殊的地理位置上,即内蒙古和黑龙江省交界的地方。据学者们事后研究,当时有三个省部级单位对大兴安岭林区行使管理权,且常常发生纠纷。除黑龙江省和内蒙古自治区可以管理大兴安岭林区外,林业部也有直接的管理权。若遇到有利益的事情三家都争着管,如砍伐林木之事,若遇到无利可图的事情时三家都不大愿意管,如防火设施建设之类的事情。正是由于这种管理权行使中的纠纷使本该建设的防火设施没有跟上,导致发生火灾以后无法收拾。[121]三是行政区划争议纠纷。该划分我们在本文前一部分已经讨论过。三种类型的纠纷都刻划了一个命题:行政主体之间若没有良好的规则予以联结,发生行政权行使中的严重后果,那么,内部行政合同则从根本上解决行政主体之间的纠纷。试想一下,若黑龙江省、内蒙古自治区、林业部三家在大兴安岭森林管理方面有相应的内部合同,并在合同中明确各自的职责范围和权利分配,那么大兴安岭森林火灾兴许完全可以避免。可见内部行政合同不单具有化解纠纷的意义,还可以通过化解纠纷进而提高管理质量。

(五)依法行政内涵的补充作用

依法行政的概念在我国是20世纪80年代中期被使用的,[122]自那时以后关于依法行政的含义就引起了理论界的重视,学者们见仁见智都从不同侧面揭示了依法行政的含义。1999年《法商研究》杂志第一期刊登了张淑芳教授的"依法行政构成要件"一文,文中认为依法行政的构成要件如下:"行政权力的从属地位"、"行政职权行使的公正性"、"行政系统的整体协调运作"、"行政的超前导向作用"等。这些关于统一行政内涵的界定无疑具有强烈的时代意义。然而,笔者认为张氏所确定的依法行政的内涵仍然是比较抽象的,也许是由于文章属性的限制,在行政系统的协调整体"运作"这一内涵之下,其并没有可以促使行政权协调运作的法律制度的相关规则。内部行政合同作为一项行政法制度无疑是对依法行政内涵的一个补充或者发展。首先,行政合同制度克服了传统依法行政政府以单个行政机关为侧重点的偏向,而行政系统整体运作更有必要重视。"行政系统的协调运作在现代行政中日益重要。因为现代行政机关规模庞大,部门众多,不进行有效协调,必定造成各自主政,难以履行行政职责,更谈不上依法行政。如我国行政执法中的各种保护主义,就是从本部门、本行业、本地区的狭隘利益出发,不仅伤害国家利益和社会利益,其造成的危害性也很多:破坏行政法制的统一;降低行政效率;造成地区、行业之间的矛盾,侵犯企事业单位、公民、组织的合法权益等。"[123]"行政活动运作的协调主要有:沟通,即通过信息传递,传阅资料等方式使有关行政管理的规章相互配套。各地区、各部门都有规范性文件,往往就同一个问题确定了一系列规定制度,如不沟通,可能导致政出多门,影响行政行为的有效实施。"[124]其基本上发现了行政系统内部协作的方法,仅差一步就可以得出必须以行政合同形式进行协作的问题。内部行政合同之所以对依法行政的内涵有补充作用可以从合同的定义予以说明。"合同是双方依照或符合法律规范要求而达成的协议,大多为合法行为。"[125]就是说合同订立本身可能没有一个明文的法律规则调整,但订立合同的行为本身就是一种法律行为,内部行政合同中的双方主体都要受其约束;"合同一经成立即具有法律效力,在合同双方当事人之间就发生了权利义务关系,当事人一方或双方未合同履行义务,就要受到法律制裁。"[126]总之,内部行政合同看似柔性的行为却对行政主体具有刚性的制约作用。从这个意义上讲,它对于依法行政的内涵有补充甚或充实作用,在我国行政法治中扮演重要角色。

四、内部行政合同的法律调控

上面我们系统探讨了行政合同的基本理论问题,本部分则对行政合同的法律调控提出一些思路。必须首先澄清行政合同是否具有法律属性和是否应当被纳入法律规范的范畴。法国思想家莱昂·狄骥在《公法的变迁》一书中对行政合同的法律属性作了非常深刻的论述,“我们接下来要进行讨论的现象,甚至更加彻底地暴露出那种陈旧的法律观念的倾塌。那些法定的协议在本质上是极其简单的,它们是可以被称为‘法律’的,具有稳定性的普遍规范,这些规范确立了个人在一般不明确的时间内所处的状态,并确定了在法律力下的行为能力。它们不是某一发号施令的单方意志的产物。它们是不同意志之间所达成的合意产物,如某项分散化的公共服务所适用的规则。它们是那些真正构成了一项协议的意志的产物”。[127]可见,行政合同尽管没有一般意义的行政法的形式,但它具有与行政法一样的效力。一些国家的行政法制度中本身就将行政合同规定了下来,使其具备了法律形式,如德国行政程序法规定:“公法上之法律关系,得以契约约定,变更或废止之(公法契约),但法规另有相反之规定者,不在此限。官方尤得与欲对之为行政处分之相对人订立合法契约,以代替行政处分。”[128]《葡萄牙行政程序法典》(1991 年 11 月 15 日颁布,1996 年 1 月 31 日废止)第 178 条第 1 款规定:“行政合同因为一合意,基于此合意而变更或消灭一行政法律关系。”[129]可见,不论从理论上讲,还是从法治实践看,行政合同被纳入行政法的轨道都是应当的,而且是可行的。不过到目前为止还没哪一个国家制定专门的行政合同法,对外部行政合同关系和内部行政合同关系作出规定。有些国家的行政程序法律,对内部行政合同关系中的一些问题作了较为具体的规定,如《韩国行政程序法》(1996 年颁布)对行政协调和行政协助制度作了规定,其名称尽管不是合同,但所反映的关系完全是内部行政合同关系。第 7 条规定:“行政机关因为履行行政事务,应相互协调。”第 8 条规定:“行政机关,有下列名称所列情形之一时,得请示其他行政机关予以行政协助:(1)依法律上之理由,单独执行职务有困难时;(2)因人员设备不足等事实上之理由,单独执行职务有困难时;(3)需要得到其他行政机关所属专门机关之协助时;(4)其他行政机关所受理之文书、统计资料等行政资料为执行职务所必须时;(5)其他行政机关予以协助处理,有显著的有效率且经济时。”[130]这些都为我们探讨我国内部行政合同的法律调控提供了帮助。作为我国内部行政合同的法律调控而言,[131]应从下列方面予以考虑。

(一)关于内部行政合同的立法模式选择

内部行政合同的立法问题中有一系列问题需要澄清,只有在澄清这些问题的基础上,其立法模式的选择问题才能够得到解决。第一个问题是内部行政合同的规则。是实体规则还是程序规则,目前各国的立法,几乎将有关内部行政合同的规则都反映在该国的行政程序之中,如上列诸国都是这样处理的,显然,其理论上必然认为内部行政合同的规则是程序规则。但是,我国情况却比较特别,内部行政的规则一部分反映在实体法之中。如《中华人民共和国铁路法》第 43 条规定:“铁路公安机关和地方公安机关分项共同维护铁路治安程序。车站和列车内的治安秩序,由铁路公安机关负责维护;铁路沿线的治安程序,由地方公安机关和铁路公安机关共同负责维护,以地方公安机关为主。”此条就铁路管理中的治安问题确定了铁路公安机关和地方公安机关之间合同关系及其合同关系的基本原则。第 44 条规定:“电力管理部门应当保持铁路专用电以及铁路运营用电中重要负荷的电力供应。铁路运营用电中重要负荷的供应范围由国务院铁路主管部门和国务院电力主管部门商定”。此条无疑确定了铁路用电中铁路主管部门和电力主管部门合同关系。另一部分在程序法中,如《湖北省行政执法条例》[132]第 5 条规定:“行政执法应当严格依照法定权限和程序,遵循公开、公平、公正的原则,文明执法、高效便民,提高执法水平。行政执法实行执法责任制。”其中规定的执法责任制度亦为内部行政合同的一种。可以说,我国立法中,内部行政合同的原则主要反映在实体法中,如《中华人民共和国水法》、《中华人民共和国草原法》等。笔者认为,内部行政合同的规则既不能说是完全的程序规则,又不能说是完全的实体规则,而是二者兼而有之,这就为内部行政合同的制定增加了难度。无论如何,在一部统一的法律规定中,内部行政合同的规则是可以基本上得到全部反映的,进而论之,可以制定一部完整的内部行政合同的法典,或在行政合同法典中有专门的内部行政合同规则。由于我国的行政法治水平还不够高,在行政立法方面不能追求大一统性,而是成熟一个制定一个,因此,在行政合同法典还不能立即出台的情况下,可以先制定有关内部行政合同的规则。第二个问题是内部行政合同规则立法权享有主体问题。由于西方国家立法水平较高,有关内部行政合同规则的制定机关都是享有立法权的机关,即国会或类似于国会的组织。而在我国却不能立即做到这一点,因为我国行政立法是多主体。笔者认为,国务院或地方立法机关可以根据目前我国法律层次中确定的内部行政合同规则制定一部完整的内部行政合同规范。像一些省制定行政执法条例那样,制定内部行政合同条例。由于内部行政合同关系主体往往是跨省份、跨地域的,因此由中央机关制定似乎最为妥当。

(二)关于内部行政合同法之独有规则

“在外部行政合同中,行政机关对合同的执行具有指挥权和监督权,可以单方解除合同、变更合同以及在有些合同的签订上具有强制性。”[133]所谓外部行政合同,是指应当有自己一套独有的规则体系,在一些国家的法律中对此有明文规定,如《葡萄牙行政程序法》第 180 条规定了外部行政合同中行政主体所享有的广泛权力,应当记住这些行政主体仅仅是行政合同一方当事人,但“除非法律有相反规定或合同性质不允许,公共行政当局可以:1. 单方面变更给付的内容,只要尊重合同的标的及其财政的规定;2. 指挥履行给付的方式;3. 基于公共利益且给适当说明理由,单方解除合同,但不影响支付合理的损害赔偿;4. 监督履行的方式;5. 科处为履行合同而定的处罚。"[134]行政合同这些独有的规则体系对于内部行政合同来讲是完全不适合的。也就是说,我们必须给内部行政合同的规则体系一个合理的定位,使其具有独立的内涵。《韩国行政程序法》第8条关于内部行政合同确定了一些规则,如"行政协助,应向能直接协助该职务之行政机关请求之。""受请求协助之行政机关拒绝协助时应将理由通知请求行政协助之行政机关。""行政协助之费用请求行政协助之行政机关负担,其负担金额及负担方法,由请求协助之行政机关及受请之行政机关协议决定之。"[135]法国《行政机关与其使用人关系要令》(1983年颁布)第7条规定:"任何国家机关或国家公共机构收到属其他机关管理(不管该机关属何法人)的请求时,均有义务将请示移送主管机关,自请求存放起即视为移送已作出。但是,对请求保持沉默即视为默示接受,期限(其间可默示接受)仅自移送主管机关之日起开始计算。"[136]这些规定充分反映了内部行政合同主体之间的完全平等关系。根据这种关系我们认为,内部行政合同包括:一是要约主动原则。这一规则是针对内部行政合同的广泛发起而言的,即是说,行政主体在行政执行时应积极主动地就某一难以完成的行政事项进行要约,这是非常关键的,目前我国内部行政合同不甚多见的原因与要约不主动有关。二是承诺无条件规则。在某一行政主体向另一行政主体要约以后,被要约的行政主体就是承诺主体,其同时也可能是行政合同中的另一方当事人,应当无条件地接受另一方的要约。当然,笔者此处所讲的无条件是指其在能力允许的范围内不能附加经济和其他要求的情况下予以允诺,若客观上无能力实现对方的要约则是另外一个范畴的问题。只有严格受此二条规则的制约内部行政合同才有可能达成。三是诚信规则,在民事合同中强调了这一规则,指合同双方应当本着对另一方信任的态度为合同行为,并自身信守诺言不蒙骗对方。内部行政合同中这一规则显得尤为重要,合同各方当事人都应对另一方绝对信任。四是沟通原则。由于内部行政合同关涉到行政权的一体化问题,或曰合同双方不像外部合同中有着强烈的本位利益关系,其从大的方面看总体的利益是一致的,即维护国家行政权的有效运行,维护行政管理秩序的稳定。因此,合同双方应当及时沟通,互通信息。

(三)关于内部行政合同的内容构造

笔者采用分类比较的方法对内部行政合同法的内容进行如下设想:一是内部行政合同中的实体规范和程序规范。内部行政合同的实体规范指规定内部行政合同关系中合同双方在实体上的权利义务关系的那些规范,如可以规定一方不得拒绝他方的要约,若遇有特殊需要拒绝的必须从法律上和实质上说明拒绝的理由。行政行为说明理由尽管在目前一些国家的法律中归于行政程序法的范围,[137]然而,笔者认为其说明理由中的理由无不是实体规则。如内部行政合同中一方提出请求相互协助另一方不得拒绝、行政主体与公务员之间的权利义务规范等。《人事争议处理规定》第17条关于仲裁申请书规定了下列内容:"(一)申请人和被申请人姓名、性别、年龄、职业及职务、工作单位、住所和联系方式。申请人或被申请人是单位的,应写明单位的名称、住所、法定代表人或者主要负责人的姓名、职务和联系方式。(二)仲裁请求和所依据的事实、理由。(三)证据和证据来源、证人姓名和住所。”这些内容大多是实体上的权利义务。内部行政合同中的程序规则是就程序事项所规定的。《人事争议处理规定》中的大多数内容是有关程序规则的内容,如关于公务员和行政主体之间的人事争议可以通过仲裁程序处理,如第22条规定:“仲裁庭处理人事争议应注重调解。自受理案件到作出裁决前,都要积极促使当事人双方自愿达成调解协议。当事人经调解自愿达成书面协议的,仲裁庭应当根据调解协议的内容制作仲裁调解书。协议内容不得违反法律法规,不得侵犯社会公共利益和他人的合法权益。调解书由仲裁庭成员署名,加盖人事争议仲裁委员会印章。调解书送达后,即发生法律效力。当庭调解未达成协议或者仲裁调解书送达前当事人反悔的,仲裁庭应当及时进行仲裁裁决。”两类规则当然可以统一在一部法典中。二是内部行政合同行政主体之间的关系规则与行政主体和公务员之间的关系规则。内部行政合同由两部分构成,一部分是行政主体相互之间的合同关系,另一部分是行政主体与公务员之间的合同关系。两种类型的合同在总的原则上是一致的,但在个别方面还是存在一定区别的。由于公务员与行政主体之间的合同关系在一国的公务员法律制度中或多或少有一些规定,所以本文讨论的原理绝大多数是针对行政主体之间的合同关系而言的,这些原理中的大部分对于解决行政主体与公务员之间的合同关系亦具有意义。笔者认为,其尽管与行政主体之间的绝对平等关系有所不同,但没有像在外部合同中行政主体所享有的指挥权和命令权。最多只是对公务员行为进行监督和督促的权力。[138]但无论如何两类合同关系的基本规则可以在同一法典中出现。三是内部合同中的行政协作规则与利益分配规则。行政协作可以包括行政协助和行政物质帮助及行政协调等方面。这些方面都与行政主体的职权行使有关。因而,这一部分规则在内部行政合同中应重点反映,它直接关系到行政权行使的质量。我国应从宪法原则出发,使各主体在此类合同关系中以行政权的一体化为主,积极进行协作和帮助。利益分配合同主要与行政主体的物质利益有关,河流的共用、跨地区公路的享有等都属此类,该类合同关系中应确定互让互谅的合作,尤其要写明对地方保护主义和行业保护主义的制裁条项。《中华人民共和国铁路法》第44条尽管写明了电力部门和铁路部门关于用电的协商问题,但没有确立这一物质分配过程中的具体规则,如可以确定在铁路用电优先,并保证铁路运转畅通的情况下进行协商。四是内部行政合同中的相互调控关系和自主协商关系。毫无疑问,内部行政合同是以行政权为本位以行政机关为主体的合同。这一点使内部行政合同既具有合同的一般特征,又具有行政权的一些特点。换句话说,在内部行政合同中有两种情况:一种情况是内部行政合同中的一些类似于合同类型中的计划合同,“所谓计划合同,是指凡直接根据国家任务而签订的合同”。[139]也就是说,这类合同是在上级行政机关的指导下由两个下级行政机关签订的。此种合同的签订过程尽管对双方主体来讲是平等的,但他们的行为是受到平等性强制所约束的。如执法责任合同,对于某些行政事态的管理合同,如相邻河流的管理。另一种情况是从要约到承诺等全过程都是作为合同双方的行政主体自主自愿订立的,上级政府部门没有任何的强制和指导。内部行政合同法的设计只有在把上列各因素全部考虑的情况下,其所规范的内容才不会有所疏漏。

(四)关于内部行政合同的实施与救济问题

内部行政合同的实施问题有两个需要注意的地方:一是法律、法规规定了多个定义的行政机关对某一事态行使管理权,此时这些机关就有一种订立内部行政合同的义务,否则行政合同的实施就必然会遇到阻滞。如《中华人民共和国环境保护法》第7条第3款规定:“国家海洋行政主管部门、港务监督、渔政渔港监督、军队环境保护部门和各级公安、交通、铁道、民航管理部门,依照有关法律的规定对环境污染防治实施监督管理。”第4款规定:“县级以上人民政府的土地、矿产、林业、农业、水利行政主管部门,依照有关法律的规定对资源的保护实施监督管理。”那么,这些众多的部门之间如何分工,法律并没有专门规定,这时必须依行政合同的形式解决他们之间的分工问题,而只有在合同订立的情况下,该管理职能才有可能得到实现。因而,订立问题就成了内部行政合同实施中的第一步。这也是内部行政合同实施及其他形式的合同实施的根本区别。二是内部行政合同所规定内容的实施,或曰内部行政合同的实施。在内部行政合同中确定了合同主体双方之间的权利义务关系,若主体双方不履行这些权利义务关系该合同就是一纸空文。因此,在这些环节之前可以对内部行政合同进行确认,就好似普通合同中的共同公证制度一样”,〔140〕同时,认同机关也可以监督双方主体履行合同义务的情况。内部行政合同的救济也是一个非常重要的法律问题。目前我国内部行政合同中行政主体与公务员的合同没有相应的救济制度。《人事争议处理规定》第32条规定:“当事人对仲裁裁决不服的,可以按照《中华人民共和国公务员法》、《中国人民解放军文职人员条例》以及最高人民法院相关司法解释的规定,自收到裁决书之日起15日内向人民法院提起诉讼;逾期不起诉的,裁决书即发生法律效力。”其规定了基本的救济方式。行政主体相互之间在内部行政合同中的纠纷究竟如何解决,依何种程序救济是值得探讨的,一些国家关于外部行政合同中的纠纷规定了由第三者裁断的救济制度,如《韩国行政程序法》规定:“对于因行政合同而可能产生的争议,允许以仲裁条款方式将之交由仲裁员裁定解决。”〔141〕我国的外部行政合同纠纷在一定范围内规定了救济方式,〔142〕如农业承包合同可以通过人民法院的行政诉讼予以解决。而内部行政合同的救济制度,主要是行政主体之间的内部行政合同纠纷制度没有规定相应的规则,这也是导致内部行政合同无法实施或实施不力的根本原因之一。笔者认为,依目前《中华人民共和国行政诉讼法》的规定以及《最高人民法院关于执行〈中华人民共和国行政诉讼法〉若干问题的解释》之规定,内部行政合同的纠纷是不可以通过行政诉讼解决的。其原因是内部行政合同中的行为属于内部行政行为。当然,目前我们也只能接受这样的法律规定。然而,内部行政合同中的纠纷必须予以解决。有两种模式可供选择:一则,可以由合同双方的共同上级对其纠纷进行裁决。如电力部门和铁路运转部门在铁路运转用电中发生纠纷就可以由国务院进行裁决。县级人民政府中的工商机关与税务机关在某一事务上的内部合同纠纷就可以由县政府裁决。上级行政机关对下级行政机关具有行政上的隶属关系，因而由其裁决效果当然是比较好的。二则，可以由专职的仲裁机构裁决内部行政合同纠纷。由上级行政系统组建专职的仲裁机构，或从下级行政系统中组成专门裁决内部行政合同纠纷的机构，这两种模式都可以选择。

注释

〔1〕 行政组织不仅仅是行政法学研究的问题，而且是行政学和政治学研究的问题。在行政学中行政组织占有非常重要的地位，而政治学关于行政组织的研究也比较深入。那么，行政法学、行政学、政治学在研究行政组织中究竟有没有对象上的区分，方法论上的区分则是需要进一步探讨的。参见[美]R. J. 斯蒂尔曼编著：《公共行政学》(下册)，李方、杜小敬等译，中国社会科学出版社1988年版，第10—124页。

〔2〕 [美]格林斯坦·波尔斯比编：《政治学手册精选》，储复耘译，商务印书馆1996年版，第73页。

〔3〕 [德]汉斯·J. 沃尔夫、奥托·巴霍夫等：《行政法》，高家伟译，商务印书馆2002年版，第432页。

〔4〕 曾繁正、越向标等编译：《行政组织管理学》，红旗出版社1998年版，第69页。

〔5〕 涂怀莹：《行政法原理》，台北五南图书出版公司1983年版，第194页。

〔6〕 广义的行政组织法指用以规范行政机关之地位、行政机关之权限、行政机关之构成以及行政机关之编制的规则。狭义的行政组织法仅指规范行政机关组织结构之法，不包括规范行政机关之构成分子以及行政机关编制之法。

〔7〕 参见[法]莫里斯·奥里乌：《行政法与公法精要》，龚觅等译，延海出版社、春风文艺出版社1999年版，第659页。

〔8〕 行政组织与行政行为在行政法治实践中常常难以割裂，在一部行政法文件中，当确定一个或者若干个行政机关的职能和权限时，行政组织和行政行为的不可分割性就表现得十分突出。例如，《中华人民共和国传染病防治法》第5条规定："此条件的政治规则和行政规则非常密切的联系在一起。"

〔9〕 姜明安主编：《行政法学》，法律出版社1998年版，第2页。

〔10〕 传统行政法学理论认为行政组织法是内部行政法，"行政组织法为关于行政机关组织事项的法规：行政组织法乃是以行政机关的组织事项为其实质内容，专门就此等事项加以规定，在性质上属于内部行政法，较少涉及对外业务关系的规定"。此观点是值得商榷的，在笔者看来行政组织法与行政行为是分不开的，行为是组织的外化。参见张家洋：《行政法》，三民书局1998年版，第294页。

〔11〕 张家洋：《行政法》，三民书局1998年版，第295页。

〔12〕 中央行政机关与地方行政机关不论实行单一制结构的国家，还是实行联邦制结构的国家都存在较大差别。它们的差别表现在体系结构、职权范围、活动区域、管理方式、工作程序等诸多方面。

〔13〕 "为了贯彻加强各部、密切联系、分工负责、集中领导的原则，提高公文质量和工作效率，进一步克服文牍主义，兹就国务院和国务院所属各部门和各办公机构的行文关系，

作以下规定：

一、各部、各委员会行文的职责范围：①各部、各委员会在既定的法令政策和计划范围以内，对于自己主管的业务问题，应当自己负责处理和解决。各部部长和各委员会主任在本部门的权限以内，根据法律、法令和国务院的决议、命令，可以发布命令和指示；②各部、各委员会如果必须用国务院名义发布决定、命令、指示的时候，应当代院拟稿，说明理由，报院审核发布；③国务院交给各部、各委员会办理的各部门或地方人民委员会的请示事项，如果属于既定的法令政策范围内的业务问题，可以用部、会的名义行文答复，同时抄报国务院；如果必须用国务院名义批复的时候，应当代院拟稿送批。

二、各部、各委员会之间必须加强联系和协作。对于关联到两个以上部门的问题，重点部门应直接向有关部门主动联系，协商解决；如果需要发布公文，在征得有关部门同意后，可以用本部门名义单独发出，也可以同有关部门联署发出。如果经过反复协商还不能解决，应当将协商经过和各方面的意见整理清楚，联署报请国务院主管办公室主持解决。如果认为事关重大必须报请国务院处理或者行文的时候，就应当商讨妥当，提出具体解决方案，报请国务院主管办公室主任审批或者核转总理审批。

三、有关下列事项，必须报请国务院批准或者由国务院行文或者提请国务院讨论：

①关于方针、政策性的问题和其他重大问题的决定和指示；②关于长期建设计划、年度建设计划的制订和修改和限额以上建设项目的增加、减少或修改；③关于制度的制定和修改；④关于组织机构和编制的变动；⑤关于涉及全国范围和广大人民切身利益的行政措施；⑥关于国家预算总预备费的动用和各项重大开支标准的变更；⑦关于重要的对外活动事务；⑧根据国家法律、法令和国务院的决议、命令规定必须报请国务院批准或者由国务院行文的事项。

四、国务院各办公室行文办事的方式：国务院各办公室协助总理分别掌管国务院所属各部门的工作，各办公室主任对于自己所掌管的工作应当负责统筹全局，研究和审核所管各部门的工作方针和带政策性的命令、指示；审核和处理所管各部门报请国务院批准或发布的公文；联系各办公室、各部门处理有关自己所主管的工作问题，并主持和处理各部门间自行协商后尚未解决的问题；有重点地督促、检查所掌管的工作。

国务院各办公室，可以分别不同情况，采取以下各种方式和手续行文和处理问题：①对于所掌管的各部门送来审核的用各部门自己的名义发布的命令、指示等文稿，可以采取审批后原件退回等方式处理。②对于同有关部门联系工作、商洽问题、交换意见等事项，可以用国务院各办公室主任自己的名义行文。③对于某些问题，需要用国务院名义批复或者发布指示的时候，主管办公室应当拟出院稿，由办公室主任负责签发后，送国务院秘书厅经秘书长或者副秘书长阅后盖国务院印发出，并采取在公文上注明主办单位(办公室)和编排发文字号的办法，表示由该办公室主任负责。一般电报经主任签发后可直接送原机要单位发出，同时抄送总理办公室和国务院秘书厅各一份。各办公室主任如果认为有些重要的指示和批复的文电，应经总理、常务副总理、秘书长审核后再发的时候，可在原稿上注明交秘书厅送请审核后发出。凡需要由国务院发布的决议和命令，必须提请国务院全体会议或者国务院常务会议通过。

五、公文递送的程序和线路:①各部、各委员会送院审阅、批示的公文或代院草拟的文稿,都应当先送国务院各主管办公室审核办理;无主管办公室的各部、各委员会,可以直接送国务院。另有专门规定和按照例行程序应当送国务院秘书厅办理的事项直接送秘书厅,应当送主管业务部门的直接送主管业务部门。②国务院各办公室和无主管办公室的各部、各委员会需要送国务院审阅、批示的公文,除了紧急重要的和各办公室主任、各部部长、各委员会主任认为必须直接送总理、常务副总理、秘书长的以外,一般的都应当经由国务院秘书厅递送。

六、各部、各委员会和国务院各办公室的请示报告和代院草拟的文稿,必须研究成熟,同有关部门商洽妥当,请示的问题,必须提出解决方案,重要问题,并应经过一定会议(如部务会议)讨论,由各部部长、各委员会主任、各办公室主任或者分工主管该项业务的副部长、副主任亲自审核签署,然后上报。

七、向上级请示的公文应当主送一个单位,抄送有关单位;不应同时主送两个或两个以上单位,免得无人负责,失时误事。各部、各委员会发布的重要命令、指示,应当抄送国务院有关办公室、国务院秘书厅、国务院法制局、全国人民代表大会常务委员会办公厅各一份。

八、公文来往力求减少,办事手续务须简捷,凡是能够并适宜用打电话、面谈、开会、写信来批回去等办法解决问题的,应尽量采取这种办法,以节省人力时间,提高工作效率。

九、为使国务院能够及时全面了解各部门工作情况,必须加强和改进报告制度,办法力求精简有效。国务院各办公室的'两周工作简报'业已开始实行,务须作好并坚持下去。各部、各委员会的报告制度,另行研究规定。

十、国务院各直属机构和受国务院指导的科学院和合作总社同国务院的行文关系,可以根据各单位的具体情况,按照上述规定的原则办理。"参见张培田主编:《新中国法制研究史料通鉴》(第3卷),中国政法大学出版社2003年版,第2922—2924页。

〔14〕《海关总署试行组织条例》于1949年12月30日颁布,对海关组织规定的立法技术是相当讲究的,它对于我国今后完善行政组织规则还具有参考意义。但是,该条例现已被废止,有关海关机关的职权规定放在了《中华人民共和国海关法》之中。后来的立法技术并不比以前先进。

〔15〕侯洵直主编:《中国行政法》,河南人民出版社1987年版,"具体行政行为"一节。

〔16〕预算编制和执行的权力是一个非常重要的权力。在西方一些国家,行政系统并不享有这样的权力,或者享有非常有限的预算编制权和执行权,或者仅仅享有预算的执行权而不享有预算的编制权。

〔17〕宪法条款使用了"正当"一词,该词怎么理解我国尚无法律对此作出规定和解释,若从行政法原则出发的话,"正当"可以被理解为既是合法的权利,又是合理的权利,而合法与合理的权利在一般法律规范中都有明确规定,因此,在宪法行文中是否还需要对应当保护的主体权益作"正当"与否的限制就是值得探讨的。

〔18〕2004年通过的《中华人民共和国宪法》第26条修正案规定,宪法第67条全国人民代表大会常务委员会职权第20项"决定全国或者个别省、自治区、直辖市的戒严"修改为

“决定全国或者个别省、自治区、直辖市进入紧急状态。”第 29 条修正案规定,宪法第 89 条国务院职权第 16 项“决定省、自治区、直辖市的范围内部分地区的戒严”修改为“依照法律规定决定省、自治区、直辖市的范围内部分地区进入紧急状态。”依这一修改将戒严决定权修改为紧急状态决定权,但在《中华人民共和国戒严法》没有修改之前,戒严决定权应当还是国务院的权力形态之一。

〔19〕 将地方各级人民代表大会的规则和地方各级人民政府的规则放在一个法典中是由我国政治体制的性质决定的,因为在我国行政机关本身就是国家权力机关的执行机关。但是,从立法技术上讲,将地方人民代议机关与地方行政机关的行为规则分而写之似乎更为合理一些,那样可以使地方政府组织法规定的事项更加集中一些。

〔20〕 依行政组织中的权力分配理论,中央机关行使的权力与地方机关行使的权力应当有所区别。一般情况下,中央机关行使非集中不可的权力,地方机关行使非分散不可的权力,这一原理决定了地方在设立行政机构时不能强调与中央保持对应。

〔21〕 行政机构体系应当保持它的层级结构性和层级联系,那每一个层级的行政机关都应当有直接负责的机关,应当有直接命令和指挥的机关。依目前我国宪法的规定看,此种层级性不十分明显,如县、乡(镇)既要对省人民政府负责,又要对国务院负责,这样不利于在行政系统中确立指挥系统。

〔22〕 我国地级市政府在一些地方是一级机关,而在另一些地方则没有设立这样的机关,这是我国行政机构复杂性之所在。

〔23〕 此处所讲的职权没有包括政府职能部门的职权,各个职能部门由于所管事项的复杂性决定了不同职能部门,有不同的职权范围,这些职权范围此处没有涉及。

〔24〕 在传统的行政学和行政法学理论中,行政领导权和行政管理权是两种不同的权力。笔者认为将此二权力区分开来是非常必要的,就行政领导权而论所涉及的客体主要是人及其相关因素,即权力的对象主要是人。就行政管理权而论所涉及的客体主要是事以及其相关因素,即权力的对象是事。当然,除了这一根本区别外,行政领导权和行政管理权还可以从其他方面予以区分。

〔25〕 乡镇人民政府只能通过制定行政规范性文件的行为形成行政规则。

〔26〕 这牵涉到行政法学中的一系列理论问题,如行政越权问题,我们一般认为,下级机关行使上级机关的权力必为行政越权,而不认为上级机关行使下级机关的权力为越权。问题的关键在于怎样认识上下级之间的权力关系,如果是一种包容性的权力关系,那么,上级机关行使下级机关的权力就不为越权。反之,如果是一种层级联结关系,那么,上级机关行使下级机关的权力亦会构成行政越权。该问题本书具体行政行为一章有专门分析。

〔27〕 参见胡建淼:《行政法学》,法律出版社 2003 年版,第 68 页。

〔28〕 参见王光辉、冯文生主编:《行政法学》,中国人事出版社 1998 年版,第 26 页。

〔29〕 参见[日]南博方:《日本行政法》,杨建顺等译,中国人民大学出版社 1988 年版,第 13—14 页。

〔30〕 行政法上的行政授权在行政法中是一个非常复杂的现象,对于这种现象的本质行政法学界的揭示似乎还不够深入,绝大多数行政法教科书就授权现象本身讲授得比较多,

而对其法律属性阐释较少。

〔31〕《中华人民共和国宪法》中关于行政组织的条款,《中华人民共和国国务院组织法》、《中华人民共和国地方各级人民代表大会和地方各级人民政府组织法》关于行政权的具体内容列举得非常少,这种现象必然导致行政机关在行使职权时存在法外权力的现象。

〔32〕关保英主编:《行政法与行政诉讼法》,中国政法大学出版社 2007 年版,第 183 页。

〔33〕行政机构的概念在我国行政法学和行政法治中是一个较为复杂的概念,在国外的行政法学中也有同样情况。在有些场合行政机构的概念大于行政机关的概念,是指一个国家行政机构体系或者行政机关中较为客观的方面。在另一些场合行政机构的概念则要小于行政机关的概念,指的是一个行政机关的内设机构。《中华人民共和国行政复议法》等所规定的复议机构就是小于行政复议机关的概念。此处的行政机构的概念是在第二种含义上使用的。

〔34〕应松年主编:《行政法学新编》,中国方正出版社 1999 年版,第 95 页。

〔35〕行政法上的行政授权由于有明确的法律依据,一般来说授权以后的职权行使者都较为规范,综合行政执法在我国行政系统中还不是一种普遍性的执法行为,因而在行政执法主体中也不十分混乱。问题较多的则是行政委托,首先,行政委托的类型较多,受到控制较少;其次,委托关系的成立也不很规范;最后,委托主体在大多数委托关系中也不符合法定条件。

〔36〕马育民译:《法国民法典》,北京大学出版社 1982 年版,第 368 页。

〔37〕行政主体的行政行为分为法律行为和事实行为,而在法律行为中又可分为行政法律行为和其他法律行为,如民事法律行为和经济法律行为,前些年学术界认为这些行为是纯粹的民事法律行为和经济法律行为,理由是在这种行为中行政主体不再是行政主体身份,而是一般的民事主体身份,但是,笔者认为,不论何种行为都与行政主体的职权有一定关系,故而,理论界应对行政主体的民事法律行为和经济法律行为应当重新审视。

〔38〕一般认为行政主体是代表国家行使职权的,它的权利与义务归属于国家,其没有法律上的独立人格。该论点近年来遭到了一些学者的批评,但公认的观点似乎仍是行政机关无独立人格的理论。参见廖晃龙主编:《新编中国行政法学》,大连海运工程学院出版社 1991 年版,“行政机关”一章。

〔39〕行政授权和行政综合执法中行政职权都是一个意志,即职权行使者的独立意志,正因为如此,这些行为中的责任主体是非常明确的。

〔40〕参见罗豪才主编:《行政法学》,中国政法大学出版社 1996 年版,第 91 页。

〔41〕[美]F. J. 古德诺:《政治与行政》,王元译,华夏出版社 1987 年版,第 4 页。

〔42〕张家洋:《行政法》,三民书局 1998 年版,第 677 页。

〔43〕[英]彼得·斯坦、约翰·香德:《西方社会的法律价值》,马清槐译,中国人民公安大学出版社 1990 年版,第 43 页。

〔44〕官僚集权的政权体制下,行政权力与其他权力没有明确的界限,都归于一个人或一个机构之手,行政的执行效率较高,但准确性差,权力分割的政权体制下,行政既有明确

的界限,又有独立的价值体系,故而规范化程度强,受的干扰也较少。而在议行合一体制下,行政受到的制约要多一些,执行过程中行政的意志和立法的意志容易保持一致。参见杨海坤、关保英:《行政法服务论的逻辑结构》,中国政法大学出版社 2002 年版,第 123 页。

〔45〕 参见金国坤编著:《行政处罚法通论》,经济管理出版社 1996 年版,第 38 页。

〔46〕 周佑勇、何渊在《湘潭工学院学报》2001 年第 3 期撰文提出了行政第三人概念,依其界定,"行政第三人是指与已作出的行政行为有间接利害关系的,受行政权间接作用或约束的,在行政法关系中潜在的或暗示的公民、法人或者其他组织"。笔者认为,关于行政第三人概念的提出为行政法学界对行政相对人的研究提供了一个很好的思路,具有一定的理论和实践价值。参见周佑勇、何渊:"论行政第三人",载《湘潭工学院学报》2001 年第 2 期。

〔47〕 例如,《中华人民共和国行政诉讼法》第 25 条第 4 款规定:"……由行政机关委托的组织所作的具体行政行为,委托的行政机关是被告。"非常清楚地将受托人排除在委托职权的责任主体范畴之外。

〔48〕 张家洋教授此处所讲的授权实际上等同于大陆的行政委托概念,是由台湾地区学者和大陆学者表述习惯不同所致。

〔49〕 张家洋:《行政法》,三民书局 1998 年版,第 582 页。

〔50〕 同上书,第 585 页。

〔51〕 同上书。

〔52〕 胡建淼认为上下级之间的权限是一种纵向权限,权力性质是相同的,只是权力的量是一种递减关系,正由于此,上级的权限应当包容了下级的权限。参见胡建淼:《行政法学》,法律出版社 1998 年版,第 229 页。

〔53〕 胡建淼:《行政法学》,法律出版社 1998 年版,第 252 页。

〔54〕 在行政行为理论中有附款行为与纯粹行为之分,"行政机关所为意思表示:未附加任何限制,立即发生法律效果者,为单纯处分;附加一定限制,使其法律效果之发生,系于将来确定到来或确定之事实,为附款处分。行政处分,通常为单纯处分,而附款处分,与民法上法律行为为之附款大致相似"。该理论对我们确定行政委托的分类有一定的指导意义。参见张载宇:《行政法要论》,汉林出版社 1977 年版,第 33 页。

〔55〕 胡锦光主编:《以案说法——行政法篇》,中国人民大学出版社 1998 年版,第 181 页。

〔56〕 最高人民法院中国应用法学研究所编:《人民法院案例选(行政卷)》(上卷),中国法制出版社 2000 年版,第 615 页。

〔57〕 公民个人是否能够成为行政委托的受托方在理论界说法不一,一些学者认为个人可以作为行政委托的受托方,另一些学者则认为个人不能作为行政委托的受托方。参见胡建森:《行政法学》,法律出版社 1998 年版,第 25 页;金国坤主编:《行政处罚法通论》,经济管理出版社 1996 年版,第 41 页。

〔58〕 金国坤主编:《行政处罚法通论》,经济管理出版社 1996 年版,第 39—40 页。

〔59〕 [英]伯特兰·罗素:《权力论》,吴叔兰译,商务印书馆 1991 年版,第 74 页。

〔60〕 参见阿江等编著:《行政诉讼难题解答》,中国人民公安大学出版社 1992 年版,第 215 页。

〔61〕 胡建淼:《行政法学》,法律出版社 2003 年版,第 179 页。
〔62〕 [美]汉密尔顿等:《联邦党人文集》,程逢如等译,商务印书馆 1989 年版,第 252 页。
〔63〕 最高人民法院中国应用法学研究所编:《人民法院案例选(行政卷)》(上卷),中国法制出版社 2000 年版,第 554 页。
〔64〕 金国坤主编:《行政处罚法通论》,经济管理出版社 1996 年版,第 40—42 页。
〔65〕 应松年主编:《行政法学新论》,中国方正出版社 1998 年版,第 75 页。
〔66〕 [英]J. S. 密尔:《代议制政府》,汪渲译,商务印书馆 1984 年版,第 217 页。
〔67〕 [英]布坎南编著:《亚当·斯密关于法律、警察、岁入及军备的讲演》,陈福生、陈振骅译,商务印书馆 1986 年版,第 149 页。
〔68〕 应松年主编:《行政法学新论》,中国方正出版社 1998 年版,第 344 页。
〔69〕 朱镕基:《关于国民经济和社会发展第十个五年计划纲要的报告》,人民出版社 2000 年版,第 81 页。
〔70〕 同上书,第 73 页。
〔71〕 胡建淼:《行政法学》,法律出版社 2010 年版,第 62 页。
〔72〕 罗豪才主编:《行政法学》,中国政法大学出版社 1996 年版,第 72 页。
〔73〕 1999 年 1 月 22 日湖北省第九届人民代表大会常务委员会第 7 次会议通过,2006 年 12 月 1 日湖北省第十届人民代表大会常务委员会第 24 次会议修订,自 2007 年 2 月 1 日起施行。
〔74〕 1998 年 11 月 27 日云南省第九届人民代表大会常务委员会第 6 次会议通过,1998 年 11 月 27 日云南省第九届人民代表大会常务委员会公告第 15 号公布。
〔75〕 在行政法中存在一般程序和特别程序两种,由于我国没有完整的行政程序法,因而两种程序并不十分明确,但我们可以把依惯常行为而为之的程序称之为普通程序,如行政机构的设立必须依组织法规则设立。而行政综合执法机关由国务院或者国务院授权的省级以上人民政府决定设立就可视为区别于普通程序的特别程序。
〔76〕 在行政强制执行中,有强制执行和即时强制两种,即时强制由于是即时作出的,因此法律对其没有规定严格的程序规则,只作一些条件限制。
〔77〕 法律规则是对客观存在的事物的一种反映或认可,如马克思所言的,立法者不是在发明法律、创造法律而是在表述法律。因此,我们认为,对于一些普遍存在的东西法律规范作出认可比不予认可、任其自然发展更为可取。
〔78〕 金国坤编著:《行政处罚法通论》,经济出版社 1996 年版,第 33 页。
〔79〕 同上书,第 34 页。
〔80〕《中华人民共和国行政处罚法》第 16 条明文限制了行政综合执法机关对人身强制权的行使,但没有限制对财产强制权的行使,所以,一些综合执法机关常常对相对人的财产行使强制权。
〔81〕 金国坤编著:《行政处罚法通论》,经济出版社 1996 年版,第 35 页。
〔82〕 据笔者对 10 余个省份的行政执法条例的考察,一般都没有把行政综合执法纳入调控范围。
〔83〕 行政综合执法机关在执法过程中亦有普通程序和特殊程序之分,但目前仍未有特别程

序和普通程序的规定，由于综合执法的特殊性，决定了其不能依一般行政执法程序运行。

〔84〕《中华人民共和国行政复议法》关于行政复议的管辖有明文规定，若干行政机关被排除在复议管辖之外，其中国务院就不能成为复议管辖机关。

〔85〕几乎所有教材在揭示行政合同的定义时指出行政合同的内容之一是行政主体相互之间的合同。但在其后所列举的行政合同内容中却没有行政主体之间的合同形式，如有教材讲到行政合同的形式有：国有土地出让合同；公用征收合同；工业企业承包、租赁合同；国家订货合同；土地承包合同；科研合同；计划生育合同等。有个别教材把人事聘用合同作为行政合同的一种，但两个行政主体之间的合同形式没有一个教材提到。在阐述行政合同特征时一般都强调行政合同关系中的单方面性，如有教材称："行政合同贯彻行政优益权原则。行政合同虽然是以双方合意为基础的，但在其缔结、履行、变更或解除中，双方当事人并不处于完全平等的法律地位，行政主体可以选定合同一方当事人，对合同的履行有监督权、指挥权，还可以根据行政管理需要单方面地行使合同变更权和解除权，而相对一方当事人则没有这些权利，处于被动劣势的地位。"可见，依此特征，行政主体之间的合同关系是被排除在外的。参见姜明安主编：《行政法学》，法律出版社 1998 年版，第 182 页。

〔86〕参见应松年主编：《行政法学新论》，中国方正出版社 1999 年版，第 358 页。

〔87〕罗豪才主编：《行政法学》，中国政法大学出版社 1996 年版，第 269 页。

〔88〕笔者此处所讲的实在内容是指内部行政合同无论法律有无规定，其都是一种客观存在，是现代行政权运行中不可缺少的调控手段。同时，笔者所指的实在内容亦不是说内部行政合同必然与物质或经济等内容必然联系在一起，特此说明一下以免引起误解。

〔89〕胡建淼：《行政法学》，法律出版社 2010 年版，第 361 页。

〔90〕公务员与行政主体之间的关系是一种特殊形式的内部行政合同，其特殊性主要表现在该关系形式是法律已经设定好的，仅通过任用行为确认法律设定的具体合同关系。也正因为这一点，此类内部行政合同有较强的可预测性。

〔91〕罗豪才主编：《行政法学》，中国政法大学出版社 1996 年版，第 270 页。

〔92〕同上书。

〔93〕行政主体在执法中存在行政自由裁置权这一事实印证了行政主体的一部分权力是可以在裁置范围内处分的，共选择此而选择彼就表明其处分了一定权力，因此不能绝对地对行政主体视为无人格者。

〔94〕从我国推行市场经济以来，"看不见的手"的理论在我国行政主体与相对方的关系中已经被接受而国家作为一个整体对行政机关进行管理和规范时亦应以该理论为指南，当然在推行这一理论的程度上可以有所系统化。"确实，他通常既不打算促进公共利益，也不知道他自己是在什么程度上促进那种利益。由于宁愿投资与该国内产业而不支持国外产业，他只是盘算他自己的安全；由于他管理产业的方式目的在于使其生产物的价值能达到最大程度，他所盘算的也只是他自己的利益。在这场合跟在其他许多场合一样，他受着一只看不见的手的指导，去尽力达到一个并非他本意想要达到的目的。

也并不因为事非出于本意，就对社会有害。他追求自己的利益，往往使他能比在真正出于本意的情况下更有效地促进社会的利益。”亚当·斯密的这一命题是从人性的角度出发的，而不单是对商业行为而言的。其作为哲学思想当然可以被用来指导行政内部的调控问题，内部行政合同从深层而论是对这一理论的运用。参见[英]亚当·斯密：《国民财富的性质及其原因研究》，郭大力等译，商务印书馆1974年版，第27页。

〔95〕我国设立经济特区以后，在管理权力的处理上较前有一定的变化，经济特区所行使的权力相对来讲要大一些。1992年7月1日第七届全国人民代表大会常务委员会第二十六次会议通过了《全国人民代表大会常务委员会关于授权深圳市人民代表大会及其常务委员会和深圳市人民政府分别制定法规和规章在深圳特区实施的决定》。1994年3月22日授予了厦门市同样的权力。

〔96〕[英]戴维·M.沃克编著：《牛津法律大辞典》，北京社会与科技发展研究所译，光明日报出版社1988年版，第720页。

〔97〕同上书，第733页。

〔98〕邹瑜主编：《法学大辞典》，中国政法大学出版社1991年版，第773页。

〔99〕罗豪才主编：《行政法学》，中国政法大学出版社1996年版，第269页。

〔100〕[英]理查德·A.波斯纳：《法律的经济分析》(上册)，蒋兆康译，中国大百科全书出版社1997年版，第117页。

〔101〕张家洋：《行政法学》，三民书局1998年版，第658页。

〔102〕对于我国行政主体与公务员之间的任用合同关系究竟属于何种合同关系，学者有不同认识，有的认为是一种劳动合同关系，有的认为是一种行政合同关系。笔者同意后者。

〔103〕参见朱新力：《行政法基本原理》，浙江大学出版社1995年版，第212—213页。

〔104〕[日]室井力主编：《日本现代行政法》，吴微译，中国政法大学出版社1995年版，第144页。

〔105〕[日]和田英夫：《现代行政法》，倪健民等译，中国广播电视出版社1993年版，第212页。

〔106〕张载宇：《行政法要论》，汉林出版社1977年版，第269页。

〔107〕[日]室井力主编：《日本现代行政法》，吴微译，中国政法大学出版社1995年版，第144页。

〔108〕张载宇：《行政法要论》，汉林出版社1977年版，第270页。

〔109〕关保英：《行政法模式转换研究》，法律出版社2000年版，第170页。

〔110〕我国不少省份制定了行政执法或行政执法监督暂行条例，这些条例的内容对于规范某一个行政机关的执法行为是有一定意义的。然而，由于其内容较为微观，对于解决各种形式的保护主义起不到根本作用。

〔111〕行政机构体系中高层行政机构对低层行政机构的控制可以分为正控制与负控制两个方面，正控制是依规则给下级一定主动性的控制，而负控制则是绝对的控制，不给下级积极性和主动性的控制。参见章新生、关保英：“论依法行政主体障碍及对策”，载《法商研究》1999年第6期。

〔112〕 马克斯·韦伯把现代行政机构体系称为官僚机构,其认为随着社会生产规模的扩大,行政机构体系的规模亦越来越大,运行中的程序性亦越来越强。正是这种庞大的官僚系统使行政机关中的人为因素减少,人只是庞大的官僚机构体系中的一个构成分子,是庞大的机器上的一个齿轮。参见[德]马克斯·韦伯:《经济与社会》,林荣远译,商务印书馆 1997 年版,上卷第 248 页,下卷第 278 页。

〔113〕 我国行政复议制度中被申请人是行政主体,而不是公务员。同样,行政诉讼中的被告是行政主体而不是公务员。公务员在上述两种法律制度中不能成为独立的法律关系主体。

〔114〕 [英]霍布斯:《利维坦》,黎思夏等译,商务印书馆 1985 年版,第 175 页。

〔115〕 [英]戴维·米勒、韦恩·波格丹诺编:《布莱克维尔政治学百科全书》,邓正来等译,中国政法大学出版社 1992 年版,第 101 页。

〔116〕 [德]马克思、恩格斯:《马克思恩格斯全集》(第 18 卷),人民出版社 1964 年版,第 342 页。

〔117〕 [美]汉密尔顿等:《联邦党人文集》,程逢如等译,商务印书馆 1982 年版,第 317 页。

〔118〕 同上书,第 316 页。

〔119〕《中国大百科全书》(法学卷),中国大百科全书出版社 1984 年版,第 277 页。

〔120〕 参见关保英:《行政法案例教程》,中国政法大学出版社 2013 年版,第 148 页。

〔121〕 同上书,第 94 页。

〔122〕 1987 年由侯洵直主编的《中国行政法》一书对依法行政原则的内容作了系统阐释,其从"有法可依、有法必依、执法必严、违法必究"这一社会主义法制原则出发界定了依法行政的内涵。但其认为依法行政原则是行政法九大原则中的一个,其所提出的九大原则是:"国家行政机关统一行使国家行政权的原则";"依法行政的原则";"统一领导,分级管理的原则";"人民群众广泛参加国家管理的原则";"行政管理活动中的民族平等原则";"行政首长负责制原则";"因地制宜的原则";"提高行政效率原则";"国家计划管理原则"可见在当时依法行政原则的地位并不十分重要。参见侯洵直主编:《中国行政法》,河南人民出版社 1987 年版,第 43—55 页。

〔123〕 张淑芳:"依法行政构成要件",载《法商研究》1999 年第 1 期。

〔124〕 同上。

〔125〕《中国大百科全书》(法学卷),中国大百科全书出版社 1984 年版,第 275 页。

〔126〕 同上书。

〔127〕 [法]莱昂·狄骥:《公法的变迁》,郑戈译,辽海出版社、春风文艺出版社 1999 年版,第 110 页。

〔128〕 应松年主编:《外国行政程序法汇编》,中国法制出版社 1999 年版,第 142 页。

〔129〕 同上书,第 519 页。

〔130〕 同上书,第 546 页。

〔131〕 应当说明,在我国地教科书和有关行政合同的著述中,还没有人对行政合同的法律制度进行过设计,一般都只从政府上阐述行政合同的基本问题,而没有构思一个适合我国特点的行政合同法律制度,不能不说是一个遗憾。

〔132〕　该条例 1999 年 8 月 22 日由湖北省第九届人民代表大会常务委员会第七次会议通过，2006 年修订。

〔133〕　王连昌主编:《行政法学》,中国政法大学出版社 1994 年版,第 257 页。

〔134〕　应松年主编:《外国行政程序法汇编》,中国法制出版社 1999 年版,第 519 页。

〔135〕　同上书,第 547 页。

〔136〕　同上书,第 572 页。

〔137〕　参见章剑生:《行政程序法比较研究》,杭州大学出版社 1997 年版,第 286 页。

〔138〕　在日本的法律制度中,公务员地位也是非常重要的"尊重公务员的基本人权,宪法上的人权条款基本上也适用于公务员,在明治宪法下,作为特别权力关系的典型事例,官吏包括私生活在内负有特别义务。该原则使公务员从该义务中解脱出来。"参见[日]盐野宏:《行政法》,杨建顺译,法律出版社 1999 年版,第 685 页。

〔139〕　《中国大百科全书》(法学卷),中国大百科全书出版社 1999 年版,第 277 页。

〔140〕　甚至可以对有些重大合同事项进行登记或备案,以使合同内容符合行政法的基本原则。

〔141〕　应松年主编:《外国行政程序法汇编》,中国法制出版社 1999 年版,第 521 页。

〔142〕　如农业承包合同,全民所有制工业企业承包经营合同,全民所有制小型工业企业租赁经营合同等都确立了行政复议和行政诉讼的救济措施,即合同中的相对一方当事人对行政主体的不当行政可以通过复议和诉讼予以救济。

第八章　公 务 员 法

第一节　公务员法的理论

一、公务员的概念

所谓公务员，是指存在于行政系统中，担任行政公职，执行国家公务的自然人。[1]

在行政法学界关于公务员的定义有三条途径：

第一条途径是从法律规定的角度下定义。此一定义方式认为要揭示公务员的概念必须从宪法和法律的规定入手，宪法和法律怎么规定，公务员就有什么样的概念。我国台湾地区学者依台湾有关法律规范的规定将公务员分成三类：第一类为最广义的公务员，台湾地区"刑法"第10条第2款规定，"称公务员者，谓依社会从事于公务之人员。"依此条规定，只要从事公职，无论是行政公职还是行政公职以外的公职（如司法公职、立法公职）都是公务员。显然，刑法关于公务员的规定并不适于揭示行政法上公务员的概念。第二类为广义的公务员，"宪法"和"政府组织法"常常有公务员的规定以及其他调整公务员关系之法中关于公务员的定义。广义的公务员先将公务员限定于行政系统之中，然后将行政系统中所有从事公务的人员都作为公务员看待。第三类为狭义的公务员，是指依专门规定文职人员的法律规范揭示公务员的概念。依狭义公务员的定义，公务员是由文官法或公务员法规定的公务员定义。西方国家行政法中的公务员一般从狭义的角度理解，即专指政府行政系统中的文职人员。我国公务员若从法律角度分析，只要宪法、政府组织法、公务员法规定的在政府行政系统中从事公务的人员都是公务员的范围。公务员的概念与行政法规范有着千丝万缕的联系，因此揭示公务员的定义从法律规定出发是有一定道理的。但是，从法律规范的角度给公务员下定义必须注意要从行政法规范出发，而不能将法律规范的视野放大到行政法以外的法律规范之中。同时，法律规范只能给出公务员定义的一个外延，即我们只能从法律规范看到公务员所包括的范围之大小，而不能够认识公务员的精神实质，因为法律规定和学理探究是两个不同性质的东西。

第二条途径是从职务关系的角度下定义。此一定义的方法从国家职务关系出发，认为公务员是行政系统中的一个职位。公务员在行政系统中具有一定角色并在法律上扮演着这样的角色。从职务关系揭示公务员的定义基本上不从法律规范的规定出发而从职务关系的角度分析公务员实质上的特征，依这一定义途径，国家公务员有下列要件：

1. 公务员任职于国家行政机关

国家立法机关在行政系统中创设了诸多职位。正如我们前面所讲，行政的最大特征是分配职位，那么，每一个职位都需要若干的构成分子来占有，占有职位的人便是公务员。笔者认为，公务员任职于行政机关并在行政系统中占有一个职位的分析方法是对公务员概念的一个高度抽象，将无数分散于行政职位之中的人统称为公务员，基本上揭示了公务员概念的实质。

2. 公务员属于行政干部编制

即是说行政系统中的职位是有限的，无论多么庞大的行政系统，其职位总是由一定的位置构成的，构成行政职位中量的客观依据便是行政编制。换句话说，行政编制使职位的分析能够有根有据，能够通过量化原理进行理性分析。公务员人数等的确定标准就是行政编制，若某一公职人员存在于行政编制之外，就不能进入公务员系统中。其他任何形式的人员编制都不是公务员。

3. 公务员扮演一种角色

角色通过国家职务已经创设好了，公务员在行政系统中扮演所担任的角色。此点表明，公务员个人有时并不重要，角色本身以及角色的分配是最为关键的。有人认为一旦公务员担任公职无论是否在行使权力，其都必然对社会产生影响。因为角色本身会对社会起作用，角色的稳定性和人员的流动性构成了一对矛盾。[2]

第三条途径是从政治学的角度下定义。政治学是研究权力及其权力分配的科学，[3]公务员存在于国家行政系统中，无论我们如何强调公务员的非政治倾向，[4]公务员由于以这样或那样的方式行使着国家行政权力。因此，用政治学分析并非不可。罗伯特·A. 达尔的权力的社会分层理论就为我们从政治学上揭示公务员定义提供了理论指导。

达尔将社会首先分成政治层和无政治层，所谓政治层就是介入到国家权力的分配和再分配中来的人，无政治层则是没有介入到国家权力角逐中来的人。其没有介

入有两个方面的原因:第一个方面的原因是因某种因素被排斥在政治层之外,如被剥夺政治权利的人就不能再参与权力的分配。第二个方面的原因是由于内在因素而不介入到政治中去,如20世纪60年代在西方就曾出现了政治淡漠主义,一些社会成员认为参与政治活动以外的活动更容易实现自身的价值,而介入政治中既要担风险,又不能获取较大的利益。作为公务员来讲,它处于社会的政治层之中,参与政治社会的权力角逐。成为政治层的人又分成两类:第一类是参与权力角逐但本身不想握有权力,如有人愿意投票决定是谁行使权力,愿意对权力行使提出批评和主张,但自己并不愿意直接行使和占有权力。第二类是谋求权力者,它不单单对权力提出主张,而且自己热衷于握有权力,主观意识不断地要得到权力,这一部分人我们叫谋求权力者,公务员至少有谋求权力的愿望。因此,他在政治层中处于谋求权力者的地位。而在谋求权力者之中又分成两部分人,一部分是渴求权力但没有得到权力的人。一些人因为能力和机会等,始终在谋求权力而最终没有得到权力,只有"有权者"这一极小部分的人得到了权力,他们既有追逐权力的愿望又最后得到了权力。以此而论,公务员热衷于政治、热衷于追逐权力,实际上握有国家行政权是从政治学分析其必须具备的三个基本要素。

上列三个分析途径是我们在研究公务员的概念时应当予以参考的。笔者认为,以行政法为视角公务员应当具有下列本质属性。

(1)公务员是行政系统中的最小单位。行政系统是一个庞大的职权系统,在行政系统之中存在各种各样的单位。行政机构体系可以说是行政系统的最大单位,是一个大的职权系统;行政机关是仅处于行政机构体系的单位,即能够以自己的名义从事行政管理活动,行使行政职权的国家组织;行政机构,是指设立在行政机关内部的组织,它的单位小于行政机关;行政职位,即每一个行政机关或者行政机构赖以存在的职权形式,如局、厅、处、科,这些单位本身就有大小之分,但它要小于行政机关,因为它是分析行政机关或者行政机构的工具。若从职务关系的角度分析,公务员本身是公务关系的权力承担形式,是行政系统的最小单位。

(2)公务员是以自然人的形式出现的。尽管理论界存在关于公务员具有多重身份的论断,[5]但无论哪种论断都不能否认公务员是一个自然人,行政机构体系无论多么庞大最终都是一个一个的自然人组成的,自然人构成了行政系统中的元素,成了行政体系的构成分子。为什么要以法律规则对公务员设定诸多的权利义务、采用诸多的管理方式都是因为其是自然人这一事实。社会成员对行政系统的认同与否都集中在自然人这样一个决定性的问题上。当然,公务员作为自然人是被有关的规则强化了的,即它不是一般意义上的自然人,而是符合一定条件的自然人,如国籍的限制、学历的限制等。

(3)公务员依法从事公务。公务员是一个法律用语,这是不争的事实。一则,公务员概念本身无论我们如何分析,如果没有法律的规定它就不复存在。如我国长期以来没有实行公务员制度,因此,我们在行政法中也就没有公务员的概念。当我国

1993年制定了《国家公务员暂行条例》后,行政法中才有了公务员的概念。公务员条例出台以前我们对公务员的研究也有很多,而那时的研究只是学理探讨。二则,公务员依法进入行政系统,有学者把它叫做公务员依法特别选任。“所谓特别选任,乃谓国家系依据法令就具有相当资历及智能之人,予以任用之谓,此为公务员之形式要件,若非由国家所特别选用,仅系依令之规定,而办理国家之事务,如私立金融机构之人员,受国家之委托代收税款,船长掌理船上一部分户籍及警察事务均不得谓为公务员,至由人民依照法令所选举之各级民意代表及地方自治人员,容于次项述之。”[6]三则,公务员依法从事公务活动。公务员是从事行政公务的自然人,而公务“系法规所规定之国家事务,若所从事者系私人事,而非国家之公务,或虽系国家之事务,而违反或逾越社会之规定范围,严格言之,非国家主旨之所在,而发生应否由国家负责或公务员本人负责之问题”。[7]

(4)公务员以公共行政系统的意志为活动原则。公务员存在于政府行政系统中,这是必须强调的,因为从事公职的人员在一个国家有多个方面、多种类型。如在实行三权分立的国家,司法人员、立法人员都是从事公职的人员;在实行四权制的国家,审判人员、检察人员、立法人员也都是从事公职的;而在五权制的国家和地区,考试人员、司法人员、监察人员、立法人员也都是从事公职的。就公务员概念而论,其仅仅限定在从事行政公职的人员之中。公务存在于行政系统之中,其所体现的是国家公共行政系统的意志,[8]必须根据一国宪法和法律为公共行政系统确定的行为原则为指向。必须指出,理论界有一种说法认为公务员体现国家意志,这样的说法是不妥当的。我们知道,立法、司法等都是国家意志,若让公务员体现国家意志,公务员越权从事立法活动,公务员越权从事司法活动并不违法,因为这些意志也是国家意志的范畴。所以,笔者认为公务员应当以行政系统的意志为活动原则。

二、公务员法的界定

所谓公务员法,是指调整公务员管理关系的法律规范的总称。公务员法在行政法学界是一个描述行政法现象的工具,人们为了对存在于行政系统中的公职人员及其规范有所认识,就在行政法学理论中使用了公务员法的概念,即是说公务员法并不是行政法中一个完全由国家法律认可的法律规则,因为有些国家根本没有依法建立公务员制度。全世界建立公务员制度的国家比没有建立公务员制度的国家要少,无论某一国是否建立了公务员制度,我们在分析该国的行政法规范时仍然会使用公务员法的概念。从严格意义上讲,在我国《公务员法》颁布之前我国还没有一个由立法机关制定的公务员法,最多只不过是公务员管理的行政法规和规章,但我们在分析我国行政法现象时仍然使用了公务员法的概念。[9]因此,公务员法是分析行政法现象的一个工具。运用这一工具将政府行政系统中任职的公职人员的行为规则、管理制度都抽象为公务员法。当然,我们也可以有两套思路。第一套思路是将建立公务员制度的国家作为一个分析对象。全世界范围内的发达国家基本上都建立了公务员制度，它们对公务员制度的建立都采用法律手段。在这样的国家，公务员法是一种实在法，即国家通过立法程序制定了称之为公务员法的法律规则，如《瑞士联邦公务员法》、《法国公务员法》、《日本国家公务员法》、《日本地方公务员法》、《美国文官法》等。我们对它们的公务员制度研究时可以从这些实在法的规定出发。第二套思路是将没有建立公务员制度的国家作为一个分析对象。在这些国家，有一系列规制政府行政系统公职人员的行为规则，我们可以将这些行为规则视为公务员法。由于我国法律体系中诸多规范公务员行为的规则是在建立公务员制度之前就制定出来的，而这些规则仍然调整着现在称之为公务员的各种管理关系，如1957年10月23日全国人民代表大会常务委员会第82次会议批准制定的《国家行政机关工作人员的奖惩暂行条例》，[10]像这样的调整系统公务关系的基本法并不因为国家颁布《公务员法》而告失效。那么，我们研究公务员法时对这样的规则必须给予注意。公务员法就其本质属性而论可以概括为以下几方面。

1. 公务员法是一个法群

公务员法是对规范所有公务员管理关系之规范的统称。在一国的法律体系中，规范公务员关系的法律形式有如下诸种：一是宪法条文中关于公务员管理的规定。例如，《希腊共和国宪法》第103条规定："（第1款）文职人员是国家意志的执行者，必须为人民服务、效忠宪法、效忠祖国。文职人员的资格和任命办法由法律规定。（第2款）不得任命任何人担任未经立法规定的职务。法律得规定各种特殊例外情形，允许在一定时期内根据私法契约雇用人员以应付无法预见的紧急需要。（第3款）科学技术专业或辅助人员的在编职务可依照私法契约聘任。聘任条件和对这些人员的特殊保障由法律规定。（第4款）担任在编职务的文职人员是常任的，只要这种职务继续存在。他们的薪金依照法律的规定逐步调整；除因年龄限制退休或根据法院判决免职外，未经至少2/3成员系文职人员组成的服务委员会决定，不得将文职人员无故调离、降级或免职。依照法律的规定，对服务委员会的决定，可以向国务委员会提出申诉。（第5款）依照法律的规定，其职位不属于文职人员等级制度范围的政府高级官员、直接指定的外交使节、共和国总统府的雇员和总理、各部部长、副部长的工作子成员，是非常任的。（第6款）上款规定同样适用于议会的雇员以及地主政府机关和其他公共法人团体的雇员，但议会的雇员在其他方面应完全服从议事规则的规定。"[11]此条对公务员的规定是较为具体和全面的，它的这些条款可以直接规范公务员关系的某些方面，而不必再依某些细则。世界各国宪法似乎都有公务员法的条款，只是关于公务员关系规定的详细程度有所不同。二是议会立法中有关公务员法的专门规定。实行公务员制度的国家其公务员法的基本内容几乎都在此一立法层面上。我国不仅有《公务员法》，而且从行政系统公职人员的总体规则来看，法律层面的规则并不少见，例如《中华人民共和国行政监察法》、《中华人民共和国人民警察、警衔条例》。[12]三是政府行政系统制定的有关公务员管理的规则。实行公务员制度的国家，政府行政系统有权制定一些规制公务员行为的规则，但公务员管理体制的规则要由国会制定。我国目前能够规定公务行为的标准规则基本上都是由政府系统制定的。所谓标准规则,是指以公务员名称颁布的行为规则,如《国家公务员辞职辞退暂行规定》、《国家公务员录用暂行规定》,这些规则中直接涉及公务员而不是行政机关工作人员。我国规范公务员管理较为基本的规则是2005年全国人大常委会制定的《公务员法》,它在我国行政法体系中处在行政法律的地位,若宪法为第一排位的话,该条例排列在我国二级法的地位。对《公务员法》作出补充规定的其他规则,如《国家公务员任职回避和公务回避暂行办法》、《公务员录用规定(试行)》等都是以政府规章的形式出现的。[13] 上列若干层次的公务员规则共同构成了公务员法。

2. 公务员法是内部行政法

我们在前面将行政法规范分成内部行政法规范和外部行政法规范两大类。后者指规范政府行政系统与其他社会主体管理关系、规范其他社会主体在行政管理中若干关系的行政法规范,如部门行政管理法、行政行为法、行政程序法等。前者指规范行政系统内部关系的法律规范,有关行政体制的行政法规范都是内部行政法。公务员法用来调整公务员管理关系,而公务员管理本身是行政系统的内部管理,因此,公务员法是内部行政法。

3. 公务员法调整公务员管理关系

行政法调整行政关系这是一个泛称,它包括了行政过程中的所有关系,如行政机构体系和其他社会主体之间的关系,行政机关在管理行政事务中形成的各种具体关系,行政机关内部上下级之间的关系等。行政机关与其构成分子之间的关系同样是行政法的调整对象,而调整此一关系的行为规则就是公务员法。在一些国家的行政法学理论中,认为政府行政系统和它的构成分子之间是一种契约关系、雇佣关系等。无论属于何种形式的关系,无论以何种理论解释这种关系,政府行政系统对公务员必然行使着这样那样的权力,而公务员一旦进入行政系统也必然要承担一定的法律义务。即是说,对公务员进行管理是必然的,公务员法就是调整此一范畴管理关系的法。公务员代表国家行使行政职权的关系不是公务员法的调整对象,当公务员与其他社会主体发生关系时,公务员已经成为国家行政机关的代表者,已经不是一个简单的公务员管理关系。

三、公务员法的规制对象

1. 公务员法规范公务员的管理体制

采用什么样的管理体制对公务员进行管理是公务员法的基本内容,一般包括公务员归口于哪一个部门管理、管理公务员机构的体制构成等。[14]

2. 公务员法规范公务员的职级结构

公务员的职级结构是公务员制度的基本内容,例如《日本国家公务员法》第2条规定:“国家公务员的职务分为一般职和特别职。一般职包括除特别职以外的所有职务。特别职如下:一、内阁总理大臣;二、国务大臣;三、人事官和检察官;四、内阁法制局长官;……"[15]其将特别职分成18个职级。公务员是行政系统中的一个组织系统,它的职级关系与一国行政体制的设计具有强烈的对应性。在对应的基础上公务员又有着自身的结构,各国公务员法无论采用何种结构形式都必须对公务员的职级结构作出规定。

3. 公务员法规范公务员的权利义务

公务员担任行政公职与国家形成了职务上的联结关系,其在行政系统中任职,既要行使权利又要承担义务,公务员法对此必须予以规范,因为只有权利和义务才能体现公务员关系的法律形式。

4. 公务员法规范公务员的各种管理制度

国家对公务员进行管理,有诸多管理制度,如奖惩制度、培训制度、考核制度、工资福利制度等。公务员法中大部分内容是规范各种管理制度的。

5. 公务员法规范公务员职务变迁制度

公务员任职以后,其职务存在变迁问题,如晋升、退休、辞职等这些制度不能归于公务员管理制度的范畴,管理制度是在职务关系确定以后的调控制度,而职务变迁制度则是职务本身的变化制度。

6. 公务员法规范公务员的监督制度

对公务员的监督是公务员法必须解决的问题,公务员一旦任职以后就有了一定范围的行政权力,为了保证公务员行政权力的正当行使必须有相应的监督制度予以调控。

第二节 公务员法对公务员职位分类的规定

一、公务员职位分类的法律形式

公务员职位分类的法律形式与各国的立法体制有关,不同的立法体制下公务员职位分类的法律形式有所不同,职位分类本身与法律形式没有太大关系。强调法治一体化的国家公务员职位分类统一于公务员法之中,就是用公务员立法规范公务员的各项制度,其中也包括公务员的职位分类制度。例如,泰国1975年颁布实施的公务员法就对职位分类作了规定,该法"用现代职位分类制度取代长期实行的品位分类制度,将公务员分为政务类公务员和业务类公务员";[16]在立法技术上讲究细密化的国家在公务员总法中只有公务员分类的一般规定,围绕公务员分类的具体内容还制定了专门的职位分类法。例如,美国1923年国会通过了第一个《联邦职位分类法》,该法通过修正,1949年又通过了新的职位分类法。我国台湾地区也有专门的公务员职位分类法。美国的公务员职位分类法和我国台湾地区的公务员职位分类法都是由立法机关制定的,其与公务员法处于同一级别的法律层次上;还有一些国家公务员的职位分类由政府行政系统实施其在公务员法中规定公务员的一般内容，公务员的职位分类由行政部门实施，例如巴基斯坦。1972年巴基斯坦政府设立了一个行政改革委员会来研究公务员制度各个方面的问题，1973年总理宣布对公务员制度进行改革，其中改革的基本内容就是对公务员进行新的职位分类，"所有行政部门和官员融合为一个统一的等级结构，根据各工作所需要的专业技术，对进入公务员各级队伍的官员提供同等机会"。"政府官员以往所有的级别均将被废除，取而代之的是一个统一的等级结构：勤杂人员或相同等级为最低级人员，秘书或部门首长为最高级人员。现行分类制度作废。通向最高级的道路以功绩为标准，向所有的人撇开。"[17]我国公务员的职位分类采用将统一立法和专门立法结合的方式，就是在《公务员法》中对公务员的职位分类开辟专章予以规定。

二、公务员职位分类的法律界定

公务员的职位分类有广义和狭义之分。广义的公务员职位分类是指公务系统是通过什么形式排列的，其排列的方式不同就构成了不同的公务员职位。[18]在广义职位分类制之下，包括品位分类和职位分类两种：品位分类也叫薪给分类，就是以公务员在行政系统中的位次高低以及公务员所能够取得行政报酬的多寡将公务员排成不同等次，所排列的等次就是对公务员所作的职位分类。例如，中国古代的九品中正制就是一种较为典型的品位分类制。[19]品位分类制应当说是一种非科学的分类方式，因为它基本上没有公务员分类的科学标准，如事态性质、需要的资历等。因此，在实现现代公务员制度的国家这种分类制已经不被采用；职位分类制是指以行政职位为对象采用科学标准对公务员职务和位次所作的划分。[20]从深层次分析，公务员的职位分类制是目标分解原理在公务员管理中的运用，在充分考虑公务员行政目标的基础上确定公务员职务与行政目标之间的关系。狭义的职位分类是就后者而言的。公务员法对公务员的职位分类一般都是从后者出发的，笔者此处所介绍的职位分类就是指与品位分类制相对应的职位分类制，它作为一种科学的公务员分类制度有如下本质属性。

1. 公务员职位分类以公务员的合理分类为前提

现代公务员制度将公务员分为政务类和事务类两大类。政务类公务员一般被称为政务活动家。事务类公务员曾被称为行政管理家。对公务员进行这样的分类从一定意义上讲体现了国家公务员制度的实质。我们知道，在实行公务员制度以前，各国基本上实行政党分肥的行政管理制度。在这种制度下，若某个政党执政，本党人员同时从事行政管理活动，执政党在政治角逐中失败，其原来担任公职的行政人员也要退出行政系统，由政治角逐成功的政党重新确定行政系统的公职人员，当然照例将忠于自己政党的人安插于行政系统中。这种政党分肥的管理体制使事权高度集中，使行政管理政治化，即从事领导管理的人要对其政党负责，而不是对行政事态和行政相对人负责。同时，政党的政治角逐常常使行政权的行使没有连续性和稳定性。积累了行政管理经验的公职人员常常因自己所忠于的政党在政治角逐中失利而失去继续行使行政管理职能的机会，而从前没有承担过行政管理职务的人又取得了担任公职的机会。公务员制度将公务员分为政务类和事务类使公务员的职务行为从政治化转向技术化，即行政管理由原来的政治行为变为技术行为，并保持了行政管理的连续性和稳定性。政务类公务员依政府组织法和宪法进行管理，而事务类公务员依文官法管理，这就为公务员法的制定和公务员的分类奠定了法律基础；政务类公务员依选举产生，而事务类公务员通过考试进入公务员系统。一个强调担任公职的政治性，另一个则强调担任公职的技术性；政务类公务员实行任期制，事务类公务员实行终身任职，行政管理职能对事务类公务员而言是一个职业系统，对于其专心职务、积极积累担任公职的经验有积极意义；政务类公务员接受社会的公开监督，事务类公务员则依严格的岗位责任从事公职。由于政务类公务员担任公职的人数较为有限，使整个行政管理活动的技术化倾向非常明显。在实行公务员制度的国家，公务员的职位分类是以公务员的上列基本分类为基础的，职位分类基本上存在于事务类公务员系统中。[21]

两类公务员区别

序　号	1	2	3	4	5
区　分	适用的管理规则	遴选方式	职限	职权状况	性质
政务类	宪法与政府组织法	选举产生	任期制	接受社会监督	政务活动家
事务类	公务员法	考试录用	常任制	实行责任制	行政管理家

2. 公务员职位分类是对职位进行科学研究的结果

职位分类是以职位的调查为起点的，这是职位分类中不争的事实。所谓职位调查，是指在广泛搜集公务活动事实资料以后，对行政事实与公务职务关系的层级、类别等予以确定。职务调查是对行政职务进行研究的活动，包括书面调查、问卷调查，观察调查、会议调查等方法。其中每一种方法都是对职务与事态之间的关系进行科学研究，以事态的性质和类型确定职位的层级和结构。上面我们已经指出，目标分解与综合在行政职位分类中具有决定意义，它是一个非常科学的分析手段。目标分解与综合最初在企业管理中运用，如在一个企业中可以作出下列目标分解。

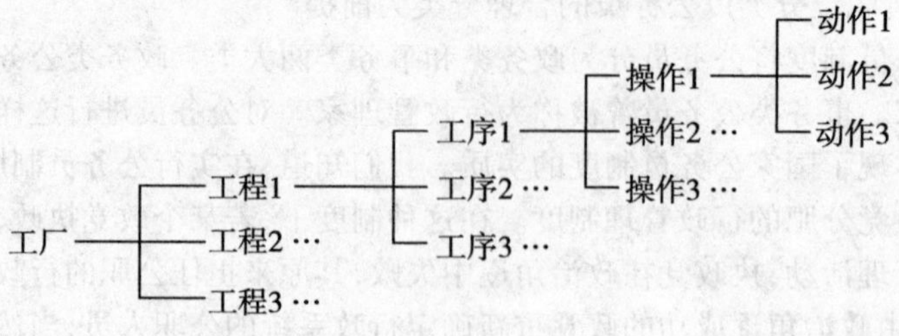

行政系统也可以运用目标分解的原理如：

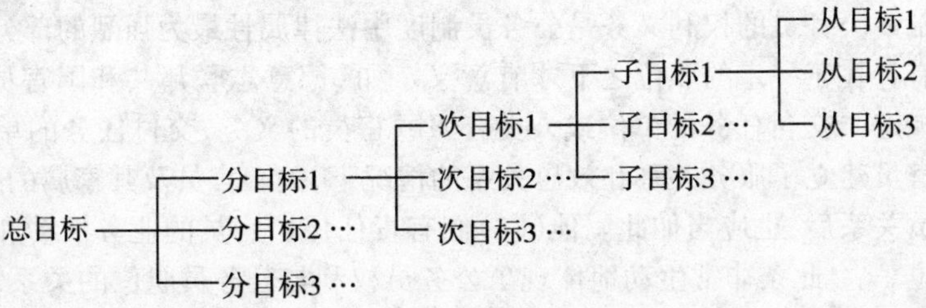

目标分解以后职位便突现出来，每一个层次的目标都形成了一个职位层系，而每一个层系的目标又都使职位有了类的区分。整个公务员系统处在一个总的组织体系之中，牵一发而动全身。总之，职位分类是上升到科学的高度进行研究的结果，笔者所列举的目标调查只是对职位进行研究的一个举例。

3. 公务员职位分类有一整套技术参数

公务员职位分类是对职位所作的科学划分，而制约职位划分也有一整套技术参数，这些技术参数作为一个规范系统为人们确定公务员职位提供了依据。发达国家公务员分类的技术参数大体包括：

(1)公务员工作的性质。根据公务员所从事的行政管理工作的客体事态范围确定公务员的基本职务类型，如美国就分为科学技术类、准科学技术类、文书行政事务类、保管事务类等多个职务系列。工作性质的决定因素应当是公务员履行行政管理职能时所面临的行政客体。

(2)职务的繁简。公务员的行政事务有繁简之分，有些行政事务相对集中，有些相对分散。有些事务可能在一定时间内遇到，有些事务则每天每时要予以处理。事务的繁简是公务员职位分类需要考虑的又一因素，一般将同一性质或相近性质的行政事务归到同一职务之下。

(3)责任的大小。公务员担任公职以后，对其所管理的行政事务要承担责任，责任有两个内涵：一方面责任要求公务员必须有自己负责和管理的事项，这是责任的基础；另一方面公务员对所管理的事项要承担法律上的后果。有些事项所要求的法律后果严格一些，有些则松弛一些，公务员所承担责任的大小是职位分类的又一因素。

(4)需要的资历。对行政事务的管理需要一定的知识和技能，诸多行政事务只有训练有素的人才可以委任，而没有通过训练的人便不可以从事这样的活动。学历和训练专业知识是资格的两个基本方面，这也是职位分类的因素。

上列四个方面构成了职位分类的四个技术指标，而每个技术指标都有相应的量化标准，每个量化标准都是一个参数。一般来讲，一国公务员职位分类的技术参数越标准、越规范，该国公务员的职位分类就越科学。

4. 公务员职位分类是公务员其他制度的基础

职位分类使公务员系统形成了一个框架，并使框架之间的每个具体职位有了实实在在的内涵。其中还有一点是职位之间的联系方式。上列三个方面是公务员后续制度的基础。公务员的权利义务是公务员制度中法律属性最为强烈的部分,然而,权利义务只有存在于一定的职位之下才有意义。如《德意志联邦共和国官员法》第79条第1款规定:"交付任务的单位或人员有照顾官员的义务,交付任务的单位和人员应当在同官员建立了服务关系和效忠关系的情况下,关心官员及其家属的福利,即使在结束官员关系后,也应当如此。他(它)们有责任保护官员的业务活动和他的作为官员的地位。"[22] 此条非常生动地体现了公务员权利与公务员职位的关系,即职位决定了公务员的权利。而公务员的考核、任用、福利待遇等都是以职位分类为基础的。

三、我国公务员法中的职位分类

(一)公务员的职务序列

1. 领导职务序列

领导职务是指在中央和地方各级行政机关中,具有组织、管理、决策、指挥等职能的职务。国务院总理、副总理、国务委员、委员会主任、部长、省长、自治区主席、直辖市市长、副部长、副省长、自治区副主席、直辖市副市长、司(厅、局)长、行署副专员、副州长、处长、县长、副处长、副县长、科(乡、镇)长、副科(乡、镇)长等领导职务构成了领导职务序列。

2. 非领导职务序列

非领导职务是指在各级国家行政机关中,不具有组织、管理、决策、指挥职权和责任的职务。非领导职务序列包括八个职务等次:办事员、科员、副主任科员、主任科员、助理调研员、调研员、助理巡视员、巡视员。其中,助理调研员相当于副处级,调研员相当于正处级,助理巡视员相当于副厅级,巡视员相当于正厅级。同一职务层次的公务员非领导职务与领导职务,其工资待遇相同。各级非领导职务的设置规格,不得高于其所在部门的领导职务。具体来说,在中央国家行政机关和省级行政机关最高可设到司(厅、局)级,即巡视员;在市(地)级国家行政机关最高只能设到调研员;在县级国家行政机关最高只能设到主任科员。设置非领导职务是我国公务员制度的一个突出特点,是适应国家行政机关某些职位特点的需要;是稳定公务员队伍中业务骨干的需要;是克服"官本位"现象的需要;是减少行政领导职能、提高行政效率的需要;是规范原有相当待遇人员管理的需要。设置非领导职务必须严格遵守国家关于任职资格条件和职权的规定。

(二)公务员的级别

公务员的级别根据《公务员法》规定,公务员级别,需按照所任职务及所在职位的责任大小、工作难易程度以及国家公务员的德才表现、工作实绩和工作经历确定。这一规定吸取了公务员职位分类和品位分类的优势,既兼顾了职位情况,又考虑了所在职位上人的因素,是一种较为科学合理的分级办法。公务员的级别共分15级,分别与公务员的12个职务等次相对应。如何确定公务员的级别取决于以下三方面因素：一是由公务员担任的职务来决定应该对应的级别范围。例如，科员职务就只能在9级至14级。二是公务员的德才表现、工作实绩和工作经历情况影响级别的确定。例如，对德才表现、工作实绩较好，任职年限较长的公务员，在确定该职务级别时，可以确定该职务对应级别范围内较高的级别。三是所在职位的责任大小、工作难易程度、决定在同一职务层次上的一些特殊职位的初始任职级别，可以高于一般职位的级别。例如，地级市的市长与某省厅的厅长职务等次是相同的，但市长这一职位的责任较大，工作难度也较高，在确定其级别时，就可考虑比相同条件下的厅长定高一级，当然，其最高级别也不得超出其职务所对应的级别范围。

我国公务员级别与职务对应关系表

职务	级别
国务院总理	1级
国务院副总理、国务委员	2～3级
部级正职、省级正职	3～4级
部级副职、省级副职	4～5级
司级正职、厅级正职、巡视员	5～7级
司级副职、厅级副职、助理巡视员	6～8级
处级正职、县级正职、调研员	7～10级
处级副职、县级副职、助理调研员	8～11级
科级正职、乡级正职、主任科员	9～12级
科级副职、乡级副职、副主任科员	9～13级
科员	9～14级
办事员	10～15级

第三节　公务员法对公务员义务与权利的规定

一、公务员义务与权利的概念

公务员义务与权利是指因公务员具有公务员身份而产生的义务与权利，这些义务与权利是公务员相对于国家而言的，而不是公务员相对于行政管理相对人而言的。

（一）公务员义务

公务员的义务是指公务员任职后对国家所承担的必须作出一定行为或不为一定行为的责任。

1. 公务员义务是公务员法的核心内容，是公务职务关系的实质要件。“公务员关系之成立，由于国家之特别选任行为，而特别选任行为之主要效果，则为公务员对于国家服无定量勤务，且负有忠诚之义务。公务员能否善尽其义务，以贯彻国家政令，不仅是公务员的功过与成败。抑有关政治的隆污与国家的兴衰。由此意义言之：

公务员之义务,实为公务员关系的核心。”[23] 由于公务员义务本身的重要地位,一些国家和地区的公务员法治中有专门的公务员服务法,对公务员的义务作了专门规定,而笔者至今尚未发现哪一个国家制定了公务员权利法。

2. 公务员义务具有法定性。各国公务员制度中都不乏公务员义务的规定,可以说公务员义务的法定性已成了公务员制度中的一个普遍现象。公务员在行政系统中是最小单位,其在一定程度上决定着行政权行使的质量,也关系到行政过程对社会公众的影响。为了强化行政的质量,国家对公务员义务作出严格规范就显得十分重要。因此,义务的法定性,就成为国家对公务员实行法律规制的手段。对于公务员而言,义务法定也有利于其不受行政系统的不当侵害。例如,《日本国家公务员法》关于公务员义务的规定有 11 个条文,第 96 条规定:“所有职员作为全体国民的服务员,必须为公共复兴进行工作,工作要竭尽全力,专心致志。实施前项规定的根本标准所要事项,除本法有规定者外由人事院规则规定。”第 98 条规定:“职员工作时,必须遵守法令和忠实地执行上级的命令。职员作为政府雇员不得和公众一起罢业、怠工和搞其他争议行为或者降低政府工作效率的怠慢行为。任何人不得策划、合谋、唆使、煽动上述违法行为。职员搞同盟罢业和其他前项规定的违法行为时,他不得从其行为开始就得用法令赋予的任命权或雇用权,同国家对抗。”[24] 有些国家和地区用一个完整的法典规范公务员的义务,还有一些国家在完整法典中规定公务员的义务。有些国家的公务员法或制度中,规定了公务员违法的前提是公务员没有依法履行义务,这也是为什么要用法律明文规定公务员义务的一个原因,即必须作到过责有据、过责法定。

3. 公务员义务与公务员身份相伴随。公务员担任行政公职以后就与国家形成了一种特别权力关系,其对国家可以主张相应权利,同时也要满足国家对它的要求,公务员义务就是在这种关系形式中形成的。即公务员担任行政职务是其履行义务的前提,一旦公务员不担任行政公职就没有必要再履行国家为公务员所规定的义务。不过,公务员的有些义务不能因为身份的丧失而丧失,例如,保守国家秘密的义务就不能因身份的丧失而丧失。公务员不担任行政公职时还须履行什么样的职务义务是一个需要探讨的问题。

4. 公务员的义务在法律上表现为作为和不作为两类。所谓作为的义务,是指公务员必须以积极的姿态去实施某种行为的义务,如“维护国家的安全、荣誉和利益”就是一个积极义务,公务员在任何情况下都须以积极的态度实施维护国家安全、荣誉和利益的义务。所谓不作为的义务,是指公务员不得实施某种行为的义务。

(二)公务员权利

公务员的权利是指公务员因其公务员身份而具有的可以要求行政机关作出某种行为或不作出某种行为的资格。

1. 公务员的权利和义务具有一定的对应性,这是法律原理的一般要求,也就是说公务员与国家建立特别权力关系后,向国家履行这样那样的义务,同时这些义务又带来了诸多的权利。在法律理论中,一般公民的权利和义务关系似乎以权利为始以义务为终,其义务是由权利带来的。笔者注意到《中华人民共和国宪法》对公民权利义务的规定将权利排在义务的前面,既可以理解为公民义务是以其权利为基础的,又可以理解为公民权利重于义务。各国公务员法关于公务员权利义务的规定一般均将义务排在权利之前,如《瑞士联邦公务员法》第二章为"公务员的义务",而"公务员的权利"则出现在第五章。[25]我国《公务员法》也将义务排在权利之前。笔者认为,这样的排列顺序不是偶然的,它是从公务员与国家的权利义务关系中演绎出来的,即在公务员与国家关系中,国家处于主导地位,公务员处于从属地位。因此,公务员的义务是公务员权利产生的基础,二者在公务员法中的对应关系是很明显的。

2. 公务员的权利具有双重属性。公务员的权利是归属于公务员个人的,也就是说,公务员个人通过享有权利而获得利益,这是问题的关键,不过,这只是公务员权利属性的一个方面。另一方面,公务员权利系为国家谋求公益而设,正如有学者所言:"通常私法上的权利,是对于特定利益,得以自由主张其意思的法律上之力,而公务员所得享有的权利,并非为公务员个人谋私利,而是为国家谋公益而设,亦即为使公务员专心为国家服公务,必须设定此等权利,使其在职期间能安于其位,退休或死亡后,本人或其眷属,生活得有相当之保障。"[26]

3. 公务员权利的绝大多数与职务相伴。与公务员的义务一样,公务员权利的绝大多数是任职期间才享有的。任何权利都有相关的权利主体,我们所讲的公务员权利的权利主体必然是公务员。但这只是一个笼统的说法,公务员担任行政职务才是其享受权利的主体资格条件。公务员职务关系消灭以后是否还享有与职务相关的权利在理论上是一个有争议的问题,有人认为公务员的义务不完全因身份的丧失而丧失,而公务员的权利则因身份的丧失而丧失。[27]然而近年来也有学者主张公务员职务关系消灭之后仍然享有一部分原来属于公务员职务关系所派生的权利。公务员在任职期间为国家作了诸方面的贡献,其退职以后至少在生活方面应当有所保障。因此,公务员拿退休金、养老金以及抚恤金的权利在离职以后应当继续享有。

二、公务员义务的法律表现

公务员义务的法律规范除反映在专门的公务员法律、法规中外,在其他法律规范中也有公务员义务的规定,各国宪法或多或少都有公务员义务的条款。例如,《葡萄牙共和国宪法》第269条第1款规定:"公共行政人员以及国家和其他公共实体的代理人,在履行职责时,应为各自所属行政机构依法规定的各种公共利益服务。"[28]《阿拉伯叙利亚共和国宪法》第120条规定:"部长在任职期间不得兼任私营公司董事会的成员或代理人,不得参与任何商业或工业活动或从事自由职业。部长在任职期间不得直接或间接地参与同国家机关(包括各种局)或国营公司签订合同、投标、或承包工程的活动。"[29]《中华人民共和国宪法》第27条第2款规定:"一切国家机关和国家工作人员必须依靠人民的支持,经常保持同人民的密切联系,倾听人民的意见和建议,接受人民的监督,努力为人民服务。"由于公务员义务不仅仅反映在专门的公务员法条款中,因此,我们不能仅仅根据《公务员法》的规定研究公务员义务。各国公务员法关于公务员义务的规定是不完全相同的,但一些基本范畴还是非常相似的。例如,各国都将对公务员禁止的行为反映在公务员的义务规则中。我国在《公务员法》中规定的公务员纪律在大多数国家都被规定为公务员的义务,笔者在对我国公务员义务进行评价时也以世界各国的通例为基础。由此出发,笔者认为我国公务员的义务可概括为下列方面。

1. 为人民服务的义务

《中华人民共和国宪法》为公务员明文规定的义务就是公务员必须为人民服务。此项义务所反映的是公务员与人民的关系,它的意思是该公务员担任公职以后首先要处理好与人民的关系:一则,公务员必须依靠人民群众支持,将其公职扎根于人民群众的沃土之中。二则,公务员必须经常保持同人民群众的联系,在履行公职时不能脱离人民群众。三则,公务员必须倾听人民的意见和建议。公务员在工作中必须坚持群众路线,听取人民群众对行政管理工作的意见和建议、对自己工作作风的意见和建议。四则,必须接受人民的监督。我们所讲的人民的监督是指人民群众通过一般法律程序之外的监督,如人民群众有权了解公务员的职权行为和其他与任职有关的情况。

2. 守法的义务

《公务员法》第12条第1项规定公务员有模范遵守宪法、法律和法规的义务。守法的义务所反映的是公务员与法律之间的关系,公务员除对人民负责外,还必须对法律负责。显然,《公务员法》仅仅规定了遵守宪法、法律、法规。但是,公务员对国家法律规范体系的所有规则都必须服从,包括政府规章和行政管理规范性文件。公务员的守法义务应当与普通公民的守法义务有所区别,公务员作为一个普通公民,守法义务的最底线显然是作为普通公民的守法,其最为主要的是在履行行政职权时的守法,就是要遵守与公职有关的法律规范。公务员在执行公务时若与所遵守的法律有所冲突,其必须选择遵守上位法。

3. 执行公务的义务

国家设置公务员制度的目的在于让公务员履行行政管理职能,有效实施行政行为。因此,公务员必须有效执行公务。公务员执行公务的义务在一些国家的公务员义务规则中都有规定,要求公务员要亲自执行公务,而不能由他人代为执行公务;要求公务员在执行职务时忠于职务,不得对公务表现出厌恶和不忠诚;要求公务员必须遵守时间,按时上班,不得迟到早退,更不得擅自离职。《公务员法》规定对于公务员旷工或者因公外出、请假期满无正当理由逾期不归达到一定期限的要予以辞退;要求公务员勤奋工作,是否勤奋工作也是我国对公务员进行考核的标准之一。《公务员法》强调公务员执行公务要遵守法律、法规和政策,道德也是公务员执行公务的重要依据。

4. 维护国家形象的义务

公务员与国家的关系也是公务员义务规则必须解决的问题。国家是一个集合概念，但国家是一个政治实体，它既有政治上的要素，也有领土、民族等要素。公务员不是游离于国家之外的人。因此，维护国家形象便是各国公务员义务的基本内容之一。依我国有关公务员义务的规定，公务员维护国家形象的义务有：一是维护国家安全，即公务员要尽力保持国家的领土完整和不受外侵。二是维护国家荣誉，尤其在对外交往中不作有辱国格的事情。《公务员法》第53条第1项和第2项规定，公务员不得有"散布有损国家声誉的言论，组织或者参加旨在反对国家的集会、游行、示威等活动，组织或者参加非法组织，组织或者参加罢工"等。三是维护国家利益。四是维护国家统一。公务员不得从事分裂国家的活动在大多数国家的公务员义务规则中都有规定。

5. 服从命令的义务

《公务员法》第12条第5项有关公务员服从命令的规定。我国台湾地区"公务员服务法"第2条规定："长官就其监督范围以内所发命令，属官有服从之义务，但属官对于长官所发命令如有意见，得随时陈述。"第3条规定："公务员对于两级长官同时所发命令，以上级长官之命令为准，主管长官与兼管长官同时所发命令，以主管长官之命令为准。"这两个条文明确了公务员服从命令的内涵。大陆没有相关的规章对公务员服从命令的义务作出规定。服从命令的义务其内容在诸多方面需要探讨，一是我国行政系统是层级结构，公务员的管理也带有强烈的层级性，若不相邻的两个上级对公务员发布命令，公务员究竟选择何者，是以相邻上级为准，还是以上级的上级为准，都需要法律规范加以规定。二是"命令"一词怎么理解，是行政机关作为一个机关的命令，还是行政首长、行政主管个人发出的命令，都需要通过法律规范予以阐释。三是当命令与法律冲突以后，公务员究竟选择法律还是选择行政命令等也需要通过法律规范予以规定。四是当公务员对上级的行政命令有疑义时有无陈述的权利，有无保留服从权的权利等，也需要通过相关的法律规范予以阐释。

6. 保守秘密的义务

《公务员法》第12条第6项规定，公务员有"保守国家秘密和工作秘密"的义务，在随后的公务纪律中又规定公务员不得泄露国家秘密和工作秘密。《中华人民共和国保密法》把国家秘密分为绝密、机密和秘密三个密级，不同的密级采取的保密措施则有所不同。而对公务员来讲，任何一个密级的国家秘密都不得泄露。工作秘密是指公务员在工作过程中依有关制度不得向外公开的那些秘密。保密的义务还包括认真保管各种文件和已经掌握的秘密文件，不得由于过失而泄露，还包括不得故意泄露。公务员保密的义务不因公务员身份的丧失而丧失。

7. 廉洁自律的义务

公务员保持良好的品格是各国公务员义务规则的基本内容。依《公务员法》和其他一些法规、规章的规定，廉洁自律的义务有下列要求：一则，公务员在经济事务中要廉洁自律,不得有贪污、盗窃、行贿、受贿以及其他利用职务之便捞取私利的行为。二则,公务员在生活作风中要严格要求自己,不得从事与色情活动有关的事情,不得在公务活动中大吃大喝,追求豪华奢侈等。三则,公务员在工作作风上要讲究民主、不得压制不同意见,弄虚作假,欺骗领导和群众。[30]

8. 不为一定行为的义务

这是一个义务范畴,一般通过禁止的形式要求公务员不得从事一定的行为。目前我国相关法律、法规规定,公务员不得为的行为有下列诸种:不得经营商业;不得玩忽职守、贻误工作;不得对抗行政决议和命令;不得滥用职权;不得索取管理、服务对象的财物;[31]不得接受可能影响公正执行公务的礼物馈赠和宴请;不得在公务活动中接受社会和各种有价证券;不得用公款公物操办婚丧喜庆事宜借机敛财;不得违反规定买卖股票;不得在国外注册公司或者投资入股;不得以个人名义存储公款。

9. 申报财产的义务

1995 年中共中央办公厅、国务院办公厅联合发布了《关于党政机关县(处)级以上领导干部收入申报的规定》,系统规定了党政干部的财产申报制度,该规定为公务员的财产申报设定了诸多义务。公务员申报收入的范围包括:工资、各类奖金、津贴、补贴及福利费等;从事咨询、讲学、写作、审稿、书画等劳务所得。申报人于每年 7 月 1 日至 20 日申报本年度上半年的收入;该年 1 月 1 日至 20 日申报前一年度下半年的收入。我国公务员其他法规和规章中关于财产申报亦有一些规定。

附:公务员义务表

序号	义务类型	基本内容	涉及关系
1	为人民服务的义务	(1)公务员必须依靠人民的支持 (2)公务员必须经常保持同人民的联系 (3)公务员必须倾听人民群众的意见和建议 (4)公务员必须接受人民的监督	公务员与人民的关系
2	守法的义务	(1)作为普通公民的守法义务 (2)履行公职时的守法义务 a. 遵守宪法 b. 遵守法律 c. 遵守法规 d. 遵守规章等	公务员与法的关系
3	执行公务的义务	(1)公务员必须亲自执行公务 (2)忠实于公务 (3)遵守时间 (4)专心于职务	公务员与公职的关系
4	维护国家形象的义务	(1)维护国家安全 (2)维护国家荣誉 (3)维护国家利益 (4)维护国家统一	公务员与国家的关系

续表

序号	义务类型	基本内容	涉及关系
5	服从命令的义务	(1)公务员必须服从国务院的命令 (2)公务员必须服从上级政府的命令 (3)公务员必须服从上司的命令	公务员与上司的关系
6	保守秘密的义务	(1)公务必须保守国家秘密 (2)公务员必须保守工作秘密	公务员与政府信息的关系
7	廉洁自律的义务	(1)公务员在经济事务中要自律 (2)公务员在生活作风中要自律 (3)公务员在工作作风上要自律	公务员与工作过程的关系
8	不为一定行为的义务	(1)不得经营商业 (2)不得玩忽职守、贻误工作 (3)不得对抗行政决议和命令 (4)不得滥用职权 (5)不得索取管理、服务对象的财物 (6)不得接受可能影响公正执行公务的礼物馈赠和宴请 (7)不得在公务活动中接受社会和各种有价证券 (8)不得用公款公物操办婚丧喜庆事宜借机敛财 (9)不得违反规定买卖股票 (10)不得在国外注册公司或者投资入股 (11)不得以个人名义存储公款	公务员与工作过程的关系
9	申报财产的义务	(1)公务员必须申报工资的收入 (2)公务员必须申报各类奖金 (3)公务必须申报津贴、补贴及福利等 (4)公务必须申报其他收入	公务员与职务利益的关系
10	报告个人重大事项的义务	(1)本人、配偶、共同生活的子女营建、买卖、出租私房和参加集资建设的情况 (2)本人参与操办的本人及近亲属婚丧喜庆事宜的办理情况(不含仅在近亲属范围内办理的上述事宜) (3)本人、子女与外国人通婚以及配偶、子女出国(境)定居的情况 (4)配偶、子女受到司法执纪机关查处或涉嫌犯罪的情况 (5)配偶、子女经营个体、私营工商业,或承包、租赁国有、集体工商企业的情况,受聘于三资企业担任企业主管人员或受聘于外国企业驻华、港澳台企业驻境内代办机构担任主管人员的情况。本人认为应当向组织报告的其他重大事项,也可以报告。上列事项应当在事后一个月内以书面形式报告	

三、公务员权利的法律表现

《公务员法》第13条对公务员的权利作了列举规定,从公务员承担的义务和各国关于公务员权利的规定看,公务员的权利应当有下列各项。

1. 职位保障权

《公务员法》第13条第1项规定,公务员有权"获得履行职责应当具有的工作条件"。这实质上是对公务员职位保障权的规定。所谓职位保障权,就是指公务员担任公职后其行使职权的条件都能够得到满足的权利。"公务人员既为经政府特别选任的人员,具有适于执行公务的资格条件,而现代一般国家的人事制度,就事务官方面均有建立永业制的共同趋势,使一般公务人员能够长久出任,以求熟悉业务提高效率。既然如此,则自反面言之,公务人员若本身并无过失,其职位既应受到保障,而不应遭受各种不利处分。此项制度是为公务人员的职位保障权亦称身份保障权。具体言之,是指公务人员任职后,在有关职位的帮助及公务人员关系终止等事项方面,依法应受到保障。"〔32〕这是我国台湾地区学者对职位保障权的经典描述,对于我们领会公务员的职位保障权有重要理论价值。《日本国家公务员法》第86条规定:"职员有权对人事院提出申请,要求人事院、内阁总理大臣、职员所属政府机关首长应采取适当行政措施,改善工资报酬和其他一切工作条件。"〔33〕诸多国家公务员法都有职位保障权的规定。

2. 俸给权

这是公务员在经济方面的权利,公务员是在政府行政系统中任职的自然人,他们本身具有自然人的一般属性,自身的生存以及家庭成员的生存是其履行公职的物质保障,因此,公务员担任公职后必然要从国家取得收入。具体包括:一是领取工资的权利,工资是国家支付给公务员的基本劳动报酬,一般以货币的形式支付给公务员。二是享受保险的权利,公务员任职以后,国家有义务为公务员支付社会保险金。三是获得福利待遇的权利,除社会保险金外,政府常常还设立其他一些福利项目,比如政府津贴、政府特殊津贴等。四是领取退休金的权利,公务员退休以后有权领取法定的退休金。〔34〕

3. 批评建议权

公务员在行政系统中任职,自然而然地对行政系统中的决策、执行等有较普通人员更多的认识和理解。基于此,《公务员法》第13条第5项规定:公务员有权"对机关工作和领导人员提出批评和建议。"这一规定表明,公务员有权对国家行政机关提出批评。依笔者理解,对各个层次的国家行政机关的行政行为,公务员均有权进行批评和提出建议,并不仅仅限于对自己所在行政机关行使这样的权利;公务员有权对行政机关领导人员的工作提出批评和建议,此项权利确认了公务员对其上司享有一定的权利,即公务员的上司有权命令公务员为某种行为,同时也有义务接受公务员的批评和建议。

4. 申诉控告权

《中华人民共和国行政监察法》第37条规定:"国家公务员和国家行政机关任命的其他人员对主管行政机关作出的行政处分决定不服的,可以自收到行政处分决定之日起30日内向监察机关提出申诉,监察机关应当自收到申诉之日起30日内作出复查决定;对复查决定仍不服的,可以自收到复查决定之日起30日内向上一级监察机关申请复核,上一级监察机关应当自收到复核申请之日起60日内作出复核决定。复查、复核期间,不停止原决定的执行。"第38条规定:"监察机关对受理的不服主管行政机关行政处分决定的申诉,经复查认为原决定不适当的,可以建议原决定机关予以变更或者撤销;监察机关在职权范围内,也可以直接作出变更或者撤销的决定。法律、行政法规规定由监察机关受理的其他申诉,依照有关法律、行政法规的规定办理。"第39条规定:"对监察决定不服的,可以自收到监察决定之日起30日内向作出决定的监察机关申请复审,监察机关应当自收到复审申请之日起30日内作出复审决定;对复审决定仍不服的,可以自收到复审决定之日起30日内向上一级监察机关申请复核,上一级监察机关应当自收到复核申请之日起60日内作出复核决定。复审、复核期间,不停止原决定的执行。"这三个条文是对公务员申诉权的规定,申诉权是指当公务员受到行政处分后为了保护自己的权益可以依法定程序申诉。控告则是指公务员对有关行政机关及其领导人的违法失职行为,无论是否侵犯公务员自身的权益,公务员都有权向有关部门举报或反映。

5. 职务深造权

《公务员法》第13条第4项规定,公务员有权"参加培训",这是对公务员职务深造权的规定。所谓公务员深造权,是指公务员在任职期间有权提高自身的业务能力和业务技能,以及要求国家为其深造创造良好的条件。《公务员法》第60条规定:"机关根据公务员工作职责的要求和提高公务员素质的需要,对公务员进行分级分类培训。国家建立专门的公务员培训机构。机关根据需要也可以委托其他培训机构承担公务员培训任务。"第61条规定:"机关对新录用人员应当在试用期内进行初任培训;对晋升领导职务的公务员应当在任职前或者任职后1年内进行任职培训;对从事专项工作的公务员应当进行专门业务培训;对全体公务员应当进行更新知识、提高工作能力的在职培训,其中对担任专业技术职务的公务员,应当按照专业技术人员继续教育的要求,进行专业技术培训。国家有计划地加强对后备领导人员的培训。"这一规定是对公务员深造权的具体化。

6. 休假权

休假权是指公务员在任职期间有享受法定节假日的权利。我国的节假日大体上有年假,年假多在春节期间休放,一般为7日;节假日假,一些更大的节假日公务员有休假权,如五一、十一、元旦等;探亲假,公务员与亲属、家属两地分居的在一定期限内有权探望;病假,公务员若有身体上的病变有休息治疗的权利;女公务员还有产假。

7．辞职权

担任行政公职是公务员的自由选择权，而任职以后公务员也有一定范围的自由选择权，即辞职权。该权是公务员权利中一项附加条件行使的权利。《公务员法》第80条规定："公务员辞去公职，应当向任免机关提出书面申请。任免机关应当自接到申请之日起30日内予以审批，其中对领导成员辞去公职的申请，应当自接到申请之日起90日内予以审批。"此条为公务员的辞职设置了一定的条件。

附：公务员权利表

序号	权利类型	基本内容	法律依据
1	职位保障权	履行职责的国家强力要件	《公务员法》第13条第1项第2项
2	俸给权	(1)公务员有权领取工资 (2)公务员有权领取保险 (3)公务员有权领取津贴 (4)公务员有权领取退休金	《公务员法》第13条第3项和其他单行法规
3	批评建议权	(1)公务员有权对行政机关提出批评建议 (2)公务员有权对行政领导提出批评建议	《公务员法》第13条第5项
4	申诉控告权	(1)公务员对涉及自己处理的行为有权申诉 (2)公务员对不涉及自己权益的行为有权控告	《中华人民共和国行政诉讼法》第37条—第39条，《公务员法》第13条第6项
5	职务深造权	(1)公务员有权参加政治理论学习 (2)公务员有权参加业务知识培训	《公务员法》第13条第4项，第60条、第61条、第62条
6	休假权	(1)公务员有权休年假 (2)公务员有权休节假日假 (3)公务员有权休病假	
7	辞职权	有条件辞职	《公务员法》第13条第7项，第80条

第四节　公务员法对公务员考试录用的规定

一、行政法学中关于公务员任用的理论

所谓公务员的任用，是指确定具有公务员资格的人与国家职务关系的过程。公务员职位设置以后必须由符合条件的自然人担任，确定符合担任公务员条件的自然人与职务关系等的法律行为就是公务员的任用行为。任用行为从广义上讲就是官员选任行为和官员关系确认行为的总称，或者说选官制度与职务确定制度共同构成了公务员的任用。公务员任用究竟是什么性质的行为，在我国大陆行政法学界研究得不多。但是，笔者认为公务员任用行为的性质是一个非常重要的理论问题，该问题关

系到国家与公务员的关系，关系到国家与参与公务员选举的自然人之间的关系，关系到公务员的各项管理制度等。因此，这一问题必须从理论上予以澄清。从其他国家和地区的行政法学理论看，公务员任用行为的性质有下列诸说：

1. 国家单方行为说

此说认为国家依法创设了行政职位，任何一个公民都有义务担任行政公职，如同任何一个符合法定条件的人有服兵役的义务一样。因此，认为国家任用公务人员担任行政公职是国家的一种单方行为。国家作为任用者有任用的权利，而公务员担任公职本是义务范畴的东西。即国家任用公务员可以单方面作出决定，而没有必要取得任用者的同意，任用行为在一定意义上属于国家的强制性行为。

2. 契约关系说

"此说在基本上欲以民法契约关系的模式解释公务人员任用行为，主张在民主国家，人民与国家在法律上立于对等的地位，人民既无担任公务人员之义务，则国家欲使其服公务，须获人民之同意为必要。因而认为公务人员的任用，系基于国家与当事人间意思之合致，所形成的公法上的契约关系，故须以当事人之同意为有效条件。唯公务人员的任用行为在性质上与契约关系不尽相同，且国家与当事人间关系处于不平等的地位，因而契约说不足以解释此种关系。有应注意者，即此说虽不能用以说明一般公务人员任用行为的性质，但对聘用雇用人员而言，则其与政府之法律关系，仍可藉公法上契约解释，是为例外情形。"〔35〕在一些国家将国家公务员叫做政府雇员实则是契约关系说的体现。

3. 双方行为说

此说认为国家行为有单方和双方之分，前者指国家采取某种行为时无须征得对方的同意，可以单方面决定行为的成立。后者指国家采取某种行为时必须征得行为介入者中另一方的同意，若另一方不同意，国家便没有必要或不能采取这样的行为。国家双方行为说认为任用公务员是国家和受任方双方面的同意，在国家和受任方达成合致以后任用行为才能成立。此说的基本含义是国家只能将行政职务任用于愿意担任公职的公务员。上列三种认识都有一定道理，由于我国《公务员法》和《公务员录用规定（试行）》等未对公务员任用行为的性质作出界定，因此，我国公务员任用行为的性质同样是一个需要解决的问题。不过，《中华人民共和国宪法》第34条规定："中华人民共和国年满18周岁的公民，不分民族、种族、性别、职业、家庭出身、宗教信仰、教育程度、财产状况、居住期限，都有选举权和被选举权；但是依照法律被剥夺政治权利的人除外。"该条为我们确定我国公务任用行为的性质提供了理论基础，依该条规定公民担任公职是他的一项基本权利，既然是权利，公民就有处分这种权利的能力。故而，国家任用公务员不能是一种强制行为，似乎作国家双方行为理解更合理一些。

二、我国公务员法中公务员的考试制度

(一)报考公务员的条件

1. 国籍资格

凡具有中华人民共和国国籍的人才具有报考公务员的资格。国籍的取得有传统取得和入籍两种情况。依传统取得国籍的人其祖籍就是中国国籍,因此,其国籍资格是与其出生相伴的,这样的人报考公务员就应当没有什么障碍。入籍则是指通过加入中国国籍而取得国籍资格,如某公民本是意大利人,由于个人行为而依法定程序取得中国国籍,此等人能否担任公务员,或者担任公务员有无取得国籍的年限限制,我国公务员法似乎尚无明文规定,是需要在今后的立法中予以解决的问题。

2. 品行资格

依《公务员录用规定(试行)》,报考公务员要"具有良好的品行"。

3. 行为能力资格

我国关于公务员行为能力资格有两项规定:一是符合法定的年龄。《公务员录用规定(试行)》第16条第2项规定,年龄为18周岁以上,35周岁以下的公民可以报考公务员。因此,18岁以下的公民和36岁以上的公民无权报考公务员。二是具有正常履行职责的身体条件。我国对身体条件的规定是一个非常模糊的规定,因为身体条件本身就是一个缺乏量化标准的概念。在一些国家关于身体方面规定得非常具体,如有的国家规定患有精神病的不能担任公务员,患有传染病的不能担任公务员等。

4. 工作能力资格

依《公务员录用规定(试行)》第16条第6项规定,报考公务员应"具有符合职位要求的工作能力"。

5. 文化程度资格

《公务员录用规定(试行)》第16条第7项规定:"具有大专以上文化程度"这是对报考公务员文化资格的规定。

(二)公务员考试的程序

1. 考试的方法

分为笔试和面试两种。笔试是应试者参加考试的第一道关,笔试主要测试公务基础知识、专业知识水平以及其他适应职位要求的业务素质与工作能力。笔试合格以后才有资格参加面试,即面试是应试者参加考试的第二道关。

2. 考试的科目

分为公共科目和专业科目。公共科目是公务员报考者无论报考哪一个部门都须参加的考试科目。专业科目则指某一部门的公务员应当报考的科目。

3. 考试程序简化的情形

遇有下列情形可以简化程序:一是因职位特殊不宜公开报考的;二是因职位特殊

需要专门测量其水平的；三是因专业特殊难以形成竞争的；四是录用主管机关规定的其他情况。

三、我国公务员法中公务员的录用制度

（一）公务员录用管理机构

国务院人事部门是公务员录用的主管机关，负责全国范围内公务员录用的综合管理工作。具体职责有：第一，拟定国家公务员录用法规；第二，制定有关的具体政策；第三，指导与监督地方国家行政机关国家公务员录用的管理工作；第四，负责组织国务院各工作部门录用国家公务员的考试和备案工作等。

省、自治区、直辖市政府人事部门是本行政辖区国家公务员录用的主管机关，负责本行政辖区内国家公务员录用的管理工作。具体职责有：第一，根据国家的公务员录用法规，制定本行政辖区国家公务员录用的有关规定；第二，贯彻执行国家有关的方针政策；第三，指导和监督市（地）级以下国家行政机关国家公务员录用的管理工作；第四，负责组织省级政府各工作部门录用国家公务员的考试和审批工作；第五，规定市（地）级以下国家行政机关录用考试的组织办法；第六，承办国务院人事部门委托的有关考试工作。

市（地）级以下政府人事部门按照省级政府人事部门的规定，负责本行政辖区内国家公务员录用的有关管理工作。

（二）公务员录用计划的制订

全国范围内的录用计划由国务院各部门申报，国务院人事部门确定；省级政府工作部门国家公务的录用计划由省政府工作部门申报，省级政府人事部门确定；市地级以下政府工作部门公务员录用计划的编制，由省级政府人事部门规定其程序和审批权限。

公务员录用计划的内容包括：其一，用人部门的名称及其编制数、缺编数和拟增总人数。其二，拟录用职位的名称、专业、人数及所需要的资格条件。其三，报考的对象、范围及采取的考试方法。

（三）公务录用程序

（1）对面试合格者进行考察和体检。（2）确定拟录用人员并向社会公示。（3）报有关部门审批。（4）录用者办理相关手续。（5）新录用公务员有一年试用期。（6）根据试用期情况确定是否录用。

（四）公务员录用监督

对公务员的录用监督，《公务员法》及其相关规定从不同角度作出了规定。

1. 录用的事前监督。例如，《公务员法》第68条规定：“公务员之间有夫妻关系、直系血亲关系、三代以内旁系血亲关系以及近姻亲关系的，不得在同一机关担任双方直接隶属于同一领导人员的职务或者有直接上下级领导关系的职务，也不得在其中

一方担任领导职务的机关从事组织、人事、纪检、监察、审计和财务工作。因地域或者工作性质特殊,需要变通执行任职回避的,由省级以上公务员主管部门规定。”《公务员法》第70条规定:“公务员执行公务时,有下列情形之一的,应当回避:(一)涉及本人利害关系的;(二)涉及与本人有本法第68条第1款所列亲属关系人员的利害关系的;(三)其他可能影响公正执行公务的。”《公务员录用规定(试行)》第32条规定:“从事录用工作的人员凡有公务员法第70条所列情形的,应当实行回避。”

2. 录用的事后监督。如《公务员录用规定(试行)》第33条规定:“有下列情形之一的,由省级以上公务员主管部门或设区的市级公务员主管部门,视情况分别予以责令纠正或者宣布无效;对负有领导责任和直接责任的人员,根据情节轻重,给予批评教育、调离录用工作岗位或者给予处分;构成犯罪的,依法追究刑事责任:(一)不按规定的编制限额和职位要求进行录用的;(二)不按规定的资格条件和程序录用的;(三)未经授权,擅自出台、变更录用政策,造成不良影响的;(四)录用工作中徇私舞弊,情节严重的。”

附:公务员考试录用图表

项　目	
录用原则	公开—平等—竞争—择优
录用范围	主任科员以下非领导职务的公务员
录用标准	德才兼备
资格条件	专业水平、政治条件
程　序	编制录用计划——→发布招考公告——→考前资格审查——→公开考试——→应试合格者进行考核——→确定人选
方　法	笔试—面试
录用管理机关	国务院人事部门——省、自治区、直辖市政府人事部门

第五节　公务员法对公务员管理制度的规定

一、国家公务员管理制度的法律界定

所谓公务员的管理制度,是指对公务员实施管理的法律制度的总称。公务员管理制度应当具有如下法律属性。

1. 公务员管理制度是一种法律制度

公务员管理制度在实施过程中大多以行政手段为之,《公务员法》第10条规定:“中央公务员主管部门负责全国公务员的综合管理工作。县级以上地方各级公务员主管部门负责本辖区内公务员的综合管理工作。上级公务员主管部门指导下级公务员主管部门的公务员管理工作。各级公务员主管部门指导同级各机关的公务员管理工作。”依此规定公务员管理的实施是归属于政府行政系统的,此点使人们产生了一

种错觉，即将公务员管理制度作为行政制度看待。然而，从公务员管理制度的实质分析，它应当是一项法律制度。一方面，公务员管理制度依法设定；另一方面，公务管理制度的实施依据严格的法律程序为之。例如，《日本外务公务法》第1条规定："本法律的目的在于，根据外务公务员的职务和责任的特殊性，规定有关外务公务员的职务职阶制、任免、薪俸、效率、保护、工作等国家公务员法的特例和其他必要事项，并对名誉总领事、名誉领事以及外务省工作的外国人的任用作出规定。"[36]外务公务员的整个管理过程必须依据该法规定的程序为之。公务员管理制度究竟是法律制度还是行政制度的问题是十分关键的，必须予以澄清，因为它对于公务立法的走向，对于公务管理的实施有着非常重要的意义。

2. 公务员管理制度是对公务员实施管理的制度

公务员作为行政系统的构成分子是就单个公务员而言的，就公务员作为一个整体事物来看它是行政体制法中的一个现象。规范公务员的法律规范是体制行政法的构成部分之一，公务员法和法律确定的公务员制度具有诸多的制度范畴，如公务员的职位分类制度、公务员的权利义务、公务员的考试录用、公务员职务关系的变化等。而管理制度是公务员诸多制度中的一种，它的目的和功能在于对公务员进行管理。深而言之，公务员职位的分类和公务员的考试录用是公务管理制度前期的两项制度，而公务员管理制度设计好以后就必须确定公务员的权利与义务，因为这是公务员与国家以何种形式联结起来的根本所在。公务员职务关系的变化虽是以管理手段为之的，但是，公务员的职务变迁制度所关注的是公务员的职务本身，而不是公务员在任职期间的状况。公务员管理制度的实质是对公务员担任公职期间行为状态的调控，如通过公共福利制度调控公务员的经济行为，通过奖惩调整公务员的职权行使行为。

3. 公务员管理制度是对公务员管理手段的统称

公务员管理应当说是一个范畴概念，而不是一个具体概念。各国公务员法一般没有使用公务员管理这样一个概念，仅使用"管理机构"这一概念。如法国公务员法规定了法国公务员的管理机构为立法机关，"议会通过立法和公务员总章程，原则上规定了从中央到地方公务员的权利和义务等，为公务员的管理提供了根本的法律依据。再是议会根据其对各部门工作的了解及其人员需求数量，按部表决定通过年度财政预算，确定预算增长幅度，决定各部经费来源"。[37]司法机关，如行政法院，通过司法保证监督行政机关及其工作人员的违法行为；行政机关，如法国总统，很少介入公务员的管理，但由于总统任职比总理相对稳定一些，一些公务员就由总统任命。总理则是公务员最实在的管理者。他通过颁布具体的法规来落实公布具体管理措施。我国的公务员法规所规定的也是公务的管理机构。公务的管理制度则是分散在一些具体的管理手段中，如奖惩、考核、培训等等。我们将若干管理公务员的具体手段通称为公务员的管理制度。所以说，公务员的管理制度是一个范畴概念。我国《公务员法》将公务员的各项管理制度分而规定，同时针对每一种管理手段制定了相应的政府规章，如《公务员奖励规定（试行）》等。

4. 公务员管理制度是内部管理制度

国家公务员的管理分为部内制、部外制和折中制三种。所谓部外制，是指将公务员的管理机制设在行政系统之外，管理机构不受行政部门的领导和干预，如美国文官法规定设立文官委员会，作为联邦最高公务员的管理机关。[38]所谓部内制，是指在中央和地方各级各类行政部门的内部设置人事管理机构，各项人事行政工作均由各部门自行负责，瑞士等国采取的便是这样的管理体制。“所谓折中制，是指在政府行政系统之外设立独立的公务员管理机构专掌公务的考选事宜，而考选以外的其他人事工作则由政府各部门自己掌管。”[39]英国是采用折中制的国家。不论何种类型的管理体制其本质上都是一种内部管理机制，是行政系统内部的管理，而不是行政系统对社会事务的管理，这是公务员管理体制的又一基本属性。

二、公务员法对公务员考核制度的规定

（一）公务员考核的概念

公务员的考核是指国家行政机关根据《公务员法》的规定，依据行政管理权限对公务员任职状况所进行的考察和评价。公务员的考核有下列特征：

1. 公务员的考核以公务员的行政责任制为基础

所谓公务员的行政责任制也叫岗位责任制，是指用法律手段明确规定每个职位的工作性质、职责范围，以便能够做到各司其职、人尽其能的一种责任制度。公务员的行政责任制要求公务员的行政职位统一化、标准化、定量化。统一化要求同一性质的职位，不论在什么地方和部门其职务和责任都应当相同。标准化则是指每一职位的具体工作都要加以严格的规范，做到职称与职务相称、权利和责任相称。定量化指每一职位的职务、权利、责任、奖励都尽可能用数字来说明。在建立了行政责任制的国家，行政责任制的内容包括职称、职号、工作项目、权利、责任、资格等。责任制的各项技术指标为公务员的考核提供了标准。因此，可以说，规范化的行政责任制是公务员考核的前提。

2. 考察的目的是及时把握公务员的任职情况

通过考核考察和评价公务员的任职状况，使公务员管理部门能够对公务员任职的状况从总体上予以把握，进而把握每一个行政职位的状况。

3. 公务员的考核是对公务员的一种规范化管理

公务员的考核是对全体公务员的，每一个公务员在担任公职期间都有义务接受行政机关的考核。而且公务员的考核有固定的周期，平时考核虽不受具体时间的限制，但它同样有较强的针对性。

（二）考核的内容

（1）德，是指思想政治素质及个人品德、职业道德、社会公德等方面的表现。（2）能，是指履行职责的业务素质和能力。（3）勤，是指责任心、工作态度、工作作风等方面的表现。（4）绩，是指完成工作的数量、质量、效率和所产生的效益。（5）廉，

是指廉洁自律等方面的表现。

在上列五个考核内容中,不同的国家考核的侧重点有所不同。我国公务员考核的关键是绩,即公务员工作的实绩。

(三)考核的方法和程序

我国公务员的考核分为平时考核和定期考核两种。采用领导与群众相结合的考核方式,即将群众评议和领导确定等级结合起来。

平时考核的基本程序为:被考核人如实填写工作记录;主管领导定期检查被考核人的工作记录并签署意见;部门行政首长作出阶段性评价。

年度考核的程序有:(1)被考核公务员按照职位职责和有关要求进行总结,并在一定范围内述职;(2)主管领导在听取群众和公务员本人意见的基础上,根据平时考核情况和个人总结,写出评语,提出考核等次建议和改进提高的要求;(3)对拟定为优秀等次的公务员在本机关范围内公示;(4)由本机关负责人或者授权的考核委员会确定考核等次;(5)将考核结果以书面形式通知被考核公务员,并由公务员本人签署意见。对担任机关内设机构领导职务公务员的考核,必要时可以在一定范围内进行民主测评。

(四)考核的分等及结果

第一等为优秀;第二等为称职;第三等为基本称职;第四等为不称职。考核尤其是年度考核的结果作为对公务员奖惩、培训、辞退以及调整职务、级别和工资的依据。

(五)考核机构

根据《公务员法》和《公务员考核规定(试行)》对考核的规定,考核机构指国家行政机关在年度考核时设立的,在行政首长领导下,负责国家公务员年度考核工作的非常设性机构,通常是考核委员会和考核小组。由行政首长、人事机关领导和公务员代表组成。公务员代表由民主选举产生,人数不少于考核委员会和考核领导小组总人数的1/3。

三、公务员法对公务员奖励制度的规定

(一)公务员奖励的概念

所谓公务员的奖励,是指国家行政机关依据有关法规和公务员任职的表现,对有成绩的公务员给予物质或精神上的奖励。公务员奖励是对有成绩的公务员的行为的肯定;奖励是一种手段,目的是调动公务员工作的积极性;受到奖励的公务员及其行为为社会带来了良好的利益,得到了社会的良好评价;奖励以精神奖励和物质奖励相结合。

(二)公务员奖励的法定条件

依《公务员法》第49条和《公务员奖励办法(试行)》第5条的规定,符合下列法定条件的公务员应当予以奖励:第一,忠于职守,积极工作,成绩显著的;第二,遵守纪

律,廉洁奉公,作风正派,办事公道,模范作用突出的;第三,在工作中有发明创造或者提出合理化建议,取得显著经济效益或者社会效益的;第四,为增进民族团结、维护社会稳定做出突出贡献的;第五,爱护公共财产,节约国家资财有突出成绩的;第六,防止或者消除事故有功,使国家和人民群众利益免受或者减少损失的;第七,在抢险、救灾等特定环境中奋不顾身,做出贡献的;第八,同违法违纪行为作斗争有功绩的;第九,在对外交往中为国家争得荣誉和利益的;第十,有其他突出功绩的。

(三)公务员奖励的等次和批准权限

(1)授予荣誉称号。由省级以上党委、政府或者中央公务员主管部门批准。(2)记一等功。由省部级以上党委、政府或者中央机关批准。(3)记二等功。由市地级以上党委、政府或者省级以上机关批准。(4)记三等功。由县级以上党委、政府或者市地级以上机关批准。(5)嘉奖。由县级以上党委政府或者市地级以上机关批准。

(四)公务员奖励的程序

(1)公务员、公务员集体做出显著成绩和贡献需要奖励的,由所在机关(部门)在征求群众意见的基础上,提出奖励建议。(2)按照规定的奖励审批权限上报。(3)审核机关(部门)审核后,在一定范围内公示7个工作日。如涉及国家秘密不宜公示的,经审批机关同意可不予公示。(4)审批机关批准,并予以公布。《公务员奖励审批表》存入公务员本人档案;《公务员集体奖励审批表》存入获奖集体所在机关文书档案。

四、公务员法对公务员惩处制度的规定

(一)惩处的概念

公务员的惩处也叫公务员的纪律处分,是指公务员违反公务员管理的法律规范,由有权的机关对责任人员予以纪律追究的制度。公务员的惩处有刑事惩处和行政惩处两类,刑事惩处指公务员违反担任公职的行为规范并构成了职务犯罪而应当承担刑事责任的情形,行政法中不研究公务员的刑事惩处制度。行政惩处包括行政处罚和行政处分:行政处罚是对公务员实施的行政处罚制裁,《国家行政机关工作人员贪污贿赂行政处分暂行规定》中对公务员规定的制裁手段中,有相当一部分就是行政处罚制度。国内行政法学界认为行政处罚是对行政机关以外的其他社会主体违反行政法的惩处,而行政处罚不适用于公务员。这一观点是值得商榷的,如对公务员没收财产实际上是一种处罚,因为行政处分制度中没有没收财产的规定。笔者此处所讲的惩处制度是就行政处分制度而言的。

(二)公务员惩处的法定条件

《公务员法》第53条规定了公务员纪律处分的法定条件,具体包括:(1)散布有损国家声誉的言论,组织或者参加旨在反对国家的集会、游行、示威等活动;(2)组织或者参加非法组织,组织或者参加罢工;(3)玩忽职守,贻误工作;(4)拒绝执行上级依法作出的决定和命令;(5)压制批评,打击报复;(6)弄虚作假,误导、欺骗领导和公

众；(7)贪污、行贿、受贿，利用职务之便为自己或者他人牟取私利；(8)违反财经纪律，浪费国家资财；(9)滥用职权，侵害公民、法人或者其他组织的合法权益；(10)泄露国家秘密或者工作秘密；(11)在对外交往中损害国家荣誉和利益；(12)参与或者支持色情、吸毒、赌博、迷信等活动；(13)违反职业道德、社会公德；从事或者参与营利性活动，在企业或者其他营利性组织中兼任职务；(14)旷工或者因公外出、请假期满无正当理由逾期不归；(15)违反纪律的其他行为。

公务员纪律处分的条件上列方面是一些具体的形式要件，若从实质上分析，公务员应受纪律处分的行为应具备下列实质要件：(1)行为人主观上具有不良动机，具有违反公务员职务的心理状态；(2)行为者的行为必须具有违法性，违反了有关的实体法和程序法；(3)行为本身对国家、社会或者行政相对人造成了侵害；(4)行为的社会危害性既被社会普遍承认，又通过法定程序得到确认。

（三）公务员惩处的种类及决定机关

(1)警告。由任免机关或同级行政监察机关决定。(2)记过。由任免机关或同级行政监察机关决定。(3)记大过。由任免机关或同级行政监察机关决定。(4)降级。由任免机关或同级行政监察机关决定。(5)撤职。由任免机关或同级行政监察机关决定。(6)开除。由任免机关或同级行政监察机关决定，报上级机关备案。

（四）我国公务员奖惩中的几种冲突

1. 奖惩标准中质与量的冲突

公务员的奖惩是对一定行为及其行为后果的回应。很显然，任何被奖惩的行为都具有质量两方面的属性，是质和量的统一。也就是说，受到奖励的行为既符合社会主义的本质要求，又必须有相应的数量确定。而量的确定是确认该行为质的方面的前提。被惩处的行为也应如此，但是我国在奖惩的质量方面存在非常大的缺陷。往往只注意行为的质的方面，而不定其行为的量，由于不定其量，因而，对质的确定便以该公务员所喊的政治口号的多少和对上级指示执行情况为依据。这样，被奖励的行为很可能没有带来任何社会效益。

2. 公务行为的社会责任和政治责任的冲突，也影响了公务员的奖惩

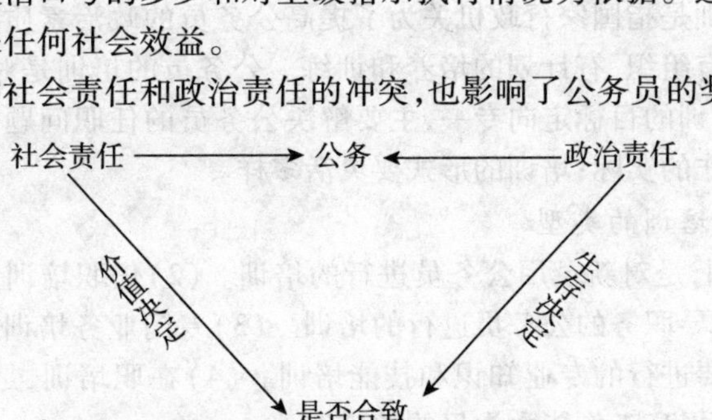

公务行为是一种为社会提供公共服务的行为，这种行为具有强烈的社会责任，其行为的评价要以社会责任的履行效果为尺度，这是一方面。另一方面，公务是由国家组织起来的人承担的，因而，又具有明显的政治色彩，当公务严格的受到科学理论的

指导时其政治责任和社会责任就会成为同一,或者趋向一致。反之,当公务不是受科学理论而是受意识形态制约时,公务的社会责任和政治责任就会发生冲突,而我国可以说是强调意识形态统率公务的典范。因而,公务的政治责任和社会责任的冲突是经常存在的。国家在对公务行为进行奖惩时往往以政治责任为标准。

3. 六种道德准则的冲突

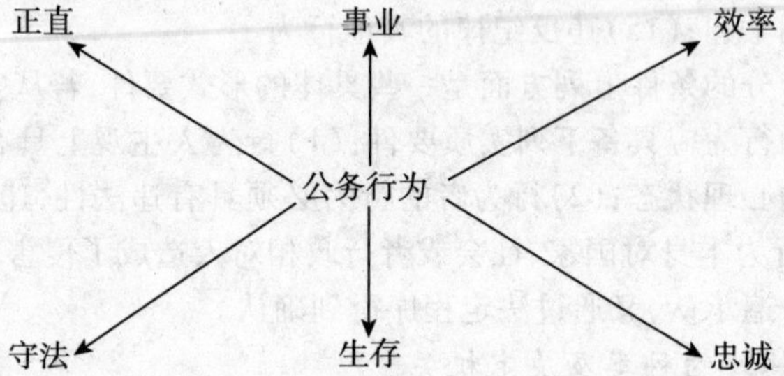

上列六种道德规范分成三对:一是正直与忠诚为一对;二是事业与生存为一对;三是效率与守法为一对。这六种道德规范是公务员执行公务都必须予以考虑的。但是,在行政法治实践中,这六种道德规范常常难以同时被遵守,即如公务员选择了守法,则有可能降低工作效率,若选择了事业,则可能不利于个人的生存;若选择了正直,则有可能违背忠诚原则。这样的冲突对公务员的奖惩会产生强烈影响,常常有这样的情形:当公务行为受技术准则制约时,对公务员的奖惩更多的考虑正直、事业、效率准则;反之,当公务员行为更多受政治制约时,对公务员的奖惩则以守法、生存、忠诚为核心,这便是六种道德准则对公务员奖惩的影响。

五、公务员法对公务员培训制度的规定

(一)培训的概念

公务员的培训是指国家行政机关为了提高公务员的政治素质和业务能力,依法对公务员采取的有组织、有计划的培养和训练。公务员的培训是对公务员实施的第二教育;公务员培训的目标定向专一,主要解决公务员的任职问题,培训的内容要紧密联系公务员工作的实际;培训的形式要灵活多样。

(二)公务员培训的类型

(1)初任培训,是对新录用公务员进行的培训。(2)任职培训,是按照新任职务的要求,对晋升领导职务的公务员进行的培训。(3)专门业务培训,是根据公务员从事专项工作的需要进行的专业知识和技能培训。(4)在职培训,是对全体公务员进行的以更新知识、提高工作能力为目的的培训。

(三)公务员培训的内容

(1)初任培训的内容主要包括政治理论、依法行政、公务员法和公务员行为规范、机关工作方式方法等基本知识和技能,重点提高新录用公务员适应机关工作的能

力。(2)任职培训的内容主要包括政治理论、领导科学、政策法规、廉政教育及所任职务相关业务知识等,重点提高其胜任领导工作的能力。(3)专门业务培训的内容、时间和要求由机关根据需要确定。(4)在职培训的内容、时间和要求由各级组织、人事部门和机关根据需要确定。

(四)公务员的培训机构

党校、行政学院和干部学院承担公务员的培训任务。

六、公务员法对公务员工资制度的规定

(一)公务员工资的概念

公务员工资是对公务员进行个人消费品分配的一种形式,是为了满足公务员必备的物质生活需要,为其安心工作提供的物质保障。我国公务员工资的确定以按劳分配、责酬相符为原则,根据公务员所承担的责任、贡献大小确定不同的工资等次。工资对公务员履行职责而言具有保障、激励和调节作用。

(二)公务员工资的构成

(1)职务工资。即按公务员的职务高低和责任大小确定的工资。"在职务工资标准中,每一职务层次设若干工资档次,职务层次高的,工资档次小一些,职务层次低的,工资档次多一些。公务员按担任的职务确定相应的职务工资,并随职务的任职年限变化而变化。"[40](2)基础工资。按能够维持公务员基本生活费用而确定的工资,各职务层次的公务员实行相同的基本工资。(3)工龄工资。按公务员的工作年限确定的工资构成,工作年限每增加1年,工资增加1元,一直到离退休年为止。(4)级别工资。按公务员的资历和能力确定的工资构成。公务员分为15级,每一职务层次对应若干级别,上下级职务对应的级别适当交叉,每一个级别设置一个工资标准。

(三)公务员的正常增资制度

正常增资制度是指有计划地增长、提高公务员工资水平的制度,它是保障公务员工资制度正常运转的有效手段。正常增资有下列途径:(1)正常晋升职务工资档次。公务员连续2年考核为称职以上的,可在本职务工资标准内晋升一个工资档次,考核不称职者不予晋升。(2)晋升职务工资和级别工资。公务员职务晋升后,按新任职务的工资标准确定工资。晋升级别的公务员均可相应增加级别工资。在原级别工作期间连续5年考核称职或连续5年考核优秀的可在本职务对应的级别内晋升一个级别。副部级以上公务员,任职超过5年的,在本职务对应级别内晋升一个级别。级别达到本职务最高级别后,不再晋升。(3)增加工龄工资。工龄工资从公务员参加工作当年发起,每年增加1元,到退休为止。

(四)奖金与津贴制度

对年度考核为称职以上的公务员,年终发放一次性奖金,奖金金额按本人当年12月的基本工资计发。

公务员的津贴分为两种:一种是地区津贴,一般而言生活条件差的地区、重点发展地区、物价指数高的地区,地区津贴相对高些。另一种是岗位津贴,在苦、脏、累、险等特殊岗位工作的公务员岗位津贴相对高些。

(五)福利与保险制度

公务员福利包括:冬季取暖补贴制度、交通补贴制度、疾病待遇制度等。

公务员保险制度包括:养老保险制度、工伤保险制度、失业保险制度等。

附:国家公务员职务级别工资制工资标准表(单位:元/月)*

职务 \ 标准 档次	职务工资 1	2	3	4	5	6	7	8
主席 副主席 总理	480	550	630					
副总理 国务委员	400	460	520	580				
部长 省长	330	380	430	480	530			
副部长 副省长	270	315	360	405	450			
司长 厅、局长	215	255	295	335	375	415		
副司长 副厅、局长	175	210	245	280	315	250		
处长 县长	144	174	204	234	264	294		
副处长 副县长	118	143	168	193	218	243		
科长 主任科员	96	116	136	156	176	196	216	
副科长 副主任科员	79	94	109	124	139	154	169	
科员	63	75	87	99	111	123	135	147
办事员	50	60	70	80	90	100	110	120

级别工资 级别	工资标准	基础工资	工龄工资
一	470	90	每工作一年按一元发给
二	425	90	
三	382	90	
四	340	90	
五	298	90	
六	263	90	
七	228	90	
八	193	90	
九	164	90	
十	135	90	
十一	111	90	
十二	92	90	
十三	77	90	
十四	65	90	
十五	55	90	

*《国务院关于机关和事业单位工作人员工资制度改革问题的通知》(1993 年 11 月 15 日 国发〔1993〕79 号),附表一。

第六节 公务员法对公务员职务变迁的规定

一、公务员职务变迁的界定

公务员职务变迁是指公务员任职以后职务关系发生变化的诸种客观情形。在一些行政法教科书中将公务员职务关系发生变化的若干制度列入公务员的管理制度之中,笔者认为这是不大妥当的。公务员的管理是对任职以后的公务员采取的各种相对静态的职权监管措施,而公务员职务关系的变化则是相对动态的措施。如果说,公务员的管理侧重点在公务员个人的话,那么,公务员职务变迁的侧重点则在公务员的行政职位上。

二、公务员职务任免

(一)公务员职务任免的概念

公务员职务任免包括任职和免职两个方面,指任免机关根据有法律规范,在其任免权限内依法定程序任命公务员担任一定职务或免去担任一定职务的法律行为。

(二)公务员职务任免的法律要件[41]

任职的法律要件:(1)新录用公务员试用期满经考核合格的;(2)通过调任、公开选拔等方式进入公务员队伍的;(3)晋升或者降低职务的;(4)转任、挂职锻炼的;(5)免职后需要新任职务的;(6)其他原因需要任职的。

免职的法律要件:(1)晋升职务后需要免去原任职务的;(2)降低职务的;(3)转任的;(4)辞职或者调出机关的;(5)非组织选派,离职学习期限超过1年的;(6)退休的;(7)其他原因需要免职的。

(三)公务员任免机关及权限

1. 各级政府组成人员,由同级人民代表大会及其常务委员会以不同方式任免。全国人民代表大会根据中华人民共和国主席有提名,决定国务院总理的人选;根据国务院总理的提名,决定国务院副总理、国务委员、各部部长、各委员会主任、审计长、秘书长的人选。全国人大常委会在全国人大闭会期间,根据国务院总理的提名,决定国务院各部部长、各委员会主任、审计长、秘书长的人选。全国人民代表大会有权罢免国务院总理、副总理、国务委员、各部部长、各委员会主任、审计长、秘书长。中华人民共和国主席根据全国人民代表大会的决定和全国人大常委会的决定,任免国务院总理、副总理、国务委员、各部部长、各委员会主任、审计长、秘书长。此外,全国人大常委会还决定驻外全权代表的任免。

地方各级人民代表大会分别选举并且有权罢免本级人民政府的省长和副省长、自治区主席和副主席、市长和副市长、州长和副州长、县长和副县长、区长和副区长、乡长和副乡长、镇长和副镇长。县级以上地方各级人大常委会在本级人大闭会期间,决定副省长、自治区副主席、副市长、副州长、副县长、副区长的个别任免;根据省长、自治区主席、市长、州长、县长、区长的提名,决定本级人民政府秘书长、厅长、局长、主任、科长的任免,报上一级人民政府备案。

2. 各级人民政府组成人员以外的公务员原则上由各级人民政府任免。

(1)国务院任免各部、委员会的副部长、副主任,各直属机构、办事机构的局长、副局长、主任、副主任,中华人民共和国常驻联合国副代表、驻联合国有关常设机构及部分国际组织的代表、副代表,驻外总领事及相当职务。

(2)省、自治区、直辖市人民政府任免各厅、局、委员会的副厅长、副局长、副主任,各直属机构、办事机构的局长、副局长、主任、副主任,各行政公署的专员、副专员,巡视员、助理巡视员及相当职务。

(3)自治州、设区的市人民政府任免各局、委员会的副局长、副主任,各直属机构、办事机构的局长、副局长、主任、副主任,调研员、助理调研员及相当职务。

(4)县、不设区的市、市辖区人民政府任免各委、办、局(科)的副主任、副局(科)长,主任科员、副主任科员及相当职务和乡、镇人民政府所属机构的国家公务员职务。

(5)县级以上各级人民政府需要任免的其他国家公务员职务。

三、公务员的交流调配

(一)公务员交流调配制度的概念

公务员交流调配制度是指国家行政机关根据工作需要或者公务员个人的愿望,通过法定形式在行政系统内部交换公务员工作职位的一种法律行为。交流调配制度具有法定性,《公务员法》以及其他一些政府规章对公务员交流调配制度都有规定。

(二)调任

调任是指国家行政机关以外的工作人员调入国家行政机关担任领导职务或者助理调研员以上非领导职务,公务员调出国家行政机关是调任的另一种形式。调入公务员要按法定程序为之:一是必须对调入的人员进行严格考核,确认其是否具有任职资格;二是对考核合格的人员安排任职前的培训。

(三)转任

转任是指公务员因工作需要或者其他正常理由在国家行政机关进行的平级调动。转任的原因既可能是工作需要,又可能是公务员个人自身的原因。

(四)职务转换[42]

职务转换是指国家行政机关对担任领导职务和某些工作性质特殊的非领导职务的公务员有计划地调换职位任职。公务员转换是一种组织行为,按照公务员管理权限由任免机关有计划地安排实施。

(五)挂职锻炼

挂职锻炼是指国家行政机关有计划选派公务员在一定时间内到基层机关或者企事业单位担任一定职务,以积累工作经验。挂职锻炼不办理调动手段,人事关系还在原单位。

四、公务员的职务升降

(一)职务晋升

公务员晋升职务,应当具备拟任职务所要求的思想政治素质、工作能力、文化程度和任职经历等方面的条件和资格。公务员晋升职务,应当逐级晋升。特别优秀的公务员或者工作特殊需要的,可以破格或者越级晋升职务。破格和越级晋升条件和程序另行规定。公务员晋升领导职务,按照下列程序办理:(1)民主推荐,确定考察对象;(2)组织考察,研究提出任职建议方案,并根据需要在一定范围内进行酝酿;(3)按照干部管理权限集体讨论决定;(4)按照规定办理任职手续。

公务员晋升非领导职务,参照上述规定的程序办理。

机关内设机构厅局级正职以下领导职务出现空缺时,可以在本机关或者本系统内通过竞争上岗的方式,产生任职人选。厅局级正职以下领导职务或者副调研员以上及其他相当职务层次的非领导职务出现空缺,可以面向社会公开选拔,产生任职人选。公务员晋升领导职务的,应当按照有关规定实行任前公示制度和任职试用期制度。

(二)降职

科员以上职务的公务员,在定期考核中被确定为不称职的,应予降职。公务员降职,一般降低一个职务层次。公务员降职,按照下列程序进行:(1)提出降职建议;(2)对降职事由进行审核并听取拟降职人的意见;(3)按照干部管理权限集体讨论决定;(4)按照规定办理降职手续。

公务员被降职的,其级别超过新任职务对应的最高级别的,应当同时降至新任职务对应的最高级别。降职的公务员,在新的职位工作1年以上,德才表现和工作实绩突出,经考察符合晋升职务条件的,可晋升职务。其中,降职时降低级别的,其级别按照规定晋升;降职时未降低级别的,晋升到降职前职务层次的职务时,其级别不随职务晋升。

五、公务员的回避[43]

公务员的回避指为了防止公务员个人利益和亲属关系等因素对公务活动产生不良影响,而在公务员所任职务、执行任务等方面作出的一定限制。公务员的回避分为任职回避和公务回避。

任职回避是公务员担任行政职务时要避开的亲属关系和地域关系等。应当回避的亲属关系有:夫妻关系;直系血亲关系;三代以内旁系血亲关系;近姻亲关系。回避的任职状况主要有:有上列关系的不得在同一机关担任双方直接隶属于同一行政首长的职务;不得有直接上下级领导关系的职务;不得在一方担任领导职务的机关从事监察、审计、人事、财务工作。任职回避还有一种情形就是担任县级以下地方人民政府领导职务的,一般不得在原籍任职,民族区域自治地方的公务员除外。任职回避的程序为:公务员本人提出申请或者任免机关提出回避要求;按管理权限进行审核,需要回避的予以调查,职务相同的,由任免机关根据工作需要和公务员的实际情况决定其中一方回避;在本部门无法调整的,与其他部门协商调整,协商有困难的,由上级主管部门协调解决。

公务回避是指公务员从事公务活动中的回避。下列公务活动属于公务回避的范围:监察、审计、仲裁、案件审理、税费稽征、项目资金审批、出国审批,从事考核,任免奖金、录用、调整等。在这些活动中涉及任职回避诸关系的公务员应当予以回避。公务员回避依下列程序:当事人提出回避申请,或主管部门提出回避要求;本部门进行审核并作出是否回避的决定,需要回避的由本部门调整公务安排,特殊情况下由主管部门直接作出决定。

六、公务员的辞退

公务员辞退是指国家行政机关依照法律规定终止公务员职务关系的法律行为。公务员辞退的法律要件包括:(1)在年度考核中,连续两年被确定为不称职的;(2)不胜任现职工作,又不接受其他安排的;(3)因所在机关调整、撤销、合并或者缩减编制员额需要调整工作,本人拒绝合理安排的;(4)不履行公务员义务,不遵守公务员纪律,经教育仍无转变,不适合继续在机关工作,又不宜给予开除处分的;(5)旷工或者因公外出、请假期满无正当理由逾期不归连续超过15天,或者一年内累计超过30天的。

辞退公务员,按照管理权限决定。辞退决定应当以书面形式通知被辞退的公务员。被辞退的公务员,可以领取辞退费或者根据国家有关规定享受失业保险。公务员辞职或者被辞退,离职前应当办理公务交接手续,必要时按照规定接受审计。

七、公务员的辞职

公务员的辞职是指由公务员提出终止职务关系的法律行为。公务员辞职的程序为:(1)由公务员向任免机关提出书面申请;(2)任免机关应当在30日内予以审批,审批期间申请人不得擅自离职。

公务员有下列情形之一的,不得辞去公职:(1)未满国家规定的最低服务年限的;(2)在涉及国家秘密等特殊职位任职或者离开上述职位不满国家规定的脱密期限的;(3)重要公务尚未处理完毕,且须由本人继续处理的;(4)正在接受审计、纪律审查,或者涉嫌犯罪,司法程序尚未终结的;(5)法律、行政法规规定的其他不得辞去公职的情形。

担任领导职务的公务员,因工作变动依照法律规定需要辞去现任职务的,应当履行辞职手续。担任领导职务的公务员,因个人或者其他原因,可以自愿提出辞去领导职务。领导成员因工作严重失误、失职造成重大损失或者恶劣社会影响的,或者对重大事故负有领导责任的,应当引咎辞去领导职务。领导成员应当引咎辞职或者因其他原因不再适合担任现任领导职务,本人不提出辞职的,应当责令其辞去领导职务。

八、公务员的退休

退休指公务员达到一定年龄或者具备了一定服务年限等按照法律规定,退出公务员岗位的法律行为。公务员的退休分为正常退休和提前退休两种情况。凡男公务员年满 60 周岁,女公务员年满 55 周岁,或者丧失工作能力应当办理正常退休手续。凡男公务员年满 55 周岁,女公务员年满 50 周岁,且工作年限满 20 年的,或者工作年限满 30 年的可以办理提前退休手续。公务员退休后享受国家规定的养老保险和其他各项待遇。

注释

〔1〕 在我国公务员法出台之前,有关公务员的称谓五花八门,如有的称“干部”,有的称“行政干部”、有的称“行政管理人员”、有的称“行政人员”、有的称“行政机关工作人员”等。《中华人民共和国公务员法》的出台使这一概念规范化了。

〔2〕 法国思想家圣西门认为,一个国家如果有将科学家和技术人员丧失的情形,对这个国家来讲将是巨大的损失。再设想一个国家若丧失同样数额的“高官显贵,全市在任或者不在任的国家大臣,全部国家参事,全部稽查官,全部元帅,全部的红衣主教,大主教、主教、大本堂神甫和议事司铎,全市的省长和副省长,各市的全体官员,各级法官,此外还这有数以万计的养尊处优的大财主”。那么,这个国家将不会有太大的麻烦,“这首先是因为遗缺的职位可很容易补上。能履行国王兄弟的职务的”。这说明职务与职务中的人相比显得更为重要。参见[法]圣西门:《圣西门选集》(第 1 卷),王燕生等译,商务印书馆 1962 年版,第 237 页。

〔3〕 参见[美]罗伯特·A. 达尔:《现代政治分析》,王沪宁、陈峰译,上海译文出版社 1987 年版,第 20 页。

〔4〕 所谓公务员的非政治倾向,是指公务员在政治上要保持中立的倾向,不随政党的进退而进退。即将公务员从事的职务作为一个职业系统看待,作为一种技术系统而不是角逐权力的场所,西方诸多国家公务员法中都规定了公务员在政治上要保持中立。

〔5〕 公务员的多重身份是指公务员从不同的社会视角看,扮演着不同的社会角色。公务员担任公务员期间上列角逐都有可能存在,不同的角色使公务员有着不同的身份关系,而且常常是当公务员从事某一行为时,这些复杂的身份关系并不一定有明确的区分。

〔6〕 管欧:《中国行政法总论》,蓝星打字排版有限公司 1981 年版,第 278 页。

〔7〕 同上书,第 279 页。

〔8〕 公共行政系统的意志通常通过行政管理法律规范以及行政系统的政策反映出来,公务员在履行行政管理职能时只有熟悉行政管理法律规范,领会行政系统的总体意志才能真正代表和体现行政系统的意志。

〔9〕 在我国《公务员法》颁布之前,国人绝大多数行政法教科书都使用了公务员法这一概念,而那时我国真正意义的公务员法并不存在,有关公务员的最重要规范仅仅是行政法规则。

〔10〕 从 1987 年第六届全国人民代表大会常务委员会废止的法律目录看,1957 年制定的《国家行政机关工作人员的奖惩条例》并没有被宣布失效。

〔11〕 萧榕主编:《世界著名法典选编》(宪法篇),中国民主法制出版社 1997 年版,第 187 页。

〔12〕 《中华人民共和国人民警察法》、《中华人民共和国人民警察警衔条例》所调整的都是

公务员关系，所不同的是它是对某一特定行政系统公务员关系的调整，其亦应当是公务员法的基本构成。

〔13〕 在地方立法中也有关于公务员的规定，如《广州市国家行政机关及其公务员公共服务行为规范试行规定》等。

〔14〕 参见金伟峰：《国家公务员法比较研究》，杭州大学出版社 1994 年版，第 17—38 页。

〔15〕 萧榕主编：《世界著名法典选编》（行政法篇），中国民主法制出版社 1997 年版，第 175 页。

〔16〕 中华人民共和国国际交流与合作司编：《外国公务员制度》，中国人事出版社 1995 年版，第 108 页。

〔17〕 同上书，第 14 页。

〔18〕 参见陈茂同：《历代职官沿革史》，华东师范大学出版社 1988 年版，前言第 3 页。

〔19〕 参见吕思勉：《中国制度史》，上海教育出版社 1985 年版，第 651 页。

〔20〕 王云五主编：《云五社会科学大辞典》（行政学卷），台北商务印书馆股份有限公司 1976 年版，第 157 页。

〔21〕 在西方公务员分类中主要是针对文官而言的，即事务官而言的。我国公务员制度中的职位分类实际上不单单是对事务类公务员的分类，而是将公务员作为一个整体，不分政务类和事务类统一进行的分类。

〔22〕 萧榕主编：《世界著名法典选编》（行政法篇），中国民主法制出版社 1997 年版，第 140 页。

〔23〕 张载宇：《行政法要论》，汉林出版社 1978 年版，第 275 页。

〔24〕 萧榕主编：《世界著名法典选编》（行政法篇），中国民主法制出版社 1997 年版，第 183、184 页。

〔25〕 同上书，第 281 页。

〔26〕 张载宇：《行政法要论》，汉林出版社 1978 年版，第 282 页。

〔27〕 公务员的权利是指"由国家公务员法规定，公务员应当行使的权力和享受的利益。具体地说，是指在社会经济关系的影响和制约下，由国家根据需要和可能，通过立法形式对国家公务员在履行职责、执行公务过程中行使某些权力和享有某些利益的许可和保障。"既然是执行职务过程中所享有的，因此，它会因身份的丧失而丧失。参见刘俊生主编：《中国公务员制度概论》，中国政法大学出版社 1995 年版，第 24 页。

〔28〕 萧榕主编：《世界著名法典选编》（宪法篇），中国民主法制出版社 1997 年版，第 381 页。

〔29〕 同上书，第 564 页。

〔30〕 中央纪委法规室编：《廉政准则及相关条规》，中国方正出版社 1997 年版，第 1—28 页。

〔31〕 参见中央纪委、监察部法规室编：《关于制止奢侈浪费的规定及相关法规》，中国方正出版社 1997 年版，第 1—72 页。

〔32〕 张家洋：《行政法》，台北三民书局 1998 年版，第 473—474 页。

〔33〕 萧榕主编：《世界著名法典选编》（行政法篇），中国民主法制出版社 1997 年版，第 182 页。

〔34〕 除了退休金权利外，公务员还应当有抚恤金权，即公务员因公受伤或者以身殉职后为公务员及其家属在经济上所作的补偿。它同退休金是有区别的。

〔35〕 张家洋:《行政法》,三民书局 1998 年版,第 464 页。

〔36〕 萧榕主编:《世界著名法典选编》(行政法篇),中国民主法制出版社 1997 年版,第 182—201 页。

〔37〕 中华人民共和国国际交流与合作司编:《外国公务员制度》,中国人事出版社 1995 年版,第 188 页。

〔38〕 参见美国文官管理系统。

〔39〕 金伟峰:《国家公务员比较研究》,杭州大学出版社 1994 年版,第 31 页。

〔40〕 人事部普法领导小组主编:《人事专业普法教材》,中国人事出版社 1998 年版,第 371 页。

〔41〕 参见《公务员职务任免与职务升降规定(试行)》。

〔42〕 参见《国家公务员职位轮换(轮岗)暂行办法》。

〔43〕 参见《国家公务员任职回避和公务回避暂行办法》。

第九章　行政编制法

第一节　行政编制法的基本理论

一、行政编制的概念

所谓行政编制,是指国家行政机关组织机构的设置和人员定额被若干量化指标确定以后所形成的行政格局。[1]行政编制是就行政系统而言的,指的是行政系统的职位设置和人员构成的状况,而不包括行政系统以外的编制问题。我国长期以来政企不分、政事不分,所谓政企不分是指行政系统与企业的关系没有分开,即国家以行政系统的管理模式管理企业,甚至将行政系统的行政管理体制和职权直接渗入到企业管理中去。到目前为止,我国企业的领导人员也有与行政系统相对应的行政级别,国有企业如此,一些改制后的私有企业也是如此。所谓政事不分,是指行政系统与事业单位的关系没有分清,即国家以行政系统的管理模式管理事业单位。我国目前的事业单位几乎都有行政法上的地位,有对应的行政级别,事业单位的组成人员也有对应的行政职位。例如,我们都知道,普通高校的校长对应正厅级的行政职务,享受正厅级行政公务员的待遇,高校所设置的处为中层干部,对应于行政系统中县级公务员。由于行政系统与企业管理体制、行政系统与事业管理体制没有完全分开或分离,使我们在谈到行政编制的概念时总认为既包括行政系统在内,同时也包括企业事业单位在内。如有教科书就认为编制"是国家机关和由国家直接管理的企事业单位的组织机构和人员定额的总称"。[2]从准确的行政法意义出发,行政编制不包括企业编制和事业编制,仅指行政系统内部的编制;行政编制包括行政机构的设置状况和行政人员的定额状况两个方面。前者指行政系统中的机构设置的数量机构的比例数,一般机构和部门机构的比例数。一般来讲,行政系统中机构的关系包括横向和纵向两个范畴,每一个范畴中都存在机构的比例数问题。后者指行政系统中各类人员的比例情况,例如《国家公务员非领导职务设置办法》第1条第2款规定:"各级非领导职务的设置,要依据领导职务的设置情况确定适当比例限额。各级政府部门的领导职务设置,分别按国务院和各级地方人民政府组织法的规定执行;各级政府部门内设的司、局或处(科)机构的领导职务按'三定'方案的规定,没有规定的处(科)级领导职务的设置原则为:3人以下的处(科)设一职;4至7人的处(科)设一正一副;8人以上的处(科)设一正二副。人数特别多、下设科(股、队)室的处(科)级机构,副职可适当增加,但最多不得超过4人。”同时应当指出,行政机构中的机构设置和人员定额两个方面是不能截然分开的,这是因为行政系统中的公职人员总是存在于一定的行政职位之下,行政职位状况决定公务员人员的定额,而公务员的定额又反映行政系统的职位设置。我们注意到,一些行政法教科书中将行政编制的此二方面内容割裂开来进行研究,这是不科学的。上列两个方面是我们分析行政编制概念时的立足点。若对行政编制的本质属性予以揭示的话,笔者认为包括下列方面。

(一)行政编制以行政系统中的目标分解与综合为基础

目标分解与综合最初在企业管理中运用,它既是现代企业制度的标志之一,又是形成现代企业的重要手段。它的基本原理是企业各类机构的设置存在于一定的行政目标之下,那么,从前提上讲就必须对企业的目标进行合理分解。在企业的目标分解中,一般涉及下列主要目标类型:

1. 利益的满足。组织存在以满足各种人(其成员或外界人)的利益(需要、愿望或要求)为目标。这些利益是多方面的,难以一致,而又相互重叠。对这些利益的满足(或不满足)程度可能随着利益程度、参与者地位和数量的不同而有所不同。这类目的与经常说的福利、实利、利益或报酬相近。

2. 劳务或商品的产出。组织的产出是由供顾客使用的产品所组成的。这些产品可能包含劳务(有形的或无形的)或商品。任何产品的质量和数量都可以用货币或物质单位表示出来。按照组织是个整体的观点,任何单位或个人的产品都是中间产品或半成品,而不是最终产品。

3. 效率或获利的可能性。在感到可用投入短缺时,就要注意对与产出有关的投入的充分利用。既然计算投入与产出以及将二者联系起来的方法很多,投入—产出的目标也是多种多样的,其中包括人们说的“效率”或“生产率”。“获利可能性”则在投入与产出都可用货币形式表示时都是适用的。

4. 组织生存能力的投资。从狭义上说,生存能力指的是一个组织的存活,离开这一点,任何其他的目的都是不可能的。从广义上说,它指的是组织的发展。无论从哪种意义上解释,生存能力都需要在产品生产方面的投入以及在物质、人力和组织财产方面的投资转换过程。

5. 资源调动。为了生产劳务或商品和进行生存投资,组织必须调动可以作为投入的资源。由于从环境中获得稀有资源的困难,“调动逻辑”可以不同于“使用逻辑”。

6. 对法规的遵守。法规包括组织及其各部门制定的正式或非正式的规章以及法律、道德和职业伦理等强加于组织的规定行为。这些法规可能以什么是所期望的或禁止的形式加以表达。无论是哪种情况,遵守法规的意向通常都是在容许背离的限度的条文中加以表示的。

7. 合理性。合理性指人们从理想性、可行性和持久性的观点看,认为是令人满意的行为方式。技术合理性包含着使用科学技术发展出的最好方法。管理合理性则是用于管理组织的最好方法。[3]根据这些因素可以将一个企业分为若干个工程，再将若干个工程分为若干个工序，工序又可进一步分为操作，而操作还可以再分为动作。通过分解发现企业的实际目标，再根据实际目标确立人员的构成。目标的分解只是问题的一个方面，即是说，对分解后的目标要根据社会环境以及其他因素进行不断调整，这些调整行为就是对目标的综合。有学者对企业目标的综合作了如下表格化的分析。[4]

采用目标管理的三个阶段

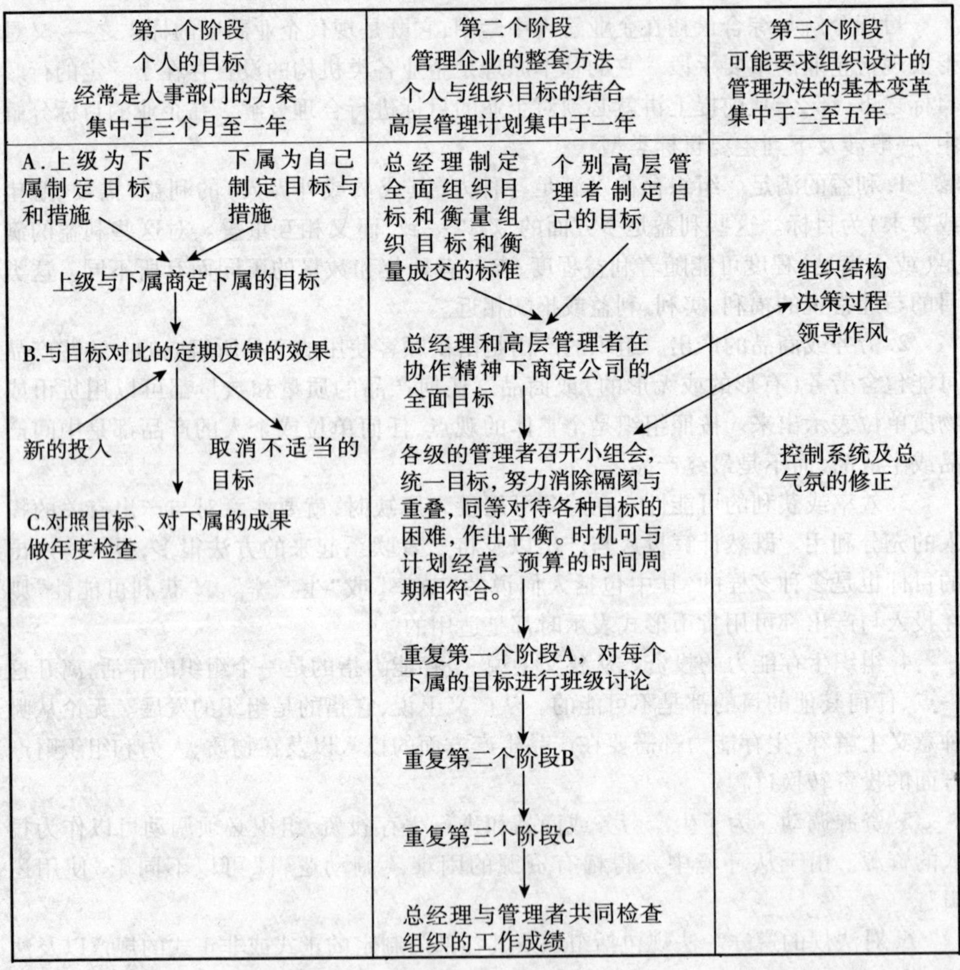

可见，目标的分解与综合既决定机构的数量，同时决定机构数量发展变化的序列。以上分析表明，企业机构和人员的设置状况与目标分解与综合是紧密联系在一起的，没有目标的分解与综合，企业机构的设置和人员定额就无法确定。行政编制的原理与企业编制的原理是相同的，即行政系统中机构设置和人员定额也是以行政目标的分解与综合为基础的。我国每次的机构改革都要对机构和人员进行调整，例如1998年的机构改革将国务院的40个职能机构改为29个，总数额砍掉了11个，砍掉这些机构的实质在于使这些机构所管理的行政事态的目标或者不复存在或者可以存在于其他行政机构的目标之下。即是说，行政机关的目标决定了部级行政机构的编制只能有29个数额。我国现在所设置的行政机构在诸多方面仍然存在很大问题，包括机构名称与数量等方面都存在不合理现象，行政机构存在这些不合理现象的根本原因是机构的目标分解不合理。从我国行政机构改革的历史看，真正意义上的目标分解，或者受科学原则指导的全方位目标分解并不曾出现过。因为没有科学的目标分解，所以每一次机构改革以后，原来存在的问题就会再一次出现。现代企业制度中运用的一些非常科学的目标分解原理可以运用到行政系统中来，这是我国相关部门应当引起注意的。

（二）行政编制是对行政机构的幅度和管理层次的反映

管理幅度与层次是行政组织中的一个技术问题。所谓管理幅度，是指行政机构体系中某一行政机构所能管辖的行政机构的数量以及一个上级行政领导所能够直接领导的下级人数。管理层次则是指行政管理中机构层次的划分。在一个行政机构体系中，如果机构的人员数额一定的话，管理幅度与层次则是一种反比例的关系，即层次越多幅度就越小；反之，层次越小幅度就越大。管理的幅度与层次是一个科学性、技术性极强的问题，发达国家的行政学理论对此就有深入研究，法国学者格雷卡耐斯曾经做过这样的计算，在一个机构中当一个行政领导管理的人数为5人时就会产生100个关系数。所谓关系数，是指行政机构中个人与个人之间、个人与群体之间、群体与群体之间的关系数量；而当一个行政领导管理的下级人数为10人时，上列类型的关系数量就会增加到5210个；若再将管理幅度放大为18人，那么，该机构中的关系数则有两千多万个。这一分析表明，行政机构的关系数不是以正比例、按规律的方式排列的，而是无规律可循的。它要求在设立行政机构和确定人员数额时，必须合理划分幅度与层次的关系。我们试以64人的行政机构为例，管理幅度与层次的关系大体有下列情形：

图一

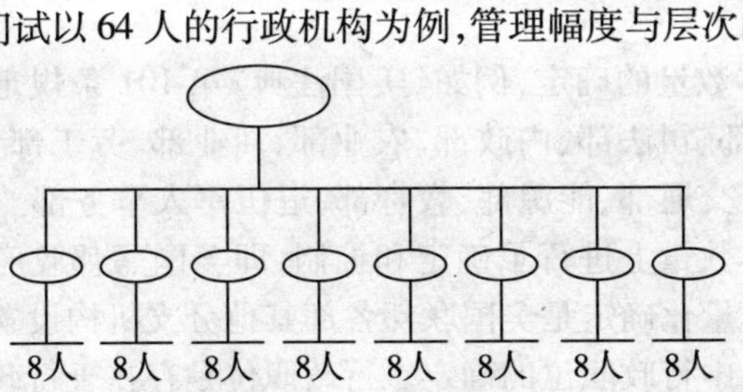

图二

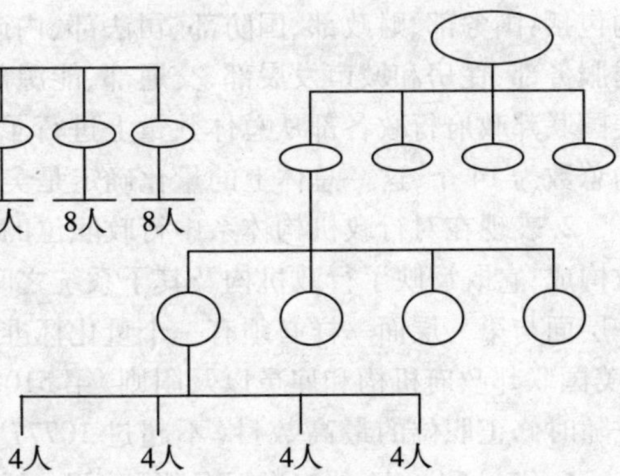

图三

上列图一只设一个管理层次,管理幅度为64人,管理层次少幅度大。图二设两个层次管理,幅度为8,即一人管理的下属人数为8人。图三为三个层次,幅度为4。管理幅度和层次的确定首先要根据行政机构的层次而定。其次要考虑下列技术因素:一是上下级知识和能力的大小。如果下级知识丰富、工作能力强,管理幅度则可以大一些,反之管理幅度则应当较小。二是上下级相互关系的复杂程序。上下级关系越复杂,管理的幅度就应当越小,而管理层次就应当多一些。三是下级活动同类性的大小,下级活动越类同,管理幅度就应当越大,而层次就可以相对小一些。四是下级工作分散性的大小。下级工作越分散,管理的层次就应当越多,幅度则相对小一些。五是下级工作稳定性和可测性的程度。下级工作越稳定,越可测,管理的幅度就应越大。反之,若下级工作既不稳定,可测性又不强,则管理幅度要小一些。六是下级工作技术性和专业化的程度。下级工作技术性和专业化的程度越高,那么,管理的幅度则应当越小,而管理的层次则应当越多。通过对行政机构中管理幅度与层次的分析,我们发现行政编制与管理幅度和层次有必然联系,一定意义上讲,行政系统中的编制是对行政机构管理幅度与层次的具体反映。行政机构设置的多少以及层次是管理幅度与层次原理的体现。当一个行政系统目标比较分散时,则需要设立较多的行政机构,行政机构的编制数便从这种较多的行政机构设置中产生。而人员的编制数也从这种较小的人员管理幅度中产生。这一理论提醒我们,有关行政编制的确定,有关行政编制规则的判定必须从行政机构的幅度与层次中寻求具体的数据。这从另一方面也可以佐证目前我国行政编制的不完善与行政机构的幅度和分层理论探讨不深入有直接关系。

(三)行政编制所追求的是量化指标

行政组织以及公务员所反映的是行政机构及其组织体系中质的问题,至少从我们对行政组织一般意义上的理解是这样。行政编制无疑是对行政组织和公务员相关规则的补充,它所补充的是行政机构体系及其构成中量的问题,是行政机构体系中的若干量化指标。

1. 表现在对行政机构总体数量的确定,例如《美国法典》第101条规定:"行政机构包括:国务部、财政部、国防部、司法部、内政部、农业部、商业部、劳工部、卫生和人类服务部、住房和城市发展部、交通部、能源部、教育部、退伍军人事务部。"[5]此条对美国联邦政府行政各部从总体数量上进行了确定和控制,即美国联邦政府机构各部的总数为14个,这一总体上的量化确定是美国联邦各部其他分支机构设置的基础。

2. 表现在对行政机构体系中行政职位的确定。行政职位是存在于行政系统的职位构成,它既反映了行政机构及其子系统之间的联系,又是公务人员的存在空间。此一层面与第一层面一样必须有一个量化标准,即职位以及职位中的具体数量。例如,《美国联邦政府机构和雇员以及附则》第5108条规定:"一人事管理署署长可以制定或随时修正职位的最高数目(不超过10777这一数目),这些职位随时可以被安排在——(一)GS—16级、GS—17级和GS—18级。(二)依据本编第3133条的规定建立的高级行政机构。(三)联邦调查局和药品管理局中的高级行政机构。在GS—16

级、GS—17 级和 GS—18 级中安排职位,只能由人事管理署署长进行。本款所涉及的署长的在联邦调查局的药品管理局高级行政机构安排职位的权限,应由总统规定。二(1)第二编第 166 条第 2 款第(1)项但书所规定的,安排在 GS—16 级、GS—17 级和 GS—18 级中的立法咨询服务机构和国会图书馆的高级专家职位的数目,不在本条第1 款中所规定的职位数目之列。(二)除本条第1 款认可的职位数目和与本条第(1)项相关的职位之外,国会图书馆依照本条所规定的程序,可在 GS—16 级、GS—17 级和 GS—18 级中安排 40 个国会图书馆管理员的职位。三除本条第 1 款规定的职位数目之外——(一)依照本章所规定的标准和程序,合众国法院管理局局长可在 GS—16 级、GS—17 级和 GS—18 级中安排 17 个职位。(二)合众国税法法院首席法官,可不受本章(第 5114 条除外)的限制,在 GS—16 级、GS—17 级和 GS—18 级中安排 5 个职位。(三)依照《1978 年合同争议法》所建立的合同上诉委员会所在行政部门或机关的首长,依照本章所规定的标准和程序,可不受本条第 4 款的限制,以获得合同纠纷的独立的准司法决定权为目的,在 GS—16 级、GS—17 级和 GS—18 级中安排额外的职位,但数量不得超过 70 名。并由联邦收入管理局执行官依据相应情况确定在上述行政部门和机关中职位的分配。"[6]其关于职位的量化非常具体。

3. 表现在对行政救济中公务人员数量的确定。行政系统中的人员构成是一个具体问题,同时,它又是非常重要的问题,因为存在于行政机构中的公职人员与一般的社会成员一样,有着这样那样的消耗,它的消耗必须来自于他对社会所做的工作,若存在于行政系统中的公务员没有对社会带来利益,他在行政系统中的收入就是一种无谓的社会消耗。民少官多一向被认为是行政管理的一大公害。有资料表明,我国两汉时期,全国人口 5059 万,官员 7500 人,官民之比为 1∶7945;唐高宗时,全国人口 5822 万,官员 13465 人,官民比例之比已增加 1 倍,即 1∶3927;元成宗时,全国人口与西汉相差无几,为 5881 万人,官员已增至 22500 人,官民比例为 1∶2613;清康熙时,全国人口 2459 万,官员为 27000 人,官民之比已高达 1∶911。据《瞭望》同刊 1992 年第 36 期报道,全国通过财政预算支付工资的人,到 1991 年已增加到 3400 万人,每年都以 100 万人的速度增加。如果再加上以"以工代干"和各机关招聘的吃财政饭的人员在内,机关人员总数已临近 4000 万,如果以 12 亿人来计算,它的比例则为1∶30。[7]若依美国著名经济学家萨缪尔森的论点,我国行政机构的官员数量以及官民之比存在非常大的问题。萨氏认为,一国官民之比决定于一国经济发达的程度,若一国经济比较发达,那么,官员比例数就应当较小,即国家越发达从事行政管理的公职人员就应当越少。反之,若一个国家的经济越不发达从事行政管理的公职人员应当越多。我国经济状况处于发展中国家而官民比例都基本上处于发达国家的水平。行政编制作为行政系统的量化指标,当然包括对行政公职人员总体人数的确定。

4. 表现在对行政机构体系中机构比例和人员构成比例的确定。在企业编制中,最重要的就是各类人员的比例构成,这种构成被一些学者上升到技术与结构之间关系的高度来认识。也就是说,企业所需要的技术与结构决定了"在组织的各种特性中,与技术进步表现出直接关系的是指令线的长短;总经理的控制跨度;总周转金中用于工资和薪水的百分比;管理人员与总人数的比率;事务人员和管理人员与生产人员的比率;直接劳动与间接劳动的比率;生产部门中有学位的监督人员与无学位监督人员的比率。在直接生产部门,随着技术由小批量生产发展为连续的程序性生产,其垂直的管理层次也将增加。经理的控制跨度在小批量生产中为4人(直接向他或她报告工作的人数),而在大批量和大量生产中将增至10人。管理委员长在程序性工业中比不那么复杂的系统中更为常见,一个公司使用的技术与其管理小组的相对规模之间有着直接的关系。在技术先进的公司里,事务人员和管理人员,包括参谋人员,按比例来说要更多些。"[8]行政系统中同样存在各类机构以及人员的构成比例,例如,《澳门高级专业公署组织法》第19条之附件规定:"a)顾问/协调员2员。b)高级专员办公室之人员:秘书长1人;私人秘书2人。c)技术顾问部门:顾问及专家4人。d)技术辅助部门:主任1人;翻译2人;执达员4人;公关督导2人。e)一般行政部门:主任1人;主任专业技术及行政人员3人;助理员8人。"[9]

二、行政编制法的界定

所谓行政编制法,是指对行政编制作出规定的法律规范的总称。对这一定义可从以下两个方面分析:

1. 第一方面是指对国家立法机关和行政机关制定编制行为进行的规范。即行政编制法所规范的是立法机关制定编制的行为过程,如由谁来确定编制,就是对行政编制的主体作出规定;行政编制计划的制订,就是如何制定行政编制计划,包括编制计划制定的程序、编制计划涉及的内容等;行政编制的执行,就是由谁负责已经制订出来的编制计划;编制的监督,就是由谁负责对行政编制执行情况进行监督。

2. 第二方面指确定行政机构中各种数量及其比例关系的法律规则。《国务院行政机构设置和编制管理条例》第3章规定了"编制管理",第17条规定:"国务院行政机构的编制依据职能配置和职位分类,按照精简的原则确定。前款所称编制,包括人员的数量定额和领导职数。"第18条规定:"国务院行政机构的编制在国务院行政机构设立时确定。国务院行政机构的编制方案,应当包括下列事项:(一)机构人员定额和人员结构比例;(二)机构领导职数和司级内设机构领导职数。"第19条规定:"国务院行政机构增加或者减少编制,由国务院机构编制管理机关审核方案,报国务院批准。"第21条规定:"国务院办公厅、国务院组成部门、国务院直属机构和国务院办事机构的领导职数,按照国务院组织法的规定确定。国务院组成部门管理的国家行政机构的领导职数,参照国务院组织法关于国务院直属机构领导职数的规定确定。国务院办公厅、国务院组成部门、国务院直属机构、国务院办事机构的司级内设机构的领导职数为一正二副;国务院组成部门管理的国家行政机构的司级内设机构的领导职数根据工作需要为一正二副或者一正一副。国务院行政机构的处级内设机构的领导职数,按照国家有关规定确定。"依这些条文的规定行政编制法应当将上述两个方面的规定统一起来。行政编制法作为一个正式概念提出来是在1987年中共十三大文件中,该文件指出:“为了巩固机构改革的成果并使行政管理走上法制化的道路,必须加强行政立法,为行政活动提供基本的规范和程序。要完善行政机关组织法,制定行政机关编制法,用法律手段和预算手段控制机构设置和人员编制。”在我国正式的法律文件中有行政编制的概念,而没有行政编制法的概念,更谈不上制定一部完整的行政编制法。

行政编制规则的存在是必然的,作为行政编制规则有三种存在形态:

一是作为一个独立的法律体系而存在,即既不反映在行政组织法中,也不体现在公务员法中,如澳门就制定了《法院办事处组成及人员编制法》,在该法的附则中,将高等法院办事处作了如下规定:“组成:中心科及一个程序科:人员 ,法院书记长1;法院书记1;一等助理书记1;二等助理书记1;庭差1;法院文书1。”[10]

我国行政系统中也有一些零散的编制规则,如国家统计局1985年制定了《关于从1985年开始实施统一管理各级统计局的编制和事业类的通知》,这个规定虽是一个行政管理规范性文件,但实际上是对行政编制的一个系统规定。

二是行政编制规则存在于行政组织法中。即在行政组织法中对行政组织作出规定的同时,也规定有关行政编制的内容,如《国务院行政机构设置和编制管理条例》既有国务院组织的内容,也有国务院编制的内容,如第7条规定:“依照国务院组织法的规定,国务院设立办公厅。国务院组成部门的设立、撤销或者合并由国务院机构编制管理机关提出方案,经国务院常务会议讨论通过后,由国务院总理提请全国人民代表大会决定;在全国人民代表大会闭会期间,提请全国人民代表大会常务委员会决定。”香港的《港督特派廉政专员公署条例》第5条规定:“(1)港督得委任廉政专员1人,按照港督之命令,负责指挥及管理廉政公署,并受港督管辖。(2)除港督外,廉政专员不受任何人士之指挥与管辖。(3)廉政专员由港督按照其认为适当之条件委任。(4)廉政专员在任职期间,不得执行香港政府辖下其他受薪职位之职务。”第6条规定:“港督得按照其认为适当之条件,委任副廉政专员1人。”[11]这个条例本是一个廉政专员公署的组织规则,但上列条文所反映的内容却是有关行政编制的内容。

三是行政编制规则存在于公务员法中,将行政编制的规则写在公务员法律规范中。美国文职官员法规定了各部的官员数额,对这些数额的确定是行政编制规则的典型条款,如设置农业部部长助理7人,商业部部长助理11人,国防部部长助理11人,空军部部长助理3人,陆军部长助理5人,海军部部长助理4人,卫生和人类服务部部长助理5人,内政部部长助理6人,司法部部长助理10人,劳工部部长助理10人。[12]无论行政编制法的形态如何,作为编制法而言都具有下列本质属性:

(1)行政编制法是体制行政法的构成部分。体制行政法指有关行政体制及其构成的法律规范,它包括行政组织法、公务员法和行政编制法三个部分。行政编制法与行政体制的关系十分密切,在一国行政法中若行政编制法不完善其行政体制就必然会出现这样和那样的问题。中共十三大提出行政编制法概念也是基于行政体制的改革,“官僚主义现象在我们党和国家的政治生活中依然严重地存在着。由于经济的、文化的和社会历史的原因,我们官僚主义的斗争,将是长期的。实行党政分开,进一步下放权力,发扬社会主义民主,都将有利于克服官僚主义。应该看到,政府机构庞大臃肿,层次过多,职责不清,互相扯皮,也是形成官僚主义的重要原因。因此,必须下决心对政府工作机构自上而下地进行改革。建议国务院立即着手制定改革中央政府机构的方案,提请七届全国人大第一次会议审查批准后付诸实施。为了避免重走过去‘精简—膨胀—再精简—再膨胀’的老路,这次机构改革必须抓住转变职能这个关键。要按照经济体制改革和政企分开的要求,合并裁减专业管理部门和综合部门内部的专业机构,使政府对企业由直接管理为主转变到间接管理为主。要从机构配置的科学性和整体性出发,适当加强决策咨询和调节、监督、审计、信息部门,转变综合部门的工作方式,提高政府对宏观经济活动的调节控制能力。要贯彻精简、统一、效能的原则,清理整顿所有行政性公司和近几年升格的机构,撤销因人设事的机构,裁减人浮于事部门的人员。为了保证机构改革顺利进行,必须认真做好机构变动中的人员调整。要做到工作正常运转,人员有妥善安排。从总体上说,这次机构改革在人员问题上要解决的,主要是调整结构、提高素质。要把人员的调整和培训密切结合起来,有计划分步骤将一部分人员调整到需要加强的国家机关以及经济、文化组织”。[13]正是在上述行政机构改革的基础上提出了行政编制法的概念,并要求尽快能够出台有关的行政编制法。可见行政编制法与行政体制的关系十分密切。

(2)行政编制法是控制行政机构体系规模之法。行政组织法与公务员法都与行政机构有关,一个是从宏观方面对行政机构体系的规定,另一个则是从微观方面对行政机构构成分子的规定。它们虽然能够形成行政机构体系的框架,并使行政机构由最小构成元素构成,但是行政组织法和公务员法都不能控制行政机构的规模。例如,《中央机构编制委员会办公室职能配置、内设机构和人员编制方案》在前一部分规定了组织规则在内设机构中设立了综合司、一司、二司、三司、四司、五司。关于综合司是这样规定的“研究改革的总体方案,起草综合性文件,组织协调政策、法规的拟定。组织调查研究工作和改革试点工作,组织协调中央各部门与地方的职责分工。汇总、上报有关信息和情况,信访、固定资产管理等工作”。这些规定并不能控制行政机构的体系,因此,该方案在后面又规定了编制问题“中央编制委办行政编制为65人。办公室设主任1名,副主任4名(其中1名专职)。各司按1正2副配备,司局级领导职数(全机关党委副书记1名)共16名。机关党委副书记亦可兼职”。通过编制条款控制了此一机构的规模。

(3)行政编制法是行政组织法和公务员法的辅助法。行政编制包括行政机构体系的数量确定和行政公职人员的数量确定两个方面,因此行政编制法对行政组织法和公务员法都具有补充作用。各国的立法状况都表明,行政编制法成为一部独立法典的情况相对较少,即大多数国家的立法都是在行政组织法和公务员法中包括了行政编制法的内容,如依我国行政组织法和公务员法的规定,县级行政机构和人员编制的情况大体上是:经济发达、人口相对较多的县为一类县,一个县的行政机构设置为30个左右,人员编制为750个。经济较为发达人口相对较多的县为二类县,此类县的行政机构设置为25个左右,人员编制分别控制在650左右。依次为三类县,机构控制在25个,人员控制在500人左右。经济不发达人口较少的地方为四类县,机构设置为20个左右,行政人员控制在350个左右。而乡、民族乡人民政府设乡长1人,副乡长若干人,乡级人民政府不设职能部门,只配1人一职的民政、司法、财政、文教卫生、计划生育、生产建设监察等助理员。镇人民政府设镇长1人,副镇长若干人,配有1人一职的民政、司法、财政、文教卫生、计划生育、生产建设监察等助理等。对这些人员定额和机构配置的规则依法学原理分类的话,都是行政编制法规则,但在目前它们基本上都存在于行政组织法和公务员法之中,不论行政编制法典是单独的,还是存在于行政组织法和公务员法之中的,都不能怀疑行政编制法是行政组织法和公务员法辅助法的地位。

三、行政编制法的基本原则

行政编制法的基本原则是指行政编制法应当贯彻的一些行为准则。我们认为,我国有关行政编制的法律规范应当贯穿下列原则。

(一)刚性原则

刚性原则是指行政编制法对于国家行政机关的机构设置和人员定额的确定是稳定的、确定的和不可任意变更的。它包括下列主要含义:(1)编制的内容具有确定力,即编制所规定的机构类型、比例结构、人员定额是以规范的形态出现的,所规定的各指标有严格的标准和定则。(2)编制的内容具有不可更改性,编制所规定的各种状态,任何机关、组织和个人不得作变通解释和"灵活执行"。(3)编制的内容具有强制力,这是对上列两项含义的深化。编制法一旦公布施行,其内容便具有法律的约束力,超编要受到法律的追究,扩编要经过严格程序。(4)编制的内容具有稳定性,编制所认可的状态必须是稳定的或相对稳定的,不能朝令夕改,执行机关也不得从本机构的利益出发对编制进行解释和任意执行。上述四个方面是刚性编制原则的基本要求,这一原则对于提高编制法的地位,加强编制法的科学化、有效化具有重大意义。我国行政机构长期以来呈现出"精简—膨胀—再精简—再膨胀"的恶性循环状态,历史上的数次机构改革和职能转变都没有达到预期的目的,与缺乏刚性编制有着不可分割的关系。因此,即将制定的行政编制法必须充分体现刚性原则。

(二)紧缩原则

机构精简是我国行政法的一项基本原则,也是我国行政机构设置的准则,更是指导我国行政机构改革的指南之一。机构精简原则体现在编制法中就是紧缩原则。它要求:(1)新的编制法要将"小政府、大社会"的政府职能转变思想体现出来,抛弃"机构宏大"、"人浮于事"、"政出多门"等弊端,使各级行政机构逐步走向小型化、服务化、有效化。(2)新的编制法要体现"精干"精神。紧缩并不是统统砍掉,而是使机构具有强烈的行政效能。因此,编制要大胆认可淘汰制,革除机构中的腐败因素,保留机构中生机勃勃的东西。应将年轻有为、锐意改革、具有创新意识的人员留下来,使行政机构永远保持良性运转状态。(3)紧缩经费。任何行政机构都有人力、物力和财力的消耗,有效的行政机构往往以最小的消耗换来最大的经济效益和社会效益。而有弊的机构则相反,消耗大、效率低。编制法通过紧缩经费这一手段,可以降低行政开支,节约财政,提高机构的工作质量。应当指出,编制紧缩并非权宜之计,它是我国政府职能转变,进一步开放搞活的必然要求。

(三)对等原则

行政机构是承担各种行政管理职能的机构,经常与社会经济、文化、科技、民政等发生联系,通过有效的行政管理活动,促进社会诸事务的发展。机构本身是一个矛盾的事物,其中包括不少相互对立而又统一的矛盾问题。这些矛盾若能正确处理,机构实体便既能稳定生存,又能高效运转。否则,就会对社会经济、文化等起破坏作用,其本身亦难生存。正因为如此,行政编制法必须承担调和机构内部冲突的功能,以对等原则为出发点,理顺机构中的各种关系。具体地讲,行政编制法的对等原则包括:(1)权责对等,是行政机构中横向和纵向关系都应首先解决的问题。机构和行政领导人员、主管人员二辅助人员享有多大的权利就应承担多大的责任,反之亦然。否则,便会出现指挥不灵,办事不力,作用不大等弊病。对等原则对权责关系的处理,是在编制法中明文规定机构和行政人员在人、财、物、信息等方面的指挥权的具体项目,对等规定责任形式,这是对等原则的第一方面。(2)职级对等。管理幅度是行政管理学研究的重要课题,它指行政机构中的职位和级别的关系,管理级别越多,每一级的职位数就应减少,级别越少职位数就应越大。另一方面不能把职位和级别对立起来,二者相辅相成。对等原则就要求职位数和层次永远相互协调、相互统一。(3)行政管理专业需要与行政人员知识结构对等。行政管理随着科学技术的发展和社会进步,专业性越来越强,需要的专业知识程度日益增多。例如,环境卫生管理、工商税务管理、科技文卫管理都需要与之相适应的专业知识,那么,行政管理人员只有具备较强的知识结构才能胜任管理工作。行政编制法对于这一原则的体现必须是明确的,如各层所需人员的学历、资历、文化程度、所学专业知识,以根治长期以来外行管理内行、大材小用等机构病态。

第二节 行政编制立法

一、行政编制立法的主体

所谓行政编制立法的主体,是指享有制定行政编制规则的国家机关。《中华人民共和国立法法》对我国立法主体作了规定,根据该法的规定,我国立法主体分为中央立法主体和地方立法主体两大类。中央立法主体包括全国人民代表大会及其常务委员会、国务院、国务院职能部门和直属机构。地方立法主体包括省级人民代表大会及其常务委员会，省级人民政府，省会市人民代表大会及其常务委员会，省会市人民政府，较大的市的人民代表大会及其常务委员会，较大的市的人民政府等。从理论上讲，上列享有立法权的主体都有制定有关行政编制规则的权力。《中华人民共和国宪法》的一些条文中就有行政编制的内容，《中华人民共和国国务院组织法》也有诸多规定是行政编制法的内容。《中华人民共和国地方各级人民代表大会和地方各级人民政府组织法》中也有行政编制法的内容。国务院制定的《国务院行政机构设置和编制管理条例》中大部分内容是对国务院编制的规定，其中一些编制内容我们在前面已经做过分析。目前，我国行政编制中一些操作性极强的规则大多反映在部委机构和直属机构制定的规则中，但比较遗憾的是部委机构和直属机构在制定有关编制的规则时，并不是以规章的形式使这些规则具有较高的法律效力，而是以行政规范性文件的形式出现的。例如，2002 年卫生部发布了《卫生部机构编制管理规定》，2001 年国家药品管理局、中编办、人事部联合发布了《关于省以下药品监督管理机构编制和人员管理问题的通知》，国务院办公厅发布的《交通部职能配置、内设机构和人员编制规定》，《海关总署职能配置、内设机构和人员编制规定》、1985 年劳动人事部发布了《关于湖南行政区增加编制的通知》，1985 年财政部、劳动人事部和民政部联合发布了《关于军队离休退休干部管理机构的设置、人员编制的通知》等。享有地方立法权的主体制定的行政编制规则相对较少，但也常常制定有关的行政编制规则，如《广州市国家公务员职位分类工作实施办法》规定："确定职位的数量。职位的设置数量应遵循严格、高效、精干的原则，以有效完成工作任务为标准，按照本单位的编制数额，以工作性质，责任大小，难易程度、所需资格条件为依据，以一个工作人员工作量作为基本的衡量单位而确定。不够一个工作人员一半工作量的不宜设置职位，能合并的职位应合并，可设可不设的职位不设。设置职位必须考虑整体和局部的关系，在满足整体利益的前提下，再考虑局部的职位设置。"一些地方由党和政府机关联合发布了有关行政编制的规则，如辽阳市委市政府关于《辽阳市政府机构改革》就有这样的内容："规范机构名称、规格和领导职数。市政府工作部门的名称，原则上与省对应。与省政府对口设置的机构，省称委的市称委，省称厅局的市一般称局。市政府独立设置部、委、办、局为平行机构。部门管理机构均为副局级。市政府市长 1 人，副市长 3 ~ 5 人；部、委、办局的领导职数为 2 ~ 4 人；部门管理的机构，职数一般配备 1 ~ 2 人；部门内部科室的领导职数只设一正一副、个别只设 1 人，10 人以上的科室可设 3 人。大力压缩内部机构。坚持综合、精干、宜粗不宜细的原则设置机关内部机构。机关内部机构平均压缩。"[14]

二、行政编制法的体系

行政编制法的体系可以从不同的角度认识，为了全面起见，我们将从下列方面分析行政编制法的体系。

（一）以法律形式观察行政编制法的体系

我国行政法的正式渊源包括宪法、行政法律、行政法规、地方性法规、行政规章、自治条例和单行条例、行政规范性文件等。我国行政编制法的体系中上列渊源形式都有行政编制法的内容。

1. 宪法中的行政编制规则主要关注行政机构的总体格局和数量。例如，《中华人民共和国宪法》第86条规定："国务院由下列人员组成：总理、副总理若干人，国务委员若干人，各部部长，各委员会主任，审计长，秘书长。"第93条规定："中华人民共和国军事委员会领导全国武装力量。中央军事委员全由下列人员组成：主席、副主席若干人，委员若干人。"这些规定的行政编制色彩是非常浓厚的。

2. 行政法中的行政编制规则既有行政编制的原则规定，又有一些具体的编制条款。《中华人民共和国国务院组织法》虽然主要涉及的是行政组织法的内容，但其中不少条款是一些编制原则和具体的编制规则。例如，第2条规定："国务院由总理、副总理、国务委员、各部部长、各委员会主任、审计长、秘书长组成。"其中每一个机构名称的确定都是一个关于行政编制的原则性条款，因为它是国务院其他具体编制的基础。第9条规定："各部设部长1人，副部长2至4人。各委员会设主任1人，副主任2至4人，委员5至10人。"该内容是非常具体的行政编制规则。

3. 行政法规所体现的行政编制规则在目前我国的行政编制规则中是最多的。《国务院行政机构设置和编制管理条例》就对中央政府机关的机构编制作了较为全面的规定。由于我国有关公务员管理的主要行为规则都是以行政法规的形式出现的，因此，行政法规关于公务员编制问题也作了诸多规定。

4. 地方性法规和地方政府规章所涉及的编制内容相对较少，它们即使对编制作出规定也是以本地方为基础的，由于我国实行单一制，国家行政机构体系的构成和职位确定应体现统一化的原则。因此，地方立法制定行政编制规则的情形应受到一定的限制。

5. 部门规章在目前情况下是行政编制规则的主要法源。人事部是我国公务员的管理机构，我国有关公务员管理的规则尤其具体规则绝大多数都是由人事部制定的，它们制定的规则中有相当一部分是行政编制的规则。例如，《国家公务员职位分类工作实施办法》第3项规定："（一）确定职位职责。职位设置必须在政府批准的职能范围内，在职能分解的基础上进行。从上至下，从部门至内设各机构，直到每一个职位，层层明确其职责。（二）确定职位的设置层次。职位的设置必须与机构规格相符，不得超过其机构规格设置职位或搞变相升格。（三）确定职位设置的数量。职位设置数量应遵循严格、高效、精干的原则，必须严格按批准的'三定'方案确定的职数、编制和《国家公务员非领导职务设置办法》执行。（四）确定职位名称。职位名称必须简明、规范、能体现出该职位的特点和所处层次。"第4项规定："职位说明书包括以下七个方面的内容：（一）职位名称。例如：办公厅秘书处信息工作主任科员。（二）职位代码:指每一个职位的代表号码。由三部分组成(XXX—XXX—XXX)。第一部分是职位所在国务院各工作部门(地方是指所在省、市、区、县)的代码,采用国家标准。第二部分是职位所在各部门内设机构(地方是指所在地的各工作部门)的代码。第三部分是各内设机构(或各工作部门)中职位的顺序号。第二、三部分由各级人事部门负责编制。例如,海关总署关税司国际关税处处长职位的代码为:415— 03— 07。415 是国家标准中规定的海关总署代码;03 是海关总署规定的关税局代码;07 是该职位在关税局中的顺序号。(三)工作项目:列出职位按照职责应担负的全部工作项目。(四)工作概述:按照工作项目简要说明工作的内容、程序、职责及权限。(五)所需知识能力:完成本职位工作所需的学识、才能、技术和经验。必须以职位的工作需要为依据,不是按现有人员的情况认定。(六)转任和升迁的方向:职位上的任职人员按照业务一般要求可以转任和升迁的方向。(七)工作标准:每个工作项目所应达到的质量和数量的基本标准。"这些内容都是我国行政编制法的重要规则。

6. 行政规范性文件中的行政编制在目前情况下是我国行政编制法的重要法源。它们虽然没有太高的法律效力却对行政编制的一些具体问题作了规定。例如,1991年中共中央国务院联合发布了《关于成立中央机构编制委员会的通知》,指出:"中央编制委员会负责全国机构改革和机构编制管理工作,其主要职责是:(一)根据中央、国务院关于经济体制改革和政治体制改革的要求,研究拟订机构改革和行政管理体制改革的总体方案,经党中央国务院批准后组织实施。审校党中央各部门、国务院各部和省级机构改革方案,按程序报党中央、国务院批准。(二)拟订机构编制管理的改革方案和法规。统一管理全国党政机关,人大、政协、法院、检察院机关、各民主党派、人民团体机关及事业单位的机构编制工作。"这个规定本身是一个规范性文件。依此设立了我国负责编制管理的专职机关。此后,编制管理委员会制定了一系列行政编制的规则,而这些规则也都无一例外的是行政管理规范性文件。例如,《关于明确机构编制部门负责县级机构改革试点工作通知》、《关于机构编制工作贯彻、落实中发 5 号文件的几个问题的通知》、《关于地方各级党政机构设置的意见》、《关于印发部、县及乡镇分类标准的通知》。

（二）以法律内容观察行政编制法的体系

行政编制法是对行政机构体系及其构成分子起作用的,因此,对行政机构体系及其构成分子的规定就成了行政编制法的基本内容,具体地讲包括下列方面。

1. 行政机构体系总体构架的行政编制规则。一国行政机构体系在其设立时都不可避免地具有两个方面的属性:一是科学属性,即用科学原理对行政机构总体系进行确立,各国所依据的科学原理和价值观不同所构架的行政机构体系可能会有所差异,有时这种差异甚至是巨大的,但不论哪一国在起初设计行政机构体系的时候都首先将其作为一个技术范畴的问题。一般根据当时行政管理和社会事态的需要设计,根据一国行政体系发展的总方向设计。例如,美国在建国时,如何设计行政机构体系的总构成,《联邦党人文集》的作者们就上升到科学的高度进行了认真的研究。[15] 二是法律属性，即行政机构的设置都尽可能以规则的形式规定下来。当然，在法制水平不同的国家反映编制规则的法律形式就有所不同。一些国家的建立是在宪政的基础上形成的，这些国家的行政机构体系的设计在宪法和相关政府组织法中予以规定。一些国家则可能通过其他的法律形式规定了机构体系。如我们前面指出的《美国政府机构和雇员以及附则》第101条规定的："行政各部包括：国务院、财政部、国防部、司法部、内政部、农业部、商业部、劳工部、卫生和人类服务部、住房和城市发展部、交通部、能源部、教育部、退伍军人事务部。"〔16〕在政府机关组织法中确定了行政机构体系的总体框架。这些框架的确定本身就是一个编制条款，同时还是其他后续编制规则制定的基础。《中华人民共和国宪法》中的一些条款就体现了这样的编制规则。全国人民代表大会对我国国务院职能机构的设计也是一个行政编制规则，因为它既确定了每一个职能机构的质，又确定了这些职能机构的量。

2. 行政机构体系分系统的行政编制规则。行政机构分系统是行政机构某一系统的分支构成。例如，美国负责外事机构的分支构成如下图：〔17〕

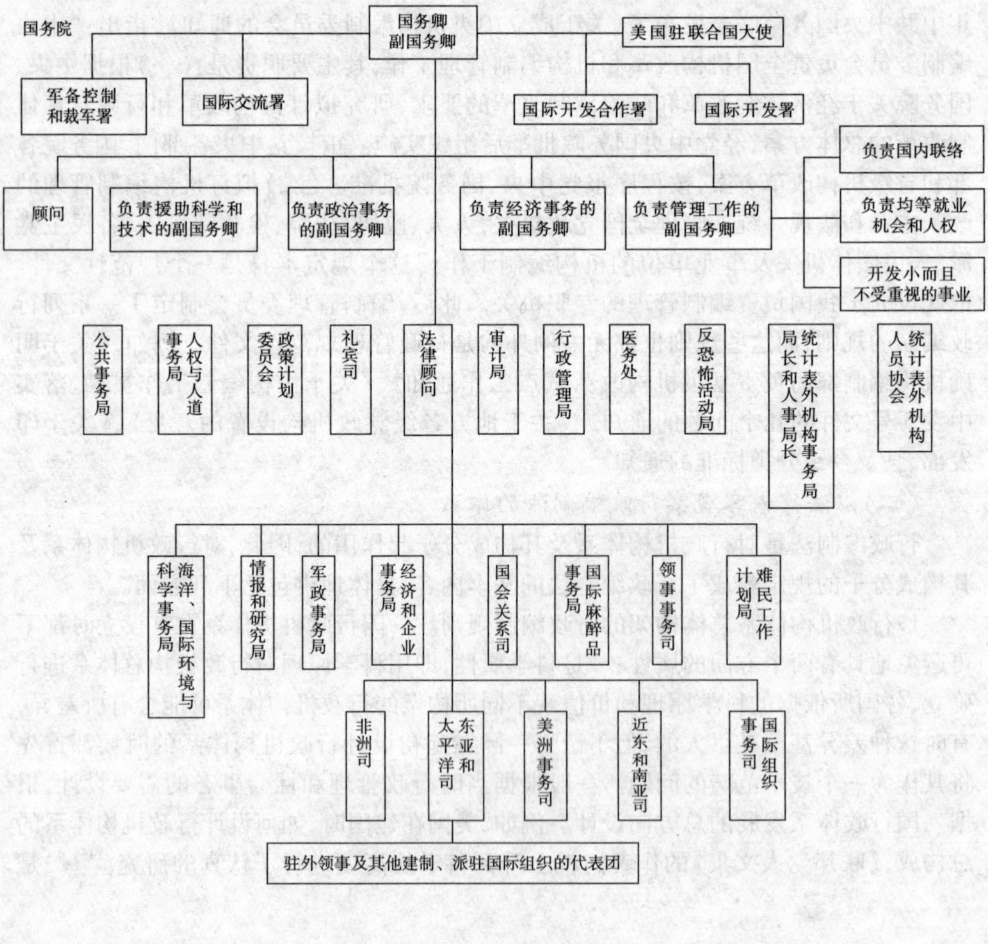

1987年中华人民共和国国务院机关事务管理局的分支系统及其编制情况如下图[18]：

编制数:1027

在职人数:907

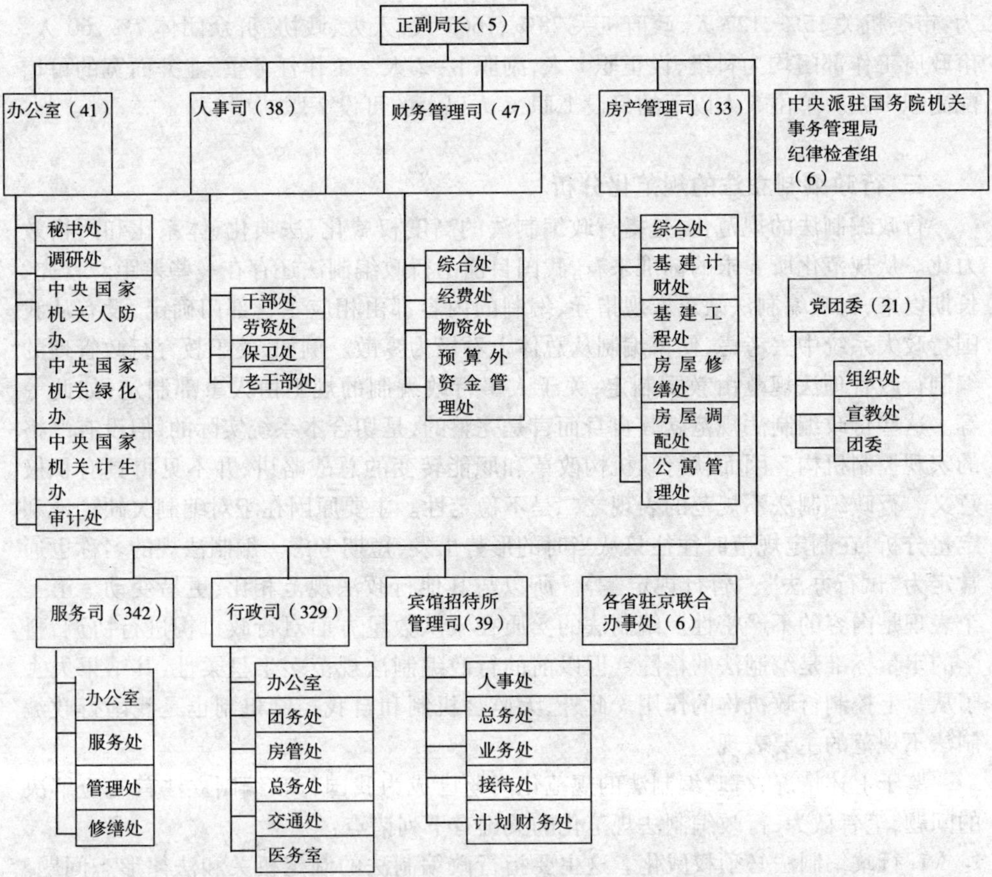

上列图表中的行政机构分支系统无论是否有人员上的数量限制，都已经对行政机构体系作了量化，而且使行政机构体系依一定的方式有序地排列在一起。因此，规范分支机构的规则也是行政编制的内容。

3.行政职位分配的行政编制规则。行政系统的构成人员都存在于一定的行政职位之下，即是说行政职位既是行政机构分支系统的具体化，又是行政系统中公职人员存在的载体。因此，行政组织法和行政编制法要对行政职位作出规定，而且要根据行政机构所负担的任务对行政职位予以分配。例如，《美国文官法》对第五职级职位作了详细分配，农业部有产品销售局局长职位、农业研究局局长职位、农户住宅管理局局长职位、农业稳定和保持局局长职位、农业电气化管理局局长职位。这些职位的分配是行政公职人员存在的基础,也是对行政公职人员进行量化控制的依据。

4. 行政人员数量控制的行政编制规则。这是最能体现行政编制法属性的规则。例如,《平度市政府机构改革》(1995年)就通过编制规则有效控制了机构的人数。"全市党政群机关工作人员总数控制在850人以内(不含合格的部门)其分配比例为:市委机关15%,127人,政府机关78%,1663人,人大、政协、群众团体7%,60人。市政府工作部门均为科级,设正职1人,副职1-2人。工作任务重、业务面宽的可增配副职1人。单位5人以下的只设1职,6人以上的可设2职。"[19]

三、行政编制立法的规范化分析

行政编制法的规范化,是指行政编制法的高度权威化、法典化、体系化和严格效力化。从规范化所要求的标准来看,我国目前的行政编制法还存在一些差距。首先,长期以来,行政编制法缺乏宏观指导,编制的内容都由相应主管部门确定,没有从我国行政大系统中去考虑,使得编制从总体上看极为零散。例如,关于教育行政管理的编制行政管理法规范由教委制定;关于人事行政编制的规则由人事部制定;如此等等。这些行政编制法规范就其自身而言是完整的,是切合本系统实际的,但没有严格的宏观控制机构。因而就行政机构改革和职能转变的总战略讲,并不见得具有积极意义。行政编制法不规范的表现之二是不稳定性。主要原因在于对编制欠缺论证和定量分析,在制定规范时往往只从当时的形势出发,短期考虑。编制法规的名称也通常定为"试行办法"、"暂行规定"等。所以与其他行政法规范相比,更易变动。第三个表现是内容的不严密性。编制法的实质在于从数量方面对行政机构进行协调,科学的定量标准是编制法的精髓。但以前的行政编制法规范多半呈柔性,其结果失去了从量上控制行政机构的作用。此外,无监督机制和自我控制机制也是我国行政编制法不规范的主要表现。

鉴于上述情况,行政编制法的规范化问题已成为我国行政编制立法首先应解决的问题,笔者认为,行政编制法规范化的关键有下列诸点:

1. 行政编制法必须权威化。这主要指行政编制法的制定机关和法律形态问题。就制定机关而论,目前由部委及有关职能部门作为编制立法主体的状况必须改变,应由权力机关即全国人民代表大会及其常务委员会制定。当然,国务院可以根据宪法、法律和全国人大的授权制定一定的行政编制法规,尽可能减少国务院职能部门制定编制管理法规范的数量。因为制定机关的地位高低直接决定着编制法在人们心目中的地位,并关系着编制法的质量。从法律形态来看,编制法作为行政法制体系的组成部分,必须有较高的形态。目前大多数编制行政法以规章形态出现,如国家统计局制定的《关于从1985年开始实施统一管理各级统计局的编制和事业费的通知》,在行政法体系中居于三级法地位,极不利于编制法对编制工作的法律调整。所以,必须提高编制法的地位和规范形态。

2. 行政编制法必须法典化。它是行政编制法是否规范化的标志。早在十三大,党中央就指出要尽快制定行政机关编制法,实际上是对行政编制法法典化的期望、要求和肯定。但由于一系列原因,行政编制法至今尚未出台。应当指出,行政编制法典即使颁布之后,也不排斥国务院或者有关部门制定相应的编制法规和规章。因为编制法典只能从总体上、宏观上为编制工作提供规范和程序,而各种微观编制指标还要辅之以行政编制法规和规章。但是,相应的编制法规和规章只能是对编制法典的补充和完善,不能违背编制法的内容和精神。

3. 行政编制法必须有严格的效力。编制法典和附属法律规范颁布以后,应具有法律的强制力,违背编制法的机关、组织和个人应承担相应的法律责任。不强调这一点,我国目前行政机构中的超编、扩编、滥编现象就无法解决。

上述三方面是我国行政编制法实现规范化的基本要求,也是我国理论界和实际部门在解决编制问题时首先应考虑的。

第三节 行政编制的法律构设

一、行政编制的功能

行政编制法是行政法中一个独特的范畴。无论存在于行政组织法中的行政编制规则还是存在于公务员法的行政编制规则,甚或独立存在的行政编制规则,它们的功能都是一致的,其在行政法中的地位以及所处的作用是其他行政法规则所不能取代的。无论统一化的行政编制立法,还是分散化的行政编制立法都不影响行政编制法以它特有的功能对行政系统发生作用。若以理论层面分析,行政编制法有下列若干功能。

(一)制约行政机构规模的功能

所谓行政机构的规模,是指行政机构体系硬件设施的大小程度,行政机构的硬件设施越大,行政机构的规模也就越大。反之,行政机构的硬件设施越小,行政机构的规模也就越小。笔者此处所讲的行政机构的硬件设施不单单指诸如动产与不动产的那些设施,而是指行政机构各种看得见、摸得着的构成要素,如行政机构作为一个机构实体的客观存在,行政机构所赖以存在的各种物质因素等。行政组织法对行政机构规模的控制具有一定作用,如通过行政组织法设立行政机关的组织体系本身就确立了行政机构体系在一定范围的存在。但是,行政组织法只能够部分控制机构的规模,而不能够全部控制行政机构的规模,因为行政组织法本身就是以行政机构体系质的方面为规制对象的。其将量的方面的规制内容留给了行政编制法。我们知道,行政机构的设立必须与客观的行政事态相适应,行政事态的质具有相对的稳定性,而行政事态的量则是不稳定的,它处在经常的变化之中。以农业行政管理为例,管理领域的质是较为稳定的,我国从新中国成立到现在该领域的管理一直存在着,而且此一事物的质并没有发生根本性变化。而农业行政管理的量则处于不断的变化之中。以农业人口为例,1950年的农业人口与2000年的农业人口相比,其绝对数要少出许多倍。行政事态这种质的稳定性与量的多变性决定了此一机构的存在是必然的,但它的量在不断的变化之中,行政事态每一次在量上产生变化都要影响到行政机构之中来。这些原理使行政组织法和行政编制法的关系也非常微妙,即我们可以通过行政组织法设立行政机构体系,为行政机构体系确定基本的性质。同时,我们必须通过行政编制法确定行政机构体系的量。在行政事态复杂化,其量增加时,通过行政编制法增加行政机构的规模。反之,在行政事态变得较为简单,其量减少时,通过行政编制法紧缩行政机构的规模,如下图示:

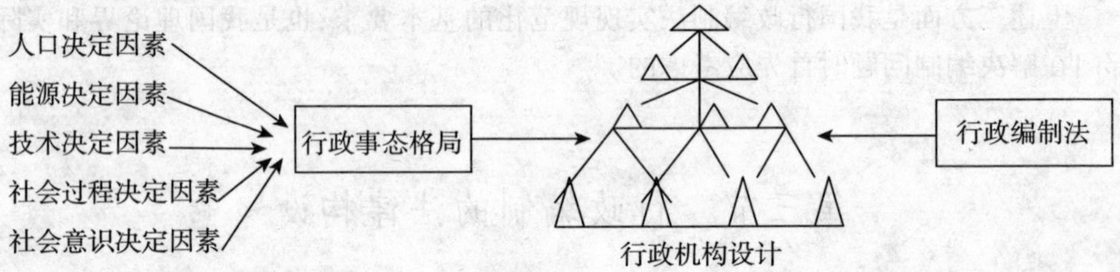

（二）制约行政机构体系结构的功能

行政机构体系的结构是指行政系统内部的联结方式。大量的规则将行政机构的各种构成元素联结在一起。有学者将我国行政系统的联结方式分为三种:一是金字塔式结构。“我国各级人民政府的排列组合即为此种结构,位于金字塔尖的是最高国家行政机关国务院,在国务院之下,全国分为31个(除台湾地区)省、自治区、直辖市人民政府和香港、澳门两个特别行政区政府。省级人民政府下辖若干市、县、区人民政府,但是因基层人民政府的不同又形成不同的层级:二级制,如直辖市人民政府下辖区人民政府,省级人民政府下辖县级市人民政府;三级制,如直辖市人民政府下辖区人民政府,区人民政府下辖镇民政府,省(包括自治区)人民政府下辖县人民政府,县人民政府下辖乡(镇)人民政府;四级制,如省(包括自治区)人民政府下辖地级市人民政府,地级市人民政府下辖县级人民政府,县级人民政府下辖乡人民政府。我国是一个严格中央集权制国家,强调地方服从中央的统一领导,但同时,也强调充分发挥地方的主动性和积极性。有机的把集权制与分权制结合在一起。”[20]二是纵向垂直结构。“我国各级人民政府的职能部门的纵向分工即体现出此种结构,分为两种:其一是在同一级人民政府内职能部门的纵向结构,如国务院的职能部门一般设为三级,如国家教育部—高等教育司—政治教育处,地方行政机关一般设为两级,如天津市卫生局—人事处;其二是上下级人民政府职能部门的纵向结构,主要体现在我国垂直领导的行政机关,如工商、税务、金融、海关、审计、监察和国家安全等行政机关。我国上下级行政职能部门管理的行政事务性质相同,只是因为层级的不同管辖的范围不同,而且上下级的职能部门之间具有一定程度的隶属关系,从而保证行政管理职能在履行时能够统一和协调。”[21]三是横向并列结构。“我国同级人民政府之间、同一级人民政府之内各行政职能机关以及同一行政机关内的各组成部分，都呈现出横向的协作关系。包括两种情况：其一是同一级别不同行政区域的人民政府之间的关系，如省、自治区、直辖市人民政府之间的关系，各县(市)人民政府之间的关系，如河北省公安厅与河南省公安厅之间的关系。其二是同一级人民政府内各行政职能部门之间的并列关系，如国务院各部委之间的关系、某省各厅之间的关系等。处于横向并列结构中的各人民政府或职能部门之间是平等协作关系，他们必须互相配合协作，共同履行整体行政职能。”[22]上列结构显然有些方面是由行政组织法设计并联结的。然而，行政编制法在制约行政机构体系的结构中也起着非常重要的作用。例如，我国中央编制委员会办公室在1992年发布《关于机构编制工作贯彻、落实中发5号文件的几个问题的通知》进一步强调了机构设置中“自定编制”的问题，而“自定编制”虽是机构改革的一个方略，却反映了不同行政机构之间的联结方式，“自定编制”机构的相对独立性就是对其新的联结方式的规定。

(三)制约行政成本的功能

行政效率原则要求行政成本越小越好，行政组织法对行政成本控制的能力远不如行政编制法来得有效。我国虽然早就制定了中央行政机关的组织规则和地方行政机关的组织规则，但行政机构成本的加大却一直呈上升趋势。我国1979年通过财政预算支付工资的人员为1500万人，到1991年已经增长为2700万人，到1993年为3400万人，到2000年已经为3600万人，还要加上离退休人员总数将达到4000万人以上，正如前述，等于30个老百姓养活一个官员。行政机构规模的大小与行政经费支出的大小常常是成正比例的。据财政部统计，1982年全国行政事业开支为404亿元，到1991年达到1400亿元以上，增长3.2倍，已经占有我国财政开支的32%，远远高于同期财政收入的增长速度，我国县级政府出现财政赤字的已经超过半数。这些巨大的行政成本并没有通过我国已相对健全的行政组织法而得到控制。这说明，行政组织法或者行政编制规则较为欠缺的行政组织法对于遏制行政成本并没十分突出的作用。行政编制法因其突出量的方面，其对有关行政成本的控制具有行政组织法不可取代的作用。如果说行政组织法具有一定的柔性，那么，行政编制法则是相对刚性的东西。1998年国务院对行政机构进行第五次改革时，从编制管理出发，以编制规范行政机构的设置和人员构成，因此就收到了这样的效果：改革前，国务院有部委机构45个，直属机构22个，办事机构7个，以及国务院办公厅，共66个常设机构。非常设机构从75个减少到49个。在精简人员方面，有31个部门强化了职能，减少13900人，有35个部门增加了职能，增加了6000人，改革前实有人数52800人，改革后为44800人，共减少7900人。正是通过刚性的行政编制规则使行政机构在短期内大大降低了成本。

二、行政编制管理机关及职权

行政编制管理机关,是指负责行政编制管理的机构实体。《国务院行政机构设置和编制管理条例》第3条规定:"国务院根据宪法和国务院组织法的规定,行使国务院行政机构设置和编制管理职权。国务院机构编制管理机关在国务院领导下,负责国务院行政机构设置和编制管理的具体工作。"第24条规定:"地方各级人民政府行政机构的设置和编制管理办法另行制定。国务院行政机构不得干预地方各级人民政府的行政机构设置和编制管理工作,不得要求地方各级人民政府设立与其业务对口的行政机构。"此二条文是对我国行政编制管理机关的规定。从这个规定可以看出;一则,目前我国行政编制管理机关的设置权是国务院。二则,目前我国行政编制管理机关仅仅设立在行政系统内部。当然,1991中共中央国务院制定了《关于成立中央机构编制委员会的通知》,对中央编制委员会的职责作了如下规定:"中央编制委员会负责全国行政机构改革和机构编制管理工作。其主要职责是:"(一)根据党中央国务院关于经济体制改革和政治体制改革的要求,研究拟订机构改革和行政管理体制改革的总体方案,经党中央、国务院批准后组织实施。审核党中央各部门、国务院各部门和省级机构改革的方案。按程序报党中央、国务院批准。指导地方各级机构改革和行政管理体制改革工作。(二)拟订机构编制管理的政策和法规。……"即是说,我国除了负责编制管理的常设机构外,还有一些临时性的行政编制管理机构,而且这些机构是由党的机关和行政机关联合组成的。我国一向强调党对国家事务的领导,党的领导最突出的体现是对人事的领导。中共中央组织部以及地方党组的组织部门在一定程度上也负责行政编制的管理。我国行政系统的人事部门也是行政编制管理的主要机关。由此可以看出,目前我国行政编制管理机关并不少,但是,这些机关的管理职权相对分散,而且从体制上讲存在一定问题。我们知道,我国行政机构体系的总体格局是由全国人民代表大会及其常务委员会设计的,各级行政系统人员的任免权也由各级人民代表机关行使。我们认为,人民代表机关既然对行政机构体系的设立有决定权,那么,它们也应当有权管理行政系统的编制,即是说,我们应当在人民代表大会中设立专门管理或者至少能够监督行政编制的机构实体。另外,我们应当将目前我国负责编制管理的所有机关的分散职权予以集中,在行政系统内部形成一个统一的行政编制管理机关。权力相对集中的行政编制管理机关应当行使下列职权:

1. 审批权

审批权,是指行政编制管理机关对有关行政机构设置、合并、撤销等行政机构的组织及行政规模变化的行为进行审批的权力。《国务院行政机构设置和编制管理条例》第14条规定:"国务院行政机构的司级内设机构的增设、撤销或者合并,经国务院机构编制管理机关审核方案,报国务院批准。国务院行政机构的处级内设机构的设立、撤销或者合并,由国务院机构根据国家有关规定决定,按年度报国务院机构编制管理机关备案。”该条便是对行政编制管理机构审批权的规定。行政机构的调整和变化是我国行政机构发展变化过程中经常出现的问题。如果行政编制管理机构能够对行政机构的调整和变化作出审查并予以批准，那么，行政机构的不断膨胀就会得到有效控制。

2. 形成权

行政编制管理机构所享有的形成权是指形成新的行政机构及其规模之方案的权力。《国务院行政机构设置和编制管理条例》第11条规定：“国务院议事协调机构的设立、撤销或者合并，由国务院机构编制管理机关提出方案，报国务院决定。”应当指出，行政编制管理机关所享有的形成权是一种有限权力，即它可以决定形成行政机构的方案，但这些方案是否付诸实施还需经有权的国家机关批准。

3. 行政机构状况评估和论证的组织权

国家对行政机构体系状况的评估和论证是全面把握行政机构现状的前提。正因为如此，有关法律和行政法规规定国家应当定期或者不定期的对行政机构进行评估和论证，而评估和论证的组织权由行政编制管理机关行使。行政编制管理机关的此项权力对于行政机构随着社会的发展而不断调整具有重要意义。《国务院行政机构设置和编制管理条例》第4条规定：“国务院行政机构的设置以职能的科学配置为基础，做到职能明确、分工合理、机构精简，有利于提高行政效能。国务院根据国民经济和社会发展的需要，适应社会主义市场经济体制的要求，适时调整国务院行政机构。但是，在一届政府任期内，国务院组成部门应当保持相对稳定。”显然，只有行政编制管理机关有效行使组织论证的权力，行政机构的设立才能与时俱进。

4. 监督检查权

依有关法律和行政法规的规定，行政机关应当定期向行政编制管理机关报告其行政机构的状况，包括机构设置和编制管理情况的报告。这说明行政编制管理机关有权对行政编制的执行情况进行监督和检查。《国务院行政机构设置和编制管理条例》第四章规定了国务院编制管理机关对行政编制的监督和检查权，地方各级行政编制管理机关应当享有同样的权力。

5. 处分建议权

行政编制管理机关对于行政机关及其公职人员违反编制管理规则的行为有权责令限期改正。在当事人不予改正的情况下，有权建议有关行政机关对主管人员和直接责任人进行处分。《国务院行政机构设置和编制管理条例》第23条规定：“国务院行政机构违反本条例规定，有下列行为之一的，由国务院机构编制管理机关责令限期纠正；逾期不纠正的，由国务院机构编制管理机关的主管人员和其他直接责任人依法给予行政处分：（一）擅自设立司级内设机构；（二）擅自扩大职能的；（三）擅自变更机构名称的；（四）擅自超过核定的编制使用工作人员的；（五）有违反机构设置和编制管理法律、行政法规的其他行为的。”此条赋予了国务院行政编制管理机关责令限期纠正和提出处分建议的权力，此规定虽是对国务院行政编制管理机关的规定，但其对地方行政编制管理机关也具有确权作用，即依此规定，地方行政编制管理机关有权对地方政府机关违反编制的行为作出处分建议或者责令限期改正。

三、行政编制的程序

行政编制的程序是指国家确定行政机构体系及其人员定额的程序规则。行政编制是对行政机构体系进行定量分析和确定定量指标的行为，因此，行政编制的程序是一个集科学程序和法律程序于一体的程序规则，这样的程序规则应当包括下列若干环节：

1. 确定行政机构存在的基础条件

1993年中国发布了《关于印发市、县及乡镇分类标准的通知》，指出："为了合理确定市（不含直辖市）、县及乡镇的机构设置和人员编制，根据中央确定的分类原则，今年4月，中央编办下发了对市、县及乡镇的分类预算标准，由各地进行具体测算。……现将正式标准印发给你们，请按此标准对本地各市、县进行分类。"中编办以及中央确立的这些分类标准是确定行政编制的基础，这是第一次上升到较为科学的高度对行政编制程序规则的确定。一般包括下列具体内容（以市为例）：其一，指标选择。以市区总人口（单位为百人）、市区非农业人口（百人）、市区面积（平方公里）、建成区面积（平方公里）、经济区划（市辖区、县个数）、地方财政预算内收入（万元）、市区国内生产总值（百万元）等7项指标作为分类的依据。其二，指标权。以市区人口（单位为百人）、市区非农业人口（百人）、市区面积（平方公里）、建成区面积（平方公里）、行政区划（市辖区、县个数）、地方（市区）财政预算内收入（万元）、市区国内生产总值（百万元）等7项指标作为分类的依据。指标数值，除行政区划以民政部《行政区划简册》（1992）为准外，均以《中国城市统计年鉴》（1992年版）为准。其三，指标数值标准化。按照各指标的重要性不同，分别确定市区总人口的权数为10、市区非农业人口为40、市区面积为2、建成区面积为8、行政区划为10、地方（市区）财政预算内收入为15、市区国内生产总值为15。根据综合指标分析的一般要求，运用数学方法对各个指标的数值进行标准化，使其转化为无量纲数值，消除不同计量单位的影响，并使数据趋于稳定。计算公式为：$Yi = (Xi - X)/SD$ 式中，Xi：某指标的数量值；X：该指标的全国平均值，其中：市区总人口为6840.328，市区非农业人口2871.080，市区面积2546.941，建成区面积27.017，行政区划2.712，地方（市区）财政预算内收入23667.363，市区国内生产总值1933.834；SD：该指标所有样本数据的标准差，其中：市区总人口为5366.622，市区非农业人口4091.604，市区面积6735.731，建成区面积29.031，行政区划4.060，地方（市区）财政预算内收入44669.065，市区国内生产总值2796.886。其四，结果分值化。（一）由于标准化结果大部分在-2与$+2$之间，因此，将标准化的结果加上2，使大多数据表现为正值。计算公式为：$Y\grave{i} = 2 + Yi$ 式中，Yì为分值化后的数值。（二）由于各城市市区面积相差较大，为计算合理，将市区面积指标分值化后的数值控制在3.3的，均按3.3计算。其五，计算单项指数。用该指标所确定的权重，乘以结果分值化的数值（上述第四步得到的数值），即为该单项指标的指数。计算公式为：Ii = Yi × Wi 式中，Yi 为结果分值化的数值；Wi 为指标的权重。其六，计算总指数。将各单项指数加总，得到总指数（计算结果保留到小数后第三位）。计算公式为：I 总 = I 市区总人口 + I 市区非农人口 + I 市区面积 + ……I 市区国内生产总值 I 共 7 项 总指数是对七个指标进行综合评价后得到的一个综合得分，表示各市社会经济发展的综合水平。另外，每个地级市的总指数加 50。其七，分类标准。根据各市的总指数，按从高到低的顺序将所有的市进行排序。再按各市之间的总指数的差异大小，将市分为三类：总指数超过 310 的为一类市；总指数在 210—310 的为二类市；总指数低于 210 的为三类市。此外，市区人口在 10 万以下的市作为特殊情况对待。依上列条例确定一个地方行政机构存在的基础条件。

2. 确定行政机构的规模和名称

根据确定的基础条件来确定机构的规模以及机构的名称。不同的基础条件行政机构的规模和名称等就有所不同，我们前面讲到的一类、二类、三类市县的机构规模和名称以及数量都是以此为基础的。

3. 设置和裁减机构

机构的规模、名称、数量确定以后就要根据行政管理的实际情况确定方案的实施。实施可以通过两种手段：一是设置新的机构，在某一机构没有设立的情况下依确定的机构规模和机构的具体结构设立该机构。二是对原来多余的机构进行裁减。行政编制的刚性化就应当体现在对行政机构的控制上，因此，一旦编制方案确定就应当撤销机构、裁减人员。例如，1995 年山西省依据乡镇分类标准，将"全省现有 1910 年乡镇，按照中央确定的分类标准，一类乡镇 166 个，二类乡镇 1110 个，三类乡镇 634 个。全省乡镇机关行政编制为 50280 人，比现有 114600 人减少 64320 人，精简 561070 人"。[23]

4. 编制执行的监督

行政编制被确定以后存在一个执行问题，若编制没有得到执行，法制规范就没有发生法律效力，因此作为一个程序整体，行政编制的程序规则中应当包括对编制执行状况的监督，"行政编制的监控和自我约束机制。编制法对行政编制的法律调整，一方面是为编制工作划定范围，提供依据，确定标准，使行政机构和公务员人员能合乎客观实际的配制。另一方面法律调整本身意味着国家强力在编制活动中的体现。因此，编制法必须规定国家机关、企事业单位、群众团体及公民对行政机关的监督和约束，允许各种社会力量有效监督和控制行政主体，防止机构臃肿不断发生。当然，编制法还要确认行政机构和行政人员的自我约束机制，在外在力量对其发挥作用前，这一内容既是我国行政编制法完善与否的重要标志，又是新的行政编制法的重大突破。"[24]

四、行政编制的法律责任

行政编制的法律责任,是指相关主体违反行政编制管理规则应当承担的法律责任。责任主体包括行政主体及其公职人员、行政编制管理机关及其工作人员等。行政编制法若没有相应的法律责任则难以有效控制行政编制。笔者认为在行政编制规则中仅仅规定行政纪律处分责任还不足以打击违反编制法乱设和滥设行政机构的行为,应当将刑事责任的机制引入行政编制法。

注释

〔1〕《行政管理学大辞典》对行政编制是这样解释的:“活动开支源自行政经费的组织和编制。在我国,行政编制组织不仅包括国家机关,而且包括各民主党派、工青妇等人民团体。但主要部分是国家机关,包括国家权力机关,检察机关、审判机关、行政机关,其中最庞大的是行政机关。即国务院所属的整个系统,它包括各部、各委员会、国务院直属机构、办事机构和大量非常设机构以及省(自治区、直辖市)、市、地、县等各级行政机关整个一套系统。因此,行政编制的大量工作首先集中在对国家行政机关的机构设置、撤销、合并、增减和调整等活动。其次,是集中在对国家机关工作人员的定额管理。既然所有国家机关的工作人员编制都是行政编制,经费来源由行政费用开支,扩编就要增加行政经费,所以在编制控制中对行政编制的控制最为严格。”参见贾湛、彭剑锋主编:《行政管理学大辞典》,中国社会科学出版社1989年版,第235页。

〔2〕张尚鷟主编:《行政法教程》,中央广播电视大学出版社1990年版,第89页。

〔3〕[美]弗里蒙特·E.卡斯特:《组织与管理》,李柱流等译,中国社会科学出版社1985年版,第184页。

〔4〕同上书,第197页。

〔5〕《世界各国法律大典》总编译委员会主持编译:《美国法典》,中国社会科学出版社1993年版,第257页。

〔6〕同上书,第355页。

〔7〕参见刘智峰主编:《第七次革命》,经济日报出版社1998年版,第24页。

〔8〕[美]弗里蒙特·E.卡斯特:《组织与管理》,李柱流等译,中国社会科学出版社1985年版,第217页。

〔9〕肖蔚云主编:《澳门现行法律汇编》,北京大学出版社1994年版,第281页。

〔10〕同上书,第253页。

〔11〕萧榕主编:《世界著名法典选编》(行政法卷),中国民主法制出版社1997年版,第171页。

〔12〕《世界各国法律大典》总编译委员会主持编译:《美国法典》,中国社会科学出版社1993年版,第257页。

〔13〕有林、郑新立、王瑞璞主编:《国史通鉴》(第4卷),当代中国出版社1993年版,第897页。

〔14〕《中国地方政府机构改革》编辑组编:《中国地方政府机构改革》,新华出版社1995年

版,第 554 页。

〔15〕 [美]汉密尔顿等:《联邦党人文集》,程逢如等译,商务印书馆 1982 年版,第 355—363 页。

〔16〕 《世界各国法律大典》总编译委员会主持编译:《美国法典》(宪法行政法卷),中国社会科学出版社 1993 年版,第 257 页。

〔17〕 [美]詹姆斯·M. 伯恩斯、杰克·W. 佩尔塔森、托马斯·E. 克罗宁:《美国式民主》,谭君久等译,中国社会科学出版社 1993 年版,第 732 页。

〔18〕 《中华人民共和国国务院组织机构概要》,工人出版社 1988 年版,第 334 页。

〔19〕 《中国地方政府机构改革》编辑组编:《中国地方政府机构改革》,新华出版社 1995 年版,第 554 页。

〔20〕 关保英主编:《行政法与行政诉讼法》,中国政法大学出版社 2004 年版,第 243 页。

〔21〕 同上书。

〔22〕 同上书。

〔23〕 《中国地方政府机构改革》编辑组编:《中国地方政府机构改革》,新华出版社 1995 年版,第 272 页。

〔24〕 关保英:《市场经济与行政法新视野论丛》,法律出版社 1996 年版,第 107 页。